Losch/Schwartze

Rechtswissenschaft für Gesellschaftswissenschaften

Kohlhammer

Rechtswissenschaft für Gesellschaftswissenschaften

Juristische Grundlagen für Ökonomen, Politologen, Sozial- und Kulturwissenschaftler

von

Professor Dr. Dr. Bernhard Losch
Bergische Universität Wuppertal

und

Professor Dr. Andreas Schwartze, LL.M.
Universität Innsbruck

Verlag W. Kohlhammer

Alle Rechte vorbehalten
© 2006 W. Kohlhammer GmbH Stuttgart
Umschlag: Gestaltungskonzept Peter Horlacher
Gesamtherstellung:
W. Kohlhammer Druckerei GmbH + Co. KG, Stuttgart
Printed in Germany

ISBN-10: 3-17-013593-7
ISBN-13: 978-3-17-013593-x

Vorwort

Während des letzten Jahrzehnts haben sich die Grenzen vieler Fachdisziplinen verschoben, um die bereichsspezifische Ausbildung durch die Einbeziehung interdisziplinärer Aspekte zu ergänzen. Im Zuge dieser Entwicklung findet das Recht wegen seiner grundlegenden Ordnungsaufgabe für die Wirtschaft, das politische System und die soziale Organisation verstärkte Aufmerksamkeit in den Nachbardisziplinen. Insbesondere in den Wirtschaftswissenschaften wurden die herkömmliche rechtliche Grundausbildung vertieft und die Möglichkeiten der rechtlichen Zusatz- und Spezialausbildung in Richtung auf das Berufsfeld des Wirtschaftsjuristen erweitert. Ebenso wurde in der Politik- sowie der Sozialwissenschaft die Integration rechtswissenschaftlicher Ausbildungsschwerpunkte vorangetrieben. In den kulturwissenschaftlichen Studiengängen findet das Recht ebenfalls wachsende Beachtung.

Daher scheint es an der Zeit, den verschiedenen Aufbereitungen einzelner Rechtsgebiete für die Nachbarwissenschaften eine grundlegende, interdisziplinär orientierte Einführung in die Rechtswissenschaft an die Seite zu stellen. Unser Ziel ist es, einen fachverbindenden Zugang zum Recht zu eröffnen, der Verständnis für dessen Funktion ermöglicht.

Die einleitenden Teile 1 und 2 wurden von beiden Autoren gemeinsam verfasst. Die anderen Teile haben die Autoren in Abstimmung untereinander jeweils eigenständig bearbeitet: Bernhard Losch das Öffentliche Recht (3. Teil) sowie das Strafrecht (5. Teil), Andreas Schwartze das Privatrecht (4. Teil).

Wuppertal und Innsbruck, im Februar 2006

Bernhard Losch
Andreas Schwartze

Inhalt

Inhalt

Inhalt

Abkürzungen

a.A.	anderer Ansicht
a.a.O.	am angegebenen Ort
a.E.	am Ende
a.F.	alte Fassung
ABGB	Allgemeines Bürgerliches Gesetzbuch (Österreich)
ABlEG	Amtsblatt der Europäischen Gemeinschaften
Abs.	Absatz
Abschn.	Abschnitt
ADHGB	Allgemeines Deutsches Handelsgesetzbuch
ADR	Alternative Dispute Resolution
AG	Aktiengesellschaft
AG	Amtsgericht
AGB	Allgemeine Geschäftsbedingungen
AGVwGO	Ausführungsgesetz zur Verwaltungsgerichtsordnung Nordrhein-Westfalen
AktG	Aktiengesetz
ALG	Arbeitslosengeld
All E.R.	All England Report
ALR	Allgemeines Landrecht (Preußen)
Alt.	Alternative
AMG	Arzneimittelgesetz
AO	Abgabenordnung
ARB	Allgemeine Bedingungen für die Rechtsschutz-Versicherung
ArbG	Arbeitsgericht
ArbGG	Arbeitsgerichtsgesetz
ArbZG	Arbeitszeitgesetz
Art.	Artikel
AT	Allgemeiner Teil
AtomG	Atomgesetz
AÜG	Arbeitnehmerüberlassungsgesetz
BAG	Bundesarbeitsgericht
BauGB	Baugesetzbuch
BB	Betriebsberater
BBankG	Bundesbankgesetz
BBiG	Berufsbildungsgesetz
BetrVG	Betriebsverfassungsgesetz
BGB	Bürgerliches Gesetzbuch
BGB-InfoV	Verordnung über Informationspflichten nach bürgerlichem Recht

BGBl	Bundesgesetzblatt
BGH	Bundesgerichtshof
BGHZ	Entscheidungen des Bundesgerichtshofes in Zivilsachen
BImSchG	Bundes-Immissionsschutzgesetz
BKatV	Bußgeldkatalogverordnung
BNatschG	Bundesnaturschutzgesetz
BRAGO	Bundesrechtsanwaltsgebührenordnung
BRRG	Beamtenrechtsrahmengesetz
BT-Drs.	Drucksache(n) des Bundestages
BUrlG	Bundesurlaubsgesetz
BVerfG	Bundesverfassungsgericht
BVerfGE	Entscheidungen des Bundesverfassungsgerichts
BVerfGG	Bundesverfassungsgerichtsgesetz
BW	Burgerlijk Wetboek (Niederlande)
BWahlG	Bundeswahlgesetz
C.A.	Court of Appeal
CceCiv	Codice Civile (Italien)
CdeCiv	Code Civil (Frankreich)
CENTRAL	Center for Transnational Law
Ch.	Chapter
CIF	cost, insurance and freight
CISG	Convention on Contracts for the International Sale of Goods (UN-Kaufrecht)
CISG	Convention on Contracts of Commerce
CMR	Convention relative au Contrat de transport international de Marchandises par Route (Übereinkommen über den Beförderungsvertrag im internationalen Straßengüterverkehr)
Co	Compagnie
CodCiv	Code Civil
COTIF	Convention relative aux transports internationaux ferroviaires (Übereinkommen über den internationalen Eisenbahnverkehr)
d. h.	das heißt
DB	Der Betrieb
DDR	Deutsche Demokratische Republik
DGVZ	Deutsche Gerichtsvollzieherzeitung
DLKT	Deutscher Landkreistag
DRiG	Deutsches Richtergesetz
DRSC	Deutsches Rechnungslegung Standards Committee eV
DST	Deutscher Städtetag
DStR	Deutsches Steuerrecht
DStZ	Deutsche Steuer-Zeitung
e.K.	eingetragener Kaufmann
EFZG	Entgeltfortzahlungsgesetz
eG	eingetragene Gesellschaft
EG	Europäische Gemeinschaft(en)

Abkürzungen

EGBGB	Einführungsgesetz zum Bürgerlichen Gesetzbuch
EGV	Vertrag zur Gründung der Europäischen Gemeinschaft
EGZPO	Einführungsgesetz zur Zivilprozessordnung
EHUG	Gesetz über elektronische Handelsregister und Genossenschaftsregister
Einf.	Einführung
EKG	Haager Übereinkommen zum Einheitlichen Kaufgesetz
EStG	Einkommenssteuergesetz
EU	Europäische Union
EuGH	Europäischer Gerichtshof
EuGVÜ	Europäisches Gerichtsstands- und Vollstreckungsübereinkommen
EuGVVO	Europäische Gerichtsstands- und Vollstreckungsverordnung
Eurojust	Gemeinsame Stelle zur europäischen Zusammenarbeit der Justiz
EUROPOL	Europäisches Polizeiamt
EUV	Vertrag über die europäische Union
EWIV	Europäische wirtschaftliche Interessengemeinschaft
EWIVG	Gesetz zur Europäischen wirtschaftlichen Interessengemeinschaft
EWR	Europäischer Wirtschaftsraum
EXW	ex works (ab Werk)
EZB	Europäische Zentralbank
f.	folgende
FASB	Financial Accounting Standards Board
FeV	Fahrerlaubnisordnung
ff.	fortfolgende
FOB	free on board
GAAP	Generally Accepted Accounting Principles
GastG	Gaststättengesetz
GBO	Grundbuchordnung
GbR	Gesellschaft bürgerlichen Rechts
gem.	gemäß
GEMA	Gesellschaft für musikalische Aufführungs-und mechanische Vervielfältigungsrechte
GenG	Genossenschaftsgesetz
GenTG	Gentechnikgesetz
GewO	Gewerbeordnung
GG	Grundgesetz
GKG	Gerichtskostengesetz
GmbH	Gesellschaft mit beschränkter Haftung
GmbHG	GmbH-Gesetz
GoB	Grundsätze ordnungsmäßiger Buchführung
GOBT	Geschäftsordnung des Bundestages
GuV	Gewinn- und Verlustrechnung
GO NRW	Gemeindeordnung Nordrhein-Westfalen
GVG	Gerichtsverfassungsgesetz

GWB	Gesetz gegen Wettbewerbsbeschränkungen
HaftPflG	Haftpflichtgesetz
HausratsVO	Hausratsverordnung
HessVGH	Hessischer Verfassungsgerichtshof
HGB	Handelsgesetzbuch
Hrsg.	Herausgeber
i.A.	im Auftrag
i.S.d.	im Sinne des
i.V.	in Vertretung
i.V.m.	in Verbindung mit
IAS	International Accounting Standards
ICC	International Chamber of Commerce
IFRS	International Financial Reporting Standards
IHK	Industrie- und Handelskammer
ILO	International Labour Organization (Internationale Arbeitsorganisation)
INCOTERMS	International Commercial Terms
insb.	insbesondere
InsO	Insolvenzordnung
INTERPOL	Internationale Kriminalpolizeiliche Organisation
IPR	Internationales Privatrecht
JA	Juristische Arbeitsblätter
JBl	Juristische Blätter
JURA	Juristische Ausbildung
JuS	Juristische Schulung
JZ	Juristenzeitung
Kap.	Kapitel
KG	Kommanditgesellschaft
KJ	Kritische Justiz
KJHG	Kinder- und Jugendhilfegesetz
KO	Konkursordnung
KSchG	Konsumentenschutzgesetz (Österreich)
KSchG	Kündigungsschutzgesetz
KWahlG NRW	Kommunalwahlgesetz Nordrhein-Westfalen
LAG	Landesarbeitsgericht
LG	Landgericht
lit.	litera (= Buchstabe)
LPartG	Lebenspartnerschaftsgesetz
LuftVG	Luftverkehrsgesetz
LVerf	Landesverfassung
LVerf NRW	Landesverfassung Nordrhein-Westfalen
LVerwVfG	Landesverwaltungsverfahrensgesetz
m.w.N.	mit weiteren Nachweisen
MDR	Monatsschrift für Deutsches Recht

XVI

Abkürzungen

MHRG	Gesetz zur Regelung der Miethöhe
NJW	Neue Juristische Wochenschrift
NJW-RR	NJW-Rechtsprechungs-Report
NPD	Nationaldemokratische Partei Deutschlands
Nr.	Nummer
NSDAP	Nationalsozialistische Deutsche Arbeiterpartei
NVwZ	Neue Verwaltungszeitschrift
NZA	Neue Zeitschrift für Arbeitsrecht
ÖAR	Österreichischer Akkreditierungsrat
OHG	Offene Handelsgesellschaft
OLG	Oberlandesgericht
OR	Obligationenrecht (Schweiz)
OWiG	Gesetz über Ordnungswidrigkeiten
PatG	Patentgesetz
PDS	Partei des demokratischen Sozialismus
PECL	Principles of European Contract Law
PflVG	Pflichtversicherungsgesetz
PICC	Principles of International Commercial Contracts
PKH	Prozesskostenhilfe
PolG	Polizeigesetz
ProdHG	Produkthaftungsgesetz
pVV	positive Vertragsverletzung
RdA	Recht der Arbeit
Ref-E	Referenten-Entwurf
RGZ	Entscheidungen des Reichsgerichts in Zivilsachen
Ril	Richtlinie
RIW	Recht der Internationalen Wirtschaft
RN	Randnummer
RPflG	Rechtspflegergesetz
Rspr.	Rechtsprechung
RuP	Recht und Politik
RVG	Rechtsanwaltsvergütungsgesetz
RVO	Rechtsverordnung; Reichsversicherungsordnung
S.	Seite
ScandStudLaw	Scandinavian Studies in Law
SGB	Sozialgesetzbuch
SoldatenG	Soldatengesetz
StAZ	Das Standesamt
StGB	Strafgesetzbuch
StPO	Strafprozessordnung
StVG	Straßenverkehrsgesetz
StVO	Straßenverkehrsordnung
StVollzG	Strafvollzugsgesetz
TLDB	Transnational Law Database

TVG	Tarifvertragsgesetz
u. U.	unter Umständen
UmwHG	Umwelthaftungsgesetz
UNCITRAL	United Nations Commission on International Trade Law
UNIDROIT	Institut international pour l'unification du droit privé
UNO	Vereinte Nationen
UrhG	Urhebergesetz
USA	United States of America
UWG	Gesetz gegen den unlauteren Wettbewerb
v.	versus
VAG	Versicherungsaufsichtsgesetz
VerwA	Verwaltungsarchiv
VGHG NRW	Verfassungsgerichtshofgesetz Nordrhein-Westfalen
vgl.	vergleiche
VGHG NRW	Gesetz über den Verfassungsgerichtshof für das Land Nordrhein-Westfalen
VVaG	Versicherungsverein auf Gegenseitigkeit
VVG	Versicherungsvertragsgesetz
VwGO	Verwaltungsgerichtsordnung
VwVfG	Verwaltungsverfahrensgesetz
WbG NRW	Weiterbildungsgesetz Nordrhein-Westfalen
WHG	Wasserhaushaltsgesetz
WiSt	Wirtschaftswissenschaftliches Studium
WPHG	Wertpapierhandelsgesetz
WRP	Wettbewerb in Recht und Praxis
WRV	Weimarer Reichsverfassung (1919)
WZG	Warenzeichengesetz
Yale L. J.	Yale Law Journal
z. B.	zum Beispiel
ZBB	Zeitschrift für Bankrecht und Bankwirtschaft
ZEuP	Zeitschrift für Europäisches Privatrecht
ZGB	Zivilgesetzbuch (Schweiz u. a.)
ZGR	Zeitschrift für Unternehmens- und Gesellschaftsrecht
ZGS	Zeitschrift für das gesamte Schuldrecht
ZHR	Zeitschrift für das gesamte Handels- und Wirtschaftsrecht
Ziff.	Ziffer
ZIP	Zeitschrift für Wirtschaftsrecht und Insolvenzpraxis
ZMR	Zeitschrift für Miet- und Raumrecht
ZMR	Zentrales Melderegister
ZParl.	Zeitschrift für Parlamentsfragen
ZPO	Zivilprozessordung
ZRP	Zeitschrift für Rechtspolitik
ZVG	Zwangsversteigerungsgesetz

1. Teil: Aufgabe des Lehrbuches

I. Rechtswissenschaftliche Grundausbildung

Das Recht bildet das **generelle Regulations-, Verständigungs-** und **Konfliktbewäl-** 1
tigungsmedium der Gesellschaft. Daher bestimmt die Rechtsordnung sowohl die
Grundlagen der Gesellschaftsordnung als auch wesentliche gesellschaftliche Inter-
aktionsweisen und verbindet politisches System, Wirtschaftsordnung und soziale
Organisation miteinander.

Ein Beispiel für die Verknüpfung gab der **Zusammenbruch der staatssozialistischen Systeme**
im europäischen Osten. Zugleich mit den Parteidiktaturen scheiterten sowohl die staatlichen Planwirtschaften als auch die Rechtsordnungen, in denen die Direktiven der sozialistischen Gesellschaftsordnungen niedergelegt waren. Um demokratische Systeme einzuführen,
mussten daher zunächst die **Rechtsordnungen** geändert werden[1].

Wegen der Bedeutung des Rechts für die Gesellschaft ist folgerichtig, dass die Aus- 2
bildung in den Gesellschaftswissenschaften auch ein Grundverständnis der Rechtswissenschaft vermitteln muss. In fast 90 % der rund 60 universitären Studiengänge
der Sozialwissenschaften und der Hälfte der etwa 45 Studiengänge der Politikwissenschaft wurde die **Rechtswissenschaft** in die **Ausbildungsordnungen** aufgenommen. In den Wirtschaftswissenschaften gehört die Rechtswissenschaft zum traditionellen Lehrprogramm. Als Verbindung beider Fächer beginnen sich inzwischen
eigenständige wirtschaftsjuristische Studiengänge zu entwickeln. Auch im Zuge
der Internationalisierung akademischer Bildungsprogramme, also in Magister- sowie Bachelor- und Master-Studiengängen, verschafft sich die Rechtswissenschaft
zunehmend einen Platz als Ausbildungsfach. Die **Ausbildungsrelevanz** der **Rechts-**
wissenschaft liegt neben der fachlichen Ergänzung in der Vermittlung berufsfeld-
bezogener juristischer Qualifikationen, die in allen unmittelbar gesellschaftsbezo-
genen Berufen, so etwa auch im Kulturmanagement, von Vorteil sind.

Literatur:
Eßbach, W., Studium Soziologie, 1996; *Esser, H.,* Soziologie. Allgemeine Grundlagen,
1999[3]; *Joas* (Hrsg.), Lehrbuch der Soziologie, 2001; *Korte,* Soziologie, 2004.
Berg-Schlosser/Stammen, Einführung in die Politikwissenschaft, 2003[7]; *Patzelt,* Einführung
in die Politikwissenschaft, 2003[5]; *Pelinka,* Grundzüge der Politikwissenschaft, 2000;
Münkler (Hrsg.): Politikwissenschaft. Ein Grundkurs, 2003.
Walter, R., Wirtschaftswissenschaften. Eine Einführung, 1997; *Siebert,* Einführung in die
Volkswirtschaftslehre, 2003[14]; *Engelkamp,* Einführung in die Volkswirtschaftslehre,
2005[3]; *Becker, F.G.,* Einführung in die Betriebswirtschaftslehre, 2006.

---

[1]   Dazu *Boulanger* (Hrsg.), Recht in der Transformation – Rechts- und Verfassungswandel in Mit-
       tel- und Osteuropa, 2002; *Breidenbach* (Hrsg.), Handbuch Wirtschaft und Recht in Osteuropa,
       Losebl. 1993. Außerdem die Zeitschrift „Recht und Wirtschaft in Osteuropa" (WiRO) seit
       1992.

II. Rechtssoziologie, Rechtsökonomie, politische Rechtstheorie

3 Von der rechtswissenschaftlichen Grundausbildung in den Gesellschaftswissenschaften ist die fachinterne Spezialausbildung zu unterscheiden, die das Recht unter disziplinspezifischen, außerrechtlichen Gesichtspunkten zum Gegenstand hat. So ist die **Rechtssoziologie** ein Teilfach der Besonderen Soziologie und beschäftigt sich mit sozialrelevanten Beobachtungen über das Rechtssystem. Z.B. interessiert sie, welcher Zusammenhang zwischen der Rechts- und Gesellschaftsordnung besteht, vor allem auch, in welchem Verhältnis gesellschaftlicher Wandel und Rechtsordnung zu sehen sind (*RN 19–25*). Die fachübergreifenden Fragestellungen können sowohl von der soziologischen als auch von der rechtswissenschaftlichen Blickrichtung aus entwickelt werden.

Zum einen besteht bei der Deutschen Gesellschaft für Soziologie seit 1972 eine **Sektion für Rechtssoziologie;** zum anderen wurde von einer Mehrzahl rechtswissenschaftlicher Fachvertreter 1976 die **Vereinigung für Rechtssoziologie** gegründet; sie gibt die Zeitschrift für Rechtssoziologie heraus. In beiden Gruppen gibt es unterschiedliche fachliche Orientierungen. Die Gründungsjahre der beiden Forschungsgruppen repräsentieren die Zeitabschnitte, in denen in vielen Wissenschaftsbereichen eine „**soziologische Aufklärung**" begrüßt wurde und daher Fachergänzungen, wie die Rechtssoziologie und Rechtstatsachenforschung (*RN 24*), besonders gefördert wurden. Inzwischen wurde jedoch die teilweise aufgekommene Vorreiterrolle der Soziologie für interdisziplinäre Forschungsansätze durch eine Reihe anderer Fachrichtungen, wie etwa die Ökonomie, ergänzt. Doch lässt sich die soziologische Aufarbeitung des Rechtssystems heute weder aus der Soziologie noch aus der Rechtswissenschaft wegdenken.

4 Bei der **Rechtsökonomie** oder Ökonomischen Theorie des Rechts, häufig nach ihrem amerikanischen Vorbild auch als „Ökonomische Analyse des Rechts" (Economic Analysis of Law) bezeichnet, handelt es sich um eine wirtschaftswissenschaftliche Teildisziplin, in der Denkansätze der Ökonomie auf rechtliche Regelungen angewendet werden (*RN 26–30*). Es wird untersucht, wie sich das Entscheidungsverhalten der Individuen durch rechtliche Bedingungen verändert, wodurch die **Steuerungswirkungen** des Rechts erkennbar werden. So kann der Anreiz zur Einhaltung von Verträgen auf Grund vertragsrechtlicher Sanktionen bestimmt, die Auswirkung einer vorgeschriebenen Veröffentlichung von Daten über die wirtschaftliche Lage eines Unternehmens auf das Verhalten von Geschäftspartnern und Investoren ermittelt oder der Einfluss eines Verbots von Insidergeschäften auf die Aktivitäten am Aktienmarkt prognostiziert werden. Der normative und präskriptive Strang der Rechtsökonomie stellt demgegenüber eine Rangordnung unter den **Regelungsalternativen** auf, in der zumeist diejenigen vorgezogen werden, welche den effizientesten Einsatz der begrenzten Ressourcen versprechen.

Die **Ausbildung** in Rechtsökonomie findet teilweise auch an rechtswissenschaftlichen Fakultäten statt, dort vielfach als Aufbaustudiengang, wie etwa an der Universität Hamburg das ERASMUS-Programm Recht und Ökonomik[2]. Das ent-

---

[2]   Unter anderem in Zusammenarbeit mit dem Rotterdam Institute of Law and Economics der juristischen Fakultät an der Erasmus Universität Rotterdam.

spricht der Entwicklung in den USA, wo Law and Economics sich schon in den 1970er Jahren an den Law Schools durchsetzte[3]. Die primär ökonomische Perspektive wird überwiegend von der Neuen Institutionenökonomik[4] übernommen.

Während sich die an Rechtsfragen interessierten Ökonomen etwa im traditionsreichen **Verein für Socialpolitik** zusammenfinden, wurden in jüngerer Zeit eine **European Association of Law and Economics** (EALE) sowie die **Gesellschaft für Recht und Ökonomik** gegründet, in der sowohl Juristen als auch Ökonomen vertreten sind.

Wenn auch die Anwendung ökonomischer Instrumentarien auf das Recht bei vielen Juristen auf heftigen Widerstand stieß, so hat sich doch die **wirtschaftswissenschaftliche Betrachtungsweise** vor allem wirtschaftsnaher Regelungsbereiche zu einem Argumentationsreservoir entwickelt, das kaum mehr übergangen werden kann. Sie hat sich damit als wichtiger außerrechtlicher Ansatzpunkt neben anderen, etwa dem soziologischen, politikwissenschaftlichen oder historischen, etabliert.

In der **Politikwissenschaft** hat sich ebenfalls eine Betrachtungsweise entwickelt, 5 die vornehmlich auf das **Recht als Grundlage politischer Prozesse** ausgerichtet ist. Die Bezeichnung dieser Fachrichtung als Rechtspolitologie[5] unterscheidet sie vom **juristischen Spezialfach Rechtspolitik**[6], das sich mit der Weiterentwicklung der Rechtsordnung beschäftigt. Die rechtsbezogene Politologie trägt dem Umstand Rechnung, dass das politische Entscheidungssystem in hohem Maße von rechtlich geordneten Institutionen und Verfahrensweisen geprägt wird. Eine der Grundfragen betrifft die Beziehung zwischen Demokratisierung und Menschenrechtsstandards[7]. In den Zusammenhang mit der **Politischen Theorie des Rechts**, die sich demgemäß den wechselseitigen Einflüssen von politischem und Rechtssystem widmet, gehört die **Neue Politische Ökonomie**[8]. Sie beschäftigt sich mit den politischen und ökonomischen Bedingungen, die für die **Rechtsetzung** bestehen und betont die wirtschaftspolitische Sicht. Die **Neue Politische Ökologie** fragt danach, welche gesellschaftliche Resonanz die Rechtsordnung findet[9].

Weitere **Literatur** s. nach *RN 25* und *30*.

---

[3] *Schanze, E.,* Ökonomische Analyse in den U.S.A., in: *Assmann/Kirchner/Schanze,* Ökonomische Analyse des Rechts, 1993, S. 1 ff. (4 f.).

[4] So auch der Titel des Lehrbuchs von *Richter* und *Furubotn,* 1999[2].

[5] *Voigt, R.,* Recht – Spielball der Politik? Rechtspolitologie im Zeichen der Globalisierung, 2000[4].

[6] *v. Hippel, E.,* Rechtspolitik. Ziele, Akteure, Schwerpunkte, 1998. Vgl. die Informationen in ZRP und RuP.

[7] Vgl. *Brunkhorst u.a.* (Hrsg.), Recht auf Menschenrechte. Menschenrechte, Demokratie und internationale Politik, 1999.

[8] Vgl. *Morlok,* Die Unterscheidung von konstitutioneller Ebene („Spielregeln") und täglicher Politik („Spiel") im Ansatz der Neuen Politischen Ökonomie und der Staatsrechtslehre, in: *v. Arnim, H.-H.* (Hrsg.), Adäquate Institutionen, 1999, S. 163–180.

[9] *Weimar/Leidig,* Evolution, Kultur und Rechtssystem. Beiträge zur New Political Ecology, 2002.

III. Zur Arbeit mit dem Lehrbuch

6 Für die **rechtswissenschaftliche Grund-** und **Spezialausbildung** in den Gesellschaftswissenschaften bringt es Schwierigkeiten mit sich, dass die Rechtsordnung einen schwer durchschaubaren Gegenstandsbereich darstellt und die Rechtswissenschaft eine hochdifferenzierte **Methodik** sowie eine spezifische **Fachsprache** entwickelt hat. Dadurch wird die Vermittlung als ergänzendes Wissensgebiet in besonderem Maße erschwert. Hinzu kommt, dass es an geeigneter **Lehrbuchliteratur** fehlt. Einführungen in die Rechtswissenschaft vermitteln zwar hilfreiche Überblicke, führen aber nicht ausreichend in die Rechtsordnung hinein. Die rechtswissenschaftlichen Grundlehrbücher, die für die Ausbildung zum juristischen Staatsexamen konzipiert sind, gehen andererseits zu sehr auf Einzelheiten ein. Auch die immerhin zahlreiche juristische Ausbildungsliteratur für die Wirtschaftswissenschaften kann die Lücke nur teilweise schließen, da sie überwiegend den zu vermittelnden Stoff nur zusammenrafft, ohne ihn auf den Orientierungsbedarf im gesellschaftswissenschaftlichen Ausbildungsrahmen zuzuschneiden. Diesen Schwierigkeiten will das vorliegende Lehrbuch entgegenwirken. Daher wird besonderer Wert auf die Erläuterung der Funktion von Rechtsregeln gelegt, außerdem auf Strukturprinzipien sowie auf Querverbindungen zwischen den verschiedenen Rechtsmaterien. Zu diesem Zweck werden häufig herkömmliche juristische Einteilungen durchbrochen und tradierte dogmatische Begriffe ersetzt, in manchen Fällen unter Bezug auf ausländische, meist verwandte Rechtsordnungen.

7 Das Lehrbuch führt unter Bezugnahme auf die Rechtstexte in das Verständnis der Rechtsordnung ein. Damit die Lektüre zum Erfolg wird, sollten die Bestimmungen, die ausdrücklich behandelt werden, im Gesetz nachgelesen werden. Daher müssen die **Rechtstexte** zur Verfügung stehen[10]. In den Literaturhinweisen wird das gesamte Spektrum der juristischen Arbeitsliteratur herangezogen. Es setzt sich zusammen aus Lehrbuch, Monographie (Einzeluntersuchung), Handbuch (mit Einzelbeiträgen), Aufsatz (in Sammelwerken und Zeitschriften), Kommentar (Erläuterung der einzelnen Rechtsregelungen unter Berücksichtigung von Rechtsprechung und Wissenschaft), Sammlung von praktischen Rechtsfällen mit Lösungen, Sammlung von Gerichtsentscheidungen (der verschiedenen Gerichtszweige), Urteilsbesprechung und Entscheidungsanmerkung (kritische Erläuterung der Rechtsprechung, überwiegend in Zeitschriften). Die Hinweise dienen zum **vertiefenden Nachschlagen.** Ihre ständige Weiterverfolgung ist für die sinnvolle Arbeit mit dem Lehrbuch zwar nicht erforderlich; jede der angegebenen Formen der juristischen Spezialliteratur sollte aber zumindest getestet werden, um einen Eindruck von der juristischen Arbeitsweise zu erlangen.

Verkürzt zitierte Literatur wird in den jeweils folgenden Literaturleisten (oder an den jeweils angegebenen Stellen) mit vollständigen Angaben aufgeführt.

Literatur:
Einführung in das Recht: *Adomeit, K.*, Rechtstheorie für Studenten. Normlogik – Methodenlehre – Rechtspolitologie, 1998[4]; *Arzt, G.*, Einführung in die Rechtswissenschaft.

---

[10]   Textausgaben sind in Form von Gesetzessammlungen in großer Zahl im Buchhandel erhältlich.

Grundfragen mit Beispielen aus dem deutschen Recht, 1996; *Baur/Walter*, Einführung in das Recht der Bundesrepublik Deutschland, 1993[6]; *Baumann, J.*, Einführung in die Rechtswissenschaft – Rechtssystem und Rechtstechnik, 2006[9]; *Braun, J.*, Einführung in die Rechtswissenschaft, 2001[2]; *Grimm, D.* (Hrsg.), Einführung in das Recht, 1991[2]; *Haase/Keller*, Grundlagen und Grundformen des Rechts. Eine Einführung, 2002[11]; *Haft, F.*, Einführung in das juristische Lernen – Unternehmen Jurastudium –, 1997[6]; *Horn, N.*, Einführung in die Rechtswissenschaft und Rechtsphilosophie, 2004[3]; *Meyer-Maly, T.*, Rechtswissenschaft, 1991[4]; *Rehbinder, M.*, Einführung in die Rechtswissenschaft. Grundfragen, Grundlagen und Grundgedanken des Rechts, 1995[8]; *Robbers, G.*, Einführung in das deutsche Recht, 2002[3]; *Rüthers, B.*, Rechtstheorie. Begriff, Anwendung und Geltung des Rechts, 2004[2]; *Zippelius, R.*, Einführung in das Recht, 2003[4].
Öffentliches Recht: *Arndt/Rudolf*, Öffentliches Recht, 2003[14]; *Becker, F.*, Öffentliches Recht, 2000[7]; *Berg, W.*, Staatsrecht. Grundriss des Staatsorganisationsrechts und der Grundrechte, 2001[3]; *Bethge, H.*, Verfassungsrecht: Eine Einführung für Wirtschafts- und Sozialwissenschaftler, Informatiker und Kulturwirte, 2004; *Bultmann, P. F.*, Öffentliches Recht für Wirtschaftswissenschaftler: Verfassungs- und Verwaltungsökonomik, 2002; *Detterbeck, S.*, Öffentliches Recht für Wirtschaftswissenschaftler, 2005[4]; *Haug, V.*, Staats- und Verwaltungsrecht, 2004[5]; *Kock/Stüwe/Wolffgang*, Öffentliches Recht und Europarecht, 2004[3]; *Oberrath/Schmidt/Schomerus*, Öffentliches Wirtschaftsrecht, 2004[2]; *Rohr, W.*, Staatsrecht mit Grundzügen des Europarechts. Ein Basisbuch, 2001; *v. Unruh/Greve/Schliesky*, Grundkurs Öffentliches Recht. Eine Einführung in das Staats-, Europa- und Verwaltungsrecht mit Grundzügen der Allgemeinen Staatslehre, 2003[6].
Privatrecht: *Bähr, P.*, Grundzüge des Bürgerlichen Rechts, 2004[10]; *Kallwass, W.*, Privatrecht für Wirtschafts- und Sozialwissenschaftler, 2004[17]; *Klunzinger, E.*, Einführung in das Bürgerliche Recht, 2004[12]; *Meyer, J.*, Wirtschaftsprivatrecht, 2003[5]; *Müssig*, Wirtschaftsprivatrecht, 2005[8]; *Pottschmidt/Rohr*, Wirtschaftsprivatrecht für Unternehmer, 2003[12].
Strafrecht: *Wessels/Beulke*, Strafrecht Allgemeiner Teil, 2005[35]; *Haft, F.*, Strafrecht Allgemeiner Teil, 2004[9]; *Eckert, H.-U.*, Regelungsstrukturen strafrechtlicher Sozialkontrolle – Eine Einführung in das Strafrecht für Sozialwissenschaftler, 2000; *Rengier, R.*, Strafrecht Besonderer Teil I – Vermögensdelikte, 2003[6]; *ders.*, Strafrecht Besonderer Teil II – Delikte gegen die Person und die Allgemeinheit, 2004[6]; *Jöcks, W.*, Studienkommentar StGB, 2005[6]; *Tröndle/Fischer*, Strafgesetzbuch und Nebengesetze, 2005[53].

2. Teil: Grundlagen des Rechts

I. Aufgaben des Rechts

1. Soziale Ordnungsfunktion

8 Das Recht dient in erster Linie der Ordnung des menschlichen Zusammenlebens durch ein **allgemein gültiges Regelungssystem.** Die rechtliche Regulierung legt einerseits Verhaltensweisen fest, schränkt also ein, sichert andererseits aber gleichzeitig Handlungsspielräume, eröffnet damit Entfaltungsmöglichkeiten[1]. Aus gesellschaftsfunktioneller Sicht schreibt das Recht unverzichtbare Verhaltenserwartungen in Regeln fest, um der Unzuverlässigkeit willkürlicher Handlungsweisen entgegenzuwirken; es erzielt demnach eine **Stabilisierung der sozialen Interaktion,** die andernfalls nicht in gleicher Weise kalkulierbar wäre[2]. Jedoch erscheint es übertrieben, die Regulierung durch das Recht unbedingt einer natürlichen Entscheidungsoffenheit entgegenzusetzen, denn rechtliche Festlegungen lassen sich auch als Orientierung an üblichen Verhaltensmustern und damit als Absicherung der ohnehin im Normalfall vorfindbaren Realität auffassen[3]. So hat das Handelsrecht des deutschen HGB zum großen Teil die zwischen Kaufleuten geübten Bräuche und gewohnheitsrechtlichen Regeln gesetzlich festgeschrieben.

Freilich ließe sich einwenden, dass die Gewohnheiten ihrerseits nichts anderes als Erwartungsnormen darstellten, die sich zum Zweck der Verhaltensstabilisation herausgebildet haben. Doch kommt das Zusammenleben prinzipiell nicht ohne Spielregeln aus und sind der menschlichen Natur viele Verhaltensmuster vorgegeben[4] *(RN 20).*

9 Bei näherer Betrachtung können verschiedene **Teilfunktionen des Rechts** unterschieden werden. Hervorzuheben sind zunächst die eher instrumentell-formalen Zielsetzungen, wie Steuerungs-, Gestaltungs-, Legitimations-, Kooperations-, Konfliktbewältigungs- und Integrationsfunktionen. Daneben stehen die eher sachbezogen-inhaltlichen Zwecke, wie Befriedungs-, Bestandsgewährleistungs-, Freiheitssicherungs- und Beteiligungsfunktionen. Im Einzelnen lassen sich die jeweiligen Zielsetzungen des Rechts erst durch den genaueren Einblick in seine differenzierte Normenwelt erkennen.

So wird die Freiheitssicherung gegenüber dem Staat vor allem durch die Grundrechte gewährleistet, im Verhältnis zu anderen Beteiligten dagegen durch die Gestaltungsmöglichkeiten des Vertrags- und Gesellschaftsrechts. Ähnlich kann die Konfliktbewältigung zum einen

---

[1]   *Kirchner, C.,* Formen innerstaatlicher Interaktionsregeln für wirtschaftliche Prozesse, in: *Korff u.a.* (Hrsg.), Handbuch der Wissenschaftsethik, Bd. 2, 1999, 2.2.2.1.
[2]   *Luhmann, N.,* Rechtssoziologie, 1983[2], S. 27–131.
[3]   *Weber, M.,* Rechtssoziologie, 1967[2], S. 80–96.
[4]   *Lampe, E.-J.* (Hrsg.), Zur Entwicklung von Rechtsbewusstsein, 1997.

grundsätzlich dem Rechtsstaats- und Demokratieprinzip zugeordnet werden (*RN 155 ff.,
163 f.*), zum anderen speziell den Regelungen, die für den Aufbau und die Arbeitsweise der
Justiz gelten, wie etwa die Zivilprozessordnung (ZPO) für private Streitigkeiten unter Bürgern (*RN 339 ff.*).

Zusammenfassend gesagt, übernimmt das Recht die politische, wirtschaftliche, **10**
soziale und kulturelle **gesellschaftsstrukturelle Organisationsfunktion,** allerdings
im Zusammenspiel mit weiteren, informellen Regelungen. Im Unterschied zu diesen anderen sozialen Normen, wie etwa Sitte und Brauch, weist das Recht die Besonderheit auf, dass es grundsätzlich für jedermann, also **allgemein** gilt und durch
eine unabhängige Drittinstanz entschieden sowie notfalls mit Druckmitteln **durchgesetzt** werden kann[5]. Im Konfliktfall kann nämlich ein selbständiger Machtträ-
ger, namentlich die staatlichen Gerichte und Vollstreckungsorgane, die Befolgung
des Rechts erzwingen. Auf diese Weise gewährleistet das Recht die Verbindlichkeit
der Regeln für das soziale Leben und ermöglicht sichere Kommunikations- und
Transaktionsbeziehungen. Die Unentbehrlichkeit verlässlicher Regeln zeigt sich
am besten am Geschäftsverkehr, da Handel und Wandel sehr viel mehr Aufwand
erfordern würden, wenn die Vertragspartner nicht auf die Einhaltung ihrer Abma-
chungen vertrauen könnten.

Umstritten ist, worauf die Geltung des Rechts zurückzuführen ist, ob vornehmlich **11**
auf die **zwangsweise Verbindlichkeit** der Regelungen (Sanktionierung) oder eher
auf ihre **selbstverständliche Anerkennung** und Befolgung (Akzeptanz)[6]. Tatsächlich hängen beide Faktoren voneinander ab, d.h. je größer die Akzeptanz einer
Norm ist, desto geringer ist die Notwendigkeit von Zwangsmaßnahmen und umgekehrt. Die Individuen sind natürlich geneigt, belastende Rechtsfolgen abzu-
schwächen, wie bei der Steuerpflicht oder einschränkenden Straßenverkehrs-
regeln[7], andererseits wollen sie nicht auf begünstigende Rechte verzichten, sondern
sich insoweit auf die Tragfähigkeit der Rechtsordnung berufen können.

Ein Indiz für die Inanspruchnahme staatlicher Hilfe bei der Rechtsverfolgung ist die Versicherung gegen Prozesskosten: 1998 erreichten die **Rechtsschutzversicherungen** mit 5,1
Mrd. DM rund 2 % am Gesamtumsatz der Versicherungswirtschaft; sie rangierten damit
noch vor den Hausrats-, Pflege-, Feuer- und Transportversicherungen[8]. Allein in den Instanzen der Zivilgerichte werden jährlich nahezu 3 Mio. Verfahren erledigt[9].

Rechtsregeln gehören zu den ältesten kulturellen Überlieferungen. Rechtstexte aus **12**
jahrtausende alten Kulturen beziehen sich vor allem auf die **Rechtsstellung in der
Gesellschaft** (Freie/Unfreie, Bürger/Fremde), **ehe- und familienrechtliche Regeln**
(Eheschließung/Ehescheidung, Elternrecht/Unterhaltspflicht), **Vertragsrecht** (Ver-
tragsschluss/Vertragspflichten) und **Strafrecht** (Straftaten/Bestrafung). Während

---

[5]   *Kirchner/Schwartze,* Recht, in: Lexikon der Wirtschaftsethik, 1993, Sp. 878.
[6]   *Raiser,* Das lebende Recht, 1991[3], S. 243–264.
[7]   Teilweise ist von einem grundsätzlichen Bedeutungsverlust die Rede, vgl. *Frommel/Gessner*
(Hrsg.), Normerosion, 1996.
[8]   *Harenberg, B.,* Aktuell 2000, 1999, S. 145.
[9]   Statistisches Bundesamt: www.statistik-bund.de/basis/d/recht/rechts 1.htm – Über den Zugang
zum Recht und zur Prozessforschung *Raiser,* Das lebende Recht, 1991[3], S. 349–357, 383 ff.;
Rehbinder, Rechtssoziologie in Deutschland, 2004[4], § 8 II, III.

in menschlichen Gemeinschaften von überschaubarer Größe, wie Familienclans, Siedlungsgemeinschaften oder Volksstämme, hergebrachte Regelungsmechanismen, wie Häuptlings- oder Priesterherrschaft auf der Grundlage mündlicher Tradition von Sitte und Brauch, ausreichen mögen, wächst in größeren und komplexeren Gesellschaften das Bedürfnis nach offiziell festgelegten, allgemein gültigen Regelungen für die notwendigen Ordnungsaufgaben, die sich mit der Vielfältigkeit der Lebensverhältnisse immer stärker differenzieren.

Literatur:
Baurmann, M., Der Markt der Tugend – Recht und Moral in der liberalen Gesellschaft, 1996; *Coleman, J. S.,* Grundlagen der Sozialtheorie, Bd. 1, Handlungen und Handlungssysteme, 1995, S. 311–388; *Kirchner/Schwartze,* Recht, in: *Enderle u.a.* (Hrsg.), Lexikon der Wirtschaftsethik, 1993, Sp. 876–887; *Kißler, L.,* Recht und Gesellschaft. Einführung in die Rechtssoziologie, 1984, S. 91–160; *Luhmann,* Die Funktion des Rechts – Erwartungssicherung oder Verhaltenssteuerung, ARSP-Beih. 1974, 31–45; *Maihofer,* Die gesellschaftliche Funktion des Rechts, JhrbRSozRTh 1970, 11–36; *Raiser, T.,* Das lebende Recht, 1999[3], S. 177–206, 243–264; *Rehbinder, M.,* Rechtssoziologie in Deutschland, 2000[4], §§ 6 f.; *Rottleuthner, H.,* Zum soziologischen Rechtsbegriff, in: *Alexy/Dreier/Neuman,* (Hrsg.), Rechts- und Sozialphilosophie in Deutschland heute. Beiträge zur Standortbestimmung, 1991, S. 300–311; *Rüthers* Rechtstheorie. Begriff, Anwendung und Gestaltung des Rechts, 2004[2], §§ 3, 8; *Wesel, U.,* Geschichte des Rechts. Von den Frühformen bis zum Vertrag von Maastricht, 2001[2], S. 57–92.

2. Gerechtigkeitsmaßstab

13 Mit den Bedingungen für die Aufrechterhaltung der Rechtsordnung – Zwang und Akzeptanz – verbinden sich Fragen nach der Legitimation für die **Bestimmung** des Rechts einschließlich der Einhaltung des Festsetzungsverfahrens und der Angemessenheit des Inhalts. Nachdem früher rechtliche Normen auf höherrangige Grundwerte zurückgeführt und auf diese Weise gerechtfertigt wurden (naturrechtlicher Ansatz), haben sich inzwischen prozedurale Standards in den Vordergrund geschoben. Die formale **Legalität,** wonach ein Rechtsakt gesetzmäßig zu sein hat, d.h. mit den Vorgaben der Rechtsordnung übereinstimmen muss, wird durch festgelegte Verfahren der Rechtsetzung und -anwendung zu erreichen versucht. Diese sollen zugleich die Übereinstimmung mit grundsätzlichen Rechtsgedanken sichern, also für die inhaltliche **Legitimität** der Rechtsgeltung und -fortbildung bürgen (positivistischer Ansatz). So hat sich der Regelungsgehalt eines Gesetzes nicht nur nach derjenigen verfassungsrechtlichen Bestimmung zu richten, nach der es erlassen werden darf, sondern muss auch die übrigen Verfassungsregelungen einschließlich der Grundrechtsordnung berücksichtigen. Die formale Legalität wird daher zugleich mit der inhaltlichen Legitimität verknüpft. Im Zweifel wird über die Legalität und Legitimität des Rechts in speziellen Verfahren, letztlich durch die Gerichte, entschieden.

14 Die Berechtigungs- und Richtigkeitsfrage zielen in ihrem Kern auf die Gewährleistung von **Gerechtigkeit.** Während dieser Begriff lange Zeit absolut gesetzt und als vorgegeben betrachtet wurde, so dass sich darin traditionelle Rechtsungleichheiten, z.B. zwischen Freien und Sklaven oder zwischen Mann und Frau, als angeb-

lich naturhaft verstecken ließen, versucht man heute, seinen Sinn aus der gesellschaftlichen Wirklichkeit des Rechts heraus zu erschließen und die Rechtsordnung
auf die Einbeziehung der Betroffenen und ihrer Interessen zu stützen. Dabei kann
man von allgemeiner Zustimmung zum Maßstab grundlegender **Menschenrechte**
und praktischer **Fairness** ausgehen (demokratischer Ansatz), ohne diese Grundsätze im Sinne Allgemeiner Rechtsprinzipien[10] unabänderlich vorzugeben.

Freilich beruht gerade das demokratische Verfahren, wonach die Mehrheit die allgemein
verbindlichen Entscheidungen trifft, auf dem Grundsatz der freiheitlich-gleichheitlichen Beteiligung aller und dieser auf dem menschenrechtlichen Prinzip der generellen Anerkennung
der Menschenwürde. Andererseits braucht das Grundprinzip nicht zu zahlreichen für unabänderlich gehaltenen Einzelgrundsätzen verfestigt zu werden.

Herkömmlicherweise wird unterschieden zwischen der ausgleichenden (oder 15
Tausch-) Gerechtigkeit für die Beziehungen der Gesellschaftsmitglieder untereinander und der austeilenden Gerechtigkeit für die Verantwortung der staatlichen
Organisationsbereiche gegenüber der Gesellschaft. Dafür müsse der Maßstab der
möglichst angemessenen Gleichstellung der rechtlichen und sozialen Positionen
gelten, was neben den Grundgewährleistungen, wie das Recht auf Leben und auf
soziale Unterstützung, mit **Chancengleichheit** umschrieben wird. Formale Be-
trachtungsweisen werden durch prozedurale und inhaltliche ergänzt, wie diskurs-
theoretische[11] oder analytische[12] und politisch-ökonomische[13]. Das Problem liegt
in der weitest möglich freiheitlich-gleichheitlichen **Verwirklichung der Menschenrechte**, also der angemessenen Eröffnung von Lebensbedingungen, was angesichts
der Unterschiedlichkeit der Voraussetzungen und der Gegensätzlichkeit mensch-
licher Veranlagungen Schwierigkeiten bereitet. Die Soziologie lehrt, dass die
Maßstäbe für die soziale Selbstverantwortung der Menschheit nicht aus ideologi-
schen Vorurteilen, sondern aus der politischen Verständigung über die Lebensbedingungen gewonnen werden müssen. Für eine ökonomisch fundierte Sichtweise
steht im Vordergrund, dass die Zustimmung (Konsens) der Betroffenen zu den
möglichen Regelungen erreicht wird[14].

Das Grundziel der Rechtsordnung muss somit die Ermöglichung einer **freiheitli-** 16
chen, d.h. der persönlichen Entfaltung dienenden **Lebensgestaltung** bei gleichzeitiger solidarischer **Verantwortung** sein. Voraussetzung für ein gerechtes Recht ist
der offene politische Diskurs über die Regelungsaufgaben, ferner eine freiheitlich-
demokratische Organisation der Rechtsetzung, außerdem ein faires Verfahren bei
der gerichtlichen Rechtskontrolle. Die Weiterentwicklung der Rechtsordnung

---

10   *Dworkin, R.*, Laws Empire, 1986.
11   *Habermas, J.*, Faktizität und Geltung, 1998; *ders.*, Moralbewusstsein und kommunikatives Han-
       deln, 2001[8]; *ders.*, Kommunikatives Handeln und detranszendentalisierte Vernunft, 2001. – Vgl.
       grundsätzlich *Engländer, A.*, Diskurs als Rechtsquelle?, 2002.
12   *Hart, H.L.A.*, Recht und Moral, 1971; *Höffe, O.*, Vernunft und Recht, 1996 (Bespr. von *Losch*,
       SLR 1997, 106–108); *Lüderssen, K.*, Genesis und Geltung in der Jurisprudenz, 1996 (Bespr. von
       Losch, SLR 1998, 102–104).
13   *Rawls, J.*, Eine Theorie der Gerechtigkeit, 1998; *Buchanan, J. M.*, Die Grenzen der Freiheit zwi-
       schen Anarchie und Leviathan, 1984.
14   *Eschenburg, R.*, Der ökonomische Ansatz zu einer Theorie der Verfassung, 1977; *Homann/
       Kirchner*, Ordnungsethik, NJPÖ, 1995, 189–211.

muss – auch im Hinblick auf zukünftige Gesellschaftsmitglieder – jederzeit möglich sein und daher in der politischen Auseinandersetzung zur Debatte gestellt werden. Außerdem ist die praktische Verwirklichung des Rechts dauerhaft sicher zu stellen. Systematisch widmet sich der Gerechtigkeitsfrage die **Rechtsphilosophie,** die sich in der jüngsten Vergangenheit zunehmend dem Einfluss pragmatischer Denkweisen, etwa unter menschen- oder umweltrechtlichen Gesichtspunkten, geöffnet hat.

Literatur:
Gerechtigkeit: *Brugger,* Gesetz, Recht, Gerechtigkeit, JZ 1989, 1–10, 61–67; *Demmerling/ Rentsch* (Hrsg.), Die Gegenwart der Gerechtigkeit. Diskurse zwischen Recht, praktischer Philosophie und Politik, 1998; *Dreier, R.,* Recht und Gerechtigkeit, in: *Grimm* (Hrsg.), Einführung in das Recht 1991[2], S. 95–128; *ders.,* Was ist Gerechtigkeit?, JuS 1996, 580–584; *Forst, R.,* Die Rechtfertigung der Gerechtigkeit 2006; Rawls' Politischer Liberalismus und Habermas' Diskurstheorie in der Diskussion, in: *Brunkhorst/Niesen* (Hrsg.), Das Recht der Republik, 1999, S. 105–168; *Haverkamp, A.* (Hrsg.), Gewalt und Gerechtigkeit. Derrida-Benjamin, 1994; *Kersting, W., Theorien der sozialen Gerechtigkeit,* 2000; *Kirchner/ Schwartze, Recht, in: Enderle u.a. (Hrsg.), Lexikon der Wirtschaftsethik, 1993, Sp. 876– 887; Otto, H., Diskurs über Gerechtigkeit, Menschenwürde und Menschenrechte,* JZ 2005, 473–481; *Schwill, John Rawls' Theorie der Gerechtigkeit,* JA 2002, 433–440; *Seelmann, K.,* Gerechtigkeit, Rechtssicherheit, Zweckrationalität, in: *Siller/Keller, (Hrsg.), Rechtsphilosophische Kontroversen der Gegenwart,* 1999, S. 109–114; *Tschentscher, A., Prozedurale Theorien der Gerechtigkeit. Richtiges Entscheiden, Diskursethik und prozedurales Recht,* 2000; *Wassermann, R., Vorsorge für Gerechtigkeit. Rechtspolitik in Theorie und Praxis,* 1985, Wesel, Recht und Gerechtigkeit, JA 1992, 289–298.
Rechtsphilosophie: *Alexy/Dreier/Neumann* (Hrsg.), Rechts- und Sozialphilosophie in Deutschland heute. Beiträge zur Standortbestimmung, 1991; *Braun, J.,* Rechtsphilosophie im 20. Jahrhundert. Die Rückkehr der Gerechtigkeit, 2001; *Coing,* Grundzüge der Rechtsphilosophie, 1993[5]; *Gröschner/Dierksmeier/Henkel/Wiehart,* Rechts- und Staatsphilosophie, 2000; *Hofmann, H.,* Einführung in die Rechts- und Staatsphilosophie, 2000; *Horster,* Rechtsphilosophie zur Einführung, 2002; *Kaufmann, A.,* Rechtsphilosophie, 1997[2]; *Kaufmann/Hassemer* (Hrsg.), Einführung in die Rechtsphilosophie und Rechtstheorie der Gegenwart, 2004[7]; *Kriele, M.,* Grundprobleme der Rechtsphilosophie, 2003; *Naucke,* Rechtsphilosophische Grundbegriffe, 2000[4]; *Radbruch,* Rechtsphilosophie (Studienausgabe), 2003[2]; *Schwintowski, H.-P.,* Recht und Gerechtigkeit. Eine Einführung in Grundfragen des Rechts, 1996; *Seelmann, K.* (Hrsg.), Aktuelle Fragen der Rechtsphilosophie, 2000; *ders.,* Rechtsphilosophie, 2004[3]; *Siller/Keller* (Hrsg.), Rechtsphilosophische Kontroversen der Gegenwart, 1999; *Zippelius, R.,* Rechtsphilosophie, 2003[4], S. 74–172; *ders.,* Das Wesen des Rechts, 1997[5].

3. Staatliche Verantwortung

17 Um das Recht verbindlich setzen und durchsetzen zu können, bedarf es einer umfassenden gesellschaftlichen Machtbefugnis. Diese hat sich in Form der Staaten organisiert. Das Recht als generelles Ordnungssystem ist daher meistens staatlich gesetztes, im Streitfall überwiegend staatlich entschiedenes und auf Grund des staatlichen Gewaltmonopols[15] immer staatlich durchgesetztes Recht. Die **Staats-**

---

[15]   Zur Verhinderung eines willkürlichen und unkontrollierbaren Faust-, Clan- und Cliquenrechts. Vgl. etwa *Leisner,* Demokratie – eine „friedliche Staatsform"? – Zu Friedenspflicht und Gewaltmonopol im Inneren, JZ 2005, 809–815.

Aufgaben des Rechts

autorität für das Recht schließt nicht aus, dass der Staat auf verschiede
und in unterschiedlichen Verfahren Recht setzt (Gesetze durch das
Rechtsverordnungen durch die Regierung oder Verwaltungsbehörden u
gen durch selbständige Verwaltungsträger, wie Gemeinden und Kreise und andere
Körperschaften oder Einrichtungen). Außerdem können Regelungen, die von
staatsunabhängigen Organisationen getroffen werden, wie Tarifverträge oder
technische Normungen, mit staatlicher Autorität ausgestattet werden. Ferner lässt
die staatliche Rechtsordnung dem Einzelnen die Möglichkeit der dezentralen
Rechtsetzung (**Privatautonomie**), indem etwa durch Verträge individuelle Regelungen vereinbart werden, die unter den Beteiligten als verbindliches Recht gelten.
Dadurch kommt eine plurale und flexible Rechtsordnung zustande.

Die Staaten können sich auch untereinander verpflichten, ihre jeweiligen Rechts- **18**
ordnungen an gemeinsame Regelungsziele anzupassen (*RN 62 f.*). Das geschieht
durch **völkerrechtliche Übereinkommen** (zwischenstaatliche Verträge). Dadurch
lässt sich eine inhaltliche Internationalisierung und Angleichung der Rechtsordnungen erreichen. Jedoch fehlt ein überstaatlicher Zwangsapparat, was sich negativ auf die Durchsetzung des international vereinbarten Rechts auswirkt, denn
nicht immer kann auf die Akzeptanz der vereinbarten Regelungen gebaut werden.

Die meisten Mitgliedstaaten der UNO haben die beiden UN-Menschenrechtsüberein-
kommen von 1966 unterzeichnet (*RN 92*) und damit die Verpflichtung übernommen, in ihren
Rechtsordnungen für die Einhaltung der vereinbarten Menschenrechte zu sorgen. Von der
Mehrzahl der Unterzeichnerstaaten wird diese Verpflichtung bis heute jedoch nicht oder
nicht in ausreichendem Maße erfüllt. Der Menschenrechtsrat der UNO hat daher eine wichtige Beobachtungs- und Appellaufgabe, ihm stehen jedoch keine Zwangsmittel zur Verfügung.
Auf wirtschaftlichem Gebiet sind mittlerweile 67 Staaten dem UN-Übereinkommen zum Internationalen Warenkauf (*RN 429*) beigetreten. Dadurch haben sie sich verpflichtet, statt
ihres nationalen Rechts die einheitlichen vertragsrechtlichen Regelungen auf grenzüberschreitende Kaufverträge anwendbar zu machen. Jedoch gibt es auch hier lediglich Kon-
fliktbehandlungs-, aber keine Durchsetzungsorgane, die für die Einhaltung der Verpflichtungen sorgen können, wenn die nationalen Gerichte ihnen nicht nachkommen.

Eine völkerrechtliche Besonderheit gilt in Europa. Die Mitgliedstaaten der
Europäischen Union (EU) haben sich nämlich zu einem supranationalen Staaten-
verbund zusammengeschlossen und eine **gemeinschaftliche Rechtsordnung** geschaffen, in deren Regelungsbereich die mitgliedstaatlichen Rechtsordnungen verdrängt werden (*RN 39, 70–72*).

Literatur:
Horn, Einführung in die Rechtswissenschaft und Rechtsphilosophie, 2004[3], S. 13 ff.; *Kirchner, C.*, Formen innerstaatlicher Interaktionsregeln für wirtschaftliche Prozesse, in: *Korff
u.a.*, Handbuch der Wirtschaftsethik, Bd. 4, 2002, 3.2; *Lampe, E.-J.* (Hrsg.), Rechtsgleichheit und Rechtspluralismus, 1995; *Teubner, G.*, Die zwei Gesichter des Janus: Rechtspluralismus in der Spätmoderne, in: *Schmidt/Weyers* (Hrsg.), Liber amicorum. Josef Esser z. 85.
Geb., 1995, S. 191–224.

Zum Thema **Menschenrechte** s. die Literatur nach *RN 40*.

II. Rechtskritik und Rechtsentwicklung

1. Soziologische Rechtskritik

19 Während die Juristen das Recht als Beteiligte praktizieren, betrachten es die Soziologen von außen als eines der gesellschaftlichen Teilsysteme. Das soziologische Interesse bezieht sich daher nicht in erster Linie auf die systeminternen Strukturen des Rechts, sondern auf seine Leistungen für die Gesellschaft, die in seinen **Funktionen** zum Ausdruck kommen (*RN 9 f.*). Während die traditionelle soziologische Fragestellung sich auf die Arten des gesellschaftlichen Verhaltens richtet, fragt die funktions- und systembezogene Betrachtung nach den institutionellen Grundlagen und Auswirkungen. Nach *Luhmann* kann auf den komplexitätsreduzierenden Verhaltensnormen des Rechts eine konstante Kommunikation aufgebaut werden (*RN 8*). Das **Rechtssystem** entwickle sich als funktionelles Teilsystem der Gesellschaft und differenziere sich immer weiter aus; sein Mechanismus begünstige jedoch die Neigung zur **Systemautonomie**, die schließlich mehr der Selbsterhaltung des Rechtssystems als der kommunikativen Ausrüstung der Gesellschaft diene.

20 *Luhmann* veranschaulichte zwar die Eigengesetzlichkeiten des Rechts, unterschätzte aber, dass von der Rechtspraxis grundsätzlich eine Integrationsleistung zu erbringen ist, die das Recht mit den vielfältigen Erscheinungsweisen der gesellschaftlichen Realität abzustimmen hat. Die Hauptaufgabe besteht darin, für ständige Veränderungen der Lebenswirklichkeit die bestmöglichen Regelungen und für laufend variierende Sachverhalte die jeweils angemessene Beurteilung zu finden. Demgegenüber betont die **systemtheoretische Sicht**, dass sich das Recht völlig auf sich selbst konzentriert und den Bezug zur gesellschaftlichen Realität verliert. Das Recht wird als eine normative Eigenwelt konstruiert, die der ungeordneten Wirklichkeit gegenübergestellt wird. Problematisch ist aber bereits der Ausgangspunkt, wonach die natürliche Lebenswirklichkeit als beliebig komplex unterstellt wird und der regulative Charakter des Rechts erforderlich ist, um eine geordnete Kommunikation zu ermöglichen. In Wirklichkeit folgt das natürliche Leben zahlreichen dafür notwendigen Gesetzlichkeiten. Die kulturelle Normativität, die sich in ausdrücklich vorgesehenen Verhaltensregeln äußert, schreibt die natürlich vorgegebene Regularität nur fort. Die tatsächlichen Lebensweisen und die kulturell entwickelten Verhaltensregeln sind also gegenseitig bedingt. Die traditionelle Unterscheidung von **Sein** und **Sollen** beschreibt daher, anders als irreführend unterstellt wird, keine unüberbrückbaren Gegensätze, sondern lediglich die anleitende Eigenschaft der Norm, die diese gegenüber eventuell davon abweichenden Möglichkeiten des faktischen Verhaltens entfaltet[16]. Immerhin lässt der Blick auf die Normativität jedoch wesentliche Einblicke in die Eigengesetzlichkeiten des Normensystems gewinnen. Andererseits darf der Praxisbezug des Rechts nicht ausgeklammert werden. Dem Verhältnis von System, Akteuren und Tatsachen widmet sich vor allem die traditionelle soziologische Sicht.

---

[16]   Vgl. *Vollmer,* Vom Sein zum Sollen. Ein Versuch, Ordnung zu schaffen, in: *Lampe E.-J.* (Hrsg.), Zur Entwicklung von Rechtsbewusstsein, 1997, S. 47–70.

So beobachtete *Eugen Ehrlich* zu Beginn des 20. Jahrhunderts, dass das Recht durch ver- **21** schiedene Gruppen von Akteuren und verschiedene Traditionen verwirklicht wird. Das **staatlich gesetzte Recht** erfülle nur eine Grundlagen- und Anleitungsfunktion. Diese werde durch das **Juristenrecht** (vornehmlich der Richter, Anwälte und Verwaltungsjuristen) zum offiziell angewandten Recht ausgeformt, vom alltäglichen inoffiziellen Rechtsverkehr, dem **Volksrecht**, aber nur ungefähr praktiziert und durch örtliche, regionale oder branchenübliche Konventionen konkretisiert. Der kritische Ansatz dieser Bemühungen um Rechtsrealismus zielte darauf, die enge Normbezogenheit der positivistischen Dogmatik (Lehrsätze der Rechtsauslegung und -anwendung) zu lockern.

Die wissenschaftliche Beschäftigung mit der Rechtsgeltung erlag in der Folgezeit der Anzie- **22** hungskraft, die von der wertneutralen Erfassbarkeit der staatlichen Rechtsetzung ausging. *Max Weber* erkannte in der **Rationalität der Herrschaftsorganisation** das Wesensmerkmal der modernen Gesellschaft. Im Recht und in der Bürokratie sah er die Mittel, Staat und Gesellschaft rational zu organisieren und eine vernunftgeleitete Politik durchzusetzen. Mit der Herausarbeitung der entsprechenden Funktionen verlagerte er die Blickrichtung auf die systematisierende Leistung des Rechts und arbeitete der späteren Systemtheorie vor. Die kritische Stoßrichtung der Rationalitätsperspektive mit ihrem Verzicht auf Wertungen wandte sich weniger gegen eine fortschrittliche Instrumentalisierung des Rechts als vielmehr gegen traditionelle Beharrungstendenzen, in denen nach wie vor ein rechtspolitisches Problem zu sehen ist.
Z.B. hält in der gegenwärtigen Diskussion um die rechtliche Zulässigkeit von bestimmten biomedizinischen Forschungsmaßnahmen die überwiegende Rechtsauffassung auch diejenigen Verbote des **Embryonenschutzgesetzes** für gerechtfertigt, die widersprüchlich sind und dem europäischen Rechtsvergleich nicht standhalten (*RN 108*); auch die Gesetzgebung will davon nicht abweichen[17]. Unter dem Aspekt einer logisch rationalen, abstrakten und berechenbaren Regelungssystematik ist unbedingt Kritik dagegen angebracht. Andererseits müssen gegen eine beliebige Instrumentalisierbarkeit des Rechts Bedenken geltend gemacht werden, wenn sie an inhaltliche Grundsätze der Rechtlichkeit stößt, die nicht unterlaufen werden dürfen. Im Unrechtsregime der nationalsozialistischen Diktatur wurden diese Grundsätze missachtet und das Recht für verbrecherische Herrschaftszwecke missbraucht[18].

Die Rationalitätsperspektive fand eine Fortsetzung in *Theodor Geigers* Tatsachenlehre des **23** Rechts. Sie schärfte den Blick für die Wirklichkeitsverantwortung des Rechts in der Nachkriegszeit, als sich im Gegensatz zum nationalsozialistisch ausgebeuteten Positivismus ein Rechtsidealismus vordrängte, der mit naturrechtlichen Prinzipien traditionelle weltanschauliche Normverständnisse behaupten wollte. Demgegenüber setzte sich die Frage nach den **gesellschaftlichen Bedingungen des Rechts** allmählich stärker durch. So untersuchte *Ralf Dahrendorf* die soziale Herkunft der deutschen Richterschaft. Angesichts der Rekrutierung der Richter vornehmlich aus der Oberschicht äußerte er die Vermutung, dass die Gerichtspraxis von den Oberschichthorizonten und -interessen beeinflusst werde; folglich kam das Wort von der **Klassenjustiz** auf[19]. Andererseits blieb die Sozialisationswirkung der Rechtspraxis unberücksichtigt[20]. Jedoch wurden die fachliche Selbstherrlichkeit der Juris-

---

[17] Dazu *Radau*, Das Menschenrechtsübereinkommen zur Biomedizin – Gefahr für den deutschen Embryonenschutz?, Recht und Politik 1999, 161–169.
[18] Vgl. *Rüthers, B.*, Die unbegrenzte Auslegung – Zum Wandel der Privatrechtsordnung im Nationalsozialismus, 1997[5].
[19] Dazu *Rüthers, B.*, Rechtstheorie, 1999, S. 287–300.
[20] Diese bezieht in einer breiter angelegten Untersuchung *Kaupen, W.*, Die Hüter von Recht und Ordnung, 1971, ein. Vgl. neuerdings *Kauffmann, P.*, Zur Konstruktion des Richterberufs durch Richterleitbilder, 2003.

prudenz und zugleich die außerfachliche Orientierung der Rechtsprechung zu einem dauerhaften Diskussionsthema.

24 Zu rechtssoziologischen Fragestellungen treten neuerdings vermehrt **anthropologische** Perspektiven hinzu, die über die Vereinbarkeit von Recht mit normativen Grunddispositionen informieren können. Ferner breiten sich **ethologische** und **biologische** Forschungsrichtungen aus, die Rechtsregeln und angeborene Verhaltensvorgaben vergleichen lassen, sowie **psychologische** Ansätze, die für rechtliche Kommunikationsvorgänge, z.B. im Bereich der Zeugenvernehmung oder der Resozialisation, kritische Informationen liefern können. Neben rechtssoziologischen Untersuchungen wurde auch die **Rechtstatsachenforschung**, insbesondere im Wirtschafts-, Vertrags- und Prozessrecht, vorangetrieben. Rechtstatsachen sind soziale Sachverhalte, auf die sich rechtliche Regelungen beziehen, an denen die Wirkung der Rechtspraxis beurteilt werden kann[21]. Generalisierend lassen sich sämtliche Zusammenhänge von Recht und Gesellschaft, vor allem auch von Recht und Literatur, als Erscheinungsweise der **Rechtskultur** auffassen, es sei denn, man will diesen Begriff lieber für die grundlegenden Fundamente von Recht und Rechtspflege[22] oder für den besonders qualitätsbewussten Umgang mit dem Recht reservieren.

25 Die soziologische Rechtskritik der sechziger Jahre hatte den Eindruck hervorgerufen, dass die Rechtspraxis durch eine soziologische Aufklärung der Rechtswissenschaft von traditionellen Unzulänglichkeiten befreit und für zeitgemäße soziale Offenheit gewonnen werden könnte. Es entstanden Pläne für eine soziologisch orientierte **Reform der Juristenausbildung**, welche teilweise verwirklicht, inzwischen jedoch durch neue Ausbildungserfordernisse wieder zurückgedrängt wurden[23]. Die Rechtswissenschaft hatte sich auch längst von einer begriffssystematischen zu einer normkritischen Betrachtungsweise und differenzierten Ausarbeitung ihrer Lehren (Dogmatik) weiterentwickelt. Seit *Rudolf von Jhering*, beginnend mit seinem „Kampf ums Recht" (1872) und ausgebaut in „Der Zweck im Recht" (1877/83) die **Begriffsjurisprudenz** in Frage gestellt hatte, war deutlich geworden, dass Rechtsfragen keine logischen Begriffs-, sondern wertbezogene Interessenfragen sind, um deren Beantwortung mit praktischen Argumenten gerungen werden muss. Die Entwicklung zur **Interessenjurisprudenz** verlangte von der juristischen Arbeit, sich unmittelbar an der sozialen Wirklichkeit zu orientieren. Übersteigert wurde das realistische Prinzip von der **Freirechtsschule**, nach der die Rechtsentscheidung im Zweifel unabhängig vom Gesetz als Sache des Rechtsgefühls zu verstehen war. Dagegen konnte sich die Weiterentwicklung der Interessen- zur **Wertungsjurisprudenz** durchsetzen, wonach die Bewertung, die das Recht für die Sachinteressen vornimmt, für die rechtliche Entscheidung zwischen diesen ausschlaggebend zu sein hat. Dadurch wurde das normative mit einem **realistischen Rechtsverständnis** verknüpft.

Sowohl die rechtssoziologische als auch die rechtswissenschaftliche Forschung tendiert gegenwärtig stark zu Grundsatzfragen der sozialen Gerechtigkeit. Die

---

[21] Dazu *Heinz, W.*, Rechtstatsachenforschung heute, 1998[2]; *Raiser J.*, Das lebende Recht, 1993[3], § 4 III; *Chiotellis* (Hrsg.), Rechtstatsachenforschung, 1985; *Hartwieg*, Rechtstatsachenforschung im Übergang, 1975.

[22] So *Raiser J.*, Das lebende Recht, 1993[3], S. 315–407.

[23] *Dreier H.* (Hrsg.), Rechtssoziologie am Ende des 20. Jahrhunderts. Gedächtnissymposium für Edgar Michael Wenz, 2002, Abschlussdiskussion; *Pick*, 25 Jahre Fachbereich Rechtswissenschaft der Universität Hannover, RuP 2000, 12–15. Zur Neuordnung *Schädel*, JuS 2004, 847–852.

Öffnung der Rechtssoziologie und Rechtswissenschaft für den demokratischen, interdisziplinären und globalen Diskurs trifft sich mit der Internationalisierung des Rechts hinsichtlich der Entwicklung menschenrechtsgegründeter freiheitlich-gleichheitlicher Rechtssysteme, die über den Rahmen der nationalen Gesellschaften hinaus als allgemein anerkennungsfähig gelten können (*RN 18*).

Literatur:
Systemtheorie: *Luhmann, N.*, Rechtssoziologie, 1987[3]; *ders.*, Das Recht der Gesellschaft, 1995. Dazu *Krawietz/Welker*, Kritik der Theorie sozialer Systeme. Auseinandersetzungen mit Luhmanns Hauptwerk, 1992; *Smid*, Zur Einführung: Niklas Luhmanns systemtheoretische Konzeption des Rechts, JuS 1986, 513; *Teubner, G.*, Recht als autopoietisches System, 2002; *Willke, H.*, Supervision des Staates, 2002.
Rechtssoziologie: *Ehrlich, E.*, Grundlegung der Soziologie des Rechts, 1989[4]; *Weber, M.*, Rechtssoziologie, 1967[2]; *Geiger, T.*, Vorstudien zu einer Soziologie des Rechts,1987[4]; *Dahrendorf, R.*, Deutsche Richter. Ein Beitrag zur Soziologie der Oberschicht, 1960, in: *ders.*, Gesellschaft und Freiheit, 1965, S. 176 ff.; *Kaupen, W.*, Die Hüter von Recht und Ordnung. Die soziale Herkunft, Erziehung und Ausbildung der deutschen Juristen, 1971[2]; *Lautmann, R.*, Soziologie vor den Toren der Jurisprudenz, 1982; *ders.*, Justiz, die stille Gewalt, 1991; *Wassermann, R.*, Der politische Richter, 1982; *Büllersbach*, Rechtswissenschaft und Sozialwissenschaft, in: *Kaufmann/Hassemer* (Hrsg.), Einführung in die Rechtsphilosophie und Rechtstheorie der Gegenwart, 2004[7], S. 440 ff.; *Dreier, H.* (Hrsg.), Rechtssoziologie am Ende des 20. Jahrhunderts. Gedächtnissymposion für Edgar Michael Wenz, 2002; *Hesse, H.A.*, Einführung in die Rechtssoziologie, 2004; *Korte/Schäfers* (Hrsg.), Einführung in Spezielle Soziologien, 1993[2], S. 1 ff.; *Krawietz*, Grundzüge der Rechtssoziologie, 2003; *Mathiesen, T.*, Das Recht in der Gesellschaft. Eine Einführung in die Rechtssoziologie, 1998; *Raiser, T.*, Das lebende Recht, 1999[3], S. 94–162; *Rehbinder, M.*, Rechtssoziologie in Deutschland, 2000[4], §§ 5, 8; *Röhl, K. F.*, Rechtssoziologie, 1987; *Rottleuthner, H.*, Einführung in die Rechtssoziologie, 2000.
Anthropologie u.a.: *Baumgartner/Schuhmacher* (Hrsg.), Recht, Macht und Gesellschaft. Justiz und Politik, 1997; *Gerecke, U.*, Soziale Ordnung in der modernen Gesellschaft. Ökonomik-Systemtheorie-Ethik, 2001; *Gruter/Rehbinder* (Hrsg.), Der Beitrag der Biologie zu Fragen von Recht und Ethik, 1983; *Hof, H.*, Rechtsethologie. Recht im Kontext von Verhalten und außerrechtlicher Verhaltensregelung, 1996; *Kreuzbauer/Fischer* (Hrsg.), Recht und Weltanschauung, 2000; *Lampe, E.-J.* (Hrsg.), Zur Entwicklung von Rechtsbewusstsein; *ders.*, Grenzen des Rechtspositivismus. Eine rechtsanthropologische Untersuchung, 1988; *ders.*, Rechtsanthropologie. Entwicklung und Probleme, in: *Siller/Keller* (Hrsg.), Rechtsphilosophische Kontroversen der Gegenwart, 1999, S. 159–176; *Pawlowski/Roellecke* (Hrsg.), Die Verschiedenheit der Kulturen und die Allgemeinheit des Rechtes, 1996; *Vollmer, G.*, Auf der Suche nach der Ordnung. Beiträge zu einem naturalistischen Welt- und Menschenbild, 1995.
Rechtsdogmatik: *Alexy, R.*, Begriff und Geltung des Rechts, 2002; *Hofmann*, Rechtsdogmatik, Rechtsphilosophie und Rechtstheorie, in: *Stober, R.* (Hrsg.), Recht und Recht. Festschr. f. Roellecke, 1997, S. 117–130; *Alexy/Koch/Kuhlen/Rüßmann*, Elemente einer juristischen Begründungslehre, 2003; *Rüthers B.*, Rechtstheorie. Begriff, Anwendung und Geltung des Rechts, 2004[2], §§ 11–19.

2. Ökonomische Rechtskritik

Für die Wirtschaftswissenschaften stellt das Recht ebenfalls eine eigene, wenn **26** auch benachbarte Disziplin dar, die nicht aus der Binnensicht, sondern nur aus einer Außenperspektive betrachtet werden kann. Allerdings haben die Ökonomen rechtliche Vorgaben lange Zeit als mehr oder weniger unveränderliches Datum in den Randbereich ihrer Arbeit verbannt. *Gary S. Becker* war Ende der 1950er Jahre einer der ersten, die das Recht unter ökonomischen Gesichtspunkten als System von Anreizen und Sanktionen in seinen **Auswirkungen auf das menschliche Verhalten** untersuchten[24]. Erst seit den 1960er Jahren, systematisch seit Anfang der 1970er Jahre, rücken Ökonomen – vor allem in den USA – die Folgen rechtlicher Regelungen in den Vordergrund, indem sie untersuchen, wie das Normensystem die Handlungen von Akteuren und damit das wirtschaftliche Ergebnis ihres Handelns beeinflusst. Meistens wird dieses wirtschaftswissenschaftliche Teilgebiet als Ökonomische Analyse des Rechts[25], zunehmend jedoch als **Ökonomische Theorie des Rechts** oder auch Rechtsökonomik bezeichnet.

Dabei werden bestimmte Annahmen zu Grunde gelegt, nämlich ein Umfeld mit knappen Ressourcen sowie eigennutzorientiertes und – begrenzt – rationales Verhalten. Auf diese Weise können entweder die **ökonomischen Effekte** von Rechtsregeln beschrieben (positiver bzw. deskriptiver Ansatz) oder Regelungsalternativen nach **ökonomischen Kriterien**, meistens unter dem Gesichtspunkt von Wohlfahrtssteigerungen durch effizientere Zuordnung von Gütern, bewertet werden (normativer bzw. präskriptiver Ansatz). Ein zusätzliches Anwendungsfeld öffnet sich, wenn nicht die Regelungen, sondern ihre Entstehung mit wirtschaftswissenschaftlichem Instrumentarium untersucht werden, wobei es auf das Verhalten der an der Rechtsetzung oder Rechtsprechung Mitwirkenden ankommt.

27 Der Ursprung der Fachrichtung wird meistens einem Aufsatz von *Ronald H. Coase* zur **Theorie der Eigentumsrechte**[26] zugeschrieben, da dessen noch erheblich frühere Untersuchung zur **Bildung von Unternehmen**[27] zunächst wenig Beachtung gefunden hatte. Eine klare und eindeutige Festlegung von Handlungsrechten durch das Rechtssystem erscheint danach als wirtschaftlich vorteilhaft, ebenso wie Regelungen für den Austausch und die Übertragung dieser Rechte. *Coase* stützt seine Überlegungen auf Fälle gegenseitiger Störungen (etwa durch Immissionen) aus nachbarrechtlicher Sicht: Im Preis für die Lösung der Probleme durch „soziale Arrangements" müssten die jeweils dafür entstehenden Kosten berücksichtigt werden, also für Vereinbarungen die **Transaktionskosten**, für staatliche Regelungen die entsprechenden **Bürokratiekosten**.

Fast parallel dazu beschäftigte sich *Guido Calabresi* aus ökonomischer Sicht mit der **Haftung bei Verkehrsunfällen**[28]. Er weist darauf hin, dass die Verpflichtung zur Zahlung von Schadensersatz nicht nur dem Ausgleich des Schadens beim Geschädigten dient, sondern auch als möglicher Kostenfaktor die Aktivitäten der Beteiligten beeinflusst und damit präventiv wirkt. Aus diesem Grunde befürwortet er statt des traditionell vom Verschulden abhängigen ein risikobezogenes Haftungssystem.

---

[24]   Für seine wegweisenden Aufsätze, gesammelt unter dem Titel „The Economic Approach to Human Behaviour", 1976, erhielt er 1992 den Nobelpreis für Ökonomie.

[25]   Die sklavische Übersetzung des Schlagwortes, das auch das Standardwerk von *Posner,* Economic Analysis of Law, 2003[6], ziert, erfasst selbst in den USA nur einen Teil der dortigen „Law and Economics"-Bewegung.

[26]   The Problem of Social Costs, 3 Journal of Law and Economics (1960), 1–44, deutsch unter dem Titel „Das Problem der sozialen Kosten", in: *Assmann/Kirchner/Schanze* (Hrsg.), Ökonomische Analyse des Rechts, 1993, S. 129–183.

[27]   The Nature of the Firm, 4 Economica (1937), 386–405. *Coase* wurde 1991 ebenfalls der Nobelpreis zugesprochen.

[28]   Some Thoughts on Risk Distribution and the Law of Torts, 70 YaleJ (1961), 499 ff., später ausgebaut zu „The Costs of Accidents", 1972[3].

Im Anschluss an diese beiden stark problemorientierten Untersuchungen ent- **28** wickelte *Richard A. Posner* ein im Anwendungsbereich **ausgedehntes Konzept** einer **ökonomischen Analyse des Rechts**[29]. Er wendet es nicht nur auf das Zivilrecht (Eigentum, Vertrag, Haftung, aber auch Familie), auf die wirtschaftliche Regulierung von Märkten (Kartelle, unselbständige Arbeit) sowie auf das Unternehmensrecht an, sondern auch auf das Strafrecht, die Verfahrensregeln und die Verfassung einschließlich des föderalen Systems. Auch inhaltlich geht er über die bloße Feststellung ökonomischer Wirkungen von rechtlichen Regelungen hinaus und plädiert ausdrücklich für deren **Optimierung am Maßstab der Effizienz.**

Vor allem diese Art der normativen außerrechtlichen Vorgaben stieß bei Juristen auf Wider- **29** stand, gerade auch in der Bundesrepublik Deutschland, wo ein derartiger „ökonomischer **Imperialismus**" besonders heftige Reaktionen hervorrief[30]. Trotzdem wird inzwischen die ökonomische Theorie des Rechts in Deutschland argumentativ genutzt, allerdings genießt sie in neueren Rechtsbereichen, wie etwa dem Umweltrecht, stärkere Beachtung als in den traditionellen Rechtsgebieten, wo sie wiederum eher Zugang zum wirtschaftsnahen Gesellschafts-, Vertrags- oder Haftungsrecht findet[31].
Der Anschluss wirtschaftswissenschaftlicher Ansätze an das rechtswissenschaftliche Instrumentarium ist überall dort möglich, wo über die normativ-dogmatische Ebene der Rechtsetzung und Rechtsanwendung hinaus auch außerrechtliche Argumente in die Bewertung des Rechts einbezogen werden[32]. Dem entsprechen realistische Rechtstheorien mehr als formalsystematische. Letztlich geht es darum, sich über Sinn und Zweck einer bestimmten rechtlichen Regelung für das Zusammenleben in der Gesellschaft klar zu werden. Die ökonomische Theorie steht einer solchen **funktionalistischen Sicht** sehr nahe.

Zu einem differenzierteren Bild der Regelungseffizienz gelangen ökonomische An- **30** sätze, die ihre Untersuchung nicht auf die formalen Regeln gesellschaftlicher Prozesse, also das Recht, beschränken, sondern auch informelle Strukturen, etwa Traditionen oder andere verfestigte Verhaltensweisen, einbeziehen. Damit wird der Blick auf die Institutionen gerichtet, die als Regelungsmuster, Entscheidungssysteme oder Organisationen die Beziehungen zwischen den Gesellschaftsmitgliedern prägen[33]. Dies ist die Zielsetzung der **Neuen Institutionenökonomik,** die damit einen umfassenden Ansatz für die Beurteilung der Rahmenbedingungen menschlichen Verhaltens anbietet und auf alle Gesellschaftswissenschaften ausstrahlen dürfte.

---

[29] Economic Analysis of Law (1972), 2003[6].

[30] Vgl. etwa die Debatte zwischen *Fezer*, Aspekte einer Rechtskritik an der economic analysis of law und am property rights approach, JZ 1986, 817–824, und *Ott/Schäfer*, Die ökonomische Analyse des Rechts – Irrweg oder Chance wissenschaftlicher Rechtserkenntnis?, JZ 1988, 213–223. Zu anderen Hemmnissen für eine Rezeption des amerikanischen Ansatzes *Kirchner, C.*, The Difficult Reception of Law and Economics in Germany, International Review of Law and Economics 1991, 277–292.

[31] Dagegen mit weit gesteckter Herangehensweise *Engel/Morlok* (Hrsg.), Öffentliches Recht als Gegenstand ökonomischer Forschung, 1998.

[32] Vgl. *Eidenmüller, H.*, Effizienz als Rechtsprinzip, 2005[3].

[33] Dazu *Frey*, Vergleichende Analyse von Institutionen: Die Sicht der politischen Ökonomie, Staatswissenschaften und Staatspraxis 1990, 158–175; *Richter*, Sichtweise und Fragestellung der neuen Institutionenökonomik, ZWS 1990, 571–591.

Literatur:
Adams, M., Ökonomische Theorie des Rechts. Konzepte und Anwendungen, 2004[2]; *Assmann/Kirchner/Schanze,* Ökonomische Analyse des Rechts, 1993; *Behrens, P.,* Die ökonomischen Grundlagen des Rechts, 1986; *Burow,* Einführung in die Ökonomische Analyse des Rechts, JuS 1993, 8–12; *Coase, R. H.,* The Firm, the Market and the Law, 1988; *Cooter/Ulen,* Law and Economics, 2004[4]; *Dnes, A.W.,* The Economics of Law, 1996; *Eidenmüller, H.,* Effizienz als Rechtsprinzip, 2005[3]; *Kirchner, C.,* Ökonomische Theorie des Rechts, 1996; *ders.,* Das Verhältnis der Rechtswissenschaft zur Nationalökonomie, JNPÖ, 1988, 192 ff.; *Koboldt/Leder/Schmidtchen,* Ökonomische Analyse des Rechts, WiSt 1992, 334 ff.; *North, D. C.,* Institutions, Institutional Change and Economic Performance, 1991; *Polinsky, A.M.,* An Introduction to Law and Economics, 2003[3]; *Schäfer/Ott,* Lehrbuch der ökonomischen Analyse des Zivilrechts, 2005[4]; *Schwintowski,* Ökonomische Theorie des Rechts, JZ 1998, 581 ff.; *Shavell, S.,* Foundations of Economic Analysis of Law, 2004; *Weigel, W.,* Rechtsökonomik, 2003; *Williamson, O. E.,* Die ökonomischen Institutionen des Kapitalismus, 2002.
Erlei/Leschke/Sauerland, Neue Institutionenökonomik, 1999; *Frey, B. S.,* Ökonomie ist Sozialwissenschaft. Die Anwendung der Ökonomie auf neue Gebiete, 1990; *Homann/Suchanek,* Ökonomik. Eine Einführung, 2005[2]; *Kirchgässner, G.,* Homo Oeconomicus, 2000[2]; *Mayer, A.,* Ordnungspolitik und Europäische Integration. Eine institutionenökonomische Analyse, 2002; *Richter, R./Furubotn,* Neue Institutionenökonomik, 2003[3]; *Voigt,* Institutionenökonomik, 2002.

3.   Rechtsentwicklung

31 Die Differenzierung der Gesellschaft hat eine enorme Zunahme der Rechtsbeziehungen bewirkt.

Große Teile des Wirtschaftsstraf-, Umwelt-, Telekommunikations-, Verbraucher- und auch Familienrechts sind erst in jüngster Vergangenheit geschaffen worden. Ebenso entstand das suprastaatliche Europäische Gemeinschaftsrecht erst in den letzten Jahrzehnten. Im Gemeinschaftsrecht und der staatlichen Rechtsordnung werden jährlich zahllose gesetzliche Regelungen und Durchführungsvorschriften erlassen. Die Mitglieder der juristischen Berufsgruppen, insbesondere die Rechtsanwaltschaft, haben sich vervielfacht, und die Bevölkerung kommt in immer engere Berührung mit der Rechtsordnung, sei es durch das Arbeits-, Sozial- oder Mietrecht, das Versicherungs-, Steuer- oder Straßenverkehrsrecht.

Für diese Entwicklung wurde das Schlagwort von der **Verrechtlichung** der Gesellschaft geprägt[34], das zunächst im Sinne einer Kritik an Überreglementierung, Formalisierung, Bürokratisierung und Erstarrung verstanden wurde. Demgegenüber wurde mittlerweile erkannt, dass die Veränderung der Lebensumstände, z.B. im Bereich der Technik und des Umweltschutzes, sowie die Verwirklichung des Grundrechtsschutzes, z.B. im Datenverarbeitungsbereich, für die Zunahme der Regelungsdichte verantwortlich gemacht werden muss.

Das zeigt sich auch im Verbraucherschutzrecht (*RN 432 ff.*): Die steigende Teilnahme breiter Bevölkerungsschichten am Geschäftsverkehr und die Entwicklung neuer Marketing- und Absatzformen durch die Unternehmen ließen eine Reaktion des Rechtssystems erwarten, die seit Mitte der achtziger Jahre durch Spezialregelungen (insbesondere zu den sog.

---

[34]   Mit Blick auf einzelne Rechtsbereiche *Kübler, F.* (Hrsg.), Verrechtlichung von Wirtschaft, Arbeit und sozialer Solidarität, 1985.

Fernabsatzgeschäften, *RN 436*) sowie auf übergeordneter Ebene durch Rechtsakte der Europäischen Gemeinschaft (EG, neuestens die e-commerce-Richtlinie, *RN 262*) erfolgte.

Als Reaktion auf die Verrechtlichungsdebatte erhob sich die Forderung nach **De-** **32** **regulierung**, d.h. nach Abschaffung sämtlicher als überflüssig angesehener rechtlicher Regelungen und nach Reduzierung auf bloße Rahmenordnungen. Damit ist im Unterschied zur Novellierung (Änderung) veralteter Gesetze die systematische Vereinfachung der Rechtsordnung gemeint.

Im Umweltrecht z.B. konnten aus den anfänglich ergangenen Einzelbestimmungen allmählich leitende Prinzipien, wie das Vorsorge- und Verursacherprinzip, abgeleitet und könnten als fachübergreifende Grundsätze angeordnet werden, ohne in allen Einzelgesetzen wiederholt werden zu müssen (vgl. den Plan eines Umweltgesetzbuches). Im Europäischen Gemeinschaftsrecht sind durch den sog. Amsterdamer Vertrag von 1997 eine ganze Reihe von Einzelbestimmungen in den Gründungsverträgen gestrichen und durch zusammenfassende Regelungen ersetzt worden.

Die Forderung nach Deregulierung steht daher nicht immer im Gegensatz zur Verrechtlichung, sondern kann auch die Verabschiedung neuer, aber reformierter Regelungen bedeuten, um die Rechtsordnung funktionell und wirtschaftlich zu erhalten. Da die Tauglichkeit des Rechts an der sich wandelnden Praxis gemessen wird, erweist sich eine so verstandene Durchforstung rechtlicher Bestimmungen als Daueraufgabe.

Aber auch die inhaltliche Orientierung der Rechtsordnung hat sich in den vergan- **33** genen Jahrzehnten in ihrem Kern verändert. Vor allem wurde die unmittelbare **Rechtsgeltung der Grundrechte** ausgedehnt. Damit wurde die Rechtsstellung der Bürger gegenüber dem Staat gestärkt.

Ein Hauptbeispiel dafür ist, dass der Begriff der **besonderen Gewaltverhältnisse**, wie früher die staatsnahen Rechtsverhältnisse in Form des Soldaten-, Beamten-, Schul- und Strafgefangenenverhältnisses genannt wurden, damit die obrigkeitliche Regelungsmacht weitestgehend in den Vordergrund gerückt werden konnte, aufgegeben und die prinzipielle Grundrechtsgeltung auch in diesen Verhältnissen beachtet wurde (*RN 177*, vgl. BVerfGE 33, 1 – Briefgeheimnis im Strafvollzug). Auch in die Grenzen, die der privaten Rechtsmacht durch rechtliche Schutzgüter gesetzt werden, fließt der Grundrechtsschutz ein (vgl. BGHZ 13, 334 – **allgemeines Persönlichkeitsrecht** als aus der Würde des Menschen und der freien Entfaltung der Persönlichkeit abgeleitetes absolutes Schutzrecht gem. § 823 Abs. 1 BGB), ebenso in die – verfassungskonforme – Auslegung der **guten Sitten** (§ 138 BGB) und von **Treu und Glauben** (§ 242 BGB). Ferner bewirkt der Grundrechtsschutz bei allen rechtlichen Verfahrensarten Mindestrechte, wie Informations- und Anhörungsrechte (**rechtliches Gehör**) oder das Recht auf Entscheidungsfreiheit (etwa bei **Einwilligungen**), um zu verhindern, dass die Rechtsstellung der Beteiligten verkürzt wird.

Programmatischen Ausdruck fand die Entwicklung im Schlagwort von der **Demo-** **34** **kratisierung** der Rechtsordnung oder in Leitideen, wie Transparenz, Öffentlichkeit, bürgerfreundliche Verwaltung. Im Verhältnis zur Staatsgewalt verstehen sich entsprechende Forderungen an die Rechtsordnung von selbst; weniger leicht lassen sie sich im Bereich der gesellschaftlichen Selbstorganisation begründen, wie die Kontroverse um eine Mindestbeteiligung der Arbeitnehmer an der Unternehmensleitung durch das Mitbestimmungsgesetz verdeutlichte. Auf der verfassungsrechtlichen Ebene erlangte der Demokratisierungsgedanke in den Bundesländern insofern Geltung, als die repräsentative Entscheidungsgewalt der gewählten Volksvertretungen durch die Möglichkeit von unmittelbar demokratischen Volksinitiativen und Volksentscheiden ergänzt wurde (*RN 155*).

Umgekehrt werden Defizite der demokratischen Legitimation auf der Ebene der EU ausgemacht, da die Hauptentscheidungsgewalt nicht beim Europäischen Parlament liegt[35] (*RN 73*).

35 Weitergehend als die Demokratisierung will die Forderung nach **Partizipation** erreichen, dass alle, die von staatlichen Entscheidungen unmittelbar betroffen werden, beim Entscheidungsprozess mitwirken können[36]. Maßvolle Beteiligungsverfahren erscheinen als richtiger Weg; ein allgemeines Mitentscheidungsrecht der jeweils direkt Betroffenen würde jedoch auf ein basisdemokratisches System hinauslaufen, das die allgemeinen Wahlentscheidungen und die darauf gestützten behördlichen Entscheidungsträger unterlaufen würde und darum mit dem Verfassungsbekenntnis zur repräsentativen Demokratie, die auf der Delegation von Entscheidungsbefugnissen und deren Kontrolle beruht, unvereinbar wäre.

Die **Mitwirkung der Betroffenen** wird in vielen Entscheidungsbereichen ausdrücklich angeordnet, z.B. bei Raumplanungsverfahren, wie das Bauplanungs- oder das Straßenfeststellungsverfahren nach § 3 BauGB und § 18 FStrG oder in staatlichen und kommunalen Bildungsinstitutionen (Schulmitwirkungsgesetz NRW, § 4 Abs. 3 Weiterbildungsgesetz NRW)[37].

36 Die Demokratisierungs- und Partizipationsdiskussion erweiterte sich zu einer Diskussion über die **Akzeptanz** von Recht und Staat in der Öffentlichkeit (Verkehrs- und Energie-Trassen, Kraftwerksstandorte, Auslandseinsätze der Bundeswehr, Kernenergie). Der Staat musste sich um größere Gesprächsbereitschaft mit der Öffentlichkeit und um ihre Zustimmung bemühen. In diesem Zusammenhang gewannen **kooperative Konfliktlösungsmodelle** an Bedeutung (Mediation, Güteverhandlung, Vergleich). Die Entwicklungstendenzen lassen einen Wandel vom obrigkeitlichen zum **kooperativen Staat** erkennen.

So wurde durch die Neuordnung des Verwaltungsverfahrens 1977 neben dem einseitig vom Staat erlassenen Verwaltungsakt der Verwaltungsvertrag als gleichberechtigtes Regelungsinstrument anerkannt (§§ 54–62 VwVfG). An die Stelle der einseitigen Steuerung und Konfliktbereinigung durch den Staat tritt zunehmend die Verständigung über Problemlösungsmöglichkeiten. Doch müssen auch im Verhandlungsstaat die notwendigen Aufgaben letztlich erfüllt werden, und das in rechtskonformer Weise, weshalb nach den Vorgaben, insoweit also „im Schatten des Rechts", zu kooperieren ist.

---

[35]   Dazu *Schwartze*, Kompetenzverteilung und Entscheidungsverfahren in einer Europäischen Verfassung, in: *Streit/Voigt* (Hrsg.), Europa reformieren, 1996, 127–143; *Kirchner/Schwartze*, Legitimationsprobleme in einer Europäischen Verfassung, Staatswissenschaft und Staatspraxis, 1995, 183–207.

[36]   Vgl. *Losch/Gottmann*, Bürgerbeteiligung nach Schöffenmodell – Die Wuppertaler Planungszelle, DÖV 2000, 372–377.

[37]   *Fisahn, A.*, Demokratie und Öffentlichkeitsbeteiligung, 2002.

Vor allem im Hinblick auf die Mitgliedschaft in der EU verbreitete sich der Begriff des **politischen Mehrebenensystems**. Zugleich soll damit zum Ausdruck gebracht werden, dass sich auch innerhalb der staatlichen Organisation die hierarchische zur koordinativen Machtausübung verschiebt. Den gleichen Gedanken, teilweise auch unter Ausdehnung auf die Kooperation zwischen Staat und Gesellschaft, verfolgt der Begriff des **politischen Netzwerks**, der an die Stelle der zentralen Steuerung das Zusammenspiel von Selbststeuerungselementen setzen will.

Auf der Linie des kooperativen Staates liegt es, dass neu über die Frage nachgedacht wird, wieweit die öffentlichen Aufgaben vom Staat und wieweit sie durch private Initiativen wahrzunehmen sind (**Privatisierung**). **37**

In Deutschland wurde nach der Wiedervereinigung damit begonnen, die Bundesbahn und die Post- und Telekommunikationsdienste aus der staatlichen Organisation herauszulösen und in den privaten Dienstleistungssektor zu überführen. Als problematisch bei einer derartigen Privatisierung öffentlicher Infrastrukturaufgaben wird angesehen, dass die unternehmerische Kalkulation eine Einschränkung der flächendeckenden Grundversorgung erzwingen kann und dadurch Versorgungsnachteile entstehen. Andererseits kann die Öffnung für den Markt bewirken, dass die Angebote vervielfacht und unter Konkurrenzdruck verbilligt werden. Soweit Versorgungslücken im elementaren Bedarfsbereich entstehen, muss der Staat im Interesse der Allgemeinheit entscheiden, ob er die Dienste selbst anbieten will, wie z.B. einen neutralen und ausgewogenen Programmdienst durch öffentliche Rundfunk- und Fernsehanstalten, oder wenigstens die Garantie für ein ausreichendes Angebot übernehmen will[38], wie durch die Regulierungsbehörde für Telekommunikation und Post (Bundesnetzagentur). Daher werden die Privatisierungsfragen zunehmend unter dem Gesichtspunkt der **Verantwortungsteilung** betrachtet[39].

In allgemeinwohlbezogenen Verantwortungsbereichen, so bei der Wahrnehmung **38** von humanitären und Umweltschutzaufgaben, engagieren sich die **Nongovernmental Organizations (NGO)**, etwa das Internationale Rote Kreuz (IRK) oder amnesty international (ai) und Greenpeace, als private Zusammenschlüsse besonders Interessierter zur Verfolgung der gemeinsamen Ziele. Die darin zum Ausdruck kommende Bereitschaft zum privaten Tätigkeits- und Finanzierungsengagement wird mit dem Begriff **Zivilgesellschaft** bezeichnet.

Diese tritt immer stärker in Erscheinung, seit sich die Produktions- zur Dienstleistungsgesellschaft wandelt (sog. intermediäre Organisationen oder dritter Sektor). Je intensiver sich Privatinitiativen in die Erfüllung bestimmter als öffentlich angesehener Aufgaben einschalten, desto mehr verändert sich die Rolle des Staates vom Hauptagenten zum Mitregulator der Aufgabenerfüllung. Das Schwergewicht verlagert sich von der direkten Steuerung und Ausführung zum indirekten Management. Die gesellschaftliche Entwicklung orientiert sich außerdem immer mehr an staatsübergreifenden globalisierten Märkten. Daher wird in Zukunft vermehrt die für die Gesamtbelange verantwortliche **staatliche Vermittlerrolle** in den Vordergrund treten, während die autonome Steuerungsfähigkeit der Nationalstaaten durch den zunehmenden **Systemwettbewerb**, der auch rechtliche Regelungen dem Konkurrenzdruck aussetzt, abnimmt[40].

38　　Vgl. z.B. *Losch/Leidinger*, Weiterbildung zwischen Staat und Markt. Veränderung der Aufgaberegelung – Von der Förderung zur Moderation, Staatswissenschaften und Staatspraxis, 1998, 645–657.

39　　*Schuppert, G. F.*, (Hrsg.), Jenseits von Privatisierung und „schlankem" Staat. Verantwortungsteilung als Schlüsselbegriff des sich verändernden Verhältnis von öffentlichem und privatem Sektor, 1999.

39 Diese Entwicklung verstärkt sich durch die **Europäisierung und Globalisierung**. Seit der Gründung der Europäischen Gemeinschaften, die 1992 mit dem organisatorischen Rahmen der EU verbunden wurden, sind eine ganze Reihe von staatlichen Regelungsbefugnissen an die gemeinschaftliche Zuständigkeit abgegeben worden. Dadurch entstand die suprastaatliche Rechtsordnung des **europäischen Gemeinschaftsrechts** (RN 70–72). Es überformt die mitgliedstaatlichen Rechtsordnungen und setzt sie außerdem in näheren Vergleich untereinander. Damit wird das Recht in Europa sehr viel intensiver internationalisiert als weltweit, wo sich bisher eine Globalisierung vor allem der Wirtschafts- und kulturellen Sektoren abzeichnet. Vorbehalte gegenüber einer **internationalen Rechtsangleichung** treten dann in den Hintergrund, wenn die Allgemeinheit des Rechts sich in freiheitlich-demokratischer Allgemeingültigkeit widerspiegelt. Soweit die Globalisierung Anreize zur Erarbeitung weltweit nützlicher Rechtsstandards setzt, ist sie daher zu begrüßen. Hoffnungsvolle Schritte auf diesem Wege stellen die allgemeinen Regeln des Völkerrechts, die internationalen Menschenrechtspakte, grenzüberschreitende Handelsregeln und Umweltschutzziele dar.

40 Da die Rechtsordnung in ständiger Wechselseitigkeit in den Prozess der gesellschaftlichen Dynamisierung und Internationalisierung einbezogen ist, hat sich die Arbeit mit dem Recht zugleich mit den laufenden Veränderungen auseinanderzusetzen (**Rechtsfortbildung**), was die Rechtswissenschaft über ihren Charakter als Normwissenschaft und, begleitend dazu, als eine Art empirischer, analytischer und angewandter Sozialwissenschaft hinaus auch zu einer theoriebildenden, auf die Funktionen der normativen Steuerung bezogenen Betrachtungsweise der Gesellschaft werden lässt.

Literatur:
Demokratisierung, Kooperativer Staat, Mediation: *Vilmar, F.*, Strategien der Demokratisierung: Bilanz nach einem Vierteljahrhundert, in: *Schlüter-Knauer, C.* (Hrsg.), Die Demokratie überdenken. Festschr. f. W. Röhrich, 1997, S. 373–395; *Würtenberger, T.*, Die Akzeptanz von Verwaltungsentscheidungen, 1996.
Dose/Voigt (Hrsg.), Kooperatives Recht, 1995; *Gerstlberger*, Neue Formen regionaler und kooperativer Politik, in: *Graf von Westphalen, R.* (Hrsg.), Deutsches Regierungssystem, 2001, S. 385–410; *Kneissler*, Regieren/Politische Steuerung, ebd., S. 265–288; *Voigt, R.*, Der kooperative Staat, 1995.
Breidenbach, S., Mediation. Struktur, Chancen und Risiken von Vermittlung im Konflikt, 1995; *Strempel, D.* (Hrsg.), Mediation für die Praxis. Recht, Verfahren, Trends, 1998; *Haft, F.*, Verhandlung und Mediation. Die Alternative zum Rechtsstreit, 2000[2]; *Abeitshauser/Mielke/Pietsch* (Hrsg.), Mediation und interessengerechtes Verhandeln, 2003.
Rollenänderung des Staates: *Aleman/Heinze/Wehrhöfer* (Hrsg.), Bürgergesellschaft und Gemeinwohl, 1999; *Frankenberg, G.*, Die Verfassung als Republik. Autorität und Solidarität in der Zivilgesellschaft, 1999; *Grimm, D.*, Wachsende Staatsaufgaben – sinkende Steuerungsfähigkeit des Rechts, 1990; *Hoffmann-Riem, W.*, Modernisierung von Recht und Justiz, 2001; *Körber, S.*, Staatliche Steuerung und gesellschaftliche Selbstregulierung in der Chemikalienkontrolle. Eine sozialwissenschaftliche Untersuchung parastaatlicher Normierung durch den Ausschuß für Gefahrenstoffe. Diss. Wuppertal (Manuskript), 1997; *Schuppert, G. F.* (Hrsg.), Jenseits von Privatisierung und „schlankem" Staat. Verantwortungsteilung als Schlüsselbegriff des sich verändernden Verhältnisses von öffentlichem und

---

[40] So etwa *Vanberg/Kerber,* Institutional Competition among Jurisdictions, Constitutional Political Economics, 1994, 193–218; *Wegner, G.*, Nationalstaatliche Institutionen im Wettbewerb: Wie funktionsfähig ist der Systemwettbewerb?, 2004; *Gerken, L.*, Der Wettbewerb der Staaten, 1999. Speziell zum Gesellschaftsrecht *Kirchner, C.*, Zur Ökonomik des legislatorischen Wettbewerbs im europäischen Gesellschaftsrecht, in: *Fuchs/Schwintowski/Zimmer* (Hrsg.), Wirtschafts- und Privatrecht im Spannungsfeld von Privatautonomie, Wettbewerb und Regulierung, 2004, 607–625.

privatem Sektor, 1999; *ders.*, Verwaltungswissenschaft. Verwaltung, Verwaltungsrecht, waltungslehre, 2000, S. 341–452; *Teubner, G.*, Der Staat als „Netzwerk" öffentlicher privater Kollektivakteure, in: *Brunkhorst/Niesen* (Hrsg.), das Recht der Republik, 1999, S. 346–372; *Voigt, R.*, Des Staates neue Kleider. Entwicklungslinien moderner Staatlichkeit, 1996; *Willke*, H., Supervision des Staates, 2002.
Europäisierung, Globalisierung: *Jachtenfuchs/Kohler-Koch* (Hrsg.), Europäische Integration, 2003; *Streit/Voigt* (Hrsg.), Europa reformieren – Ökonomen und Juristen zur zukünftigen Verfasstheit Europas, 1997.
Albrow, M., Abschied vom Nationalstaat. Staat und Gesellschaft im globalen Zeitalter, 1998; *Beck, U.*, Was ist Globalisierung? Irrtümer des Globalismus – Antworten auf Globalisierung, 1997; *ders.* (Hrsg.), Perspektiven der Weltgesellschaft, 1998; *Fischer-Lescano/Teubner*, Fragmentierung des Weltrechts, in: *Albert/Stichweh* (Hrsg.), Weltstaat – Weltstaatlichkeit: Politische Strukturbildung nach der Globalisierung, 2005; *Lieckweg*, Das Recht der Weltgesellschaft, 2000; *Nahamowitz/Voigt, R.* (Hrsg.), Globalisierung des Rechts, 2002.
Menschenrechte: *Adomeit, K.*, Menschenrechte und Rechtsphilosophie, in: *Alexy/Dreier/Neumann* (Hrsg.), Rechts- und Sozialphilosophie in Deutschland heute. Beiträge zur Standortbestimmung, 1991, S. 9–15; *Bretherton*, Allgemeine Menschenrechte. Der menschliche Faktor in der Weltpolitik, in: *Beck* (Hrsg.), Perspektiven der Weltquellschaft, 1998, S. 256–292; *Ermacora, F.*, Rechtspluralismus und universelle Menschenrechte, in: *Lampe, E.-J.* (Hrsg.), Rechtsgleichheit und Rechtspluralismus, 1995, S. 124–128; *Hutter/Speer/Tessmer* (Hrsg.), Das gemeinsame Haus Europa. Menschenrechte zwischen Atlantik und Ural, 1998; *Kälin, W.*, Allgemeine Erklärung der Menschenrechte. Eine kopernikanische Wende im Völkerrecht?, in: Amnesty International (Hrsg.), Menschenrechte im Umbruch: 50 Jahre Allgemeine Erklärung der Menschenrechte, 1998, S. 5–17; *Reuter, H.-R.* (Hrsg.), Ethik der Menschenrechte. Zum Streit um die Universalität einer Idee I, 1999.

III. Rechtsordnung

1. Regelungszweck und Regelungstechnik

Damit das Recht als Steuerungsinstrument im Alltag wahrgenommen und wirksam werden kann, müssen die **Verhaltensanweisungen** möglichst eindeutig formuliert und für eine gewisse Zeit fixiert sein. Die **Rechtsordnung** besteht aus der **Summe aller Rechtsvorschriften**, welche für die Normadressaten jederzeit auffindbar sein müssen. **41**

Der Straßenverkehr wird z.B. teilweise durch Zeichen, teilweise durch textliche Gebote und Verbote geordnet. Da die Regelungen als Zeichen sichtbar und als Text nachschlagbar sind, sind sie allgemein zugänglich. Da sie jedenfalls in der Fahrschule erlernbar sind, sind sie unmissverständlich, und da ihre Nichtbefolgung letztlich Sanktionen nach sich zieht, sind sie verbindlich. Auf diese Weise erreichen sie ihr Ziel, den Verkehrsablauf möglichst reibungslos zu ordnen und zu sichern.

Die Rechtsordnung und ihre einzelnen Vorschriften sind kein Selbstzweck, sondern Mittel zur Verfolgung bestimmter Zielsetzungen. Allgemein formuliert, sollen rechtliche Regelungen durch Verhaltensanweisungen **Ordnung** erzeugen, um dadurch Übersichtlichkeit, Beständigkeit und allgemein wahrnehmbare (Handlungs-) **Freiheit** zu erreichen.

Wäre der Aktionsspielraum für alle formal unbegrenzt, würden sich theoretisch chaotische Verhältnisse und praktisch willkürliche Verhaltensstrukturen durchsetzen (Recht des jeweils

Stärkeren), in denen sich faktisch keiner seiner Handlungsmöglichkeiten sicher sein könnte. Zweckmäßig gestaltete Regulierung schafft dagegen planbare Freiheitsspielräume.

42 Der sachliche Anknüpfungspunkt einer Regelung muss **abstrakt** formuliert sein, damit sie jeweils auf eine ganze Gruppe von möglichen Einzelfällen (Sachverhalten) angewendet werden kann. Der Sachverhaltsbezug der Regelung wird **Tatbestand** genannt. Je nach dem Regelungszweck kann er enger oder weiter definiert sein.

Im Straßenverkehr ist es z.b. sinnvoll, zu regeln, wer ein Kraftfahrzeug führen darf, damit andere Verkehrsteilnehmer nicht durch von vornherein Fahrunfähige gefährdet werden. Dieses Ziel wird dadurch erreicht, dass eine individuelle Fahrerlaubnis erforderlich ist, die nur unter bestimmten Voraussetzungen erteilt wird. Dabei werden neben grundsätzlichen Voraussetzungen, die für jedes Führen von Kraftfahrzeugen zu gelten haben, spezielle Merkmale vorgesehen, mit denen etwa zwischen dem Führen von Mofas und Lastzügen unterschieden wird. Für den **Grundsatz,** dass eine Fahrerlaubnis erforderlich ist, definiert § 4 Abs. 1 FeV den Tatbestand mit den Worten: „Wer auf öffentlichen Wegen oder Plätzen ein **Kraftfahrzeug** führen will ...", den **Spezialfall** § 5 Abs. 1 FeV: „Wer ... ein **Mofa** ... führt ..." (Hervorhebungen durch die Verf.). Da auch eine Fahrerlaubnis nicht ausschließt, dass es durch das Führen eines Kraftfahrzeugs zu Schädigungen anderer Verkehrsteilnehmer kommt, wird für diese Fälle ein Ausgleich des Schadens (Kompensation) angeordnet. Der **Tatbestand** ist hier die **Schädigung,** wie etwa in § 7 Abs. 1 StVG: „Wird beim Betrieb eines Kraftfahrzeugs ein Mensch getötet...oder eine Sache beschädigt...". Er entspricht dem der allgemeinen privatrechtlichen Entschädigungsnorm des § 823 Abs. 1 BGB *(RN 316):* „Wer ... das Leben, den Körper, ... verletzt ...".

43 An den Tatbestand knüpft die in der Regelung angeordnete **Rechtsfolge** an, die in den Fällen eintreten soll, in denen ein Lebenssachverhalt den Tatbestand verwirklicht. Ob ein Sachverhalt tatbestandsmäßig ist, muss bei der Rechtsanwendung zunächst geprüft werden, damit beantwortet werden kann, ob die Voraussetzung für die Rechtsfolge erfüllt ist *(RN 47).* Die Rechtsfolge muss **generell** für jede Person angeordnet werden, auf die der Tatbestand zutrifft. Sie richtet sich also an eine unbestimmte Vielzahl von Adressaten.

So lautet die Rechtsfolgenanordnung hinsichtlich des Führens von Kraftfahrzeugen in § 4 Abs. 1 FeV: „... **bedarf der Erlaubnis** ..."; für den Schadensersatz wird formuliert: „...ist... verpflichtet, dem Verletzten den **Schaden zu ersetzen",** § 7 Abs. 1 StVG (Hervorhebungen durch die Verf.), ebenso in § 823 Abs. 1 BGB: „ist ... zum **Ersatz des ... Schadens** verpflichtet."

44 Der tatbestandlich **abstrakte** und hinsichtlich der Anordnung der Rechtsfolge **generelle** Charakter sichert der **Rechtsnorm** die allgemeine und gleiche Anwendbarkeit auf alle tatbestandlich einschlägigen Fälle und macht die Norm damit zum grundlegenden Regelungsinstrument.

Je nach dem Ausmaß, in welchem die Tatbestände erfüllt und die Adressaten betroffen sind, entfalten die Rechtsnormen größere oder geringere Breitenwirkung. Das zeigt sich etwa am Beispiel des Organisations- und innerorganisatorischen Rechts. Da es sich nur auf die darunter fallenden Institutionen in Staat und Gesellschaft *(RN 51)* und die jeweiligen Verfahrensweisen bezieht, gilt es ausschließlich für den Kreis der Organisationsbeteiligten.

Der abstrakt-generelle Charakter unterscheidet die Regelungen mit allgemeiner Wirkung von der **Einzelfallregelung,** die nur bezüglich der **konkret** aufgegriffenen Sachverhalte und bezüglich der **individuell** betroffenen Beteiligten gilt, wie im Verhältnis zwischen Staat und Bürger der **Verwaltungsakt** (z.B. ein Bußgeldbescheid, *RN 182*) oder die **gerichtliche Entscheidung** (z.B. ein Urteil über die Rechtmäßigkeit eines Bußgeldbescheides) sowie im Verhältnis zwischen bestimmten Beteiligten der **Vertrag** (z.B. ein Kaufvertrag, *RN 351, 371*) oder ebenfalls die gerichtliche Entscheidung (z.B. ein Urteil über einen Anspruch aus einem Kaufvertrag).

Um der Komplexität der Wirklichkeit gerecht zu werden und auch untypische **45** oder neuartige Fallkonstellationen erfassen zu können, müssen die Tatbestände je nach dem Regelungszweck weit genug und die Rechtsfolgenanordnungen flexibel gestaltet werden können, d.h. mit **Anwendungsspielraum**. Ob die Anwendung korrekt vorgenommen wurde, entscheidet im Streitfall der Richter.

Beispiele für derartige **Generalklauseln** sind § 1 Abs. 1 Satz 1 StVO, wonach bei Vorliegen des Tatbestandsmerkmals der Teilnahme am Straßenverkehr als Rechtsfolge ständige Vorsicht und gegenseitige Rücksicht verlangt werden, im Privatrecht § 307 Abs. 1 Satz 1 BGB, nach dem AGB unwirksam sind, wenn sie ganz allgemein den Vertragspartner „unangemessen benachteiligen". Beispiele für einen fehlenden Anwendungsspielraum bilden § 41 Abs. 2 StVO mit Zeichen 206 (Stopp-Schild), wonach das angeordnete Haltegebot ohne Berücksichtigung der Verkehrsverhältnisse absolut strikt zu befolgen ist, ähnlich § 309 BGB, der die Unwirksamkeit der dort aufgeführten AGB-Klauseln anordnet.

Zahlreiche Vorschriften ordnen dagegen kein Verhalten an, sondern nehmen Defi- **46** nitionen, Erläuterungen oder Verweise auf andere Bestimmungen vor. Diese **unselbständigen Rechtsnormen** entlasten die sachverhaltsregelnden Normen, erleichtern deren Anwendung und tragen dazu bei, dass die Rechtsordnung besser verständlich wird. Der Charakter einer Einzelbestimmung als Rechtsnorm folgt der jeweiligen Gesamtregelung, z.B. als Gesetz oder Rechtsverordnung. Daher gilt jeder Satz eines Gesetzes mit Gesetzesqualität.

Literatur:
Grimm, D., Rechtsentstehung/Gesetzgebungslehre, in: *ders.,* (Hrsg.), Einführung in das Recht, 1991², S. 81–92; *Röhl, K. F.,* Allgemeine Rechtslehre. Ein Lehrbuch, 2001²; *Rüthers B.,* Rechtstheorie. Begriff, Anwendung und Geltung des Rechts, 2004², § 4; *Blum, P.,* Wege zu besserer Gesetzgebung, in: Verhandlungen des 65. DJT, 2004, 6–159; *Schuppert, G. F.,* Gute Gesetzgebung: Bausteine einer kritischen Gesetzgebungslehre, 2003.

2. Rechtsanwendung

Lebenssachverhalte werden zum Rechtsfall, wenn es, wie etwa bei einem Ver- **47** kehrsunfall, darauf ankommt, was hinsichtlich der Situation unter rechtlichen Aspekten zu gelten hat. Um diese **Rechtsfrage** beantworten zu können, ist zu prüfen, ob einschlägige Regelungen bestehen und die Sachverhalte in den Tatbeständen enthalten sind, d.h. nach juristischem Sprachgebrauch, unter die tatbestandlichen Voraussetzungen subsumiert werden können. Ferner ist festzustellen, welche Rechtsfolgen angeordnet sind. Wegen der Uferlosigkeit der möglichen Sachverhaltsvarianten und der Vieldeutigkeit der Sprache kann es jedoch im Einzelfall schwierig sein, zu ermitteln, wie weit ein Tatbestand reicht bzw. ob er den konkreten Fall noch erfasst, und welche Rechtsfolgen im Einzelnen zu gelten haben. Erforderlich ist in diesen Fällen eine fachgerechte **Auslegung**. Die Anleitung dazu wird der juristischen **Methodenlehre** entnommen.

Danach ist bei der Auslegung der Normtexte zunächst vom natürlichen, logisch verstandenen **Sprachsinn** auszugehen. Aus diesem lässt sich z.B. dem Tatbestand des § 1 StVO mit dem Wortlaut „Die Teilnahme am Straßenverkehr" ohne weiteres entnehmen, dass davon auch Fußgänger umfasst werden. Der Sprachsinn wird durch die Bedeutung des **systematischen Zusammenhanges**, in dem die Regelung steht, ergänzt. So gehört § 1 StVO zum Abschnitt über „Allgemeine Verkehrsregeln" und zum Paragraphen über „Grundregeln", woraus folgt, dass die Teilnahme am Straßenverkehr im weitesten Umfang zu verstehen ist; außerdem regelt § 2 StVO zusätzlich den besonderen Fall der „Straßenbenutzung durch Fahrzeuge", weshalb die allgemeine Regelung des § 1 StVO weiterreicht, also auch Fußgänger einbezieht. Sollten Zweifel bestehen bleiben, muss der **Sinn und Zweck** der Regelung ergründet werden (teleologische Auslegung), um ihr Verhältnis zum konkreten Sachverhalt beurteilen zu können. Der Normzweck des § 1 StVO liegt in der Ermöglichung eines flüssigen und ungefährlichen Verkehrs, und dazu haben auch Fußgänger beizutragen. Behelfsweise kann u.U. auch das **historische Begriffsverständnis** herangezogen werden, wenn es einen Tatbestand aus der Begriffsverwendung seiner Zeit heraus erklärbar macht (objektiv-historische Auslegung) oder wenn eine Formulierung von den Personen, die eine Regelung erlassen haben, in einem ganz bestimmten Sinne gemeint war, woraus sich Anhaltspunkte für die Bedeutung des aktuellen Normsinnes ergeben können (subjektiv-historische Auslegung). Um die Allgemeinverständlichkeit des Rechts nicht zu beeinträchtigen, ist aber grundsätzlich das aktuelle objektive Normverständnis ausschlaggebend.

Die **Rechtspraxis** arbeitet fortlaufend an der möglichst richtigen Anwendung des Rechts. Dadurch wird das Verhältnis zwischen Rechtsordnung und Lebenswirklichkeit laufend aktualisiert. Dabei setzen die Gerichtsentscheidungen über Konfliktfälle die Maßstäbe, denen in einzelnen Zweifelsfragen zu folgen ist. Die **Rechtswissenschaft** arbeitet der ständigen Präzisierungs- und Rechtsfortbildungsaufgabe systematisch vor.

48 Da die Lösung von Rechtsfällen eingehende Überprüfungen erfordert, spricht man von der Anfertigung rechtlicher **Gutachten**. Um die richtige Beurteilung und Entscheidung zu finden, hat man fragend, suchend und erwägend vorzugehen. Die Begutachtung ist daher vom Frage- und Konjunktivstil geprägt (z.B.: „Das Verhalten des Verkehrsteilnehmers könnte gegen das Rücksichtnahmegebot verstoßen. Dafür müssten folgende Voraussetzungen erfüllt sein... Wägt man die Umstände der Situation gegeneinander ab..."). Für den Richter ist das Gutachten die Vorarbeit zu seinem **Urteil**. Das Ergebnis des Gutachtens wird als Urteilsspruch formuliert, der dann an den Beginn des Gerichtsurteils gestellt wird (Urteilstenor, z.B.: „Der Bußgeldbescheid des Polizeipräsidiums Schwaben... ist rechtswidrig", „Der Beklagte wird verurteilt, an den Kläger 1000 Euro zu zahlen"). Danach wird der Sachverhalt geschildert, der als Grundlage der Entscheidung festgestellt wurde (Tatbestand des Urteils). Darauf folgt die Urteilsbegründung, die den Gedankengang der gutachterlichen Beurteilung auf die entscheidenden Punkte bringt, auf die das Urteil gestützt wird. Gegenüber dem Gutachten, das die Entscheidung vorbereitet, geht das Urteil von der getroffenen Entscheidung aus; daher wird bei der Formulierung des Urteils nicht gesucht und gefragt, sondern festgestellt und begründet.

Literatur:
Bydlinski, F., Grundzüge der juristischen Methodenlehre, 2005; *Kramer, E.A.,* Juristische Methodenlehre, 2005[2]; *Pawlowski, H.-M.,* Methodenlehre für Juristen, 1999[3]; *Rüthers B.,* Rechtstheorie. Begriff, Anwendung und Geltung des Rechts, 2004[2], §§ 20–25; *Riesenhuber, K.,* Europäische Methodenlehre – Grundfragen der Methoden des Europäischen Privat-

rechts, 2006; *Schwintowski*, Juristische Methodenlehre, 2005; *Stein, E.*, Die rechtswissenschaftliche Arbeit: methodische Grundlegung und praktische Tipps, 2000; *Treder, L.*, Methoden und Technik der Rechtsanwendung. Eine systematische Einführung mit Beispielen, 1998; *Wank, R.*, Die Auslegung von Gesetzen. Eine Einführung, 2005³; *Zippelius, R.*, Juristische Methodenlehre, 2004⁹.

3. Grundregeln des Rechts

Die Regelungsweise des Rechts beruht darauf, dass es Beteiligte, Schutzgüter und **49** die Beziehungen zwischen diesen zu Grunde legt. Dazu dient das Prinzip der Rechtsfähigkeit, die jedem Menschen von Geburt an zukommt (§ 1 BGB). Sie bedeutet die Fähigkeit, Träger von Rechten und Pflichten zu sein (*RN 277*). Die **Rechtsfähigkeit der natürlichen Person** wird daher von der Rechtsordnung vorgegeben. Sie vermittelt die Eigenschaft als Rechtssubjekt, dem eigene, d.h. subjektive Rechte zugeordnet werden können.

Der Mensch ist also vom Augenblick seiner Geburt an in viele Rechtswirkungen einbezogen. So steht ihm das Recht auf Lebens- und Gesundheitsschutz zu oder er kann steuerpflichtig sein, wenn ihm mit der Geburt ein Einkommen oder eine Erbschaft zufällt, für die Steuern zu entrichten sind. Darüber hinaus kann er das Recht für seine Interessen nutzen, indem er mit geeignet erscheinenden Partnern vertragliche Beziehungen eingeht, z.B. zum Vermögenserwerb oder Versicherungsschutz. Dafür ist die **Geschäftsfähigkeit** erforderlich, für die engere Voraussetzungen als für die Rechtsfähigkeit gefordert werden: So sind etwa Kinder zwar rechtsfähig, jedoch nicht voll geschäftsfähig, so dass für sie ihre gesetzlichen Vertreter, in der Regel die Eltern, handeln müssen (*RN 288 ff.*).

Solange das Kind noch nicht geboren ist, fehlt ihm die Stellung als Rechtssubjekt[41]. Den- **50** noch ist es nicht schutzlos, weil das menschliche Leben als solches als schützenswertes Rechtsgut gilt. Das Grundrecht auf Leben und Gesundheit gem. Art. 2 Abs. 2 Satz 1 GG wird nicht nur als subjektives Recht jeder Person, sondern darüber hinaus auch als objektiver Rechtsgrundsatz verstanden, wonach der Staat allgemein zu Schutzvorkehrungen verpflichtet ist (*RN 93*). Da der Staat jedoch zugleich die Frau, die eine Schwangerschaftsunterbrechung wünscht, in ihrem Grundrecht auf Selbstbestimmung gem. Art. 2 Abs. 1 GG zu schützen hat, kann er vor eine Schutzpflichtkollision gestellt sein. Deren Bewältigung wird durch das Abtreibungsrecht des § 218 StGB geregelt: Die Unterbrechung der Schwangerschaft wird grundsätzlich verboten und ist nur unter bestimmten Bedingungen straffrei möglich. Daher räumt das Abtreibungsrecht dem Lebensschutz Vorrang ein.

Neben den natürlichen Personen wird auch **Personenvereinigungen und Ein-** **51** **richtungen**, die in bestimmter Form organisiert sind, eine eigenständige Rechtsfähigkeit zuerkannt. Auf diese Weise kann das gemeinsame und institutionelle Potenzial rechtlich verselbständigt und am Rechtsverkehr beteiligt werden. Voraussetzung dafür ist, dass durch eine spezielle Organisationsregelung für die gemeinsame Willensbildung (Handlungsfähigkeit) und Interessenwahrnehmung (Vertretung, beides verbunden mit der Funktion der Geschäftsführung) gesorgt wird. Die kollektive und institutionelle Rechtspersönlichkeit wird im Unterschied zur natürlichen als **juristische Person** bezeichnet.

---

[41] So nach dem Grundsatz des § 1 BGB, wenn man nicht, was auch vertreten wird, eine Vorwirkung auf das noch nicht geborene Kind annehmen will.

Zu unterscheiden sind die **juristischen Personen des Privatrechts** einerseits, d.h. die bürgerschaftlich-kollektiv organisierten Aktivitäten in Form von eingetragenen Vereinen oder Handels- und Kapitalgesellschaften (*RN 280 ff.*), sowie die **juristischen Personen des öffentlichen Rechts** andererseits, also die staatlich-institutionell organisierten Aktivitäten, wie Staat, Gemeinden oder andere staatliche Institutionen.

52　Neben den Beteiligten sieht die Rechtsordnung **Rechtsgüter** vor, auf die sich Rechte und Pflichten beziehen, und stellt **Organisations- und Rechtsgestaltungsmöglichkeiten** zur Verfügung.

Das Kommunikationsnetz des Rechts garantiert also die Beteiligung an der Rechtsordnung, regelt Rechtsgüter und Rechtspositionen sowie Verfahrensweisen und sorgt im Zweifelsfall für die Bewältigung von Konflikten. Es lässt sich annäherungsweise mit einem Spielregelwerk vergleichen, das die Beteiligten, die Bezugsgegenstände und den Spielablauf reguliert[42].

Literatur:

Bydlinski, F., Die „Person" im Recht, in: Festschr. f. Peter Doralt, 2004, S. 77–94; *Gunther, K.*, Welchen Personenbegriff braucht die Diskurstheorie des Rechts? Überlegungen zum internen Zusammenhang zwischen deliberativer Person, Staatsbürger und Rechtsperson, in: *Brunkhorst/Niesen* (Hrsg.), Das Recht der Republik, 1999, S. 83–104; *Rüthers B.*, Rechtstheorie. Begriff, Anwendung und Geltung des Rechts, 2004[2], S. 41–46, 79–82.

4.　Aufbau der Rechtsordnung

53　In Art. 20 Abs. 3 GG ist festgelegt, dass alles staatlich gesetzte Recht mit der Verfassung übereinzustimmen hat. Mit diesem Grundsatz schreibt die Verfassung zugleich ihre Eigenschaft als **ranghöchstes Recht** in der staatlichen Rechtsordnung fest; das **Verfassungsrecht** ist daher die oberste Rechtsquelle.

Höherrangige Rechtsquellen könnten in überpositiven, d.h. nicht als förmliches Recht festgelegten Rechts- oder Gerechtigkeitsgrundsätzen gesehen werden, wenn man diesen eine überragende moralisch-rechtliche Legitimation zusprechen wollte. Jedoch ist nicht zu akzeptieren, dass überpositives Recht unmittelbar anwendbar sein soll, da andernfalls ein Einfallstor für Auffassungen entstünde, die nicht in allgemein verbindlichen Verfahren festgelegt und mehr oder weniger willkürlich auswählbar wären. Vielmehr dient das geltende Rechtsstaatsprinzip dazu, die Idee eines gerechten Rechts durch konkrete Rechtsgrundsätze, wie die Grundrechte, das parlamentarische Verfahren und den gerichtlichen Rechtsschutz, praktisch wirksam werden zu lassen (*RN 163 f.*).

Außerdem werden durch Art. 25 GG die **allgemeinen Grundsätze des zwischenstaatlichen Völkerrechts** in das staatliche Recht inkorporiert; daher richtet sich die staatliche Rechtsordnung nach den grundlegenden internationalen Rechtsstandards und ist in deren Sinne zu verstehen und anzuwenden (*RN 57*)[43].

---

[42]　Vgl. dazu *Baird*, Game theory and the law, 2000[4].

[43]　Zu diesem Zusammenhang *Pawlik*, Das positive Recht und seine Grenzen. Zur rechtlichen und rechtsphilosophischen Problematik der Mauerschützenprozesse, in: *Seelmann* (Hrsg.), Aktuelle Fragen der Rechtsphilosophie, 2000, S. 28–40. Vgl. *Quaritsch*, DDR-Verbrechen vor dem Bundesverfassungsgericht: Außenperspektive und Binnenansicht, in: *Stober* (Hrsg.), Recht und Recht, Festschr. f. Roellecke, 1997, S. 221–244.

Im Geltungsrang unterhalb der Verfassung stehen die im normalen Gesetzgebungsverfahren durch das Parlament beschlossenen abstrakt-generellen **Gesetze**, die den zentralen Teil der Rechtsordnung bilden. Sie sind entweder in Gesetzbüchern zusammengefasst, wie z.b. das BGB, SGB und StGB, oder werden als Einzelgesetze erlassen. Das gesetzte Recht wird allerdings auf allen Geltungsstufen durch ungeschriebenes **Gewohnheitsrecht** (langjährige Ausübung in der Überzeugung, dass es sich um Recht handelt) und von der Rechtsprechung geschaffenes **Richterrecht** (Entscheidungen, die Fragen der Rechtsgeltung und -anwendung klären) ergänzt.

Um zu verhindern, dass die Gesetzgebung überfordert wird, indem sie stets alle **54** notwendigen Einzelregelungen selbst treffen müsste, erlaubt Art. 80 GG, dass die Legislative im Gesetz die Ermächtigung an Regierung und Verwaltung erteilt, zu bestimmten Regelungsbereichen die näheren Einzelheiten durch **Rechtsverordnung** (RVO) festzulegen (*RN 176*).

So regelt das StVG zwar grundsätzlich die Teilnahme am Straßenverkehr, aber um die Ordnungsaufgaben im Detail bestimmen zu können, ermächtigt es das Bundesministerium für Verkehr zum Erlass von RVOen. Die StVO sieht auf dieser Grundlage spezielle Verkehrsvorschriften und Verkehrszeichen vor. Die RVO ist also, wie an diesem Beispiel zu sehen, kein förmliches (oder im juristischen Sprachgebrauch formelles) Gesetz, da sie nicht in Form einer Parlamentsentscheidung ergeht. Sie ist daher eine **untergesetzliche Rechtsnorm** oder ein Gesetz zweiter Stufe, das nur im Sinne der abstrakt-generellen Regelungsweise, also der inhaltlichen Normqualität nach (oder im materiellen Sinne) Gesetzeseigenschaft besitzt. Mit der RVO schafft sich der Gesetzgeber einen verlängerten Arm im Bereich der Exekutive (Regierung und Verwaltung), die selbst keine legislative Befugnis hat. Die Möglichkeit zur **Delegation der Regelungskompetenz** steht unter der Bedingung, dass der Gesetzgeber die Verantwortung nicht völlig aus der Hand gibt, sondern einen angemessen genauen **Plan für die Regelungsaufgabe** vorzeichnet, der vom Verordnungsgeber eingehalten werden muss (Art. 80 Abs. 1 Satz 2 GG).

Auf ähnliche Weise kann sich der parlamentarische Gesetzgeber im Interesse der Zweckmäßigkeit entlasten, indem er rechtlich verselbständigte Organisationseinheiten im Staat, z.B. die Gemeinden oder Handwerkskammern, ermächtigen darf, zur Bestimmung ihrer Selbstverwaltungsaufgaben öffentlich-rechtliche **Satzungen** zu erlassen (*RN 227*).

Hinsichtlich der Gemeinden ist in diesem Zusammenhang z.B. an Bau-, Wasser- oder Marktsatzungen, hinsichtlich der Handwerkskammern an Berufssatzungen zu denken. Die öffentlich-rechtliche Satzung stellt also ebenfalls eine **untergesetzliche Rechtsnorm** dar. Jedoch wird mit ihr nicht, wie mit der Rechtsverordnung, ein Gesetz näher ausgeführt, sondern ein gesetzlich zugeteilter **selbständiger Aufgabenbereich eigenverantwortlich geregelt**; sie richtet sich daher auch allein an die Gruppe der daran Beteiligten. Während die Rechtsverordnung den gesetzlichen Vorgaben genau zu folgen hat, kann die Satzung ihre Regelungen selbständiger treffen; sie muss jedoch den Rahmen des gesetzlich zugeordneten Aufgabenbereiches wahren.

Neben den abstrakt-generellen stehen die **Einzelfallregelungen**, die sich auf konkrete Situationen und die individuell Beteiligten beziehen (*RN 44*). Sie wenden die allgemeinen Vorgaben der Rechtsordnung jeweils auf ihre konkrete Regelungsaufgabe an.

55 Die Rechtsetzung wird **unterschiedlichen Kreativorganen** zugewiesen. Der Erlass einer neuen Verfassung ist Aufgabe der gesamten **Staatsbürgerschaft** (Art. 146 GG, *RN 85*). Änderungen der Verfassung können demgegenüber durch eine Zweidrittelmehrheit der Legislativgremien vorgenommen werden (Art. 79 Abs. 2 GG, *RN 83*). Zur Verabschiedung der Gesetze ist die **Legislative** (Parlament, *RN 134*) zuständig. Die Rechtsverordnungen und Satzungen werden von der **Exekutive** (Regierung, Verwaltungsbehörden, *RN 131, 146*) erlassen. Zusammen mit der staatlich besonders autorisierten Rechtsetzung nichtstaatlicher Instanzen (*RN 17*) kommt daher eine Vielfalt zustande, die dazu beiträgt, dass die Rechtsordnung in verschiedenen Schichten möglichst zweckmäßig gestaltet werden kann. Die unterschiedlichen Ebenen der Rechtsetzung bewirken eine **Rangstufung** des Rechts, die es ermöglicht, dass das nachrangige jeweils am vorrangigen Recht überprüft und die **Rechtskonformität** des Rechts, die von Art. 20 Abs. 3 GG verlangt wird, durchgängig gewahrt werden kann. Innerhalb derselben Rangstufe und Normgeltung gilt die Regel, dass **jüngeres Recht** widersprechendes älteres Recht außer Kraft setzt.

56 Der Aufbau der Rechtsordnung wird dadurch erweitert, dass die Bundesrepublik Deutschland ein **Bundesstaat**, d.h. kein einheitlicher Zentralstaat, sondern ein Doppelgebilde aus einem Gesamtstaat (dem Bund) und 16 selbständigen Gliedstaaten (den Ländern) darstellt (*RN 161*). Um trotz der Selbständigkeit der Länderstaatlichkeit die Einheit der Gesamtrechtsordnung zu wahren, kommt dem **Bundesrecht Geltungsvorrang** zu (Art. 31 GG). Somit ist Landesrecht, soweit es Bundesrecht widerspricht, nichtig (gleichbedeutend mit ungültig oder unwirksam). Sämtliches Bundesrecht geht also sämtlichem Landesrecht vor.

Angenommen, ein Bundesminister erlässt auf korrekte Weise und mit korrektem Inhalt eine RVO. Es stellt sich heraus, dass ein Artikel einer LVerf mit einem Paragraphen der RVO unvereinbar ist. Welches Recht geht vor? Die RVO ist Bundesrecht und daher vorrangig; sie bewirkt, dass der mit ihr unvereinbare Artikel der LVerf nichtig ist.

57 Vervollständigt wird der Aufbau der Rechtsordnung durch Art. 25 GG, der anordnet, dass die **allgemeinen Grundsätze des Völkerrechts** zu einem Bestandteil der deutschen Rechtsordnung werden, der den Gesetzen vorgeht (*RN 64*). Die Grundregeln des zwischenstaatlichen Rechtsverkehrs gelten daher automatisch als Bundesrecht. Sie stehen im Range zwischen der Verfassung und den Gesetzen, sind also zwar nicht verfassungskräftig, können aber andererseits nicht durch einfache Gesetze aufgehoben oder verdrängt werden.

Sonstiges Völkerrecht, das zwischen der Bundesrepublik Deutschland und anderen Staaten oder internationalen Organisationen vereinbart wird, gilt primär nur zwischen den beteiligten Staaten und Organisationen; zu einem Bestandteil der innerstaatlichen Rechtsordnung wird es dadurch, dass es als innerstaatliches Gesetz erlassen wird (*RN 65*).

Ferner wurde mit der Gründung der Europäischen Gemeinschaften durch die Mitgliedstaaten zugleich eine **gemeinschaftsrechtliche Rechtsordnung** vereinbart, die den mitgliedstaatlichen Rechtsordnungen, einschließlich des Verfassungsrechts, vorgeht. Widersprechendes staatliches Recht ist zwar nicht ungültig, seine Anwendung wird jedoch im konkreten Fall verdrängt (*RN 69*).

Im Ganzen gesehen, umfasst die Rechtsordnung, die in Deutschland gilt, daher **drei verschiedene Ebenen**, die gemeinschafts-, bundes- und landesrechtliche, und jede der drei Ebenen ist wiederum mehrfach gestuft. (Teilweise wird die Ebene der kommunalen Selbstverwaltung [*RN 222*] nicht nur als Unterstufe der Landesverwaltung, sondern auch als eigenständige Verwaltungs- und damit verknüpfte Rechtsetzungsebene betrachtet, was den Aufbau der Rechtsordnung als normatives Vierebenensystem erscheinen lässt.)

Von demjenigen Teil der Rechtsordnung, der von der staatlichen Rechtsetzung ge- **58** genüber der allgemeinen Öffentlichkeit erlassen wird, also als außenwirksam ergeht, ist das **staatliche Innenrecht** zu unterscheiden. Es umfasst die staatsinternen Rechtsvorschriften, mit denen (abgesehen von den innerorganisatorischen Vorschriften, *RN 44*) die öffentlichen Bediensteten bei der Aufgabenerfüllung angeleitet werden, um die Recht- und Zweckmäßigkeit des staatlichen Vorgehens zu sichern. Die innerstaatlichen Anweisungen werden als **Verwaltungsvorschriften** bezeichnet. Durch die Ausübungspraxis, die zur Anwendung dem Bürger gegenüber führt, kann das Innenrecht Außenwirksamkeit erlangen (*RN 190*).

Literatur:
Maurer, H., Allgemeines Verwaltungsrecht, 2006[16], §§ 4, 13, 24; *Rüthers, B.*, Rechtstheorie. Begriff, Anwendung und Geltung des Rechts, 2004[2], § 6; s. ferner die Literatur nach *RN 7*.

5. Gliederung des Rechtssystems

Inhaltlich wird das Rechtssystem in drei Hauptsachbereiche gegliedert, in denen **59** es seine Regelungsaufgaben erfüllt – das öffentliche Recht, das Privatrecht und das Strafrecht.
Das **öffentliche Recht** bezieht sich auf den staatlichen Bereich[44]. Dazu gehört vor allem das **Staatsrecht**, dessen Schwerpunkt das **Verfassungsrecht** bildet (*RN 80, 87*). Den zweiten Bereich des öffentlichen Rechts stellt das **Verwaltungsrecht** dar, das die staatliche Aufgabendurchführung regelt (*RN 171 f.*). Weitere Bereiche des öffentlichen Rechts sind das **Staatskirchenrecht,** das sich dem Verhältnis zwischen Staat und Kirchen widmet, das **Europäische Gemeinschaftsrecht** (*RN 69–71*) und das **Völkerrecht** (*RN 62*).
Der zweite Hauptteil des Rechtssystems, das **Privatrecht** (Zivilrecht), bietet für die private Interessenwahrnehmung der Gesellschaft die Regelungsgrundlagen. Kernstück ist das **Bürgerliche Recht** (*RN 269 ff.*). Weitere wichtige Privatrechtsgebiete sind das **Handels- und Gesellschaftsrecht** (*RN 401 ff.*) sowie das **Verbraucher-** und das **Arbeitsrecht** (*RN 432 ff., 439 ff.*). Im Unterschied zum staatlichen Organisationsbereich hat sich die private Interessenwahrnehmung nicht von vornherein auf öffentliche Zielsetzungen im Sinne des Gesamtwohls auszurichten. Jedoch wirken Staat und Gesellschaft eng zusammen (*RN 38*).
Der dritte Hauptteil des Rechtssystems, das **Strafrecht** (*RN 448 ff.*), zieht die äußersten Grenzen für sozialverträgliches Verhalten, indem es davon abweichende Verhaltensweisen mit staatlichen Sanktionen bedroht. In der Entwicklung des Strafrechts schlägt sich das Bemühen um Friedlichkeit der Gesellschaft und Gerechtigkeit bei der Behandlung unzumutbaren Verhaltens nieder. Da allein der Staat für das Strafrecht zuständig ist, handelt es sich ebenfalls um einen Teilbereich des öffentlichen Rechts; das Strafrecht hat sich jedoch als besonderes Rechtsgebiet verselbständigt.

---

[44]   Zum Überblick *Losch*, Öffentliches Recht (1997), in: *Bunte/Stober* (Hrsg.), Lexikon des Rechts der Wirtschaft (Loseblatt-Slg.).

60 Ein weiterer Teilbereich des Rechtssystems ist das **Gerichtsverfassungs-** und das **Prozess-recht**, mit dem die staatliche Rechtsprechungsaufgabe institutionell und verfahrensrechtlich geregelt wird. Die Unabhängigkeit der Rechtsentscheidung und -durchsetzung ist ein unver-zichtbares Wesensmerkmal des Rechts (*RN 10*). Das **Gerichtssystem** ist ähnlich wie das Rechtssystem gegliedert; neben der **ordentlichen Gerichtsbarkeit**, die für Zivil- und Strafsa-chen zuständig ist, stehen die **Verwaltungs-** und **Verfassungsgerichtsbarkeit** (vgl. Art. 95, 93 GG). Die staatliche Ausübung der Gerichtsbarkeit verleiht dem Gerichtsrecht öffentlich-rechtlichen Charakter. Es wird jedoch nicht in erster Linie dem öffentlichen Recht zugeordnet, sondern, weil es mit den Anforderungen der drei fachlichen Bereiche des Rechtssystems abgestimmt sein muss (Strafprozess zur Durchsetzung des staatlichen Straf-anspruchs; Zivilprozess zur Durchsetzung privater Ansprüche, Verwaltungsprozess zur klä-rung der Rechtmäßigkeit des staatlichen Verhaltens), jeweils als deren Teilgebiet behandelt. Daher unterscheidet man Straf-, Zivil- und Verwaltungsprozessrecht. Das Gerichtsverfas-sungsrecht hat den Aufbau und die Zusammensetzung der Gerichte zu regeln, während das Prozessrecht die gerichtliche Rechtsfindung zu fördern und für gerechte Verfahrensweisen zu sorgen hat.

Literatur s. die Angaben nach *RN 7*.

3. Teil: Öffentliches Recht

I. Völkerrecht

1. Internationalisierung des Rechts

Die nationalen Rechtsordnungen werden zunehmend in **internationale Zusam-** **61** **menhänge** eingebunden (*RN 18, 39*). Zum einen werden auf der wirtschaftlich-gesellschaftlichen Ebene immer mehr privatrechtliche Rechtsbeziehungen zwischen Angehörigen unterschiedlicher Rechtsordnungen geknüpft (**Globalisierung**), zum anderen verdichten sich die öffentlich-rechtlichen Rechtsbeziehungen zwischen den Staaten (**Internationalisierung**). Im Falle privater Beteiligter aus verschiedenen Rechtsordnungen muss vor allem geklärt werden, welche nationalen Regelungen für die Entscheidung etwa aufgeworfener Rechtsfragen zu gelten haben, was sich nach den Bestimmungen des **Internationalen Privatrechts** (IPR)[1] richtet, die auch als Kollisionsrecht bezeichnet werden. Die steigende Zahl grenzüberschreitender Verbindungen führt nicht nur dazu, dass die einschlägigen Rechtsordnungen miteinander verglichen werden, eine Aufgabe, der sich die **Rechtsvergleichung**[2] widmet, sondern auch zur Entwicklung internationaler Regelungsstandards, die den privaten Rechtsbeziehungen, unabhängig von den nationalen Rechtsordnungen, vertraglich zugrunde gelegt werden (*RN 18, 429*). Die öffentlich-rechtlichen Beziehungen zwischen den Staaten richten sich dagegen nach **Völkerrecht**.

2. Völkerrecht

Das **Völkerrecht** hält den Regelungsrahmen für die zwischenstaatlichen Rechts- **62** beziehungen bereit und setzt sich zugleich aus deren Summe zusammen. Völkerrechtssubjekte, d.h. Träger von Rechten und Pflichten im Rahmen der Völkerrechtsordnung, sind die **Staaten** und **Internationalen Organisationen**. Letztere sind von Staaten durch völkerrechtliche Vereinbarung gegründete gemeinsame Kooperationsorganisationen[3].

---

[1] Vgl. *Kropholler*, Internationales Privatrecht, 2004[5]; *Kegel/Schurig*, Internationales Privatrecht, 2004[9]. Als Überblick *Winkler v. Mohrenfels*, Einführung in das Internationale Privatrecht, JURA 1992, 169–178.

[2] *Koch/Magnus/Winkler v. Mohrenfels*, IPR und Rechtsvergleichung, 2004[3]; *Zweigert/Kötz*, Einführung in die Rechtsvergleichung auf dem Gebiete des Privatrechts, 1996[3]. Als Überblick *Rösler*, Rechtsvergleichung als Erkenntnisinstrument in Wissenschaft, Praxis und Ausbildung, JuS 1999, 1084–1089, 1186–1191.

[3] *Seidl-Hohenveldern/Loibl*, Das Recht der internationalen Organisationen einschließlich der Supranationalen Gemeinschaften, 2000[7].

Die größte Internationale Organisation sind die **Vereinten Nationen** (UNO), der insgesamt 191 der 196 Staaten der Welt angehören. Eine selbständige Nebenorganisation der UNO ist die **Welthandelsorganisation** (WTO) mit derzeit 144 Mitgliedstaaten. Wichtige Internationale Organisationen in Europa sind der **Europarat** mit 46 und die **Organisation für Sicherheit und Zusammenarbeit in Europa** (OSZE) mit 55 Mitgliedstaaten[4]. Die Völkerrechtsfähigkeit der Internationalen Organisationen ermöglicht ihnen, untereinander und mit einzelnen oder mehreren Staaten verbindliche Vereinbarungen zu treffen. Vielfach bereiten Internationale Organisationen auch Verträge zwischen ihren Mitgliedstaaten vor. Die bekanntesten völkerrechtlichen Vertragswerke, die von Internationalen Organisationen erarbeitet und den Mitgliedstaaten zur Annahme (Ratifikation) unterbreitet wurden, sind die beiden Menschenrechtspakte der UNO von 1966 und die **Konvention zum Schutze der Menschenrechte und Grundfreiheiten** (EMRK) des Europarates von 1950[5]. Zu unterscheiden von den Internationalen Organisationen sind die global aktiven Nichtregierungsorganisationen, die privatrechtliche Vereine und Verbände ohne Völkerrechtsfähigkeit darstellen (*RN 38*). Anlässlich ihrer Kooperation mit den Staaten und Internationalen Organisationen werden sie jedoch zunehmend in völkerrechtliche Vertragswerke einbezogen.

63 In der Tradition der zwischenstaatlichen Rechtsbeziehungen haben sich allgemeine Regeln herausgebildet, nach denen sich die Prozedur der Vertragschließung, die Grundpflichten der Vertragspartner und die Grundsätze der Vertragswirkung richten. Überwiegend wurden über diese Regeln multilaterale Verträge vereinbart, die für die gesamte Staatengemeinschaft Geltung beanspruchen; teilweise werden sie einfach als rechtsverbindlich anerkannt und praktiziert (Gewohnheitsrecht). Sie stellen das **Allgemeine Völkerrecht** dar, das zwingend gilt. Einzelne bi- oder multilaterale Verträge, die auf der Grundlage der allgemeinen Regeln geschlossen werden, bilden den Bereich des **Besonderen Völkerrechts**, das nur zwischen den Vertragsstaaten Geltung erlangt.

Das völkerrechtliche Rechtsregime bindet die Staaten prinzipiell nur im **Außenverhältnis**. Hält sich ein Vertragsstaat nicht an die Vereinbarungen, können ihm neben diplomatischen Interventionen z.B. Wirtschaftssanktionen auferlegt werden. Um in der **innerstaatlichen Rechtsordnung** Wirksamkeit zu erlangen, müssen völkerrechtliche Regelungen zum Bestandteil des nationalen Rechtsregimes gemacht, d.h. nach den Vorschriften der nationalen Rechtsordnung in diese transformiert, also zu innerstaatlichem Recht erklärt werden (wie regelmäßig in Deutschland, *RN 65*).

3. Völkerrecht und Deutsche Rechtsordnung

64 a) **Völkerrechtsoffenheit der Rechtsordnung.** Die deutsche Rechtsordnung zeichnet sich dadurch aus, dass sie den **Grundsatzbereich des Allgemeinen Völkerrechts** automatisch in das **nationale Rechtsregime** transformiert und ihm zugleich den hohen Geltungsrang als Bundesrecht zwischen dem Verfassungs- und Gesetzesrecht zuspricht (Art. 25 GG, *RN 57*). Damit öffnet sich die deutsche Rechtsordnung den Rechtsprinzipien, die weltweit als Mindesterfordernisse der rechtlichen Verständigung zwischen den Staaten anerkannt sind, wie etwa die Vertragstreue

---

[4]   *Herdegen, M.*, Völkerrecht, 2005[4], S. 11–14, 398–405.
[5]   *Herdegen, M.*, Völkerrecht, 2005[4], S. 15–36; *Grabenwarter, C.*, Europäische Menschenrechtskonvention, 2003.

oder die Haftung für treuwidriges Verhalten, und bringt zum Ausdruck, dass sich der deutsche Staat sowohl nach außen als auch seiner inneren Einstellung nach als vollwertiger Partner der internationalen Staaten- und Rechtsgemeinschaft versteht.

b) **Transformation des speziellen Völkerrechts in die Rechtsordnung.** Die Ver- **65** handlungen zu den Verträgen, die das **Besondere Völkerrecht** bilden, werden bis zum vorläufigen Abschluss (Paraphierung) durch Vertreter der Bundesregierung geführt. Der endgültige Abschluss (Ratifikation) wird durch den Bundespräsidenten vorgenommen (Art. 59 Abs. 1 GG). Alle Verträge politischen Charakters, die zum einen die Beziehungen zu anderen Staaten festlegen (nicht bloße Abkommen über die Erledigung von Verwaltungsaufgaben), zum anderen Sachbereiche betreffen, für die innerstaatlich die bundesdeutsche Gesetzgebung zuständig wäre, bedürfen der ausdrücklichen Zustimmung der Bundesgesetzgebung durch das sog. **Vertragsgesetz.** Dieses legitimiert sowohl die Ratifikation als auch die Transformation in die deutsche Rechtsordnung (BVerfGE 1, 396 – Europäische Verteidigungsgemeinschaft), womit die völkerrechtlichen Vereinbarungen Deutschlands zu innerstaatlichem, deutschem Gesetzesrecht und Widersprüche zwischen völkerrechtlichen Bindungen und nationalem Recht grundsätzlich ausgeschlossen werden.

c) **Einbindung in Internationale Organisationen.** Neben der Einbeziehung von **66** Völkerrecht in die deutsche Rechtsordnung ermöglicht Art. 24 GG gewissermaßen umgekehrt die Eingliederung der deutschen Souveränität und Regelungsmacht in völkerrechtliche Verteidigungsbündnisse. Insofern darf sich der deutsche Staat unter ein gemeinsames **übernationales Bündnisregime** stellen, was mit der Mitgliedschaft im Nordatlantischen Verteidigungspakt (NATO) verwirklicht wurde (vgl. BVerfGE 68, 1 – Pershing). Unabhängig davon ist aus Gründen der parlamentarischen Legitimation für den bewaffneten Einsatz der Bundeswehr die Zustimmung des Bundestages erforderlich (BVerfGE 90, 286 – Adria, AWACS- und Somalia-Einsatz)[6].

Weitergehend als Art. 24 GG erlaubt Art. 23 GG der deutschen Gesetzgebung, dass sie die deutsche Rechtsordnung in die EU und ihr **gemeinschaftsrechtliches suprastaatliches Rechtsregime** integriert (*RN 67–70*).

Literatur:
Lernempfehlung: *Geiger, R.,* Grundgesetz und Völkerrecht, 2002[3]; *Herdegen, M.,* Völkerrecht, 2005[4].
Ergänzend: *Kimminich/Hobe,* Einführung in das Völkerrecht, 2004[8]; *Schweitzer, M.,* Staatsrecht III. Staatsrecht, Europarecht, Völkerrecht, 2000[7]; *Seidl-Hohenveldern/Stein,* Völkerrecht, 2000[11].
Vertiefend: *Bleckmann, A.,* Völkerrecht, 2001; *Doehring, K.,* Völkerrecht, 2004; *Graf Vitzthum, W.* (Hrsg.), Völkerrecht, 2004[3]; *Ipsen, K.,* Völkerrecht, 2004[5].

---

[6]   Dazu *Kokott,* in: *Sachs,* Grundgesetz, 2003[3], Art. 87a Rn. 27–31.

II. Europäisches Gemeinschaftsrecht

1. Konstruktion der Europäischen Union

67 Einen Sonderfall der Internationalen Organisationen stellen die **Europäischen Gemeinschaften** dar, denn sie dienen nicht nur der mitgliedstaatlichen Zusammenarbeit, sondern vor allem dem Aufbau einer Staatenunion.

Ausgangspunkt war das Bestreben nach einer friedlichen Verständigung in Europa. Um das Ziel zu fördern, wurde von den ursprünglich sechs beteiligten Staaten 1951 zunächst die Europäische Gemeinschaft für Kohle und Stahl (EGKS oder Montanunion, abgelaufen am 23.7.2002) und 1957 die **Europäische Atomgemeinschaft** (EAG) sowie die Europäische Wirtschaftsgemeinschaft, 1992 umbenannt in **Europäische Gemeinschaft** (EG), gegründet.

In den **Gründungsverträgen** wurde vereinbart, dass auf die Gemeinschaften Anteile der mitgliedstaatlichen Souveränität in Form der Gesetzgebungsbefugnis übertragen werden sollten, die von den Gemeinschaften anstelle der Staaten auszuüben waren. Das war die Geburt einer neuen **suprastaatlichen Rechtsordnung**, die den mitgliedstaatlichen Rechtsordnungen vorgeordnet wurde. In der Folgezeit wurde die innere Organisation der Gemeinschaften vereinheitlicht und die Zahl der Mitgliedstaaten erweitert.

Durch einen **zusätzlichen Gründungsvertrag** (Vertrag über die Europäische Union [EUV], Maastricht, 1992) wurde vereinbart, dass die drei Staatengemeinschaften zu einer **Völkerverständigung** weiterentwickelt und zusammenfassend als **Europäische Union** bezeichnet werden sollten. Ferner wurde für die Mitgliedstaatsbürger die **Unionsbürgerschaft** eingeführt (*RN 119*); außerdem wurden **zwei zwischenstaatliche Kooperationsorganisationen** geschaffen (Gemeinsame Außen- und Sicherheitspolitik [GASP] und Zusammenarbeit im Bereich der Polizei und Justiz in Strafsachen [ZPJ]). Sie stellen neben den eigenständigen Gemeinschaften eine Art völkerrechtlicher Arbeitsgemeinschaften dar, die um gemeinsame Vorgehensweisen der Mitgliedstaaten in den betreffenden Aufgabenbereichen bemüht sind.

Angelehnt an die Vornahme der Verhandlungen durch die Regierungen der Mitgliedstaaten, wird die völkerrechtliche Kooperationsebene auch als intergouvernemental bezeichnet. Im Verbund der EU wirken daher **drei verschiedene Rechtsordnungsebenen** zusammen, die nationale der Mitgliedstaaten, die suprastaatliche der Europäischen Gemeinschaften und die völkerrechtliche der GASP und ZPJ. Durch die Verträge von Amsterdam (1997) und Nizza (2000) wurden die Gründungsverträge mit Änderungen versehen. Die anschließenden weitergehenden Bemühungen, das Gründungsvertragsrecht grundlegend zu reformieren und in einem neuen Vertragswerk, der „Verfassung der EU", zusammenzufassen, scheiterten im Jahre 2005, nachdem in Frankreich und den Niederlanden Volksreferenden über den Verfassungsentwurf durchgeführt wurden und die Bürger dagegen stimmten.

68 Die Gründungsverträge sind die Rechtsgrundlage, d.h. die vereinbarte Satzung oder Verfassung der EU, in der jeweils die Beteiligten, Gründung, Namensgebung, Aufgabenbestimmung, innere Organisation, Kompetenzen und weitere Regelungen niedergelegt sind. Im EUV wurden die Grundsätze der **Freiheit, Demokratie, Menschenrechte** und **Rechtsstaatlichkeit** unionsweit – sowie im Verhältnis zwischen der Union und den Mitgliedstaaten deren **nationale Identität** – für verbindlich erklärt und als Hauptziel die Schaffung eines Raumes der Freiheit, der Sicherheit und des Rechts hervorgehoben (Art. 6 EU[7]).

Die Grundsätze finden ihren gemeinsamen Bezugsbereich in der **Rechtsstaatlichkeit**, die nach heutigem Verständnis die menschenrechtsbegründete Garantie einer individuellen und gesellschaftsweiten Selbstbestimmungsfreiheit in den Schranken der gleichheitlichen Berechtigung aller bedeutet. Entsprechend finden die Ziele der Freiheit und Sicherheit ihre Verbindung im **Recht**, das allein im Stande ist, die Ziele zu gewährleisten. Im Rahmen der Unionsgrundsätze sind die Hauptziele der EG die Verwirklichung des Binnenmarktes, die wirtschaftliche Entwicklung auf der Grundlage einer offenen Marktwirtschaft und die Entwicklung der allgemeinen Lebensverhältnisse (Art. 2–4 EG). Wie erwähnt, wurde die Weiterentwicklung der Staaten- zu einer Völkergemeinschaft zum Ziel erhoben und die Unionsbürgerschaft garantiert, mit der eine Reihe unionsweiter Berechtigungen verbunden ist (Art. 17–21 EG, *RN 119*).

2. Gemeinschaftsrechtsordnung

Die Besonderheit der EU liegt darin, dass die Mitgliedstaaten eine gemeinschaftli- 69
che, **suprastaatliche Rechtsebene** geschaffen und einen Teil ihrer **Regelungsmacht**
auf die Europäischen Gemeinschaften **übertragen** haben. Darin unterscheidet sie
sich von der Zusammenarbeit mehrerer Staaten in Form der herkömmlichen Internationalen Organisationen. Die Übertragung der Regelungsmacht ermöglichte es,
eine **gemeinschaftliche Rechtsordnung** zu begründen und diese im Rahmen der
übertragenen Befugnisse weiter auszubauen.

Soweit die Selbstentmachtung der Mitgliedstaaten dafür erforderlich war, mussten die nationalen Verfassungsordnungen jeweils dazu ermächtigen. In Deutschland schien dies zunächst durch Art. 24 Abs. 1 GG ausreichend gewährleistet. Mit der Weiterentwicklung der Gemeinschaften zur EU bedurfte es jedoch einer speziellen Regelung, die 1992 durch die Neufassung des Art. 23 GG getroffen wurde. Dessen ursprüngliche Aufzählung der westlichen Bundesländer war durch die Wiedervereinigung und die damit verbundene Hervorhebung sämtlicher Bundesländer in der Präambel überflüssig geworden. Im neuen **Art. 23 GG** konnte insbesondere klargestellt werden, dass die **Verfassungsgrundsätze** der demokratischrechtsstaatlichen und bundesstaatlichen Ordnung (*RN 155, 161, 163*), die einer Verfassungsänderung entzogen sind (Art. 79 Abs. 3 GG, *RN 86*), auch durch die Mitgliedschaft in der EU **nicht beeinträchtigt** werden dürfen[8]. Schon 1974 hatte das BVerfG sich geweigert, die deutsche Rechtsordnung der Gemeinschaftsrechtsordnung insofern zu unterwerfen, als diese keinen gleichwertigen **Grundrechtsschutz** bot (BVerfGE 37, 271 – Solange I). Erst als der EuGH durch seine Rechtsprechung einen angemessenen gemeinschaftsrechtlichen Grundrechtsschutz praktizierte, gab das BVerfG 1986 seinen Vorbehalt gegen den Vorrang des Gemeinschaftsrechts auf (BVerfGE 73, 339 – Solange II). In seiner Entscheidung zum Vertrag von Maastricht betonte es aber 1993 (BVerfGE 89, 155), dass Art. 23 GG einer Integration Deutschlands in die EU entgegenstehe, die sich mit den dort festgelegten Prinzipien nicht vereinbaren lasse. Darüber hinaus wurde klargestellt, dass die Suprastaatlichkeit der Gemeinschaftsrechtsordnung grundsätzlich nicht im Sinne einer Vormacht der gemeinschaftsrechtlichen Rechtsprechung des EuGH, sondern als **Kooperation** zwischen dieser und der nationalen Gerichtsbarkeit zu verstehen sei.

---

7   Als Zitierweise des Vertragsrechts hat sich die Weglassung des „V" durchgesetzt.
8   Vgl. *Pernice*, in: *Dreier* (Hrsg.), Grundgesetz – Kommentar Bd. II, 2006[2], Art. 23.

70 Den Hauptbestandteil der gemeinschaftlichen Rechtsordnung bildet das Gründungsvertragsrecht. Es wird als **Primärrecht** bezeichnet. Auf dessen Grundlage kann die EG durch ihre Rechtsetzungsorgane weitere gemeinschaftsrechtliche Regelungen erlassen, das **Sekundärrecht**. Nach Art. 249 EG stehen der EG die Regelungsinstrumente der **Verordnung** mit unmittelbarer Allgemeingeltung, der **Richtlinie** als Vorschrift an die Mitgliedstaaten zur Regelung eines Sachverhalts im nationalen Recht und der **Entscheidung** als Einzelfallregelung zur Verfügung. Bei der Kompetenzerteilung im Gründungsvertragsrecht wird jeweils bestimmt, welche Kompetenzen den einzelnen Organen (Organkompetenz, *RN 73*) zustehen und auf welche Weise die Regelungen vorzunehmen sind (Rechtsetzungsverfahren).

Das Gemeinschaftsrecht hat einen beachtlichen Umfang angenommen. Erheblich zum Ausbau der Gemeinschaftsrechtsordnung hat auch die **Rechtsprechung des EuGH** beigetragen. Insbesondere hat sie das Fehlen einer gemeinschaftsrechtlichen Grundrechtsordnung durch richterrechtliche Entscheidungen ausgeglichen. Auf dieser Grundlage hat der Europäische Rat im Jahre 2000 eine gemeinschaftsrechtliche **Grundrechtecharta** beschlossen, die inzwischen in den projektierten Verfassungsvertrag aufgenommen wurde[9].

Das Gemeinschaftsrecht wirkt sich nicht nur durch den **Vorrang seiner Anwendung** aus, der in seinem Geltungsbereich die Folge seiner zentralen Verbindlichkeit ist, sondern auch durch direkt vorgeschriebene und praktisch unvermeidliche Anpassungen des nationalen Rechts (normative und faktische Harmonisierung). Ein Anpassungsdruck geht z.B. davon aus, dass die **Durchführung** des Gemeinschaftsrechts weitgehend den Behörden der Mitgliedstaaten obliegt und das nationale Verfahrensrecht den gemeinschaftsrechtlichen Belangen Rechnung zu tragen hat. Soweit sich aus dem Gemeinschaftsrecht unmittelbar Rechtspositionen für den Einzelnen ergeben, können diese bei der gemeinschaftsrechtlichen Gerichtsbarkeit geltend gemacht werden; soweit das Gemeinschaftsrecht jedoch durch deutsche Regelungen vermittelt wird, ist der Rechtsschutz bei der deutschen Gerichtsbarkeit einzuklagen. Diese hat den Vorrang des Gemeinschaftsrechts zu beachten und, wenn sie es in entscheidungserheblicher Hinsicht für fehlerhaft hält, die **Vorabentscheidung** darüber beim Europäischen Gerichtshof einzuholen (Art. 234 EG).

Das Gemeinschaftsrecht bildet das **Europarecht im engeren Sinne**; im weiteren Sinne gehört dazu auch das Recht der anderen europäischen internationalen Organisationen, wie des Europarates und der OSZE (*RN 62*).

71 Die EG darf sekundäres Gemeinschaftsrecht nur in denjenigen Bereichen erlassen, in denen ihr die Regelungskompetenz durch die Gründungsverträge ausdrücklich zugewiesen wird (**Verbandskompetenz**).

Die wichtigsten Regelungskompetenzen liegen im Themenfeld des **Binnenmarktes** und der daran anschließenden wirtschaftspolitischen Bereiche. Die gemeinschaftsrechtliche Marktverfassung beruht auf den Garantien der Warenverkehrsfreiheit, der Arbeitnehmerfreizügigkeit und Niederlassungsfreiheit der Unternehmer, der Dienstleistungsfreiheit und der Zahlungs- und Kapitalfreiheit. Sie verbieten mitgliedstaatliche Maßnahmen, die gegenüber grenzüberschreitenden Sachverhalten diskriminierend oder allgemein marktbehindernd wirken; Ausnahmen sind nur in engen Schranken zulässig. Das Marktverfassungsrecht wird

---

[9]   Dazu *Losch/Radau*, Europäische Grundrechte als Integrationsfaktor, NJ 1999, 632–635; *dies.*, Grundrechtskatalog für die Europäische Union, ZRP 2000, 84–87; *Losch*, Grundrechtscharta der Europäischen Union, in: *Held/Knipping* (Hrsg.), Europa von innen und außen, Universalität und Partikularität, 2001, S. 86–100.

durch das **Wettbewerbs-, insbesondere das Kartell- und Beihilfenrecht** (gegen wettbewerbs-widrige Absprachen und Staatssubventionen) vervollständigt.

Als Entsprechung zur Binnenmarkt- kommen der EG auch **außenwirtschaftliche Kompetenzen** zu, auf deren Grundlage die EG u.a. der **WTO** beitrat (neben den Mitgliedstaaten). Umstritten ist, ob die Vereinbarungen der WTO im Regelungs-bereich der EU unmittelbare Geltung erlangen oder – wie im Normalfall der völ-kerrechtlichen Vereinbarung – der gesonderten Anordnung durch die EG bedür-fen; die Bestimmungen der WTO sprechen jedoch dafür, dass sich die Mitglieder mit dem Beitritt dem WTO-Regime unterwerfen wollen[10].

Da sich die Mitgliedstaaten der zentralisierten, suprastaatlichen Regelungsgewalt **72** der EG untergeordnet haben, waren sie zugleich darauf bedacht, die EG streng auf die Wahrnehmung ihrer Befugnisse zu beschränken, um zu verhindern, dass die Selbständigkeit der Mitgliedstaaten nicht stärker als zugestanden zurück-gedrängt wird. Als einer der wichtigsten Grundsätze für das Verhältnis zwischen den Gemeinschaften und den Mitgliedstaaten gilt, dass die EG strikt an ihre gründungsvertraglich eingeräumten Regelungskompetenzen gebunden ist (Art. 5 Abs. 1 EG, **Prinzip der begrenzten Einzelermächtigung**). Soweit sie nicht aus-schließlich, sondern im Nebeneinander mit den Mitgliedstaaten zuständig ist, muss sie besondere Gründe anführen können, wenn sie eine gemeinschaftsrecht-liche Regelung vornehmen will (Art. 5 Abs. 2 EG, **Subsidiaritätsprinzip**).
Auf der anderen Seite sind die Mitgliedstaaten, um die Effizienz der Gemeinschaf-ten nicht zu gefährden, verpflichtet, die gemeinschaftlichen Belange weitest mög-lich zu unterstützen (Art. 10 EG, **Prinzip der Gemeinschaftstreue**).

3. Innere Organisation

Die EG besteht in organisatorischer Hinsicht im Wesentlichen aus einer Ge- **73** schäftsführung (**Kommission**), einer entscheidungsbefugten Mitgliedervertreter-versammlung (**Rat** – bestehend aus Vertretern der Mitgliedstaatsregierungen) und einem unabhängigen Gericht (**EuGH**). Die parlamentarische Mitwirkung (**Euro-päisches Parlament**) wurde nur ergänzend eingerichtet. Die Verwaltung ist den Mitgliedstaaten überlassen. Bei der Einführung der EU wurde der **Europäische Rat** institutionalisiert. In ihm kommen die Staats- und Regierungschefs der Mit-gliedstaaten und der Präsident der Kommission zusammen; betraut ist das Gremi-um mit den politischen Leitentscheidungen.

Die Kommission ist demgegenüber das Leitungsorgan. Sie besitzt die Initiative für die Rechtsetzung und übt gegenüber den Mitgliedstaaten und den Organen der Gemeinschaft die Kontrolle über die Einhaltung des Gemeinschaftsrechts aus. Der Rat beschließt über die Rechtsetzung. Das Europäische Parlament ist in den Rechtssetzungsprozess einbezogen und besitzt inzwischen überwiegend ein Mitentscheidungsrecht. Dennoch liegt die Entwicklung

---

[10]   *Siebold, D. I.*, Die Welthandelsorganisation und die Europäische Gemeinschaft. Ein Beitrag zur globalen wirtschaftlichen Integration, 2003. Grundsätzlich *Senti, R.*, WTO. System und Funk-tionsweise der Welthandelsorganisation, 2000.

des Gemeinschaftsrechts nach wie vor weitgehend in der Hand des Rates als dem Hauptbeschlussorgan und folglich bei den Mitgliedstaatsregierungen, die im Rat vertreten sind. Die Bedeutung des **Europäischen Parlaments** wurde schrittweise gestärkt, um der Kritik Rechnung zu tragen, dass die EU angesichts der Leit- und Beschlussfunktion von Europäischem Rat und Rat weniger demokratisch als vielmehr **regierungstechnokratisch** organisiert sei (*RN 34*)[11]. Allerdings ist zu berücksichtigen, dass die Mitgliedstaatsregierungen hinsichtlich ihres Verhaltens auf der Gemeinschaftsebene der Kontrolle durch ihre nationalen Parlamente unterliegen (BVerfGE 89, 155 – Maastricht)[12].

4. Osterweiterung, Reformen

74 In Art. 49 EU wird geregelt, dass weitere europäische Staaten aufgenommen werden können. Voraussetzung ist, dass ein Antragsteller sich die **Grundsätze der EU** zu eigen macht sowie hinsichtlich des rechtlichen, wirtschaftlichen und sonstigen **gemeinschaftlichen Besitzstandes** integrationsfähig ist[13]. Im Jahre 2005 sind zehn europäische Staaten der EU beigetreten – Polen, Ungarn, Tschechien, Slowakei, Slowenien, Estland, Lettland, Litauen, Malta und Zypern; der Beitritt von zwei weiteren Staaten – Bulgarien und Rumänien – steht unmittelbar bevor. Darüber hinaus sollen mit der Türkei und in absehbarer Zeit auch mit Kroatien Verhandlungen darüber geführt werden, ob ein Aufnahmeabkommen geschlossen werden kann.

75 Im Zuge der Osterweiterung wurde offensichtlich, dass das Hauptproblem der EU in der Funktionsfähigkeit der inneren **Organisation** besteht. Ein weiteres großes Problem liegt in der **Kompetenzverteilung** zwischen den Mitgliedstaaten und der Gemeinschaft. Als eines der größten Hemmnisse für die Weiterentwicklung der EU gilt die Kompromissbildung zwischen der suprastaatlichen Gemeinschaftlichkeit, die nach einer eigenständig funktionierenden zentralen Ebene verlangt, und der nationalen Regie im Europäischen Rat und im Rat[14], in welchem sich die Mitgliedstaaten bis heute nicht auf effiziente Beschlussverfahren einigen konnten, weil sich die Konkurrenz zwischen den größeren und kleineren Partnern nicht überwinden ließ. Als Ausweg wird diskutiert, ob die Möglichkeit von Mehrheitsentscheidungen verstärkt und die Verfahren vereinfacht werden können. Einmütig wird für erforderlich gehalten, das Gründungsvertragsrecht zu straffen, die institutionelle Ordnung unabhängiger und die Verfahren übersichtlicher zu gestalten.

---

[11] Dazu auch *Abromeit*, Mögliche Antworten auf Demokratiedefizite in der Europäischen Union, in: *v. Arnim* (Hrsg.), Direkte Demokratie, 2000, S. 187–198; *Höreth, M.*, Die Europäische Union im Legitimationsdilemma. Zur Reform des Regierens jenseits der Staatlichkeit, 1999, S. 42–64.

[12] Zur Zwiespältigkeit, die nationale und gemeinschaftlich-supranationale Legitimation zu verbinden *Calliess/Ruffert* (Hrsg.), Kommentar zum EU-Vertrag und EG-Vertrag, 2002², Art. 1 EU, Rn. 15.

[13] Zum zentralen Problem der demokratischen und wirtschaftlichen Annäherung *Geißler, F.*, Transformation und Kooperation. Die ostmitteleuropäischen Systemumbrüche als kooperationspolitische Herausforderung der Europäischen Gemeinschaft, 1995; *Geistlinger*, Demokratieverständnis in Osteuropa, in: *Kreuzbauer/Fischer*, Recht und Weltanschauung, 2000, S. 131–142.

[14] *Magiera/Sommermann* (Hrsg.), Verwaltung und Governance im Mehrebenensystem der Europäischen Union, 2002.

Entsprechende Reformen waren im Entwurf einer „Europäischen Verf_____
vorgesehen. Nachdem diese aber im Jahre 2005 scheiterte (*RN 67*), gilt die bestehende Rechtslage fort.

Literatur:
Arndt, H.-W., Europarecht, 2006[8]; *Beutler/Bieber/Piepkorn/Streil*, Die Europäische Union, 2004[6]; *Borchardt, K.-D.*, Die rechtlichen Grundlagen der Europäischen Union. Eine systematische Darstellung für Studium und Praxis, 2002[2]; *Calliess/Ruffert* (Hrsg.), Kommentar zum EU-Vertrag und EG-Vertrag, 2002[2]; *Fischer, H.G.*, Europarecht. Grundlagen des Europäischen Gemeinschaftsrechts in Verbindung mit dem deutschen Staats- und Verwaltungsrecht, 2004[4]; *Geiger R.*,Grundgesetz und Völkerrecht, 2002[3], §§ 35–44; *Herdegen, M.*, Europarecht, 2002[4]; *Höreth, M.*, Die Europäische Union im Legitimationstrilemma. Zur Reform des Regierens jenseits der Staatlichkeit, 1999; *Huber, P.M.*, Recht der Europäischen Integration, 2002[2]; *Oppermann, T.*, Europarecht, 2005[4].
Hartmann, J., Das politische System der Europäischen Union. Eine Einführung, 2001; *Pfetsch, F.*, Die Europäische Union. Eine Einführung, 2005[3].

III. Staatsrecht

1. Abgrenzung zwischen öffentlichem und privatem Recht

Charakteristisch für das **öffentliche Recht** ist, dass es sich auf den Staat bezieht, **76** entweder, wie hinsichtlich des Völkerrechts und Europäischen Gemeinschaftsrechts, auf den zwischenstaatlichen und suprastaatlichen Handlungsbereich oder, wie im Folgenden zu erörtern, unmittelbar auf die staatliche Organisation selbst und ihr Verhältnis zur nicht staatlich organisierten Gesellschaft (Staats- und Verwaltungsrecht). Dagegen umfasst das **Privatrecht** die Regelungsbereiche, die für die Rechtshandlungen der Allgemeinheit die Grundlage bilden (*RN 59*). Die Rechtsordnung kann zu **unterschiedlichen Rechtsfolgen** führen, je nachdem, ob ein Fall nach öffentlich-rechtlichen oder privatrechtlichen Regelungen zu beurteilen ist. Vor allem sind verschiedene **Gerichtsbarkeiten** vorgesehen (§ 13 GVG, § 40 VwGO). Außerdem wird die **Haftung** für rechtswidriges Verhalten unterschiedlich geregelt (Art. 34 Abs. 1 GG, § 839 BGB). Daher muss im **Zweifel** geklärt werden können, ob es sich um eine Angelegenheit des öffentlichen Rechts oder Privatrechts handelt.

Da als Grundlage des staatlichen Wirkens die Verfolgung des öffentlichen Interesses gilt, könnte im Sinne der römisch-rechtlich begründeten **Interessentheorie** der Charakter von Rechtshandlungen danach bestimmt werden, ob mit ihnen primär öffentliche oder Privatinteressen verfolgt werden. Jedoch steht dem Staat im Einzelfall frei, zur Wahrnehmung öffentlicher Interessen auch privatrechtliche Handlungsformen, z.B. einen Kaufvertrag, zu benutzen. Daher sind zur Abgrenzung weitere Kriterien erforderlich.
Die **Subordinationstheorie** betrachtet das Vorliegen eines Über- und Unterordnungsverhältnisses zwischen Staat und Bürger als Voraussetzung für den öffentlich-rechtlichen Rechtscharakter. Sie berücksichtigt jedoch nicht, dass der Staat bei der Erfüllung seiner Aufgaben auch Verträge mit den Bürgern ohne Über- und Unterordnung schließen kann; außerdem werden im staatsinternen Bereich ebenfalls Rechtshandlungen ohne die Unterordnung von Bürgern vorgenommen.

Auch die **Subjektstheorie**, wonach öffentliches Recht anzunehmen ist, wenn ein öffentlich Bediensteter Rechtshandlungen vornimmt, bleibt unzulänglich, da z.B. ein Polizist im Dienst privatrechtlich ein Brötchen kaufen kann. Vorzugswürdig ist die **modifizierte Subjektstheorie**, die zusätzlich zum Auftreten eines öffentlich Bediensteten ein Handeln nach Rechtsvorschriften verlangt, die nur für die staatliche Seite vorgesehen sind. Wenn der Polizist also eine polizeirechtliche Maßnahme ergreift, wie eine Personenfeststellung durch Überprüfung des Ausweises, wozu die sonstigen Bürger nicht befugt sind, besteht kein Zweifel am öffentlich-rechtlichen Charakter des polizeilichen Handelns. Wegen des Kriteriums der Staatsbezogenheit von Subjekt und Regelung spricht man auch von **Zuordnungstheorie**. Öffentliches Recht liegt demnach vor, wenn öffentlich Bedienstete auftreten und diese nach Rechtsvorschriften handeln, die lediglich für staatliche Maßnahmen, nicht aber für Rechtshandlungen von Privatleuten gelten.

Literatur:
Bull, H.P., Allgemeines Verwaltungsrecht, 2005[7], § 2, Rn. 95–116; *Hufen, F.*, Verwaltungsprozessrecht, 2005[6], § 11 II 3; *Maurer, H.*, Allgemeines Verwaltungsrecht, 2006[16], § 3 III; *Wolff/Bachof/Stober*, Verwaltungsrecht, Bd. 1, 2004[12], § 22 II, III.

2. Staat und Verfassung

77 a) **Staats- und Verfassungsbegriff, Staatsgliederung.** Nach herkömmlicher Ansicht wird der Staat durch drei Begriffsmerkmale geprägt. Erforderlich ist ein bestimmtes **Gebiet**, eine **Bevölkerung** und eine gemeinsame **Organisation**. Darüber hinaus wird man inzwischen die überwiegende **internationale Anerkennung** voraussetzen müssen.

Zusätzlich zu den drei Begriffselementen wird eine Art sozialer Kohärenz für unentbehrlich gehalten[15]. Weitergehend wird vertreten, dass es nach dem Vorbild von Religionsbewegungen und internationalen Konzernen zukünftig eher auf die Organisationsidee und den Sitz der Organisation ankomme[16] (den man sich auch in Unterwasseranlagen, auf Raumstationen oder bloß virtuell vorstellen könnte). Ein Staatsgebiet wäre demzufolge überflüssig. Die Staatseigenschaft würde allein durch eine gemeinsam verfolgte Idee erfüllt. Diese Auffassung verkennt jedoch, dass die Staaten primär für die Erfüllung praktischer Lebensvoraussetzungen auf ihren Staatsgebieten verantwortlich sind und lässt die historische Besonderheit des Vatikans, der als Beispiel aufgeführt wird, außer Acht.

Als **Hauptfunktionen** des Staates gelten der Schutz nach außen (Verteidigung) und im Innern (Sicherheit und Ordnung) sowie die Förderung der Lebensverhältnisse (Infrastruktur). – Den Definitions-, Organisations- und Legitimationsfragen widmet sich die **Allgemeine Staatslehre.**

78 Wie jede Personenvielheit, bedarf der Staat, um als Gesamtheit funktionsfähig zu sein, der **Organisation**. Beim Verein wird die erforderliche Regelung in der Vereinssatzung festgelegt; hinsichtlich des Staates hat sich für das **Organisationsstatut** die Bezeichnung als **Verfassung** eingebürgert[17]. Doch hat die Bundesrepublik

---

[15]   Vgl. die Erörterung bei *Stein/Frank*, Staatsrecht, 2004[19], § 3 I.
[16]   *Reinhardt, H.*, Der Personalstaat. Profil einer neuen Staatsform, 1999.
[17]   *Mohnhaupt/Grimm*, Verfassung. Zur Geschichte des Begriffs von der Antike bis zur Gegenwart, 1995.

Staat und Verfassung

Deutschland 1949 den Ausdruck **Grundgesetz** gewählt. Ähnlich werden die Organisationsstatute von öffentlichen Einrichtungen, wie Universitäten, auch Grundordnung genannt.

Mit dem Ausdruck **Grundgesetz** sollte der Eindruck vermieden werden, dass auf ein perfektes Staatsgebilde Bezug genommen werde, da nur der westliche Teil von Nachkriegsdeutschland neu geordnet und im östlichen die Verfassung der DDR erlassen wurde, das Ziel der Wiedervereinigung aber trotz der eigenständigen Organisation der Bundesrepublik nicht aufgegeben werden sollte. Nachdem im Anschluss an den späteren Beitritt der neuen Bundesländer keine neue Verfassung geschaffen wurde, blieb der Ausdruck Grundgesetz für Gesamtdeutschland erhalten. Wie erwähnt, stellt die Verfassung[18] das **höchstrangige** nationale Gesetz dar (*RN 53*). Jedoch wird die nationale Rechtsordnung vom Europäischen Gemeinschaftsrecht überlagert (*RN 67, 69*).

Im Unterschied zur Bezeichnung privatrechtlicher Personenzusammenschlüsse als **79** Verein nennt man die öffentlich-rechtlichen **Körperschaften** und, wenn sie selbständig rechtsfähig sind, Körperschaften des öffentlichen Rechts. In der Bundesrepublik Deutschland bestehen grundsätzlich die Körperschaften des Bundes (als Gesamtstaat), der Länder (als Mitgliedstaaten) und der Gemeinden und Kreise (als Untergliederungen der Länder). Von den Staats- und kommunalen Körperschaften wird die gesamte, im jeweiligen Gebiet ansässige Bevölkerung umfasst, daher werden sie als **Gebietskörperschaften** bezeichnet. Davon sind weitere **Körperschaften** (als Personenverbände) sowie **Anstalten** (als Sachmitteleinrichtungen) und **Stiftungen** (als Vermögensbestände) des öffentlichen Rechts zu unterscheiden, die zur Wahrnehmung besonderer staatlicher Verwaltungsaufgaben in Eigenverantwortung eingerichtet sind (*RN 54*).

Auf Bundesebene bildet etwa die Bundesarchitektenkammer eine Körperschaft, die berufsständische Aufgaben erfüllt. Die Bundesagentur für Arbeit ist für beschäftigungspolitische Aufgaben eingerichtet.

Literatur:
Lernempfehlung zum Staatsrecht: *Battis/Gusy*, Einführung in das Staatsrecht, 1999[4]; *Zippelius/Würtenberger*, Deutsches Staatsrecht, 2005[31]; *Maurer, H.*, Staatsrecht I. Grundlagen, Verfassungsorgane, Staatsfunktionen, 2005[4].
Ergänzend und vertiefend: *Stein/Frank*, Staatsrecht, 2004[19]; *Stern, K.*, Das Staatsrecht der Bundesrepublik Deutschland, Bd. V, 2000, § 1.
Sachs, in: *ders.* (Hrsg.), Grundgesetz. Kommentar, 2003[3], Einführung Rn. 13–21; *Schmidt-Bleibtreu/Klein*, Grundgesetz. Kommentar zum Grundgesetz, 2004[10], Einleitung III Rn. 1f.; *Starck*, in: *v. Mangoldt/Klein/Starck*, Das Bonner Grundgesetz, Kommentar, Bd. 5, 2005, Überschrift etc. Rn. 1–6.
Isensee, Die alte Frage nach der Rechtfertigung des Staates – Stationen in einem laufenden Prozess, in: *Kolmer/Korten* (Hrsg.), Recht – Staat – Gesellschaft. Facetten der politischen Philosophie, 1999, S. 21–68; *Pernthaler, P.*, Allgemeine Staatslehre und Verfassungslehre, 1999[2]; *Stern*, das Staatsrecht der Bundesrepublik Deutschland, Bd. V, 2005[4], § 2; *Zippelius, R.*, Allgemeine Staatslehre (Politikwissenschaft), 2003[14].

---

[18] *Unruh, P.*, Der Verfassungsbegriff des Grundgesetzes. Eine verfassungstheoretische Rekonstruktion, 2002.

80 b) **Verfassungsrecht, Verfassungsauslegung.** Das GG umfasst zwei Hauptteile, einen über die **Staatsorganisation** und den anderen über die **Grundrechte.** Der Hauptteil über die Grundrechte steht am Beginn. Seinen Auftakt macht, wie in der Menschenrechtserklärung der UNO von 1948, der menschenrechtliche Fundamentalsatz: „Die Würde des Menschen ist unantastbar" (Art. 1 Abs. 1 Satz 1 GG). Dadurch wird gleich im ersten Artikel des GG zum Ausdruck gebracht, dass der Mensch im Vordergrund steht. Folglich hat der Staat den Menschen zu dienen und nicht umgekehrt, wie in totalitären Herrschaftssystemen. Als Konsequenz daraus ergibt sich die Garantie von Grundrechten, die in einem ausführlichen Katalog geregelt werden. Erst im Anschluss daran wendet sich das GG den Prinzipien und Einzelregelungen der Staatsorganisation zu.

81 Wegen der Grundlagenfunktion der Verfassung ist bei ihrer **Auslegung** in besonderem Maße der Gesamtzusammenhang und die Tragweite der Regelungen zu berücksichtigen. Spannungsfelder, wie zwischen Demokratie- (Beteiligung aller) und Mehrheitsprinzip (Entscheidung durch die Mehrheit) oder Freiheit und Solidarität, müssen auf einander abgestimmt werden (Minderheitenschutz durch besondere Kooperationsrechte, sozialer Schutz). Jedenfalls hat ein leitender Gesichtspunkt zu sein, dass die **Einheit** der Verfassung gewahrt wird (BVerfGE 30, 1).

So ist etwa eine Konsequenz aus dem föderalistischen Staatsaufbau, dass Bund und Länder ihre jeweilige Autonomie nicht unangemessen gegeneinander kehren dürfen, sondern zur Loyalität verpflichtet sind (*RN 162*). Ähnlich dürfen die Grundrechte gegenüber dem Staat nicht zum Schaden anderer schützenswerter Rechtsgüter beansprucht werden (*RN 103 f.*). – Wegen der Mitgliedschaft in der EU ist außerdem zu beachten, dass die Verfassung dem **europäischen Gemeinschaftsrecht** nicht widerspricht. Letztlich hat das **BVerfG** – anlässlich von Streitigkeiten über verfassungsrechtliche Rechtspositionen oder über die Vereinbarkeit von Rechtsvorschriften mit der Verfassung – über die Auslegungsfragen zu entscheiden (*RN 149*)[19].

82 c) **Verfassungsänderung, Verfassungsgebung.** Wenn sich der Wortlaut der Verfassung als unzureichend erweist, muss der **Verfassungstext geändert** werden (Art. 79 Abs. 1 GG). Seit Inkrafttreten des GG im Jahre 1949 kam zu einer langen Reihe von Verfassungsänderungen bzw. -reformen, wie je nach Umfang oder Bedeutung der Änderung auch gesagt wird, zuletzt vor allem als Folge der Mitgliedschaft in der EU und der Wiedervereinigung (Änderung der Präambel durch Aufzählung der Länder und entsprechende Ersetzung des früheren Art. 23 GG durch den heutigen Europaartikel, Einfügung der Gleichstellungsvorschrift des Art. 3 Abs. 2 Satz 2 GG, des Benachteiligungsverbotes für Behinderte gem. Art. 3 Abs. 3 Satz 2 GG und des Umweltschutzzieles gem. Art. 20a GG).

Die Frage der Verfassungsänderung stellte sich auch hinsichtlich der vom EuGH erzwungenen Zulassung von Frauen zur Berufslaufbahn in der Bundeswehr (*RN 125*). Die herkömmliche Auffassung sah in Art. 12a Abs. 4 Satz 2 GG, der im Zusammenhang mit der Heranziehung von Frauen zu Dienstleistungen im Verteidigungsfall bestimmte, dass Frauen auf keinen Fall Dienst mit der Waffe leisten dürfen, ein absolutes, über den situativen Zusam-

---

[19]   Vgl. die Entscheidungssammlung BVerfGE und die aufbereitete Präsentation bei *Richter/Schuppert/Bumke*, Casebook Verfassungsrecht, 2001[4].

menhang hinausreichendes Verbot des Waffendienstes, das sowohl die Wehrpflicht als auch die freiwillige Berufslaufbahn für Frauen ausschloss. Jedoch hätte sich auch ein modernisiertes Verfassungsverständnis annehmen lassen, wonach die Bestimmung nur den Pflichtdienst von Frauen ausgeschlossen, die freiwillige Berufslaufbahn aber nicht verwehrt hätte. Ein derartiger Wandel im Verständnis des Verfassungstextes wird als **Verfassungswandel** bezeichnet, der ohne eine Änderung der allgemein anerkannten Textbedeutung zur Folge hat. Jedoch entschied sich der Verfassungsgesetzgeber, um mögliche Missverständnisse wegen der früheren kategorischen Verbotsformulierung auszuräumen, zur Textänderung in Art. 12a Abs. 4 Satz 2 GG, indem er klarstellte, dass lediglich der Pflichtdienst mit der Waffe für Frauen verboten wird.

Für die ausdrückliche Verfassungsänderung macht das GG zur Bedingung, dass **83** die gesetzgebende Gewalt des Bundes in Form von Bundestag und Bundesrat tätig wird (*RN 135–137*) und mit jeweils mindestens **zwei Dritteln ihrer Mitglieder zustimmt** (Art. 79 Abs. 2 GG). Wegen der Unvermeidlichkeit von Verfassungsänderungen muss die Verfassung also eine **verfassungsändernde Gewalt** vorsehen. Sie wird im GG als Spezialfall der gesetzgebenden Gewalt behandelt. Wegen des Verfassungsbezuges wäre nahe liegend, dafür das direktdemokratische Instrument des Volksreferendums heranzuziehen. Dadurch könnte eine angemessene Mitwirkung der wahlberechtigten Öffentlichkeit an Entscheidungen über die staatliche Grundordnung erreicht werden. Jedoch sieht das GG auf der gesamtstaatlichen Ebene aus Gründen der politischen Praktikabilität keinen Rückgriff auf die Bevölkerung vor (*RN 155*).

Gegenüber der grundsätzlichen Zulässigkeit von Verfassungsänderungen richtet **84** Art. 79 Abs. 3 GG eine inhaltliche **Sperre** auf, die verbietet, dass die **Grundrechte,** die auf der Grundlage des Art. 1 GG garantiert werden, sowie die **Verfassungsgrundsätze** gemäß. Art. 20 GG und insbesondere die **Bundesstaatlichkeit** beeinträchtigt werden (*RN 154–165*).

Das Verbot dient dem Schutz des für unverzichtbar gehaltenen freiheitlich-demokratischen und föderativ-gestuften Staatsfundamentes und will verhindern, dass auf legalem Wege davon abgerückt werden kann. Es bezweckt mit der Textsicherung, was die Verfassungsschutzbestimmungen[20] auf der Handlungsebene gegenüber einzelnen Akteuren zu bewirken haben (*RN 170*). Von der Bundesstaatlichkeit und dem Sozialstaatsprinzip abgesehen, entsprechen die Prinzipien, die von einer Verfassungsänderung ausgenommen sind, zugleich den gemeinsamen Grundsätzen der EU (*RN 68*).

Soll die Verfassung nicht nur geändert, sondern in neuer Gestalt erlassen werden, **85** tritt die **verfassungsgebende Gewalt** in Aktion. Darunter ist die gesamte wahlberechtigte Staatsbürgerschaft zu verstehen (Art. 146 GG).

Dass der Entwurf des GG 1949 vom nicht direktdemokratisch gewählten Parlamentarischen Rat lediglich mehrheitlich verabschiedet und lediglich in mindestens zwei Dritteln der westdeutschen Länder durch jeweilige Mehrheitsabstimmung der Länderparlamente angenommen werden konnte, um in Kraft zu treten[21], wird mit der besonderen Nachkriegs-

---

[20] Dazu *Stern*, Das Staatsrecht der Bundesrepublik Deutschland, Bd. I, 1984[2], § 6.
[21] Näher dazu *Frotscher/Pieroth*, Verfassungsgeschichte, 2002[3], § 21; *Stern*, Das Staatsrecht der Bundesrepublik Deutschland, Bd. V, 2000, § 133.

situation erklärt[22]. Die Gelegenheit, anlässlich der Wiedervereinigung eine Verfassung vorzuschlagen, die vom gesamten Wahlvolk bestätigt werden konnte, wurde versäumt, da zunächst der Beitritt der östlichen Bundesländer zum Geltungsbereich des GG auf der Grundlage des damaligen Art. 23 GG vorgenommen und der Vorstoß zu einer größeren Verfassungsreform abgebrochen wurde[23]. Inzwischen mehren sich die Stimmen, die eine grundsätzliche Reformbedürftigkeit des GG konstatieren[24].

86 Die Frage könnte sich erheben, ob die **Selbstbindung** des Verfassungsgebers gem. Art. 79 Abs. 3 GG auch für den Erlass einer **neuen Verfassung** gem. Art. 146 GG gilt.

Aus der Einheit der Verfassung, auf deren Boden der Neuerlass geregelt wird, könnte sich ableiten lassen, dass die Änderungsverbote auch in diesem Fall gelten sollen[25]. Dagegen[26] spricht freilich, dass Art. 146 GG dann ggf. als Aufforderung zur Revolution verstanden werden müsste. Daher sollte die Veränderungssperre nicht als eine das GG übergreifende **Ewigkeitsklausel** verstanden werden, sondern nur als Bestätigung der Selbstverständlichkeit, dass mit dem Neuerlass lediglich eine demokratisch-rechtsstaatliche Verfassung gemeint sein kann. Eine vergleichbare Frage ist, wie weit die Staatlichkeit der Bundesrepublik Deutschland dadurch verändert werden darf, dass sie in **suprastaatliche Formen** übergeleitet wird. Für die Beteiligung an der EU wird jedoch konsequent die gleiche Sperre aufgerichtet (*RN 69*). Doch kann dadurch dem Erlass einer neuen (mit dem europäischen Rahmen vereinbarenden) Verfassung ebenfalls nicht vorgegriffen werden.

Literatur:
Maurer, H., Staatsrecht I. Grundlagen, Verfassungsorgane, Staatsfunktionen, 2005[4], §§ 5, 22; *Stein/Frank,* Staatsrecht, 2004[19], § 6 II, III; *Stern K.,* Das Staatsrecht der Bundesrepublik Deutschland, Bd. I, 1984[2], §§ 3–5; *Sachs* (Hrsg.), Grundgesetz. Kommentar, 2003[3], Einführung Rn. 22–36; *Starck,* in: *v. Mangoldt/Klein/Starck,* Das Bonner Grundgesetz, Kommentar, Bd. 5, 2005, Überschrift etc. Rn. 7–24.

87 d) **Staatsrecht, Verfassungskonkretisierung.** Zur konkreten Ausgestaltung der verfassungsrechtlichen Regelungen dienen **staatsrechtliche Gesetze.** Das GG erteilt an vielen Stellen dem Bundesgesetzgeber die Kompetenz zur näheren Regelung. Zu den wichtigsten staatsrechtlichen Gesetzen[27] gehören das Staatsangehörigkeitsgesetz (Art. 16 Abs. 3 GG), das Parteiengesetz (Art. 21 Abs. 3 GG) und die Gesetze zum Bundes- und Europawahlrecht (Art. 38 Abs. 3 GG). Zu den staatsrechtlichen Vorschriften zählen auch die Verfahrensordnungen der Gremien, die

---

[22]   Außerdem habe das GG bevölkerungsweite Zustimmung gefunden; zu seiner Verfassungsqualität *Brugger, W.* (Hrsg.), Legitimation des Grundgesetzes aus der Sicht von Rechtsphilosophie und Gesellschaftslehre, 1996; *ders.,* Liberalismus, Pluralismus, Kommutarismus. Stimmen zur Legitimation des Grundgesetzes, 1999.

[23]   Dazu *Isensee,* Mit blauem Auge davongekommen – das Grundgesetz. Zu Arbeit und Resultaten der Gemeinsamen Verfassungskommission, NJW 1993, 2583 ff.; *Schneider,* Das Grundgesetz – auf Grund gesetzt? Die Deutschen haben wenig Talent zur Verfassungsreform, NJW 1994, 558 ff.

[24]   Vgl. *Darnstädt/Kloth,* Die Konsens-Falle, Der Spiegel Nr. 20 v. 12.5.2003, 34–37.

[25]   So nachdrücklich *v. Campenhausen,* in: *v. Mangoldt/Klein/Starck,* Das Bonner Grundgesetz, Kommentar, Bd. 3, 2001[4], Art. 146; *Jarass,* in: *Jarass/Pieroth,* Grundgesetz für die Bundesrepublik Deutschland, 2006[8], Art. 146.

[26]   So *Dreier,* in: *ders.* (Hrsg.), Grundgesetz-Kommentar, Bd. III, 2006[2], Art. 146; *Huber,* in: *Sachs* (Hrsg.), Grundgesetz, Kommentar, 2003[3] Art. 146 Rn. 7–14.

[27]   Näher dazu *Maurer H.,* Staatsrecht I. Grundlagen, Verfassungsorgane, Staatsfunktionen, 2005[4], § 1 II 5.

als oberste Verfassungsorgane bestimmte verfassungsrechtliche Aufgaben wahrzunehmen haben. Die wichtigsten dieser Verfahrensregelungen sind die **Geschäftsordnungen** von Bundestag, Bundesrat und Bundesregierung (Art. 40 Abs. 1 Satz 2; 52 Abs. 3 Satz 2; 65 Satz 4 GG). Sie richten sich in erster Linie an die Gremienmitglieder und sind daher als Satzungen (*RN 54*) auf verfassungsrechtlicher Ebene zu verstehen (BVerfGE 1, 144)[28].

Das **Staatsrecht,** das sich auf die Gesamtheit der unmittelbar staatsbezogenen Regelungen bezieht, stellt daher den weiteren Begriff dar. Demgegenüber bildet das **Verfassungsrecht** als Verfassungstextrecht den engeren oder Kernbereich des Staatsrechts. Das Verfassungsrecht erteilt die maßgebenden Direktiven für die Ausgestaltung der Staatsordnung; andererseits ermächtigt es ausdrücklich dazu, dass es gesetzlich näher ausgeformt wird und legt damit einen Teil der Verantwortung für seine rechtliche Wirkungsweise in die Hand des Gesetzgebers, was neben der praktischen Erforderlichkeit auch zur Realitätsnähe und Flexibilität beiträgt. Die Wahrung der Rechtseinheit muss notfalls vom BVerfG überprüft werden *(RN 148–153).*

e) **Verfassungsordnung und Verfassungswirklichkeit.** Mit dem Staats- und Verfas 88
sungsrecht wird nur die **normative Konstruktion** der Verfassungsordnung geleistet. Sie wird durch eine Fülle informeller Verfahrensabläufe in die praktische Verwirklichung übergeleitet und gewinnt dadurch erst ihre **rechtspraktische Gestalt.** Darüber hinaus bilden die weiteren tatsächlichen Verhältnisse des staatlich-gesellschaftlichen Lebens eine **Verfassungswirklichkeit,** die der normativen Konzeption nicht in allem gleich deutlich entspricht und durch die staatlich-gesellschaftliche Machtsituation bestimmt wird.

So weist das Stichwort vom **Parteien-** und **Verbändestaat** darauf hin, dass die politischen Parteien und organisierte Öffentlichkeit eine Bedeutung erlangt haben, die zur politischen Machtverschiebung aus dem staatlichen Bereich hinaus führen kann. Das Stichwort von der **Kanzlerdemokratie** drückt aus, dass Kanzler und Regierung mit Hilfe der regierungstragenden Fraktionen gegenüber dem Parlament gestärkt werden *(RN 132).* Andererseits liegt im Stichwort von der **Koordinationsdemokratie** der Hinweis, dass die Macht von Kanzler und Regierung ihrerseits durch Erfordernisse der Absprache auf der parlamentarischen, föderаlen und verbandspolitischen Ebene geschmälert wird. Ein weiteres Stichwort ist die **Dritte Staatsebene** (Zusammenarbeit der Länder untereinander, *RN 162).* Außerdem werden Verfassungsordnung und -wirklichkeit durch die **Mitgliedschaft in der EU** und durch die **internationalen Beziehungen** verändert. Die Unterschiede zwischen Verfassungsordnung und Verfassungswirklichkeit können einen Verfassungswandel herbeiführen *(RN 82).* Ergeben sich Widersprüche, die unvereinbar sind, muss entweder die Praxis oder die Verfassung geändert werden.

Literatur:
Verfassungsrechtsentwicklung: *Häberle, P.,* Europäische Verfassungslehre in Einzelstudien, 2005[3]; *Maurer H.,* Staatsrecht I. Grundlagen, Verfassungsorgane, Staatsfunktionen, 2005[4], § 1 IV; *Grimm, D.,* Die Zukunft der Verfassung, 1991[3]; *Hesse/Schuppert/Harms* (Hrsg.), Verfassungsrecht und Verfassungspolitik in Umbruchsituationen, 1999; *Ipsen/Rengeling/ Mössner/Weber* (Hrsg.), Verfassungsrecht im Wandel, 1999; *Pieroth, B.* (Hrsg.), Verfassungsrecht und soziale Wirklichkeit in Wechselwirkung, 2000.
Verfassungswirklichkeit: *Alberts, H.W.,* Unser aller Grundgesetz? Streifzüge durch die Verfassungswirklichkeit, 1999; *v. Arnim, H.-H.* (Hrsg.), Adäquate Institutionen: Voraussetzun-

---

[28]   Ausführlich und gegen eine einengende Zuordnung *Maurer H.,* Staatsrecht I. Grundlagen, Verfassungsorgane, Staatsfunktionen, 2005[4], § 13 IV 1.

gen für „gute" und bürgernahe Politik?, 1999; *ders.*, Das System. Die Machenschaften der Macht, 2004; *Darnstädt*, Die enthauptete Republik, Der Spiegel Nr. 20 v. 12.5.2003, 38–49; Forts. in Nr. 21 v. 19.5.2003 und Nr. 22 v. 26.5.2003; *Dürr/Walter* (Hrsg.), Solidargemeinschaft und fragmentierte Gesellschaft: Parteien, Milieus und Verbände im Vergleich, 1999; *Gebhardt, J.* (Hrsg.), Verfassung und politische Kultur, 1999; *Graf von Westphalen R.* (Hrsg.), Deutsches Regierungssystem, 2001, bes. S. 189–410; *Müller, A.*, Von der Parteiendemokratie zur Mediendemokratie, 1999.

3. Grundrechte

89 a) **Grundrechte und Menschenrechte.** Im demokratischen Staat muss zum einen die **individuelle Selbstbestimmungsfreiheit** gewährleistet werden, um eine selbstverantwortete, leistungsfähige Lebensführung zu ermöglichen, die zugleich zu allgemeiner Solidarität befähigt. Zum Zweiten muss **die kollektive Selbstbestimmungsfreiheit** im Sinne der gleichberechtigten politischen Mitwirkung garantiert werden, um das Zusammenleben in gemeinschaftlich getragener staatlich-gesellschaftlicher Verantwortung gestalten zu können. Diesen Zielen dienen die Grundrechte. Sie regeln die Rechtsstellung der Personen gegenüber dem Staat. Der Begriff **Grundrechte** meint prinzipiell das Gleiche wie der allgemeine Begriff der Menschenrechte, bezieht sich jedoch auf die konkreten Gewährleistungen im GG. Im Völkerrecht wird überwiegend der Begriff Menschenrechte verwendet.

Von der rechtlichen Gewährleistung ist die **philosophische Idee** der Menschenrechte zu unterscheiden, die eine lange Tradition aufweist. **Rechtsgestalt** haben die Menschenrechte zuerst in den Verfassungen einiger amerikanischer Staaten und Frankreichs gegen Ende des 19. Jahrhunderts gefunden. In Deutschland wurden die Grundrechte, abgesehen von Vorläufern in den Verfassungen einzelner Länder und der gescheiterten Frankfurter Nationalverfassung von 1848, erst in der Weimarer Reichsverfassung von 1919 (WRV) geregelt, damals allerdings noch ohne verbindliche Rechtswirkung. Diese wird erst seit 1949 vom GG garantiert, das in Art. 1 Abs. 3 die strikte **Rechtsverbindlichkeit** der Grundrechte vorschreibt[29].

90 In Art. 1 Abs. 1 GG wird die Anerkennung der **Menschenwürde** zum Grundprinzip erklärt. Auf dieser Grundlage wird in Art. 1 Abs. 2 das Bekenntnis zur **Menschenrechtsidee** und in Art. 1 Abs. 3 die Rechtsverbindlichkeit der **Grundrechte** ausgesprochen. Diese konkretisieren also die Menschenrechtsidee und leiten sich aus dem Fundamentalgrundrecht der Menschenwürde ab. Sie sind im **Grundrechtskatalog** der Art. 1–19 GG zusammengestellt. Darüber hinaus enthält die Verfassung weitere subjektive Rechte, die als **grundrechtsgleiche Rechte** bezeichnet werden, weil sie, wie die Grundrechte, bei Verletzung durch Verfassungsbeschwerde geltend gemacht werden können (Art. 93 Abs. 1 Nr. 4 a GG, *RN 152*). Zu den grundrechtsgleichen Rechten gehören etwa das Staatsnothilferecht (Art. 20 Abs. 4 GG, *RN 128*), das Recht auf demokratische Wahl (Art. 38 GG, *RN 96 und 156*) sowie die justiziellen Grundrechte gem. Art. 101, 103 und 104 GG (*RN 97*).

---

[29]   Zur Grundrechtsentwicklung *Manssen, G.*, Staatsrecht II. Grundrechte, 2002², § 1; *Pieroth/Schlink*, Grundrechte. Staatsrecht II, 2005²¹, § 2; *Stern, K.*, Das Staatsrecht der Bundesrepublik Deutschland, Bd. III/1, 1988, §§ 59 f.

Zusätzlich zu den Grundrechten des GG gewährleistet der größere Teil der Landesverfassungen auch **Grundrechte im Landesrecht**. Trotz des Vorranges für Bundesrecht (Art. 31 GG) bleiben sie, soweit sie mit bundesrechtlichen Grundrechten übereinstimmen, gem. Art. 142 GG in Kraft. Das hat bei landesrechtlichen Fragen auch zu gelten, soweit sie weiterreichenden Schutz garantieren.

Neben den verfassungsrechtlich gewährleisteten Grundrechten gelten auch die **91** Menschenrechtsgarantien der **EMRK**, die in Deutschland als Gesetz erlassen wurde (*RN 62*). Zwar führen ihre Gewährleistungen nur in geringen Einzelheiten über die deutschen Grundrechte hinaus, bieten aber den Vorteil, dass sie hinsichtlich der Frage ihrer Verletzung neben der deutschen Gerichtsbarkeit auch den Rechtsweg zum **Europäischen Gerichtshof für Menschenrechte** in Straßburg eröffnen.[30]

Im Europäischen Gemeinschaftsrecht wurde noch kein Grundrechtskatalog in Geltung ge- **92** setzt. Damit es den Unionsbürgern gegenüber gemeinschaftsrechtlich veranlassten Rechtsakten jedoch nicht an gemeinschaftsrechtlichem Grundrechtsschutz mangelt, sorgt der EuGH mit seiner Rechtsprechung dafür, dass ein **gemeinschaftsrechtlicher Grundrechtsstandard** eingehalten wird (*RN 68, 72*). Über die nationale und supranationale Rechtsordnung hinaus sind Grundrechte auch Gegenstand **völkerrechtlicher Menschenrechtsverträge**, in welchen sich die Unterzeichnerstaaten verpflichten, die vereinbarten Rechte in ihren staatlichen Rechtsordnungen zu gewährleisten[31]. Zu den wichtigsten zählen die beiden **UNO-Pakte von 1966** über die bürgerlichen (die traditionellen Freiheits-) und politischen sowie über die wirtschaftlichen, sozialen und kulturellen Rechte (*RN 62*). Davon ist die **Allgemeine Erklärung der Menschenrechte von 1948** zu unterscheiden, die keinen Vertrag, sondern eine Proklamation der UNO darstellt.
Gegenüber der **internationalen Menschenrechtsbewegung**, die den universellen Geltungsanspruch der Menschenrechte vertritt, wird eingewandt, dass sie die individuellen Rechte zu stark in den Vordergrund stelle, was mit der Gemeinschaftsgebundenheit nicht abendländisch geprägter Kulturen unvereinbar sei. Die Menschenrechte sollen jedoch nicht zu schrankenloser Selbstbestimmungsfreiheit, sondern zur Entfaltung autonomer Fähigkeiten führen, die zugleich angemessene Solidaritätsleistungen ermöglichen. Demgegenüber kann entmündigenden und inhumanen Traditionen (Analphabetismus, Frauenbeschneidung) nicht zugestimmt werden[32].

b) **Grundrechtswirkungen.** Die wichtigste Aufgabe der Grundrechte besteht darin, **93** staatliche Eingriffe in die subjektive Rechtsstellung abzuwehren. Die **Abwehrfunktion** als klassische Grundrechtsfunktion gewährt also Schutz gegen die ungerechtfertigte Beeinträchtigung von Grundrechten. Der Staat ist jedoch nicht nur zur Wahrung der Grundrechte, sondern kann auch zur unmittelbaren Schutzleistung in Grundrechtsbereichen verpflichtet sein. Dazu bedarf es besonderer grundrechtlicher Anordnungen in entsprechend formulierten Schutzgrundrechten. So stellt etwa Art. 1 Abs. 1 GG die besondere **Schutzfunktion** hinsichtlich der Men-

---

[30]   *Staebe*, Die Europäische Menschenrechtskonvention und ihre Bedeutung für die Rechtsordnung der Bundesrepublik Deutschland, JA 1996, 75 ff. *Stern, K.*, Das Staatsrecht der Bundesrepublik Deutschland, Bd. III/2, 1994, § 94 VI 4.c.

[31]   Näher dazu *Stern, K.*, das Staatsrecht der Bundesrepublik Deutschland, Bd. III/2, 1994, § 94; *Geiger, R.*, Grundgesetz und Völkerrecht, 2003³, §§ 71 f.

[32]   Vgl. bes. *Reuter, H.-R.* (Hrsg.), Ethik der Menschenrechte. Zum Streit um die Universalität einer Idee I, 1999.

schenwürde in den Vordergrund oder Art. 6 Abs. 1 hinsichtlich von Ehe und Familie. Auch in den Fällen, in denen die Schutzfunktion nicht ausdrücklich hervorgehoben wird, kann sie, um Schutzlücken zu schließen, die bei bloß abwehrrechtlichen Wirkungen bestehen blieben, aus der **objektiven Grundrechtswirkung** abzuleiten sein, die aus der Bedeutung der Grundrechte als Grundsatzrecht hervorgeht[33], so zur Bekräftigung der Grundrechte des Art. 2 Abs. 2 Satz 1 GG auf Leben und körperliche Unversehrtheit. Auf die objektive Schutzwirkung gründet sich der staatliche Schutz für das ungeborene menschliche Leben (*RN 50*).

94 Von der Schutz- ist es nicht weit zur Annahme einer „**Leistungsfunktion**", mit der man dem Staat die Pflicht auferlegen könnte, überhaupt die Möglichkeiten dafür zu schaffen, dass Grundrechte in ausreichendem Maße verwirklicht werden und zur **Teilhabe** an der Grundrechtsausübung berechtigen können.

So hat das BVerfG überlegt, ob der Staat wegen seines weitgehenden Monopols für die Hochschulausbildung dazu verpflichtet sein könnte, dem Grundrecht auf freie Wahl der Ausbildungsstätte (Art. 12 Abs. 1 Satz 1 GG) dadurch erhöhte Verwirklichungschancen zu geben, dass er durch den Bau und die Erweiterung von Hochschulen eine größere Zahl von Studienplätzen und Ausbildungsmöglichkeiten schafft (BVerfGE 33, 303). Die Erwägung musste angestellt werden, weil sie einen Grundrechtsschutzbereich betraf, für den der Staat traditionell die Verantwortung trägt. Zu berücksichtigen war jedoch, dass auch andere Staatsaufgaben angemessen zu erfüllen sind. Ein unmittelbares Leistungsrecht kann daher in dem Freiheitsrecht nicht enthalten sein, um den Staat nicht zu überfordern. Doch wenigstens verbürgt es i.V.m. dem allgemeinen Gleichheitsrecht des Art. 3 Abs. 1 GG, dass **Chancengleichheit** beim Zugang zur Grundrechtsausübung eröffnet wird. Indem das Gleichheitsrecht die Abwehr von ungerechtfertigten Benachteiligungen ermöglicht, kann es darüber hinaus, wenn bestimmte Leistungsregelungen bestehen, nämlich u.U. auch einen Gleichstellungsanspruch bewirken (BVerfGE 43, 291; 59, 1; 85, 36). Auf diesem Wege kann immerhin ein Teilhaberecht zu begründen sein, das, weil es letztlich aus dem Gleichheitsrecht abgeleitet wird, auch als **derivatives Teilhaberecht** bezeichnet wird.
Der verwaltungsgerichtlich prinzipiell zugestandene **Subventionsanspruch für Privatschulen**, die zugleich als Ersatz für öffentliche Schulen anerkannt sind, ist im Unterschied dazu kein grundrechtlicher Leistungs-, sondern ein vertrauensschutzrechtlicher und objektivrechtlicher Existenzsicherungsanspruch, der auf der Entlastungsfunktion hinsichtlich der staatlichen Schulaufgabe beruht (BVerfGE 90, 107).

95 Selbständige Leistungsrechte in Form von **sozialen Grundrechten**, wie das Recht auf Wohnung, Bildung oder Arbeit, werden im GG nicht verbürgt. Um soziale Grundrechte als verbindlich und durchsetzbar verstehen zu können, müssten sie konkrete Rechte nennen, wie ein Anspruch auf Wohngeld, Grundversorgung mit Weiterbildungsangeboten oder Arbeitslosenunterstützung. Andernfalls müssten sie als **objektivrechtliche Leitlinien** der Politik oder als Staatsziele gelten. In dieser Eigenschaft würden sie immerhin das Sozialstaatsprinzip konkretisieren (*RN 165*) und könnten die Freiheitsrechte auf der Ebene der objektiven Staatsverantwortung ergänzen.

In den Verfassungen mehrerer **Mitgliedstaaten der EU** wird eine ganze Reihe von sozialen Grundrechten gewährleistet; die nationale Rechtsprechung stellt sie jedoch sämtlich unter

---

[33]   Ausführlich *Jaeckel, L.*, Schutzpflichten im deutschen und europäischen Recht, 2001 (Bespr. von *Losch*, AöR 2002, 507 f.).

den Vorbehalt der staatlichen Finanzierbarkeit und versteht sie als Richtlinien für die Politik. In der **Grundrechtecharta** der EU (*RN 72*) werden ebenfalls zahlreiche soziale Grundrechte in unterschiedlicher Konkretisierung garantiert. Vor allem wird auf den diskriminierungsfreien Zugang zu Infrastrukturleistungen abgehoben. Im Gegensatz zur weitgehend herrschenden Meinung ist zu befürworten, dass zusätzlich zu den sozialstaatlich begründeten, gesetzlich vorgesehenen Regelungen auch angemessene Grundrechtsgarantien gewährleistet werden, um sozialstaatliche Regelungsstandards mit einer **beständigen verfassungsrechtlichen Grundlage** zu versehen. Wie das konkrete Ausmaß der sozialen Teilhabeberechtigung festzusetzen und mit individuellen Voraussetzungen und der Leistungskraft der Gesamtheit abzustimmen ist, gehört in den Bereich der politischen Entscheidung, die mittels der Gesetzgebung auf der Grundlage der Garantien zu treffen ist[34].

Auch die jüngste Generation von Grundrechten, die in der allgemeinen Grundrechtsdiskussion gefordert werden, die sog. **Umweltgrundrechte**, können rechtliche Wirkung weitgehend nur im Sinne von Richtlinien für die staatliche Verantwortung erlangen.

Das grundrechtsgleiche **Recht auf demokratische Wahl** gem. Art. 38 GG **96** (*RN 156*) verbindet seine abwehrrechtliche Funktion mit der Gewährleistung der gleichen **Beteiligung** am demokratischen Grundprozess (vgl. *RN 101*). Die Möglichkeit einer allgemeinen **Mindestpartizipation** eröffnet das **Petitionsgrundrecht** gem. Art. 17 GG[35].

Es garantiert im Vorfeld des förmlichen Rechtsschutzes ein Beschwerde- und Antragsrecht gegenüber dem Staat, indem es die Möglichkeit eröffnet, sich zu staatlichen Vorgängen zu äußern und außergerichtliche Rechtsmittel geltend zu machen (Dienstaufsichtsbeschwerde wegen persönlichen Fehlverhaltens, Sachaufsichtsbeschwerde wegen fehlerhafter Sachbehandlung). Allerdings verleiht Art. 17 GG nur einen Anspruch auf sachliche Prüfung und Erteilung eines schriftlichen Bescheides. Ein Anspruch auf Begründung des Bescheides besteht nach überwiegender Ansicht nicht.

Die Unionsbürger haben das Petitionsrecht auch auf Gemeinschaftsebene (Art. 21 Abs. 2 EG).

Eine wichtige Funktion erfüllen die Grundrechte unter dem Gesichtspunkt der **97 Verfahrensgerechtigkeit.** Danach sind die staatlichen Vorgehensweisen, vor allem die Verwaltungs- und Gerichtsverfahren, so zu gestalten, dass die Grundrechtsschutzbereiche nicht verkürzt, sondern weitestmöglich zur Geltung gebracht werden (BVerfGE 53, 30, 72 ff.). Die verfahrensrechtliche Grundrechtsfunktion kommt zudem im Bereich der **justiziellen Grundrechte** zur Auswirkung.

Deren Zweck besteht darin, den Grundrechtsschutz gegenüber polizeilichen und gerichtlichen Eingriffen besonders zu sichern. Dies zum einen prinzipiell, indem bestimmte Förmlichkeits- und Richtervorbehalte angeordnet werden (Art. 104 GG) und vor Gericht rechtliches Gehör garantiert wird (Art. 103 Abs. 1 GG), und zum anderen in Form des rechtsstaatlichen Grundsatzes der vertrauensschützenden Rechtssicherheit, indem Ausnahmegerichte als Abweichung von der regulären Gerichtsbarkeit und richterlichen Geschäftsverteilung verboten werden (Art. 101 GG) und im Strafrecht die Verurteilung streng an das Vorhandensein einer Rechtsgrundlage gebunden und darauf beschränkt wird (Art. 103 Abs. 2, 3 GG).

---

[34]   Dazu *Stein/Frank*, Staatsrecht, 2004[19], §§ 55–58. Grundsätzlich gegen die „Knechtschaft" positiver Grundrechtsgewährleistungen *v. Hayek*, F.A., Die Verfassung der Freiheit, 1991[3].
[35]   Dazu *Pieroth/Schlink*, Grundrechte. Staatsrecht II, 2005[21], § 25.

98 Wie an der Schutz- und Verfahrensfunktion deutlich wird, begleitet den subjektiven Grundrechtscharakter eine **objektive Grundrechtswirkung**, die das staatliche Handeln prinzipiell zur Grundrechtskonformität anleitet. Darüber hinaus verdichtet sich diese Wirkung in Gestalt von **Einrichtungsgarantien**. Darunter sind Grundrechte zu verstehen, die nicht nur individuelle Grundrechte, sondern auch das Vorhandensein von Grundrechtsschutzbereichen in genereller Form, d.h. im Sinne von gesetzlichen Regelungsbeständen garantieren.

Als solche Gewährleistungen bestehen im Privatrecht die sog. Institutsgarantien der **Ehe und Familie** (Art. 6 GG) oder des **Privateigentums und Erbrechts** (Art. 14 GG) und im öffentlichen Recht die sog. institutionellen Garantien der **kommunalen Selbstverwaltung** (Art. 28 Abs. 2 GG) oder des **Berufsbeamtentums** (Art. 33 Abs. 5 GG). Mit Hilfe dieser Rechtsfiguren wird den betreffenden Regelungsbereichen eine verfassungsrechtliche Grundsatzbedeutung zugeschrieben. Doch können sie auch dazu herangezogen werden, den Freiheitsschutz einzuschränken und Veränderungen zu erschweren (Privilegierung der herkömmlichen Ehepartnerschaft und Familie; Aufrechterhaltung von Beamtenprivilegien)[36]. Daher erscheint die traditionelle Rechtsmeinung mit dem demokratischen Verfassungsverständnis nur bedingt vereinbar.

Literatur:
Lernempfehlung zu den Grundrechten: *Manssen,* G., Staatsrecht II. Grundrechte, 2005[4].
Ergänzend: *Dreier,* in: *ders.* (Hrsg.), Grundgesetz. Kommentar, Bd. I, 2004[2], Vorb. Rn. 43–69; *Starck,* in: *v. Mangoldt/Klein/Starck,* Das Bonner Grundgesetz, Kommentar, Bd. 5, 2005, Völkerrecht etc. Rn. 138–181, 262–273.
Vertiefend: *Pieroth/Schlink,* Grundrechte. Staatsrecht II, 2005[21]; *Sachs,* Verfassungsrecht II. Grundrechte, 2003[2]; *Stern,* K., Das Staatsrecht der Bundesrepublik Deutschland, Bd. III/1, 1988, §§ 63–69.

99 c) **Grundrechtsberechtigung.** Die Berechtigung, Grundrechte geltend machen zu können, ist gleichbedeutend mit der Grundrechtsträgerschaft oder **Grundrechtsfähigkeit**, die einen Ausdruck der allgemeinen Rechtsfähigkeit darstellt (*RN 49*).

Die Grundrechtsfähigkeit kommt nicht nur natürlichen Personen, sondern auch **juristischen Personen des Privatrechts** zu, unabhängig von ihrer Rechtsform und der individuellen Grundrechtsberechtigung der Beteiligten. Allerdings besteht die Grundrechtsberechtigung nur im Hinblick auf diejenigen Grundrechte, die ihrem Wesen nach auf die Aktivitäten der juristischen Person anwendbar sind, so z.B. das Eigentumsgrundrecht gem. Art. 14, das Berufsgrundrecht gem. Art. 12 oder das Gleichheitsgrundrecht gem. Art. 3 Abs. 1 GG. Grundrechte, die auf den gemeinsamen Tätigkeitsbereich nicht anwendbar sind, sind dagegen ausgenommen (z.B. Grundrecht auf Leben gem. Art. 2 Abs. 1 Satz 1 GG).
Juristische Personen des öffentlichen Rechts sind grundsätzlich **nicht grundrechtsberechtigt**, da der Grundrechtsschutz für Privatpersonen gegenüber dem Staat, nicht aber für staatsinterne Rechtskonflikte gilt, die nach den staatsbezogenen Organisationsregeln zu entscheiden sind. Eine Ausnahme gilt für juristischen Personen des öffentlichen Rechts, die unmittelbar einem Lebensbereich zugeordnet sind, der durch ein Grundrecht geschützt wird, und deren Zweckbestimmung in der selbständigen Grundrechtsbetätigung besteht. Solche öffentlich-rechtlichen Organisationseinheiten können sich auf dasjenige Grundrecht berufen, das sie betrifft. So können z.B. die öffentlich-rechtlichen Rundfunkanstalten die Rundfunkfreiheit (Art. 5 Abs. 1 Satz 2 GG) geltend machen oder die staatlichen Hochschulen die Wissenschaftsfreiheit (Art. 5 Abs. 3 GG).

---

[36]   Umgekehrt argumentieren *Richter/Schuppert/Bumke,* Casebook Verfassungsrecht, 2001[4], S. 41.

In der Mehrzahl werden die Grundrechte jedem Menschen garantiert (und inso- **100** fern als grundrechtlich gewährleistete **Menschenrechte** bezeichnet), doch gelten einige nur für Deutsche, also gem. Art. 116 GG die deutschen Staatsbürger und die Statusdeutschen, die im Zusammenhang mit den Verhältnissen der Nachkriegszeit als Deutsche anerkannt werden (sog. **Bürger- oder Deutschenrechte**, vgl. Art. 8, 9, 11, 12 GG). Diese Beschränkung berücksichtigt den Zusammenhang mit den staatlichen Schutzressourcen, der beim Schutz der deutschen Staatsangehörigkeit gem. Art. 16 GG selbstverständlich erscheint (*RN 119*). Die Beschränkung auf Staatsbürger, die beim Bundeswahlrecht gem. Art. 38 GG angenommen wird, soll aus dem demokratischen Zusammenhang folgen[37].

Im Bereich der Bürger- oder Deutschengrundrechte sind Ausländer nicht ungeschützt, da ihnen die übrigen Grundrechte einschließlich des allgemeinen Freiheitsrechts gem. Art. 2 Abs. 1 GG und der gesetzliche Schutz durch die EMRK zustehen. Unionsbürger dürfen im Bereich der EU gegenüber Deutschen nach einer ganzen Reihe gemeinschaftsrechtlicher Vorschriften und der Grundsatzbestimmung des Art. 12 EG nicht diskriminiert werden. Folglich musste die Sonderstellung von Unionsbürgern gegenüber Ausländern aus Drittstaaten (AusländerG) durch Sondervorschriften berücksichtigt werden (AufenthaltsG/EWG)[38].

Die grundrechtliche **Handlungsfähigkeit**, die zur selbständigen Geltendmachung **101** der Grundrechtsberechtigung erforderlich ist, wird grundsätzlich zusammen mit der allgemeinen rechtlichen Handlungsfähigkeit, also der Volljährigkeit (§ 2 BGB), erlangt. Jedoch bestehen Sonderregelungen, wonach die Grundrechtshandlungsfähigkeit, die in diesem Zusammenhang auch als **Grundrechtsmündigkeit** bezeichnet wird, speziell bestimmt wird. Nach dem **Gesetz über die religiöse Kindererziehung** kann die Entscheidung über die Teilnahme am Religionsunterricht ab Vollendung des 14. Lebensjahres selbständig getroffen werden. Nach § 7 KWahlG NRW kann das **Kommunalwahlrecht** in Nordrhein-Westfalen ab Vollendung des 16. Lebensjahres ausgeübt werden.

Teilweise wird die Ansicht vertreten, dass es sich beim öffentlichen **Wahlrecht** um ein Grundrecht handelt, das von Geburts wegen zusteht und nur hinsichtlich der Ausübbarkeit näher zu regeln ist. Ein Argument dafür lässt sich in der menschenrechtlichen Grundlage des Demokratieprinzips sehen. Versteht man das Wahlrecht dagegen nur als grundrechtsgleiches Recht ohne volle Grundrechtsqualität und hinsichtlich der Kommunalbürgerschaft überhaupt nur als gesetzesförmig eingeräumtes Recht, erübrigt sich die Unterscheidung zwischen der prinzipiellen Wahlrechts- und der konkreten Wahlrechtshandlungsfähigkeit, da in diesem Fall sowohl die Berechtigung als auch die Ausübbarkeit gesetzlich zugeteilt wird und beide zusammenfallen. Folgt man der ersten Ansicht, lässt sich darüber diskutieren, ob man die Ausübung des generell vorausgesetzten Kinderwahlrechts durch die gesetzlichen Vertreter zulassen sollte. Als Argument dafür wird die wahlrechtliche Stärkung der Familien angeführt[39].

---

[37] Auf der kommunalen Ebene gewährleistet inzwischen Art. 19 Abs. 1 EG unionsweit das wohnsitzbezogene Kommunalwahlrecht der Unionsbürger.

[38] Vgl. *Hailbronner*, Ausländerrecht, in: *Achterberg/Püttner/Würtenberger*, Besonderes Verwaltungsrecht, Bd. II, 2000[2], S. 535–640.

[39] Zur Diskussion darüber *v. Münch*, NJW 1995, 3165; *Roellecke*, NJW 1996, 2773; *Mußgnug*, in: *Stober*, Recht und Recht, Festschr. f. Roellecke, 1997, S. 165–189; *Wassermann, R.*, Polizei und Justiz im demokratischen Verfassungsstaat, 2000, S. 57–61.

Die Frage der Grundrechtshandlungsfähigkeit kann im **familiären Bereich** zum Problem werden, wenn Jugendliche ihr Selbstbestimmungsrecht entgegen dem elterlichen Erziehungsrecht durchsetzen wollen. Solange nur familienintern gestritten wird, handelt es sich nicht um ein Grundrechtsproblem, da die Grundrechte zwischen privaten Beteiligten nicht unmittelbar anzuwenden sind. Wenn das Jugendamt eingeschaltet wird, muss es die grundrechtliche Rechtsstellung des Jugendlichen beachten. Dabei kommt es auch auf dessen Fähigkeit zur selbständigen Wahrnehmung der Grundrechtsinteressen, d.h. auf die Grundrechtseinsichtsfähigkeit in der betreffenden Angelegenheit an.

102 **Grundrechtsverpflichtet** ist der **Staat**, da die Grundrechte zwischen dem Staat und Privatpersonen, nicht jedoch zwischen privaten Beteiligten gelten, für deren Rechtsbeziehungen die Privatrechtsordnung ausschlaggebend ist. Soweit darin allerdings auf allgemeine Maßstäbe Bezug genommen wird, wie in Generalklauseln, die auf die guten Sitten verweisen, sind die grundrechtlichen Schutzzwecke zu berücksichtigen. Die Grundrechte entfalten dadurch eine **mittelbare Drittwirkung** im Privatrecht (über die zweiseitige Wirkung zwischen Staat und Privatpersonen hinaus [*RN 33*]). Die unmittelbare Drittwirkung wird nur ausnahmsweise angeordnet (Art. 9 Abs. 3 GG für die Koalitionsfreiheit, *RN 117*).

Es ist verständlich, dass die Rechtswahrungsprinzipien, die dem Staat gegenüber Privatpersonen abverlangt werden, nicht in gleicher Weise für die Rechtsbeziehungen zwischen Privaten gelten sollen, da sie die **Flexibilität des Privatrechts** einschränken könnten. Andererseits sorgen zahlreiche Privatrechtsbestimmungen dafür, dass **Schutzstandards** zur Geltung kommen, die der privaten Willkür Schranken setzen. Ein sozial bedeutungsvoller Privatrechtsbereich, in welchem Schutzregeln im Sinne der mittelbaren Drittwirkung ausgebaut wurden, ist das **Arbeitsrecht**. Konsequent werden im europäischen Gemeinschaftsrecht durch den arbeitsrechtlichen Gleichberechtigungsgrundsatz des Art. 141 EG nicht nur die Hoheitsgewalt, sondern auch Privatpersonen untereinander verpflichtet, also die unmittelbare privatrechtliche Wirkung angeordnet.

Literatur:
Manssen G., Staatsrecht II. Grundrechte, 2005[4], §§ 4 f.; *Pieroth/Schlink*, Grundrechte. Staatsrecht II, 2005[21], § 5; *Sachs*, Verfassungsrecht II. Grundrechte, 2003[2], A 9; *Stern, K.*, Das Staatsrecht der Bundesrepublik Deutschland, Bd. III/1, 1988, §§ 70–76.

103 **d) Grundrechtsschranken.** Die Regelungstechnik der Grundrechte folgt dem Schema, dass ein sachlicher und persönlicher Bezugsbereich als Tatbestand, genannt **Schutzbereich**, bestimmt und mit einer Schutzgarantie verbunden wird. Die Schutzgarantie darf jedoch nicht grenzenlos in Anspruch genommen werden, da sich die Grundrechtsausübung im Rahmen der für alle geltenden Rechtsordnung halten muss. Zum Zweck der Einpassung in die Rechtsordnung werden die Garantien unter den Vorbehalt der näheren Regelung oder Beschränkung gestellt. Diese Vorbehalte werden als **Grundrechtsschranken** bezeichnet. Sie bilden die verfassungsrechtliche Rechtsgrundlage für grundrechtseinschränkende Regelungen oder darauf beruhende Maßnahmen. Die dadurch bewirkten **Eingriffe** in Grundrechte können durch die Schrankenvorbehalte **gerechtfertigt** werden.

104 Gegenüber Grundrechten, die dem Text nach unbeschränkt gewährleistet werden, wie z.B. die Kunstfreiheit gem. Art. 5 Abs. 3 Satz 1 GG, muss die Legitimation für sachgemäße Beschränkungen unmittelbar aus der Verfassung entnommen werden. Nur wenn sich andere verfassungsrechtliche Schutzpflichten finden, die dem in Anspruch genommenen Grundrecht gegenüberstehen, können sich daraus Schranken für das Grundrecht ergeben. In diesem Fall muss eine Schutzpflichtabwägung vorgenommen werden. Die unbeschränkt gewährleisteten Grundrechte unterliegen demnach **immanenten Schranken** in Gestalt eines Verfassungsvorbehalts.

So darf etwa ein Künstler nicht beanspruchen, seine unbeschränkt gewährleistete Kunstfreiheit auf Kosten der Grundrechte anderer ausüben zu dürfen, indem er z.b. einen Ohnmächtigen ohne Einwilligung mit einem besonderen Tattoo verziert, denn der Staat muss auch die Grundrechte auf körperliche Unversehrtheit und Selbstbestimmung gem. Art. 2 Abs. 2 Satz 1 und Art. 2 Abs. 1 i.V.m. Art. 1 Abs. 1 GG schützen. Das rechtfertigt, der Kunstfreiheit die notwendigen, in diesem Falle strafrechtlichen, Schranken zu setzen (vgl. BVerfG, NJW 1984, 1293).

Soweit Grundrechtsbeschränkungen vorgenommen werden, dürfen sie, was mit der **Wesensgehaltsgarantie** gem. Art. 19 Abs. 2 GG klargestellt wird, keinesfalls zur völligen Aufhebung des Grundrechtsschutzes führen. Zudem müssen sie, um dem Grundrechtsschutz ausreichend Rechnung zu tragen, die **Verhältnismäßigkeit** wahren, d.h. sachlich erforderlich und geeignet und hinsichtlich der Mittel und Auswirkung angemessen sein. Außerdem ordnet Art. 19 Abs. 1 GG an, dass Einschränkungen **nicht willkürlich** (durch Sondergesetz) getroffen werden dürfen und **transparent** gemacht werden müssen. In diesen Ver- und Geboten liegen grundsätzlich zu beachtende **Schrankenschranken**, d.h. Einschränkungen, denen die Grundrechtsschranken unterliegen. Schließlich verbietet Art. 79 Abs. 3 GG, dass die Grundrechte durch Verfassungsänderung abgeschafft werden (*RN 84*). **105**

Zu beachten ist, dass Regelungen, die **wesentliche Auswirkung** auf die Grundrechtsgeltung **106** haben, durch förmliches Gesetz angeordnet, d.h. vom Parlament verantwortet werden müssen und nicht durch untergesetzliche Rechtsnormen oder Anordnungen getroffen werden dürfen. In dieser Hinsicht wird der rechtsstaatliche Grundsatz des Gesetzesvorbehaltes, wonach die staatliche Gewalt nicht ohne Rechtsgrundlage handeln darf, durch das Prinzip des **Parlamentsvorbehalts** verstärkt, wonach in diesen Fällen die unmittelbar demokratisch legitimierte Volksvertretung selbst die Verantwortung zu übernehmen hat (*RN 176*). In einem Bundesland wurde der Sexualkundeunterricht durch RVO des Schulministeriums eingeführt. Dadurch fühlten sich einige Eltern in ihrem Erziehungsrecht gem. Art. 6 Abs. 2 Satz 1 GG verletzt. Da ihnen die Entscheidung über die Art und Weise der Aufklärung teilweise entzogen wurde, lag ein **Eingriff** in das Erziehungsrecht vor. Die **Rechtfertigung** konnte sich grundsätzlich aus der staatlichen Verantwortung für den Schulunterricht gem. Art. 7 Abs. 1 GG ergeben. Da die Regelung jedoch wesentliche Auswirkungen auf das Elterngrundrecht hatte, musste sie vom parlamentarischen Gesetzgeber selbst getroffen werden. Daher war die Beschränkung durch RVO verfassungswidrig und nicht gerechtfertigt (BVerfGE 47, 46).

Literatur:
Manssen G., Staatsrecht II. Grundrechte, 2005[4], § 8; *Pieroth/Schlink*, Grundrechte. Staatsrechte II, 2005[21], § 6; *Sachs*, Verfassungsrecht II. Grundrechte, 2003[2], A 6.

e)   **Besondere Freiheitsrechte**

(1) **Existenzielle Grundrechte.** Die Freiheitsrechte, die im Einzelnen gewährleistet **107** und daher gegenüber dem allgemeinen Freiheitsrecht gem. Art. 2 Abs. 1 GG (*RN 123*) als **besondere Freiheitsrechte** bezeichnet werden und vorrangig anzuwenden sind, schützen die existenziellen Grundlagen des menschlichen Lebens in

körperlicher, geistiger, kommunikativer und wirtschaftlicher Hinsicht. Am Beginn
steht der Schutz der **Menschenwürde** gem. Art. 1 Abs. 1 GG (*RN 90*). Er richtet
sich gegen die objekthafte Behandlung, die gegen die rechtliche Gleichheit, die
Identitäts- und Integritätswahrung verstößt[40], so etwa der Einsatz als Versuchs-
objekt, z.b. in der Medizin, oder die Fremdbeherrschung, z.b. durch Leibeigenschaft, Sklaverei, Menschenhandel, erniedrigende Strafe oder Behandlung, Ge-
hirnwäsche, Anwendung von Wahrheitsdrogen oder von Lügendetektoren ohne
Einwilligung[41]. Die objektive Schutzpflicht, die neben dem subjektiven Schutz-
anspruch besteht, wird, unabhängig von der Rechtsfähigkeit, schon auf die An-
fangsstadien des menschlichen Lebens bezogen und gilt daher nach herrschender,
wenngleich nicht unbestrittener Meinung unmittelbar vom Zeitpunkt der Entstehung des menschlichen Erbprogramms durch die Verschmelzung der Keimzellen
an. Nach dem Tod wirkt das Grundrecht für eine Übergangszeit als postmortaler
Würde- und Persönlichkeitsschutz (*RN 109*) weiter.

108 Da die Menschenwürde „unantastbar" zu sein hat, wird sie als **unbedingter Integritäts-
schutz** verstanden. Daher verbietet das ESchG jede andere Verwendung des künstlich erzeugten Lebens als zur Herbeiführung einer Schwangerschaft. Folglich gilt auch die medizinische **Forschung mit künstlich erzeugten Lebenskeimen**, die aus unvorhersehbaren
Gründen nicht zur Einpflanzung kommen können, als verboten und verlange der Würdeschutz, dass man sie absterben lasse. Ebenfalls aus Gründen des Integritäts-, hier vor allem
des Lebensschutzes gegenüber der medizinischen Verwendung, wird die Abspaltung von
Zellen vom frühen Zellbestand, die zum Zweck der medizinischen Untersuchung vorgenommen werden könnte (**Präimplantationsdiagnostik**), verboten, obwohl dadurch vermieden werden könnte, dass erbgutgeschädigtes Leben zur Schwangerschaft geführt und möglicherweise eine spätere Abtreibung herausgefordert wird[42]. Es überzeugt jedoch nicht, dass
der **Schutzbereich** der Menschenwürde unbedingt vom Beginn des menschlichen Lebens an
und die **Intensität** des Lebensschutzes zugleich als absolute Integritätswahrung gelten soll.
In den europäischen Nachbarländern, die nicht minder als die Bundesrepublik in der
menschenrechtlichen Tradition stehen, wird der Unterschied, der hinsichtlich der Angemessenheit des Würdeschutzes zwischen den frühesten und weiterentwickelten Lebensstadien
besteht und die Notwendigkeit der Abwägung der Schutz- mit medizinischen Forschungsin-
teressen durchaus berücksichtigt. Daher wurde in der **Biomedizin-Konvention** des Europarates, die zurzeit zur Unterzeichnung durch die 46 Partnerstaaten bereitliegt, gegen den Willen Deutschlands eine sachgerechtere Lösung vereinbart[43]. Dass die Schutzintensität
praktisch gar nicht absolut gewährleistet werden kann, zeigt sich daran, dass der Versuch
der **künstlichen Befruchtung** zugelassen wird, obwohl dabei die Vernichtung befruchteter
Eizellen in Kauf genommen werden muss[44]. Das Gleiche ergibt sich daraus, dass bestimmte

---

[40] Vgl. *Losch/Radau*, Die „Kind-als-Schaden"-Diskussion, NJW 1999, 821–827.
[41] Näher *Starck*, in: *v. Mangoldt/Klein/Starck*, Das Bonner Grundgesetz, Kommentar, Bd. 1, 2005[5].
      Art. 1 Rn. 39–106; *Dreier*, in: *ders.* (Hrsg.), Grundgesetz-Kommentar, Bd. I, 2004[2], Art. 1,
      Rn. 32–95.
[42] Auch die Verwendung zu Leihmutterschaften, zur künstlichen Geschlechtswahl für auszutragen-
      de Kinder und zur Klonierung wird verboten. Näher *Günther/Keller/Kaiser*, ESchG. Kommentar,
      1992.
[43] Dazu *Radau*, Das Menschenrechtsübereinkommen zur Biomedizin-Gefahr für den deutschen
      Embryonenschutz?, Recht und Politik 1999, 161–169.
[44] Zur inneren Widersprüchlichkeit des Gesetzes *Losch*, B., Wissenschaftsfreiheit – Wissenschafts-
      schranken – Wissenschaftsverantwortung. Zugleich ein Beitrag zur Kollision von Wissen-
      schaftsfreiheit und Lebensschutz am Lebensbeginn, 1993, S. 293–380. Inzwischen wurde das
      absolute Verbot der verbrauchenden Embryonenforschung durch neue gesetzliche Bestimmun-

polizeiliche Zwangsmaßnahmen zulässig sind, wie der Einsatz von Fesseln oder Hieb- und Schusswaffen bei der Festnahme oder Durchsuchung, die, ohne Berücksichtigung der besonderen Zulässigkeitsgründe gesehen, in die Menschenwürde eingreifen ebenso, wie, objektiv gesehen, herabwürdigende, aber persönlich verantwortete Selbstpreisgaben („Big Brother"). Also ist, wenn nicht schon der Schutzbereich, so doch mindestens die Schutzintensität der Menschenwürde rechtlich vorgeprägt und unterliegt praktisch unvermeidlichen Relativierungen[45]. Die Striktheit der Garantie gibt lediglich zu erkennen, dass möglichst hohe Schutzanforderungen zu gelten haben.

109 Der Würdeschutz verbindet sich mit dem allgemeinen Freiheitsrecht zum Schutzbereich des **allgemeinen Persönlichkeitsrechts** gem. Art. 2 Abs. 1 i.V.m. Art. 1 Abs. 1 GG. Davon wird die Autonomie der Privatsphäre, nämlich das Selbstbestimmungsrecht hinsichtlich von Identität, Intimität und sozialer Präsentation umfasst (Kenntnis der Abstammung, Geschlechtsrolle, Personenstand, Darstellung in Wort, Schrift, Bild, persönliche Daten, Ehre). Da die Grundlage im allgemeinen Freiheitsrecht des Art. 2 Abs. 1 GG zu sehen ist, gelten die dort angeordneten Schranken (*RN 123*).

110 In Art. 2 Abs. 2 Satz 1, 2 GG werden **Leben, Gesundheit** (körperliche und psychische Integrität) und **körperliche Bewegungsfreiheit** geschützt. Für die Zulässigkeit von Eingriffen wird, da diese stets als grundrechtswesentlich anzusehen sind, eine formell-gesetzliche Grundlage verlangt. Beispiele sind der gezielte Todesschuss durch die Polizei, die zwangsweise Blutentnahme und die Haftstrafe. Die **Todesstrafe** als einer der schwersten denkbaren Eingriffe wird durch Art. 102 GG ausgeschlossen[46]. Die objektive Schutzwirkung des Lebensgrundrechts, die, wie schon hinsichtlich des Menschenwürderechts, nach der noch überwiegenden Meinung ebenfalls vom Lebensbeginn an voll zur Geltung kommen soll, steht Eingriffen in früheste Lebensstadien (*RN 108*)[47] sowie der Straffreiheit der **Abtreibung** entgegen (*RN 50*) und hat bis heute verhindert, dass die ärztliche **Sterbehilfe** als Ausnahme vom strafrechtlichen Tötungsverbot geregelt wurde[48]. Hinsichtlich der **Freiheitsentziehung** durch Festnahme und Haft werden besondere Schutzgarantien durch Art. 104 GG vorgeschrieben (*RN 97*).

---

gen modifiziert (StammzellG v. 28.6.2002, BGBl. I, S. 2277). Zum grundsätzlichen Reformbedarf *Neidert*, Das überschätzte Embryonenschutzgesetz – was es verbietet und nicht verbietet, ZRP 2002, 467–471; *Schulz*, Das Recht der Reprogenetik – flexibel und transparent?, ZPR 2002, 487–489.

[45] Vgl. *Richter/Schuppert/Bumke*, Casebook Verfassungsrecht, 2001[4], S. 67.

[46] Wirkung als absolute Schrankenschranke. Im 6. Zusatzprotokoll zur EMRK haben sich die Mitgliedstaaten des Europarates (*RN 62*) zur Nichtanwendung verpflichtet (vereinbart 1983, in Kraft seit 1.3.1985, in Deutschland Gesetzesrecht seit 1.8.1989, BGBl. II, S. 814). Vgl. *Gusy*, in, *v. Mangoldt/Klein/Starck*, Das Bonner Grundgesetz, Kommentar, Bd. 3, 2001[4], Art. 107 Rn. 1–16.

[47] Vgl. außerdem *Dreier*, Stufungen des vorgeburtlichen Lebensschutzes, ZRP 2002, 377–383.

[48] Dazu *Pawlowski*, Schutz des Lebens. Zum Verhältnis von Recht und Moral, in: *Seelmann K.* (Hrsg.), Aktuelle Fragen der Rechtsphilosophie, 2000, S. 9–27; *Birnbacher*, Recht auf Sterbehilfe – Pflicht zur Sterbehilfe?, in: *Seelmann, K.* (Hrsg.), Aktuelle Fragen der Rechtsphilosophie, 2000, S. 131 ff.

Art. 11 GG schützt die **Freizügigkeit** für Deutsche im Bundesgebiet, nach überwiegender Meinung zugleich auch die Ausreise- und Einreisefreiheit; die letztere genießt nach der Rspr. aber nicht den speziellen, sondern nur den allgemeinen Freiheitsschutz gem. Art. 2 Abs. 1 GG. **Unionsbürger** haben das Recht auf speziell berufsbezogene und auf allgemeine Freizügigkeit im gesamten Unionsraum (Art. 39, 43, 18 EG). Der Schutz von **Wohn-** und **Privaträumen** wird in Art. 13 GG garantiert. Mit der zwar erschwerten, aber gleichwohl umstrittenen Zulassung des „großen Lauschangriffs" wurden die Schrankenvorbehalte erst in jüngster Zeit erheblich erweitert.

111 Einen weiteren Regelungsbereich stellt der Schutz der geistigen Persönlichkeitsentfaltung und Kommunikation dar. Die **Religions-** und **Weltanschauungsfreiheit** wird durch Art. 4 Abs. 1, 2 GG gewährleistet, wonach sowohl die innere Überzeugung als auch damit verbundene Ausübungsformen gemeinsam und ohne Beschränkungsvorbehalt in Schutz genommen werden.

Je stärker der Ausübungsbereich beansprucht wird, desto eher kommen die verfassungsimmanenten Schranken, etwa der Lebens- und Gesundheitsschutz, zur Anwendung, der notfalls Vorrang vor der glaubensbedingten Ablehnung medizinischer Hilfe hat (BVerfGE 32, 98). – Spezielle Garantien werden durch die **staatskirchenrechtlichen** Artikel der WRV gewährt, die gem. Art. 140 GG in den Text des GG einbezogen werden. Sie regeln das Grundverhältnis zwischen Staat und Kirchen sowie anderen Religionsgemeinschaften. Prinzipiell gilt der Grundsatz der gegenseitigen Unabhängigkeit von Staat und Kirchen (**Trennungsgrundsatz**), wie er mit dem Beginn des letzten Jahrhunderts in Frankreich und mit dem Beginn des neuen Jahrhunderts in Schweden eingeführt wurde. Jedoch bestehen in Abwandlung des Grundsatzes traditionelle Bereiche der **Zusammenarbeit**, so u.a. beim staatlich veranstalteten Religionsunterricht, der staatlich organisierten Theologenausbildung, der Zusammenarbeit im Bereich der sozialen Einrichtungen und beim Einzug der Kirchensteuer. Das **Kruzifixurteil** (BVerfGE 93, 1; 109, 140), wonach in staatlichen Schulen Darstellungen des gekreuzigten Jesus gegen den Willen von Schülern und Erziehungsberechtigten nicht zur Schau gestellt werden dürfen – wie in Gerichtssälen, einem früheren Urteil zufolge (BVerfGE 35, 366) – trägt der staatlichen Pflicht Rechnung, die Religions- und Weltanschauungsfreiheit gleichberechtigt zu wahren. Ebenso ist das Gerichtsurteil zu verstehen, das einer Muslimin, die mit dem **Kopftuch** ihre Glaubenszugehörigkeit bekennt, die Anstellung im staatlichen Schuldienst verwehrt[49].
Das Grundrecht auf **Kriegsdienstverweigerung** wird in Art. 4 Abs. 3 GG gesondert geregelt. Für die Geltendmachung gegenüber der Wehrpflicht darf eine Begründung verlangt werden, die nicht nur eine situative, sondern eine grundsätzliche Gewissenshaltung erkennen lassen muss (BVerfGE 12, 45; BVerwG, NJW 1994, 603).

Literatur:
Manssen, G., Staatsrecht II. Grundrechte, 2005[4], §§ 9, 11–14, 25; *Pieroth/Schlink*, Grundrechte. Staatsrecht II, 2005[21], §§ 7, 9 f., 12, 20; *Schmidt, R.*, Grundrechte, 2001[3], S. 115–125, 153–174.
Speziell zu Art. 1 GG: *Höfling*, in: *Sachs* (Hrsg.), Grundgesetz. Kommentar, 2003[3], Art. 1.
Speziell zu Art. 2 GG (*RN 109 f.*): *Murswiek*, in: *Sachs* (Hrsg.), Grundgesetz. Kommentar, 2003[3], Art. 2, Rn. 140 ff.
Speziell zu Art. 4 GG: *Kokott*, in: *Sachs* (Hrsg.), Grundgesetz. Kommentar, 2003[3], Art. 4.

---

[49]   *Janz/Rademacher*: Das Kopftuch als religiöses Symbol oder profaner Bekleidungsgegenstand? – BayVGH, NVwZ 2000, 952 und VG Stuttgart, NVwZ 2000, 959; JuS 2001, 440 ff.

(2) Kommunikations- und Mediengrundrechte. Die **Kommunikationsgrundrech-** **112**
te des Art. 5 Abs. 1 GG sind neben ihrem subjektiven Menschenrechtsgehalt
von großer öffentlicher Bedeutung und unentbehrlich für die Verwirklichung
des **Demokratieprinzips.** Sie ermöglichen die freie politische Meinungsbildung,
die Voraussetzung für demokratische Wahlen ist und eine unentbehrliche Öf-
fentlichkeitskontrolle des Staats-, Parteien- und Verbandswesens bewirkt. Daher
ist die pluralistische Funktionsfähigkeit von Presse und Rundfunk eine der wichtigsten Grundlagen des freiheitlich-solidarischen Zusammenlebens im demokratischen Staat. Die **objektive Wirkung** der Kommunikationsgrundrechte verpflichtet den Staat zu grundsätzlichen Schutzregelungen. **Schranken** finden die
Rechte gem. Art. 5 Abs. 2 GG am **Ehren- und Jugendschutz,** der als vorrangiges
Sonderrecht genannt wird, sowie an den **allgemeinen Gesetzen.** Darunter sind
Gesetze zu verstehen, die sich nicht unmittelbar gegen die in Art. 5 Abs. 1 GG
garantierten Rechte richten, sondern anders ausgerichtete Schutzzwecke verfolgen (andernfalls wären sie auch prinzipiell unzulässig). Bei der Abwägung mit
den Schrankenbestimmungen ist der für die freiheitliche Kommunikation konstitutive Schutzzweck der Grundrechte besonders zu beachten (BVerfGE 7, 198 –
Lüth; 35, 202 – Lebach)[50] Das **Verbot der Vorzensur** gem. Art. 5 Abs. 1 Satz 3
GG bedeutet eine grundsätzliche Eingriffsabwehr und setzt Beschränkungen eine
absolute Schranke.

Die **Meinungsfreiheit** (Art. 5 Abs. 1 Satz 1 GG) ist Voraussetzung für den freien Gedanken-
austausch. Geschützt ist die Äußerung von Werturteilen einschließlich dafür relevanter Tatsachen. Der Schutz der Meinungsäußerung endet, wo sie z.B. gegen Dienstpflichten verstößt
oder in die strafrechtlich verbotene Beleidigung umschlägt, wobei zugunsten der Meinungsfreiheit Aussagenverständnisse, die als nicht verletzende Meinungsverdeutlichung gelten
können, gegenüber der Interpretation als unzulässige Herabsetzungen den Vorzug verdienen (BVerfGE 93, 266 – Soldaten als Mörder). Das strafrechtliche Verbot der „Auschwitz-
Lüge" (§ 130 Abs. 3 StGB) gilt nicht als unzulässiges Maulkorbgesetz, sondern als allgemeines Gesetz zum Schutze des öffentlichen Friedens, das der besonderen Vergangenheits-
bewältigungsaufgabe in Deutschland dient.
Die **Informationsfreiheit** (Art. 5 Abs. 1 Satz 1 GG) steht in Wechselwirkung mit dem Demokratieprinzip, der Meinungs- und der Medienfreiheit. Neben dem Geheimnis- und Vertrauensschutz setzt vor allem der Schutz persönlicher Daten eine Schranke.
Die **Pressefreiheit** (Art. 5 Abs. 1 Satz 2 GG) schützt sämtliche Beteiligten und den gesamten
Herstellungs- und Verbreitungsprozess von Druckerzeugnissen im Sinne von trägergebundenen Informationen (auch CD, DVD und elektronische Presse). Im demokratisch-pluralis-
tischen Staat wird die Pressefreiheit weniger politisch als vielmehr durch monopolistische
Marktanteile gefährdet, denen wettbewerbsrechtlich entgegengewirkt werden muss. Für die
Meinungs-, Informations- und Pressefreiheit erlangt das Internet zunehmende Bedeutung,
dessen Nutzung durch die verschiedenen Beteiligtengruppen unterschiedlichen Schutzvorschriften unterliegt.
Die **Rundfunkfreiheit** (Art. 5 Abs. 1 Satz 2 GG) unterstützte die Privatisierung von Hör-
funk und Fernsehen, die sich entwickelte, als die Sendevielfalt technisch möglich wurde.
Die weiterhin bestehende öffentlich-rechtliche Beteiligung durch die staatlichen Rundfunkanstalten soll eine ausgewogene **Grundversorgung** sichern (BVerfGE 83, 238 –
6. Rundfunkurteil). Hinsichtlich der wirtschaftlichen Funktion des Rundfunks bean-

---

[50] Im privatrechtlichen Rechtsverkehr, auf den sich die grundrechtlichen Schutzbestimmungen nur
      mittelbar auswirken, hat sich ein besonderes Sanktionsregularium entwickelt, mit dem auf die
      medienrechtliche Verletzung privater Schutzgüter reagiert werden kann (*RN 294 f., 316*).

sprucht die EU Kompetenzen zur Regelung einer marktbestimmten europäischen Rundfunkordnung, die mit den mitgliedstaatlichen Kompetenzen zur kulturellen Gestaltung in
Einklang zu halten sind.
Die **Filmfreiheit** (Art. 5 Abs. 1 Satz 2 GG) schützt die Herstellung und öffentliche Auffüh-
rung von trägergebundenen Bild- und Tonsequenzen.

113 Auf Individualmedien bezieht sich der Grundrechtsschutz des **Brief-, Post-** und
     Fernmeldegeheimnisses gem. Art. 10 Abs. 1 GG. Im Falle der Beschränkung zu
     Staatsschutzzwecken wird gem. Art. 10 Abs. 2 Satz 2 GG anstelle der gericht-
     lichen eine parlamentarische Kontrolle vorgesehen (dazu BVerfGE 30, 1).

114 Ein kulturell bedeutender Kommunikationsbereich und die intuitive Basis der ge-
     sellschaftlichen Selbstreflexion wird durch die **Kunstfreiheit** gem. Art. 5 Abs. 3
     Satz 1 GG geschützt. Dabei erhebt sich die Schwierigkeit, wie der Schutzbereich
     angemessen bestimmt werden kann. Jedenfalls darf sich der Staat kein verengen-
     des Definitionsrecht anmaßen. Es muss sowohl die unmittelbar kreative (herstel-
     lende) als auch die weiterreichende (darstellende und vermittelnde) Ausübung
     geschützt sein (Werk- und Wirkbereich). Da die Kunstfreiheit **ohne Schrankenvor-
     behalt** gewährleistet wird, setzt ihr nur der Schutz anderer Verfassungsgüter
     Schranken (Eigentumsschutz gegenüber Spray-Kunst; *RN 104*).

     Schwieriger als die Schrankenziehung durch materielle Schutzgüter erscheint die Beurtei-
     lung, ob Zulassungs-, Nutzungs-, Gestaltungs- und Strafbestimmungen **der Kunstfreiheit
     entgegenstehen**, vor allem, wenn es sich um satirische, obszöne, pornographische, gewalt-
     besessene oder sonstige tendenziöse Darstellungen handelt. Jedenfalls widerstrebt die
     Kunstfreiheit, um die Untergrabung durch einseitige Einflussnahmen zu verhindern, jeder
     nicht eindeutig begründbaren vorgreiflichen Begrenzung des Schutzbereichs und verlangt,
     dass die Schrankensetzung durch andere Rechtsgüter unvermeidlich ist und sich in ange-
     messenem Rahmen hält (BVerfGE 81, 298 – Deutschlandlied).

115 Die Erkenntnisgrundlage für die gesellschaftliche Entwicklung wird durch das
     Grundrecht der **Wissenschaftsfreiheit** gem. Art. 5 Abs. 3 GG geschützt. Es bezieht
     sich auf die wissenschaftliche Forschung und Lehre, d.h. die planmäßige, metho-
     disch nachvollziehbare Suche nach Wahrheit und die entsprechend qualifizierte
     Verbreitung der Erkenntnisse (BVerfGE 35, 79).

     Als in den 1960er und 1970er Jahren die wachsende Gesellschafts- und Technikkritik ge-
     gen gewinnorientierte Verbindungen von Wissenschaft und Wirtschaft Stellung nahm und
     das Schlagwort von der **Verantwortung der Wissenschaft** aufkam, verstärkten sich Ten-
     denzen, schon den **Schutzbereich** der Wissenschaftsfreiheit einzugrenzen, indem nur die
     amtliche oder die ausdrücklich gefahrenreflektierte oder folgenorientierte Wissenschaft
     als Schutzgut gelten sollte (vgl. BVerfGE 47, 327). Die Auffassungen verkannten jedoch,
     dass die Wissenschaftsfreiheit gerade nicht unter dem Vorbehalt der Risikovermeidung,
     sondern vielmehr als Risikofreiheit bis zur Schranke konkreter verfassungsrechtlicher
     Schutzbestimmungen garantiert wird. Daher darf unter Berufung auf das Verantwor-
     tungsproblem der **Schutzbereich nicht verkürzt** werden. Wollte man andererseits darauf
     bestehen, dass die Verantwortung ausreichend durch das individuelle und gemeinschaftli-
     che Wissenschaftsethos gewahrt werde, würde man verschleiern, dass vordergründige In-
     teressen eine erhebliche Rolle spielen. Die Lösung des Problems liegt in der organisatori-
     schen und verfahrensrechtlichen Vorsorge gegen den Missbrauch, wie sie z.B. durch die
     staatliche Garantie unabhängiger Wissenschaftseinrichtungen sowie Begutachtungs- und

Kontrolleinrichtungen der Wissenschaftsförderung und durch Ethikkommissionen praktiziert wird[51].

Als wichtige Ergänzung der Meinungsfreiheit wird das Bürgerrecht auf **Demons-** **116** **trationsfreiheit** gem. Art. 8 Abs. 1 GG gewährleistet, das Formen der gemeinsamen Meinungskundgabe in der Öffentlichkeit schützt.

Der Schutzbereich ist auf Versammlungen ohne Zerstörungs- oder Aufwiegelungsabsicht und ohne Mitführung von Gegenständen, die sich als Waffen einsetzen lassen, begrenzt. Der Beschränkungsvorbehalt des Absatzes 2 wird durch das **Versammlungsgesetz** ausgefüllt.

Das Bürgerrecht der **Vereinigungsfreiheit** gem. Art. 9 Abs. 1 GG ist die Grundlage **117** der vielfältigen Korporationen, mit denen die freiheitliche Gesellschaft ihre Aufgaben wahrnimmt.

Die Schranke der verfassungsmäßigen Ordnung, die im Absatz 2 zusätzlich zur strafrechtlichen Schranke auferlegt wird, verlangt die Einhaltung der Verfassungs- und Staatsgrundsätze. Die Verbotsklausel bedeutet, dass Verbotsverfahren durch Gesetz vorgesehen werden dürfen, wie es im **Vereinsgesetz** geregelt wird.

Für die arbeits- und wirtschaftsbezogenen Vereinigungen der Gewerkschaften und Arbeitgeberverbände (Sozialpartner) garantiert Art. 9 Abs. 3 GG das Grundrecht auf **Koalitionsfreiheit**. Es gilt ohne Schrankenvorbehalt und wegen seiner grundsätzlichen Bedeutung für die Wirtschaftsordnung mit unmittelbarer Drittwirkung.

Ein spezieller Kommunikations- und Statusschutz wird durch das Grundrecht auf **118** **Ehe und Familie** gem. Art. 6 Abs. 1 GG gewährleistet.

Durch das Lebenspartnerschaftsgesetz vom 16.2.2001 (BGBl. I, S. 266) wird neuerdings auch die Eheschließung Gleichgeschlechtlicher zugelassen. Diskutiert wird, ob dadurch einerseits nicht der Schutzzweck des Art. 6 Abs. 1 GG, nämlich die Begünstigung der Sorge für die Nachkommenschaft, verfehlt und andererseits zugleich eine ungerechtfertigte Besserstellung gegenüber nichtehelichen Lebensgemeinschaften vorgenommen wird.
Das **Elterngrundrecht** gem. Art. 6 Abs. 2 GG muss hinsichtlich der Schulbildung der Kinder mit den staatlichen Gestaltungsrechten gem. Art. 7 Abs. 1 GG in einen angemessenen Ausgleich gebracht werden (BVerfGE 98, 218 – Rechtschreibreform). Die Schutzrechte gem. Art. 6 Abs. 4 und 5 GG und die Regelungen im Übrigen werden durch das Ehe-, Familien- und Kindschaftsrecht des BGB näher ausgestaltet (*RN 388–400*).

Ein grundsätzlicher Statusschutz wird durch das Grundrecht der **deutschen Staats-** **119** **bürgerschaft** gem. Art. 16 GG gewährleistet. Das neue Staatsangehörigkeitsgesetz, das am 1.1.2000 in Kraft trat, ergänzt den Erwerb durch Abstammung um einen durch Aufenthalt von Geburt an, über den für den Fall, dass er zu doppelter Staatsangehörigkeit führt, mit Eintritt der Volljährigkeit eine Wahlentscheidung getroffen werden muss. Durch das Grundrecht wird die Beibehaltung der Staatsangehörigkeit und Zugehörigkeit zur deutschen Rechtsordnung geschützt. Die Staatsbürgerschaft vermittelt auch die suprastaatliche **Unionsbürgerschaft** gem. Art. 17 EG (*RN 68 am Ende*).

---

[51]   *Losch/Radau*, Forschungsverantwortung als Verfahrensaufgabe, NVwZ 2003, 390–396.

120 Ein Recht auf staatliche Nothilfe wird durch das Grundrecht auf **Asyl** gewährt, das gem. Art. 16a Abs. 1 GG politisch Verfolgten zusteht. Die Geschichte hat gelehrt, dass die humanitäre Aufnahmebereitschaft durch die staatliche Schutzgemeinschaft unverzichtbar ist. Die Schwierigkeiten, die angesichts der globalen Mobilität darin liegen, dass mittels des Asylrechts auch lediglich wirtschaftliche Unterstützung angestrebt wird, versucht die Anerkennungsregelung der Absätze 2–5 zu bewältigen. Die Vorschriften über die **Rechtsstellung der Ausländer** (*RN 100*) werden durch ein zusätzliches Zuwanderungsgesetz ergänzt[52]. Seit 1998 werden die Regelungskompetenzen für das Asylrecht und die Einwanderungspolitik schrittweise **auf die EU übertragen**. Zukünftig wird diese anstelle der Mitgliedstaaten über die Maßstäbe entscheiden (Art. 61–65 EG).

Literatur:
Manssen G., Staatsrecht II. Grundrechte, 2005[4], §§ 16–24; *Pieroth/Schlink*, Grundrechte. Staatsrecht II, 2005[21], §§ 13–19, 24.
Speziell zu Art. 5 GG: *Bethge*, in: *Sachs* (Hrsg.), Grundgesetz. Kommentar, 2003[3], Art. 5; *Jarass*, in: *Jarass/Pieroth*, Grundgesetz für die Bundesrepublik Deutschland, 2006[8], Art. 5; *Pernice*, in: *Dreier* (Hrsg.), Grundgesetz. Kommentar, Bd. I, 2004[2], Art. 5; *Starck*, in: *v. Mangoldt/Klein/Starck*, Das Bonner Grundgesetz. Kommentar, Bd. I, 2005[5], Art. 5.
Speziell zu Art. 6 GG: *Schmitt/Kammler*, in: *Sachs* (Hrsg.), Grundgesetz. Kommentar, 2003[3], Art. 6.
Speziell zu Art. 9 GG: *Löwer*, in: *v. Münch/Kunig* (Hrsg.), Grundgesetzkommentar, Bd. 1, 2000[5], Art. 9.
Speziell zu Art. 16 GG: *Kokott*, in: *Sachs* (Hrsg.), Grundgesetz. Kommentar, 2003[3], Art. 16; *Schnapp*, in: *v. Münch/Kunig* (Hrsg.), Grundgesetzkommentar, Bd. 1, 2000[5], Art. 16.

121 (3) **Wirtschaftliche Grundrechte.** Als ausgesprochen wirtschaftsbezogenes Grundrecht gilt die **Berufsfreiheit** gem. Art. 12 Abs. 1 GG. Sie wird als Bürgerrecht auf Ausbildungs- und Berufswahlfreiheit gewährleistet und zu den Eckpfeilern der Marktwirtschaft gezählt. Unionsbürger werden durch die Marktfreiheiten des Europäischen Gemeinschaftsrechts (*RN 71*) praktisch gleichgestellt.

Der Regelungsvorbehalt des Satzes 2, der sich dem Wortlaut nach nur auf die Berufsausübung bezieht, erstreckt sich, da die Ausübbarkeit und Wahlmöglichkeit sich überschneiden, auch auf Fragen des Berufszuganges. Während jedoch bloße Ausübungsregelungen, wie z.B. Hygienevorschriften im Lebensmittelgewerbe, zulässig sind, wenn **sachlich einleuchtende Gründe** dafür sprechen, müssen an Vorschriften, die sich auf die Wahlmöglichkeit beziehen, strengere **Verhältnismäßigkeitsanforderungen** gestellt werden. So bedarf es auf der Stufe der **subjektiven Zulassungsvoraussetzungen**, wie Qualifikations- oder andere persönlich zu erfüllende Bedingungen (z.B. medizinisches Staatsexamen für den Arztberuf), der Erforderlichkeit aus wichtigen Gründen des Gemeinwohls. Auf der Stufe der nicht persönlich beeinflussbaren **objektiven Zulassungsschranken**, wie zahlenmäßige Grenzen, etwa beim absoluten numerus clausus, müssen überragend wichtige Gründe des Gemeinwohls bestehen und die Regelung unbedingt erforderlich sein (z.B. medizinische Ausbildungsqualität). Die Stufung der Verhältnismäßigkeitskriterien wurde durch das Apothekenurteil einge-

---

[52] Eine erste Fassung des Zuwanderungsgesetzes (BGBl. I 2002, S. 1946) wurde wegen unkorrekter Stimmabgabe bei der Mitwirkung des Bundesrates an der Gesetzgebung (*RN 137*) vom BVerfG im Normenkontrollverfahren (*RN 150*) für nichtig erklärt mit der Folge, dass das Zuwanderungsgesetz in einem neuen Gesetzgebungsverfahren behandelt werden musste. Das neue Zuwanderungsgesetz ist seit dem 1.1.2005 in Kraft.

führt (BVerfGE 7, 377). Anstelle einer kategorischen Zuordnung hat sich die Verhältnismäßigkeitsprüfung, wie die Entwicklung inzwischen erkennen lässt, jedoch jeweils umfassend an der Rechtfertigbarkeit der Einschränkungsgründe und der Angemessenheit der Schrankenwirkung zu orientieren.

Die sog. **Berufsverbote**, von denen bis heute immer wieder die Rede ist, beziehen sich auf ministerielle Anweisungen an die Behörden, wie bei der Einstellung in den öffentlichen Dienst die Eignung zu beurteilen ist (Art. 33 Abs. 2 GG), wenn eine Beteiligung an radikalen Bestrebungen vorliegt. Es besteht kein Zweifel daran, dass der Staat zwar die grundrechtlichen Freiheiten zu gewährleisten hat, als Arbeitgeber aber auf die Gefahr destruktiver Einflüsse reagieren darf. Je empfindlicher er jedoch entsprechende Aktivitäten bewertet und als Indizien für die Ungeeignetheit ansetzt, desto eher gerät seine Einstellungspolitik in Widerspruch mit dem Prinzip der Freiheitlichkeit und kann sich wie die Praktizierung von Berufsverboten auswirken[53]. Ein vergleichbares Problem ergab sich nach der Wiedervereinigung, als die Weiterbeschäftigung regimetreuer Mitarbeiter der ehemaligen DDR entschieden und die Frage der Belastetheit geklärt werden musste[54].

Als weiterer Eckpfeiler der wirtschaftlichen Entfaltungsfreiheit wird die **Eigen-** **122** **tumsfreiheit** gem. Art. 14 Abs. 1 GG betrachtet. Geschützt werden alle **vermögenswerten Positionen**, nicht aber das Vermögen in seiner Gesamtheit. Aus diesem Grund soll etwa die Steuerpflicht nicht in Konflikt mit der Eigentumsgarantie stehen. Ob eine Vermögensposition vorliegt, richtet sich nach der **Rechtsordnung**. Das ist mit der **Inhaltsbestimmung** und **Schrankenziehung** durch die Gesetze gemeint, die in Art. 14 Abs. 1 Satz 2 GG vorbehalten wird. Zugleich stellt der **Sozialbindungsvorbehalt** des Art. 14 Abs. 2 GG heraus, dass Inhaltsbestimmungen, wenn sie die Eigentumsfreiheit aus Gründen des Allgemeinwohls begrenzen, einen Bereich der angemessenen Anpassung an den sozialen Zusammenhang berücksichtigen dürfen, ohne im eigentlichen Sinne beschränkende Eingriffe darzustellen (z.B. baurechtliche Einfügungs- und Duldungspflichten). Wenn jedoch schrankenziehende Inhaltsbestimmungen vorgenommen werden, die bei situationsgemäßem Vergleich eine unverhältnismäßige Sonderbelastung bedeuten, muss eine ausgleichende Entschädigung geleistet werden (BVerfGE 58, 137 – Abgabe von Druckwerken an Bibliotheken).

Die Entschädigungspflicht besteht gem. Art. 14 Abs. 3 GG stets, wenn das Eigentum ganz entzogen wird (**Enteignung**), wofür nähere Voraussetzungen aufgestellt werden. Darüber hinaus muss aber auch für solche Auswirkungen auf das Eigentum sinngemäß eine Entschädigung gefordert werden können, die nicht auf gezielten Eingriffsregelungen beruhen, sondern durch unmittelbar eingreifendes Vorgehen (z.B. Abgrabung von Grundfläche für einen Gehweg) oder als Folge sonstigen staatlichen Verhaltens eintreten (z.B. verschmutzende Immissionen durch Straßenbau) und über die Grenze einer noch verhältnismäßigen Intensität hinausgehen, ohne ausreichend abgewehrt werden zu können (zur **Priorität der Abwehr** BVerfGE 58, 300) – so zum rechtmäßig bewirkten **enteignenden Eingriff** BGHZ 97, 369 und zum rechtswidrig bewirkten **enteignungsgleichen Eingriff** BGHZ 13, 88.

Über die Möglichkeit der individuellen Enteignung hinaus erlaubt Art. 15 GG die politische Entscheidung zur **Sozialisierung** elementarer Produktionsfaktoren (wirtschaftspolitische Offenheit des GG). Jedoch erschwert die Notwendigkeit

---

[53]   Näher dazu *Battis*, in: *Sachs* (Hrsg.), Grundgesetz. Kommentar, 2003³, Art. 33 Rn. 32–36.
[54]   *Goerlich*, Regimebelastung und Systemnähe – ihre Bemühung mit Mitteln des Verwaltungsrechts im Freistaat Sachsen, in: *Heinze/Schmitt* (Hrsg.), Festschr. f. Wolfgang Gitter, 1995, S. 277–294.

der angemessenen Entschädigung, dass die Markt- auf eine Staatswirtschaft umgestellt werden kann, was heute auch an der EU scheitern würde (*RN 68 am Ende, 71*).

Von wichtiger wirtschaftlicher Bedeutung ist auch das **Koalitionsgrundrecht** (*RN 117*).

Ferner kommt den **Mediengrundrechten** eine wirtschaftliche Funktion zu (*RN 112*), die bei der Ausgestaltung des gesetzlichen Medienrechts zunehmend an Einfluss gewinnt (*RN 262*).

Literatur:
Manssen, G., Staatsrecht II. Grundrechte, 2005[4], §§ 26, 28; *Pieroth/Schlink*, Grundrechte. Staatsrecht II, 2005[21], §§ 21, 23.
Zu Art. 12 GG: *Tettinger*, in: *Sachs* (Hrsg.), Grundgesetz. Kommentar, 2003[3], Art. 12.
Zu Art. 14 GG: *Schmidt-Bleibtreu/Klein*, Grundgesetz. Kommentar zum Grundgesetz, 2004[10], Art. 14.

123 f) **Allgemeines Freiheitsrecht.** Soweit nicht eines der besonderen Freiheitsrechte anwendbar ist, springt das Grundrecht auf **allgemeine Handlungsfreiheit** gem. Art. 2 Abs. 1 GG als **Auffangrecht** ein, damit auch in allen übrigen Fällen Freiheitseinschränkungen abgewehrt werden können. Jedoch wird nach der Schrankenbestimmung des Art. 2 Abs. 1 GG der Offenheit des Freiheitsschutzes die Verantwortung für die **Rechtskonformität** der Freiheitsausübung gegenübergestellt.

Daher ist die Schranke der „verfassungsmäßigen Ordnung" – weitergehend als in Art. 9 Abs. 2 GG (*RN 117*) – im Sinne der gesamten **verfassungsmäßigen Rechtsordnung** zu verstehen, in die sich die Handlungsfreiheit einfügen muss. Nur rechtswidrige Vorschriften können keine Schranken setzen. Der Autofahrer muss sich deshalb an die StVO halten und sich auch die Anschnallpflicht gefallen lassen, die aus Gründen der Verkehrssicherheit als rechtmäßig gilt und daher der Bewegungsfreiheit im Auto wirksame Schranken setzt. Die weiteren Schranken des Art. 2 Abs. 1 GG (Rechte anderer, Sittengesetz) sind in der grundsätzlichen Schranke der Rechtsordnung enthalten und kommen über diese stillschweigend zur Geltung.

Die Ausübung der nicht speziell benannten Freiheitsrechte im Rahmen der allgemeinen Handlungsfreiheit äußert sich als Wahrnehmung des **Selbstbestimmungsrechts**, das auch den Kerngehalt des allgemeinen Persönlichkeitsrechts bildet (*RN 109*). Dem Vorwurf, dass der freiheitliche Charakter der Grundrechtsordnung die Erfordernisse der **gesellschaftlichen Einbindung** vernachlässige, ist entgegen zu halten, dass sie von vornherein als rechtlich konstituierte und kontextualisierte Voraussetzung für die Entwicklung einer autonomen Persönlichkeit und Verantwortungsfähigkeit verstanden werden muss (*RN 92*).

Literatur:
Manssen, G., Staatsrecht II. Grundrechte, 2005[4], § 10; *Pieroth/Schlink,* Grundrechte. Staatsrecht II, 2005[21], § 8; *Starck*, in: *v. Mangoldt/Klein/Starck*, Das Bonner Grundgesetz. Kommentar, Bd. 1, 2005[5], Art. 2 Rn. 1–173.

124 g) **Gleichheitsrechte.** Um Entfaltungsmöglichkeiten zu sichern, muss die Gleichberechtigung bei der Entfaltung gewährleistet werden. Dafür sorgt grundsätzlich das **allgemeine Gleichheitsrecht** gem. Art. 3 Abs. 1 GG. Die Gleichheit vor dem Gesetz soll sinnbildlich die Gleichheit vor dem Recht, also die rechtliche Gleichbehandlung, zum Ausdruck bringen. Da es wegen sachlich bedingter Unterschiedlichkeiten keine absolute Rechtsgleichheit geben kann, wie z.B. die Schutzbedürftigkeit von Kindern zeigt, bedeutet der Gleichheitssatz, dass alle Unterschiedlichkeiten der rechtlichen Behandlung rechtfertigbar und daher mit Maßstäben der **Differenzierungsgerechtigkeit** vereinbar sein müssen. Zur Überprüfung sind die einschlägigen Bezugs- als **Vergleichsgruppen**, die Art der Differenzierung und der **Differenzierungsgrund** festzustellen. Auf dieser Grundlage ist die Zulässigkeit und **Verhältnismäßigkeit** der Differenzierung zu bewerten. Je weniger ein Differenzierungsgrund in der Nähe von Diskriminierungsverboten liegt, je mehr er außerdem durch individuelles Verhalten beeinflusst werden kann und je geringer das Ausmaß der Ungleichbehandlung ist, desto eher genügt es, dass ein sachlicher und legitimer Differenzierungsgrund angeführt, also bloße **Willkür ausgeschlossen** werden kann (z.B. Bevorzugung qualifiziert Ausgebildeter für den entsprechenden Einsatz als ehrenamtliche Helfer). Je schwerwiegend die Ungleichbehandlung jedoch erscheint, desto **strengere Anforderungen** werden an das Differenzierungsziel und die Verhältnismäßigkeit der Differenzierung im Sinne der zielbezogenen Erforderlichkeit, Geeignetheit und Angemessenheit gestellt (z.B. gleiche Kündigungsfristen gegenüber Angestellten und Arbeitern, BVerfGE 82, 126, 146 ff., Hausarbeitstag auch für allein lebende Männer, BVerfGE 52, 369).

Wegen der grundlegenden Bedeutung der rechtlichen Gleichbehandlung kommt im Gleichheitsgrundrecht zugleich ein elementarer **objektiver Rechtsgrundsatz** zum Ausdruck, der bei allen staatlichen Maßnahmen zu beachten ist und sich in jeweils besonderer Weise als Rechtsetzungs-, Rechtsanwendungs- und Rechtsprechungsgleichheit auswirkt.

Um dem allgemeinen Gleichheitsrecht Nachdruck zu verleihen, wird es durch **besondere 125 Gleichheitsrechte** verdeutlicht. Da es sich um Konkretisierungen und nicht um Spezialfälle handelt, bleibt der Schutzbereich des allgemeinen Gleichheitssatzes jeweils zugleich einschlägig. Entweder wird die Gleichbehandlung im Sinne von **Diskriminierungsverboten** (Gleichberechtigung, Art. 3 Abs. 2 Satz 1; Behinderte, Art. 3 Abs. 3 Satz 2 GG) oder grundsätzlichen **Differenzierungsverboten** (unzulässige Anknüpfungspunkte, Art. 3 Abs. 3 Satz 1; Wahlgleichheit, Art. 38 Abs. 1 GG) vorgeschrieben oder aber die Beschränkung auf **allein zulässige Differenzierungsgründe** (Zugang zum öffentlichen Dienst, Art. 33 Abs. 2 GG).
Das Grundrecht auf **Gleichberechtigung** gem. Art. 3 Abs. 2 Satz 1 GG wird durch die Nichtdiskriminierungsvorschrift des **Art. 141 EG** überformt, die sekundärrechtlich näher ausgestaltet wurde. Daher wird die Gleichberechtigung heute maßgebend durch das europäische Gemeinschaftsrecht bestimmt. Hinsichtlich der Berufslaufbahn in der Bundeswehr hat der EuGH klargestellt, dass der Ausschluss von Frauen gegen das Gemeinschaftsrecht verstößt und daher unwirksam ist (EuGH EuGRZ 2000, 155). Andere Fragen sind, ob die Wehrpflicht allein für Männer als umgekehrt diskriminierend betrachtet werden muss oder ob es verhältnismäßig ist, dass Frauen auch keinen Ersatzdienst leisten müssen[55].
Um die **Gleichberechtigung zu fördern**, die vielfach noch auf traditionelle Hindernisse stößt, wurde das Staatsziel angefügt (*RN 82*), dass die tatsächliche **Gleichstellung** anzustreben ist (Art. 3 Abs. 2 Satz 2 GG), was inzwischen zu **Gleichstellungsgesetzen** hinsichtlich der Tätigkeit im öffentlichen Dienst und zur Einführung von Gleichstellungsbeauftragten geführt hat. Die Bemühungen um das Gleichstellungsziel dürfen sich jedoch, wie der EuGH entschieden hat, nicht zum Nachteil der Männer auswirken, etwa durch bestimmte Frauen-

---

[55]   Dazu *Kokott*, in: *Sachs* (Hrsg.), Grundgesetz. Kommentar, 2003³, Art. 12a Rn. 5–7.

quoten für die Einstellung ohne die Möglichkeit zur Berücksichtigung geeigneter männlicher Bewerber (Öffnungsklausel, EuGH Slg. 1997, I-6363).

Literatur:
Manssen, G., Staatsrecht II. Grundrechte, 2005[4], § 33; *Pieroth/Schlink,* Grundrechte. Staatsrecht II, 2005[21], § 11; *Osterloh,* in: *Sachs* (Hrsg.), Grundgesetz. Kommentar, 2003[3], Art. 3; *Starck,* in: *v. Mangoldt/Klein/Starck,* Das Bonner Grundgesetz, Bd. 1, 2005[5], Art. 3.

126 h) **Rechtsschutz.** Das staatliche Handeln hat die unmittelbare Rechtsverbindlichkeit der Grundrechte zu beachten. Bei der Frage etwa, ob das Jugendamt in die Kindererziehung intervenieren darf, kommt es nicht nur auf die gesetzliche Voraussetzung für einen Eingriff, sondern auch auf die Vereinbarkeit mit dem Erziehungsgrundrecht an (Art. 6 Abs. 2 Satz 1 GG). Bei der **Grundrechtsprüfung** muss festgestellt werden, welcher grundrechtliche **Schutzbereich** mit welcher persönlichen Berechtigung betroffen ist (so das Erziehungsrecht der Eltern oder sonstigen gesetzlichen Vertreter), ferner, ob ein **Eingriff** in den Schutzbereich (oder nur eine unerhebliche Einflussnahme, wie telefonische Nachfrage) vorliegt und ob er durch einen **Schrankenvorbehalt** und die **Verhältnismäßigkeit** der Maßnahme gerechtfertigt ist (Art. 6 Abs. 2 Satz 2, Abs. 3 GG). Andernfalls wäre eine Grundrechtsverletzung anzunehmen (*RN 103*). Bei der **Gleichheitsprüfung** kommt es auf die Zulässigkeit der Differenzierung an (*RN 124*).

127 Die Rechtsverbindlichkeit der Grundrechte wird durch das Grundrecht auf gerichtlichen Rechtsschutz, die **Rechtsschutzgarantie** gem. Art. 19 Abs. 4 GG prozessual durchsetzbar gemacht.

Für Rechtsstreitigkeiten zwischen Staat und Privaten ist grundsätzlich der Rechtsweg zu den Verwaltungsgerichten eröffnet (§ 40 VwGO). Im **Verwaltungsprozess** wird die Rechtmäßigkeit des staatlichen Handelns einschließlich der Frage geprüft, ob Grundrechte verletzt werden (*RN 207–211*). Sollte trotz Erschöpfung des Rechtsweges die Frage nicht eindeutig geklärt und nicht ausgeschlossen werden können, dass durch das letztinstanzliche Urteil eine Verletzung von Grund- oder grundrechtsgleichen Rechten verursacht wird, kann, wie ausnahmsweise auch ohne vorherige Anrufung der normalen Gerichtsbarkeit, gem. Art. 93 Abs. 1 Nr. 4a GG **Verfassungsbeschwerde** zum BVerfG erhoben werden (*RN 152*).

128 Nicht dem Rechtsschutz, sondern der Aufrechterhaltung der Staats- und Rechtsordnung in **Notsituationen** dient das grundrechtsgleiche **Staatsnothilferecht** gem. Art. 20 Abs. 4 GG, das missverständlich als **Widerstandsrecht** bezeichnet wird. Es erlaubt, bei anders nicht abwehrbaren Angriffen auf Staatsfunktionen mit eigenmächtigen Hilfsaktionen einzuschreiten[56]. Normalerweise wird der Begriff des Widerstandsrechts im umgekehrten Sinne verstanden und meint die notwehrhafte **Gegenwehr gegen illegitimes Staatshandeln.** Diese ist jedoch grundsätzlich überflüssig geworden, weil für alle Anliegen der Gegenwehr gerichtlicher Rechtsschutz garantiert wird. Das notwehrhafte Widerstandsrecht wird daher nur

---

[56]   Die Notsituationen des Staatsnothilferechts können sich mit Notstandssituationen im Sinne des **Staatsnotstands** überschneiden, umfassen aber unabhängig davon auch destruktive Einzelsituationen. Der spezielle Begriff des Staatsnotstands setzt den **Spannungs-** oder **Verteidigungsfall** voraus und sieht dafür Sondermaßnahmen vor, deren Regelung im GG als **Notstandsverfassung** bezeichnet werden (Art. 115 a-l; 87 Abs. 2 GG). Dazu *Stern, K.,* Das Staatsrecht der Bundesrepublik Deutschland, Bd. II, 1980, §§ 52–57.

noch gegenüber Unrechtsregimes herausgefordert. Freilich würden etwa die Gegner von Atommülltransporten darauf beharren, dass auch im Rechtsstaat Anlass zum Widerstandsrecht gegeben sei, weil der offizielle Rechtsschutz an systemimmanente und informelle Grenzen der Rechtsprechung stoße. Abgemildert erscheint der Widerstand als **ziviler Ungehorsam** im Sinne der passiven Abwehr; die reguläre Alternative dazu ist die außergerichtliche Beschwerde (*RN 96*).

Literatur
Pieroth/Schlink, Grundrechte. Staatsrecht II, 2005²¹, §§ 26 f.
Insgesamt zu den Grundrechten (vertiefende praktische Anleitung): *Grote/Kraus*, Fälle zu den Grundrechten, 2005³.

4. Staatsorganisation

a) Funktionsbereiche

(1) **Gewaltenteilung.** Die Staatsorganisation wird unter den Grundsatz der **Gewal-** 129 **tenteilung** gestellt, denn Art. 20 Abs. 2 Satz 2 GG bestimmt nicht nur die grundlegenden staatlichen Funktionsbereiche, sondern ordnet zugleich an, dass diese gesondert organisiert werden müssen. Unterschieden werden **Gesetzgebung** (Legislative), **vollziehende Gewalt** (Exekutive) und **Rechtsprechung** (Judikative). Vollziehende Gewalt meint die praktische Aufgabendurchführung, dazu gehört die Leitungsaufgabe der **Regierung** (Gubernative) und die Ausführung der Gesetze durch die **Verwaltung** (Administrative). Die Gewaltenteilung folgt aus dem Rechtsstaatsprinzip und dient der Verhinderung von Machtkonzentrationen (Diktatur); daneben sorgt sie für den ständigen Machtausgleich und die gegenseitige Kontrolle (checks and balance). Zugunsten der Funktionsfähigkeit insgesamt wird sie durch eine gewisse **Funktionenverschränkung** ergänzt.

Dazu gehört das Kreations-, Kooperations- und Kontrollverhältnis zwischen **Parlament und** 130 **Regierung** (*RN 132 f.*) und das **Verordnungsrecht der Exekutive** (*RN 54*). Ein weiteres Beispiel für die Funktionenverschränkung ist, dass die **Rechtsprechung** zwar durch die richterliche Unabhängigkeit und die Gerichtsorganisation (Art. 97; 92 ff. GG) in ihrer Eigenständigkeit gesichert wird, aber zugleich durch das Justizministerium – also die vollziehende Gewalt – verwaltet wird. Diese ist wiederum gemeinsam mit den anderen ministeriellen Ressorts an die Regierung (*RN 131*) angebunden. Unter diesem Gesichtspunkt war nachvollziehbar, dass Ende der neunziger Jahre in Nordrhein-Westfalen der damalige Regierungschef *Clement* versuchte, das Innen- und Justizressort zusammenzulegen. Jedoch verhinderte das Landesverfassungsgericht die Modernisierung mit dem Argument, dass eine so wesentliche Organisationsentscheidung, die sich auch auf die Frage der Sonderstellung der Justiz beziehe, nicht durch eine bloße Organisationsanordnung der Regierung getroffen werden konnte, sondern der parlamentarischen Entscheidung überlassen werden musste (VerfGH NW, NWVBl. 1999, 176).

Literatur
Lernempfehlung zur Staatsorganisation: *Hendler, R.*, Staatsorganisationsrecht, 2003²; *Zippelius/Würtenberger*, Deutsches Staatsrecht, 2005³¹, §§ 38–45.
Vertiefend: *Maurer, H.*, Staatsrecht I. Grundlagen, Verfassungsorgane, Staatsfunktionen, 2005⁴, § 12; *Grimmer*, Institutionelle Differenzierung des Regierungssystems, in: *Graf von Westphalen* (Hrsg.), Deutsches Regierungssystem, 2001, § 8.

131 (2) **Regierung.** Zu den obersten **Staatsorganen,** die in der Verfassung aufgeführt werden (daher auch als Verfassungsorgane bezeichnet), gehört die **Regierung.** Sie besteht in Form eines Gremiums (Art. 62 GG), das **Kabinett** genannt wird. Ihre Mitglieder sind ihrerseits oberste Staatsorgane, der **Kanzler** als Regierungschef und die **Minister,** die neben ihrer Eigenschaft als Regierungsmitglieder zusätzlich die Funktion als Chef eines Verwaltungs- (und des Justiz-) Geschäftsbereichs ausüben. Entscheidungen der Regierung können nur mit mindestens der Mehrheit des Gremiums getroffen werden (**Kabinettsprinzip,** Art. 65 Satz 3 GG). Die Minister nehmen in der Regierung die Interessen ihrer Geschäftsbereiche (Ressorts) selbständig wahr (**Ressortprinzip,** Art. 65 Satz 2 GG). Ihre Doppelstellung ermöglicht den unmittelbaren Informationsfluss zwischen Regierung und Verwaltung. Der Kanzler ist zwar Vorsitzender des Kabinetts und Sitzungsleiter (Art. 65 Satz 4 GG), aber bei der Beschlussfassung prinzipiell gleichberechtigtes Kabinettsmitglied. Nur hinsichtlich der politischen Richtlinien, innerhalb derer die Regierung ihre Entscheidungen zu treffen hat, steht ihm ein Anordnungsrecht zu (Richtlinienkompetenz des Kanzlers oder **Kanzlerprinzip,** Art. 65 Satz 1 GG). Die Geschäftsführung des Kanzlers und das Verfahren bei der Gremienarbeit wird in der **Geschäftsordnung** der Bundesregierung (GOBReg) geregelt (Art. 65 Satz 4 GG; *RN 87*).

132 Aus der Rolle des Kanzlers als **Regierungschef** folgt, dass ihm allein – und nicht etwa dem Staatsoberhaupt, dem Bundespräsidenten (*RN 147*) – die Regierungsfunktionen zugeordnet sind. Der Kanzler wird gem. Art. 63 GG vom Parlament, dem Bundestag, gewählt. Seine Legitimation wird daher durch die Volksvertretung vermittelt. Die Abhängigkeit der Regierung vom Parlament wird mit der Bezeichnung der Staatsform als **parlamentarische Demokratie** charakterisiert.

In den USA oder Frankreich ist dem Staatschef dagegen zugleich die Regierungsfunktion oder ein Teil davon zugeordnet und wird er in einem bestimmen Wahlverfahren oder durch Direktwahl der Bevölkerung gewählt. Die Stärkung seiner politischen Position, die mit seinen Kompetenzen und der demokratischen Breite der Wahl verbunden ist, wird durch die Bezeichnung der Staatsform als **Präsidialdemokratie** zum Ausdruck gebracht.

Der Bundestag kann den Bundeskanzler gem. Art. 67 GG durch die **Wahl eines neuen Kanzlers** ersetzen (konstruktives **Misstrauensvotum**). Die bloße Abwahl ist nicht vorgesehen, um zu vermeiden, dass die Regierung funktionsunfähig wird. Für den Fall, dass der Kanzler gem. Art. 68 GG von sich aus die **Vertrauensfrage** stellt und der Bundestag ihm das Vertrauen verweigert, kann ebenfalls ein neuer Kanzler gewählt werden; findet sich im Bundestag nicht die dafür erforderliche Mitgliedermehrheit, hat der Bundespräsident das Recht, den **Bundestag aufzulösen,** was Neuwahlen zur Folge hat, um eine neue Regierungsmehrheit im Parlament zu ermöglichen.

Die **Minister** werden gem. Art. 64 Abs. 1 GG auf Vorschlag des Kanzlers vom Bundespräsidenten ernannt; dieser darf sich nur in extremen Ausnahmefällen weigern. Andererseits kann der Kanzler die Minister jederzeit entlassen, wenn er nicht mehr mit ihnen zusammenarbeiten will, was er einerseits nicht beliebig, andererseits aber aus gegebenem Anlass tun wird, jeweils um seine Position nicht zu schwächen. Die Minister sind also vom Kanzler abhängig und über diesen zugleich vom Parlament und werden auf demselben Wege legitimiert.

Um die parlamentarische **Verantwortlichkeit der Regierung** praktisch zur Geltung **133**
zu bringen, hat das Parlament gem. Art. 43 Abs. 1 GG das **Zitationsrecht** gegenüber den Regierungsmitgliedern, um ihre persönliche Anwesenheit im Parlament
erzwingen zu können. Selbstverständlich ist damit ein Fragerecht (**Interpellations-
recht**) verbunden. Die Geschäftsordnung des Bundestages (GOBT) trifft nähere
Regelungen zur sog. Großen und Kleinen Anfrage. Umgekehrt muss der Regierung ein **Anwesenheitsrecht** im Parlament zustehen, das selbstverständlich auch,
um nicht wirkungslos zu bleiben, ein Äußerungsrecht (**Anhörungsrecht**) einschließt (Art. 43 Abs. 2 GG). Das Parlament kann auf diesen Wegen eine politische Kontrolle vornehmen. Kommt es bei der Ausübung öffentlicher Ämter zu
Problemen, kann das Parlament auch **Untersuchungsausschüsse** einsetzen, die
weitgehende Ermittlungsrechte haben (Art. 44 GG). Im Ergebnis ist die Regierung
von der Parlamentsmehrheit abhängig und das Parlament davon, dass es eine Regierungsmehrheit bilden kann.

Literatur:
Maurer, H., Staatsrecht I. Grundlagen, Verfassungsorgane, Staatsfunktionen, 2005[4], § 14,
§ 13 V 3 f., VI; *Graf von Westphalen, R.* (Hrsg.), Deutsches Regierungssystem, 2001.

(3) **Gesetzgebung.** Wegen der Allgemeinverbindlichkeit des Rechts ist die Recht- **134**
setzung die stärkste Form der Herrschaft. Die **Gesetzgebung** ist daher von der
Volksvertretung, dem Parlament, vorzunehmen. Demgemäß ordnet Art. 77 Abs. 1
Satz 1 GG die Zuständigkeit dafür dem **Bundestag** zu. Der Bundestag hat die Eigenständigkeit der Länder zu beachten und darf nicht in deren Gesetzgebungsbefugnis eingreifen (*RN 161*). Daher darf er die Gesetzgebung nur ausüben, soweit das GG dem Bund die **Gesetzgebungskompetenz** vorbehält (Art. 70 GG). Zu
diesem Zweck listet das GG die **Bundeskompetenzen** im einzelnen auf (Art. 71
GG).

Es wird zwischen **ausschließlichen** (Art. 73 GG) und **konkurrierenden** (Art. 74 GG) sowie
Rahmen- (Art. 75 GG) und **Grundsatzkompetenzen** (Art. 109 Abs. 3 GG) unterschieden.
Die konkurrierenden Kompetenzen stehen prinzipiell den Ländern zu, dürfen jedoch vom
Bund ausgeübt werden, soweit er sich auf die Gründe gem. Art. 72 Abs. 2 GG berufen
kann. Im Bereich der Rahmen- und Grundsatzkompetenzen kann der Bund zwar Grundli-
nien und wichtige Einzelheiten regeln, muss den Ländern jedoch Raum für die nähere Ausgestaltung lassen. Für **einzelne weitere Regelungsbereiche** erteilt das GG an Ort und Stelle
dem Bund die Gesetzgebungskompetenz (Art. 38 Abs. 3 für die Bundeswahlen).
Hinsichtlich von Angelegenheiten, die allein den Bund betreffen, für die das GG aber keine
Bundeskompetenz vorsieht, muss eine stillschweigend mitgeschriebene Bundeskompetenz
kraft **Natur der Sache** angenommen werden, so etwa, wenn ein Gesetz über die Nationalhymne erlassen werden sollte (vgl. Art. 22 GG). Soweit die Ergänzung ausdrücklicher Bundeskompetenzen erforderlich erscheint, um ein Regelungsthema der Intensität und dem
Umfang nach sachgerecht behandeln zu können, muss dem Bund eine stillschweigend mitgeschriebene **Annexkompetenz** und Kompetenz kraft **Sachzusammenhangs** zugestanden
werden (ähnlich die implied powers in den USA).

Das **Gesetzgebungsverfahren** ist vergleichbar mit anderen Produktionsvorgängen. **135**
Am Beginn steht die Konzeption für ein Gesetz, das ein vorhandenes aufheben
und ersetzen oder durch teilweise Ersetzung oder Ergänzung ändern oder das als
ganz neues Gesetz erlassen werden soll. Die Konzeption muss in den Bundestag so

eingebracht werden können, dass dieser gezwungen wird, sich damit zu befassen. Dafür sieht das GG das Vorschlags- oder **Initiativrecht** vor. Die Initiative stellt den Antrag dar, den eingebrachten Vorschlag als Gesetz zu erlassen. Sie kann nur demokratisch legitimierten und verantwortlichen Beteiligten überlassen werden. Daher erklärt Art. 76 Abs. 1 GG ausschließlich die **Bundesregierung**, die **Mitte des Bundestages** und den **Bundesrat** für initiativberechtigt.

Das Initiativrecht der **Regierung** ist erforderlich, damit sie ihre **Politik** in die Rechtsordnung **umsetzen** kann. Selbstverständlich muss auch der **Bundestag** selbst, der für die Aufgabe der Gesetzgebung zuständig ist, initiativberechtigt sein. Die „Mitte" meint weder den Bundestag insgesamt noch den einzelnen Abgeordneten; demnach muss es sich um eine Abgeordnetenzahl von angemessenem Gewicht handeln. Die GOBT sieht eine **Fraktion** (RN 157) oder eine Gruppe (interfraktionell) von mindestens 5 % der **Mitglieder** des Bundestages vor. Die Initiativberechtigung des **Bundesrates** ist eine Folge der **Bundesstaatlichkeit**, denn die Länder müssen bei der Gesetzgebung des Bundes **Mitspracherechte** haben, da die Bundesgesetze bundesweit und mit Vorrang vor dem Landesrecht gelten (RN 56) und überwiegend durch die Landesverwaltungen vollzogen werden (RN 143). Die strikte Begrenzung des Initiativrechts schließt nicht aus, dass in der Öffentlichkeit Vorschläge vorgetragen oder in Wahrnehmung des Petitionsrechts gem. Art. 17 GG eingereicht werden können. Wird der Bundestag jedoch ohne offizielle Initiative tätig, ist das Verfahren verfassungswidrig. Bei Einbringung durch die Bundesregierung und den Bundesrat geben diese sich gegenseitig die **Möglichkeit zur Stellungnahme** (Art. 76 Abs. 2, 3 GG).

136 Auf die Initiative folgen die **Beratungen** (Lesungen) im Bundestag und die Überweisung an die Ausschüsse, von denen die Entwürfe eingehend geprüft werden. § 78 Abs. 1 GOBT sieht dreimalige Lesungen im Bundestag vor; die Schlussabstimmung über die Annahme oder Ablehnung des Gesetzentwurfs in der Gestalt, die er durch die Beratungen gefunden hat, kann unmittelbar an die dritte Lesung anschließen[57]. Über die **Abstimmung** entscheidet gem. Art. 42 Abs. 2 GG die Mehrheit der abgegebenen Stimmen (Abstimmungsmehrheit); Enthaltungen und ungültige Stimmen zählen nicht. Die Abstimmung wird also unabhängig von der Mitgliederzahl des Gesamtgremiums organisiert. Dadurch wird das Problem der Unterrepräsentation aufgeworfen. Dem kann mit dem Vorbehalt der **Beschlussfähigkeit** (Mindestzahl von Anwesenden) entgegengewirkt werden. Im Bundestag wird die Beschlussfähigkeit nur auf gesonderten Antrag hin überprüft.

137 Bei Annahme durch den Bundestag kommt es zur zweiten Stufe des Verfahrens, zur zwingenden **Beteiligung des Bundesrates** (Art. 77 GG). Dieser hat – im Hinblick auf den Gesetzesbeschluss des Bundestages – entweder ein **Zustimmungs-** oder nur ein **Einspruchsrecht**. Im Falle des Zustimmungsrechts kommt das Gesetz nur zustande, wenn der Bundesrat ausdrücklich zustimmt (**Zustimmungsgesetze**). Im Fall des Einspruchsrechts kann der Bundesrat zwar Einspruch erheben, der Bundestag hat daraufhin aber die Möglichkeit, den Einspruch zu überstimmen und dadurch das Gesetz endgültig zu beschließen (**Einspruchsgesetze**). Der Fall des Zustimmungsgesetzes liegt nur vor, wenn das GG bei der Erteilung der Bundeskompetenz für die Gesetzgebung die Zustimmung des Bundesrates ausdrücklich vorschreibt (wie z.B. in Art. 29 Abs. 7 oder 84 Abs. 5 GG).

---

[57] Vgl. *Igwecks, T.*, Die drei Lesungen von Gesetzen im Bundestag. Ein Beispiel für den europäischen Einfluss auf die Entwicklung eines Institutes des Deutschen Gesetzgebungsverfahrens, 2002.

Wenn der Bundesrat die Zustimmung versagen oder Einspruch erheben will, ist ein Zwischenverfahren der Gesetzgebung vorgesehen, das durch den sog. **Vermittlungsausschuss** durchgeführt wird, der sich um Verständigungsmöglichkeiten zwischen Bundestag und Bundesrat zu bemühen hat. Der Vermittlungsausschuss **muss** vom Bundesrat zwingend angerufen werden, wenn er gegen den Beschluss des Bundestages **Einspruch** erheben will. Handelt es sich dagegen darum, dass der Bundesrat die erforderliche **Zustimmung** zu einem Gesetzesbeschluss versagen will, **kann** er, ohne dazu gezwungen zu sein, ebenfalls den Vermittlungsausschuss anrufen (Antrag auf Vermittlung, Art. 77 Abs. 2, 3 GG).

Schlägt der Ausschuss einen konsensfähigen **Kompromiss** vor, hat der **Bundestag erneut Beschluss** zu fassen und wieder das Mitwirkungsverfahren im Bundesrat herbeizuführen. Findet der Ausschuss dagegen keinen geeigneten Änderungsvorschlag für den Gesetzesbeschluss des Bundestages, bleibt das Vermittlungsverfahren ergebnislos und hat der Bundesrat über sein Einspruchs- oder Zustimmungsrecht gegenüber dem vorliegenden Gesetzesbeschluss zu entscheiden. Wenn er bei Zustimmungsgesetzen die **Zustimmung versagt**, kommt das Gesetz nicht zustande und ist das Verfahren beendet. Die Notwendigkeit der Zustimmung verleiht dem Bundesrat also ein Vetorecht.

Erhebt der Bundesrat bei Einspruchsgesetzen nach Scheitern des Vermittlungsausschusses **Einspruch**, muss der Bundestag erneut beschließen und kann dabei den Bundesrat überstimmen. Dafür ist die Mehrheit sämtlicher Mitglieder des Bundestages erforderlich, und wenn der Bundesrat mit mindestens Zweidrittelmehrheit seiner Stimmen entschieden hat, muss im Bundestag zusätzlich zur Mitgliedermehrheit auch die Zweidrittelmehrheit der anwesenden abstimmenden Abgeordneten (Zweidrittelabstimmungsmehrheit) erreicht werden. Werden die jeweiligen Mehrheitserfordernisse nicht erfüllt, ist das Gesetzesvorhaben gescheitert und das Verfahren beendet.

Für den Fall, dass im Bundesrat **andere politische Mehrheiten** herrschen als im Bundestag, könnte das Mitwirkungsrecht parteipolitisch strapaziert werden. Zweifellos steht dem Bundesrat ein **politischer Ermessensspielraum** über die Wahrnehmung seiner Rechte zu, und die Parteipolitik kann sein Verhalten beeinflussen. Eine bloße **Blockadetaktik**, die aus parteipolitischen Gründen verfolgt wird, ist jedoch weder legitim noch für das politische Ansehen der betreffenden Landesregierungen und Parteien vorteilhaft. Sie ließe sich daher auf Dauer nicht mit Erfolg praktizieren. Die Notwendigkeit, dass sich die beiden unterschiedlichen Gesetzgebungskammern annähern müssen, kann sich jedoch als Hemmschuh der politischen Entwicklung erweisen[58].

Verhindert die Beteiligung des Bundesrates das Gesetz nicht, kommt es intern zustande **138** (Art. 78 GG) und kann die **Ausfertigung** erfolgen (Art. 82 Abs. 1 GG). Dazu bedarf es der **Unterschriften** durch den Bundeskanzler oder den zuständigen Minister („Gegenzeichnung", vgl. Art. 58 GG) und den Bundespräsidenten. Die Unterschriften dürfen nur verweigert werden, wenn ein Verstoß gegen zwingende Formvorschriften begangen wurde oder der Inhalt des Gesetzes offensichtlich mit dem GG unvereinbar ist. Ein weitergehendes **Prüfungsrecht** für den Fall, dass sich das Gesetz zwar unterschiedlich, aber jedenfalls auch **verfassungskonform** auslegen lässt, besteht nicht.

Nach der Bestätigung durch die höchsten Staatsvertreter ist das Gesetz vom Staatsinnenraum an die Öffentlichkeit zu bringen, damit es mit allgemeinverbindlicher Geltung in Kraft treten kann. Voraussetzung dafür ist gem. Art. 82 Abs. 1 GG die **Veröffentlichung im Bundesgesetzblatt** (BGBl.), dessen amtlicher Charakter für die Korrektheit des Textes und den jederzeit möglichen Informationszugriff bürgt.

Bei der Frage nach der **Verfassungsmäßigkeit eines Bundesgesetzes** sind zunächst die förmli- **139** chen Voraussetzungen für die Gesetzgebung, d.h. die **formelle Verfassungsmäßigkeit** zu prü-

---

[58]   *Darnstädt*, Die enthauptete Republik, Der Spiegel Nr. 20 v. 12.5.2003, 38–49; Forts. in Nr. 21 v. 19.5.2003 und Nr. 22 v. 26.5.2003.

fen. Sie betrifft an erster Stelle den Gesichtspunkt, ob der Bund überhaupt die Gesetzgebungskompetenz hat (*RN 134*). An zweiter Stelle ist die Ordnungsgemäßheit der Einbringung (*RN 135*), an dritter das Verfahren (*RN 136 f.*) und zuletzt die Form (*RN 138*) zu prüfen. An das Ergebnis der formellen schließt sich die Prüfung der inhaltlichen Übereinstimmung mit dem GG, d.h. der **materiellen Verfassungsmäßigkeit** an. In Prüfungsklausuren empfiehlt es sich, die Vereinbarkeit mit der Kompetenzgrundlage, den Grundrechten und mit sonstigem Verfassungsrecht der Reihe nach zu erörtern.

140 Grundsätzlich hat das Parlament Entscheidungsfreiheit darüber, wie es seine Gesetzgebungskompetenz ausüben, also, wie weit es einer Initiative folgen will. Der **gesetzgeberische Gestaltungsspielraum** wird jedoch durch verfassungsrechtliche **Gesetzgebungsaufträge**, wie sie etwa in Art. 6 Abs. 5 oder Art. 38 Abs. 3 GG zu finden sind, ferner durch zahlreiche verfassungsrechtliche, einschließlich der gemeinschaftsrechtlichen **Rechtmäßigkeitsvoraussetzungen** eingeschränkt. Zu den Möglichkeiten und Grenzen der Rechtsetzungsdelegation durch RVO und Satzung siehe *RN 54, 176*. Ein **gesetzgeberisches Unterlassen** entgegen bestimmten Gesetzgebungspflichten kann zu gemeinschaftsrechtlichen oder völkerrechtlichen Sanktionen oder zu Anordnungen des BVerfG führen; ob darin auch die Verletzung einer Dienstpflicht zu sehen ist, die zur **Staatshaftung** führen kann, wird in Deutschland nach herkömmlicher Auffassung verneint, die der gesetzgeberischen Selbständigkeit grundsätzlich den Vorrang vor einem Dienstpflichtzusammenhang zuspricht; hinsichtlich der Umsetzung von Richtlinien hat der EuGH jedoch seine gegenteilige Auffassung durchgesetzt[59]. Soweit die Gesetzgebungspflichten ausreichend konkretisiert sind, erhebt sich gegen die Haftung für Schäden aus versäumter Erfüllung kein Einwand.

141 Den praktischen Erfordernissen der Gesetzgebung, wie Fragen der Rechtspolitik, sachlichen Voraussetzungen, sprachlichen Anforderungen und Gesichtspunkten der Effizienz, widmet sich, neben ökonomischen, sozial- und politikwissenschaftlichen Forschungsrichtungen auch die rechtswissenschaftliche Spezialdisziplin der **Gesetzgebungslehre**[60].

Literatur:
Ipsen, J., Staatsrecht I. Staatsorganisationsrecht, 2005[17], § 5; *Maurer, H.*, Staatsrecht I. Grundlagen, Verfassungsorgane, Staatsfunktionen, 2005[4], § 17.

142 (4) **Verwaltung.** Die **Exekutive** oder vollziehende Gewalt wird spontan eher mit der Verwaltung (Administrative) als der Regierung (Gubernative) gleichgesetzt. Jedoch haben beide die Aufgabe, unmittelbar in die politische Lebenswirklichkeit einzugreifen. Die **Verwaltung** hat dabei auszuführen, was ihr von der Rechtsordnung an Aufgaben und von der Regierung als politische Prioritätensetzung vorgegeben wird. Im GG wird die Tätigkeit der Verwaltung als **Ausführung der Gesetze** definiert (Art. 83 GG).

Der Staat braucht für seine Verwaltung Finanzmittel, Sachmittel (Gebäude und Einrichtungen) und Personal, womit schon wichtige Verwaltungsbereiche in Form der Finanz-, Haushalts- und Personalverwaltung vorgezeichnet sind. Die Verwaltungsaufgaben folgen aus den **Staatszwecken** und **Staatsaufgaben** (*RN 77, 167*) und lassen sich mit den Begriffen Sicherheits- und Infrastrukturverwaltung zusammenfassen.

---

[59]   Vgl. *Bonk*, in: *Sachs* (Hrsg.), Grundgesetz. Kommentar, 2003[3], Art. 34 Rn. 52a–e, Rn. 56 FN 160.
[60]   Vgl. *Schulze-Fielitz*, Gesetzgebungslehre als Soziologie der Gesetzgebung, in: *Dreier, H.* (Hrsg.), Rechtssoziologie am Ende des 20. Jahrhunderts. Gedächtnissymposion für Edgar Michael Wenz, 2002, S. 156–179.

Die **verfassungsrechtlichen Grundlagen** der Verwaltung konzentrieren sich auf **143** das Bundesstaats- und Rechtsstaatsprinzip (*RN 161, 163*) sowie auf Organisationsregelungen, die das Verwaltungssystem und den Verwaltungsaufbau betreffen, ferner auf einzelne Aufgabenregelungen. Der Grundsatz für die **Verwaltungsorganisation** wiederholt und spezifiziert den Föderalismusgrundsatz (*RN 161*), indem er die Verwaltungszuständigkeit der Länder auch für die bundesgesetzlich geregelten Aufgaben festlegt, soweit dem Bund nicht die Verwaltungszuständigkeit ausdrücklich vorbehalten wird (Grundsatz der **Ländereigenverwaltung**, Art. 83 GG). Die Regelung versteht sich von selbst, wenn man bedenkt, dass die Länder einen vollständigen Verwaltungsapparat zur Verfügung haben, der genutzt werden kann. Es liegt nahe, dass die Länder insofern auch über den Einsatz ihrer Behörden nach Zuständigkeit, Umfang und Verfahren selbst entscheiden. Sie haben also die fachlichen Belange in Eigenregie zu behandeln und sind dem Bund nur für die rechtliche Korrektheit verantwortlich. Nur in dieser Hinsicht müssen sie sich Einflussnahmen gefallen lassen (**Rechtsaufsicht** des Bundes, Art. 84 Abs. 3, 4 GG). Dem Bund wird allerdings vorbehalten, dass er mit Zustimmung des Bundesrates bei der behördlichen Zuständigkeit und der Verfahrensweise mitreden kann (Art. 84 Abs. 1, 2 GG). Zur Durchsetzung der Rechtsaufsicht ist das Verfahren der Mängelrüge vorgesehen (Art. 84 Abs. 4 GG), das zur Entscheidung durch das BVerfG führen kann (als Unterfall des Bund-Länder-Streits, *RN 150*).

Der Ländereigenverwaltung steht die **Bundeseigenverwaltung** gegenüber, die vom Bund ei- **144** genverantwortlich organisiert wird (Art. 86 GG). Sie ist, wie erwähnt, nur zulässig, soweit im GG ausdrücklich vorgesehen (Art. 83 GG). Daher wird sie in Art. 87 ff. GG im Einzelnen aufgezählt. Ihre Gegenstände lassen sich sinnvollerweise nur in bundesweit einheitlicher Zuständigkeit verwalten. Hauptbeispiele dafür sind die Bundeswehr- und Luftverkehrsverwaltung.

Teilweise verlangt oder ermöglicht das GG, dass die Ausführung von Bundesverwaltungs- **145** aufgaben durch die Länder nicht in Eigenregie, sondern im Auftrag des Bundes vorgenommen wird (**Bundesauftragsverwaltung**, Art. 85 GG). In diesem Falle handeln die Länder nach Anordnungen des Bundes, werden also nur als „Erfüllungsgehilfe" tätig. Der Bund entscheidet über die Zweckmäßigkeitsfragen selbst. Er hat darum neben der Rechts- auch die **Fachaufsicht**, d.h. das fachliche Anleitungsrecht. Die Länder stehen ihm daher rechtlich nicht selbständig gegenüber (wie bei der bloßen Rechtsaufsicht), sondern sind seinem Anleitungsrecht organisatorisch untergeordnet. So darf das Bundesverkehrsministerium bei der gem. Art. 90 Abs. 2 GG vorgesehenen Autobahnauftragsverwaltung den zuständigen Landesministerien gem. Art. 85 Abs. 3 GG auch Einzelweisungen, etwa zur Leitplankengestaltung an einem bestimmten Fahrbahnstück erteilen.

Im **Verwaltungsaufbau** bilden die oberste Stufe die **Ministerien**, die bundes- oder **146** landesweit zuständig sind (in den Stadtstaaten die Senatsbehörden). Ihnen zugeordnet sind die gesondert organisierten Oberbehörden, wie das Bundesumweltamt oder die Landeskriminalämter, die ebenfalls bundes- oder landesweit zuständig sind. Unterhalb der obersten Stufe folgen die **Mittelbehörden**, das sind die **Bezirksregierungen** oder **Regierungspräsidien** der Länder. Sie nehmen die Verwaltungszuständigkeiten der ministeriellen Ressorts gebündelt, aber nur jeweils in ihren Bezirken wahr. Die **untere staatliche Verwaltungsbehörde** ist auf der Kreisebene zuständig. Den Bundesministerien ist, da die meisten Aufgaben der

Staatsverwaltung von den Ländern vollzogen werden, in der Regel kein Verwaltungsunterbau zugeordnet (anders etwa die Bundeswehrverwaltung mit den Kreiswehrersatzämtern).

Die Staatsverwaltung findet in den kommunalen Gebietskörperschaften eine Ergänzung durch die **kommunale Selbstverwaltung** (*RN 219*). Diese wird durch rechtlich verselbständigte Träger wahrgenommen und fungiert daher als **mittelbare Staatsverwaltung** (*RN 173*).

Literatur:
Maurer, H., Staatsrecht I. Grundlagen, Verfassungsorgane, Staatsfunktionen, 2005[4], § 18.

147 (5) **Staatsrepräsentation.** Zur Exekutive gehört neben der Regierung und Verwaltung auch die **oberste Staatsrepräsentation**, für die der **Bundespräsident** zuständig ist[61]. Während die Bundessymbole (Bundesflagge, Art. 22 GG; Bundesadler und Nationalhymne)[62] der staatlichen Einheit und Gesamtheit bildlichen Ausdruck verleihen, repräsentiert der Bundespräsident den Staat in seiner Person. Er stellt das **Staatsoberhaupt** dar, das die Bundesrepublik Deutschland völkerrechtlich vertritt (Art. 59 Abs. 1 GG, *RN 65*).

Der Bundespräsident darf sich keinen anderen Interessen als der **Gesamtrepräsentation** verpflichtet fühlen (Art. 55 GG) und hat **politische Neutralität** zu wahren. Um seine amtlichen Veranlassungen mit der Regierung abzustimmen, müssen sie vom Bundeskanzler oder mit dessen Zustimmung vom zuständigen Bundesminister unterschrieben werden (Art. 58 GG, *RN 138*). Hinsichtlich spontaner Äußerungen hat der Präsident seine Verantwortung für die Gesamtrepräsentation zu beachten. Dem demokratischen System entspricht die Staatsform als **Republik**, wonach das Staatsoberhaupt auf Zeit gewählt wird (*RN 154*).

148 (6) **Rechtsprechung.** Aufgabe der **Rechtsprechung** ist, die Einhaltung des Rechts objektiv zu **kontrollieren** und subjektiven **Rechtsschutz** gegen Rechtsverletzungen zu gewährleisten. Um die Kontroll- und Schutzaufgabe erfüllen zu können, muss die Rechtsprechung ohne Beteiligung an den jeweils streitigen Interessen als **unabhängige Drittinstanz** organisiert sein. Dem dient die Garantie der richterlichen Unabhängigkeit (Art. 97 f. GG) und die Selbständigkeit der Gerichtsorganisation (Art. 92–96 GG), ferner die gesetzlichen Bestimmungen über den Aufbau der Gerichte und das Gerichtsverfahren (*RN 60*). Die **Verwaltungsgerichtsbarkeit** bezieht sich im Wesentlichen auf die Rechtskonflikte zwischen Staat und Privatpersonen, die aus der Wahrnehmung von Verwaltungsaufgaben resultieren (*RN 207*). Die **Verfassungsgerichtsbarkeit** hat das Verfassungsverständnis zu klären und die Einhaltung der Verfassung zu garantieren und bezieht sich ausschließlich auf verfassungsrechtliche Regelungen *(RN 149 ff.).* Die umfassenden Zuständigkeiten des BVerfG machen es zum **Hüter der Verfassung.**

149 Da die Verfassung vielfach keine detaillierten Regelungen trifft, sondern politische Gestaltungsspielräume eröffnet, ist die **Verfassungsrechtsprechung** nicht als ausschließlich rechtlich bestimmte, sondern zugleich als mehr oder weniger politische Entscheidungstätigkeit zu verstehen. Daher muss vom Verfassungsgericht das Fingerspitzengefühl dafür erwartet werden können, was überwiegend als politische

---

[61]   *Maurer, H.,* Staatsrecht I. Grundlagen, Verfassungsorgane, Staatsfunktionen, 2005[4], § 15.
[62]   Vgl. *Huber,* in: *Sachs* (Hrsg.), Grundgesetz. Kommentar, 2003[3], Art. 22 Rn. 3 f.

Frage zu gelten hat und nicht mit rechtlicher Selbstherrlichkeit entschieden werden darf (als Grundsatz des **judicial self restraint** vom amerikanischen Supreme Court entwickelt). Diese Feststellung gilt besonders im Normenkontrollbereich (*RN 150*). Dass ein selbständig organisiertes Verfassungsgericht und nicht ein oberster Gerichtshof (wie in den USA) mit der Verfassungsrechtsprechung betraut wird, kann sich als angemessen für die besondere Aufgabe auswirken, aber auch Tendenzen zur Eigenmacht schüren. Vorteilhaft an der eigenständigen Organisation ist, dass die Verfassungsrechtsprechung bei der Politik in hervorgehobenem Maße Aufmerksamkeit finden und diese zur möglichst rechtskorrekten Gestaltung anhalten kann. Andererseits könnte sich nachteilig auswirken, dass die Verfassungsrechtsprechung dazu neigen könnte, ihre Kompetenzen zu überdehnen und sich in die Politik einzumischen, d.h. die politische Gestaltungsfreiheit einzuengen.

Soweit es zwischen Verfassungsorganen (wie Bundestag und Bundesrat) oder zwischen Verfassungsorganen und selbständig berechtigten Organteilen (wie einzelne Abgeordnete) zum Streit über ihre verfassungsrechtlichen Rechtspositionen und Zuständigkeiten kommt, dient die Verfassungsrechtsprechung dem organschaftlichen Rechtsschutz (Art. 93 Abs. 1 Nr. 1 GG, **Organstreitverfahren**). Diese Aufgabe erfüllt sie grundsätzlich auch für das Verhältnis von Bund und Ländern (Art. 93 Abs. 1 Nr. 2a–4 GG, **Bund-Länder-Streit**). Der objektiven Rechtskontrolle dient die Möglichkeit, Gesetze auf ihre Verfassungsmäßigkeit überprüfen zu können (Art. 93 Abs. 1 Nr. 2 GG, **abstrakte Normenkontrolle**). Kommt es für die Entscheidung in einem laufenden Gerichtsverfahren auf die Gültigkeit eines Gesetzes an, wird die dadurch veranlasste Verfassungsmäßigkeitskontrolle, wenn es sich um ein Gesetz handelt, das nach Inkrafttreten des GG ergangen ist, durch Einschaltung des BVerfG ermöglicht, dem das Verwerfungsmonopol für nachkonstitutionelle Gesetze[63] zusteht (Art. 100 Abs. 1 GG, **konkrete Normenkontrolle**). Gegen die Verletzung von Grundrechten wird ein besonderer verfassungsgerichtlicher Rechtsschutz gewährt (Art. 93 Abs. 1 Nr. 4a GG, **Verfassungsbeschwerde**, *RN 152*). **150**

Um die **Erfolgsaussichten** eines Verfahrens vor dem BVerfG zu begutachten, muss zunächst die **Zulässigkeit** des Verfahrens geprüft werden. Damit ist gemeint, dass die Voraussetzungen für die Eröffnung eines Gerichtsverfahrens erfüllt sein müssen. Erste Voraussetzung ist, dass das Gericht **zuständig** ist. Will also z.B. der Bundestagsabgeordnete A, weil er sich mit dem Bundestagspräsidenten hinsichtlich seines Rederechts streitet, eine Entscheidung des BVerfG herbeiführen, käme das **Organstreitverfahren** gem. Art. 93 Abs. 1 Nr. 1 GG, §§ 13 Nr. 5, 63–67 BVerfGG in Betracht. Weitere Voraussetzung wäre, dass A **antragsberechtigt** ist. Unter diesem Gesichtspunkt müsste er gem. Art. 93 Abs. Nr. 1 GG, § 13 Nr. 5 BVerfGG Verfassungsorgan oder Organteil mit eigenen verfassungsrechtlichen Rechten sein. A ist Mitglied des Bundestages und daher Teil eines Verfassungsorgans. Damit dieses seine Aufgabe, Gesetze zu beschließen, erfüllen kann, müssen die Abge- **151**

---

[63] Ältere Gesetze, bei deren Erlass der Rechtsmaßstab des GG nicht verbindlich war, dürfen, wenn sie grundgesetzwidrig sind, auch durch die normale Gerichtsbarkeit als nichtig verworfen werden.

ordneten ein Beratungs- und folglich auch ein Rederecht haben, wie es in §§ 13, 27–37 GOBT vorgesehen ist. A kann demnach eigene Rechte aus seiner verfassungsrechtlichen Rechtsstellung geltend machen. A müsste außerdem auch **antragsbefugt** sein, d.h. darlegen können, dass ihm von einem anderen verfassungsrechtlich Berechtigten seine Rechte streitig gemacht werden. Er müsste z.B. darauf verweisen können, dass ihm der Bundestagspräsident sein Rederecht willkürlich verkürzt. Außerdem müsste A die **Frist** gem. § 64 Abs. 3 BVerfGG einhalten. Im Unterschied zur Zulässigkeit betrifft die **Begründetheit** des Klageantrags nicht die Frage, ob sich das Gericht auf den Antrag hin überhaupt mit dem Fall zu befassen hat, sondern die Frage, ob dem Antrag in der **Sache**, d.h. dem inhaltlichen Begehren nach, stattgegeben werden kann. Voraussetzung dafür ist, dass der Antragsteller mit seinem Vorbringen recht hat. A müsste tatsächlich in seinem **Rederecht verletzt** sein. Dafür muss geprüft werden, ob das Rederecht in der fraglichen Situation zutreffend geltend gemacht werden konnte und ob es verfassungswidrig beeinträchtigt wurde. Bei positivem Ergebnis wäre der Antrag begründet, andernfalls unbegründet.

152 Eine Besonderheit der Verfassungsgerichtsbarkeit stellt die **Verfassungsbeschwerde** dar, mit der gegen **Grundrechtsverletzungen** vor dem Verfassungsgericht geklagt werden kann (Art. 93 Abs. 1 Nr. 4a GG, §§ 13 Nr. 8a, 90–95 BVerfGG). **Antragsberechtigt** ist jeder Grundrechts-, also Rechtsfähige, mit der Erweiterung für juristische Personen durch Art. 19 Abs. 3 GG (*RN 99*). Die **Antragsbefugnis** (Behauptung der Grundrechtsverletzung) setzt voraus, dass dargelegt werden kann, dass eine Verletzung in eigenen Grundrechten möglich erscheint. Das BVerfG hat die Voraussetzung dahingehend präzisiert, dass der Beschwerdeführer **selbst, gegenwärtig** und **unmittelbar** betroffen sein muss. Daraus ergibt sich hinsichtlich der Vorraussetzung der **Rechtswegerschöpfung**, die § 90 Abs. 2 BVerfGG grundsätzlich vorschreibt, dass in dem besonderen Fall, in dem sich eine Verfassungsbeschwerde gegen ein **Gesetz** richtet, in der Regel abgewartet werden muss, bis auf der Grundlage des Gesetzes ein konkret beeinträchtigender Rechtsakt ergeht. Gegen diesen kann im normalen **Verwaltungsrechtsweg** vorgegangen werden (etwa gegen eine gesetzesausführende Verbotsverfügung). Die Voraussetzung entfällt nur, wenn es unzumutbar wäre, eine konkrete Maßnahme abzuwarten (insbesondere, wenn diese unangemessene Nachteile zur Folge hätte, wie etwa eine belastende Sanktion, oder in der Zwischenzeit eine unangemessene Rechtsunsicherheit bestünde). Von besonderer Bedeutung ist die konkrete Betroffenheit, wenn nach erfolgloser Erschöpfung des Rechtsweges gegen ein **letztinstanzliches Urteil** Verfassungsbeschwerde erhoben werden soll, weil das BVerfG kein weiteres Instanzgericht ist, sondern lediglich die Frage einer Grundrechtsverletzung zu überprüfen hat. Daher muss der Beschwerdeführer geltend machen können, dass eine Grundrechtsverletzung unmittelbar **durch das Urteil** bewirkt werde, indem die Anwendbarkeit oder Reichweite des Grundrechtsschutzes verkannt worden sei. Weitere Zulässigkeitsvoraussetzungen sind die Einhaltung der **Monats-** oder **Jahresfrist** gem. Art. 93 Abs. 1, 3 BVerfGG und die **Annahmefähigkeit** gem. § 93a BVerfGG. Die Begutachtung der **Begründetheit** richtet sich nach dem Aufbau der **Grundrechtsprüfung** (*RN 126*).

Bei der **abstrakten Normenkontrolle** ist hinsichtlich der Prüfung der **Zulässigkeit** **153**
zu beachten, dass die **Antragsberechtigung** gem. Art. 93 Abs. 1 Nr. 2 GG auf die
Rechtsträger beschränkt ist, die ein vornehmliches politisches Interesse an der
Korrektheit der Gesetze haben (namentlich die Bundesregierung, eine Landesregierung oder 1/3 der Mitglieder des Deutschen Bundestags). Zum **Antragsgrund**
werden im GG geringere Voraussetzungen aufgestellt als nach § 76 Abs. 1 Nr. 1
BVerfGG. Während Art. 93 Abs. 1 Nr. 2 GG „Meinungsverschiedenheiten oder
Zweifel" über die Vereinbarkeit einer Norm mit dem Grundgesetz oder sonstigem
Bundesrecht genügen lässt, fordert § 76 Abs. 1 Nr. 1 BVerfGG darüber hinausgehend, dass die antragsberechtigten Organe die Norm „für nichtig halten" müssen. Diese Regelung verstößt jedoch nicht gegen das GG, denn sie macht nur das
selbstverständliche Erfordernis deutlich, dass ein nicht anders erfüllbares Bedürfnis nach einer verfassungsgerichtlichen Entscheidung geltend zu machen und die
Anrufung des Gerichts nicht vorschnell zulässig ist. Die Prüfung der **Begründetheit** folgt dem Schema für die Prüfung der Verfassungsmäßigkeit von Gesetzen
(*RN 139*).

Literatur:
Maurer, H., Staatsrecht I. Grundlagen, Verfassungsorgane, Staatsfunktionen, 2005⁴, § 20;
Fleury, R., Verfassungsprozessrecht, 2004⁶; *Robbers, G.,* Verfassungsprozessuale Probleme
in der öffentlich-rechtlichen Arbeit, 2005²; *Lietzmann, H.J.,* Das Bundesverfassungsgericht.
Eine sozialwissenschaftliche Studie, 1988.

b)   Verfassungsgrundsätze

(1) **Republik.** Mit dem Erlass der Weimarer Reichsverfassung (WRV) 1919 wurde **154**
die Tradition der monarchischen Staatsform aufgegeben und die **Weimarer Republik** gegründet, an deren Spitze ein gewählter Staatspräsident stand. Doch erst als
mit dem Inkrafttreten des GG 1949 das grundrechtliche Fundament der Verfassung für strikt verbindlich erklärt wurde, wurde zugleich die Grundlage für die
Staatsform der **Republik** gefestigt, die den Auftakt der Verfassungsgrundsatzbestimmungen in Art. 20 Abs. 1 GG bildet. Republik bedeutet **Freistaat**, was die
Freiheit von jeder Art eines Staatsoberhauptes heißt, das in irgendeiner Weise vorgegeben und nicht frei gewählt wird. Daher verträgt sich die republikanische
Staatsform weder mit einem dynastischen noch einem auf Lebenszeit gewählten
oder selbst ernannten Staatsoberhaupt. Wenn das Staatsoberhaupt freiheitlich bestimmt werden soll, muss es in einem demokratischen Verfahren gewählt werden
(Art. 54 GG). Der Republikgrundsatz verbindet sich daher folgerichtig mit dem
demokratischen Staatssystem.

In Art. 28 Abs. 1 GG wird der **Republikgrundsatz** auch für die einzelnen Bundesländer
verbindlich gemacht. Die Verfassungen von Bayern, Sachsen und Thüringen verwenden
dafür den deutschen Begriff **Freistaat**. Entgegen einer irrtümlichen Ansicht hat der Begriff
nichts mit einer Freizeichnung vom GG zu tun. Offenbar wird die Tatsache, dass der
Landtag von Bayern bei der Verabschiedung des GG seine Zustimmung versagt hat, ohne
damit das Inkrafttreten des GG zu verhindern (*RN 85*), in dem genannten Sinne missverstanden.
Greift man auf die römische Tradition der **res publica** als Grundlage für den Republikbegriff zurück, muss man den Bedeutungswandel des lateinischen Wortes von öffentlicher Sache zu Gemeinwesen und öffentlicher Verantwortung berücksichtigen. Unter diesem Aspekt

liegt im Begriff Republik eine Bezugnahme auf den **Staatszweck des gemeinen Wohls**. Republik in diesem Sinne wäre gleichbedeutend mit der demokratischen Grundauffassung vom Staat als öffentlich verantwortetes Gemeinwesen[64].

155 (2) **Demokratie**. An zweiter Stelle wird in Art. 20 Abs. 1 GG der **Demokratiegrundsatz** hervorgehoben. Demokratie bedeutet **Volksherrschaft**. Der Demokratiegrundsatz wird folgerichtig in Absatz 2 Satz 1 darauf festgelegt, dass die **Staatsgewalt von der Bevölkerung** auszugehen hat. Satz 2 ordnet an, wie das zu geschehen hat, nämlich in erster Linie durch **Wahlen**, aus denen die Organe, die zur Ausübung der Staatsfunktionen zuständig sind, hervorzugehen haben. Die Bevölkerung übt also nicht selbst die Staatsgewalt aus (direkte Demokratie), sondern durch gewählte **Volksvertreter** als Repräsentanten (**repräsentative Demokratie**) und davon legitimierte weitere Funktionsträger (zur parlamentarischen Demokratie *RN 132*).

In zweiter Linie ist die Bevölkerung an der Ausübung von Staatsgewalt durch **Abstimmungen** beteiligt. Dieser Fall der **direkten Demokratie** bezieht sich allein auf die Neugliederung des Bundesgebietes gem. Art. 29 GG, den Erlass einer neuen Verfassung gem. Art. 146 GG sowie die gemeindliche Selbstverwaltung gem. Art. 28 Abs. 1 Satz 4 GG. Weitere unmittelbar demokratische Verfahren, etwa die generelle Möglichkeit, zu Fragen von großer politischer Bedeutung **Volksreferenden** einzuholen oder die Möglichkeit, Volksinitiativen oder Volksbegehren und darauf bezogene Volksentscheide zu organisieren (**Volksgesetzgebung**), sind im **GG nicht vorgesehen**, während auf der Landesebene durch die Verfassungen der Länder und auf der Ebene der kommunalen Selbstverwaltung durch die Kommunalordnungen Verfahren der Volksgesetzgebung eröffnet werden. Die **Einführung auch auf der Bundesebene** wird von Kritikern der „Parteiendemokratie" (*RN 88*) seit langem gefordert. Kurz vor Beendigung der Legislaturperiode 2002 brachte die Fraktion von Bündnis 90 – Die Grünen noch einen Gesetzentwurf zur Einführung der Volksgesetzgebung und darauf bezogenen Verfassungsänderung ein[65], jedoch wichtige Themen, wie das Haushaltsgesetz und die Rechtsstellung der Abgeordneten, von der Zulässigkeit der Verfahren ausnahm und die Einleitung und Durchführung der Verfahren wegen der Voraussetzung relativ hoher Initiativ- und Abstimmungsquoren nicht gerade erleichterte, außerdem mit Ablauf der Legislaturperiode insgesamt hinfällig wurde (vgl. *RN 160*).

156 In Art. 38 Abs. 1 Satz 1 GG werden die **Wahlgrundsätze** vorgeschrieben, um den demokratischen Charakter der Wahl zu sichern, d.h. die gleichberechtigte Einbeziehung aller zu ermöglichen. Die **Allgemeinheit** der Wahl bedeutet, dass die Gesamtheit der Bevölkerung ohne willkürliche Ausgrenzungen wahlberechtigt sein muss. Die Wahlrechtsfähigkeit wird mit der Wahlausübungsfähigkeit gleichgesetzt und für die Bundeswahlen gem. Art. 38 Abs. 2, 3 GG auf den Zeitpunkt der Volljährigkeit festgesetzt (vgl. *RN 101*). Die **Unmittelbarkeit** verlangt, dass sich die Wählerstimmen direkt auf die Auswahl der Kandidaten auswirken müssen. Daher dürfen keine Wahlmänner zwischengeschaltet werden und muss die Reihenfolge der Kandidaten, die durch die parteibezogenen Zweitstimmen gewählt werden, aus den Zweitstimmenlisten ersichtlich sein. Die **Freiheit** der Wahl verbietet jede Art von Zwang ausübender Einflussnahme auf die Stimmabgabe. Die **Gleichheit**

---

[64] Zum Republikgrundsatz *Stern, K.*, das Staatsrecht der Bundesrepublik Deutschland, Bd. I, 1984[2], § 17.

[65] BT-Drs. 14/8503.

der Wahl will den Gleichheitssatz (Art. 3 Abs. 1 GG) in formaler Strenge für die Wahl spezialisieren. Daraus folgt, dass es keine Unterschiede bei der Stimmgewichtung geben darf, also bei der Mehrheitswahl unbedingt Zählwert- und bei der Verhältniswahl zusätzlich Erfolgswertgleichheit bestehen muss. Die **Geheimheit** der Wahl sichert die Wahlfreiheit.

Die wahlrechtliche **Sperrklausel**, die bestimmt, dass mindestens 5 % der Zweitstimmen oder drei Direktmandate auf eine Partei entfallen müssen, damit sie für die Sitzverteilung im Bundestag berücksichtigt werden kann (§ 6 Abs. 6 Satz 1 BWahlG), steht zwar im Widerspruch zur Wahlgleichheit, gilt jedoch nicht als verfassungswidrige Durchbrechung, weil sie unentbehrlich erscheint, um eine übermäßige Parteienzersplitterung im Parlament zu vermeiden und die politische Mindeststabilität und Funktionsfähigkeit des Parlaments zu sichern. In der Übergangszeit nach der Wiedervereinigung galt umgekehrt das Interesse an der politischen Partizipation der PDS als vorrangig (BVerfGE 82, 322), weshalb für diese eine Ausnahme von der Sperrklausel angeordnet wurde. Im Kommunalwahlrecht haben Sperrklauseln weniger Berechtigung als auf der staatlichen Ebene[66].

Um die Wahlen vornehmen zu können, müssen ausreichend viele Kandidaten mit **157** politischen Konzeptionen zur Verfügung stehen. Dem Staat darf die Vorsorge dafür nicht überlassen werden, weil sich sonst undemokratische Machtbildungen entwickeln würden. Andererseits wäre die allgemeine Bevölkerung nicht in der Lage, ein geeignetes Kandidatenangebot zu organisieren. Daher werden die **politischen Parteien** mit der Aufgabe der politischen Willensbildung betraut (Art. 21 Abs. 1 GG). Sie sind private Vereine und bilden eine Brücke zwischen Gesellschaft und Staat. Die gewählten Kandidaten werden Mitglieder des Bundestages und bilden die **Volksvertretung**. Als Parlamentarier sind sie Staatsbedienstete, deren Aufgabe darin besteht, die Gesamtheit zu vertreten; dabei sind sie nicht an Aufträge oder Weisungen gebunden und nur ihrem Gewissen unterworfen (Art. 38 Abs. 1 Satz 2 GG). Aus der **Parteimitgliedschaft**, mit der im Rahmen des Bundestages die **Fraktionsmitgliedschaft** verbunden ist (§ 10 Abs. 1 GOBT), resultiert eine Rückbindung an die Partei- und Fraktionspolitik und ein Spannungsverhältnis mit der Rolle als **Volksvertreter**, die in Verantwortung für die Allgemeinheit auszuüben ist.

Zwar hat die Auferlegung von **Fraktionsdisziplin**, mit der parteipolitischer Einfluss auf das Abstimmungsverhalten der Abgeordneten genommen wird, nicht als unzulässig zu gelten, darf aber höchstens die Sanktion des **Parteiausschlusses** nach sich ziehen. Über den Verlust des **Abgeordnetenmandats** darf die Partei dagegen nicht verfügen und auch einen Verzicht nicht verlangen. Um dem Abgeordneten die nötige Unabhängigkeit zu verschaffen, werden Diäten und Ruhegelder bezahlt (Art. 48 Abs. 3 GG), die weit über dem Durchschnittseinkommen der Bevölkerung liegen. Dennoch und vermutlich gerade deshalb ist es nur selten ein Abgeordneter darauf ankommen lassen, seine Mitgliedschaft in der Partei und damit die Chance der erneuten Kandidatenaufstellung zu gefährden. Liest man kritische Stellungnahmen zur **Verflechtung von Partei-, Staats-** und zusätzlichen **wirtschaftlichen Mandaten**, insbesondere die Mahnungen von *Hans Herbert von Arnim*, muss man feststellen, dass sich in dieser Hinsicht eine illegitime Verfassungswirklichkeit entwickelt hat (*RN 88*)[67], die

---

[66] Vgl. *Heinig*, Gleichheit trotz(t) Funktionalität – Anmerkungen anlässlich des Urteils des VerfGH NRW vom 6.7.1999 – VerfGH 14/98 – zur Verfassungswidrigkeit der 5 v.H.-Hürde für Kommunalwahlen in NRW, NWVBl. 2000, 121–125.

[67] Ferner *v. Arnim*, Die Partei, der Abgeordnete und das Geld. Parteienfinanzierung in Deutschland, 1996.

missbräuchlichen Tendenzen der politischen Etablierung Vorschub leistet. Es bleibt die Hoffnung, dass Missstände früher oder später Reformen erzwingen.

158 Wichtigste Voraussetzung dafür, dass die Parteien den Auftrag der demokratischen Willensbildung erfüllen können, ist die Gründungs- (und Betätigungs-) Freiheit gem. Art. 21 Abs. 1 Satz 2 GG, die verhindert, dass die Vielfalt und Offenheit des politischen Wettbewerbs eingeschränkt wird (**Parteienfreiheit**). Wegen der staatskonstitutiven Bedeutung der Parteien versteht sich von selbst, dass ihnen demokratische Organisationsweisen und eine Rechenschaftspflicht über ihre Mittel auferlegt werden. Die näheren Regelungen dazu werden im Parteiengesetz auf der Grundlage von Art. 21 Abs. 3 GG getroffen. Ihre äußerste Schranke muss die Parteienfreiheit dort finden, wo sie zum Schaden der freiheitlichen demokratischen Grundordnung missbraucht werden soll, was zum **Parteiverbot** führen kann (Art. 21 Abs. 2 GG, *RN 168–170*).

Über das Parteiverbot entscheidet allein das BVerfG. Das verfassungsgerichtliche **Entscheidungsmonopol** hat zur Folge, dass im Unterschied zu anderen Vereinigungen, die einer behördlichen Verbotssanktion unterliegen (*RN 117*), Parteien und ihre Mitglieder wegen ihrer politischen Betätigung nicht benachteiligt oder verboten werden dürfen, solange die Partei nicht vom BVerfG für verfassungswidrig erklärt wurde (**Parteienprivileg**). Dadurch wird die Parteienfreiheit weitestmöglich in Schutz genommen.

In seinen Urteilen über die Sozialistische Reichspartei (BVerfGE 2, 1 – SRP) und die frühere Kommunistische Partei Deutschlands (BVerfGE 5, 85 – KPD) hatte das BVerfG die Kennzeichen der freiheitlich-demokratischen Grundordnung herauszuarbeiten (*RN 168*). Es musste den Mindestschutz der unverzichtbaren Ordnungsmerkmale mit dem Maximalschutz der politischen Handlungsfreiheit auf einen Nenner bringen[68].

159 Für die Beteiligung der Parteien am Zustandekommen des Parlaments gewährt der Staat eine Finanzierungshilfe, deren Höhe sich nach der Stimmenzahl bei der Wahl, d.h. dem politischen Erfolg der Parteienarbeit richtet (BVerfGE 20, 56; 80, 264). Die **staatliche Parteienfinanzierung** widerspricht einerseits dem Prinzip der Unabhängigkeit der Parteien, andererseits entspricht sie der Leistung, die von den Parteien zur Konstituierung des Parlaments erbracht wird. Im Übrigen finanzieren sich die Parteien vor allem aus den **Mitgliedsbeiträgen** und **Spenden**. Teilweise sind sie der Rechenschaftspflicht über ihre Finanzmittel nur unzureichend nachgekommen und haben ihre Geldgeschäfte verschleiert (Parteispendenaffäre). Es ist zu überlegen, wie Missständen besser entgegengewirkt werden kann[69].

160 Der Zweck der Wahlen erfordert, dass sie in regelmäßigen Abständen wiederholt werden, um die demokratische Willensbildung und Legitimation zu aktualisieren. Daher gehört zur demokratischen Staatsorganisation auch die **Periodizität** der Wahlen und Mandatsausübung (Art. 38 Abs. 1; 39 Abs. 1 GG) sowie der Regierungstätigkeit.

Zwar soll die Bevölkerung möglichst oft über die politische Zusammensetzung von Parlament und Regierung entscheiden können, andererseits müssen die Institutionen aber sinn-

---

68   Das vor einigen Jahren eingeleitete Verbotsverfahren gegen die NPD wurde durch Beschluss v. 18.3.2003 eingestellt (BVerfG, 2 BvB 1/01).
69   Vgl. *Jun*, Professionalisiert, medialisiert und etatisiert. Zur Lage der deutschen Großparteien am Beginn des 21. Jahrhunderts, ZParl. 2002, 770–789; *v. Arnim, H.-H.*, Die Partei, der Abgeordnete und das Geld. Parteienfinanzierung in Deutschland, 1996.

voll arbeiten können, um ihre Konzeptionen entwickeln und verwirklichen zu können. Daher erscheinen Wahlperioden zwischen vier und sechs Jahren angemessen. Im Unterschied zur landesrechtlich überwiegend fünfjährigen gilt im Bund die **vierjährige** Parlamentsperiode. Laufende Gesetzgebungsverfahren dürfen nach Beendigung der Wahlperiode in der neuen nicht einfach fortgesetzt werden, sondern müssen, um ausschließlich auf die jeweils legitime Autorität gegründet zu sein, neu eingebracht werden (Grundsatz der **Diskontinuität**).

Literatur:
Maurer, H., Staatsrecht I. Grundlagen, Verfassungsorgane, Staatsfunktionen, 2005[4], §§ 11, 13; *Richter/Schuppert/Bumke*, Casebook Verfassungsrecht, 2001[4], S. 384–398.
v. Arnim/Kriele, Pro & Contra. Volksbegehren und Volksentscheid, ZRP 2002, 492; *Jung/Knemeyer*, Im Blickpunkt: Direkte Demokratie, 2001; *Eichenberger*, Mit direkter Demokratie zu besserer Wirtschafts- und Finanzpolitik: Theorie und Empirie, in: *v. Armin, H.-H.* (Hrsg.), Adäquate Institutionen: Voraussetzungen für „gute" und bürgernahe Politik, 1999 S. 259–288; *Mayer*, Direkte Demokratie statt Reformstau. Volksabstimmungen als Erfrischungskur. Überblick über die Aktionen von „Mehr Demokratie", ebd., S. 181–193; *Morlok*, Lob der Parteien, Jahrb. d. Jurist. Ges. Bremen 2001, 53–75; *Neumann/v. Raumer* (Hrsg.), Die verfassungsrechtliche Ausgestaltung der Volksgesetzgebung. Dargestellt am Beispiel der Art. 68, 69 der Landesverfassung von Nordrhein-Westfalen, 1999.
Lietzmann, Verfassungspolitik und Plebiszit. Eine Studie zur politischen Kultur in Deutschland, in: *Gebhardt, J.* (Hrsg.), Verfassung und politische Kultur, 1999, S. 33–54.

(3) Bundesstaat. Das vierte Verfassungsprinzip, das Art. 20 Abs. 1 GG anordnet, **161** ist, wie schon der Namen der Bundesrepublik Deutschland zum Ausdruck bringt, das **Bundesstaatsprinzip.** Danach besteht das Staatsgebilde aus dem **Bund** und, wie Art. 28 Abs. 1 GG feststellt, aus den **Ländern,** die ihrerseits jeweils eigenständige Staaten darstellen. Sie sind in der Präambel des GG einzeln aufgeführt. Im Unterschied zum Staatenbund, in welchem es nur verbündete Einzelstaaten gibt, wird im **Bundesstaat** das Bündnis zugleich als selbständiger Gesamtstaat organisiert. Die Bundesrepublik stellt also ein **Doppelgebilde** dar, das auf der einen Seite aus 16 selbständigen **Einzelstaaten** und auf der anderen zugleich aus deren organisatorischer Zusammenfassung zu einem **Gesamtstaat** besteht. Das Hauptproblem dieser Staatensymbiose liegt darin, wie das Verhältnis zwischen Bund und Ländern zu gestalten ist. In Art. 30 GG wird dafür der **Föderalismusgrundsatz** aufgestellt.

Föderalismus heißt Bundesstaatspartnerbewusstheit, also das Bekenntnis zum Bundesstaat unter der Voraussetzung größtmöglicher Selbständigkeit der Gliedstaaten. Demnach sind die staatlichen Funktionen in erster Linie durch die **Länder** zu verwirklichen und darf der Bund die staatlichen Befugnisse nur beanspruchen, soweit sie ihm durch das GG zugeordnet werden (zur Gesetzgebung *RN 134*, zur Verwaltung *RN 143*).

Im Interesse der Staatseinheit muss das Föderalismusprinzip durch das Prinzip der **162** **Rechtseinheit** überformt werden (Art. 31 GG, *RN 56*). Zugleich erzwingt die Staatseinheit auch die **Homogenitätsklausel** des Art. 28 Abs. 1 GG, wonach die Verfassungsgrundsätze des Bundes in gleicher Weise für die Länder zu gelten haben.

Um die Länder in die Bundesgesetzgebung einzubeziehen, wird der **Bundesrat** als **Länderkammer** beteiligt (Art. 50 GG, *RN 137*). Mit der föderalistischen Beteiligung steht das Prinzip der demokratischen Legitimation der Gesetzgebung in einem Spannungsverhältnis, weil der Bundesrat keine Volks-, sondern eine Regierungskammer darstellt (Art. 51 GG). Da sich die staatliche Selbständigkeit von Bund und Ländern zugleich in den Aufgabenlasten äußert (Art. 104 a GG), muss bei der Verteilung der finanziellen Ressourcen ein **Finanzausgleich** zwischen Bund und Ländern angestrebt werden (Art. 106 GG). Außerdem müssen die Unterschiede in der Leistungskraft der Länder ausgeglichen werden (Art. 107 GG). Eine ausdrückliche Zusammenarbeit zwischen Bund und Ländern sehen Art. 91 a und 91 b GG bei den „Gemeinschaftsaufgaben" vor. Mit diesen wurde der **kooperative Föderalismus** im GG konkretisiert. Insgesamt wird das Zusammenwirken von Bund und Ländern zwar einerseits von Kompetenzabgrenzung und Konkurrenz gekennzeichnet, andererseits verlangt es aber pflichtbewusste Aufgabenerfüllung. Daraus folgt der beiderseitige Grundsatz der **Bundestreue**. Zur Entscheidung nicht behebbarer Konflikte ist das **BVerfG** zuständig *(RN 150)*.

Das bundesstaatliche Rechtsverhältnis schließt prinzipiell eine staatenbundartige Koordination der Länder (als dritte staatliche Ebene) aus. Doch ist ein gewisses Maß an gemeinsamer Verständigung unentbehrlich. Durch **Staatsverträge** zwischen den Ländern (z.B. im Bereich des Rundfunks oder der Mediendienste), die zugleich als Landesgesetze erlassen werden, kommt gleichlautendes Landesrecht zustande.

Die Untergliederung des Staates in Bund und Länder führt die deutsche **Föderalismus-Tradition** weiter. Dadurch werden die Prinzipien der demokratischen Legitimation und Gewaltenteilung mehrstufig verwirklicht. Je mehr sich die politischen Entscheidungen auf der bundes- und suprastaatlichen Ebene konzentrieren, desto stärker wird die Überlegung angeregt, ob die Vorteile des Föderalismus statt durch ausgebaute Gliedstaaten auch durch einfacher organisierte Verwaltungsregionen erreicht werden könnten, was jedoch auf das Änderungsverbot des Art. 79 Abs. 3 GG stoßen würde *(RN 84)*. Andererseits wird erwogen, die Zahl der Länder zu verringern, um durch Zusammenlegung und Vergrößerung (Art. 29 GG) Einsparungen und Effizienzgewinne zu erzielen. Die Nachteile des deutschen Föderalismus, die vor allem in seinem erheblichen Kostenaufwand und seinen lähmenden Effekten für die politische Entwicklung liegen, werden zunehmend kritisiert[70].

Literatur:
Maurer, H., Staatsrecht I. Grundlagen, Verfassungsorgane, Staatsfunktionen, 2005⁴, § 10; *Eichenberger*, Der Zentralisierung Zähmung. Die Föderalismus-Diskussion aus politisch-ökonomischer Perspektive, in: *Engel/Morlok* (Hrsg.), öffentliches Recht als Gegenstand ökonomischer Forschung, 1998, S. 157–161; *Giesing*, Kritische Fragen zum Föderalismus, in: *v. Arnim, H.-H.* (Hrsg.), Adäquate Institutionen: Voraussetzungen für „gute" und bürgernahe Politik, 1999 S. 75–88.

163 **(4) Rechtsstaat.** Das Rechtsstaatsprinzip wird zwar bei der Aufzählung der Verfassungsprinzipien in Art. 20 Abs. 1 GG nicht genannt, ist aber die sinngemäße Grundlage der Prinzipien und wird daher in der Homogenitätsklausel des Art. 28 Abs. 1 Satz 1 GG auch ausdrücklich aufgegriffen. Es bedeutet, dass sich der Staat organisatorisch und inhaltlich unter das **Regime des Rechts** stellt. Während im Willkürstaat unbeschränkte Einheitsgewalt herrscht, ist der Rechtsstaat nach dem Grundsatz der **Gewaltenteilung** organisiert *(RN 129)* und gilt das Gebot der **Rechtsbindung** *(RN 53)*. Folglich gehört zum Rechtsstaatsprinzip auch die gerichtliche Rechtskontrolle einschließlich des subjektiven **Rechtsschutzes** *(RN 148)*.

---

[70] Anfang 2006 wurde von der Regierungskoalition eine Föderalismusreform vereinbart, die sich jedoch auf ungenügende Randkorrekturen beschränkt. Zum Problem *Huber, P.-M.*, Deutschland in der Föderalismusfalle?, 2003.

Die **Rechtsbindung** bedeutet, dass bei sämtlichen staatlichen Handlungen die Rechtsordnung eingehalten werden muss. Hinsichtlich der Gesetzgebung schreibt Art. 20 Abs. 3 GG die Bindung an die Verfassung vor, da der Rechtsmaßstab für die Gesetze nur das vorrangige Verfassungsrecht (einschließlich des europäischen Gemeinschaftsrechts) ist. Die übrigen staatlichen Funktionsbereiche werden an Gesetz und Recht gebunden, müssen also das Gesetzes- einschließlich des Verfassungs- und europäischen Gemeinschaftsrechts sowie das Gewohnheits- einschließlich des Richterrechts beachten (*RN 53 f.*). Die Rechtsbindung wirkt sich zum einen als **Gesetzesvorrang** aus, womit die durchgängige Rechtskonformität des staatlichen Handelns gemeint ist (*RN 55*). Zum anderen konkretisiert sie sich zum **Gesetzesvorbehalt**, wenn der Staat in bestehende Rechtspositionen eingreifen will. Dafür muss eine ausdrückliche **Eingriffsermächtigung** in Form einer **Befugnisnorm** vorgesehen sein, auf die sich das staatliche Vorgehen stützen kann. Bloße Aufgabennormen berechtigen nicht zu Eingriffen. Z.B. darf die Polizei, die gem. § 1 PolG NRW die Aufgabe der Gefahrenabwehr zu erfüllen hat, auf dieser Grundlage im Einklang mit dem Gesetzesvorrang aufgabenbezogene Maßnahmen durchführen, die keine Rechtsbeeinträchtigung mit sich bringen, wie der Streifengang oder die allgemeine Beobachtung. Wenn jedoch eine eingreifende Maßnahme, wie die Identitätsfeststellung, Festnahme oder Durchsuchung vorgenommen werden soll, müssen dafür spezielle gesetzliche Befugnisse bestehen und die in der Befugnisnorm genauer bestimmten Voraussetzungen erfüllt werden (§§ 12, 35, 39 PolG NRW).

Inhaltlich gehört zum Rechtsstaatsprinzip die Gewährleistung von **Grundrechten**. **164** Außerdem folgt aus der vorausgesetzten Rechtlichkeit, dass gegenüber Änderungen der Rechtslage ein angemessener **Vertrauensschutz** garantiert wird (dazu auch *RN 97*). Er äußert sich zum einen als **Rückwirkungsverbot** für nachteilige Rechtsänderungen, zum anderen als Gebot angemessener **Übergangsregelungen** und zum dritten als Gebot der **Entschädigung**, wenn im Einzelfall aus vorrangigen Gründen ein schutzwürdiges Vertrauen enttäuscht werden muss. Zugleich folgt aus der freiheits- und gleichheitsgebundenen Rechtsordnung, dass beeinträchtigende Rechtswirkungen den Rechtsgrundsatz der **Verhältnismäßigkeit** (*RN 105*) zu wahren haben.

Literatur:
Sachs, in: *ders.* (Hrsg.), Grundgesetz. Kommentar, 2003³, Art. 20 Rn. 74–165.

(5) **Sozialstaat.** Das Sozialstaatsprinzip, das in Art. 20 Abs. 1 GG zu den Verfas- **165** sungsprinzipien gezählt wird, findet im GG keine nähere Erläuterung. Nur vereinzelt, wie in Art. 6 GG, werden sozial orientierte Grundrechte und Richtlinien angeordnet. Aus dem GG lassen sich jedoch Mindestdirektiven im Sinne des Prinzips entnehmen. Zunächst muss es in Verbindung mit dem Menschenwürde- und Lebensschutz bedeuten, dass für jedermann das **Existenzminimum** gesichert wird. Dafür sorgt grundsätzlich die Sozialhilfe. Zum anderen ist es als Verpflichtung zur **sozialen Vorsorge** zu verstehen (*RN 265 f.*). Zum dritten verlangt das Prinzip einen **sozialen Ausgleich**, wie er z.B. durch vermögensbildende Maßnahmen zugunsten gering Verdienender oder die Ausbildungsförderung angestrebt wird (*RN 267*). Aus sozial engagierter Sicht wird die Meinung vertreten, das Sozialstaatsprinzip sollte durch **soziale Grundrechte** näher festgeschrieben werden (*RN 95*)[71].

---

[71] Zum Sozialstaatsgrundsatz *Zippelius/Würtenberger*, Deutsches Staatsrecht, 2005³¹, § 13; *Stein/ Frank*, Staatsrecht, 2004¹⁹, § 21.

166 c) **Finanz- und Haushaltsverfassung, Staatsgrundsätze.** Zur Erfüllung seiner Aufgaben benötigt der Staat Finanzen. Diese beschafft er sich hauptsächlich durch öffentliche Abgaben, in erster Linie durch Steuern, die er bewirtschaftet. Dafür werden **Staatsgrundsätze** angeordnet, die man als **Finanz- und Haushaltsverfassung** bezeichnen kann.

Steuern sind gemäß der Abgabenordnung allgemein auferlegte Geldleistungen, die ohne Gegenleistung erhoben werden, während **Gebühren** für eine Gegenleistung, **Beiträge** für die Möglichkeit, Infrastrukturleistungen in Anspruch zu nehmen, und **Sonderabgaben** als Ausnahmeleistungen verlangt werden. Im Hinblick auf die föderalistische Staatsordnung trifft das **Steuerverfassungsrecht** des GG besondere Regelungen über die Gesetzgebungs- (Art. 105 GG), Verwaltungs- (Art. 108 GG), Ertrags- (Art. 106, 107 GG) und Rechtsprechungskompetenzen (Art. 108 Abs. 6; 95 Abs. 1 GG).
Zur Bewirtschaftung der Finanzen schreibt das **Haushaltsverfassungsrecht** eine Reihe von **Haushaltsgrundsätzen** vor (Art. 109–115 GG). Der wichtigste ist, dass jährlich ein Haushaltsplan durch Gesetz aufgestellt werden muss, wobei die Gesetzesform an sich nicht erforderlich wäre, da der Haushaltsplan nur staatsinterne Festlegungen, vor allem die Ermächtigung zu Ausgaben trifft; doch erfüllt die Regelung durch Gesetz den Zweck, die traditionelle Kontrolle des Parlaments über den Staatshaushalt, das **Budgetrecht des Parlaments**, zu wahren. Außerdem werden Korrektheits-, Transparenz-, Solidaritäts- und wirtschaftspolitische Grundsätze vorgeschrieben, die durch das **Haushaltsgrundsätzegesetz**, die **Bundeshaushaltsordnung** und das **Stabilitätsgesetz** näher ausgeführt werden. Die wirtschaftspolitische Koordination durch die EU bindet die Haushaltswirtschaft der Mitgliedstaaten an **gemeinschaftsrechtliche Kriterien der Haushaltsdisziplin** (Art. 104 EG). Die Geldpolitik des Europäischen Zentralbankensystems soll zur Preis- und wirtschaftlichen Stabilität beitragen (Art. 105 EG).

167 Das GG schreibt eine ganze Reihe von weiteren Staats- oder Aufgabengrundsätzen vor. In der Präambel, Art. 24 Abs. 2 und 26 GG wird der Grundsatz der **Friedensstaatlichkeit** aufgestellt. Ebenfalls die Präambel und Art. 23 Abs. 1 GG legen die **Mitgliedschaft in der EU** fest (*RN 69*). In Art. 3 Abs. 2 Satz 2 GG wird der **Gleichstellungsgrundsatz** und in Art. 3 Abs. 3 Satz 2 GG der Grundsatz der **Nichtdiskriminierung** von **Behinderten** angeordnet (*RN 125*). Art. 20 a GG schreibt den **Umweltschutz** vor. Art. 87e, Abs. 4 und 87f, Abs. 1 Satz 1 GG verpflichten zur **Grundversorgung** im Bereich der Eisenbahn-, Post- und Telekommunikationsdienste. Art. 109 Abs. 2 GG stellt den Grundsatz des **gesamtwirtschaftlichen Gleichgewichts** auf (*RN 166*). Je nach der politischen Bewertung können dem GG, vor allem den Kompetenzbestimmungen, weitere Staatsgrundsätze und -aufgaben entnommen werden. Im Übrigen werden die Staatsaufgaben durch die Gesetzgebung festgelegt.

Literatur:
Zippelius/Würtenberger, Deutsches Staatsrecht, 2005[31], § 50; *Maurer, H.*, Staatsrecht I. Grundlagen, Verfassungsorgane, Staatsfunktionen, 2005[4], § 21.
Ergänzend: *Grupp*, Haushaltsrecht, in: *Achterberg/Püttner/Würtenberger*, Besonderes Verwaltungsrecht, Bd. II, 2000[2], S. 153–252; *Kirchhof*, Abgabenrecht, 2001[2], S. 253–380.

168 d) **Freiheitlich-demokratische Grundordnung.** In einer ganzen Reihe von Vorschriften beruft sich das GG auf den Schutz der freiheitlich-demokratischen Grundordnung, so gegenüber der erheblichen Staatsgefährdung (Art. 10 Abs. 2; 11 Abs. 2; 87a; 91 GG) sowie der missbräuchlichen Grundrechtsausübung (Art. 18 GG) und Parteienaktivität (Art. 21 Abs. 2 GG).

Die Begriffsmerkmale der freiheitlichen demokratischen Grundordnung verdeutlichen zusammenfassend die Prinzipien der menschenrechtlich fundierten Staatsordnung. In seinen

Parteiverbotsurteilen (*RN 158*) arbeitete das BVerfG die Merkmale näher heraus. Die **Freiheitlichkeit** bedeutet demnach den **Ausschluss jeglicher Gewalt- und Willkürherrschaft.** Zugleich wird damit die **Rechtsstaatlichkeit** vorausgesetzt, und beides umfasst die Geltung von **Grundrechten.** Der grundrechtlichen Selbstbestimmung jedes Einzelnen entspricht auf der gemeinsamen Ebene die **Volkssouveränität** als Grundlage der Staatslegitimation; daraus folgt die parlamentarische **Verantwortlichkeit der Regierung.** Um die demokratische Willensbildung zu ermöglichen, bedarf es des **Mehrparteiensystems,** der **Chancengleichheit der Parteien** und des **Rechts auf Opposition.**

Falls die Kommunikationsgrundrechte (*RN 112*) dazu benutzt werden, die freiheitlich-demokratische Grundordnung zu bekämpfen, kann gem. Art. 18 GG ihre **Verwirkung** ausgesprochen werden. Die Grundrechtsverwirkung sowie das Vereinsverbot (Art. 9 Abs. 2 GG, *RN 117*) und das Parteienverbot (Art. 21 Abs. 2 GG, *RN 158*) sollen Angriffe auf die freiheitliche Verfassungs- und Staatsordnung, die unter subversiver Ausnutzung der Rechte betrieben werden, abwehren helfen. Daher werden sie als Ausdruck einer demokratischen Organisationsweise verstanden, die ihre Grundsätze auch zu verteidigen imstande sein soll (**streitbare Demokratie**). **169**

Sämtliche diese Bestimmungen sowie das Staatsnothilferecht (*RN 128*), die Notstandsverfassung[72] und das allgemeine Verbot, unverzichtbare Verfassungsgrundsätze zu ändern (*RN 84*), bilden einen gemeinsamen Regelungsbereich, der den **verfassungsrechtlichen Schutz der Staatsordnung** mit rechtsstaatlichen Mitteln zum Ziel hat. Dieser wird im Rahmen der gesetzlichen Rechtsordnung durch die polizei- und strafrechtlichen Vorschriften zur inneren Sicherheit konkretisiert, die im Zusammenwirken mit dem weit ausgreifenden freiheitsgestaltenden Teil der Rechtsordnung den Ausgleich zwischen der individuellen und gesellschaftlichen Selbstbestimmungsfreiheit und der Notwendigkeit von begleitenden Schutzmechanismen herstellen. **170**

Literatur:
Maurer, H., Staatsrecht I. Grundlagen, Verfassungsorgane, Staatsfunktionen, 2005⁴, § 33; *Stern,* Das Staatsrecht der Bundesrepublik Deutschland, Bd. I, 1984², § 16.

IV. Verwaltungsrecht

1. Allgemeines Verwaltungsrecht

a) **Aufgaben und System des Verwaltungsrechts.** Das Verwaltungsrecht regelt die **171** Durchführung der **Staatsaufgaben,** die in den Verwaltungsgesetzen festgelegt sind. Die Vielzahl der Verwaltungsaufgaben lässt sich am besten aus den ministeriellen Zuständigkeitsbereichen (Ressorts) ablesen, so den früher schon wichtigen Finanz-, Innen-, Verteidigungs- und Justizressorts, zu denen schrittweise weitere

---

[72] Die Notsituationen des Staatsnothilferechts können sich mit Notstandssituationen im Sinne des **Staatsnotstands** überschneiden, umfassen aber unabhängig davon auch destruktive Einzelsituationen. Der spezielle Begriff des Staatsnotstands setzt den **Spannungs-** oder **Verteidigungsfall** voraus und sieht dafür Sondermaßnahmen vor, deren Regelung im GG als **Notstandsverfassung** bezeichnet werden. (Art. 115 a-l; 87 Abs. 2 GG). Dazu *Stern, K.,* Das Staatsrecht der Bundesrepublik Deutschland, Bd. II, 1980, §§ 52–57.

Aufgabengebiete hinzukamen, die z.B. in den Wirtschafts-, Bau-, Verkehrs-, Land-
wirtschafts-, Familien-, Sozial- und Bildungsressorts verwaltet werden (*RN 142*).
An den Beispielen zeigt sich auch, wie bedeutungsvoll es ist, dass die öffentliche
Verwaltung zum Wohle der Gesamtheit effektiv und unbestechlich, also leistungsfähig und korrekt arbeitet. Diesem Zwecke dient das Verwaltungsrecht. Die staatlichen Verwaltungshandlungen müssen die Gesetze befolgen und die Rechtlichkeit
des Vorgehens wahren (*RN 163*). Daher hat das Verwaltungsrecht auch die **Verfahrensweisen** zu regeln und den Verfassungsgrundsätzen Geltung zu verschaffen.
Es bildet einen engen Zusammenhang mit dem Verfassungsrecht, an dessen Regelungen es sich messen lassen muss (*RN 143*).

Der **Ausbau des Verwaltungsrechts** begann mit der Wandlung des Agrar- und Stände- zum
Industrie- und bürgerlichen Rechtsstaat (Bauernbefreiung, Gewerbefreiheit, Arbeitsschutz,
soziale Sicherung). Hand in Hand mit der rechtlichen Normierung und der Verbesserung
der individuellen Rechtsstellung wurde es auch notwendig, die verwaltungsgerichtliche
Rechtskontrolle auszugestalten.
Am Übergang vom 19. zum 20. Jahrhundert waren die dogmatischen Grundlagen, d.h. die
anerkannten Leitsätze für das Rechtsverständnis und die Rechtsanwendung des Verwaltungsrechts erarbeitet und verselbständigte sich dieses zu einem **Spezialgebiet der Rechtswissenschaft**. Gleichzeitig mit der Konzentration auf die rechtliche Ordnung der Verwaltung wurde die hergebrachte fachliche Verbindung mit der Nationalökonomie und
empirischen Verwaltungswissenschaft (oder Verwaltungslehre)[73] einschließlich der Verwal-
tungssoziologie[74] und Verwaltungsökonomie[75] aufgegeben.

172   Das **Allgemeine Verwaltungsrecht** bezieht sich auf die Grundregeln, das **Besondere Verwaltungsrecht** umfasst dagegen die speziellen Regelungen, die in den einzelnen Fachgebieten, wie Kommunal-, Polizei-, Wirtschafts- oder Sozialverwaltung,
vorgeschrieben sind (*RN 217 ff.*). Dazu tritt die Regelung des Rechtsschutzes, die
den Bereich des **Verwaltungsprozessrechts** bildet (*RN 207 ff.*).

Die Verwaltungsrechtspraxis war in der Anfangszeit ihrer wissenschaftlichen Durchdrin-
gung von der obrigkeitsstaatlichen Auffassung geprägt, wonach der Bürger als prinzipiell
gewaltunterworfen betrachtet und nur nach Maßgabe bestehender Regelungen geschützt
wurde. Auch nach Inkrafttreten des GG wirken im Verwaltungsrecht noch ältere Traditionen weiter, doch ist eine erhebliche **demokratisch-rechtsstaatliche Umgestaltung** eingetreten. Das informelle Verwaltungshandeln, mit dem dogmatische Zwänge durch ergänzende
Rechtsbeziehungen relativiert werden, trägt dazu bei, dass sich das Verwaltungsrecht an
den demokratischen Rechtsverkehr angleicht. Es durchläuft gegenwärtig überhaupt einen
Modernisierungsprozess, der sich aus dem Vordringen der Dienstleistungsaufgaben, der
stärkeren Zusammenarbeit mit der Privatwirtschaft und der Angleichung an europäische
und internationale Maßstäbe der staatlichen Aufgabenerfüllung entwickelt hat (*RN 36–
39*).

173   b) **Europa- und verfassungsrechtliche Grundlagen.** Organisatorisch gesehen,
spricht man, soweit der Staat die Verwaltungsaufgaben durch staatliche Verwaltungsbehörden durchführt, von **Staatsverwaltung** in unmittelbarer Form

[73]   *Püttner, G.*, Verwaltungslehre, 2000³; *Schuppert, G.F.*, Verwaltungswissenschaft, 2000.
[74]   *Schuppert*, Soziologie der öffentlichen Verwaltung, in: *Dreier, H.*, (Hrsg.), Rechtssoziologie am
       Ende des 20. Jahrhunderts. Gedächtnissymposion für Edgar Michael Wenz, 2002, S. 206–251.
[75]   *Gröpl*, Ökonomisierung von Verwaltung und Verwaltungsrecht, VerwA 2002, 459–484.

(*RN 146*). Daneben wird eine große Zahl zusätzlicher, rechtlich verselbständigter Verwaltungsträger tätig, die staatliche Verwaltungsaufgaben in eigenverantwortlicher Organisation wahrnehmen (*RN 79*). In diesem Falle handelt es sich um **mittelbare Staatsverwaltung** (z.B. mittelbare Bundesverwaltung durch bundesunmittelbare, d.h. bundesrechtlich geregelte Verwaltungsträger gem. Art. 87 Abs. 2 GG, wie die Bundesärztekammer oder die Bundesversicherungsanstalt für Angestellte).

Ähnlich, wie in der Regel die bundesgesetzlich angeordneten Verwaltungsaufgaben durch die Landesverwaltungen ausgeführt werden (*RN 143*), werden die Aufgaben, die das europäische Gemeinschaftsrecht vorschreibt, überwiegend durch die **Mitgliedstaaten**, in Deutschland also in der Regel durch die Verwaltungen der Länder, vollzogen (deutsche Staatsverwaltung in der Funktion als mittelbare Gemeinschaftsverwaltung).

Die mitgliedstaatliche Verwaltung ist bei der Ausführung von Gemeinschaftsrecht an dessen **suprastaatlichen Anwendungsvorrang** vor dem nationalen Recht gebunden (*RN 70*). Soweit keine gemeinschaftsrechtlichen Regelungen bestehen, ist auf das nationale Verwaltungsrecht zurückzugreifen. Je größer der Anwendungsbereich des Gemeinschaftsrechts wird, desto mehr entwickelt sich ein zusammenhängendes **europäisches Verwaltungsrecht**, das sich auch auf die nationalen Rechtsbereiche vereinheitlichend auswirkt[76].

Die wichtigsten verfassungsrechtlichen Grundlagen des Verwaltungsrechts bilden **174** die **Verfassungs-** und **Staatsgrundsätze**, insbesondere hinsichtlich der bundesstaatlichen Verteilung der Verwaltungszuständigkeit auf den Bund und die Länder (*RN 143*) und des Rechtsstaatsprinzips (*RN 163*). Aus dem Demokratie- und Sozialstaatsprinzip ergibt sich z.B. das Verwaltungsleitbild der **Bürgerfreundlichkeit**. Der zunehmend kritisch betrachtete Art. 33 Abs. 5 GG trifft die Entscheidung für das **Berufsbeamtentum**[77]. Aus Art. 109 Abs. 2 GG lässt sich der Verwaltungsgrundsatz der **Wirtschaftlichkeit** (in erster Linie im Sinne der Sparsamkeit) ableiten. Die **Grundrechte**, vor allem in ihrer objektivrechtlichen Wirkung, beeinflussen das Verwaltungsrecht nachhaltig (zur Selbstbindung *RN 190*).

Die Staatsverwaltung wird im **öffentlichen Interesse** oder, anders ausgedrückt, im **175** **Interesse des Gemeinwohls** tätig. Die Verantwortung für die Allgemeinheit hat das gesamte staatliche Wirken zu beherrschen. Jeder öffentlich Bedienstete ist dem Allgemeinwohl verpflichtet. Der öffentliche Verantwortungszusammenhang darf in keinem Fall außer Acht gelassen werden. Er unterscheidet die Staatsverwaltung von der privaten Interessenwahrnehmung.

Aus diesem Zusammenhang heraus versteht sich von selbst, dass die Verwaltung nur rechtskonform tätig werden darf. Genauso selbstverständlich ist, dass der Grundsatz der **Ordnungsgemäßheit der Aufgabenwahrnehmung** im Sinne von Vollständigkeit, Objektivität, Neutralität und Gleichbehandlung einzuhalten ist und die negativen Seiten, wie Mangelhaf-

---

[76] *Schmidt-Aßmann/Hoffman-Riem* (Hrsg.), Strukturen des Europäischen Verwaltungsrechts, 1999.

[77] Zu dessen Sonderstatus und zum Vergleich mit den Arbeitnehmern im öffentlichen Dienst *Battis*, in: *Achterberg/Püttner/Würtenberger* (Hrsg.), Besonderes Verwaltungsrecht, Bd. II, 2000², S. 1012–1114; *Köpp*, in: *Steiner, U.* (Hrsg.), Besonderes Verwaltungsrecht, 1996⁶, S. 381–403; *Kunig*, in: *Schmidt-Aßmann* (Hrsg.), Besonderes Verwaltungsrecht, 2003¹², S. 627–725.

tigkeit, Einseitigkeit und Parteilichkeit, also die Orientierung an persönlichen Beziehungen und Korruption, Verstöße gegen elementare Dienstpflichten sind. Die dienstliche Korrektheit darf nicht als besondere Tugend, sondern muss als Ausdruck eines selbstverständlichen und obligatorischen **demokratischen Berufsethos** angesehen werden[78].

176 c) **Regelungsgrundlagen.** Wie soeben angeführt (*RN 171, 175*), hat sich die Verwaltung korrekt in den Bahnen des Rechts zu bewegen. Zwar ist ständig die Rede davon, dass der Staat flexiblere als die hergebrachten bürokratischen Kommunikationsweisen an den Tag zu legen habe, um in der ständigen Wandlung der Lebensverhältnisse die öffentlichen Interessen effektiv weiterverfolgen zu können. Daher würden Verhandlungs- und Kontaktpflegestrategien statt eines Anordnungs- und Festsetzungsgebarens in den Vordergrund rücken. Die Verwaltung darf aber dennoch nicht außer Acht lassen, dass sie ihr Mandat, in jeder Hinsicht mit ungeschmälerter Verantwortung für die Allgemeinheit zu handeln, nicht verfehlen und darum die rechtlichen Maßstäbe nicht unterlaufen darf. Daher müssen sich sämtliche Vorgehensweisen nach den rechtlichen Grundlagen richten. Die wichtigsten Regelungsgrundlagen oder, wie auch gesagt wird, **Rechtsquellen,** sind Bundes- und Landesgesetze sowie darauf beruhende Rechtsverordnungen und öffentlich-rechtliche Satzungen. Sie werden ergänzt durch gewohnheitsrechtliche Regeln und Richterrecht (*RN 53 f.*).

Die Erlaubnis an den Gesetzgeber, Regelungsaufgaben durch **Rechtsverordnung** vornehmen zu lassen, wie es Art. 80 GG für die bundesrechtliche Gesetzgebung vorsieht, steht nicht nur unter dem Vorbehalt, dass der Gesetzgeber die Verordnung ausreichend vorzeichnet (so wie das StVG die StVO, vgl. *RN 54*), sondern auch unter der Voraussetzung, dass die Ermächtigung zu Grundrechtseingriffen und darüber hinaus zu allen grundrechtswesentlichen Regelungen durch den parlamentarischen **Gesetzgeber** selbst getroffen werden muss. Rechtsverordnungen, die Eingriffe vornehmen oder Eingriffsbefugnisse vorsehen sowie Regelungen treffen, die für die Ausübung der Grundrechte von wesentlicher Bedeutung sind, müssen sich daher auf speziell dazu ermächtigende Gesetze stützen können (vgl. Beispiel in *RN 106*). Das Gleiche gilt für Satzungen. So dürfen die Gemeinden auf der Grundlage ihres Selbstverwaltungsrechts zwar alle möglichen Satzungen zur Ordnung im Selbstverwaltungsbereich erlassen, wie z.B. Benutzungssatzungen für öffentliche Einrichtungen, aber zur Auferlegung von grundrechtseinschränkenden oder grundrechtswesentlichen Duldungs- oder Leistungspflichten sind Ermächtigungen durch Spezialgesetze, wie das BauGB hinsichtlich der Bebauungspläne oder Kommunalabgabengesetze hinsichtlich von Geldleistungen, erforderlich.

177 d) **Verwaltungsrechtsverhältnis, Korrektheit der Rechtsanwendung, Ermessensentscheidung.** Die Rechte und Pflichten der Verwaltung sowie der Betroffenen bestimmen sich nach dem **Verwaltungsrechtsverhältnis** zwischen dem Verwaltungs- und dem privaten Rechtsträger, dessen Rechtsstellung von der Verwaltungstätigkeit betroffen ist. Selbst wenn dieser, z.B. als Angehöriger des öffentlichen Dienstes, weitgehend in den staatlichen Verwaltungsbereich einbezogen ist, verliert er seinen selbständigen Rechtsstatus nicht und hat Anspruch auf **angemessene Rechtswahrung** (*RN 33*). Wenn heute in diesem Zusammenhang vom **Sonderrechtsverhältnis** die Rede ist, soll zum Ausdruck gebracht werden, dass die allgemeine Rechtsstellung bestehen bleibt und nur in angemessenem Umfang eingeschränkt werden darf.

---

[78] Dazu *Sommer,* Verantwortung als demokratisches Staatsprinzip, in: *Graf von Westphalen, R.,* (Hrsg.), Deutsches Regierungssystem, 2001, S. 99–121.

Nach der Art der Rechte und Pflichten im Verwaltungsrechtsverhältnis lassen sich verschiedene **Arten der Verwaltung** kennzeichnen, wie die eingreifende (Fahrverbot) oder leistende (Kindergeld), die gewährende (Fahrerlaubnis) oder versagende (Antragsablehnung), die feststellende (Planfeststellung) oder anordnende (Haltegebot) Verwaltung. Eine strikte Einteilung bewährt sich jedoch nicht, da im Verwaltungsrechtsverhältnis vielfach unterschiedliche Rechtswirkungen bestehen, so wenn in Eingriffs- zugleich vorteilhafte Rechtssicherungsmaßnahmen (Waffenverbot) liegen oder mit leistenden zugleich versagende Wirkungen (Teilerlaubnis) verbunden sind.

Um je nach Fallkonstellation angemessene Rechtsentscheidungen treffen zu kön- **178** nen, braucht die Verwaltung unter Umständen Spielräume bei der Rechtsanwendung. Teilweise lassen die **Tatbestände** der Regelungen besondere **Beurteilungsspielräume** darüber offen, ob sie im Einzelfall anwendbar, d.h. ob die konkreten Fallvarianten unter ihren Sachverhaltsbezug subsumierbar sind (Geschwindigkeitsbeschränkung bei Nässe). Die Frage muss nach dem Sinn und Zweck der Tatbestandsformulierung und der dafür bestimmten Rechtsfolge beurteilt werden (*RN 45*). Danach ist die jeweils gebotene Entscheidung zu treffen. Die Richtigkeit ist gerichtlich voll überprüfbar.

Teilweise legen die Regelungen die **Rechtsfolge** nicht zwingend fest, sondern eröff- **179** nen einen **Ermessensspielraum** darüber, ob und wieweit diese im Interesse der Zweckmäßigkeit angeordnet werden kann.

Es handelt sich um „**kann**"- oder „**darf**"- im Unterschied zu „muss"- oder „ist zu"-Bestimmungen. Dagegen bedeuten „soll"-Vorschriften, dass grundsätzlich in der angeordneten Weise zu verfahren ist, aber bei besonderen Umständen Ausnahmen gemacht werden dürfen. Ein Beispiel für eine Ermessensregelung wäre etwa darin zu sehen, dass die Befreiung von einer Bauvorschrift erteilt werden kann, wenn bestimmte Voraussetzungen erfüllt sind. In diesem Fall müsste die Verwaltungsbehörde aber nicht befreien, wenn andere Voraussetzungen dagegen sprächen.
Das **Rechtsfolgeermessen** darf nicht beliebig, sondern muss **pflichtgemäß**, d.h. normanwendungsgerecht wahrgenommen werden, wie § 40 VwVfG unter dem Gesichtspunkt der Rechtsanwendung und § 114 VwGO aus dem Blickwinkel der gerichtlichen Überprüfung vorschreiben. Voraussetzung dafür ist, dass die Verwaltung sich über die Ermessensberechtigung und die relevanten Umstände im Klaren ist (Verbot des **Ermessensnichtgebrauchs**). Weiter ist erforderlich, dass der Ermessensspielraum ausgeschöpft wird (Verbot der **Ermessensunterschreitung**). Andererseits darf nicht über den Handlungsrahmen hinausgegangen werden (Verbot der **Ermessensüberschreitung**). Schließlich dürfen keine sachfremden Gesichtspunkte oder gesetzwidrigen Erwägungen für die Ermessensentscheidung herangezogen werden (Verbot des **Ermessensmissbrauchs**). Innerhalb dieser Schranken sind Entscheidungsalternativen rechtmäßig. Ausnahmsweise kann trotz eines im Gesetz vorgesehenen Ermessensspielraums nur eine einzige Verwaltungsentscheidung zulässig sein, wenn nämlich der Sachverhalt keinen Raum für Entscheidungsalternativen lässt (sog. **Ermessensreduzierung auf Null**).

Bindet der Gesetzgeber die Zulässigkeit von bestimmten Betätigungen oder Vor- **180** haben daran, dass der Betroffene gewisse Ordnungsvoraussetzungen erfüllt, damit eine behördliche **Erlaubnis** erteilt werden kann, hat die Verwaltung kein Ermessen mehr darüber, ob sie die Erlaubnis erteilen will, wenn die Voraussetzungen vorliegen. Anderenfalls würde sie die grundsätzlich bestehende Berechtigung des Betroffenen einschränken. Das Erfordernis einer besonderen Erlaubnis erfüllt den

Zweck, eine behördliche **Kontrolle** über die Einhaltung der Ordnungsvoraussetzungen zu ermöglichen (so ist gem. § 2 GastG eine Erlaubnis für die Führung einer Gaststätte erforderlich, damit kontrolliert werden kann, ob die persönlichen
und sachlichen Voraussetzungen für die Ordnungsgemäßheit des Betriebs erfüllt
werden). Bei der Regelungsfigur der **Kontrollerlaubnis** wird also ein vorläufiges
Verbot angeordnet, das von vornherein unter dem Vorbehalt der Erlaubniserteil-
lung steht (**präventives Verbot mit Erlaubnisvorbehalt**). Wenn die Ordnungsvoraussetzungen erfüllt sind, besteht ein Anspruch auf Erteilung der Erlaubnis.
Davon zu unterscheiden ist die Regelungsfigur des **repressiven Verbots mit Erlaubnisvorbehalt**. In diesem Fall verbietet der Gesetzgeber eine bestimmte Betätigung
generell. Zugleich stellt er aber ins Ermessen der Verwaltung, unter bestimmten
Bedingungen das grundsätzlich unzulässige Verhalten ausnahmsweise zuzulassen
(**Ausnahmeerlaubnis**). Auf diese Weise sollen unbedenkliche Vorhaben im Einzelfall ermöglicht werden können. Ein Anspruch auf die Erlaubnis besteht jedoch
nicht, sondern nur darauf, dass das Ermessen über die Ausnahmefrage pflichtgemäß wahrgenommen wird (z.B. hinsichtlich der Befreiung [Dispens] von Bau-
verboten gem. § 31 BauGB).

181 Eine Parallele zur Ermessens- stellt die **Planungsverwaltung** dar, die unterschiedliche öffentliche und private Interessen abzuwägen und optimale Planungsentscheidungen zu finden
hat (z.B. bei der Bauleitplanung gem. §§ 5–10 BauGB, wonach die Raumordnungs- und
kommunalen Entwicklungs- mit den Eigentümer- und sonstigen privatwirtschaftlichen Interessen abzuwägen sind). Der Plan als Handlungsinstrument (*RN 182*) kann je nach der
Rechtsgrundlage normativ oder als Einzelfallregelung ergehen. Dazu ist eine gestalterische
Abwägung erforderlich, die sich an den Grundsätzen der Ermessensausübung zu orientieren
und vor allem die Vollständigkeit bei der Berücksichtigung der relevanten Umstände sowie
die angemessene Gewichtung der jeweiligen Interessenrelevanz und der Abwägungsge-
sichtspunkte zu beachten hat. Wie bei den Ermessens-, darf auch die Rechtmäßigkeit der
Planungsentscheidungen nur dem Rahmen nach überprüft werden.

Literatur:
Lernempfehlung zum Verwaltungsrecht: *Bull, H.P.*, Allgemeines Verwaltungsrecht, 2000[6];
Detterbeck, S., Allgemeines Verwaltungsrecht, 2005[3]; *Huber, P.-M.*, Allgemeines Verwal-
tungsrecht, 2005.
Ergänzend: *Battis, U.* Allgemeines Verwaltungsrecht, 2002[3]; *Finke/Sondermann/Vahle*, All-
gemeines Verwaltungsrecht, 2005; *Hendler*, Allgemeines Verwaltungsrecht, 2001[3];
Peine, F.-J., Allgemeines Verwaltungsrecht, 2004[7]; *Wallerath, M.*, Allgemeines Verwal-
tungsrecht, 2000[5]; *Schmidt, R.*, Allgemeines Verwaltungsrecht, 2005[9]; *Richter/Schuppert/
Bumke*, Casebook Verwaltungsrecht, 2000[3].
Vertiefend: *Maurer, H.*, Allgemeines Verwaltungsrecht, 2004[15]; *Ehlers*, Verwaltung und
Verwaltungsrecht im demokratischen und sozialen Rechtsstaat, in: *Erichsen/Ehlers* (Hrsg.),
Allgemeines Verwaltungsrecht, 2002[12]; *Ossenbühl*, Rechtsquellen und Rechtsbindungen
der Verwaltung, ebd., §§ 5–10; *Burgi*, Verwaltungsorganisationsrecht, ebd., §§ 51–54;
Wolff/Bachof/Stober, Verwaltungsrecht, Bd. 1, 2004[11].

182 e) **Handlungsinstrumente, Verwaltungsakt, Verwaltungsvertrag.** Im Verwaltungsrecht ist dem Staat ein einseitiges Regelungsrecht zugeordnet. Das übliche Handlungsinstrument ist daher nicht, wie im Privatrecht, der Vertrag als zweiseitiges
Rechtsgeschäft, sondern die einseitige behördliche Regelung, der **Verwaltungsakt**.
Diese Rechtsfigur hat sich herausgebildet, um das staatliche Handeln in verbindli-

che Bahnen zu lenken und überprüfbar zu machen. Die **Verwaltungsverfahrensgesetze** des Bundes und der Länder definieren jeweils in ihrem § 35 den Verwaltungsakt gleichlautend und regeln seine Voraussetzungen und Wirkungen
übereinstimmend.
Hauptmerkmal des Verwaltungsakts ist, dass er eine **Einzelfallregelung** darstellt
(*RN 44*), was durch die Bezeichnung als „Verfügung, Entscheidung oder andere
Maßnahme" ausgedrückt wird. Beispiele dafür sind etwa das Verhaltensverbot,
der Gebührenbescheid, die Erlaubniserteilung oder die Antragsablehnung. Die
Maßnahme muss durch eine **Verwaltungsbehörde** vorgenommen werden, wozu
§ 1 Abs. 4 VwVfG klarstellt, dass als Behörde „jede Stelle" gilt, „die Aufgaben
der öffentlichen Verwaltung wahrnimmt." Das Vorgehen muss **hoheitlich**, d.h.
einseitig festsetzend, und **öffentlich-rechtlich** sein (*RN 76*). Außerdem muss es **Regelungswirkung** für einen **Einzelfall** aufweisen. Es muss also für einen konkreten
Tatbestand eine bestimmte Rechtsfolge treffen.

An der Eigenschaft der Regelung fehlt es z.B., wenn lediglich eine **Auskunft** über die Sach-
und Rechtslage erteilt wird, § 25 VwVfG. Auch die behördliche **Zusage**, einen Fall zu prüfen, stellt keine Regelung, sondern nur eine darauf bezogene Ankündigung dar. Demgegenüber entfaltet die **Zusicherung**, eine Entscheidung über einen Verwaltungsakt in bestimmtem Sinne zu treffen (§ 38 Abs. 1 Satz 1 VwVfG), eine Bindungs- und damit auch
Regelungswirkung, der jedoch nur eingeschränkte Geltung zugestanden wird (§ 38 Abs. 3
VwVfG).

Die Regelung muss schließlich auf **unmittelbare Außenwirkung**, d.h. über den behördlichen Innenraum hinaus auf Wirkung gegenüber einem selbständigen
Rechtsträger gerichtet sein.

Vom **Zustandekommen** des Verwaltungsakts innerhalb des Behördenbereichs, für **183**
das bestimmte Verfahrens- und inhaltliche Rechtmäßigkeitsvoraussetzungen gelten (§§ 28, 37, 39 VwVfG), ist die **Bekanntgabe** an den Adressaten zu unterscheiden (§ 41 VwVfG), die zur **Rechtswirksamkeit** führt (§ 43 Abs. 1 VwVfG). Mit
dem Wirksamwerden beginnt gem. § 70 VwGO zugleich die **Anfechtungsfrist** von
einem Monat zu laufen, innerhalb derer Widerspruch erhoben werden kann
(*RN 210*). Nach Fristablauf wird der nicht angegriffene Verwaltungsakt unanfechtbar, d.h. gem. § 43 Abs. 2 VwVfG **bestandskräftig**.

Der Einseitigkeit der Regelungsbefugnis steht also die sofortige Anfechtbarkeit gegenüber,
die zur Überprüfbarkeit des Verwaltungsakts dient. Jedoch ist die Anfechtungsfrist eng begrenzt, was in Verbindung mit der Behördenautorität und den Schwierigkeiten der Beurteilung bewirkt, dass der Adressat in die Defensive gedrängt wird.

Bis zum Eintritt der Bestandskraft erlangt der Verwaltungsakt nur vorläufige, von **184**
diesem Zeitpunkt an endgültige **Rechtswirksamkeit**. Wird die Anfechtung versäumt, bleibt der Verwaltungsakt rechtswirksam, auch wenn er rechtswidrig ist.
Die Rechtswirksamkeit ist demnach fehlerunabhängig und von der **Rechtswidrigkeit** zu unterscheiden. Allerdings findet die Fehlerunabhängigkeit dort eine Grenze, wo die Mängel so schwer sind, dass man nicht mehr von einem brauchbaren
Regelungsergebnis sprechen kann. In diesem Falle führt die Fehlerhaftigkeit zur
Nichtigkeit. Diejenigen Mängel, die je für sich zur Nichtigkeit führen, legt § 44
Abs. 2 VwVfG dar, ohne weitere Fälle der evidenten Nichtigkeit auszuschließen

(§ 44 Abs. 1 VwVfG). Um die Rechtmäßigkeit des Verwaltungsakts beurteilen zu können, muss man auf die Fehler- einschließlich der Nichtigkeitslehre zurückgreifen.

185 Wenn die **Rechtmäßigkeit** eines **Verwaltungsakts** überprüft werden soll, ist zunächst die Frage der **Nichtigkeit** zu klären. Liegt kein Nichtigkeitsgrund vor, untersucht man in einem ersten Schritt die Voraussetzungen der **formellen Rechtmäßigkeit**. Sie bestehen in der Zuständigkeit der Behörde, der Zulässigkeit des Handlungsinstruments in Form des Verwaltungsakts sowie in der Einhaltung der Verfahrens- und Formvorschriften. Rechtserhebliche Fehler führen zur formellen Rechtswidrigkeit. In einem weiteren Schritt ist die **materielle Rechtmäßigkeit** zu prüfen. Sie bedeutet, dass eine ausreichende Rechtsgrundlage für die getroffene Regelung vorhanden ist und gewahrt wird. Außerdem darf die Regelung (einschließlich der Rechtsgrundlage) nicht gegen höherrangiges Recht verstoßen. Sind Mängel festzustellen, ist der Verwaltungsakt auch materiell rechtswidrig. Nur wenn beide Prüfungsschritte positiv ausfallen, kann die Rechtmäßigkeit des Verwaltungsakts bestätigt werden.

186 Die Vielgestaltigkeit der Lebenssachverhalte erzwingt bestimmte Regelungsvarianten, die **besondere Arten** der **Verwaltungsakte** darstellen. Unter Umständen kann es erforderlich sein, ein und dieselbe Sachregelung einem größeren Personenkreis gegenüber in der Form zu treffen, dass sie für alle Adressaten, aber jeweils individuell, also konkret-generalisierend, wirksam wird. Diese Art des Verwaltungsakts wird als **Allgemeinverfügung** bezeichnet. Sie liegt etwa vor, wenn eine Benutzungsregelung für einen individuell nicht feststehenden, aber generell bestimmbaren Besucherkreis einer öffentlichen Einrichtung getroffen wird (*RN 205*).

187 Weitere Sonderformen sind **Verwaltungsakte** mit **Nebenbestimmungen**, wie **Befristung** (jeweils für Wirksamkeitsbeginn und -ende), **Bedingung** (Abhängigkeit von einem Ereignis, dessen Eintritt ungewiss ist), **Widerrufsvorbehalt** (Bedingung des behördlichen Widerrufs) und **Auflage** (Auferlegung einer Pflicht). Für den Erlass der kombinierten Regelungen gelten besondere Vorschriften (§ 36 VwVfG). Eine Sonderform stellt auch der **vorläufige** Verwaltungsakt dar, der durch einen endgültigen abgelöst, d.h. aufgehoben und ersetzt wird[79], sowie der Verwaltungsakt, der nur unter besonderer **Mitwirkung** anderer Behörden oder mit **Zustimmung** des Betroffenen fehlerfrei ist.

Die komplizierten Sonderformen erweitern zwar die Anwendbarkeit, führen andererseits aber zu erheblichen Schwierigkeiten bei den Rechtmäßigkeits-, Wirksamkeits- und Rechtsschutzfragen. Sie lassen erkennen, dass die Festlegungsfunktion des Regelungsinstruments aufgelockert werden musste, um der Vielgestaltigkeit der Regelungsanforderungen gerecht zu werden. Unter diesem Gesichtspunkt erscheinen sie wie eine Parallele zur Variabilität vertraglicher Vereinbarungen und veranlassen zu der Überlegung, ob die Regelungsfigur des **Vertrags** stärkeren Eingang in das Verwaltungsrecht finden könnte. Im Obrigkeitsstaat, in welchem der Bürger als untergeordnet galt, musste die Regelungsfigur des Verwaltungsakts, mit der das Verwaltungshandeln in rechtliche Formen gegossen wurde, als „Krönung des Rechtsstaats" bejubelt werden.[80] Dagegen musste im freiheitlich-demokratischen Staat, in

---

[79]   Zu einer Variante davon *Losch*, Der vorsorgliche Verwaltungsakt, NVwZ 1994, 235–239.
[80]   So der dogmatische Hauptbegründer des Verwaltungsrechts *Otto Mayer* (Deutsches Verwaltungsrecht, Bd. I, 1895); vgl. *Maurer, H.*, Allgemeines Verwaltungsrecht, 2004[15], § 9 IV 3.

welchem die Rechtsstellung des Bürgers in den Vordergrund rückte, nicht nur der Verwaltungsakt flexibilisiert, sondern auch die Regelung durch den öffentlich-rechtlichen Vertrag aufgewertet werden.

Als weiteres Handlungsinstrument der Verwaltung regeln die Verwaltungsverfah- **188** rensgesetze gem. §§ 56–60 den **öffentlich-rechtlichen Vertrag**, der, soweit nichts anderes vorgeschrieben ist[81], anstelle des Verwaltungsakts, d.h. unter den einschlägigen Rechtmäßigkeitsvoraussetzungen, zwischen der Verwaltung und den Betroffenen geschlossen werden kann. Soweit keine öffentlich-rechtlichen Sonderregelungen bestehen, sind die privatrechtlichen Vertragsregeln entsprechend anwendbar. Zwar wurde die vertragliche Handlungsform als prinzipiell gleichberechtigt anerkannt, in der Praxis herrscht aber der herkömmliche Verwaltungsakt vor.

Ein Handlungsinstrument, das nicht rechtsförmig ist, aber rechtlich bewältigt werden muss, **189** stellt der **Realakt** dar. Wie die Bezeichnung sagt, ist ein tatsächlich veränderndes im Unterschied zum rechtlich bewirkenden Verhalten gemeint (von einem Verwaltungsbetrieb verursachte Immissionen; Sach- und Personenschädigungen durch Amtshandlungen; unmittelbare Ausführung im Eilfall, *RN 196*). Die rechtliche Beurteilung bezieht sich darauf, ob die Grundlagen des Vorgehens und die Auswirkungen rechtmäßig sind. Insbesondere hängt davon die Beantwortung von Schadensersatzfragen ab. Zunehmend bewusst wird die Bedeutung sonstiger **informeller Verwaltungshandlungen**, wie vorbereitende Besprechungen, beratende Erörterungen, Kontaktpflege, Öffentlichkeitsarbeit. Sie entwickeln sich zusammen mit der Verstärkung der Kooperation zwischen Verwaltung und privaten Trägern zu einer wichtigen Ergänzung der öffentlichen Aufgabenerfüllung. Die Informalität darf nicht zur Umgehung der rechtlichen Korrektheit bei der Wahrnehmung der Verwaltungsangelegenheiten führen.

Zu den Handlungsinstrumenten gehören auch die Anordnungen im **Innenbereich** der Ver- **190** waltung, die als **Verwaltungsvorschriften** bezeichnet werden (*RN 58*). Dem Verwaltungsakt entspricht die Einzelanordnung, die als Weisung bezeichnet wird, der Allgemeinverfügung die generelle Anordnung, die Erlass genannt wird. Davon zu unterscheiden sind Geschäfts- und andere Organisationsordnungen, die staatsinterne Rechtsquellen mit Satzungscharakter darstellen (*RN 87*). Außenwirksamkeit können Verwaltungsvorschriften dadurch erlangen, dass sich die Verwaltung, da sie an das Grundrecht und den damit verbundenen objektiven Rechtsgrundsatz der Gleichbehandlung gebunden ist (*RN 124*), mit einer einmal nach außen vorgenommenen Vorgehensweise für vergleichbare Fälle festlegt (Grundsatz der **Selbstbindung** der Verwaltung). Auch ohne schon praktizierte Anwendung kann es zur Außenwirkung ausnahmsweise dadurch kommen, dass gesetzliche Regelungen – im rechtsstaatlich vertretbaren Rahmen – die Konkretisierung durch Verwaltungsvorschriften vorsehen.

f) **Handlungsformen.** Das Verwaltungshandeln zur Erfüllung von öffentlichen **191** Aufgaben richtet sich in der Regel nach **öffentlich-rechtlichen Vorschriften**, die nicht für den privaten Rechtsverkehr, sondern für den staatlichen Zuständigkeitsbereich gelten (*RN 76*). Wenn jedoch die Aufgabenerfüllung auch durch die Teilnahme am allgemeinen Rechtsverkehr erreicht werden kann, wie z.B. hinsichtlich

---

[81]   Vor allem im Abgabenrecht (*RN 166*); näher *Maurer, H.*, Allgemeines Verwaltungsrecht, 2004[15], § 14 I 3.

von Baumaßnahmen, oder wenn dafür prinzipiell nur der allgemeine Rechtsverkehr zur Verfügung steht, wie beim Kauf von Büroeinrichtungen, spricht nichts gegen ein **Handeln in Privatrechtsform** oder erscheint dieses sogar erforderlich.

Dient es nur der mittelbaren (oder hilfsweisen) Erfüllung von Verwaltungsaufgaben, spricht man von **fiskalischen Hilfsgeschäften** (in Anlehnung an die früher übliche Bezeichnung des Staates als Fiskus, soweit er als bloßer Verwalter seines Vermögens tätig wurde). Werden dagegen **unmittelbar öffentliche Zwecke** verfolgt, agiert der Staat jedenfalls nicht wie ein beliebiger, gleichberechtigter Geschäftspartner; daher soll er sich in diesem Fall auch grundsätzlich nicht von seinen **öffentlich-rechtlichen Rückbindungen**, vor allem den Aufgaben- und Zuständigkeitsregelungen und den Grundrechten, freistellen können. Im Vorfeld ist die Frage zu klären, ob der Staat überhaupt tätig werden darf, was im erwerbswirtschaftlichen Bereich (öffentliche Unternehmen, Energieversorgung) eine Rolle spielt, denn ausschließlich wirtschaftliche ohne Verbindung mit besonderen öffentlichen Zwecken dürfen mit Rücksicht auf die Privatwirtschaft nicht verfolgt werden. Im zulässigen Handlungsbereich wird durch die öffentlich-rechtliche Zweckverfolgung zum einen die grundsätzliche **Wahlfreiheit für die Rechtsform** des Verwaltungshandelns eingeschränkt, z.b. wenn die Befugnisnormen, wie im Steuerrecht, das öffentlich-rechtliche Regime vorschreiben. Zum anderen werden die privatrechtlichen Regeln durch einschlägige öffentlich-rechtliche Bindungen überlagert, wie etwa bei der Auftragsvergabe durch öffentlich-rechtliche Ausschreibungspflichten oder den Gleichheitssatz. Das öffentlich-rechtlich überlagerte Privatrecht wird davon als **Verwaltungsprivatrecht** bezeichnet. Im Einklang mit einer neueren Ansicht ist davon auszugehen, dass die bloßen Hilfsgeschäfte ebenfalls grundsätzlich nicht von den öffentlich-rechtlichen Bindungen des Verwaltungshandelns freigestellt sind und der Staat sich durch die Wahl der privatrechtlichen Rechtsform nicht davon entlasten darf.

Literatur:
Vertiefend: *Maurer, H.*, Allgemeines Verwaltungsrecht, 2004[15], §§ 5, 9–12, 14–18, 24; *Erichsen*, Das Verwaltungshandeln, in: *Erichsen/Ehlers* (Hrsg.), Allgemeines Verwaltungsrecht, 2002[12], §§ 11–15, 22–32; *Wolff/Bachof/Stober*, Verwaltungsrecht, Bd. 2, 2000[6], §§ 44–57; *Schwerdtfeger, G.*, Öffentliches Recht in der Fallbearbeitung, 2004[12], §§ 4–16; *Stelkens/Bonk/Sachs*, Verwaltungsverfahrensgesetz. Kommentar, 2001[6], § 37.

192 g) **Verwaltungsverfahren und Verwaltungsentscheidung.** Es genügt nicht, wenn die Verwaltung ihre Entscheidungen in rechtmäßiger Ausfertigung erlässt. Vielmehr muss sie auch den Werdegang der Entscheidung demokratisch-rechtsstaatlich gestalten. Er muss durchschau- und kontrollierbar gemacht werden, außerdem müssen die Rechte der Beteiligten schon bei der **Vorbereitung der Entscheidung** ausreichend gewahrt werden. Dazu treffen die **Verwaltungsverfahrensgesetze** (*RN 182*) nähere Regelungen. Bei der Überprüfung der Verwaltungsentscheidung können auf dieser Grundlage Verfahrensfehler, die sich auf die Rechtmäßigkeit der Entscheidung auswirken können, näher kontrolliert werden (§§ 45, 46 VwVfG)[82]. Als Ausgangspunkt des Verfahrens muss geklärt werden, wem die Rechtsstellung als **Beteiligter** zukommt (§ 13 VwVfG). Ferner müssen die Beteiligungs- und Handlungsfähigkeit vorliegen. Diese entsprechen der Parteifähigkeit in der Sache auf der Grundlage der Rechtsfähigkeit und der Prozess-

---

[82]   Vgl. *Hufen, F.*, Fehler im Verwaltungsverfahren, 2002[4].

fähigkeit im gerichtlichen Rechtsstreit auf der Grundlage der Geschäftsfähigkeit (§§ 11, 12 VwVfG). Die Behörde „ermittelt den Sachverhalt von Amts wegen" (§ 24 VwVfG). Wichtige Rechte sind das **Auskunfts-, Akteneinsichts- und Anhörungsrecht,** mit denen die Beteiligten in das Verfahren einbezogen werden (§§ 25, 29, 28 VwVfG).

Den Abschluss des Verwaltungsverfahrens bildet die Verwaltungsentscheidung, **193** im Normalfall der Verwaltungsakt. Unabhängig vom Eintritt der Bestandskraft gegenüber dem Adressaten (*RN 183*), kann die Erlassbehörde weiterhin über ihre Entscheidung verfügen und den Verwaltungsakt daher **aufheben** oder korrigieren, also teilweise aufheben oder die Aufhebung mit einem teilweisen Neuerlass verbinden. Den **rechtmäßigen** Verwaltungsakt kann sie **widerrufen,** wenn sie den Vertrauensschaden ersetzt (§ 49 VwVfG); den **rechtswidrigen** kann sie **zurücknehmen** und ist zum Ersatz nur verpflichtet, wenn trotz Rechtswidrigkeit ein schutzwürdiges Vertrauen wegen Gutgläubigkeit und nicht ohne weiteres rückgängig machbarer Disposition über das Erlangte zu berücksichtigen ist (§ 48 VwVfG). Die Aufhebungsentscheidungen sind ihrerseits Verwaltungsakte. Einen Anspruch darauf hat der Adressat nicht; gegenüber dem rechtswidrigen Verwaltungsakt kann er jedoch die Ermessensausübung der Behörde, ob die Rücknahme vorzunehmen ist, beantragen, ohne dass sich damit ein Anspruch auf eine weitergehende inhaltliche Entscheidung verbindet.

Da die Bestandskraft des Verwaltungsakts eintritt, wenn die Gestaltung der Rechtslage, die **194** mit ihm vorgenommen wird, abgeschlossen ist, kann seine Rechtswirkung nur so weit reichen, wie es die Voraussetzungen für die Rechtslagegestaltung erkennen ließen. Werden damals nicht erkennbare, relevante Tatsachen offenbar oder treten wesentliche Änderungen der Rechtslage ein, verliert die Bestandskraft ihre Grundlage und muss durchbrochen werden können. In diesem Fall kann der Adressat eine nachträgliche Korrektur des Verwaltungsakts erreichen, indem er das **Wiederaufgreifen des Verfahrens** beantragt (§ 51 VwVfG).

Literatur:
Vertiefend: *Maurer, H.,* Allgemeines Verwaltungsrecht, 2004[15], §§ 19, 11; *Badura,* Das Verwaltungsverfahren, in: *Erichsen/Ehlers* (Hrsg.), Allgemeines Verwaltungsrecht, 2002[12], §§ 33–38; *Erichsen,* Das Verwaltungshandeln, in: *Erichsen/Ehlers* (Hrsg.), Allgemeines Verwaltungsrecht, 2002[12], §§ 16–20.

h) **Sofortige Vollziehung, Vollstreckung.** Bis zur Entscheidung über die Bestands- **195** kraft (*RN 183*) kann die Befolgung des Verwaltungsakts oder, von der Behörde aus gesehen, die **Vollziehung,** grundsätzlich nicht verlangt oder durchgesetzt werden. Wird der Verwaltungsakt angefochten, tritt gem. § 80 Abs. 1 VwGO die **aufschiebende Wirkung** ein, d.h. der Eintritt der Bestandskraft und damit die Vollziehbarkeit wird ausgesetzt, bis über die Rechtmäßigkeit des Verwaltungsakts entschieden ist. Dadurch wird der Adressat davor geschützt, dass evtl. ungerechtfertigt vollendete Tatsachen geschaffen werden. Dieser Grundsatz wird jedoch mit einer ganzen Reihe von Ausnahmen durchbrochen, so, wenn die nachträgliche Berichtigung problemlos möglich erscheint oder die Vollziehung eilbedürftig ist (Geldforderungen, Vollzugsmaßnahmen, § 80 Abs. 2 VwGO). Verwaltungsakte in diesem Bereich sind unabhängig vom Eintritt der Bestandskraft **sofort vollzieh-bar.** Zusätzlich zu den gesetzlich vorgesehenen Ausnahmen eröffnet § 80 Abs. 2 Nr. 4 VwGO den Behörden die Möglichkeit, die sofortige Vollziehung auch im Einzelfall anzuordnen.

196 Wenn der Adressat seiner Verpflichtung nicht nachkommt, kann der sofort voll-ziehbare oder der bestandskräftig gewordene Verwaltungsakt **vollstreckt** werden. Er bildet die Rechtsgrundlage der Vollstreckung, den sog. **Vollstreckungstitel.** Wenn die Bestandskraft und Vollziehbarkeit bis zum Erlass eines gerichtlichen Ur-teils aufgeschoben wird, richtet sich die Vollstreckbarkeit nach diesem und bildet dieses den Vollstreckungstitel. Wird eine Regelung durch Verwaltungsvertrag vor-genommen (*RN 188*), können sich die Vertragspartner für den Fall, dass sie ihrer Verpflichtung nicht nachkommen, der sofortigen Vollstreckung unterwerfen (§ 61 VwVfG). In diesem Fall bildet der Vertrag den Vollstreckungstitel. Die Vollstre-ckung wegen Geldforderungen wird mit einer besonderen **Anordnung,** die Voll-streckung zur Erzwingung von Handlungen, Duldungen oder Unterlassungen mit einer besonderen **Fristsetzung** und **Androhung** von **Zwangsmitteln** eingeleitet (§§ 3, 13 VwVG).

Das einfachste ist das **Zwangsgeld.** Einen Schritt weiter geht die **Ersatzvornahme,** die be-deutet, dass die verlangte Handlung durch die Verwaltung oder einen beauftragten Unter-nehmer auf Kosten des Verpflichteten durchgeführt wird. Bei höchstpersönlichen Handlun-gen, die nicht durch Dritte ausgeführt werden können, kommt die Auferlegung von **Zwangshaft** oder der Einsatz von **unmittelbarem Zwang** in Betracht.

Die Besonderheit der Vollstreckung liegt darin, dass der Vollstreckungstitel unan-greifbar ist, die Vollstreckung also mit Einwänden aus dem zugrunde liegenden Rechtsverhältnis nicht mehr abgewehrt und allenfalls wegen Fehler bei ihrer Vor-gehensweise aufgehalten werden kann. Im Eilfall, wenn die Einhaltung des Voll-streckungsverfahrens nicht möglich ist, kommt ausnahmsweise der **sofortige Voll-zug,** d.h. die unmittelbare Ausführung einer Maßnahme, in Betracht (§ 6 Abs. 2 VwVG).

Literatur:
Bull, H. P., Allgemeines Verwaltungsrecht, 2000[6], § 17; *Huber, P.-M.,* Allgemeines Verwal-tungsrecht, 2005; *Maurer, H.,* Allgemeines Verwaltungsrecht, 2004[15], § 20.

197 i) **Ersatzleistungen.** Im Rechtsverkehr zwischen Staat und Bürger bleibt es nicht aus, dass Nachteile entstehen oder Schädigungen verursacht werden, für die Aus-gleich oder Ersatz geleistet werden muss. Grundsätzlich ist zwischen **vertraglichen** und **gesetzlichen** Ansprüchen zu unterscheiden. Die **Vertragshaftung** tritt ein, wenn ein privat- oder öffentlich-rechtliches Vertragsverhältnis (verwaltungsrecht-liches Schuldverhältnis) besteht und richtet sich nach dessen Bedingungen auf der Grundlage des allgemeinen Vertragsrechts (Haftung für Erfüllungsgehilfen, *RN 285 ff., 315*). Da ein Vertragsverhältnis Voraussetzung ist, handelt es sich um Sonderansprüche, die den gesetzlichen Ansprüchen vorgehen.

198 Die **gesetzliche Haftung** tritt vor allem für Rechtsverletzungen ein. Sie stellt inso-fern einen Teil des Rechts der unerlaubten Handlungen (Deliktsrecht) dar und wird als **Staatshaftung** bezeichnet. Wenn **öffentlich-rechtliches** Handeln vorliegt, gilt dafür die Sonderbestimmung des **Art. 34 GG.**

Danach werden, wenn die Voraussetzungen der **Haftungsbegründung** erfüllt sind, d.h. ein dienstpflichtverletzendes, schutzrelevantes, schuldhaftes und schadensverursachendes Verhalten von staatlichen Bediensteten in Ausübung des Dienstes vorliegt, die **Haftungsfolgen,** also die Ersatzpflichten, wie sie § 839 BGB dem Beamten auferlegt, grundsätzlich vom Staat übernommen. Die schutzrelevanten **Dienstpflichten** ergeben sich aus den gesetzlichen Regelungen und den Grundsätzen der korrekten Aufgabenerfüllung *(RN 175)*. In der überwiegenden Zahl der neuen Bundesländer gilt das **Staatshaftungsgesetz** der ehemaligen DDR fort, das eine Haftung für rechtswidriges Handeln öffentlicher Bediensteter vorsieht, auch wenn kein Verschulden vorliegt. Haftungsrelevante Dienstpflichten können auch durch das **europäische Gemeinschaftsrecht** begründet werden. Handeln Gemeinschaftsorgane schadensverursachend, haftet gem. Art. 288 Abs. 2 EG die EG. Das gilt auch für den Fall, dass versäumt wurde, eine schadensvermeidende Rechtsvorschrift zu erlassen. Dagegen vertritt die Rspr. in Deutschland den Standpunkt, dass eine Staatshaftung für **gesetzgeberisches Unterlassen** in der Regel nicht begründet werden kann, weil die Autonomie der Gesetzgebung nicht eingeengt werden dürfe. Doch wird sich mit der Zeit die strengere Rspr. des Gemeinschaftsrechts durchsetzen, wonach haftungsbegründende gesetzgeberische Dienstpflichten eher anerkannt werden können *(RN 140)*.

Im **privatrechtlichen** Handlungsbereich haftet für deliktisches Verhalten der **Beamte** (im Sinne des gesetzlichen Beamtenstatus) **persönlich** nach § 839 BGB, die übrigen öffentlich Bediensteten nach dem allgemeinen Deliktsrecht des § 823 **BGB;** die **Staatshaftung** kommt je nach der Funktion des Bediensteten als Haftung für Organe oder für Verrichtungsgehilfen in Betracht *(RN 315)*.   **199**

Neben der Haftung für verschuldetes Fehlverhalten tritt eine Haftung für schuldlos verursachte Schäden nur ein, wenn sie gesetzlich besonders vorgeschrieben ist (**Gefährdungshaftung**, vgl. § 7 StVG, wonach bei einer Unfallbeteiligung grundsätzlich allein wegen der Gefährlichkeit, ein Kraftfahrzeug im Straßenverkehr zu führen, gehaftet werden muss).   **200**

Der Staat ist ferner ausgleichspflichtig, wenn er private Rechtsgüter im überwiegenden öffentlichen Interesse beansprucht. In diesem Fall zwingt er den einzelnen, sich für die Allgemeinheit **aufzuopfern.** Die Legitimation dazu kann in der Wechselbezüglichkeit zwischen dem Einzelnen und der Gesamtheit gesehen werden, wie sie auch – unter ganz verschiedenen Vorzeichen – in der Straf-, Wehr- und Polizeipflichtigkeit zum Ausdruck kommt. Darum handelt es sich nicht um eigentlichen Schadensersatz, sondern um eine Art Vergütung für unvermeidliche Inanspruchnahmen.   **201**

Im eigentumsrechtlichen Bereich hat das Prinzip eine spezielle Ausgestaltung durch das Recht der **Enteignung** gefunden *(RN 122)*. Wenn nicht das Eigentum, sondern **höchstpersönliche Rechtsgüter**, wie Leben und Gesundheit oder Freiheit, beansprucht werden, besteht die Aufopferung, nicht oder nicht allein in einer Sacheinbuße, sondern in einem immateriellen, an sich gar nicht bezifferbaren Schaden, für den aber nach spezialgesetzlichen Vorschriften ebenfalls wenigstens ein Ausgleich vorgesehen ist. Beispiele dafür sind etwa das Opfer- und das Strafverfolgungsentschädigungsgesetz, wonach für Beeinträchtigungen, die durch Straftaten erlitten werden oder für eine rechtswidrig auferlegte Strafhaft Entschädigung geleistet werden muss *(RN 268)*. Für die Rückgängigmachung nicht gerechtfertigter

Vermögensleistungen an den Staat im öffentlich-rechtlichen Bereich besteht ein **Erstattungs-anspruch**, und gegenüber nachteiligen Auswirkungen des öffentlich-rechtlichen Verwaltungshandelns kann ein **Folgenbeseitigungsanspruch** geltend gemacht werden.

Literatur:
Bull, H. P., Allgemeines Verwaltungsrecht, 2000[6], §§ 20–22; *Maurer, H.*, Allgemeines Verwaltungsrecht, 2004[15], §§ 25–30; *Rüfner*, Das Recht der öffentlich-rechtlichen Schadensersatz- und Entschädigungsleistungen, in: *Erichsen/Ehlers* (Hrsg.), Allgemeines Verwaltungsrecht, 2002[12], §§ 46–50; *Schwerdtfeger, G.*, Öffentliches Recht in der Fallbearbeitung, 2004[12], §§ 16–21; *Detterbeck/Windthorst/Sproll*, Staatshaftungsrecht, 2000; *Ossenbühl, F.*, Staatshaftungsrecht, 1998[5].

202 j) **Öffentliche Sachen und Einrichtungen.** Ein Bürogebäude der staatlichen Verwaltung dient der Öffentlichkeit mittelbar, indem es zum **Verwaltungsgebrauch** bestimmt ist. Es ist daher lediglich ein Sachmittel der Verwaltung, aber keine öffentliche Sache. Dagegen dient ein öffentlicher Spielplatz, der im staatlichen Interesse betrieben wird, der Öffentlichkeit unmittelbar, da er zum **öffentlichen Gebrauch** bestimmt ist. Darin liegt die Eigenschaft als öffentliche Sache. Unerheblich ist, ob die öffentliche Sache im öffentlichen oder Privateigentum steht und durch die Verwaltung oder einen Privatunternehmer betrieben wird. Rechtserheblich ist allein die **öffentliche Zweckbestimmung** zum öffentlichen Gebrauch, die als **Widmung** bezeichnet wird. Durch die Widmung wird die Eigenschaft als **öffentliche Sache** und zugleich das **öffentliche Benutzungsrecht** festgelegt. Die Widmung überlagert das Eigentumsrecht. Bei Sachen im Privateigentum muss sie durch eine Duldungspflicht des Eigentümers legitimiert werden (vgl. *RN 254*, Gewässer).

203 Wegen ihrer konstitutiven Wirkung stellt die Widmung einen **Rechtsakt** dar. Sie kann auf normativem Wege oder durch Einzelfallregelung, die auch in schlüssigem Verhalten liegen kann, oder auch gewohnheitsrechtlich zustande kommen und bestimmt die Art und den Umfang der öffentlichen Benutzung. Diese bildet den **Gemeingebrauch** im Rahmen der Widmung. Das Recht zum Gemeingebrauch an der Landschaft, an Verkehrswegen, Wasser und Luft lässt sich, soweit es nicht durch nähere Regelungen begründet wird, auf gewohnheitsrechtliche Widmung stützen. In einschlägigen Vorschriften, etwa im Straßen- und im Wasserrecht, die den Gemeingebrauch zum Zweck der gemeinverträglichen Benutzbarkeit ordnen, werden die Widmung und das grundsätzliche Recht zur Benutzung jedoch größtenteils ausdrücklich geregelt. Davon zu unterscheiden ist, wie die Ausübung der Benutzung geregelt wird.
Soll die Benutzbarkeit öffentlicher Sachen geändert oder aufgehoben werden, ist die Änderung oder Aufhebung der Zweckbestimmung erforderlich. Die Widmungsänderung wird im Straßenrecht als **Umstufung**, die Aufhebung der Widmung als **Entwidmung** bezeichnet. Die Rechtsform des Vorgehens bestimmt sich grundsätzlich nach der Form, in der die Widmung ursprünglich vorgenommen wurde. Befindet sich die Sache in Privateigentum, entfällt mit der Entwidmung die öffentlich-rechtliche Bindung. Über die darauf gerichtete Duldungspflicht des Eigentümers muss in einem besonderen Vorgang verfügt werden.

204 Sachgesamtheiten, die dazu organisiert sind, bestimmten öffentlichen Benutzungszwecken zu dienen, werden als **öffentliche Einrichtungen** bezeichnet (wie Museen, Bibliotheken, Wochenmärkte). Das Benutzungsrecht an öffentlichen Sachen (Gemeingebrauch) und Einrichtungen (öffentliche Benutzung) erscheint konkret als

Anspruch auf gleichberechtigte **Zulassung zur Nutzung** im Rahmen des widmungsgemäßen Gebrauchs (im Straßenverkehrsrecht die sachbezogene Zulassung von Straßenverkehrsfahrzeugen und die personenbezogene Zulassung zum Erwerb der Fahrerlaubnis). Das Benutzungsrecht an kommunalen öffentlichen Einrichtungen wird der Bürger- und Einwohnerschaft generell garantiert (§ 8 Abs. 2 GO NRW).

Um den öffentlichen Gebrauch praktisch durchführbar zu machen und die von ihm ausgeh- **205** enden Gefahren abzuwehren, sind, wie am Beispiel des Straßenverkehrs zu sehen ist, meistens nähere Benutzungsregelungen erforderlich (Straßenverkehrsordnung). Hinsichtlich öffentlicher Einrichtungen spricht man in diesem Zusammenhang von **Benutzungsordnung**. Je nach Ausmaß und Auswirkung bedürfen die Benutzungsregelungen normativer Form. Im Einzelfall genügen auch Allgemeinverfügungen (*RN 186*) oder, wenn eine öffentliche Einrichtung privatrechtlich organisiert ist, allgemeine Vertragsbedingungen (*RN 368, 423*).

Widmungs- oder Benutzungsregelungen können neben dem widmungsgemäßen **206** Gemeingebrauch oder der allgemeinen Benutzung auch bestimmte Formen der **Sondernutzung** vorsehen, die als gesteigerte Arten des Gemeingebrauchs und der Benutzung oder als ausnahmsweise Zusatznutzungen erscheinen. Den ersten Fall bildet z.B. der Anliegergebrauch im Straßenrecht, der sich zugunsten von Werbe- und Angebotsauslagen in Geschäftsstraßen auswirkt. Als Beispiel für den zweiten Fall können Musikfestivals auf öffentlichen Plätzen angeführt werden. Im Unterschied zur Nutzung im Rahmen des Gemeingebrauchs ist für die Sondernutzung, soweit sie nicht gewohnheitsrechtlich oder gesetzlich in bestimmtem Umfang eingeräumt wird, eine **Sondererlaubnis** erforderlich.

Sollte die Verteilung von politischen oder religiösen **Flugblättern** oder die Darbietung **künstlerischer Darstellungen auf Gehwegen** eine Sondernutzung darstellen, müsste dazu eine straßenrechtliche Erlaubnis eingeholt werden; andernfalls wäre die Verteilung oder Darbietung unzulässig und könnte die Polizei einschreiten. Die Beurteilung hängt davon ab, wie weit die Zweckbestimmung für den Gemeingebrauch reicht und aus welchem Anlass und in welchem Umfang die Aktionen stattfinden. Da der Gemeingebrauch an den Gehwegen neben der Mobilität auch der allgemeinen Kommunikation dient, umfasst er auch ein Mindestmaß der entsprechenden Werbemöglichkeiten, gestützt durch einschlägige Grundrechtsschutzbereiche. In diesem Rahmen ist daher keine Erlaubnis erforderlich.

Literatur:
Bull, H. P., Allgemeines Verwaltungsrecht, 2006[6], § 16; *Papier,* Recht der öffentlichen Sachen, in: *Erichsen/Ehlers* (Hrsg.), Allgemeines Verwaltungsrecht, 2002[12], §§ 40–45; *Wolff/ Bachof/Stober,* Verwaltungsrecht, Bd. 2, 2000[6], §§ 75–79; *Schwerdtfeger, G.,* Öffentliches Recht in der Fallbearbeitung, 2004[12], §§ 22–24.

k) Rechtsschutz im Verwaltungsprozess, Widerspruchsverfahren. Im täglichen **207** Kontakt der Bevölkerung mit den Verwaltungsbehörden ist der gerichtliche Rechtsschutz unentbehrlich, um die **individuellen Rechte** gegenüber Eingriffen durch die öffentliche Gewalt verteidigen zu können (Rechtsschutzgarantie, *RN 127*). Insbesondere im Hinblick auf den Verwaltungsakt, der, wenn er nicht rechtzeitig angefochten wird, in Bestandskraft erwächst, ist eine spezielle gerichtliche Überprüfungsmöglichkeit erforderlich. Um angemessenen Rechtsschutz bereitzustellen, wurde die **Verwaltungsgerichtsbarkeit** als eigenständiger Rechtsweg entwickelt (Art. 95 Abs. 1 GG; § 40 VwGO). Sie wird in die allgemeine Verwaltungs-, die Finanz- (für Steuersachen) und die Sozialgerichtsbarkeit unterteilt. Auf die Zuständigkeit der speziellen Gerichtsbarkeiten innerhalb der Verwaltungsgerichtsbarkeit wird in den einschlägigen Vorschriften jeweils verwiesen; darauf bezieht sich auch – neben der bundesgesetzlichen Zuweisung öffentlich-rechtlicher Streitigkeiten an die ordentliche Gerichtsbarkeit – § 40 Abs. 1 VwGO mit seinem Verweisungsvorbehalt.

Damit der verwaltungsgerichtliche Rechtsschutz in Anspruch genommen werden kann, muss das Rechtsschutzbegehren zulässig sein. Daher ist zunächst die **Zulässigkeit** der Klage zu prüfen. Am Beginn der Zulässigkeitsprüfung steht die Frage, ob überhaupt der **Verwaltungsrechtsweg** eröffnet ist. Die Antwort richtet sich nach § 40 VwGO. Danach ist Voraussetzung, dass eine öffentlich-rechtliche Streitigkeit nicht verfassungsrechtlicher Art vorliegt. Ob der öffentlich-rechtliche Charakter bejaht werden kann, richtet sich nach den Kriterien zur Abgrenzung von Privat- und öffentlichem Recht (*RN 76*). Von der Rechtsstellung der Beteiligten und der Art der Rechtsfragen hängt ab, ob der Sonderfall der **Verfassungsstreitigkeit** gegeben ist (*RN 148*).

208 An zweiter Stelle ist die **Statthaftigkeit der Klage** zu prüfen. Die VwGO sieht verschiedene **Klagearten** vor, die auf die Art der Rechtsschutzbegehren abgestimmt sind und für die jeweils besondere Voraussetzungen erfüllt werden müssen. Da der **Verwaltungsakt** das wichtigste Handlungsinstrument der Verwaltung bildet, stehen die Klagearten im Vordergrund, die sich auf den Verwaltungsakt beziehen. Mit der **Anfechtungsklage** kann erreicht werden, dass ein Verwaltungsakt, z.B. ein Gebührenbescheid, ganz oder teilweise aufgehoben wird. Soll dagegen ein abgelehnter oder trotz Antrag nicht erlassener Verwaltungsakt, z.B. eine Genehmigung, erstritten werden, steht die **Verpflichtungsklage** zur Verfügung (§ 42 Abs. 1 VwGO). Soll zur Klarstellung der Rechtslage die Nichtigkeit eines Verwaltungsakts festgestellt werden, muss nach § 43 Abs. 1 VwGO **Nichtigkeitsfeststellungsklage** erhoben werden (zur Fortsetzungsfeststellungsklage *RN 238*).
Da die gerichtliche Aufhebung oder der Erlass eines Verwaltungsakts im Wege der Anfechtungs- oder Verpflichtungsklage unmittelbar die materielle Rechtslage gestaltet, spricht man in diesen Fällen von **Gestaltungsklage**, in den übrigen Fällen handelt es sich um Formen der **allgemeinen Leistungs- und Feststellungsklage**. Diese ergänzen die verwaltungsaktsbezogenen Klagearten, wenn **nichtförmliche Verwaltungshandlungen**, wie Zahlungen oder die Beseitigung von rechtswidrigen Handlungsfolgen oder wenn die Unterlassung von Verwaltungshandlungen oder die Feststellung der Rechtslage in einem Verwaltungsrechtsverhältnis (ohne angreif- oder erstreitbaren Verwaltungsakt) erreicht werden soll. Kommt bei der Frage nach der Statthaftigkeit der Klage eine **verwaltungsaktsbezogene Klageart** in Betracht, muss geprüft werden, ob die Voraussetzungen des **Verwaltungsakts** gem. § 35 VwVfG (im Verwaltungsrecht der Länder gem. dem jeweiligen LVwVfG) vorliegen (*RN 182*).

209 Außerdem muss geprüft werden, ob die besonderen Zulässigkeitsvoraussetzungen, die für die jeweiligen Klagearten vorgesehen sind, erfüllt werden. Für die Anfechtungs- und Verpflichtungsklage gehört dazu, dass die **Klagebefugnis** gem. § 42 Abs. 2 VwGO gegeben ist. Sie verlangt, dass der Kläger die Möglichkeit darlegen kann, dass er durch den Verwaltungsakt oder durch den Nichterlass in eigenen **Rechten beschwert** ist. Der Adressat eines belastenden Verwaltungsakts kann stets eine Beschwer seiner Rechtsstellung, letztlich seines allgemeinen Freiheitsrechts gem. Art. 2 Abs. 1 GG, geltend machen. Gegenüber der Vorenthaltung eines Verwaltungsakts liegt eine Beschwer vor, wenn ein Anspruch auf den Erlass besteht. Schwierigkeiten kann die Frage bereiten, unter welchen Voraussetzungen ein Dritter, der nicht zum Adressatenkreis gehört, in seinen Rechten verletzt sein könnte (Nachbarschutz, Konkurrentenschutz). Die Klagebefugnis verhindert mutwillige oder wegen fremder Rechte erhobene Klagen oder dass sich jemand zum Anwalt einer allgemeinen Rechtskor-

rektheit aufwirft (Popularklage). Davon zu unterscheiden ist das **allgemeine Rechtsschutz-bedürfnis**, das voraussetzt, dass der Rechtsschutzsuchende sein Rechtsschutzziel nicht auf einfacherem Wege erreichen kann (in Aussicht gestellte Möglichkeit einer besonderen behördlichen Überprüfung). In diesem Falle wäre die Erhebung einer Klage von vornherein unzulässig.

Für die Anfechtungs- und Verpflichtungsklage gilt die weitere Zulässigkeitsvoraussetzung, **210** dass ein **Widerspruchsverfahren** durchgeführt wurde, in welchem der Verwaltungsakt oder der Nichterlass durch die Verwaltungsbehörde überprüft werden konnte (§ 68 VwGO). Vor Erhebung der Klage muss also der Widerspruch als **vorgeschaltetes, eigenständiges Rechtsmittel** erhoben werden, das eine **verwaltungsinterne Überprüfung** ermöglicht und zunächst die Einschaltung der Gerichtsbarkeit erspart. Für die Zulässigkeit des Widerspruchs müssen die gleichen Voraussetzungen wie für die Anfechtungs- und Verpflichtungsklage erfüllt werden. Der Vorteil des Widerspruchsverfahrens liegt außerdem darin, dass die Verwaltung im Ermessensbereich (*RN 179*) neben der Rechtmäßigkeits- auch bloße Zweckmäßigkeitsfragen, d.h. das Vorgehen in der Sache, im Detail überprüfen kann. Für den Fall, dass die Verwaltung dem Begehren des Widerspruchsführers nicht nachkommt und einen ablehnenden oder teilweise ablehnenden **Widerspruchsbescheid** erlässt, ist das weitere Rechtsmittel der Klage zulässig. Sie richtet sich gegen den Widerspruchsbescheid und damit zugleich gegen den davon umfassten, also durch den Widerspruchsbescheid nicht aufgehobenen oder geänderten Verwaltungsakt.

Außer den genannten klagespezifischen müssen auch die allgemeinen Zulässigkeitsvoraus- **211** setzungen der gerichtlichen Klage erfüllt werden, wie die Zuständigkeit des Gerichts, die Beteiligten- (Partei-) Fähigkeit und Prozessfähigkeit, die Einhaltung vorgeschriebener Fristen und die Ordnungsgemäßheit der Klageschrift. Kann die Zulässigkeit bejaht werden, muss sich das Gericht inhaltlich mit der Sache befassen und ist die **Begründetheit der Klage** zu prüfen, d.h. die Frage, ob die geltend gemachte Rechtswidrigkeit des Verwaltungshandelns und die dadurch bewirkte Rechtsverletzung des Klägers tatsächlich zutreffen, also die Klage der Sache nach erfolgreich ist und ein entsprechendes Urteil ergehen kann oder ob die Klage abgewiesen werden muss (für die Anfechtungs- und Verpflichtungsklage § 113 VwGO). Im Rahmen der verwaltungsaktsbezogenen Klagen ist in diesem Zusammenhang die **Rechtmäßigkeit des Verwaltungsakts** zu prüfen (*RN 185*). Das Urteil besteht aus dem Tenor (Entscheidungsformel), dem Tatbestand (Sachverhalt) und den Urteilsgründen. Es hat auch die Kostentragung und die Frage der Vollstreckbarkeit zu regeln.

Die Rechtskontrolle, die durch den **subjektiven Rechtsschutz** veranlasst wird, be- **212** zieht sich nur auf das jeweilige **Rechtsschutzbegehren** und erlangt nur für die **Prozessbeteiligten** Rechtswirkung. Auch wenn etwa über die Belastung mit einem Gebührenbescheid geurteilt und die zugrunde liegende Gebührensatzung oder -verordnung im Rahmen des Prozesses auf ihre Rechtmäßigkeit überprüft wird, erwächst die Feststellung darüber nicht in allgemeine Rechtskraft. Der subjektive Rechtsschutz führt also nur zu einer Rechtskontrolle für die Beteiligten. Eine Rechtsbindung für vergleichbare Prozesse besteht nicht.

Nur wenn sich in anderen Prozessen die gleiche Rechtsauffassung bildet und wegen der laufend gleichlautenden und auch aufeinander Bezug nehmenden Urteile eine **ständige Rechtsprechung** entsteht, können die Gerichte in gleich gelagerten Fällen nicht ohne weiteres davon abweichen und wirkt sich die Rechtsprechung zum subjektiven Rechtsschutz auch als objektiv verbindliche Rechtskontrolle aus.

213 **l) Verwaltungsgerichtliche Normenkontrolle, Innenprozess.** Jedoch bedarf es der unmittelbaren objektiven Rechtskontrolle, wenn die normativen Rechtssätze, auf denen die Einzelfallregelungen beruhen, selbst Rechtsmängel aufweisen könnten, denn wegen der allgemeinen Verbindlichkeit der Rechtsnormen sollte mit ebenfalls genereller Rechtswirkung geprüft werden können, ob sie rechtmäßig sind. Wenn sie sich als rechtswidrig erweisen, müssen sie für nichtig erklärt werden können, damit die Rechtmäßigkeit der Rechtsordnung gewahrt werden kann. Zur Überprüfung von Gesetzen wird die verfassungsgerichtliche **Normenkontrolle** eröffnet *(RN 150, 153)*. Die untergesetzlichen Rechtsnormen unterliegen dagegen der **verwaltungsgerichtlichen Normenkontrolle** gem. § 47 VwGO[83], wonach jeder, der eine Beeinträchtigung seiner Rechte geltend machen kann, befugt ist, die verwaltungsgerichtliche Überprüfung zu beantragen.

214 Naturgemäß bezieht sich der Verwaltungsrechtsschutz auf das Verhältnis zwischen Staatsverwaltung und Bevölkerung, während rechtliche Streitigkeiten im **staatlichen Innenverhältnis**, z.B. zwischen verschiedenen Behörden über ihre Zuständigkeit, durch die **organisatorischen Entscheidungsbefugnisse**, in letzter Instanz durch das zuständige Ministerium oder die Regierung, beigelegt werden müssen. Nur in den Ausnahmefällen, in denen Behörden durch Gesetz **eigenständige Rechtspositionen** eingeräumt sind, wie den Selbstverwaltungskörperschaften und -anstalten, oder in denen Untergliederungen von Selbstverwaltungsbereichen oder Mitglieder rechtsförmlicher Gremien selbständig befugt sind, werden Streitigkeiten, die daraus resultieren, von der organisationsinternen auf die allgemeine Rechtsverhältnisebene verlagert und können daher gerichtlich ausgetragen werden (z.B. Streit zwischen Intendant und Rundfunkrat oder Bürgermeister und Gemeinderat oder dem einzelnen Gemeinderatsmitglied und der Gemeinde *[RN 228]* über die jeweiligen **Kompetenzen**).

215 **m) Aufspaltung des Rechtsweges.** Für den Sonderfall der deliktischen **Staatshaftung** *(RN 198)* bestimmt Art. 34 Satz 3 GG in Anlehnung an die Verbindung mit der zivilrechtlichen Beamtenhaftung und die frühere Tradition, dass hinsichtlich der Schadensersatzfrage der ordentliche, also der **Zivilrechtsweg**, zu beschreiten ist; dazu trifft § 40 Abs. 2 Satz 1 VwGO einen diesbezüglichen Vorbehalt.

Durch die verfassungsrechtliche Rechtsweganordnung werden die Rechtswege aufgespalten, denn während zur Abwehr rechtswidriger Maßnahmen verwaltungsgerichtlich vorzugehen ist, muss zur Geltendmachung von Schadensersatz im ordentlichen Rechtsweg geklagt werden. Daraus ergeben sich Schwierigkeiten, wenn zur Klärung der im ordentlichen Rechtsweg unmittelbar verfolgten Schadensersatzansprüche auch über die zugrunde liegende Rechtswidrigkeitsfrage zu entscheiden ist, da in diesem Fall das Zivilgericht in verwaltungsrechtlichen Bereichen zu urteilen hat oder, wenn vom Betroffenen gleichzeitig das Verwaltungsgericht angerufen wurde, die Überlegung anzustellen ist, ob dessen Entscheidung abzuwarten und mit Bindungswirkung für das Zivilgericht ausgestattet ist. Dabei muss ein Kooperationsverhältnis ohne gegenseitige Unterwerfung angenommen werden. Im Baurecht wurden zivilgerichtliche Kammern für Baulandsachen eingerichtet, die unter Mitwirkung von Verwaltungsrichtern entscheiden.

---

[83]　　Stets die Satzungen der Bebauungspläne, im Übrigen vorbehaltlich der näheren landesrechtlichen Ausgestaltung (keine Erweiterung gem. AGVwGO NRW).

Soweit die **Verwaltung in Privatrechtsform** handelt (*RN 191*), ist für die gericht- **216**
liche Rechtsverfolgung der ordentliche (Zivil-)Rechtsweg eröffnet. Jedoch sind
Sonderfälle zu beachten.

So wurde hinsichtlich der Benutzung öffentlicher Einrichtungen im Falle privatrechtlicher
Benutzungsverhältnisse (*RN 205*) und im Subventionsrecht bei privatrechtlicher Abwicklung die **Zweistufentheorie** entwickelt, wonach einerseits zwischen der öffentlich-
rechtlichen Grundentscheidung über die **Zulassung** zur Benutzung oder die **Bewilligung** der
Subvention und andererseits der privatrechtlichen **Benutzung** oder **Abwicklung** zu unterscheiden ist. Streitigkeiten über das öffentlich-rechtlich zu beurteilende „ob" sind demnach
im Verwaltungsrechtsweg, diejenigen über das „wie" (die Durchführung) dagegen im Zivilrechtsweg zu verfolgen. Es mehren sich jedoch die Stimmen, welche die Zuordnung sämtlicher entstehender Streitigkeiten zur öffentlich-rechtlichen Grundentscheidung befürworten,
also ein einheitliches Rechtsverhältnis mit öffentlich-rechtlichem Rechtsweg annehmen.

Literatur:
Bull, H. P., Allgemeines Verwaltungsrecht, 2000[6], § 19; *Hufen, F.*, Verwaltungsprozessrecht, 2003[5]; *Tettinger/Wahrendorf*, Verwaltungsprozessrecht, 2005[6].

n) **Fachverwaltung, Besonderes Verwaltungsrecht.** Die einzelnen Verwaltungs- **217**
bereiche werden durch die **Fachverwaltungsgesetze** geregelt. Diese bilden das **Besondere Verwaltungsrecht**, bei dessen Anwendung das Allgemeine Verwaltungsrecht die Grundregeln und, soweit die Fachgesetze keine spezielle Anordnung
treffen, auch die ergänzenden Regeln bereit hält. Teilweise sind die Fachgesetze in
Gesetzbüchern zusammengestellt, wie im BauGB oder SGB, im Übrigen bilden sie
durch ihren sachlichen Zusammenhang besondere Regelungsbereiche, wie das
Umweltrecht. Je nach der Gesetzgebungszuständigkeit sind die Verwaltungsaufgaben bundes- (Bauplanungs-, Straßenverkehrs-, wichtige Teile des Gewerberechts)
oder landesgesetzlich (Bauordnungs-, Polizei-, Schulrecht) geregelt.

Weil die Länder für die Verwaltung überwiegend zuständig sind, liegt der Schwerpunkt der
verwaltungsrechtlichen Regelungen insgesamt im Landesrecht.

Die fachlichen Bereiche des Verwaltungsrechts richten sich nach den **Verwaltungsaufgaben** **218**
(*RN 77, 167, 171*). Diese müssen an die Veränderung der Lebensverhältnisse angepasst und
daher ständig auf neue Ziele ausgerichtet werden. Insbesondere ist die Weiterentwicklung
von der früher vornehmlichen **Aufsichts-** und **Eingriffs-** zur immer wichtiger gewordenen
Förderungs- und **Dienstleistungsverwaltung** hervorzuheben (*RN 172, 176*). Im Zusammenhang damit steht die Entwicklung zum stärker zwischen Staat und Gesellschaft vermittelnden **kooperativen Verwaltungsrecht** (*RN 189*), zur stärkeren Inanspruchnahme privatrechtlicher Handlungsformen (*RN 191*) und zur Ausgliederung von Aufgaben aus der öffentlich-
rechtlich organisierten Durchführung, um sie ganz oder teilweise der Privatinitiative zu
überlassen.

2. Kommunalrecht

a) **Kommunale Selbstverwaltung.** Das Kommunalrecht regelt die Tätigkeit der **219**
selbständig organisierten **kommunalen Selbstverwaltungskörperschaften** (*RN 79,
173*). Diese bestehen aus den Gemeinden und den Gemeindeverbänden, das sind
vor allem die länderweit vorhandenen Landkreise.

Neben den Kreisen bestehen weitere Formen der übergemeindlichen Selbstverwaltung, so die Bezirke in Bayern, die Verbandsgemeinden in Rheinland-Pfalz, die Samtgemeinden in Niedersachsen, die Landschaftsverbände in Nordrhein-Westfalen sowie die Ämter in Schleswig-Holstein, Mecklenburg-Vorpommern und Brandenburg. Diese Regelformen sind von freiwilligen Formen der zwischen- und übergemeindlichen Zusammenarbeit ohne eigenständiges Selbstverwaltungsrecht (kommunale Arbeitsgemeinschaft, Gemeindeverwaltungsverband) zu unterscheiden.

220 Den **Gemeinden** wird durch Art. 28 Abs. 2 Satz 1 GG und in den Landesverfassungen das **Selbstverwaltungsrecht** unmittelbar für alle „Angelegenheiten der örtlichen Gemeinschaft" garantiert; den **Kreisen** gewährleistet Art. 28 Abs. 1 Satz 2 GG (wie auch das Landesverfassungsrecht) das Selbstverwaltungsrecht nach Maßgabe des „gesetzlichen Aufgabenbereichs" – darunter fallen vor allem die örtlich-regionalen Aufgaben, die über die Zuständigkeit der Gemeinden hinausreichen.

Die kommunale Selbstverwaltungsgarantie wird in Art. 28 Abs. 2 Satz 3 GG mit der Garantie einer selbständigen **Finanzausstattung** verbunden, die erforderlich ist, um öffentliche Aufgaben eigenständig wahrnehmen zu können. Aus der Selbstverwaltungsgarantie folgt neben der **Gebiets-** und **Finanzhoheit** auch die **Personal-, Organisations-, Planungs-** und **Regelungshoheit** der Kommunen hinsichtlich ihrer Aufgabenbereiche. Andererseits sind die Kommunen in die landes- und bundesstaatlichen Vorgaben der staatlichen Regelungskompetenz eingebunden, mit denen ihr Selbstverwaltungsrecht abgestimmt werden muss (Staatsfinanzen, äußere und innere Sicherheit, Raumplanung, öffentliches Dienstrecht). Darüber hinaus haben sie die gemeinschaftsrechtlichen Vorgaben zu beachten (*RN 70*).

221 Da den Gemeinden die **Allzuständigkeit** für die örtlichen Verwaltungsaufgaben zugesichert wird, können sie in pflichtgemäßer Wahrnehmung ihrer öffentlichen Verantwortung selbst entscheiden, was sie konkret als Aufgabe betrachten und wie sie sich dafür einsetzen wollen (**freiwillige Selbstverwaltungsaufgaben**). Der Staat, d.h. in erster Linie die Länder, in welche die Kommunen eingegliedert sind, kann ihnen aus übergeordneten Gründen des Allgemeininteresses jedoch auch die Erfüllung von Aufgaben aus dem Selbstverwaltungsbereich vorschreiben (**Pflichtaufgaben im Selbstverwaltungsbereich**). Darüber hinaus kann der Staat die Gemeinden zur Erfüllung bestimmter Aufgaben nach näherer Maßgabe verpflichten (**Pflichtaufgaben nach Weisung**). Behält er sich in diesem Fall das Weisungsrecht unbeschränkt vor, setzt er den kommunalen Verwaltungsapparat zur Erfüllung staatlicher Aufgaben ein (**Auftragsangelegenheiten** im engeren Sinne).

Mit dem Weisungsrecht in den beiden letzten Fällen lässt sich die Art der Ausführung, insbesondere unter dem Gesichtspunkt der **Zweckmäßigkeit**, d.h. des Vorgehens in der Sache, steuern. Der Staat übt insofern durch staatsinterne Anordnung (Verwaltungsvorschrift, *RN 190*) die **Fachaufsicht** aus. Dagegen hat er im kommunalen Selbstverwaltungsbereich nur über die **Rechtmäßigkeit** der Verwaltung zu wachen (**Rechtsaufsicht**); insofern ergehen Maßnahmen im Außenverhältnis (Verwaltungsakt, *RN 182*; zur Parallele im Verhältnis zwischen dem Bund und den Ländern *RN 143, 145*).

Das Gleiche gilt für die Rechtsstellung der Kreise mit dem grundsätzlichen Unterschied, dass deren Selbstverwaltungsrecht nur gem. gesetzlicher Regelung garantiert wird, daher der freieren Ausgestaltung durch die Gesetzgebung unterliegt.

Jedoch darf durch die Zuteilung von Kreisaufgaben die gemeindliche Aufgabengarantie nicht beeinträchtigt werden.

Mit der Einrichtung der Kommunen wird der **dreistufige staatliche Behördenauf-** **222** **bau** (*RN 146*) durch die **selbständige Kommunalverwaltung** ergänzt, die eine weitere Verwaltungsstufe bildet. Wegen der Zusammenarbeit mit der Staatsverwaltung ergeben sich sachliche und personelle Überschneidungsbereiche. So ist die Kommunalbehörde zugleich in kommunalen und staatlichen (Auftrags-)Angelegenheiten tätig. Der Bürgermeister leitet die Erfüllung der kommunalen Aufgaben und ist zugleich für die Erfüllung der staatlichen (Auftrags-)Angelegenheiten verantwortlich. Der Landrat ist Leiter der Kreisverwaltung und zugleich Leiter der unteren staatlichen Verwaltungsbehörde. Rechtlich müssen die Verantwortlichkeiten jedoch eindeutig von einander unterschieden werden. In den **Stadtkreisen** werden die gemeindlichen und Kreis-Selbstverwaltungsaufgaben gemeinsam von der **Stadtverwaltung** erfüllt; ähnlich werden diese Aufgaben in den drei **Stadtstaaten** Berlin, Bremen und Hamburg von der **Staatsverwaltung** in unterschiedlich stark dezentralisierter (sowie in Bremerhaven in kommunaler neben der im engeren Sinne stadtstaatlichen Bremer) Organisation wahrgenommen.

b) **Kommunalverfassung.** Da die Kommunen gem. Art. 28 Abs. 2 Satz 2 GG nach **223** den Grundsätzen der demokratischen Repräsentation organisiert sein müssen, bestellt das Kommunalwahlrecht die Bürgerschaft zur Wahl der **Volksvertretung,** einschließlich der Bürger der EU, die aus anderen Mitgliedstaaten stammen, aber ihren Wohnsitz in Deutschland haben (Art. 19 Abs. 1 EG; § 7 KWahlG NRW). Mit der demokratischen Grundlegung der kommunalen Selbstverwaltung wird in die Staatsorganisation neben Bund und Ländern eine dritte **demokratische Stufe** eingefügt. Damit verbindet sich auf der örtlichen Gemeinde- und örtlich-regionalen Kreis-Ebene zugleich der praktische Gedanke, dass der **bürgerschaftliche Sachverstand** nutzbar gemacht werden kann, was als eine der leitenden Ideen der Selbstverwaltung bezeichnet, jedoch stark von parteipolitischen Einflussnahmen überlagert wird.

In Anlehnung an die Staatsorganisation werden die kommunalen Volksvertretungen – die Gemeinderäte und Kreistage – gelegentlich auch als Kommunalparlamente bezeichnet; da ihnen jedoch nur eine verwaltungsbezogene Regelungsbefugnis im Rahmen der staatlichen Gesetze zusteht, handelt es sich um eine exekutive und keine darüber hinausreichende autonom-legislative Rechtsetzungstätigkeit. Die Bezeichnung lässt sich daher nur politisch, jedoch nicht im rechtlichen Sinne verstehen.

Die **kommunale Innenorganisation** wird durch die landesrechtlichen Gemeinde- **224** und Kreisordnungen geregelt. Sie hat sich in den 1990er Jahren in allen Bundesländern ziemlich vereinheitlicht[84]. Von wesentlicher Bedeutung ist, wie das Verhältnis zwischen der **Volksvertretung** als oberster Kommunalbehörde und der **Leitung des Verwaltungsapparates** durch den Bürgermeister oder Landrat als Hauptverwaltungsbeamte gestaltet wird.

---

[84] *Nierhaus, M.* (Hrsg.), Kommunalstrukturen in den Neuen Bundesländern nach 10 Jahren Deutscher Einheit, 2002.

Denkbar wäre eine betonte Abgrenzung, wonach die Volksvertretung einen eigenen Vorsitzenden hat, der neben dem Leiter der Verwaltung als gleichrangiger Repräsentant fungiert. Andererseits könnte die Verwaltungsspitze auch durch ein besonderes Leitungsgremium (Magistrat) gebildet werden.

Das Hauptmerkmal der Kommunalverfassungen ist die **starke Stellung des Bürgermeisters** (und Landrats), der von den Bürgern **direkt gewählt** wird und meistens auch **Vorsitzender** der **Volksvertretung** sowie grundsätzlich mit der **Geschäftsführung** der laufenden Angelegenheiten betraut ist.

Er ist Vorgesetzter des Personals, hat die ordnungsgemäße Behandlung der Ratsangelegenheiten zu organisieren und die Verantwortung für die Aufgabenwahrnehmung der Verwaltung zu tragen.

Je nach den einzelnen Gemeindeordnungen wird die Stellung des Bürgermeisters gestärkt oder eingeschränkt, etwa hinsichtlich der **Vorsitzendenfunktion im Rat**, der Möglichkeiten und Voraussetzungen der **Abwahl** (durch Rat oder Bürgerschaft oder unter Beteiligung beider) oder des Umfangs der **Geschäftsführungsangelegenheiten**, die in größerem oder geringerem Ausmaß durch die Gemeindeordnung oder die darin vorbehaltene Festlegung in der Hauptsatzung dem Rat vorbehalten werden können. Vom Rechtsverhältnis zwischen Rat und Bürgermeister ist dasjenige zwischen dem Rat als Gremium und seinen Mitgliedern zu unterscheiden.

225 c) **Bürgerbeteiligung.** Ebenfalls in allen Bundesländern wird die Bürger- und Einwohnerschaft stärker als früher an den Aktivitäten der Gemeindeverwaltung beteiligt. So eröffnen sämtliche Gemeindeordnungen die Möglichkeit von **Volksbegehren**, wonach durch eine Mindestzahl von Wahlberechtigten der Rat zur Behandlung einer Angelegenheit veranlasst werden kann. Ferner sind **Volksentscheide** möglich, wonach eine Abstimmung der Bürgerschaft über Volksbegehren und über wichtige, vom Rat zur Entscheidung gestellte Angelegenheiten anstelle des Rates herbeigeführt werden kann (*RN 155*).

Die **direktdemokratischen Verfahren** lassen sich auf Art. 28 Abs. 1 Satz 4 GG stützen. Je nach den Regelungen über die Zulassungs- und Abstimmungsquoren, die Ausnahmen von den behandlungsfähigen Themen und die Bindungswirkung können sie gefördert oder eher erschwert werden[85].
Daneben sehen alle Gemeindeordnungen die Mitwirkung von Bürgern in Gemeinderatsausschüssen sowie weitere Instrumente des **Informationsaustauschs** zwischen Gemeindeverwaltung und Bürgerschaft vor, wie Einwohnerversammlungen, -anhörungen, -foren und -sprechstunden. In einer ganzen Anzahl von **Fachgesetzen** wird außerdem eine besondere **Betroffenenpartizipation** geregelt, wie die Möglichkeit zum Vorbringen von Anregungen bei der Bauleitplanung (§ 3 BauGB) oder die Mitwirkung von Teilnehmern aus dem Kreise der Mitarbeiter und Lernenden an der Leitung von Weiterbildungseinrichtungen (§ 4 Abs. 3 WbG NRW).

226 d) **Kommunale Aufgabenerfüllung.** Die kommunale Selbstverwaltung dient vor allem dazu, eine möglichst leistungsfähige **Infrastruktur** an öffentlichen Einrich-

---

[85] *Schiller,* Die Praxis der direkten Demokratie auf kommunaler Ebene, in: *v. Arnim, H.-H.* (Hrsg.), Adäquate Institutionen: Voraussetzungen für „gute" und bürgerliche Politik?, 1999, S. 83–112.

tungen bereitzustellen und für die wirtschaftlichen und kulturellen Lebensgrundlagen zu sorgen.

Die Aufgabenerfüllung kann entweder unmittelbar in den Händen der **Kommunalbehörde** liegen und durch einzelne Ämter ausgeführt werden oder durch besondere **Betriebs-** oder **Einrichtungseinheiten** in mehr oder weniger selbständiger Form – vom völlig bis zum teilweise eingegliederten und völlig ausgegliederten oder privatrechtlich als Gesellschaft betriebenen Unternehmen – vorgenommen werden. Neben den organisatorischen und haushaltsrechtlichen Fragen besteht das grundsätzliche Problem, ob und in welchem Ausmaß **Kommunalwirtschaft** betrieben werden darf, um nicht in unzulässige Konkurrenz zwischen öffentlicher Hand und Privatwirtschaft zu geraten. Diesbezügliche kommunale, sonstige gesetzliche und wirtschaftsverfassungsrechtliche Vorschriften werden inzwischen vor allem von wettbewerbsrechtlichen Regelungen des europäischen Gemeinschaftsrechts überlagert. Ein weiterer Fragenbereich betrifft die **Rechtsstellung der Einwohner** gegenüber den kommunalen Einrichtungen (Benutzungsanspruch; Gebühren- und Beitragspflichten). Nach einer Phase des tatkräftigen Ausbaus der kommunalen Betriebe und Einrichtungen steht gegenwärtig das Bestreben im Vordergrund, die kommunalen Eigenaktivitäten durch vielfältige Formen der **Zusammenarbeit mit der Privatwirtschaft** und privaten Dienstleistungsorganisationen zu entlasten und abzurunden.

Die rechtlichen **Handlungsinstrumente** sind neben Beschlüssen und Maßnahmen, **227** mit denen interne Organisations- und Verfahrensregelungen getroffen werden (Geschäftsordnungen, Verwaltungsvorschriften, Auswahlentscheidungen), vor allem **Satzungen** (*RN 54*) sowie hauptsächlich von der Verwaltung zu erlassende Verwaltungsakte und zu vereinbarende öffentlich-rechtliche und privatrechtliche Verträge. Daraus ergeben sich vielfältige Befugnis-, Rechtsvereinbarkeits- und Rechtswirkungsfragen.

So muss in jedem Fall geklärt werden, ob überhaupt der Organisationsbereich der Gemeindeverwaltung (Verbandskompetenz) und welches Organ innerhalb der Verwaltung im einzelnen zuständig ist (Organkompetenz), ferner ob auch eine konkrete Regelungsbefugnis (Ermächtigung) besteht, ob alle einschlägigen Rechtsvorschriften eingehalten werden und ob die zu treffenden Regelungen auch nicht Auswirkungen haben, die entgegenstehende Rechte beeinträchtigen.

Neben den Fragen zur Rechtmäßigkeit des kommunalen Handelns spielen die **Rechts-** **228** **schutzmöglichkeiten** der Kommunen eine erhebliche Rolle. Die kommunale Selbstverwaltungsgarantie verleiht den Kommunen eine subjektive Rechtsstellung, aus der nicht nur Abwehr-, sondern auch Schutz- und Leistungsansprüche folgen. Zur Abwehr von Eingriffen garantiert die **Kommunalverfassungsbeschwerde** gem. Art. 93 Abs. 1 Nr. 4 b GG Rechtsschutz durch das BVerfG, soweit nicht entsprechende landesverfassungsrechtliche Rechtsbehelfe eröffnet sind (§ Art. 75 Nr. 4 LVerf NRW i.V.m. §§ 12 Nr. 8, 52 VGHG NRW). Im Übrigen steht den Kommunen gegen die Beeinträchtigung ihrer Selbständigkeitsrechte durch Maßnahmen der Rechtsaufsichtsbehörden oder anderer Verwaltungsträger der **Verwaltungsrechtsweg** offen. Dieser ist auch zu beschreiten, wenn innerkommunale Rechtskonflikte zwischen Beteiligten mit eigenständiger Rechtsstellung zu entscheiden sind (**Kommunalverfassungsstreit**, *RN 214*). Ebenso können Einwohner, deren Rechtsstellung im öffentlich-rechtlichen Handlungsbereich betroffen ist, den Verwaltungsrechtsweg in Anspruch nehmen.

Die Aufgaben der Gemeinden und Kreise sind auf ihre jeweiligen Verwaltungsgebiete be- **229** schränkt, jedoch eröffnen sich interkommunale grenzüberschreitende **Kooperationsmöglichkeiten**. Darüber hinaus wird eine politische **Interessenvertretung** auf Landes-, Bundes-

und EU-Ebene (dort durch die kommunalen Vertreter im Regionalausschuss) praktiziert. Unabhängig von ihrem öffentlich-rechtlichen Status sind die Kommunen in privatrechtlich organisierten **Verbänden** zusammengeschlossen (DST, DLKT), die auch mit ausländischen Kommunalverbänden zusammenarbeiten.

Literatur:
Lernempfehlung: *Tettinger, P. J.*, Besonderes Verwaltungsrecht. Kommunalrecht, Polizei- und Ordnungsrecht, 2005[8].
Ergänzend: *Schmidt-Aßmann*, Kommunalrecht, in: *ders.* (Hrsg.), Besonderes Verwaltungsrecht, 2003[12], S. 1–103; *Seewald*, Kommunalrecht, in: *Steiner, U.* (Hrsg.), Besonderes Verwaltungsrecht, 2003[7], S. 1–171; *Schröder*, Kommunalverfassungsrecht, in: *Achterberg/Püttner/Würtenberger* (Hrsg.), Besonderes Verwaltungsrecht, Bd. II, 2000[2], S. 1–53; *Knemeyer/Kempen*, Kommunales Wirtschaftsrecht, ebd., S. 54–104; *Dittmann*, Kommunalverbandsrecht, ebd., S. 105–152.

3. Polizei- und Ordnungsrecht

230 a) **Gefahrenabwehr.** Ursprünglich war für die gesamte innere Sicherheit, d.h. für die **Gefahrenabwehr** hinsichtlich von Naturkatastrophen (Erdbeben), technisch-zivilisatorischen Bedrohungen (Brandgefahr), inneren Unruhen (Aufruhr) sowie Kriminalität die **Polizei** zuständig. Je vielfältiger und selbständiger sich die einzelnen **Fachverwaltungen** herausbildeten, desto mehr wuchs ihnen im Zusammenhang mit den fachlichen Regulations-, Planungs-, Förderungs- und Beaufsichtigungsaufgaben auch die Verantwortung für die Wahrung der **öffentlichen Sicherheit** als Aufgabe der **Ordnungsverwaltung** zu (Gebäude-, Anlagen-, Gewerbe-, Verkehrssicherheit). Im Rahmen dieses Tätigkeitsfeldes werden die Fachbehörden als **Ordnungsbehörden** und die Rechtsgrundlagen für ihre Gefahrenabwehrmaßnahmen als **Ordnungs-** oder auch **Sicherheitsrecht** bezeichnet.

231 Gleichzeitig mit dem Ausbau der Ordnungsverwaltung wurde der Aufgabenbereich der **Polizei** auf die **allgemeine Gefahrenabwehr** beschränkt und ihr hinsichtlich der fachbehördlichen Zuständigkeit nur mehr eine polizeiliche **Eil-** und **Notzuständigkeit** als vorläufige Auffangzuständigkeit für die Fälle vorbehalten, in denen die Fachbehörden nicht rechtzeitig einschreiten können. Die Regelung der polizeilichen Aufgabenwahrnehmung wird durch das **Polizeirecht** vorgenommen. Zusätzlich zur **präventiven Tätigkeit** im Rahmen der allgemeinen Gefahrenabwehr ist die Polizei auch zur **Vollzugshilfe** für andere Behörden zuständig, wenn diese zur zwangsweisen Durchsetzung ihrer Anordnungen vorgehen müssen. Die zweite Hauptaufgabe der Polizei liegt in der **Straftataufklärung** (Strafverfolgung). Die (repressive) Tätigkeit in diesem Aufgabenbereich richtet sich nicht nach Polizeirecht, sondern nach der **Strafprozessordnung** und ist als Hilfstätigkeit für die Staatsanwaltschaft organisiert.

Soweit die Polizei aber zur Straftatbekämpfung in Form der **Straftatvorbeugung** tätig wird, bewegt sie sich im Rahmen der eigentlichen polizeilichen Gefahrenabwehraufgabe. – Vom Polizei- und Ordnungsrecht ist das **Ordnungswidrigkeitenrecht** zu unterscheiden, das auf der Grundlage des Ordnungswidrigkeitengesetzes die Verfolgung und Sanktionierung von fachgesetzlich geregeltem Ordnungs- oder Verwaltungsunrecht betrifft (verkehrsordnungsrechtlicher Bußgeldbescheid gem. StVG, StVO, BKatV i.V.m. OWiG).

b) Gesetzgebungs- und Verwaltungszuständigkeit. Der Verteilung der staatlichen 232
Befugnisse für die Gesetzgebung und Verwaltung folgend (Art. 30, 70 ff., 83 ff.
GG, *RN 161*), ist das Polizeirecht grundsätzlich **Landesrecht** und sind die Polizei-
behörden Teile der Landesverwaltung. Neben den **Polizeigesetzen** werden polizeiliche Aufgaben teilweise auch in bundes- oder landesrechtlichen **Spezialgesetzen**
geregelt (Versammlungsgesetz hinsichtlich von Demonstrationen).

Die Polizei wird **organisatorisch** in die Zweige der Vollzugs-, Bereitschafts-, Wasserschutz-
und Kriminalpolizei gegliedert. Die Vollzugspolizei tritt als die uniformierte Polizei bei der
Wahrnehmung der laufenden Gefahrenabwehr- und Vollzugshilfeaufgaben in Erscheinung,
während die Bereitschaftspolizei der Ausbildung und der Verstärkung bei größeren Einsät-
zen dient, die Wasserschutzpolizei vor allem verkehrsrechtliche Aufgaben erfüllt und die
Kriminalpolizei auf den Straftatbereich spezialisiert ist. – Im polizeilichen Vorfeld arbeiten
vielfach **Sicherheitsdienste** auf privatrechtlicher Basis.

Bundespolizeiliche Aufgaben bestehen nur in speziellen Bereichen, so gem. Art. 73 Nr. 5, 233
10 und 87 Abs. 1 Satz 2 GG hinsichtlich von Bundesgrenzschutz und Bundeskriminalamt. –
Zur Ergänzung der polizeilichen Aufgabenwahrnehmung wird der besonders organisierte
Verfassungsschutz sowie der Feuer- und Katastrophenschutz tätig. Das **Europäische Gemeinschaftsrecht** unterstützt die Mitgliedstaaten im Bereich der inneren Sicherheit, da die
Freizügigkeit innerhalb der EU erhöhte Anstrengungen herausfordert. So wurden kooperative Einrichtungen für die Straftatbekämpfung geschaffen, die vornehmlich der Information
dienen (EUROPOL, Eurojust, Europäisches justizielles Netz, Europäische Polizeiakade-
mie). **Völkerrechtliche Vereinbarungen** und darauf beruhende Einrichtungen zur internationalen polizeilichen Zusammenarbeit, zusammengefasst als INTERPOL bezeichnet, dienen
ebenfalls in erster Linie dem Informationsaustausch.

c) Handlungsformen. Im Bereich der Gefahrenabwehr ist unvermeidlich, dass die 234
Rechtsstellung von Beteiligten oder Unbeteiligten beeinträchtigt wird. Jedoch
müssen Eingriffe in fremde Rechte möglichst gering gehalten werden. Daher sind
die Voraussetzungen und Vorgehensweisen so genau und schonend wie möglich
zu regeln. Folglich ist das Polizei- und Ordnungsrecht beispielhaft für die Anforderungen an staatliche **Eingriffsrechte**. Wichtige rechtsstaatliche Grundsätze, wie
die Verhältnismäßigkeit, sind im Polizei- und Ordnungsrecht entwickelt worden.
Von wesentlicher Bedeutung im Polizei- und Ordnungsrecht ist die Unterscheidung zwischen **Aufgaben-** und **Befugnisnorm** und die strikte Beachtung des **Geset-
zesvorbehalts** (*RN 163*). Die **Polizeiverfügung** (polizeiliches Verhaltens- oder Dul-
dungsgebot oder Verbot für den Einzelfall), die je nach den Umständen auch
mündlich ergehen kann, stellt das Paradebeispiel des Verwaltungsakts dar
(*RN 182*).

Beispiele für die Polizeiverfügung sind etwa Maßnahmen zur Identitätsfeststellung, wie
Mitnahme zur Wache oder Personalienfeststellung an Ort und Stelle. Ferner fallen präven-
tiv-polizeiliche erkennungsdienstliche Maßnahmen und Ingewahrsamnahmen hierunter sowie die Sicherstellung gefährlicher Gegenstände und Beschlagnahmen.

Wegen des grundsätzlich hoheitlichen Charakters der polizeilichen Aufgabenwahrnehmung kommen Regelungen durch öffentlich-rechtlichen Vertrag (*RN 188*) entweder nur mit anderen Verwaltungsträgern oder nur bezüglich von Begleit- und
Randfragen in Betracht, die im Gleichordnungsverhältnis behandelt werden können, wie im Entschädigungsbereich. Neben der Polizeiverfügung gegenüber Einzel-

personen spielt im Polizeirecht auch die **Allgemeinverfügung** eine Rolle (*RN 186*, Aufforderung zur Platzräumung an gefahrverursachende Schaulustige).

Von der Polizeiverfügung ist die **Polizeiverordnung** zu unterscheiden. Hierbei handelt es sich nicht um einen Verwaltungsakt, sondern um eine normative Regelung, mit der eine abstrakte, aber bei Nichtbeachtung von Vorsichtsmaßnahmen konkret zu befürchtende Polizeigefahr abgewendet werden soll. Dafür ist eine ausdrückliche gesetzliche Ermächtigung erforderlich (*RN 54*), wie sie in den Polizeigesetzen erteilt wird, um bei allgemeinen Gefahrenlagen angemessene Vorkehrungen treffen zu können.

235 d) **Einschreitbefugnis.** Um einschreiten zu können, muss die Polizei in erster Linie die **speziellen Befugnisnormen** zugrunde legen, die in einzelnen **Fachgesetzen** für polizeiliche Maßnahmen vorgesehen sind (so im Versammlungsgesetz hinsichtlich von Demonstrationen). Soweit keine spezialgesetzlichen Befugnisse bestehen, muss auf die **polizeigesetzlichen Befugnisse** zurückgegriffen werden. Dabei sind in erster Linie die speziellen Ermächtigungen zu den sog. **Standardmaßnahmen** zu beachten (Anhalten, Durchsuchung, Festnahme), mit denen die Voraussetzungen zum jeweiligen Eingriff festgelegt werden. Nur wenn kein Fall des speziell geregelten Einschreitens in Betracht kommt, darf die Polizei ihr Vorgehen auf die **polizeigesetzliche Generalklausel** stützen, mit der die Ermächtigung zur Gefahrenabwehr in genereller Form erteilt wird.

236 Im Zentrum des Polizeirechts steht die Frage, ob das Vorgehen aufgrund der Generalklausel rechtmäßig ist. Erste Voraussetzung ist das Vorliegen einer **Gefahr für die öffentliche Sicherheit oder Ordnung**, was grundsätzlich bedeutet, dass bei vorhersehbarem Verlauf der Eintritt eines Schadens droht. Zu Art und Ausmaß sowie Gegenstand der Gefahr hat sich eine ausgefeilte Dogmatik entwickelt[86]. Wenn die Voraussetzungen für das Einschreiten vorliegen, sind die geeigneten **Maßnahmen** zu treffen. Sie können sich gegen Personen oder Sachen richten. Die polizeirechtliche **Verantwortlichkeit** für die Gefahr trifft den Verursacher (Handlungsstörer) und den Gewalthaber (Zustandsstörer; Besitzer, Eigentümer, sonstige Verfügungsbefugte). Die angeordnete oder durchgeführte Maßnahme muss **verhältnismäßig** sein, d.h. erforderlich, geeignet und hinsichtlich der Zweck-Mittel-Relation und der Auswirkungen (Mindesteingriff) angemessen. Hinsichtlich der Überlegung, ob und wie einzuschreiten ist, räumt das Polizeirecht **Ermessen** ein, das korrekt ausgeübt werden muss (*RN 179*). Soweit es um das „Ob" eines Einschreitens geht, spricht man vom Entschließungsermessen, soweit es um das „Wie" des Einschreitens geht, vom „Auswahlermessen". Letzteres besteht sowohl hinsichtlich der Störerauswahl (welcher unter mehreren Störern ist heranzuziehen?), als auch hinsichtlich der Mittelauswahl (welche unter mehreren geeigneten Maßnahmen ist zu treffen?).

237 e) **Durchsetzung, Ausgleichsleistungen.** Zur Durchsetzung ihrer Anordnungen kann die Polizei die allgemein vorgesehenen **Vollstreckungsmaßnahmen** ergreifen oder je nach Situation auch den sofortigen Vollzug im Sinne der **unmittelbaren**

---

[86] Vgl. *Losch, B.,* Zur Dogmatik der Gefahrenerforschungsmaßnahme, DVBl. 1994, 781–785.

Durchführung anwenden (*RN 196*). Für Maßnahmen, die anstelle eines nicht ausreichend belangbaren Störers durch die Polizei selbst vorgenommen oder veranlasst werden, kann sie vom Störer **Kostenersatz** verlangen. Kann die Polizei der Gefahr nur durch Inanspruchnahme eines für die Gefahr nicht verantwortlichen Dritten begegnen (polizeilicher Notstand und Heranziehung zur polizeilichen Nothilfe), so kann dieser für dadurch erlittene Einbußen **Entschädigung** geltend machen.

f) **Rechtsschutz.** Gegen polizeiliche Inanspruchnahmen muss in Ausführung der **238** Rechtsschutzgarantie gem. Art. 19 Abs. 4 GG **Rechtsschutz** gewährt werden. § 40 Abs. 1 VwGO eröffnet dafür den Verwaltungsrechtsweg.

Viele Maßnahmen, wie Platzverweis, vorübergehende Festnahme oder Durchsuchung, erledigen sich, bevor die Möglichkeit besteht, dagegen **Widerspruch** einzulegen und **Anfechtungsklage** zu erheben. Jedoch kann dennoch ein Interesse daran bestehen, die Rechtmäßigkeit einer Maßnahme überprüfen zu lassen (z.b. weil sie diskriminierende Wirkung hat oder Wiederholungsgefahr besteht). Dafür wurde eine prozessrechtliche Sonderform der Feststellungsklage, die sog. **Fortsetzungsfeststellungsklage** entwickelt. Sie knüpft an die Ausgangslage an, wonach die Anfechtung der Polizeimaßnahme in Frage gekommen wäre, und stellt fest, dass die Polizeimaßnahme rechtswidrig gewesen ist.

g) **Ordnungsrecht**[87]. Im Ordnungsrecht sind die **Regelungskompetenzen** überwiegend dem Bund zugeteilt (vgl. Art. 73 Nr. 3, 6; Art. 74 Nr. 4, 4a, 11, 11a, 19, 20, 22, 24 GG). Die **Verwaltungszuständigkeit** liegt jedoch vornehmlich bei den Ländern (vgl. Art. 83 ff. GG). Die grundsätzlichen Regelungen werden in den **Landesordnungsbehördengesetzen** getroffen. Spezielle Regelungen finden sich in den einschlägigen **Fachgesetzen**. Die Ordnungsbehörden sind grundsätzlich die normalen Fachbehörden, soweit sie im ordnungsrechtlichen Tätigkeitsfeld Aufgaben wahrnehmen. Ihre Organisation folgt der allgemeinen Gliederung der Landesbehörden.

Wie im Polizeirecht, sind für eingreifende Maßnahmen in erster Linie **spezialge-** **240** **setzlich** erteilte Befugnisse, wie etwa die Gewerbeuntersagung gem. §§ 35, 51 GewO, in zweiter Linie besondere **ordnungsgesetzliche** Befugnisnormen und, wenn keine spezielle Befugnis zur Verfügung steht, die ordnungsgesetzliche **Generalklausel** anzuwenden.

Die Rechtmäßigkeitsvoraussetzungen und Art und Weise der Maßnahmen sind ähnlich wie im Polizeirecht zu prüfen. Standardinstrumente sind das vorläufige **Verbot mit Erlaubnisvorbehalt** und das **Verbot mit Befreiungsvorbehalt** (*RN 180*). Neben der Kontrolle bei der Entscheidung über Erlaubnisse sind die ständige **Aufsicht** und das **Einschreiten** bei rechtswidrigem Verhalten die wichtigsten Instrumente des Ordnungsrechts.

Literatur:
Lernempfehlung: *Kneymeyer, F.-L.*, Polizei- und Ordnungsrecht, 2004[10]; *Schenke, W.-R.*, Polizei- und Ordnungsrecht, 2005[3].
Ergänzend: *Friauf*, Polizei- und Ordnungsrecht, in: *Schmidt-Aßmann* (Hrsg.), Besonderes Verwaltungsrecht, 2003[12], S. 105–217; *Götz, V.*, Allgemeines Polizei- und Ordnungsrecht,

---

[87]   Besonders eingehend dazu *Knemeyer, F.-L.*, Polizei- und Ordnungsrecht, 2004[10].

2001[13]; *Gusy, C.*, Polizeirecht, 2003[5]; *Pieroth/Schlink/Kniesel*, Polizei- und Ordnungsrecht, 2005[3]; *Rosenkötter, G.*, Das Recht der Ordnungswidrigkeiten, 2002[6]; *Tettinger, P. J.*, Besonderes Verwaltungsrecht, Kommunalrecht, Polizei- und Ordnungsrecht, 2005[8]; *Würtenberger*, Polizei- und Ordnungsrecht, in: *Achterberg/Püttner/Würtenberger* (Hrsg.), Besonderes Verwaltungsrecht, Bd. II, 2000[2], S. 381–536.

4. Öffentliches Wirtschaftsrecht

241 a) **Allgemeine Grundlagen.** Eines der wichtigsten Aufgabengebiete des Staates ist die **wirtschaftliche Entwicklung.** Von ihr hängt die Leistungsfähigkeit der Gesellschaft ab; der Staat hat daher das größte Interesse daran, dass sie positiv verläuft. Engagiert er sich jedoch zu stark, verfällt er in wirtschaftlichen **Dirigismus,** der zur staatlichen Planwirtschaft neigt. Beschränkt er sich darauf, lediglich die Rahmenbedingungen für die Wirtschaftstätigkeit zu setzen, flüchtet er sich in wirtschaftspolitischen **Liberalismus,** der in eine unkontrollierte Konkurrenz- und Kartellwirtschaft ausufert. Daher muss ein Mittelweg verfolgt werden, der die Vorteile des offenen, an Angebot und Nachfrage orientierten, **wettbewerbsbestimmten Markts** mit dem Erfordernis von **Schutzmaßnahmen** gegen Wettbewerbsverzerrung (Wettbewerbsrecht zur Verhinderung wirtschaftlichen Machtmissbrauchs), gegen Versorgungslücken (Ausgleich zwischen Industrie- und landwirtschaftlichen oder städtischen und dörflichen Regionen) und andere soziale Benachteiligungen (Beschäftigungspolitik, Arbeitslosen-, Krankheits-, Unfall-, Rentenversicherung), ferner gegen Gefährdungen der Allgemeinheit (Verbraucherschutz, Produktsicherheit, Umweltschutz) verbindet.
Der Mittelweg wird in der **offenen Marktwirtschaft** gesehen, die einem angemessenen Funktions- sowie sozialen und ökologischen Schutz verpflichtet ist. Die Mitgliedstaaten der EU bekennen sich gemeinsam zum Grundsatz der offenen Marktwirtschaft (Art. 4 EG), ohne sich in allen Fragen darüber einig zu sein, wie die Anforderungen an die staatliche Förderungs- und Schutzpolitik jeweils zu gewichten sind. In Deutschland haben sich die wirtschaftspolitischen Systeme nach 1945 auseinander entwickelt, doch hat sich der im Westen bewährte Grundsatz der **sozialen Marktwirtschaft** durchgesetzt.

242 b) **Rechtsgebiete.** Während die Entscheidung über die Richtung der staatlichen Wirtschaftspolitik mit den verfassungspolitischen Grundentscheidungen zusammenhängt und daher vom verfassungsrechtlichen Rahmen angeleitet wird, führen die Fragen, wie die wirtschaftspolitischen Maßnahmen in den verschiedenen Wirtschaftsbereichen auszugestalten sind, in die Praxis der Staatsverwaltung hinein. Die Rechtsgrundlagen unter dem ersten Aspekt werden zusammenfassend als **Wirtschaftsverfassungsrecht** bezeichnet. Die Regelungen unter dem zweiten Gesichtspunkt betreffen das **Wirtschaftsverwaltungsrecht** im engeren Sinne. Beide Bereiche kann man auch als Wirtschaftsverwaltungsrecht im weiteren Sinne oder **Öffentliches Wirtschaftsrecht** bezeichnen.

243 c) **Verfassungsrechtliche Grundlagen.** Verfassungsrechtlichen Einfluss im Öffentlichen Wirtschaftsrecht hat, inhaltlich gesehen, heute in erster Linie die **Binnenmarktkonzeption** des europäischen Gemeinschaftsrechts (Art. 2–4, 28–60 EG). Das Grundgesetz wirkt sich vor allem mit dem Rechtsstaats- und Sozialstaatsprinzip sowie mit seinen grundrechtlichen Gewährleistungen aus. Organisatorisch wird zum einen die Verteilung der **Gesetzgebungskompetenzen** auf die EG, den Bund und die Länder vorgegeben. Zum anderen werden die **Verwaltungszuständigkeiten** unterschiedlich zugeordnet (vor allem den Bundesländern) und außerdem das fachliche und politische **Selbstverwaltungsprinzip** zur Geltung gebracht (EZB, Wirtschafts- und Berufskammern, kommunale Selbstverwaltung, *RN 173*).

Von grundsätzlicher Bedeutung sind auch die **finanz- und haushaltsrechtlichen** Vorgaben auf der gemeinschaftsrechtlichen und verfassungsrechtlichen Ebene (*RN 166*)[88]. In Handlungsbereichen mit internationalen Zusammenhängen kann es auf die Auswirkung internationaler privater oder völkerrechtlicher Vereinbarungen ankommen (*RN 18, 62*).

d) **Regelungsprinzipien.** Die wirtschaftsverwaltungsrechtlichen Regelungsprin- **244** zipien betreffen die Aufgaben, Instrumente und Handlungsformen der Wirtschaftsverwaltung. Im Vordergrund stehen die **Wirtschaftsförderung** mit dem Kernbereich des Subventionsrechts und die **Wirtschaftsüberwachung**, mit dem Kernbereich des Ordnungsrechts (*RN 239 f.*); außerdem hat die allgemeine und sektorale **Wirtschaftslenkung** an Boden gewonnen, die auf die Leistungsfähigkeit und Ausgewogenheit der wirtschaftlichen Entwicklung Einfluss zu nehmen versucht. Neben dem Wirtschaftsverwaltungsakt (*RN 182*), der eine wesentliche Rolle im Bereich von Erlaubnissen und Untersagungen spielt (*RN 180*), sind privatrechtliche Handlungsformen (vertragliche Vereinbarungen) stark am Wirtschaftsverwaltungsrecht beteiligt, bei denen die öffentlich-rechtlichen Rückbindungen der staatlichen Akteure beachtet werden müssen (*RN 191*).

e) **Gewerberecht.** Den Zentralbereich des **Besonderen Wirtschaftsverwaltungs- 245 rechts** stellt das **Gewerberecht** dar, in dessen Mittelpunkt die Gewerbeaufsicht steht; im Recht der einzelnen Gewerbe- sowie besonderen Wirtschaftszweige, wie im Handwerks- und Verkehrsgewerbe- oder Banken- und Versicherungswirtschaftsrecht sowie im Energiewirtschafts-, Lebensmittel-, Abfall- und Medienrecht, sind jeweils besondere Aufgaben- und Befugnisnormen (*RN 240*) sowie besondere Instrumente und Verfahren zu berücksichtigen. Grundsätzlich gilt im Gewerberecht die **Gewerbefreiheit**, wonach für das gewerbliche Tätigwerden zwar die gesetzlichen Voraussetzungen erfüllt werden müssen, aber **keine besondere Zulassung** erforderlich ist (nur Anzeigepflicht gem. § 14 GewO). Sofern jedoch persönliche Unzuverlässigkeit oder überwiegende Nachteile und Gefahren für das Gemeinwohl festgestellt werden, kann die Tätigkeit **untersagt** werden (§§ 35, 51 GewO). Dagegen wird in gefahrtragenden Gewerbebereichen eine **besondere Zulassung**, die **Gewerbeerlaubnis** und Anlagengenehmigung, vorgeschrieben (§§ 30, 30b, 33a–d, 33i, 34, 34a–c GewO; § 4 BImSchG). Werden nach erlaubter Aufnahme des Gewerbebetriebs Rechtsverstöße begangen, kann die Erlaubnis **widerrufen** werden nach den allgemeinen Vorschriften (vgl. *RN 193*). Ferner finden im Gewerberecht die Rechtsinstrumente der Befristung, Bedingung und Auflage einen Anwendungsbereich (*RN 187*).

Sachlich spezialisierte Rechtsgebiete, die fachübergreifende Bedeutung entfalten und daher auch zum Allgemeinen Wirtschaftsverwaltungsrecht gezählt werden könnten, sind das **Subventions**- und öffentliche **Auftragsvergaberecht**. In diesen beiden Regelungsbereichen sind die Vorgaben des europäischen Gemeinschaftsrechts besonders spürbar.

---

[88] Vgl. *Barens/Pickhardt* (Hrsg.), Die Rolle des Staates in der Ökonomie – finanzwissenschaftliche Perspektiven, in: Festschr. Otto Roloff z. 65. Geb., 2002.

Literatur:
Lernempfehlung: *Schliesky, U.,* Öffentliches Wirtschaftsrecht, 2003[2].
Ergänzend: *Arndt,* Wirtschaftsverwaltungsrecht, in: *Steiner, U.,* (Hrsg.), Besonderes Verwaltungsrecht, 2003[12], S. 783–887; *Badura,* Wirtschaftsverwaltungsrecht, in: *Schmidt-Aßmann* (Hrsg.), Besonderes Verwaltungsrecht, 2003[12], S. 219–326; *Frotscher, W.,* Wirtschaftsverfassungs- und Wirtschaftsverwaltungsrecht, 2004[4]; *Schmidt,* Wirtschaftspolitik, Wirtschaftsverwaltungsorganisation, Wirtschaftsförderung, in: *Achterberg/Püttner/Würtenberger* (Hrsg.), Besonderes Verwaltungsrecht, Bd. II, 2000[2], S. 1–95; *Ehlers,* Gewerbe-, Handwerks- und Gaststättenrecht, ebd., S. 96–217; *Robinski, S.,* Gewerberecht, 2002[2]. **Vertiefend:** *Stober, R.,* Allgemeines Wirtschaftsverwaltungsrecht, 2004[14]; *ders.,* Besonderes Wirtschaftsverwaltungsrecht, 2004[13].

5. Umweltrecht

246 a) **Grundlagen und Kompetenzen.** Als im Zuge der wirtschaftlichen Expansion die natürlichen Ressourcen (Luft, Wasser, Böden, Tier- und Pflanzenwelt) in einem Maße gefährdet wurden, das für die Existenz der Gesellschaft bedenkliche Auswirkungen anzunehmen begann, sah sich die traditionelle Schutzaufgabe des Staates vor neue Dimensionen gestellt. Die prinzipiell einzelfallbezogene polizeiliche und ordnungsbehördliche **Gefahrenabwehr** (*RN 230*) musste – über die Entwicklung von Vorbeuge- und Kontrollverfahren hinaus – durch generelle Regulationen zur umweltbezogenen **Gefahrenvorsorge** ergänzt werden. In Fortentwicklung aller möglichen Ansätze im Naturschutz-, Wasser- und Immissionsschutzrecht entstand eine große Zahl umweltschutzrechtlicher Bestimmungen und bildeten sich gemeinsame Prinzipien und Handlungsweisen heraus.

Das **Allgemeine Umweltrecht** lässt sich in das Umweltverfassungsrecht und umweltrechtliche Grundregeln unterteilen. Im **Europäischen Gemeinschaftsrecht** wird der Umweltschutz zum gemeinsamen Ziel erhoben, das möglichst qualitätsreich bei allen gemeinschaftsrechtlichen und mitgliedstaatlichen Maßnahmen zu beachten ist (Querschnittsklausel des Art. 6 EG). Im Einklang damit, aber weniger deutlich, was die Qualität des Schutzes betrifft, schreibt Art. 20a GG den Umweltschutz als **Staatsziel** vor, das bei der Wahrnehmung der Staatsbefugnisse zu verwirklichen ist. Wegen der grenzüberschreitenden, globalen Zusammenhänge wächst die Bedeutung **internationaler Vereinbarungen,** zu denen sich das Rechtsgebiet des Umweltvölkerrechts entwickelt hat[89].

247 Die **Regelungskompetenzen** für den Umweltschutz sind zwischen der EG, dem Bund und den Ländern geteilt. Die **EG** kann Leitvorgaben erlassen, die sie in einer ganzen Zahl von Richtlinien und Verordnungen vorgeschrieben hat. Dem **Bund** steht die konkurrierende Gesetzgebungskompetenz für das Atomrecht, den Lebens- und Futtermittel-, Saat- und Pflanzengutverkehr, den Pflanzen- und Tierschutz sowie die Abfallbeseitigung, die Luftreinhaltung und Lärmbekämpfung zu (Art. 74 Nr. 11a, 20, 24 GG). Eine Rahmenkompetenz ist ihm derzeit für den Naturschutz, die Landschaftspflege und den Wasserhaushalt vorbehalten (Art. 75 Nr. 3, 4 GG). Im Übrigen sind die **Länder** zur umweltschutzrechtlichen Gesetzgebung zuständig. Daneben sind umweltschutzrechtliche Belange grundsätzlich bei der Gesetzgebung zu berücksichtigen, was sich etwa in verschiedenen Wirtschafts-

---

[89]   *Beyerlin, U.,* Umweltvölkerrecht, 2000.

bereichen niederschlägt, denen zunehmend auch ökologische Funktionen zugeordnet werden (Energie-, Gentechnik-, Verkehrsrecht).

Da wissenschaftliche und technische Vorgehensweisen mit umweltschutzrechtlicher Relevanz in grundrechtswesentliche Regelungsbereiche hineinführen können, lassen sie sich u.U. nicht ohne rechtsstaatsgemäße Gesetzesregelung als zulässig erachten (so der HessVGH zur Gentechnik, NVwZ 1990, 276). Jedoch darf die grundrechtlich veranlasste Verpflichtung zu gesetzesförmigen Regelungen nicht in einen allgemeinen Wissenschafts- oder Technikregelungsvorbehalt ausufern, mit dem die freiheitlich-demokratische Rechtsordnung unterlaufen würde.

b) **Rechtsprinzipien.** An gemeinsamen umweltrechtlichen Grundsätzen schreibt **248** das europäische Gemeinschaftsrecht die **Vorsorge** und Vorbeugung, die Bekämpfung von Umweltbeeinträchtigungen an ihrem **Ursprung** und die Haftung der **Verursacher** vor (Art. 174 Abs. 2 EG). Das Vorsorgeprinzip ist bei allen umweltrechtlichen Planungsmaßnahmen und vor allem im Immissionsschutz- und Abfallrecht von Bedeutung. Das Verursacherprinzip entspricht dem allgemeinen Haftungsgedanken. Soweit seine Anwendung nicht möglich ist oder unangemessen wäre, müssen Umweltmaßnahmen als Gemeinlast getragen werden.

An grundsätzlichen **Vorgehensweisen** findet sich zum einen die Anknüpfung an **249** verschiedene Sachverhaltsgruppen, so an die Umweltmedien (Boden, Wasser, Luft), das natürliche Leben (Pflanzen- und Tierschutz), oder an Gefahrenquellen (Gefahrstoffe, gefährliche Anlagen). Zum anderen werden umfassende Schutzvorschriften angeordnet, wonach die Schutzbelange in ihrer Gesamtheit berücksichtigt werden, so im Raumplanungsrecht und bei der Umweltverträglichkeitsprüfung für raumbedeutsame Planungen und Anlagen oder im Anlagengenehmigungsrecht. Die **Umweltverträglichkeitsprüfung** als umweltrechtliches Standardinstrument geht auf eine gemeinschaftsrechtliche Richtlinie zurück, die durch das Umweltverträglichkeitsprüfungsgesetz (UVPG) in das deutsche Recht umgesetzt wurde.

c) **Instrumente.** Im Einzelnen wird mit einer großen Zahl von gesetzlichen Verord- **250** nungsermächtigungen und darauf beruhenden **Rechtsverordnungen** gearbeitet (Durchführungsverordnungen zum Immissionsschutz- oder Abfallrecht). Ferner sind vor allem Raumordnungs- und Fachpläne (Bau-, Straßenplanung), darunter insbesondere **Umweltfachpläne** (Landschafts-, Wasserbewirtschaftungsplan) von Bedeutung, außerdem spielen die Kontrollmittel der Information an die Behörden, des Erlaubnisvorbehalts und der Möglichkeit von Ausnahmebewilligungen eine wichtige Rolle (*RN 180*). Ebenso liegen Schwerpunkte bei Einschreitermächtigungen, wie hinsichtlich der Rücknahme von Erlaubnissen, der Untersagung unzulässigen Verhaltens (*RN 245*) oder der Sanktion wegen Ordnungswidrigkeiten (*RN 231 am Ende*).

Der starke **planungsrechtliche Einschlag** legt einen Akzent auf die final-gestaltende gegen- **251** über der kausal-ordnenden Zweckrichtung der Rechtsetzung, was unter dem Gesichtspunkt des dafür erforderlichen und auszuschöpfenden Planungs- oder Gestaltungsspielraums besondere Voraussetzungen der Sachverhaltsfeststellung und -würdigung, der Zielgewichtung und der Abwägung der beteiligten Belange zur Folge hat, deren rechtlich einwandfreie Beachtung nur dem Rahmen nach der gerichtlichen Überprüfung zugänglich ist (*RN 181*). Die rechtsverbindlichen Maßnahmen im Einzelfall beruhen häufig auf Ermessensvorschriften und verlangen eine Abwägung der Belange. Das Umweltschutzrecht gilt im Übrigen als Rechtsgebiet, dessen planerische und ermessenseinräumende Grundlagen sowie oft multikausale und mit Nachweisdefiziten behaftete Regelungstatbestände zu sog. **Vollzugsdefiziten** führen. Das lässt anstelle von vorschreibenden und durchsetzenden auch Formen des **informellen** Vorgehens, der lediglich **informativen** Äußerungen, wie Empfehlungen, Warnungen oder Verhaltensappelle, sowie der **kooperativen** Verwaltung als vorteilhaft erscheinen[90]. Daher werden vielfach **vertragliche Handlungsweisen** und **Verfahren der Selbstkontrolle** begünstigt. Dazu hat auch die Ökoauditverordnung der EG beigetragen, die zum **Ökoauditgesetz** geführt hat, wonach ein System der betrieblichen Selbstkontrolle entwickelt wurde. Aufgrund der Umweltinformationsrichtlinie der EG wurde das **Umweltinformationsgesetz** (UIG) erlassen, wonach ein allgemeines Auskunftsrecht hinsichtlich der örtlichen Umweltdaten gewährleistet wird.

252   Eine weitere Besonderheit des Umweltschutzrechts besteht in der vielfach unumgänglichen Orientierung an wissenschaftlich-technischen Vorgaben für das Maß der Umweltbelastbarkeit, was dazu führt, dass in zahlreichen Vorschriften auf Normen nach dem **Stand von Wissenschaft und Technik** verwiesen werden muss (Grenzwerte). Damit werden Festlegungen, die durch nichtstaatliche Einrichtungen getroffen werden, als geltendes Recht autorisiert (*RN 17*), auch in Form der laufenden wissenschaftlich-technischen Fortschreibung (sog. dynamische Verweisung). Auf diesem Wege können einerseits anerkannte Ergebnisse des wissenschaftlich-technischen Sachverstandes zum Schutz der Allgemeinheit genutzt werden, ohne dass die Rechtsetzung sich einer nicht ausreichend festgelegten Fremdbestimmung unterwirft (wie es bei dynamischen Verweisungen der Fall wäre, die nicht auf einen eng begrenzten Vorgang, sondern allgemeiner auf mögliche Sach- und Rechtslageänderungen bezogen sind).

253   Als wichtiges Gestaltungsmittel des Umweltrechts kommt auch das **Abgabenrecht** in Betracht, mit dessen Hilfe umweltbelastende Vorgänge zurückgedrängt und umweltfreundliche begünstigt werden können (konkrete, wie Rekultivierungs- oder generelle Ausgleichsabgaben und Lenkungssteuern). Grenzen ziehen die gesetzlichen Voraussetzungen, für die sich breite Vorfelder der politischen Willensbildung öffnen, und die Verhältnismäßigkeit der Auferlegung.

254   **d) Besonderes Umweltrecht.** Hauptbereiche des Umweltrechts sind das Immissionsschutz- und Strahlenschutz-, Abfall-, Wasser- und Naturschutzrecht. Für den Betrieb genehmigungsbedürftiger Anlagen müssen die gesetzlichen Schutzvoraussetzungen erfüllt werden; bei nicht genehmigungsbedürftigen Anlagen sind die vorgeschriebenen Betreiberpflichten einzuhalten (*RN 245*). Im Abfallrecht wurde nach gemeinschaftsrechtlichen Vorgaben die frühere Abfallbeseitigung mit Maßnahmen der Abfallvermeidung und -verwertung im Sinne einer Abfallwirtschaft zusammengefasst (Kreislaufwirtschafts- und Abfallgesetz).

Die **Wasserbewirtschaftung** wird durch das Wasserhaushaltsgesetz, das auf der Bundesrahmenkompetenz gem. Art. 75 Nr. 4 GG beruht, und die Landeswassergesetze geregelt. Die Gewässer (Küsten- und oberirdische Gewässer sowie stehendes Grundwasser) stehen im öffentlichen Eigentum, von dem das jeweilige Grundeigentum, das auch die Gewässer um-

---

[90]   Vgl. *Körner, P.*, Informelles Verwaltungshandeln im Umweltrecht. Eine Untersuchung seiner Zulässigkeit, Grenzen und Rechtsfolgen, 2000.

fasst, überlagert wird. Die **Nutzung der Gewässer** als Bestandteil des Naturhaushalts soll das Benutzerinteresse und das Allgemeinwohl in Einklang halten (§ 1a Abs. 1 WHG). Alle wesentlichen Nutzungen und Einwirkungen bedürfen der Bewilligung oder widerruflichen Erlaubnis, während der freie Gemeingebrauch, der prinzipiell an allgemein zugänglichen Gewässern als öffentlichen Sachen besteht, auf die nicht eingreifende Benutzung beschränkt ist (Badesee).

Ziel des **Naturschutzrechts** sind Schutz-, Pflege- und Entwicklungsmaßnahmen, ferner der Artenschutz und die Ordnung des Gemeingebrauchs an der öffentlichen Landschaft. Die Artenschutzrichtlinie der EG von 1992 wurde durch das Bundesnaturschutzgesetz, das gem. Art. 75 Abs. 1 Nr. 3 GG als Rahmenrecht erlassen wurde, und durch die Landesnaturschutz- und -landschaftspflegegesetze in nationales Recht umgesetzt. Das grundsätzlich geltende naturschutzrechtliche Eingriffsverbot wird durch die Möglichkeit der Zulassung, verbunden mit dem Gebot von funktionalen Ausgleichs- oder notfalls auch Ausgleichsersatzmaßnahmen, modifiziert (§ 19 BNatSchG).

Die Leistungen der privaten **Naturschutzverbände** bei der Verfolgung der öffentlichen Na- **255** turschutzaufgabe werden ausdrücklich anerkannt, indem ihnen ein Beteiligungsrecht im Verwaltungsverfahren eingeräumt wird (§ 29 BNatSchG). Es wird unabhängig von der unmittelbaren Betroffenheit in eigenen Rechten (*RN 209*), aber zur Interessenwahrnehmung im Rahmen der (gegenüber den Mitgliedern bestehenden) Verbandsaufgaben gewährt. Diese werden damit als von offiziellem Belang gewertet. Von der Mehrzahl der Länder wird darüber hinaus auch die Klageberechtigung eingeräumt, also die **Verbandsklage** zugelassen, mit der das Prinzip der Individualklage durchbrochen wird, was eine zusätzliche – justizielle – Aufwertung bedeutet.

Literatur:
Lernempfehlung: *Kloepfer,* Umweltrecht, in: *Achterberg/Püttner/Würtenberger* (Hrsg.), Besonderes Verwaltungsrecht, Bd. II, 2000[2], S. 338–543; *Wolf, J.,* Umweltrecht, 2002.
Ergänzend: *Arndt,* Umweltrecht, in: *Steiner, U.,* Besonderes Verwaltungsrecht, 2004[15], S. 889–990; *Schmidt, R.,* Einführung in das Umweltrecht, 2001[6]; *Schwartmann, R.,* Umweltrecht, 2006; *Storm, P.-C.,* Umweltrecht. Einführung, 2002[7].
Vertiefend: *Hoppe/Beckmann/Kauch,* Umweltrecht, 2000[2]; *Hoppe/Koch, H.-J.,* Umweltrecht, 2002.

6. Medienrecht

a) **Medienordnung.** Das Öffentliche Medienrecht wird durch das **Medienverfas-** **256** **sungsrecht** geprägt. Die Regelung des Art. 5 Abs. 1 GG setzt mit den Garantien der Meinungs- und Informations- sowie Presse-, Rundfunk- (einschließlich Fernseh-) und Filmfreiheit die wichtigsten grundrechtlichen und damit verbundenen ordnungspolitischen Eckpfeiler der allgemeinen und für die demokratische Organisation von Staat und Gesellschaft grundlegenden **Kommunikationsfreiheit.** Danach ist der Staat verpflichtet, für die Rahmenbedingungen einer freiheitlichen Kommunikationsordnung zu sorgen. Zugleich kann sich jeder Beteiligte auf die Grundrechtsgarantien berufen. Ergänzend wird in Art. 10 Abs. 1 GG der Schutz bezüglich der Individualmedien garantiert. Dem grundsätzlichen Freiheitsschutz steht der Schutz der allgemeinen Rechtsordnung einschließlich des besonderen Persönlichkeits-, Ehren- und Jugendschutzes gegenüber (Art. 5 Abs. 2; 2 Abs. 1 i.V.m. Art. 1 Abs. 1 GG), der sich in Strafbestimmungen, Ordnungsvorschriften und einem zivilrechtlichen Sanktionsinstrumentarium äußert.

257 In seiner objektivrechtlichen Wirkung ist das Medienverfassungsrecht Teil einer freiheitlichen **Marktverfassung** unter den besonderen Voraussetzungen, die für die Verantwortung der Marktteilnehmer in Bezug auf die gesellschaftliche und individuelle Bedeutung der freiheitlichen Kommunikation zu gelten haben. Daraus folgt eine ganz Reihe von Prinzipien, mit denen die Konturen des **gesetzlichen Medienrechts** gezogen werden. Grundlage ist die allgemeine Zugangs- und Wettbewerbsfreiheit im Rahmen des Wettbewerbsrechts. Die Marktregeln werden bei der **Rundfunkfreiheit** durch weitere Prinzipien modifiziert und konkretisiert, so durch das Verfahrensprinzip der Zugangskontrolle und die grundlegenden Gestaltungsprinzipien der Mindestobjektivität bei der Berichterstattung und des Mindestmaßes der Programmausgewogenheit. Die Zugangskontrolle wird durch die öffentlich-rechtlich organisierten Landesmedienanstalten ausgeübt. Zum einen dient sie der geordneten Vergabe von Sendefrequenzen und damit der technischen Reibungslosigkeit des Sende- und Empfängerbetriebs. Zum anderen kann kontrolliert werden, ob der Antragsteller die Voraussetzungen für die grundlegenden Gestaltungsprinzipien erfüllt.

258 Daneben gilt das Prinzip der privilegierten Marktteilnahme durch **öffentlich-rechtliche Rundfunkanstalten**. Es wird legitimiert durch das Gewährleistungsprinzip der Grundversorgung und das am Pluralismus orientierte Prinzip der Staatsfreiheit sowie der Neutralität und Ausgewogenheit der Programmgestaltung. Auf der Legitimation beruht zugleich das Prinzip der Privilegierung durch Rundfunkgebühren, mit denen die öffentlich-rechtlichen Rundfunkanstalten grundlegend finanziert werden.

Ihre Marktposition ist der Überrest ihrer **früheren Monopolstellung**, die sie beanspruchen konnten, als aus technischen Gründen nur wenige Übertragsmöglichkeiten zur Verfügung standen, die im Dienste des Allgemeinwohls unter öffentlich-rechtlicher Verantwortung betrieben werden sollten. Als die technische Entwicklung eine Marktöffnung erlaubte, konnte die Sicherung einer freiheitlichen Kommunikationsvielfalt schrittweise dem entstehenden Anbieterpluralismus in Verbindung mit einer jeweils garantierten Mindestangebotsvielfalt überlassen werden. Doch wird die **Grundversorgungsgarantie** der öffentlich-rechtlichen Rundfunkanstalten auch weiterhin als staatlich zu verantwortende öffentliche Aufgabe betrachtet.

Dieser Auffassung hat sich auch die EU angeschlossen, die vornehmlich das Prinzip der Marktfreiheit verfolgt und mittels ihrer marktbezogenen Regelungskompetenzen auf den Rundfunkbereich als Wirtschaftsfaktor einwirken kann. Wie weit davon auch die kulturelle Bedeutung des Rundfunks und die dafür geltende Regelungszuständigkeit der Mitgliedstaaten betroffen werden darf, ist umstritten. Zur weiteren Entwicklung einer **europäischen Rundfunkordnung** wird man sich auf koordinativ-kooperative Regelungsweisen einigen müssen. – Im **Telekommunikationsbereich** hat die Marktpolitik der EU zum spürbaren Abbau der traditionellen (zunächst ebenfalls technisch bedingten) öffentlich-rechtlichen Anbietermonopole geführt.

259 Anders als beim Rundfunk ist im **Pressebereich** keine Marktteilnahme privilegierter öffentlicher Unternehmen vorgesehen. Vielmehr gilt die für erforderlich gehaltene Angebotsvielfalt, -reichweite und -qualität durch den freien Wettbewerb des Anbieterpluralismus als ausreichend gesichert. Freilich sind angemessene Vorkehrungen gegen Monopolbildungen erforderlich, wie sie im Kartellrecht auch vorgesehen werden.

Im **Internetbereich** besteht prinzipielle Benutzer- (Angebots- und Nachfrage-) Frei- **260**
heit. Je nach Benutzungsart sind unterschiedliche Grundrechtsschutzbereiche einschlägig (Informations-, Meinungs- und Pressefreiheit). Maßgebend sind die allgemeinen Marktregeln. Für professionelle Anbieter entwickeln sich Systeme der
Selbstkontrolle[91]. Die Nachweisbarkeit der Benutzung führt zu Überprüfungs-
möglichkeiten, was Verstöße gegen allgemeine Verhaltenspflichten betrifft (strafrechtliche Verbote)[92].

b) **Regelungsbereiche.** Die medienverfassungsrechtlichen Vorgaben werden durch **261**
das **Medienverwaltungsrecht** konkretisiert, für das diese und ihre grundsätzlichen
Auswirkungen eine Art Allgemeinen Teil darstellen, der auf den medienspezi-
fischen Feldern durch besondere Regelungen näher ausgeführt wird. Die Gesetz-
gebungszuständigkeiten liegen überwiegend bei den Ländern. Die wichtigsten Regelungen im Pressebereich treffen die **Landespressegesetze.** Zur Regelung von
länderübergreifenden Angelegenheiten im Rundfunkbereich bestehen neben den
Landesrundfunk- und **Landesmediengesetzen** besondere Staatsverträge zwischen
den Ländern, die zugleich als Landesrecht erlassen wurden. Bundeskompetenzen
bestehen vor allem hinsichtlich der technischen Grundlagen der Rundfunküber-
mittlung und der Telekommunikation. Das **Telekommunikationsgesetz** des Bundes bezieht sich auf den technischen Vorgang der Informationsübermittlung, das
Teledienstegesetz auf die elektronischen Informations- und Kommunikations-
dienste, die für die individuelle Nutzung bestimmt sind. Die **Mediendienste**, die
an die Allgemeinheit gerichtet sind, werden von den Ländern im Mediendiens-
testaatsvertrag und gleichlautenden Landesgesetzen geregelt. Das Informations-
und Kommunikationsdienstegesetz des Bundes betrifft die Individualnutzung. Mit
dem **Signaturgesetz**, das inzwischen an die Richtlinie der EU zur elektronischen Signatur (1999) angepasst wurde, wird die Datenverschlüsselung zur Sicherung des
elektronischen Geschäftsverkehrs geregelt.

Das Besondere Medienverwaltungsrecht findet einen Schwerpunkt im **Medien-** **262**
wirtschaftsrecht. Es umfasst zum einen das **Medienkartellrecht,** das sich gegen
Monopolbildungen und wettbewerbswidrige Absprachen richtet (*RN 306, 316,*
340), zum anderen das **Medienwerberecht,** das neben den allgemeinen werbe-
rechtlichen Regelungen des Gesetzes gegen den unlauteren Wettbewerb (UWG,
RN 306, 316) auch spezielle Bestimmungen, z.B. für die Rundfunkwerbung, zu
berücksichtigen hat. Einen dritten Bereich bildet das **Urheberrecht,** das vor allem
auf die wirtschaftliche Verwertung schöpferischer Leistungen anzuwenden ist (Ur-
heberrechtsgesetz, UrhG, *RN 295*).
Mit den wettbewerbs- und urheberrechtlichen Vorschriften nimmt das Medienrecht am allgemeinen Wirtschaftsrecht und seinen öffentlich- und privatrechtlichen Regelungen teil. Durch die E-Commerce-Richtlinie der EU (2000) wird das
Marktprinzip im Tele- und Mediendienstebereich unionsweit durchgesetzt.

---

[91]   *Boehme-Neßler,* Cyber Law. Lehrbuch zum Internet-Recht, 2001.
[92]   *Popp, M.,* Die strafrechtliche Verantwortung von Internet-Providern, 2002.

Literatur:
Fechner, F., Medienrecht, 2005[5]; *Karpen,* Medienrecht, in: *Achterberg/Püttner/Würtenberger* (Hrsg.), Besonderes Verwaltungsrecht, 2003[12], S. 1186–1272; *Paschke, M.*, Medienrecht, 2001[2]; *Petersen, J.*, Medienrecht, 2004[2].

7. Sozialrecht

263 a) **Grundlagen.** Zu den Grundaufgaben menschenrechtsbestimmter Staaten gehört die **soziale Unterstützung** der Bevölkerung. Auf der völkerrechtlichen Ebene bekennen sich die Staaten untereinander zu dieser Verpflichtung. In der **Sozialcharta des Europarats** wurden grundsätzliche Aufgabenbestimmungen und Rechtsgewährleistungen vereinbart. Das **Europäische Gemeinschaftsrecht** geht prinzipiell von Sozialleistungen der Mitgliedstaaten aus und strebt den Abbau jeder zwischenstaatlichen Diskriminierung sowie die Vereinheitlichung des Sozialrechts an. In der **Grundrechtecharta** der EU wird den sozialen Gewährleistungen besondere Aufmerksamkeit gewidmet. Die Regelung der Sozialleistungen liegt jedoch nach wie vor in der mitgliedstaatlichen Kompetenz.

Das nationale **Sozialverfassungsrecht** beschränkt sich auf die Sozialstaatsklausel und einzelne Bestimmungen (Art. 6 Abs. 1, 4, 5; 9 Abs. 3 GG; vgl. *RN 95, 165*) sowie konkurrierende Gesetzgebungskompetenzen des Bundes, in denen wichtige Bereiche der Sozialleistungen thematisiert werden (Art. 74 Nr. 7, 10, 12, 13 GG). Wesentliche Teile des Sozialrechts werden im **Sozialgesetzbuch** (SGB) des Bundes geregelt, das insbesondere allgemeine Bestimmungen (SGB I und IV, 1) und eine gemeinsame Verfahrensregelung (SGB X) umfasst.

Diese ist anstelle des sonst geltenden Verwaltungsverfahrensrechts (*RN 192*) anzuwenden und stimmt mit diesem weitgehend überein, sieht jedoch u.a. spezielle **Mitwirkungspflichten** seitens der Antragsteller vor und regelt Rücknahme, Widerruf und die sonstige Aufhebung von Verwaltungsakten ausführlicher; ferner werden Regelungen zum Schutz der personenbezogenen Sozialdaten sowie zur Zusammenarbeit in der Sozialverwaltung und mit privaten Leistungsträgern getroffen.

Die **Verwaltungszuständigkeit** liegt grundsätzlich bei den Ländern, ist jedoch neben den Fachbehörden in erheblichem Maße auf bundes- und vor allem landesunmittelbare Selbstverwaltungsträger, einschließlich der kommunalen Selbstverwaltung, verteilt.

264 b) **Sozialleistungen.** Aus der Staatspflicht zur Sicherung des Existenzminimums (*RN 165*) geht einer der Hauptbereiche des Sozialrechts, die **Sozialhilfe,** als Teil der traditionellen Fürsorge hervor. Sie richtet sich nach dem Bundessozialhilfegesetz (BSHG) und soll grundsätzlich als Hilfe für anders nicht abwendbare Bedürftigkeit und zugleich als Hilfe zur Selbsthilfe geleistet werden. Neben der Hilfe zum Lebensunterhalt steht eine Reihe von Hilfen in besonderen Lebenslagen.

265 Zusätzlich folgt aus dem Gedanken der sozialen Sicherung, dass bei Abweichungen vom Normalfall der Erwerbstätigkeit eine Hilfe zur Verfügung stehen muss, die den Ausfall auffängt. Um daher eine allgemeine Vorsorge gegenüber Alter, Krankheit, Unfall und Arbeitslosigkeit zu treffen, wurde das staatlich geregelte **Sozialversicherungssystem** entwickelt.

Das **Sozialversicherungsrecht**, das im SGB IV behandelt wird, beruht auf dem Grundsatz der Pflichtversicherung und des einkommensabhängigen Beitrags der entgeltlich Beschäftigten an die gesetzlichen Versicherungsträger, verbunden mit dem Grundsatz des sozialen Ausgleichs hinsichtlich der zu erwartenden Leistungen. Die nicht in das Mindestversicherungssystem der gesetzlichen Pflichtversicherung Einbezogenen werden durch besondere Vorsorgesysteme (Beamtenrecht, Berufsgenossenschaftsrecht) und Versicherungspflichten (Versicherungsgewerbe) geschützt.

Das **Rentenversicherungsrecht**, geregelt im SGB VI, sieht finanzielle Sicherung bei Erwerbsunfähigkeit und nach altersbedingter Beendigung der Erwerbstätigkeit sowie im Todesfall für unterhaltsberechtigte Hinterbliebene vor, finanziert durch Beiträge der Versicherten und ihrer Arbeitgeber sowie einen Bundeszuschuss. Nach der Neuregelung werden private Zusatzversicherungen gefördert.

Das **Krankenversicherungsrecht**, das im Gesetz zur Strukturreform im Gesundheitswesen (GRG) geregelt wird, schreibt die Pflichtversicherung von Arbeitern und Angestellten bis zu einer bestimmten Einkommensgrenze in den gesetzlichen Kassen vor, die als Körperschaften des öffentlichen Rechts organisiert sind. Die Finanzierung erfolgt durch Beiträge der Arbeitnehmer und Arbeitgeber. Gewährt werden Leistungen bei Krankheit sowie bei Schwanger- und Mutterschaft.

Mit dem Pflegeversicherungsgesetz wurde 1995 die gesetzliche **Pflegeversicherung** eingeführt, die in die Krankenversicherung einbezogen wird.

Die gesetzliche **Unfallversicherung**, die auf der Reichsversicherungsordnung (RVO) beruht, entlastet die Arbeitgeber von ihrer Haftungspflicht und entschädigt die Arbeitnehmer für Arbeitsunfälle und Berufskrankheiten.

266 Die im Arbeitsförderungsgesetz (AFG) geregelte Vorsorge gegen den Verdienstausfall wegen **Arbeitslosigkeit** wird durch Beiträge der Arbeitnehmer und unterstützende Finanzierung des Bundes geleistet. Zuständig für die Verwaltungsaufgabe sind die Bundesagentur für Arbeit und die Arbeitsämter. Neben dem vor allem beitragsfinanzierten Arbeitslosengeld zahlt die Bundesagentur für Arbeit die bundesfinanzierte Leistung zur Sicherung des Lebensunterhalts (Arbeitslosengeld II). Die Arbeitslosenunterstützung ist Teil eines weiter ausgreifenden **Arbeitsförderungsrechts**, das seinerseits Teil der staatlichen Beschäftigungspolitik ist, die sich als Sonderbereich der Sozialpolitik verstehen lässt.

267 Verbindet man den Grundgedanken der Sozialhilfe mit dem Gedanken des allgemeinen sozialen Ausgleichs, ergibt sich ein weiterer Hauptbereich der Sozialleistungen, die **sonstige staatliche Unterstützung** hinsichtlich besonders förderungswürdiger Umstände. Dazu gehört das Kinder- und Jugendhilferecht des SGB VIII zur Unterstützung bei der Erziehung, das Bundeskindergeldgesetz und das Bundeserziehungsgeldgesetz zur Familienförderung, das Wohngeldrecht gem. SGB I zur Unterstützung beim Wohnraumbedarf und das Bundesausbildungsförderungsgesetz.

268 c) **Entschädigungsleistungen.** Dem Ausgleich sozialer Sonderlasten, die für den Staat getragen oder in staatliche Verantwortung übernommen werden, wie Wehrpflicht (Soldatenversorgungsgesetz) und Zivildienst (Zivildienstgesetz) oder Impf-

(Bundesseuchengesetz), Kriegs- (Bundesversorgungsgesetz) und Verbrechensschädigungen (Opferentschädigungsgesetz), dient das soziale Entschädigungsrecht. Seine Regelungen zeigen einerseits Gegenleistungs-, andererseits Haftungscharakter. Die Verwaltungszuständigkeiten liegen überwiegend bei den Ländern, sind aber teilweise besonders geregelt.

Literatur:
Lernempfehlung: *Muckel, S.*, Sozialrecht, 2005[2].
Ergänzend: *Eichenhofer, E.*, Sozialrecht, 2004[5]; *Gitter/Schmidt*, Sozialrecht, 2001[5]; *Waltermann, R.*, Sozialrecht, 2005[5]; *Rüfner*, Sozialhilferecht, in: *Achterberg/Püttner/Würtenberger* (Hrsg.), Besonderes Verwaltungsrecht, Bd. II, 2000[2], S. 926–967; *Schnapp*, Sozialversicherungsrecht, ebd., S. 798–879; *Rüfner*, Kinder- und Jugendhilferecht, ebd., S. 968–985; *Püttner*, Wohnungsrecht, ebd., S. 986–1011; *Schulin/Köbl*, Soziales Entschädigungsrecht, ebd., S. 880–925.

4. Teil: Privatrecht

I. Bürgerliches Recht

1. Das BGB und sein Umfeld – Entstehung des Bürgerlichen Rechts

Seinem Namen nach gilt das Bürgerliche Gesetzbuch für sämtliche Privatper- **269** sonen: Alle – „mündigen" – Bürger sollen ihre Angelegenheiten[1] untereinander eigenverantwortlich selbst regeln[2]. Dieses Grundprinzip der **Privatautonomie** basiert auf den drei Eckpfeilern der Vertragsfreiheit, der Eigentumsfreiheit sowie der Testierfreiheit.

Danach können die Akteure Verträge schließen mit wem (Abschlussfreiheit) und worüber (Inhaltsfreiheit) sie wollen, haben die Möglichkeit, ihr Eigentum so zu verwenden wie sie es für richtig halten, und dürfen ihr Vermögen nach ihrem Tode denen zuwenden, die sie bestimmen. Allerdings besteht diese **allgemeine Handlungsfreiheit** keineswegs unbegrenzt, sondern es sind generelle **Rahmenregeln** als **zwingendes**, auch im Konsens nicht veränderbares **Recht** zu beachten: So sind etwa Verträge, die gegen ein Gesetz (§ 134 BGB) oder gegen die guten Sitten verstoßen (§ 138 Abs. 1 BGB), unwirksam (= „nichtig"), der Eigentümer hat „das Gesetz oder Rechte Dritter" zu wahren (§ 906 Satz 1 BGB), und trotz gegenteiliger letztwilliger Verfügung steht engen Verwandten, nämlich Kindern, Eltern und Ehegatten, zumindest ein Pflichtteil am Erbe zu (§ 2303 BGB)[3]. Darüber hinaus wird unter anderem verlangt, dass die Beteiligten fähig sind, ihre Interessen wahrzunehmen (Geschäftsfähigkeit, §§ 104 ff. BGB) und weder einem Irrtum unterlagen (§§ 119 ff. BGB) noch unter Druck gehandelt haben (§§ 123, 138 Abs. 2 BGB). Im Vertragsrecht werden zusätzlich besondere, ebenfalls zwingende Schutzbestimmungen zugunsten bestimmter, im Aushandlungsprozess der anderen Vertragspartei gegenüber als „unterlegen" oder „schwächer" angesehenen Individuen, wie Arbeitnehmer (*RN 441*), (Wohnraum-)Mieter (*RN 372*) oder Verbraucher (*RN 434*), vorgesehen.

Für die rechtliche Gestaltung ihrer Verhältnisse benötigen die einzelnen Akteure **270** bestimmte Instrumente, vor allem verschiedene Formen von Rechtsgeschäften, welche ihnen vom Staat per Gesetzgebung über das Privatrecht zur Verfügung gestellt werden. Damit diese an ihre individuellen Interessen angepasst werden kön-

---

[1] Sofern die Bedürfnisse individuell befriedigt werden können, was zum Beispiel für die innere und äußere Sicherheit nicht gilt und insbesondere für Infrastrukturmaßnahmen umstritten ist. Für gemeinschaftliche Aufgaben ist dagegen der Staat – oder aber auch ein kleinerer Verband – geeignet; vgl. dazu die Diskussion um *protective state* und *productive state*, grundlegend *Buchanan*, Die Grenzen der Freiheit, 1984.

[2] So in Österreich ausdrücklich § 1 des Allgemeinen Bürgerlichen Gesetzbuchs (ABGB) von 1811: „Der Inbegriff der Gesetze, wodurch die Privatrechte und Pflichten der Einwohner des Staates unter sich bestimmt werden, macht das bürgerliche Recht in demselben aus."

[3] Nur bei schweren Verfehlungen gegenüber dem Erblasser kann auch der Pflichtteil entzogen werden, §§ 2333–2336 BGB.

nen, sind sie vielfach, vor allem im Vertragsrecht, durch Vereinbarung der Beteiligten veränderbar (**dispositives Recht**[4]).

271 Während das Bürgerliche Recht (nach dem römischen *ius civile* auch „Zivilrecht" genannt) unabhängig von Stellung und Status als allgemeines Privatrecht für sämtliche Personen gilt, beschränken sich verschiedene **Sonderprivatrechte** außerhalb des BGB auf bestimmte Gruppen von Akteuren.

So unterliegen Kaufleute dem **Handelsrecht** (*RN 401 ff.*) welches im Wesentlichen durch das bereits vor dem BGB entstandene Handelsgesetzbuch (HGB) abgedeckt wird[5]. Auf Arbeitnehmer – wie auch Arbeitgeber – sind die überwiegend von den Gerichten, meist auf der Grundlage des Dienstvertrages gem. §§ 611 ff. BGB, entwickelten Sonderregeln des **Arbeitsrechts** (*RN 439 ff.*) anzuwenden, ohne dass diese bisher in einem immer wieder geforderten Arbeitsgesetzbuch[6] zusammengefasst worden sind. Die Rechtsverhältnisse zwischen Konsumenten und Unternehmern sind Gegenstand des **Verbraucherrechts** (*RN 432 ff.*), dessen Bestimmungen zunächst in zahlreichen Spezialgesetzen – vom AGB-Gesetz bis zum Fernabsatzgesetz – um das BGB herum angesiedelt wurden, bevor die meisten davon mit der Schuldrechtsreform 2002 in die Zentralkodifikation überführt wurden.

272 Mit dem **Bürgerlichen Gesetzbuch** sollte gegen Ende des 19. Jahrhunderts ein geschlossenes und konsistentes Regelungssystem für das allgemeine Zivilrecht in Deutschland entstehen, denn bis dahin galten auf dem Gebiet des Deutschen Reiches die partikularen Rechtsordnungen der vormaligen Einzelstaaten, welche seit der Reichsgründung 1871 zu Bundesstaaten geworden waren[7] – vom Preußischen Allgemeinen Landrecht aus dem Jahre 1794 über den französischen Code Civil von 1804 in einigen linksrheinischen Gebieten bis zum Sächsischen Bürgerlichen Gesetzbuch von 1863. Das Projekt eines deutschen Zivilgesetzbuches diente also der **Rechtsvereinheitlichung** im neu entstandenen Nationalstaat, wie es der in Heidelberg tätige Zivilrechtslehrer *Thibaut*[8] im Gegensatz zu dem in Berlin lehrenden *Savigny*[9] gefordert hatte. Im Bereich des wirtschaftlich bedeutsamen Handelsrechts hatte der seit 1815 bestehende Deutsche Bund als lockere Gemeinschaft der deutschen Staaten bereits das Wechselrecht[10] sowie mit dem Allgemeinen Deutschen Handelsgesetzbuch (ADHGB) von 1861 das gesamte Kaufmannsrecht vereinheitlicht[11], 1879 traten mit den vier Reichsjustizgesetzen[12] die wesentlichen einheitlichen Verfahrensregelungen in Kraft.

---

[4]   Derartige Regelungen stehen zur Verfügung oder zur Disposition der Parteien und ersparen ihnen damit eine individuelle vertragliche Regelung.

[5]   Überschneidungen bestehen dabei etwa zum Gesellschaftsrecht mit Aktien- und GmbH-Gesetz oder zum Wertpapierrecht mit Wechsel- und Scheckgesetz.

[6]   Unter anderem ausführlich diskutiert auf dem 59. Deutschen Juristentag 1992.

[7]   Bis 1918 gab es 25 Bundesstaaten, darunter die Königreiche Preußen, Bayern, Sachsen und Württemberg, sechs Großherzogtümer wie Hessen und Oldenburg, fünf Herzogtümer wie Braunschweig und Anhalt, sieben Fürstentümer wie Waldeck und Lippe sowie die Freien und Hansestädte Bremen, Hamburg und Lübeck.

[8]   „Über die Notwendigkeit eines allgemeinen bürgerlichen Rechts für Deutschland", 1814, Faksimile, in: *Hattenhauer* (Hrsg.), Thibaut und Savigny. Ihre programmatischen Schriften, München 2002, S. 37–60.

[9]   „Vom Beruf unserer Zeit für Gesetzgebung und Rechtswissenschaft", 1814, Faksimile, in: *Hattenhauer* (Hrsg.), ebd., S. 61–130.

[10] Allgemeine Deutsche Wechselordnung von 1848.

Nach den Vorstellungen der 1874 eingesetzten Vorkommission sollte im BGB vor allem das in Deutschland **geltende Zivilrecht**[13] **zusammengefasst** werden. Die Erste Kommission legte dann nach 13 Jahren 1887 einen Entwurf nebst „Motiven" vor, der als zwar rechtstechnisch und wissenschaftlich hochstehend, jedoch schwer verständlich und sozial unausgewogen kritisiert wurde[14]. Eine durch Vertreter wirtschaftlicher Interessen sowie nichtjuristische Praktiker ergänzte Zweite Kommission erarbeitete zwischen 1890 und 1895 einen zweiten gestrafften Entwurf auf Grundlage ihrer „Protokolle". Dieser bildete dann die Grundlage für das durch Bundesrat und Reichstag noch in zahlreichen Einzelpunkten veränderte, 1896 verabschiedete BGB, welches nach einer auch die Umstellungsschwierigkeiten berücksichtigenden Übergangsperiode zur – vermeintlichen – Jahrhundertwende im Jahre 1900 in Kraft trat.

Seither sind umfangreichere **Änderungen** in verschiedenen Teilgebieten vorgenommen worden[15], vor allem im Bereich des **Familienrechts**, wo die Gleichberechtigung zwischen Mann und Frau erst 1957[16] Einzug hielt, die Diskriminierung nicht-ehelicher Kinder 1969[17] vermindert und die Abkehr vom Verschuldensprinzip bei der Ehescheidung 1976[18] eingeleitet wurde; darüber hinaus wurde 1992 die Entmündigung von Volljährigen durch eine spezifische Betreuung ersetzt[19] sowie 2001 eine gleichgeschlechtliche Lebensgemeinschaft anerkannt[20]. Im Bereich des Schuldrechts wurde neben den bereits erwähnten Regelungen zugunsten von Arbeitnehmern sowie Verbrauchern (*RN 271*) in erster Linie das **Mietrecht**, ebenfalls zunächst fast ausschließlich im Interesse von Wohnraum-Mietern, verändert: Nach dem Auslaufen der aufgrund der Kriegsfolgen eingeführten staatlichen Wohnraumbewirtschaftung in den Sechziger Jahren ist 1971 die Kündigungsbeschränkung[21] sowie 1974 die Mieterhöhungsbegrenzung[22] festgeschrieben worden; 1982 wurden diese Eingriffe in die Ver- **273**

---

[11] Die einheitliche Auslegung in allen deutschen Staaten garantierte das 1869 errichtete Bundes-, seit 1871 Reichsoberhandelsgericht, dem 1879 das Reichsgericht folgte.

[12] Gerichtsverfassungsgesetz (GVG), Zivilprozessordnung (ZPO), Konkursordnung (KO) sowie Strafprozessordnung (StPO).

[13] Nachdem die ursprüngliche Beschränkung der Gesetzgebungskompetenz des Reichs auf das wirtschaftsnahe Obligationenrecht, also auf das Schuldrecht, 1873 durch Reichsgesetz auf das gesamte Bürgerliche Recht, insbesondere einschließlich des Familien- und Erbrechts, sowie das Straf- und das gerichtliche Verfahrensrecht erweitert worden war.

[14] Vor allem von deutschrechtlicher („germanistischer") Seite durch den Berliner Zivilrechtler *Otto von Gierke*, sowie durch den sozialen Schutz verlangenden Wiener Prozessualisten Anton Menger.

[15] Dazu *Wagner, E.*, 100 Jahre Bürgerliches Gesetzbuch – Ein Überblick zu Entstehung, Grundlagen und Entwicklung des BGB, Jura 1999, 505–515; *Laufs*, Beständigkeit und Wandel – Achtzig Jahre deutsches Bürgerliches Gesetzbuch, JuS 1980, 853–860.

[16] Gleichberechtigungs-Gesetz v. 18.6.1957, später ergänzt durch das Familienrechts-Änderungs-Gesetz vom 11.8.1961.

[17] Nichtehelichen-Gesetz v. 19.8.1969, endgültig beseitigt erst durch die Kindschaftsrechtsreform vom 16.12.1997.

[18] Mit dem 1. Eherechtsreform-Gesetz v. 14.6.1976 wurde auf das Zerrüttungsprinzip umgestellt, außerdem der nacheheliche Unterhalt geregelt sowie in Bezug auf die Alterssicherung der Versorgungsausgleich eingeführt.

[19] Betreuungs-Gesetz v. 12.9.1990.

[20] Lebenspartnerschafts-Gesetz v. 16.2.2001.

[21] Erstes Wohnraumkündigungsschutzgesetz v. 4.11.1971.

[22] Gesetz zur Regelung der Miethöhe (MHRG) mit dem Zweiten Wohnraumkündigungsschutzgesetz v. 18.12.1974.

tragsfreiheit etwas zurückgenommen[23] und schließlich ist seit 2001 das gesamte Mietrecht unter Aufnahme vieler Nebengesetze im BGB ohne große inhaltliche Änderungen völlig neu gegliedert worden[24]. Den umfassendsten Eingriff stellt jedoch die **Schuldrechtsreform** dar, die bereits 1978 angeregt worden war,[25] allerdings erst im Zuge der Umsetzung von drei EG-Richtlinien im Bereich des Vertragsrechts[26] wieder aufgegriffen wurde und zum 1.1.2002 in Kraft trat: Durch sie wurden nicht nur die gesetzlichen Folgen von Störungen bei der Vertragserfüllung grundlegend umgestaltet, sondern ebenso das Verjährungsrecht sowie die Vertragstypen Kauf, Werkvertrag und Darlehen, und zusätzlich sind die meisten verbraucherschützenden Nebengesetze in das BGB eingegliedert worden.

274 Während des **Nationalsozialismus** wurde der Text des BGB dagegen erstaunlich wenig verändert, abgesehen vor allem vom Ehegesetz[27], welches die Voraussetzungen für eine Eheschließung aus der Zivilrechtskodifikation herauslöste und an die bereits gesetzlich verankerte Rassenpolitik[28] der NSDAP anpasste. In vielen Bereichen boten die überkommenen Regelungen des Zivilrechts ausreichend Spielraum, um durch die Gerichte im Sinne der Ideologie des Dritten Reichs umgedeutet zu werden[29]. Allerdings plante die 1933 gegründete regimetreue Akademie für Deutsches Recht die Ersetzung des BGB durch ein **Volksgesetzbuch**, das über den 1942 vorgelegten **Entwurf** hinaus jedoch nicht mehr verwirklicht wurde[30]. Auch in der **DDR** galt das BGB, wenn auch nur für die individuellen Rechtsbeziehungen außerhalb des Wirtschaftsverkehrs, im Wesentlichen fort, bis es 1976 durch ein sozialistisch geprägtes Zivilgesetzbuch (**ZGB**) abgelöst wurde[31].

275 Der fünfteilige **Aufbau des BGB** folgt dem Prinzip, allgemein geltende Regelungen nach vorn zu ziehen, vor allem um Wiederholungen zu vermeiden. Daher steht am Beginn ein **Allgemeiner Teil** (§§ 1–240 BGB), dessen Bestimmungen für sämtliche weiteren vier „Bücher" sowie die Nebengesetze gelten, soweit sich dort keine speziellen Vorschriften finden. Er enthält grundlegende Bestimmungen über die Akteure im Zivilrecht („Personen"), über einen Teil der betroffenen Gegenstände („Sachen") und über die notwendigen Instrumente bürgerlich-rechtlichen Handelns („Rechtsgeschäfte")[32]. Ohne die Kenntnis der „konkreteren" Inhalte des übrigen BGB, insbesondere des zweiten Buchs zum **Schuldrecht** (§§ 241–853

---

23   Gesetz zur Erhöhung des Angebots an Mietwohnungen v. 20.12.1982.
24   Mietrechtsreform-Gesetz v. 19.6.2001.
25   Damals stellte der Bundesjustizminister *Hans-Jochen Vogel* entsprechende Überlegungen im Bundestag sowie auf dem 52. Deutschen Juristentag vor, 1981 bzw. 1983 erschienen die überwiegend bei Hochschullehrern in Auftrag gegebenen 24 Gutachten, seit 1984 arbeitete eine Kommission, welche dann Ende 1991 einen Abschlussbericht nebst Entwurf vorlegte.
26   Insbesondere der Verbrauchsgüterkauf-Ril 1999/44/EG, daneben der e-commerce-Ril 2000/31/EG sowie die Zahlungsverzugs-Ril 2000/35/EG.
27   V. 6.7.1938, nach dem 2. Weltkrieg von den Alliierten durch das Kontrollratsgesetz Nr. 16 vom 20.2.1946 ersetzt.
28   Vor allem durch das Blutschutzgesetz v. 15.9.1935 als Teil der „Nürnberger Gesetze".
29   Vgl. etwa *Schröder, R.,* Insel der Reinheit oder Insel des Vergessens? – Zur Urteilstätigkeit des OLG Celle in der Zeit des Dritten Reiches, RuP1989/90, 147 ff.
30   Dazu *Brüggemeier,* Oberstes Gesetz ist das Wohl des deutschen Volkes, JZ 1990, 24–28.
31   Dazu *Kittke,* Das neue Zivilrecht der DDR, JZ 1976, 268–271.
32   Außerdem finden sich in den §§ 196–240 BGB noch die Abschnitte über Fristen und Termine, die Verjährung, die Rechtsausübung und die Sicherheitsleistung.

BGB), in welchem die Rechtsverhältnisse zwischen jeweils zwei Bürgern geregelt werden[33], bleiben diese Normen jedoch sehr abstrakt und schwer verständlich. Im dritten Buch „Sachenrecht" (§§ 854–1296 BGB) werden dann die Beziehungen von Personen bezüglich körperlicher Gegenstände, sowohl in tatsächlicher („Besitz") wie in rechtlicher Hinsicht („Eigentum", „beschränkt dingliche Rechte") abgehandelt. Das **Familienrecht** (§§ 1297–1921 BGB) des vierten Buches erfasst die besonderen Rechtsbeziehungen aus Ehe oder Verwandtschaft, einschließlich der Vormundschaft, und mit dem **Erbrecht** (§§ 1922–2385 BGB) wird der durch den Tod ausgelöste Übergang des Vermögens des Verstorbenen auf noch Lebende behandelt.

Literatur:
Zimmermann, Das Bürgerliche Gesetzbuch und die Entwicklung des bürgerlichen Rechts, in: *Schmoeckel/Rückert/Zimmermann* (Hrsg.), Historisch-kritischer Kommentar zum BGB – Bd. 1, 2003, S. 1–33; *Rückert,* Das BGB und seine Prinzipien Aufgabe, Lösung, Erfolg, ebd., S. 34–122; *Diederichsen, U./Seller* (Hrsg.), Das BGB im Wandel der Epochen, 2002; *Taupitz/Wille,* Die Entwicklung des BGB unter europäischem Einfluss, JA 2005, 385–390; *Bark,* Die Entstehung des BGB im Spiegel der bürgerlichen Rechtsgeschichte, KJ 1973, 158–171.

2. Individuum und Zivilrecht

a) **Die Rechtsfähigkeit natürlicher und juristischer Personen.** Das Privatrecht bezieht sich auf Einzelwesen, die im Verhältnis zu anderen Individuen als **Personen** bezeichnet werden[34]. Dieser Begriff beschreibt ihre Rolle in den Beziehungen zu anderen Personen, die durch untereinander bestehende private Rechtsverhältnisse bestimmt werden. Die aus diesen rechtlichen Beziehungen resultierenden Rechte und Pflichten werden den jeweiligen Trägern zugeordnet, ohne Personen als Anknüpfungspunkte sind privatrechtliche Beziehungen daher nicht denkbar. Deutlich bereits § 1 des preußischen Allgemeinen Landrechts (ALR) von 1794: „Der Mensch wird, insofern er gewisse Rechte in der bürgerlichen Gesellschaft genießt, eine Person genannt.".

Die Person wird deshalb auch als **Rechtssubjekt** bezeichnet, auf das die Privatrechtsnormen gerichtet sind (Normadressat). Diese ordnen ihm subjektive Rechte zu, welche ihm Handlungsspielräume eröffnen, wodurch notwendigerweise die Handlungsspielräume anderer Individuen eingeschränkt werden. Umgekehrt werden den Rechtssubjekten Pflichten auferlegt, welche die Aktionsmöglichkeiten anderer Personen sichern. Jedes Rechtssubjekt ist damit Träger eigener Rechte wie auch Adressat von Pflichten[35].

---

[33] Auch dieser Teil des BGB zerfällt in sich wiederum in einen ersten Teil über Schuldverhältnisse im Allgemeinen (§§ 241–432 BGB) sowie einen zweiten Teil über „Einzelne Schuldverhältnisse", in dem vor allem bestimmte Vertragstypen, wie Kauf, Miete, Darlehen etc., aufgeführt sind.

[34] „Person ist Relation", A. *Kaufmann,* in: *Kaufmann/Hassemer,* (Hrsg.), Einführung in die Rechtsphilosophie und Rechtstheorie der Gegenwart, 2004[7], 1994[6], S. 176.

[35] Erfasst werden nur Rechte und Pflichten zwischen den Individuen, nicht solche gegenüber dem Staat, wie die Steuerpflicht oder die Wehrpflicht.

277 Die Eigenschaft, Träger von Rechten und Pflichten und damit ein von Rechtsfolgen Betroffener zu sein, macht ein Individuum **rechtsfähig**. Der Gleichheitsgedanke – wie er sich als Grundrecht etwa in Art. 3 GG niederschlägt (*RN 124*) – führt dazu, dass **jedem Menschen** von Geburt an die Rechtsfähigkeit zusteht (§ 1 BGB), und nicht mehr nur bestimmten Gruppen (Freien, nicht aber Sklaven) oder Schichten (dem Adel, nicht aber dem Bürgertum).

Besonders deutlich wird die Verbindung von verfassungsrechtlichem Gleichheitssatz und bürgerlich-rechtlicher Rechtsfähigkeit etwa im ungarischen Zivilgesetzbuch von 1959, wo in § 8 Abs. 2 beides zusammengefasst wird: „Die Rechtsfähigkeit ist ungeachtet des Lebensalters, des Geschlechts, der Rasse bzw. der Zugehörigkeit zu einer Nationalität oder Konfession gleich." Die mögliche Geltung des jeweiligen nationalen Zivilrechts nicht nur für eigene Staatsbürger wurde bereits ausdrücklich in Art. 16 des Einführungsteils zum italienischen Codice Civile (CceCiv) von 1942 festgelegt: „Der Ausländer genießt ... die dem Inländer zuerkannten bürgerlichen Rechte." Ob ein fremdes Zivilrecht auf die Rechtsbeziehungen einer Person anzuwenden ist, richtet sich jedoch im Einzelfall nach den Bestimmungen des Internationalen Privatrechts (*RN 61*), die sich vor allem im Zweiten Kapitel des Ersten Teils des Einführungsgesetzes zum BGB (Art. 3–46 EGBGB) finden.

278 Damit wird allerdings nicht ausgeschlossen, dass Art und Umfang einzelner Berechtigungen und Verpflichtungen je nach **Berufsstand** in sachlich gebotener Weise differenziert werden. So unterliegen Kaufleute den besonderen Regelungen des Handelsrechts (*RN 401 ff.*), Unternehmen den Bestimmungen des Wettbewerbs- und Kartellrechts, freie Berufe dem jeweiligen Standesrecht und Konsumenten werden durch spezifisches Verbraucherrecht (*RN 432 ff.*) geschützt. Darüber hinaus agieren die Personen situationsgebunden in bestimmten **Rollen**, an die unterschiedliche Rechtsverhältnisse geknüpft werden, etwa als Käufer oder Verkäufer, Mieter oder Vermieter, Schädiger oder Geschädigter, Eigentümer, Besitzer, Ehegatte, Erbe oder Erblasser. Grundsätzlich können aber sämtliche Rechtssubjekte allen diesen Berufsständen zugeordnet werden wie auch sämtliche bürgerlich-rechtlichen Rollen einnehmen.

279 Da auch private Rechte und Pflichten der Durchsetzung mit Hilfe staatlichen Zwangs bedürfen, muss die Fähigkeit, in einem Zivilprozess Rechte gerichtlich geltend machen zu können (**Parteifähigkeit**), mit der Rechtsfähigkeit in Deckung gebracht werden, wie es durch § 50 Abs. 1 ZPO bestimmt wird. Dies gilt ebenso für besondere Vollstreckungsverfahren wie etwa nach dem Insolvenzrecht (§ 11 Abs. 1 InsO).

Es wird eindeutig festgelegt, dass die Rechtsfähigkeit des Menschen „mit der Vollendung der Geburt" (§ 1 BGB) **beginnt,** so dass dem ungeborenen Nasciturus noch keine bürgerlichen Rechte zustehen[36]. Der Schutz des werdenden Lebens wird damit in erster Linie dem Strafrecht zugeordnet (§ 218 StGB), allerdings führen vorgeburtliche Schädigungen, die sich noch nach Erlangung der Rechtsfähigkeit auswirken, zu diesem späteren Zeitpunkt zu Schadensersatzansprüchen gegen den Schädiger[37]. Der Termin des **Erlöschens** der Rechtsfähigkeit wird dagegen nur

---

[36]   Es ist aber auch möglich, den Gezeugten bereits für rechtsfähig zu erklären, sofern er lebend geboren wird, wie es § 9 Satz 1 des ungarischen ZGB tut, ähnlich in Österreich § 22 ABGB, allein für das Erbrecht ebenso § 1923 Abs. 2 BGB.

indirekt aus § 1922 Abs. 1 BGB ersichtlich, nach dem das Vermögen – und damit die entsprechenden Rechtspositionen – nach dem Tod einer Person auf andere Personen, die Erben, übergeht. Umstritten ist dagegen, ob einem Verstorbenen weiterhin noch Persönlichkeitsrechte, und damit eine Art Teilrechtsfähigkeit, zustehen[38]. Ein **Verzicht** auf die Rechtsfähigkeit ist zu Lebzeiten ebenso wenig möglich[39], wie ihre **Aberkennung**, etwa als Folge einer Bestrafung.

Neben die Menschen als „natürliche" Personen, denen die Rechtsfähigkeit gleichsam angeboren ist, stellt die Rechtsordnung als von ihr geschaffene Ergänzungen die **juristischen Personen**. Diese setzen sich wiederum jeweils aus natürlichen oder anderen juristischen Personen zusammen und bilden damit eine Untergruppe der Personenvereinigungen, die zu bestimmten gemeinsam verfolgten Zwecken gegründet werden (nur im Ausnahmefall handelt es sich um zweckgebundene Vermögensmassen, wie bei der Stiftung, § 80 ff. BGB). Grundtyp der privatrechtlichen juristischen Person ist der – eingetragene – **Verein** (§ 21 ff. BGB), nach dessen Konzept die vor allem für die wirtschaftliche Betätigung vorgesehenen **Kapitalgesellschaften** (Aktiengesellschaft – AG, Gesellschaft mit beschränkter Haftung – GmbH) sowie besondere Formen von „Wirtschaftsvereinen" (eingetragene Genossenschaft – eG, Versicherungsverein auf Gegenseitigkeit – VVaG) in jeweils eigenen Gesetzen entwickelt worden sind. Davon zu unterscheiden sind die öffentlich-rechtlichen Kollektive mit Rechtsfähigkeit, vor allem die Körperschaften (*RN 79*). **280**

Die juristische Person bietet gegenüber den nicht-rechtsfähigen Personenvereinigungen, deren Grundtyp die Gesellschaft bürgerlichen Rechts (GbR, § 705 ff BGB) darstellt, auf den ersten Blick vor allem den Vorteil, als solche selbstständig, nicht nur über alle ihre Mitglieder, in Rechtsbeziehungen zu treten. Durch diese Reduzierung der jeweils beteiligten Akteure auf die juristische Person - und durch die Abkopplung von etwaigen Wechseln im Mitgliederbestand der Personenvereinigung - wird die Teilnahme am Rechtsverkehr erleichtert. Allerdings wird ein **einheitliches Auftreten** nach außen, und damit eine Art Teilrechtsfähigkeit, auch den handelsrechtlichen Personengesellschaften (OHG, KG) ausdrücklich zugestanden (§ 124 Abs. 1 i.V.m. § 161 Abs. 2 HGB), die Rechtsprechung tendiert sogar bei der GbR in diese Richtung[40]. Die entscheidende Wirkung der juristischen Person ist deshalb wohl ihre Eigenschaft als Rechts- und damit auch Vermögensträger, weshalb ihre Mitglieder an ihren Rechtsbeziehungen nur durch sie vermittelt teilnehmen. Auf diese Weise haften nicht die Mitglieder als Personen für Verpflichtungen zur Erreichung des gemeinsamen Zwecks, sondern die Personenvereinigung selbst, so dass die **Haftung** der Teilhaber auf das Kapital **begrenzt** wird, welches sie der juristischen Person zur Verfügung stellen. **281**

---

[37] BGHZ 58, 48.
[38] Dafür etwa OLG Hamburg NJW 1990, 1995, vgl. auch BGHZ 50, 133.
[39] Ausdrücklich etwa in Art. 27 des schweizerischen Zivilgesetzbuches (ZGB): „Auf die Rechtsfähigkeit kann niemand ganz oder zum Teil verzichten."
[40] BGH NJW 2001, 1056–1061.

282 Die **Gründung** einer juristischen Person durch die Vereinbarung zwischen den Mitgliedern (Satzung, Gesellschaftsvertrag) reicht für ihre Entstehung und damit für den Beginn ihrer Rechtsfähigkeit noch nicht aus, da der Staat – vor allem wegen der oben angeführten Risiken für Dritte aufgrund der begrenzten persönlichen Haftung – die „Erzeugung" juristischer Personen einer gewissen Kontrolle unterwirft. Damit können juristische Personen einerseits nicht ohne staatliche Mitwirkung (das wäre die freie Körperschaftsbildung) geschaffen werden, aber andererseits ist nur in seltenen Fällen, so beim Verein mit wirtschaftlicher Zielsetzung (§ 22 BGB), beim Versicherungsverein auf Gegenseitigkeit (§ 5 Abs. 1 VAG) und bei der Stiftung (§ 80 BGB), eine im Ermessen der Behörde stehende Genehmigung (Konzession) erforderlich. Bei den meisten privaten Organisationsformen genügt eine Überprüfung der Übereinstimmung mit den für den jeweiligen Typ gesetzlich festgelegten Mindesterfordernissen (**Normativbestimmungen**)[41], die vor der Eintragung der Organisation in ein öffentliches Register vorgenommen wird. Damit entsteht die – rechtsfähige – juristische Person erst durch die **staatliche Registrierung**, so der Verein mit Eintragung in das Vereinsregister (§ 21 BGB), AG und GmbH mit Eintragung in das Handelsregister (§ 41 Abs. 1 Satz 1 AktG, § 11 Abs. 1 GmbHG), die Genossenschaft mit Eintragung in das Genossenschaftsregister (§ 13 GenG).

Der **Verlust** der Rechtsfähigkeit einer juristischen Person tritt daher nicht schon durch deren Auflösung ein, sondern erfolgt erst mit der Entfernung (Löschung) aus dem Register. Dies geschieht normalerweise erst nach Abschluss des Verfahrens zur Abwicklung (Liquidation, §§ 47 ff. BGB), ausnahmsweise aber auch schon vorher, so bei der als Sanktion gedachten Entziehung der Rechtsfähigkeit durch den Staat (vor allem bei Gesetzesverstößen, § 43 BGB).

283 Der **Umfang** der Rechtsfähigkeit juristischer Personen ist notwendigerweise geringer als der natürlicher Personen, denn es mangelt ihnen an einer dem Menschen vergleichbar differenzierten Persönlichkeit[42]. Während die „Vermögensfähigkeit" juristischer Personen gerade bezweckt wird und insofern an ihr kein Zweifel bestehen kann, werden ihnen **Persönlichkeitsrechte** nur insoweit zugestanden, wie sie in ihrer Funktion bzw. sozialen Rolle als Arbeitgeber oder Wirtschaftsunternehmen betroffen werden[43]. Natürlich bleiben ihnen auch die speziell für natürliche Personen geschaffenen Rechtsbeziehungen des Familienrechts verschlossen.

Auch daran wird erkennbar, dass die juristische Person ein rechtstechnisches Instrument mit bestimmter Zielsetzung darstellt, d.h. die bloße Fiktion einer Person, wie es bereits *Savigny* vertrat, und keine wirkliche Persönlichkeit besitzt, wie sie etwa von *Gierke* („reale Verbandspersönlichkeit") aus ihrer sozialen Existenz ableiten wollte.

---

[41] Das Registergericht kontrolliert jedoch nur die formale Struktur, nicht etwa den Inhalt des geplanten Zusammenschlusses: die Zielsetzung wird nur auf ihre generelle Vereinbarkeit mit dem Gesetz befragt, die Wirtschaftlichkeit überhaupt nicht berücksichtigt.

[42] Deshalb bestimmt Art. 53 des schweizerischen ZGB: „Die juristischen Personen sind aller Rechte und Pflichten fähig, die nicht die natürlichen Eigenschaften des Menschen ... zur notwendigen Voraussetzung haben."

[43] BGHZ 98, 94 (97), BVerfG NJW 1994, 1784, BGH NJW 1994, 1281; *Mertens*, Die Grundrechtsfähigkeit der juristischen Person und das Gesellschaftsrecht, JuS 1989, 857 ff.

„Bürger" im Sinne des Zivilrechts sind damit sämtliche Menschen als natürliche **284**
Personen sowie die von der Rechtsordnung zusätzlich vorgesehenen juristischen
Personen. Sie alle unterfallen grundsätzlich dem Bürgerlichen Recht, dessen per-
sönlicher Anwendungsbereich somit sehr weit gefasst ist.

Literatur:
Köhler, BGB Allgemeiner Teil, 2005[29], §§ 20, 21; *Pawlowski,* Allgemeiner Teil des BGB,
2003[7], § 2; *Rüthers/Stadler,* Allgemeiner Teil des BGB, 2006[14], §§ 14, 15; *Schwab,* Einführung in das Zivilrecht, 2005[16], Teil II Kap. 1, 2.

b) Geschäfts- und Deliktsfähigkeit für Handlungen mit Rechtswirkung

(1) **Handeln und Verantwortlichkeit.** Die Person nimmt deshalb die zentrale Stel- **285**
lung im Privatrecht ein, weil Rechtsfolgen vor allem an deren **Handeln** geknüpft
werden[44]. Dabei geht es entweder um ein erlaubtes Verhalten, mit dem bewusst
und freiwillig rechtliche Wirkungen erzeugt werden sollen (**Rechtsgeschäfte,**
RN 351 ff.)[45], oder um Aktionen, die wegen der Beeinträchtigung von Rechtspositionen anderer Personen als rechtlich missbilligtes Verhalten zwangsläufig
Rechtsfolgen auslösen (**Rechtsverletzungen** in Form einer unerlaubten Handlung,
zur daraus entstehenden deliktischen Haftung *RN 303 ff.*, zur Ausweitung auf gefährliche Tätigkeiten durch Gefährdungshaftung *RN 309 ff.*).

Außerhalb dieser beiden Kategorien von Handlungen liegen rechtlich erhebliche **286**
Verhaltensweisen, die zwar nicht unrechtmäßig sind, aber trotzdem unabhängig
vom Willen des Akteurs Rechtsfolgen auslösen. Dazu gehören zum einen **recht-
geschäftsähnliche Handlungen,** das sind untergeordnete Hilfsgeschäfte, die als
bloße Mitteilungen Rechtswirkungen erzeugen, so etwa die Mahnung nach § 286
Abs. 1 BGB oder die Anzeige („Rüge") eines Sachmangels nach § 377 HGB. Zum
anderen bewirken sogenannte **Realakte** zwar zunächst nur einen tatsächlichen Erfolg, aber an diesen werden ebenfalls rechtliche Wirkungen geknüpft, so etwa
beim Besitzerwerb nach § 854 Abs. 1 BGB an das Erlangen der tatsächlichen Gewalt über eine Sache.

Da die **juristischen Personen** als gedankliche Konstrukte in der realen Welt nicht **287**
handeln können, benötigen sie natürliche Personen, die an ihrer Stelle für sie agieren. Durch die ordnungsgemäße Einsetzung dieser **Organe** werden juristische Personen daher erst handlungsfähig, weshalb sie notwendiger Bestandteil dieser Personenvereinigungen sind, wie etwa der Vorstand bei einem Verein (§ 26 Abs. 1
Satz 1 BGB). Soweit Organe als solche handeln werden sowohl die daraus entstehenden Rechtsgeschäfte (durch Vertretung, *RN 357,* beim Verein § 26 Abs. 2 Satz
1 BGB) wie die dabei eintretenden Rechtsverletzungen (durch Haftung,
RN 303 ff., beim Verein § 31 BGB) der juristischen Person zugewiesen.

---

[44] Nicht vom menschlichen Verhalten abhängig sind z.B. die Rechtswirkungen des Zeitablaufs, et-
      wa die die Durchsetzung eines Anspruchs hemmende Verjährung (§§ 194 ff. BGB), oder des To-
      des eines Menschen, vor allem die Auslösung erbrechtlicher Wirkungen (§§ 1922 ff. BGB).
[45] Nicht bei Gefälligkeiten, *RN 354.*

Zwar können allen Personen Rechte und Pflichten zugeordnet werden, aber nicht jeder (natürlichen) Person werden ohne weiteres erlaubte und unerlaubte Handlungen zugerechnet. Dies geschieht nur dann, wenn der Mensch **typischerweise**[46] über hinreichende **Einsichts- und Urteilsfähigkeit** verfügen müsste. Ist dies nicht der Fall, bleibt die entsprechende Handlung ohne Rechtsfolge. Auf diese Weise werden bestimmte Gruppen von Akteuren – Minderjährige und psychisch Gestörte – vor den negativen Konsequenzen ihres Tuns geschützt, weil sie dessen Folgen in der Regel nicht übersehen können.

288 (2) **Geschäftsfähigkeit.** Erlaubte Handlungen können zu Rechtsgeschäften führen, weshalb die Zurechnung derartiger Erklärungen **Geschäftsfähigkeit** voraussetzt. Bei Erwachsenen – privatrechtlich: **Volljährigen** – wird davon ausgegangen, dass sie geschäftsfähig sind, wenn sie nicht ausnahmsweise dauernd (§ 104 Zff. 2 BGB) in ihrer Geistestätigkeit gestört sind (eine vorübergehende Störung hat im Einzelfall die gleiche Wirkung, § 105 Abs. 2 BGB). Der Zeitpunkt, in dem die Persönlichkeitsentwicklung regelmäßig als abgeschlossen angesehen wird, unterliegt allerdings gesellschaftlich bedingten Schwankungen, derzeit ist er auf 18 Jahre festgelegt (§ 2 BGB)[47]. Auf der anderen Seite haben Erklärungshandlungen von **Minderjährigen bis sieben Jahren** keine Wirkung (§ 105 Abs. 1 BGB), weil sie vollkommen **geschäftsunfähig** sind (§ 104 Zff. 1 BGB). Sie benötigen – wie die dauerhaft Geistesgestörten – eine andere Person, welche für sie handelt: einen **gesetzlichen Vertreter** (bei minderjährigen Kindern sind dies regelmäßig[48] die Eltern, § 1629 Abs. 1 BGB[49]).

289 Minderjährige zwischen sieben und achtzehn Jahren sollen als **Heranwachsende** zunehmend mit dem rechtsgeschäftlichen Verkehr vertraut gemacht werden. Deshalb können sie unter bestimmten Voraussetzungen wirksame Rechtsgeschäfte vornehmen, zu ihrem Schutz sind sie im Übrigen jedoch weiterhin in ihrer **Geschäftsfähigkeit beschränkt** (§ 106 BGB). Negative Folgen können ihnen dann nicht entstehen, wenn ihnen das Rechtsgeschäft allein einen (rechtlichen) Vorteil verschafft, weil ihnen ein Recht übertragen oder ein Anspruch eingeräumt wird – in diesen Fällen wird ihrer Geschäftsfähigkeit keine Beschränkung auferlegt. Bringt das Geschäft jedoch einen rechtlichen Nachteil, etwa den Verlust eines Rechts oder eine Verpflichtung, dann kann der Minderjährige nur im Zusammenwirken mit seinen **gesetzlichen Vertretern** privatrechtlich wirksam handeln: diese müssen ihre **Zustimmung** erteilen, in der Regel vorher durch Einwilligung (§ 107 BGB), bei Verträgen auch nachträglich durch Genehmigung (§ 108 BGB)[50]. Als

---

[46]   Eine Überprüfung in jedem Einzelfall wird dagegen ausgeschlossen, weil ansonsten auf sämtlichen Rechtsgeschäften sowie Haftungsfolgen eine drohende Unwirksamkeit lastete.

[47]   Bis Ende 1974 wurde man in Deutschland erst mit 21 Jahren volljährig, in anderen Rechtsordnungen wurden bereits eher, so in England 1969, oder später, so in der Schweiz seit 1996 (Art. 14 ZGB), ähnliche Anpassungen vollzogen.

[48]   Im Ausnahmefall wird ein Vormund bestellt, § 1773 BGB, der das minderjährige Mündel vertritt, § 1793 BGB.

[49]   Bei Volljährigen ist dagegen ein Betreuer zu bestellen, § 1896 Abs. 1 BGB.

[50]   Einseitige Rechtsgeschäfte sind dagegen ohne vorherige Zustimmung unwirksam, § 111 BGB. Auf diese Weise soll bei derartigen Gestaltungserklärungen, wie etwa der Kündigung, eine bis

einen Sonderfall der Einwilligung bei Verträgen kann man die Überlassung von „Mitteln", meist Geld, zu bestimmten Zwecken oder zur freien Verfügung durch den gesetzlichen Vertreter (bzw. dessen Zustimmung bei der Überlassung durch Dritte) ansehen (§ 110 BGB) – darunter fällt auch das nicht zweckgebundene Taschengeld, nach dem diese Regelung meist verkürzt benannt wird.

Die Einschaltung der gesetzlichen Vertreter setzt die Folgenabschätzung eines als hinreichend fähig angesehenen Dritten an die Stelle der mangels Urteilsvermögen nicht möglichen eigenen Bewertung des Geschäftsunfähigen oder beschränkt Geschäftsfähigen. Dabei wird zum einen durch Haftungsregelungen (für die Eltern § 1644 BGB, für den Vormund § 1833 BGB) der Anreiz vermindert, dass der Dritte seine eigenen Interessen über die des Vertretenen stellt. Zum anderen wird seit neuerem das Risiko eines Minderjährigen, durch Fehleinschätzungen seiner Eltern mit unzumutbaren Belastungen in die Volljährigkeit einzutreten, durch eine Haftungsbegrenzung auf das zu diesem Zeitpunkt vorhandene Vermögen verringert (§ 1629a BGB)[51].

Der **Minderjährige** bedarf natürlich erst recht für eine umfassende wirtschaftliche **290** Betätigung, sei es **als Selbständiger oder** als **abhängig Beschäftigter,** des Einverständnisses seiner gesetzlichen Vertreter, im ersten Fall wegen des besonderen Risikos zusätzlich der Genehmigung des Vormundschaftsgerichts. Ist er jedoch auf diese Weise zu einer spezifischen Teilnahme am Wirtschaftsgeschehen ermächtigt, dann wäre es hinderlich, wenn jedes in diesem Bereich erforderliche, nicht nur vorteilhafte Rechtsgeschäft erneut zustimmungsbedürftig wäre. Aus diesem Grund erlangt der noch nicht volljährige Unternehmer oder Arbeitnehmer automatisch die unbeschränkte Geschäftsfähigkeit für die mit seinem Aufgabengebiet zusammenhängenden Tätigkeiten (§§ 112, 113 BGB).

Um in einem Zivilverfahren handlungsfähig zu sein, benötigt man **Prozessfähig- 291 keit,** die von der Geschäftsfähigkeit abgeleitet wird (§ 52 Abs. 1 ZPO). Davon zu unterscheiden ist die Fähigkeit, in eigener Person mit Gegner und Gericht zu verhandeln (**Postulationsfähigkeit**), die an den Gerichten vom Landgericht aufwärts grundsätzlich auf die dort zugelassenen Rechtsanwälte als Prozessvertreter beschränkt ist (§ 78 ZPO).

(3) **Deliktsfähigkeit.** Unerlaubte Handlungen können eine Haftung auf Schadens- **292** ersatz auslösen, weshalb Personen zivilrechtlich[52] nur dann für ihre Taten verantwortlich zu machen sind, wenn sie **deliktsfähig** sind. Bei **Erwachsenen** wird auch dieser Bereich der Handlungsfähigkeit grundsätzlich vorausgesetzt, es sei denn, sie sind aufgrund von Bewusstseinsstörungen oder krankhaften Störungen der Geistestätigkeit unzurechnungsfähig und damit deliktsunfähig (§ 827 Satz 1 BGB)[53]. Dies trifft ebenfalls auf **Minderjährige bis sieben Jahren** zu, die wie für

---

[51] zur Äußerung der gesetzlichen Vertreter dauernde Phase der Unklarheit vermieden werden. Dazu *Schwartze,* Die Minderjährigen-Insolvenz, in: *Salje* (Hrsg.), Festschr. F. Pieper, 1998, S. 527–549.
[52] Für die strafrechtliche Verantwortung gelten andere Regeln, *RN 459.*
[53] Hat sich die Person dagegen schuldhaft unzurechnungsfähig gemacht, etwa durch Alkohol- oder Drogenkonsum, dann ist sie für ihre Rauschtaten wie bei Fahrlässigkeit verantwortlich, § 827 Satz 2 BGB.

Rechtsgeschäfte auch für Delikte nie zur Rechenschaft gezogen werden (§ 828 Abs. 1 BGB). **Heranwachsende** zwischen sieben und achtzehn Jahren sollen dagegen entsprechend ihrer individuellen Einsichtsfähigkeit für schädigendes Tun verantwortlich sein (§ 828 Abs. 3 BGB). So dürfte einem Achtjährigen zwar die Gefahr offenen Feuers bewusst sein, dagegen wird er für die Folgen der Zerstörung eines Wertpapiers, etwa einer Aktie, noch nicht die erforderliche Einsicht besitzen[54]. Eine Sonderregelung wurde 2002 für **Verkehrsunfälle** eingeführt, bei denen die Deliktsunfähigkeit bis zum Alter von zehn Jahren hinaufgesetzt wurde (§ 828 Abs. 2 Satz 1 BGB), weil die besonderen Gefahren motorisierter Fahrzeuge diese Altersgruppe noch überfordern[55].

293 Auch bei fehlender Verantwortlichkeit in allen diesen Fällen kann trotzdem zumindest ein **Teilschadensersatz nach Billigkeit** zu leisten sein, wenn ansonsten der Geschädigte leer ausginge und der Schädiger wirtschaftlich erheblich besser gestellt ist als dieser oder eine Haftpflichtversicherung den Schaden abdeckt (§ 829 BGB). Entgegen einer weit verbreiteten Ansicht besteht dagegen kein Grundsatz „Eltern haften für ihre Kinder", allerdings sind **Eltern** kraft elterlicher Sorge zur **Aufsicht** über ihre Kinder verpflichtet, so dass sie bei Vernachlässigung dieser Pflicht – ebenso wie andere Aufsichtspflichtige sowie für volljährige Aufsichtsbedürftige Verantwortliche – für etwaige Schäden herangezogen werden können (§ 832 BGB).

Literatur:
Grunewald, Bürgerliches Recht, 2006[7], § 8; *Musielak,* Grundkurs BGB, 2005[9], § 5 III; *Köhler,* BGB, Allgemeiner Teil, 2005[29], § 10; *Pawlowski,* Allgemeiner Teil des BGB, 2003[7], § 2 II. 2; *Rüthers/Stadler,* Allgemeiner Teil des BGB, 2006[14], § 23; *Schwab,* Einführung in das Zivilrecht, 2005[16], Teil II. Kap. 3; *Petersen,* Die Geschäftsfähigkeit, JURA 2003, 97–100.

294 c) **Subjektive Rechte, Herrschaftsrechte über Sachen und andere Rechtsobjekte.** Jede Person ist Inhaber **subjektiver Rechte**, zumindest verfügt sie über, meist unveräußerliche, **Persönlichkeitsrechte.** Dazu gehören Leben, Körper, Gesundheit und Freiheit, die im Zivilrecht zwar nicht besonders herausgestellt werden[56], aber durch § 823 Abs.1 BGB ausdrücklich vor Verletzungen geschützt werden (*RN 316*). Die Rechtsprechung hat darüber hinaus noch ein Allgemeines Persönlichkeitsrecht entwickelt, um sonstige Beeinträchtigungen des Individuums sanktionieren zu können. Im Bürgerlichen Recht wird allein das Namensrecht als spezieller Ausdruck der Persönlichkeit erwähnt (§ 12 BGB). Weil diese Rechte von jeder anderen Person zu beachten sind, werden sie als **absolute Rechte** (oder Herrschaftsrechte) bezeichnet.

---

[54] In Österreich werden Minderjährige dagegen grundsätzlich erst ab 14 deliktsfähig, § 153 i.V.m. § 21 Abs. 2 ABGB.

[55] Eine Ausnahme gilt für vorsätzliches Tun, etwa bei Bewerfen von Autos mit Steinen, § 828 Abs. 2 Satz 2 BGB.

[56] Vgl. aber im Verfassungsrecht, *RN 109 f.* Eine besondere Ausprägung ist das Recht auf informationelle Selbstbestimmung, BVerfGE 65, 1 (41 ff.).

Zu den absoluten Rechten gehören außerdem die **Vermögensrechte**, die das Ver- **295** hältnis von Personen bezüglich bestimmter Rechtsobjekte, also körperlicher Gegenstände (**Sache** i.S.d. § 90 BGB, *RN 323 ff.*), Immaterialgütern wie Patenten oder Urheberrechten (§ 1 PatG, § 2 UrhG) oder gesetzlich nicht speziell geregelter Vermögenswerte wie Informationen und Erwerbschancen (know-how, goodwill, Kundenstamm), beinhalten. Im Bürgerlichen Recht werden die dinglichen Rechte an Sachen mit dem **Eigentum** als umfassendem Herrschaftsrecht herausgehoben (§ 903 BGB), ähnlich wie die grundlegenden Persönlichkeitsrechte wird seine Verletzung ebenfalls mit Schadensersatz bewehrt (§ 823 Abs.1 BGB). Gemeinsam ist diesen *property rights* die Befugnis, andere Rechtssubjekte von jeder Einwirkung auf das Rechtsobjekt auszuschließen (§ 903 Satz 1 BGB, § 9 PatG, § 15 UrhG). Anders als die Rechte an der eigenen Person sind die der Vermögenssphäre zugeordneten subjektiven Rechte jedoch veräußerbar, d.h. sie können übertragen werden, wozu wiederum Rechtsgeschäfte (*RN 351 ff.*) erforderlich sind. Personen untereinander stehen dagegen keine Herrschaftsrechte (mehr[57]) zu, gegenüber anderen Rechtssubjekten wirken daher allein begrenzte **Weisungsrechte**, welche sich wiederum entweder aus dem Gesetz (so die elterliche Sorge, § 1626 BGB, deren Durchsetzung etwa bei einer Wegnahme gefährlicher Gegenstände auch unmittelbare Gewaltanwendung einschließt[58]) oder aus freiwillig begründeten Rechtsverhältnissen (so das Direktionsrecht des Arbeitgebers im Rahmen des Arbeitsvertrages) herleiten[59].

Abgesehen von diesen sämtliche anderen Personen ausschließenden Persönlich- **296** keits- und Vermögensrechten können zwischen bestimmten Akteuren **relative Rechte**, deren Wirkung auf die unmittelbar Beteiligten beschränkt ist, aus rechtlichen Sonderverbindungen entstehen – entweder per gesetzlicher Anordnung oder nach dem Willen der Parteien. Es handelt sich dabei speziell um **Forderungen**, aus denen die eine Seite (der Gläubiger) eine Leistung der anderen Seite (des Schuldners) im Rahmen eines Schuldverhältnisses verlangen kann (§ 241 Abs. 1 BGB). Derartigen obligatorischen Rechten werden generell **Ansprüche** aus anderen Rechtsverhältnissen, etwa aus dem Sachen-, Familien- oder Erbrecht zur Seite gestellt (§ 194 Abs. 1 BGB). Auf diese Weise werden Einzelne gegenüber dem jeweiligen Anspruchsinhaber zu einem bestimmten Verhalten verpflichtet, welches entweder in einer Handlung oder im Nichthandeln bzw. Unterlassen (auch in Form der Duldung) besteht. Auch die obligatorischen Rechte sind veräußerbar und können durch Rechtsgeschäft (Abtretung §§ 398 ff. BGB) übertragen werden.

Neben den freiwillig eingegangenen **Verpflichtungen aus Verträgen**, etwa zur Zah- **297** lung eines Kaufpreises durch den Käufer an den Verkäufer i.S.d. § 433 Abs. 2 BGB, entstehen **Forderungsrechte auf Geheiß des Gesetzgebers** vor allem dann, wenn in absolute Rechte eingegriffen wird, etwa auf Zahlung von Schadensersatz

---

[57] Anders als in vergangenen Zeiten bei der Leibeigenschaft oder der Sklaverei, gegen die in Österreich § 16 Satz 2 ABGB erlassen wurde, der diese Machtausübung ausdrücklich untersagt.

[58] Dagegen wird die körperliche Züchtigung seit Ende 2000 ausdrücklich untersagt, § 1631 Abs. 2 BGB.

[59] Vgl. *Pawlowski*, Allgemeiner Teil des BGB, 2003[7], Rn. 303 f.

durch den Schädiger an den Geschädigten nach § 823 Abs. 1 BGB (*RN 316*) oder auf Herausgabe einer Sache vom unrechtmäßigen Besitzer an den Eigentümer nach §§ 985, 986 BGB (*RN 331*). Damit bilden derartige bilaterale Ansprüche die rechtlichen Mittel, um absolute Rechte zu verwirklichen[60].

298   Anders als die absoluten Rechte unterliegen subjektive Rechte mit Wirkung *inter partes*, also begrenzt auf die unmittelbar Beteiligten, der **Verjährung** (§ 194 Abs. 1 BGB)[61]: Sie sind vor Gericht nach Ablauf einer gewissen Zeit – in der Regel bereits nach drei Jahren (§ 195 BGB) – nicht mehr einklagbar[62], sofern zwischen den Parteien keine Verhandlungen über den Anspruch stattfinden (§ 203 BGB) und auch nicht versucht wird, diesen – in der Regel vor Gericht – durchzusetzen (§ 204 BGB)[63]. Diese Beschränkung subjektiver Rechte wird mit den durch wachsenden zeitlichen Abstand eintretenden Beweisschwierigkeiten gerechtfertigt, durch die eine gerichtliche Klärung der Anspruchsberechtigung immer unsicherer wird, was vor allem als unzumutbare Belastung für den verteidigungswilligen Schuldner aber auch für die Gerichtsbarkeit insgesamt angesehen wird[64].

299   Schließlich werden zu den subjektiven Rechten auch die **Gestaltungsrechte** gezählt, durch die bestehende Rechtsverhältnisse einseitig geändert, meist aufgehoben werden können[65]. Die Befugnis zur Gestaltung wird entweder freiwillig eingeräumt, etwa durch den Vertragspartner, oder vom Gesetzgeber unter bestimmten Voraussetzungen zugesprochen: So kann der **Rücktritt**, mit dem ein Vertragsverhältnis von Anfang an (*ex tunc*) rückgängig gemacht wird, im Vertrag selbst vorbehalten sein oder aber gesetzlich, etwa aufgrund einer Störung der Vertragsdurchführung (§§ 323, 324 BGB, *RN 378, 380, 385*), eingeräumt werden (§ 346 Abs. 1 BGB). Ähnliches gilt für die **Kündigung** von Dauerschuldverhältnissen, die nur *ex nunc* wirken und damit keine Rückabwicklung erforderlich macht, wie etwa im Mietrecht (§§ 542, 543 BGB). Vom Gesetzgeber zum Schutz der Willensfreiheit vorgesehen ist die **Anfechtung** von Willenserklärungen (§ 142 i.V.m. §§ 119 ff. BGB, *RN 360 ff.*), daneben können Willenserklärungen bis zu einem bestimmten Zeitpunkt (§ 130 Abs. 1 BGB, *RN 354*) oder aus Gründen des Verbraucherschutzes (§§ 355 ff. BGB, *RN 433*) mit einem **Widerruf** beseitigt werden[66]. Freiwillig werden vielfach auch rechtsbegründende Gestaltungsrechte ein-

---

60   Vgl. *Schwab*, Einführung, Heidelberg 2002[15], Rn. 186.

61   Zu den mit der Schuldrechtsreform 2002 geänderten Verjährungsvorschriften *Witt*, Schuldrechtsmodernisierung 2001/2002 – Das neue Verjährungsrecht, JuS 2002, 105–113. Vgl. auch *Pohlmann*, Verjährung, JURA 2005, 1–8.

62   Genauer: Der Schuldner kann die Leistung verweigern, § 214 Abs. 1 BGB, was vor allem erfordert, dass er sich auf den Eintritt der Verjährung beruft. Ohne die Erhebung dieser Einrede bleibt der Anspruch durchsetzbar, weil das Gericht nicht von Amts wegen die Verjährung feststellen darf. Zur Durchsetzung von Ansprüchen im Zivilverfahren *RN 339 ff*.

63   Zu weiteren Gründen, aus denen die Verjährung gehemmt, d.h. ihr weiterer Fristablauf gestoppt wird (§ 209 BGB), §§ 205–211 BGB.

64   Der BGH verweist allgemein auf die „Sicherheit des Rechtsverkehrs und Rechtsfrieden", BGHZ 59, 72 (74).

65   Damit werden vorhandene Herrschafts- oder Forderungsrechte berührt, weshalb Gestaltungsrechte als sekundäre Rechte angesehen werden.

66   Auch die Aufrechnung, mit der eine Forderung durch eine Gegenforderung zum „Erlöschen"

geräumt, wie etwa das im Gesetz typisierte Wiederkaufsrecht (§ 456 BGB)[67], auch ein Vertragsangebot (§ 145 BGB) spricht dem Empfänger die einseitige Befugnis zu, durch die Annahme nach §§ 147 ff. BGB ein Schuldverhältnis zu begründen[68].

Eines der seltenen Beispiele für ein rechtsänderndes Gestaltungsrecht ist die Minderung aufgrund eines Mangels der gekauften Sache (§ 441 Abs. 1 Satz 1 BGB, *RN 385*), denn damit wird die ursprüngliche Kaufpreisabrede der Parteien dem verringerten Wert der Kaufsache angepasst[69].

Durch die Ausübung von Gestaltungsrechten wird die beabsichtigte **Rechtsver- 300 änderung unmittelbar** ausgelöst (das Vertragsverhältnis wird durch Rücktritt bzw. Kündigung ohne Weiteres aufgelöst, die Willenserklärung verliert durch Widerruf bzw. Anfechtung sofort ihre Wirkung), daher bedürfen sie – anders als die zuvor erwähnten Forderungsrechte – keiner Durchsetzung. Allerdings kann trotzdem Streit darüber entstehen, ob die Rechtsgestaltung zulässig und wirksam war. Zur Vermeidung anhaltender Unsicherheit ist es daher erforderlich, dass die **Gestaltung deutlich erkennbar** ist, weshalb zumindest die Abgabe einer empfangsbedürftigen Willenserklärung („Hiermit übe ich mein Rücktrittsrecht aus.", „Ich kündige!") verlangt wird, welche grundsätzlich nicht unter eine Bedingung gestellt werden darf[70]. Bei komplexeren Rechtsverhältnissen reicht eine einfache Gestaltungserklärung jedoch nicht aus, vielmehr ist eine **Gestaltungsklage** vor Gericht zu erheben, damit dieses im Vorhinein über die Wirksamkeit der Rechtsänderung befinden kann[71].

Literatur:
Köhler, BGB, Allgemeiner Teil, 2005[29], §§ 17, 22; *Pawlowski,* Allgemeiner Teil des BGB, 2003[7], § 3; *Rüthers/Stadler,* Allgemeiner Teil des BGB, 2006[14], §§ 4, 5; *Schwab,* Einführung in das Zivilrecht, 2005[16], Teil III.; *Leverenz,* Die Gestaltungsrechte des Bürgerlichen Rechts, Jura 1988, 1–9.

3. Bürgerliches Vermögensrecht

Den Kern des Bürgerlichen Rechts bildet das Vermögensrecht, in dem das **Schuld- 301 recht** (2. Buch des BGB) mit der Regelung der vertraglichen und der gesetzlichen Schuldverhältnisse sowie das die Rechtsbeziehungen bezüglich körperlicher Gegenstände normierende **Sachenrecht** (3. Buch des BGB) zusammengefasst werden.

---

[67] (§ 389 BGB) gebracht, also beseitigt werden kann, stellt ein Gestaltungsrecht dar (§ 388 BGB).
[68] Offen gelassen in BGH NJW 2000, 1332.
[69] So RGZ 132, 6.
  Bis zur Schuldrechtsreform hatte der Käufer dagegen nur einen Anspruch auf Minderung (§ 462 BGB a.F.), den er bei Weigerung des Verkäufers gerichtlich durchsetzen musste.
[70] Eine Ausnahme gilt für Bedingungen, deren Eintritt der Erklärungsempfänger in der Hand hat, wie bei der Änderungskündigung: Diese beendet ein Dauerschuldverhältnis, wenn nicht die Gegenseite auf veränderte Vertragsbedingungen (niedrigerer Lohn, höherer Mietzins) eingeht.
[71] Derartige erhöhte Anforderungen werden unter anderem bei der Ehescheidung, § 1564 BGB, bei der Anfechtung eines Erbschaftserwerbs wegen Erbunwürdigkeit, § 2342 BGB, sowie bei der Auflösung einer Offenen Handelsgesellschaft, § 133 HGB, gestellt.

Obwohl auch im Familien- und Erbrecht vermögensrechtliche Aspekte eine nicht unwesentliche Rolle spielen, werden diese Bereiche des Bürgerlichen Rechts aufgrund der speziellen Rechtsbeziehungen im Familienverband (*RN 388 ff.*) oder anlässlich eines Erbfalls vom allgemeinen Vermögensrecht abgegrenzt.

302 Die Regelung der vertraglichen Schuldverhältnisse beeinflusst das Handeln von Individuen in besonderem Maße, weil sie auf deren Grundlage ihre privaten Rechtsbeziehungen nach ihren eigenen Vorstellungen gestalten können. Daher ist dem **Vertragsrecht** ein eigener Abschnitt dieser Ausführungen gewidmet (*RN 351 f.*). Zuvor ist jedoch näher auf die durch Gesetz begründeten Schuldverhältnisse einzugehen, soweit sie wegen einer Verletzungshandlung entstehen[72], also auf das **Deliktsrecht** (unerlaubte Handlungen, §§ 823 ff. BGB) einschließlich der Gefährdungshaftung (*RN 303 f.*). Im Anschluss daran wird das **Sachenrecht** in seinen wesentlichen Grundzügen behandelt, vor allem die Befugnisse des Eigentümers als Inhaber eines Herrschaftsrechts an einem körperlichen Gegenstand (*RN 323 f.*). Die auf diese Weise dargestellten subjektiven Rechte bleiben jedoch ohne die Möglichkeit, sie notfalls unter Zuhilfenahme staatlichen Zwangs durchzusetzen, bloße Fiktion oder *law in the books*, erst die Justizgewährung mittels staatlicher Gerichte und Vollstreckungspersonen führt zum *law in action*[73]. Daher soll ein Überblick über den Aufbau der Gerichtsbarkeit sowie die Darstellung der Grundregeln des Zivilverfahrens diesen Abschnitt ergänzen (*RN 339 ff.*).

a)   Rechtsbeziehungen aufgrund schädigenden Verhaltens

303 **(1) Funktion und Grundlagen des Haftungsrechts.** Soweit die Rechtsordnung den Individuen mittels subjektiver Rechte (*RN 294 ff.*) einen Bereich zuweist, über den diese allein bestimmen können, müssen **unzulässige Eingriffe anderer Personen** in diese Rechtssphäre so weit wie möglich verhindert werden – dazu dienen etwa Ansprüche auf Unterlassung derartiger Handlungen – oder es sollten, falls dies nicht möglich ist, zumindest deren (negative) Folgen rückgängig gemacht werden. Allerdings ist der vorbeugende Schutz gegen eine drohende Beeinträchtigung von Rechtsgütern und Interessen im BGB nicht allgemein geregelt[74] – die Rechtsprechung behilft sich hier mit einem rechtsfortbildenden Verweis auf den in speziellen **Unterlassungsansprüchen** zum Schutz des Eigentums (§ 1004 Abs. 1 Satz 2 BGB), des Besitzes (§ 862 Abs. 1 Satz 2 BGB) sowie des Namensrechts (§ 12 Satz 2 BGB) zum Ausdruck kommenden Rechtsgedanken[75].

---

[72]   Das Bereicherungsrecht (§§ 812–822 BGB), das der Rückführung ungerechtfertigter Vermögensverschiebungen dient, kann dagegen im Rahmen eines Überblicks nicht im Einzelnen erörtert werden. Gleiches gilt für die Geschäftsführung ohne Auftrag (§§ 677–687 BGB) als weiteres gesetzliches Schuldverhältnis.

[73]   Diese mittlerweile als Schlagwort bekannte Unterscheidung wurde von einem der Mitbegründer des US-amerikanischen *legal realism* herausgearbeitet, *Roscoe Pound*, Law in the Books and Law in Action, 44 American Law Review (1910), 12–32.

[74]   Für Immaterialgüter findet er sich in den Spezialgesetzen, so etwa § 97 Abs. 1 UrhG oder § 139 Abs. 1 PatG, ebenso im Wettbewerbsrecht § 1 UWG sowie § 33 GWB.

[75]   Anders im niederländischen Bürgerlichen Gesetzbuch, wo im Deliktsrecht ausdrücklich auch das „Verbot eines unerlaubten Verhaltens" (Art. 6: 168 Abs. 1 Satz 1 BW) angeführt wird.

Im Vordergrund steht vielmehr die nachträgliche Beseitigung der Folgen einer Ver- **304** letzung der Integritätsinteressen im Wege des **Schadensersatzes**, in erster Linie durch die (Wieder-)Herstellung des ursprünglichen Zustandes („Naturalrestituti- on" gem. § 249 Abs. 1 BGB), in der Praxis jedoch in den meisten Fällen, so bei ei- ner Personen- oder Sachbeschädigung nach Wahl des Geschädigten (§ 249 Abs. 2 BGB) oder bei unmöglicher bzw. unverhältnismäßig aufwendiger Restitution (§ 251 BGB), durch eine Entschädigung in Geld. Diese Konsequenzen einer Ver- letzungshandlung für den Schädiger werden unmittelbar im Gesetz angeordnet, so dass die damit verbundene Verpflichtung ohne oder sogar gegen dessen Willen entsteht.

Mit dem Ersatz des Schadens beim Verletzten wird auf den ersten Blick das Ziel **305** verfolgt, die diesem entstandenen Nachteile auszugleichen (**Kompensationsfunk- tion**)[76]. Abgesehen davon, dass es vielfach nicht möglich ist, in Form einer *restitu- tio in integrum* den Zustand wiederherzustellen, der vor der Verletzung bestanden hat, und insbesondere bei immateriellen Schäden auch ein finanzieller Ausgleich kaum ausreicht, wird diese Begründung des Haftungsrechts insbesondere aus öko- nomischer Perspektive in Frage gestellt: Die bloße Verschiebung einer Vermögens- einbuße vom Geschädigten auf den Schädiger[77] verursacht nur Kosten für das Ausgleichsverfahren, ohne dass gesamtwirtschaftlich eine Verbesserung eintritt, so dass es sinnvoller wäre, den Schaden dort zu belassen wo er eingetreten ist. Stattdessen wird die Verpflichtung zum Schadensersatz als Sanktion angesehen, die ein potentieller Schädiger in Rechnung stellt und zu vermeiden trachtet, wo- durch die abschreckende Wirkung des Haftungsrechts (**Präventionsfunktion**) in den Blick gerät[78]. Soweit dadurch Vermögensminderungen vermieden werden, verbessert sich die allgemeine ökonomische Situation und rechtfertigt damit die staatlichen Regelungen. Dieser Effekt könnte verstärkt werden, indem die Höhe des Schadens vom Ausmaß des Verschuldens abhängig gemacht wird[79], dem Ver- letzer sein Gewinn entzogen wird[80] oder die Ausgleichszahlung gegenüber dem tatsächlich entstandenen Schaden zum Zwecke der „Bestrafung" erhöht wird (*pu- nitive damages*)[81].

---

[76] So immer noch die herrschende Meinung, vgl. etwa *Katzenmeier*, in: *Dauner-Lieb/Langen* (Hrsg.), Anwaltkommentar BGB – Band 2 Schuldrecht, Teilband 2, 2005, vor 823 ff. Rn. 54 m.w.N.

[77] Ebenso *Medicus*, Schuldrecht I – AT, 2005[16], Rn. 582: „... Schadensverlagerung: Was der Ge- schädigte erhält, muss dem Schädiger genommen werden".

[78] Diese soll nunmehr in den „Grundregeln des Europäischen Haftungsrechts" ausdrücklich veran- kert werden, Art. 10: 101 Satz 2: „Damages also serve the aim of preventing harm." Grundle- gend aus ökonomischer Sicht Calabresi, Some Thoughts on Risk Distribution and the Law of Torts, 70 Yale L.J. (1961), 499 ff., vgl. auch *Schäfer/Ott*, Lehrbuch der ökonomischen Analyse des Zivilrechts, 2005[4],Teil 2, 4. Kap. Ziff. 3.

[79] Dafür gibt es nach deutschem Recht keine Möglichkeit, anders etwa nach einem Reformentwurf in der Schweiz (Art. 52 Abs.1 Ref-E OR: „Schwere des Verschuldens"), sowie in Österreich § 1324 ABGB.

[80] Solches ist in den Niederlanden ausdrücklich vorgesehen, Art. 6: 104 BW, in Deutschland seit neuestem zumindest für unerlaubten Wettbewerb in § 10 UWG.

[81] Diese Methode findet sich vor allem im US-amerikanischen Recht, dazu *Schmitz*, Notwendiger Verbraucherschutz oder übertriebene Strafe? Schadensersatzzahlungen in den USA, JuS 1999, 941–946, aber auch in Deutschland wird der Ausgleichsgedanke manchmal durchbrochen, so

306 Natürlich darf nicht jede Beeinträchtigung der Sphäre einer Person durch eine andere zu einem Ausgleichsanspruch führen, denn damit würden die **Bestands-interessen gegenüber dem Aktivitätsbedarf** überbewertet. Daher besteht keine allgemeine Pflicht, das Vermögen (als Inbegriff sämtlicher geschützter Rechtspositionen) eines Anderen nicht zu vermindern.

In einer Marktwirtschaft geschieht genau dies regelmäßig zwischen Konkurrenten beim „Kampf" um Kunden, weshalb nur „unlautere", gegen die guten Sitten verstoßende und damit über das zulässige Maß hinausgehende Wettbewerbshandlungen zum Schadensersatz verpflichten (§ 1 UWG).

307 Erst das Verhalten einer Person, welche die für das Zusammenleben in der Gesellschaft notwendige **allgemeine Rücksichtnahme** außer Acht lässt, überschreitet die Schwelle für das Eingreifen des Staates mit den Mitteln des Haftungsrechts. Über diese gegenüber der Allgemeinheit zu beachtenden Verhaltensregeln[82] hinaus können Einzelne jedoch untereinander innerhalb von **rechtsgeschäftlichen Sonderverbindungen** erhöhte Anforderungen vereinbaren, deren Nichteinhaltung unabhängig von einer Sanktion durch das Deliktsrecht[83] zur vertraglichen Haftung (*RN 387*) führt.

308 Die voneinander abhängigen Freiheitsräume der Individuen können vor allem dadurch gesichert werden, dass jeder mit seiner Aktivität Andere so wenig wie möglich beeinträchtigt. Damit darf also keinesfalls absichtlich jemand geschädigt werden, aber auch ein nachlässiges Verhalten, welches wegen nicht ausreichender Anstrengungen zu negativen Folgen führt, sollte unterbunden werden. Damit ist das **Verschuldensprinzip** beschrieben, wonach sowohl vorsätzliches[84] aber auch fahrlässiges, also unsorgfältiges (so die Definition in § 276 Abs. 2 BGB) Handeln grundsätzlich zur Haftung für den dadurch ausgelösten Schaden führt. Vorausgesetzt wird dabei sowohl der Wille wie die Fähigkeit jedes Einzelnen, seine Handlungen zu steuern: Er kann sich für ein regelkonformes Verhalten entscheiden und auf diese Weise vorsätzliche Schädigungen ausschließen, und er kann sich bemühen, durch Sorgfalt fahrlässige Beeinträchtigungen zu verhindern. Damit trifft diese verschuldensabhängige zivilrechtliche Schadensersatzpflicht diejenigen, welche die **negativen Folgen am besten vermeiden** können, indem sie ihre Handlungsweise anders einrichten[85]. Konsequenterweise wird ein **Mitverschulden** des Geschä-

---

        bei der Nachzahlung von Aufführungsgebühren an die GEMA, deren Höhe gegenüber dem Normalbeitrag verdoppelt werden, BGHZ 59, 286 ff.

[82]   Im engeren Bereich der Familie werden den Angehörigen gesetzlich weitergehende Pflichten auferlegt, dazu *RN 388 ff.*

[83]   Eine Handlung kann daher zugleich als Vertragsverletzung und als unerlaubte Handlung zum Schadensersatz führen, etwa wenn bei einer Wohnungsrenovierung durch einen damit beauftragten Maler die Möbel mangels Abdeckung Schaden nehmen: Pflichtverletzung des Werkvertrages gem. § 280 Abs. 1 BGB sowie gleichzeitig Eigentumsverletzung gem. § 823 Abs. 1 BGB. Der Schaden ist dann aus beiden Gründen zu ersetzen, aber natürlich insgesamt nur einmal (Anspruchskonkurrenz).

[84]   Nicht im BGB, jedoch im österreichischen ABGB als „böse Absicht" definiert: „Schaden mit Wissen und Wollen ... verursacht", § 1294 Satz 3.

[85]   Vor allem aus der ökonomischen Perspektive wird die Haftung dieser *cheapest cost avoider* als sinnvoll angesehen, vgl. *Schäfer/Ott*, Lehrbuch der ökonomischen Analyse des Zivilrechts, 2005⁴, Teil II 6. Kap. Ziff.3.

digten, welches zu dem Schaden beigetragen hat, ebenfalls – in diesem Fall schadensersatzmindernd – berücksichtigt (§ 254 Abs. 1 BGB)[86]; dies gilt auch für vorsorgliche Schutzmaßnahmen, wie etwa für das Anlegen des Sicherheitsgurtes im Auto[87].

Ergänzt wird diese von der Inanspruchnahme durch den Geschädigten abhängige privatrechtliche Sanktion vor allem in schwerwiegenden Fällen des vom sozial gebotenen abweichenden Verhaltens mittels der **Bestrafung durch den Staat**. Sie erfolgt im Allgemeininteresse, welches durch den anklagenden Staatsanwalt vertreten wird, durch spezielle Maßnahmen im Wege besonderer Strafverfahren[88].

Im BGB wird nahezu immer schuldhaftes Handeln für die deliktische Haftung des **309** Schädigers verlangt (so ausdrücklich § 823 Abs. 1 BGB: „vorsätzlich oder fahrlässig", in § 823 Abs. 2 Satz 2 BGB: „nur im Falle des Verschuldens" oder in § 826 BGB: „vorsätzlich"). Teilweise wird diese Voraussetzung allerdings negativ formuliert (so etwa in §§ 831, Abs. 1 Satz 2, 832 Abs. 1 Satz 2, 836 Abs. 1 Satz 2 BGB), so dass nicht der Geschädigte das Verschulden vor Gericht nachweisen, sondern der Schädiger sich entlasten muss (Umkehr der Beweislast[89]). Eine verschuldensunabhängige Haftung wurde traditionell allein dem Tierhalter, also demjenigen, der über ein Tier im eigenen Interesse bestimmt, angelastet, jedoch nur für ein „Luxustier", welches keinen anerkannten Interessen wie Beruf, Erwerb oder Unterhalt dient (§ 833 BGB)[90].

Außerhalb des BGB wird dagegen in Spezialgesetzen zunehmend eine **strikte Haf- 310 tung**, für die es nicht auf schuldhaftes Verhalten ankommt, angeordnet. Erfasst werden davon viele Fälle, in denen eine besonders gefährliche und damit schadensträchtige Tätigkeit ausgeübt wird[91].

Fast immer geht es um die Risiken des technischen Fortschritts, wie beim Bahn- (§ 1 HaftPflG)[92] oder Luftverkehr (§§ 33 LuftVG), beim Betrieb von Energieanlagen (§ 2 HaftPflG), Kraftfahrzeugen (§ 7 StVG), oder Atomanlagen (§§ 25 ff. AtomG) sowie bei der Nutzung von Arzneimitteln (§ 84 AMG) oder gentechnisch veränderten Organismen (§ 32 GenTG). Auch die Haftung für spezifische Gefahren, denen Produktnutzer (§ 1 ProdHG) oder die natürlichen Lebensgrundlagen (§ 1 UmwHG, § 22 WHG) ausgesetzt sind, reagiert ganz überwiegend auf die fortschreitende Komplexität und mangelnde Beherrschbarkeit von Gegenständen und Herstellungsabläufen.

---

[86] Auch nach Eintritt des Schadens hat der Geschädigte diesen möglichst gering zu halten (Schadensminderungspflicht, § 254 Abs. 2 Satz 1 letzter Halbsatz BGB).

[87] BGH NJW 2001, 1485.

[88] Es handelt sich also auch organisatorisch um einen anderen Rechtsweg, für den zwar ebenfalls die ordentlichen Gerichte zuständig sind, aber dort spezialisierte Richter. Diese Trennung von Strafe und Schadensersatz wird in Österreich ausdrücklich hervorgehoben, § 1338 ABGB.

[89] Man kann daher auch von einem „vermuteten Verschulden" sprechen.

[90] Die bereits 1908 eingeführte Unterscheidung zwischen Nutz- und Luxustieren führt zu wenig einsichtigen Ergebnissen, weil die Abgrenzung etwa für einen Blindenhund immer noch streitig ist.

[91] Im Vorentwurf für ein neues Haftpflichtrecht der Schweiz wird die Gefährdungshaftung in einem allgemeinen Tatbestand durch „das charakteristische Risiko einer besonders gefährlichen Tätigkeit" gekennzeichnet, Art. 50 Abs. 1 Ref-E OR.

[92] Bereits geraume Zeit vor Inkrafttreten des BGB wurde derartigen Gefahren mit einer strikten Haftung in § 25 des Preußischen Eisenbahngesetzes von 1838 begegnet.

311 Das prominenteste Beispiel ist die **Produkthaftung**, die auf der Grundlage einer EG-Richtlinie[93] seit 1989 spezialgesetzlich geregelt ist. Zuvor hatten die Gerichte die allgemeine deliktische Haftung des BGB angewendet, aber die Beweisschwierigkeiten des Geschädigten hinsichtlich des Verschuldens des Herstellers dadurch zu kompensieren versucht, dass letzterer die Einhaltung der üblichen Sorgfaltsstandards nachweisen musste (Beweislastumkehr)[94]. Über diese weiterhin geltende (§ 15 Abs. 2 ProdHG) Verantwortung hinaus haftet seit Inkrafttreten des Produkthaftungsgesetzes der Hersteller (§ 4 ProdHG)[95] eines Produktes (§ 2 ProdHG) für sicherheitsrelevante Fehler (§ 3 ProdHG)[96] bei sämtlichen Personenschäden sowie bei Schäden an privaten Sachen (§ 1 Abs. 1 Satz 2 ProdHG)[97] mit äußerst begrenzter Entlastungsmöglichkeit (§ 1 Abs. 2 ProdHG).

312 Mit einer derartigen **Gefährdungshaftung** wird derjenige belastet, der die **Gefahrenquelle beherrscht und den Nutzen aus ihr zieht**[98], also etwa der Halter eines Kraftfahrzeuges (§ 7 Abs. 1 StVG)[99], der pharmazeutische Unternehmer, der ein Arzneimittel unter seinem Namen in den Verkehr gebracht hat (§ 84 Abs. 1 Satz 2 i.V.m. § 4 Abs. 18 AMG)[100], der Inhaber einer potentiell umweltgefährdenden und daher in einen behördlich erstellten Katalog aufgenommenen Anlage (§ 1 UmwHG). Häufig wird diese strikte Haftung für zufällige Ereignisse, welche der Verantwortliche nicht voraussehen und damit auch nicht vermeiden konnte („höhere Gewalt"), ausgeschlossen[101], was mit der in diesen Fällen fehlenden Präventionswirkung begründet werden kann. Teilweise werden auch potentielle Gefahren, die im Zeitpunkt der Schädigung noch von Niemandem zu erkennen waren (**Entwicklungsgefahren**), ausgenommen[102], obwohl eine Haftung Anreize zur Entdeckung derartiger Risiken setzen könnte.

313 Gegenüber diesen Verantwortlichen müssen die Schadensersatzansprüche jedoch von den im Einzelfall Geschädigten erst einmal durchgesetzt werden, was letztendlich auch am mangelnden Vermögen der Haftenden scheitern kann. Teilweise wird dem mit der Pflicht zum Abschluss einer Versicherung entgegen-

---

[93] ABlEG 1985 L 210/29.

[94] BGHZ 51, 91 ff.

[95] Dazu gehören auch Zulieferer von Teilprodukten oder Grundstoffen, Quasi-Hersteller wegen des Vertrauens auf entsprechende Hinweise (§ 4 Abs. 1 Satz 2 ProdHG), Importeure in den EWR zur Erleichterung der Anspruchsdurchsetzung (§ 4 Abs. 2 ProdHG) sowie sämtliche Glieder in der Vertriebskette („Lieferanten"), sofern sie nicht den Hersteller oder ihren Vorlieferanten benennen (§ 4 Abs. 3 ProdHG).

[96] Die Rechtsprechung unterscheidet Fehler der Konstruktion (die ganze Serie ist ungenügend konzipiert), der Fabrikation (dazu gehören auch sog. Ausreißer, die selbst bei bester Sorgfalt nicht zu verhindern sind) und der Instruktion (Informations- und Warnpflichten vor nicht allgemein bekannten Gefahren). Hinzu kommt eine Pflicht zur Produktbeobachtung, um eventuell später auftauchende Gefahren zu kontrollieren.

[97] Der Selbstbehalt des Geschädigten in Höhe von 500 Euro (§ 11 ProdHG) soll von Bagatellfällen entlasten.

[98] Aus ökonomischer Sicht steuert die Gefährdungshaftung vor allem das Aktivitätsniveau des potentiellen Schädigers, vgl. etwa *Schäfer/Ott*, Lehrbuch der ökonomischen Analyse des Zivilrechts, 2005[4], Teil 2 Kap. 5 15.

[99] Nach der Rechtsprechung derjenige, der das Fahrzeug auf eigene Rechnung in Gebrauch hat und die dafür notwendige Verfügungsgewalt besitzt, BGHZ 13, 351.

[100] Also der Hersteller, aber auch eine selbständige Vertriebsgesellschaft oder ein Parallelimporteur.

[101] So gem. § 7 Abs. 2 StVG, § 4 UmwHG, §§ 1 Abs. 2 Satz 1, 2 Abs. 3 Ziff. 3 HPflG.

[102] So § 1 Abs. 2 Ziff. 5 ProdHG, anders dagegen § 37 Abs. 2 Satz 2 GenTG.

gewirkt[103], in anderen Fällen werden statt einer privatrechtlichen Haftung alternative Kompensationsinstrumente vorgesehen, die dann eher den öffentlich-rechtlich organisierten **sozialen Sicherungssystemen** zuzurechnen sind.

So kann etwa bei Arbeitsunfällen vom verletzten Arbeitnehmer nicht der jeweilige Arbeitgeber unmittelbar in Anspruch genommen werden[104], sondern allein die staatlich organisierte Unfallversicherung[105]. Opfer von Gewalttaten können für Schäden an ihrer Person pauschalisierte staatliche Ausgleichsleistungen aufgrund einer speziellen Regelung[106] erhalten, da die Täter, die in der Regel zivilrechtlich Schadensersatz zu leisten hätten, vielfach nicht ermittelt werden oder aber aufgrund Geldmangels nicht zahlen können. Überall dort, wo der Ausgleich der Geschädigten vorrangig erscheint, werden derartige staatliche oder auch private Kompensationssysteme eingesetzt, wie andere Rechtsordnungen, vor allem in Skandinavien[107], zeigen.

(2) Die Voraussetzungen der Haftung. Die zivilrechtliche Verantwortung für schädigendes Verhalten wird durch zahlreiche Normen sowohl innerhalb wie mittlerweile auch außerhalb des BGB angeordnet. Der deutsche Gesetzgeber hat sich damit **gegen einen allgemein anwendbaren Haftungstatbestand** – etwa in der Art „Wer jemand anderen schuldhaft schädigt, muss dafür haften"[108] entschieden, der als weitgefasste sog. Generalklausel von den Gerichten jeweils im Einzelfall konkretisiert werden müsste. Dann wäre es für die Akteure jedoch teilweise im Vorhinein nur schwer zu erkennen, ob ihr Verhalten eine Schadensersatzverpflichtung auslösen wird[109]. **314**

Statt dessen finden sich im BGB **drei enger begrenzte,** und damit voraussehbarere **Grundregeln** für die deliktische Haftung: Absolute Rechte sowie bedeutende **Rechtsgüter** werden umfassend gegen jede schuldhafte Verletzung geschützt (§ 823 Abs. 1 BGB), während der Eingriff in andere Interessen nur die Haftung auslöst, wenn dadurch zugleich ein **Schutzgesetz** übertreten wird (§ 823 Abs. 2 BGB) oder ein **absichtlicher Verstoß gegen die guten Sitten** als sozialer Minimalstandard vorliegt (§ 826 BGB). Ergänzt werden diese generell anwendbaren Regeln durch Bestimmungen, die nur auf bestimmte Fallkonstellationen bezogen sind (§§ 824, 825, 831–839 BGB): Neben der Haftung für Dritte, sowohl für **315**

---

[103] So etwa nach dem Gesetz über die Pflichtversicherung für Kraftfahrzeughalter (PflVG) von 1965 oder gem. § 19 UmwHG.
[104] Eine Ausnahme gilt nur für den recht unwahrscheinlichen Fall einer vorsätzlichen Schädigung durch den Arbeitgeber, § 104 Abs. 1 SGB VII.
[105] Bereits 1884 wurde den Arbeitgebern eine Pflichtversicherung vorgeschrieben, welche zusammen mit den Absicherungen der Arbeitnehmer gegen Krankheit und Arbeitsunfähigkeit bzw. Altersvorsorge in der Reichsversicherungsordnung (RVO) von 1926 zusammengeführt wurde.
[106] Opferentschädigungsgesetz v. 11.5.1976, BGBl. S. 1181.
[107] So etwa für die Verletzung von Patienten in Krankenhäusern oder für Umweltschäden, vgl. *Eyben*, Alternative Compensation Systems, ScandStudLaw 2001, 193–232.
[108] Im Sinne eines derart allgemeinen Grundsatzes dem römisch-rechtlichen *neminem laedere* folgend vgl. aber sowohl die erheblich älteren französischen (Art. 1382 Code Civil) und österreichischen (§ 1295 Abs. 1 ABGB) Kodifikationen, wie auch die jüngeren schweizerischen (Art. 41 Abs. 1 OR) und italienischen (Art. 2043 Cce Civ) Regelungen.
[109] Dadurch wird jedoch die präventive Wirkung der Haftungssanktion geschwächt, da die Abwägung zwischen Durchführung der Aktion und Vermeidung des Schadensersatzes möglich ist.

Hilfspersonen (sog. Verrichtungsgehilfen, § 831 BGB, ähnlich haftet der Staat für seine Beamten, Art. 34 GG, während § 839 BGB allein diese unmittelbar haften ließ) wie für zu Beaufsichtigende (§ 832 BGB, *RN 293*), geht es vor allem um die Haftung für potentiell gefährliche Gegenstände, wie Tiere (§§ 833, 834 BGB) oder Gebäude (§§ 836–838 BGB).

316 Von den drei Grundnormen besitzt der **Schutz absoluter Rechte** (§ 823 Abs. 1 BGB) den breitesten Anwendungsbereich, obwohl damit nur bestimmte Rechte und Rechtsgüter erfasst werden. Bei Personenschäden wird jedoch regelmäßig eines der ausdrücklich aufgeführten vitalen Rechtsgüter verletzt[110]: Entweder durch eine Tötung das **Leben**[111], oder bei einem Eingriff in den menschlichen Organismus[112] der **Körper** bzw. bei einer bloßen Störung der Befindlichkeit[113] die **Gesundheit**[114]. Sachschäden betreffen fast immer das **Eigentum**, wobei es sich zumeist um die Substanzverletzung eines Gegenstandes in Form einer physischen Einwirkung (Beschädigung, Zerstörung) handelt[115]. Darüber hinaus hat die Rechtsprechung weitere Rechte als „sonstige" und damit als den ausdrücklich genannten gleichwertig eingestuft: In Bezug auf Sachen wird neben den beschränkten dinglichen Rechten (wie etwa Nießbrauch oder Pfandrecht, *RN 335*) auch der rechtlich befugte **Besitz** (*RN 338*) geschützt, wodurch die allein schuldrechtlich gerechtfertigte tatsächliche Sachherrschaft etwa eines Mieters aufgewertet wird. Den Schutz der Person ergänzt das umfassende **Allgemeine Persönlichkeitsrecht**, welches aus den Grundrechten der Menschenwürde (Art. 1 GG) und der freien Entfaltung der Persönlichkeit (Art. 2 Abs. 1 GG) entwickelt wurde, um vor allem den für die Selbstbestimmung notwendigen, „unkörperlichen" Bereich der Privat- und Intimsphäre vor Ehrverletzungen und ungenehmigten Veröffentlichungen zu bewahren[116]. Schließlich ist auch die selbständige wirtschaftliche Betätigung im Rahmen eines **eingerichteten und ausgeübten Gewerbebetriebs** geschützt, wodurch die Lücken des Unternehmensschutzes im Bürgerlichen Recht (§ 824 BGB) sowie im Wettbewerbsrecht (§§ 1, 14 UWG, 35 GWB) geschlossen werden sol-

---

[110]   Neben den im Weiteren angeführten gehört dazu auch die Freiheit als körperliche Bewegungsmöglichkeit.

[111]   In diesen Fällen kann der Geschädigte mangels Rechtsfähigkeit keinen Schadensersatz mehr beanspruchen, allerdings sind den Hinterbliebenen spezifische Schäden zu ersetzen, insbesondere entgangene Unterhaltszahlungen bzw. Dienstleistungen, §§ 844–846 BGB. In anderen Ländern wird Angehörigen dagegen vielfach auch ein Schmerzensgeld gewährt.

[112]   Abgetrennte Körperteile werden dabei wie Sachen behandelt, was allerdings nicht gelten soll, wenn sie zur späteren (Wieder-)Verwendung in einem Organismus bestimmt sind, etwa gespendete Organe oder eingefrorenes Sperma (BGHZ 124, 52 ff.).

[113]   Dazu gehört etwa der Nervenschock durch den Anblick des Unfalltodes eines nahen Angehörigen, BGH NJW 1989, 2317.

[114]   Die dadurch eintretenden Verluste aufgrund eingeschränkter Erwerbsfähigkeit des Geschädigten sind ebenfalls zu kompensieren, §§ 842, 843 BGB, ähnlich bei der Produkthaftung, §§ 8, 9 ProdHG.

[115]   Schwieriger ist dagegen zu beurteilen, ob eine bloße Hinderung des Gebrauchs, etwa beim Blockieren eines Kraftfahrzeuges, als Eigentumsverletzung einzustufen ist. Die Rechtsprechung verlangt dafür eine gewisse Intensität, die vor allem an der Dauer der Einschränkung gemessen wird.

[116]   Auch als Reaktion auf die zunehmende Verbreitung privater Informationen durch Massenmedien, zu deren Gunsten allerdings Meinungs- und Pressefreiheit des Art. 5 GG anzuführen sind.

len[117]. Insgesamt werden also vor allem reine, von der Verletzung anderer Rechte unabhängige Vermögensschäden nicht von der Zentralnorm des § 823 Abs. 1 BGB erfasst.

Derartige „reine" Vermögensschäden sind aber zu ersetzen, wenn gegen eine „den **317** Schutz eines anderen bezweckende" Regelung verstoßen wird, also gegen eine **Schutznorm**[118], welche (auch) die individuellen Interessen bestimmter Personen erfasst (§ 823 Abs. 2 BGB). Dadurch kommt es vor allem zu einer teilweisen Überschneidung mit dem Strafrecht, denn zahlreichen **Regelungen des Strafgesetzbuches** (*RN 461 ff.*) wird zivilrechtlich individualschützender Charakter zugesprochen, wie etwa dem gegen Betrug gerichteten § 263 StGB. Daraus folgt dann eine Haftung für den aus betrügerischem Verhalten entstehenden bloßen Vermögensschaden sowie eine zweifache Sanktion durch Bestrafung und Schadensersatz, welche unabhängig voneinander verhängt werden. Ein ähnliche Querverbindung besteht zum öffentlichen, meist zum Verwaltungsrecht, wo überwiegend im Straßenverkehrsrecht (StVO), im Polizei- oder Gewerberecht Schutznormen angesiedelt sind. Aber auch das Privatrecht enthält einzelne Akteure begünstigende Regelungen, wie z.B. die Pflicht des GmbH-Geschäftsführers, einen Insolvenzantrag zu stellen (§ 64 GmbHG). Schon die Frage, ob es sich bei einer Verbotsnorm grundsätzlich um ein Schutzgesetz handelt, ist nicht ganz einfach zu beantworten. Eine Haftung tritt aber erst dann ein, wenn der Geschädigte zum **geschützten Personenkreis** gehört[119] und das verletzte Interesse bzw. der eingetretene Schaden zum **sachlichen Schutzbereich** der Norm gehört[120].

Als Auffangregelung für krasses, besonders verwerfliches Fehlverhalten, nämlich **318** **vorsätzliche sittenwidrige Schädigungen**, dient schließlich § 826 BGB. Während kaum streitig erscheint, wann Vorsatz vorliegt, lässt die Frage der Sittenwidrigkeit – wie auch in anderen Regelungen[121] – dem Ermessen des Gerichts breiten Raum. Während das Ausnutzen einer wirtschaftlichen Übermacht mittlerweile durch die Spezialregelungen in GWB und UWG erfasst wird, lassen sich in der Rechtsprechung als Fallgruppen unter anderem die arglistige Täuschung von Vertragspartnern, die Verleitung zum Vertragsbruch oder der Missbrauch einer formalen Rechtsstellung, wozu etwa die Verwendung eines erschlichenen Urteils gehört, erkennen.

---

[117] Notwendig ist allerdings eine unmittelbare Beeinträchtigung der unternehmerischen Entscheidungsfreiheit als solcher, mithin ein „betriebsbezogener" Eingriff, etwa durch einen rechtswidrigen Streik.

[118] Im Text heißt es „Gesetz", was nach Art. 2 EGBGB „jede Rechtsnorm" einschließt, also nicht nur vom Gesetzgeber sondern auch durch die Rechtsprechung entwickelte oder gewohnheitsrechtliche Rechtssätze.

[119] Im Falle des § 64 GmbHG etwa erfasst dieser nur die Gläubiger, aber nicht die Erwerber von Gesellschaftsanteilen, BGHZ 96, 231 (237 f.).

[120] So können die Gläubiger gem. § 64 GmbHG den gesamten Schaden ersetzt verlangen, der ihnen durch Transaktionen mit einer bereits insolventen GmbH entstanden ist, BGHZ 126, 181 (190 ff.).

[121] Etwa in § 138 BGB.

319 In jedem Fall muss der Schädiger die Verletzung der von den oben genannten Normen geschützten Sphäre durch seine Handlung – oder auch sein Unterlassen, vorausgesetzt es besteht eine Pflicht zum Handeln[122] – verursacht haben, damit er dafür verantwortlich ist (haftungsbegründende **Kausalität**). Allerdings kann nicht jeder, der eine Ursache gesetzt hat, ohne die ein schädigendes Ereignis nicht eingetreten wäre (daher auch *conditio-sine-qua-non*-Test[123]), zur Haftung herangezogen werden, denn dann gäbe es kein Halten mehr: Jeder, der einen eingesperrten Schmetterling freilässt, hätte dann über dessen Flügelschlag letztendlich einen Sturm ausgelöst[124], dessen Verwüstungen auch dem ersten Glied in der Ursachenkette zuzurechnen wären. Daher versuchen die Gerichte, zumindest außergewöhnliche und nicht vorhersehbare Folgen auszuschließen[125], die sie dann als nicht adäquat bezeichnen. Derartige „zufällige" Ereignisse können von potentiellen Schädigern nicht vermieden werden, so dass eine Haftung keinen präventiven Effekt erzielen würde. Zunehmend häufiger wird auch der Schutzzweck der Haftungsnorm herangezogen, um zu entscheiden, ob für eine mittelbare und damit in der Ursachenkette entfernte Verletzung entschädigt werden soll.

320 Von der **Rechtswidrigkeit** kann in den meisten Fällen einer Verletzungshandlung ohne weiteres ausgegangen werden, jedenfalls wenn eines der in § 823 Abs. 1 BGB genannten Rechtsgüter unmittelbar verletzt wird: Hier gründet sich der Vorwurf gegenüber dem Schädiger bereits in dem eingetretenen **Erfolg**, weil die derartig hervorgehobenen und abgegrenzten Interessen einen besonderen Schutz verdienen, so dass die Hervorhebung „widerrechtlich" allein auf Rechtfertigungsgründe verweist. Diese können sowohl gesetzlich verankert sein, wie die Notwehr (§ 227 BGB)[126], oder auf einer Einwilligung des Verletzten beruhen[127]. Ist dagegen weniger deutlich erkennbar, ob in die Sphäre eines anderen eingegriffen wird, vor allem bei räumlich oder zeitlich weiter entfernten, mittelbaren Schädigungen oder bei Verletzungen durch Unterlassen, hängt die Rechtswidrigkeit davon ab, ob die **Handlung** einer konkreten Verhaltensanforderung widerspricht.

---

[122] Dies verlangen vor allem die sogenannten Verkehrs(sicherungs)pflichten, die bei Eröffnung, Duldung oder Erhöhung einer Gefahr deren Abwendung verlangt: So trägt etwa eine Gemeinde, die einen „Trimm-Dich-Pfad" einrichtet, die Pflicht zur ordnungsgemäßen Instandhaltung der Anlage.

[123] Da sämtliche Ursachen als gleichwertig angesehen werden, auch äquivalente Kausalität genannt.

[124] Dieses der Chaostheorie entnommene populäre Bild, dem Meteorologen *Edward N. Lorenz* zugeschrieben, soll zeigen, wie Alles mit Allem zusammenhängt.

[125] Soweit sie nach der Lebenserfahrung vernünftigerweise nicht in Betracht gezogen werden, RGZ 78, 272; ähnlich argumentieren die englischen Richter, ein Schaden sei zu weit entfernt („too remote") eingetreten. Wird aber etwa nach einem Unfall aus dem dabei beschädigten Geldtransporter eine beträchtliche Summe entwendet, dann liegt dies noch innerhalb des Erwartbaren, BGH NJW 1997, 865 ff.

[126] Ebenso rechtfertigender Notstand (§ 228 BGB, ergänzend im Sachenrecht § 904 BGB), und Selbsthilfe (§ 229 BGB, im Nachbarrecht bei „Überwuchs" § 910 BGB), speziell für den Besitzer §§ 859 f. BGB sowie zur Verhinderung der Entfernung von Pfandgegenständen auch für den Vermieter (§ 562b BGB).

[127] So vor allem bei ärztlichen Eingriffen, die ohne Zustimmung eine Körperverletzung darstellen, oder während der Durchführung eines sportlichen Wettkampfes, wo eine stillschweigende Inkaufnahme von Verletzungen durch den Gegner jedenfalls bei regelgerechtem Verhalten angenommen wird, BGHZ 63, 140.

Neben einem schuldhaften Verhalten, welches immer noch überwiegend **321** (*RN 309*) vorausgesetzt wird, muss es schließlich zu einem **Schaden** gekommen sein, und zwar wiederum verursacht durch die Verletzung (haftungsausfüllende Kausalität). Die Frage, welche Schäden zu ersetzen sind, wird überwiegend für die vertragliche und die deliktische Haftung gemeinsam in den §§ 249 ff. BGB beantwortet[128]. Auszugleichen sind grundsätzlich nur Vermögensschäden, darunter auch der entgangene Gewinn (§ 252 BGB)[129], während immaterielle Schäden allein in besonders herausgehobenen Fällen ersetzt werden (§ 253 Abs.1 BGB), namentlich als **Schmerzensgeld** bei Verletzungen der körperlichen Integrität (§ 253 Abs. 2 BGB[130]).

Eine weitere Ausnahme ist die in vielen Fällen nicht durch Geldwert „erkaufte" Urlaubszeit[131], deren vergeblicher Einsatz jedoch nur im Rahmen eines Reisevertrages bei erheblichen Beeinträchtigungen der Reise vom Reiseveranstalter angemessen entschädigt werden muss (§ 651f Abs. 2 BGB), dagegen nicht bei Beeinträchtigungen durch einen Dritten. Im Übrigen wird bloßer privater Zeitaufwand nie abgegolten.

Bei Sachschäden werden grundsätzlich keine immateriellen Schäden ersetzt, was **322** vor allem die Eigentümer von Liebhaber- oder Erinnerungsstücken trifft[132]. Die private Nutzungsmöglichkeit eines Kraftfahrzeugs bildet jedoch auch hier eine eng begrenzte Ausnahme[133].
Höchstgrenzen limitieren den Schadensersatz nur bei der verschuldensunabhängigen Haftung, so etwa nach § 10 Abs. 1 ProdHG[134]. Damit wird den Versicherungen die Kalkulation dieser Risiken erleichtert, wodurch potentiellen Schädigern tragbare Prämien ermöglicht werden sollen.
Bei der Bestimmung des Schadens, die naturgemäß vielfach besonders schwierig sein kann, darf das Gericht ein niedrigeres Beweismaß („erhebliche" statt „an Sicherheit grenzende" Wahrscheinlichkeit) anlegen (§ 287 Abs. 1 ZPO). Die dadurch ermöglichte Schätzung der Beeinträchtigung begünstigt den Geschädigten, der grundsätzlich den ihm entstandenen Schaden nachweisen muss.

---

[128]   Die allein bei unerlaubten Handlungen, also nicht bei Vertragsverletzungen anzuwendenden Sonderregelungen der §§ 842, 843 sowie §§ 844, 845 BGB wurden oben, *RN 316*, bereits erwähnt. § 847 BGB a.F. beschränkte das Schmerzensgeld entsprechend, wurde jedoch 2002 gestrichen und durch § 253 Abs. 2 BGB, sogleich unten, ersetzt.

[129]   Damit wird die seit der Verletzung eingetretene Entwicklung mit einbezogen, sofern erkennbar ist, dass zu erwartende Vorteile nicht realisiert werden können. § 252 Satz 2 BGB erleichtert dem Geschädigten die Beweisführung, weil eine „Wahrscheinlichkeit" nach dem „gewöhnlichen Lauf der Dinge" schon ausreicht; allerdings kann der Schädiger dann nachweisen, dass im konkreten Fall kein Gewinn entstanden wäre.

[130]   Neben den dort erwähnten Rechtsgütern gewährt die Rechtsprechung Schmerzensgeld auch bei der Verletzung des allgemeinen Persönlichkeitsrechts.

[131]   Während man bei Arbeitnehmern den Jahresurlaub als Bestandteil des Entgelts ansehen und damit auch bewerten kann, ist dies u.a. bei Studenten, Hausfrauen/-männern oder Rentnern mangels Erwerbstätigkeit nicht möglich.

[132]   Einen Grenzfall bildet die Zerstörung eines mit großem Zeitaufwand hergestellten Modellschiffs, bei dem das Gericht versucht hat, eine angemessene Entschädigung zu bemessen, BGH NJW 1984, 2282.

[133]   BGH NJW 2005, 1044.

[134]   Ebenso §§ 9, 10 Abs. 1 HPflG, § 12 StVG, § 15 UmwHG, § 88 AMG, § 33 Satz 1 GenTG.

Literatur:
Grunewald, Bürgerliches Recht, 2006[7], § 32; *Musielak,* Grundkurs BGB, 2005[9], § 8 IV; *Brox/Walker,* Besonderes Schuldrecht, 2005[30], §§ 40–46; *Emmerich,* BGB-Schuldrecht Besonderer Teil, 2003[10], Teil VI; *Gursky,* Schuldrecht Besonderer Teil, 2005[5], Sechster Teil 2. Abschn.; *Medicus,* Schuldrecht II – Besonderer Teil, 2005[13], §§ 134–148; *Schwab,* Einführung in das Zivilrecht, 2005[16], Teil IV Kap. 1–7.

b)   Rechtsbeziehungen betreffend körperliche Gegenstände

323   **(1) Funktion und Anwendungsbereich des Sachenrechts.** In einer Welt begrenzter Ressourcen ist es notwendig, den **Zugriff auf Güter** zu regeln, denn ansonsten könnte jeder alles nutzen, so dass vor allen anderen die Durchsetzungsfähigsten oder die zuerst Zugreifenden ihre Bedürfnisse befriedigen würden. Außerdem besteht ein Anreiz zur übermäßigen Ausbeutung bzw. **Übernutzung** von Ressourcen, weil die Erträge vom Einzelnen erzielt werden, die anfallenden Kosten jedoch auf die Gemeinschaft verteilt werden. Sofern die Nutzung die Regeneration beeinträchtigt, wie etwa bei einem Fischschwarm, oder es sich um ein erschöpfbares Gut handelt, wie etwa Erdöl, können darüber hinaus nachhaltige Verluste entstehen[135].

324   Eine Möglichkeit, die Konkurrenz der Individuen um knappe Güter zu befrieden und effizienter zu gestalten ist die **exklusive Zuweisung der Nutzung bestimmter Gegenstände an bestimmte Individuen**[136], denn diese tragen nun nicht nur die positiven sondern auch sämtliche negativen Konsequenzen des Gebrauchs, so dass sie Anreize zur Wertsteigerung bekommen bzw. von wertmindernden Handlungen abgeschreckt werden (Zuweisungsfunktion von *property rights*). Die Exklusivität sichert über den **Ausschluss anderer Individuen von der Nutzung,** dass diese die Investitionen nicht entwerten können (Ausschlussfunktion von *property rights*).

325   Damit ist jedoch noch nicht geklärt, wem die Kontrolle über die Nutzung bestimmter Ressourcen gestattet werden soll. Ökonomisch wäre es sinnvoll, demjenigen einen konkreten **Gegenstand** zuzuweisen, für den dieser **am meisten Nutzen bringt** oder der ihn am dringendsten benötigt. Das ist objektiv jedoch nur schwer feststellbar, weshalb eine zentrale Verteilung von Gütern, wie sie in den sozialistischen Staaten üblich war[137], vielfach an den Bedürfnissen der Individuen vorbei geht. Überlässt man auch hier den Akteuren untereinander die Zuweisung, indem sie Nutzungsrechte individuell von einem auf den anderen übertragen können, dann wird derjenige mit der **höchsten Zahlungsbereitschaft** den Gegenstand erhalten, woraus geschlossen werden kann, dass dieser ihn am höchsten bewertet[138]. Notwendig ist dafür die **Transferfähigkeit** von *property rights*.

---

135   Vgl. *Schäfer/Ott,* Lehrbuch der ökonomischen Analyse des Zivilrechts, 2005[4], Teil 4 Kap. 17 Ziff. 2. Grundlegend *Hardin,* The Tragedy of the Commons, Science 162 (1968), 1243–1248.

136   Natürlich ist auch die Zuweisung an eine Gemeinschaft möglich, im Kleinen etwa einer (Bruchteils-)Gemeinschaft, §§ 741 ff. BGB, oder einer (BGB-)Gesellschaft, §§ 705 ff. BGB, im Großen dem Volk oder dem Staat, wie in den sozialistischen Staaten für Produktionsmittel und Infrastruktureinrichtungen. Allerdings entstehen für die Erörterung und Abstimmung über die gemeinsame Nutzung mit der Größe der Gemeinschaft zunehmende Kosten.

137   Planwirtschaft oder zentral gelenkte Wirtschaft.

Im BGB werden die Beziehungen zwischen Personen hinsichtlich bestimmter **326**
Rechtsobjekte ausführlich allein für den Bereich der **Sachen** i.S.d. § 90 BGB, d.h.
für körperliche Gegenstände, geregelt. Für unkörperliche Gegenstände, also die
vor allem als Forderungen oder Immaterialgüter in Erscheinung tretenden Vermögensrechte, finden sich entsprechende Bestimmungen allenfalls in Spezialgesetzen[139]. Der deutsche Gesetzgeber fasste damit in der römisch-rechtlichen
Tradition den Sachenbegriff wieder enger als vorangegangene zivilrechtliche Kodifikationen[140].

„Körperlich" meint dabei eigentlich „**sinnlich wahrnehmbar**", so dass zwar das Sparbuch,
jedoch nicht das darauf befindliche Guthaben, als Sache gilt[141], ebenso zwar der Datenträger, aber nicht das darauf befindliche Computerprogramm als solches[142]. Obwohl fühlbare
Effekte verursachend wird dagegen die Elektrizität immer noch überwiegend nicht als Sache
angesehen[143], weil es doch eher auf die Verkehrsanschauung und nicht auf die physikalischen Eigenschaften ankomme[144]. Außerdem soll eine Sache **räumlich abgegrenzt** sein, was
bei Flüssigkeiten oder Gasen erst durch Abfüllen in Behälter erreicht wird[145]. Schließlich
soll eine Sache vom Menschen **beherrschbar** sein, wodurch allerdings nur Gegenstände außerhalb derzeitiger Reichweite, wie etwa der Mond[146], ausscheiden.

Einen besonderen Fall stellt der **menschliche Körper** (einschließlich der mit diesem
fest verbundenen Hilfsmittel wie Zahnbrücken oder Herzschrittmacher) dar, über
den allein dessen Inhaber eine aus dem allgemeinen Persönlichkeitsrecht abgeleitete eigentumsähnliche Macht hat, während endgültig abgetrennte Körperteile, etwa Haare, Blut- oder Organspenden, zu Sachen werden[147]. **Tiere** werden erst seit

---

138 Vgl. *Schäfer/Ott*, Lehrbuch der ökonomischen Analyse des Zivilrechts, 2005[4], Teil 4 Kap. 17
     Ziff. 4. Wirtschaftlich handelt es sich um eine Marktwirtschaft, deren wesentlicher Vorteil in der
     Zusammenführung von Informationen liegt (dazu *Hayek*, Der Wettbewerb als Entdeckungsver-
     fahren, in: *ders*, Freiburger Studien – Gesammelte Aufsätze, Tübingen 1968/1969, S. 249–265).
139 So bestimmt sich z.B. der Inhalt des Urheberrechts als geistiges Eigentum am geschaffenen Werk
     nach den §§ 11 ff. UrhG.
140 In Österreich werden Rechte als „unkörperliche" Sachen betrachtet (§ 292 ABGB), an denen
     ebenfalls „Eigentum" besteht (§ 353 ABGB), ähnlich in Frankreich, wo sie als bewegliche Sa-
     chen eingeordnet werden (Art. 529 CdeCiv).
141 Das Guthaben ist jedoch „verbrieft", also mit einer Sache zu einem **Wertpapier** verbunden, wo-
     durch es sich im Sparbuch derart verfestigt, dass es von ihm nicht getrennt werden kann. Des-
     halb ist der Inhaber des Guthabens auch Eigentümer des Sparbuchs, § 952 BGB.
142 Es handelt sich zunächst um eine rein geistige Leistung. Die Verkörperung auf einem Datenträger
     lässt jedoch eine Sache entstehen, BGHZ 102, 135 (144).
143 Bereits RGZ 86, 14; anders dagegen gelten in Italien sämtliche „natürliche Energien" als beweg-
     liche Sachen, Art. 814 CceCiv.
144 So der Standardkommentar zum BGB, *Heinrichs/Palandt*, 65.(!) Aufl. 2006, § 90 Rn. 1.
145 Der Boden gehört dagegen zu dem jeweiligen Grundstück, wobei die Abgrenzung der Erdober-
     fläche in Grundstücke abstrakt durch virtuell festgelegte Grenzen (aufgezeichnet in behördlich
     geführten Katastern) erfolgt.
146 Die gleichwohl zum Verkauf angebotenen Grundstücke auf dem Mond können derzeit schon
     deshalb nicht rechtmäßig erworben werden, selbst wenn nationales – in diesem Fall deutsches,
     meist jedoch US-amerikanisches – Privatrecht angewendet wird. Der Mond als solcher untersteht
     jedoch keiner staatlichen Rechtsordnung, vielmehr soll seine nationale Aneignung durch den un-
     ter dem Dach der Vereinten Nationen abgeschlossenen Weltraumvertrag v. 27.1.1967, dazu
     Wollenschläger/Hablitzel, Recht und Staat 1972, 869–894, gerade ausgeschlossen sein.
147 Diese gehören aber analog § 953 BGB weiterhin der Person, der sie entfernt wurden. Eine Sa-
     menspende wurde dagegen fortdauernd dem Körper zugeordnet, weil sie der Aufrechterhaltung
     der Körperfunktion „Fortpflanzung" diente, BGHZ 124, 52 ff.

1990 nicht mehr als Sachen angesehen, allerdings weiterhin generell dem Sachenrecht unterstellt (§ 90 a BGB)[148], so dass sich in Bezug auf den Tierschutz letztendlich keine Veränderung ergab[149].

327 Unterschieden werden, insbesondere in Bezug auf den Eigentumserwerb sowie dingliche Belastungen (§§ 873 ff. BGB)[150], **bewegliche und unbewegliche Sachen**[151]. Bei letzteren handelt es sich um Grundstücke als künstlich abgegrenzte Teile der Erdoberfläche sowie mit diesen fest verbundene Gegenstände (§ 94 BGB), also vor allem sämtliche Gebäude, deren Sonderbehandlung aus der großen (auch wirtschaftlichen) Bedeutung von Grundstücken sowie ihrer Erfassung in Registern[152] wie dem Grundbuch resultiert.

328 Weiterhin ist bei aus Einzelteilen **zusammengesetzten Gegenständen** zu entscheiden, ob die verschiedenen Komponenten unterschiedlichen Eigentümern zuzuordnen sind. In der Regel ist dies nicht sinnvoll, da ansonsten sämtliche Bestandteile etwa eines PKW getrennte rechtliche Schicksale haben würden, was dazu führen könnte, dass die fast immer hochwertigere zusammengefügte Einheit in ihre weniger wertvollen Teilstücke zerschlagen und damit der durch die Herstellung geschaffene Mehrwert vernichtet würde. Deshalb werden **Bestandteile** nicht erst, wenn sie bei der Abtrennung zu Zerstörungen führen, als „**wesentliche**" und damit als unselbstständig gegenüber der Hauptsache angesehen, sondern schon dann, wenn sie durch die Trennung „in ihrem Wesen verändert" werden (§ 93 BGB). Damit ist gemeint, dass zumindest eines der voneinander getrennten Teile nicht mehr wie vorher (wirtschaftlich) genutzt werden kann[153]. Eine feste Verbindung wird für einen wesentlichen Bestandteil zwar nicht gefordert, aber meist werden bei deren Lösung Zerstörungen angerichtet – das verleimte Stuhlbein kann nur heraus gebrochen werden oder es ist eine weitere Nutzung nicht möglich – nach Entfernung des angeschraubten Stuhlbeines ist der Stuhl nicht mehr als solcher verwendbar. Bei **Grundstücken** wird dagegen auf eine feste Verbindung abgestellt (§ 94 Abs. 1 Satz 1 BGB), deren Beseitigung zumindest einen erheblichen Aufwand erfordert[154]. Außerdem kann auch der Luftraum über sowie das Erd-

---

[148]　Ebenso seit 1988 in Österreich (§ 285a ABGB) sowie seit 2002 auch in der Schweiz (Art. 641a ZGB).

[149]　Eher schon durch die Aufnahme als Staatszielbestimmung in Art. 20a GG im Jahre 2002.

[150]　Im Zusammenhang damit auch hinsichtlich des zugrunde liegenden Verpflichtungsgeschäfts, welches speziellen Formanforderungen unterliegt (§ 311b Abs. 1 BGB, *RN 356*), sowie der eventuell notwendig werdenden Vollstreckung (durch Zwangsversteigerung oder Zwangsverwaltung, §§ 864 ff. ZPO, *RN 349*).

[151]　Die Differenzierung vertretbarer sowie verbrauchbarer Sachen (§§ 91, 92 BGB) ist dagegen selten bedeutsam, erstere spielen bei der Abgrenzung von Vertragstypen, etwa des Sachdarlehens (§ 607 BGB) oder des Werklieferungsvertrages (§ 651 Abs. 1 Satz 3 BGB) sowie bei der Möglichkeit der Naturalrestitution (§ 249 BGB) eine Rolle.

[152]　Später wurden dann ähnlich bedeutsame, jedoch bewegliche Sachen wie Schiffe (Schiffsregister-Gesetz) oder auch Rechte wie Patente entsprechenden Registrierungszwängen unterworfen. In Italien sind Kraftfahrzeuge ebenfalls in ein öffentliches Register aufzunehmen, ebenso kann dann dort darauf eine „Hypothek", also ein Sicherungsrecht, eingetragen werden, vgl. BGH NJW 1991, 1415.

[153]　Deutlicher in Österreich, wo darauf abgestellt wird, ob die Hauptsache noch gebraucht werden kann, § 294 Satz 2 ABGB.

reich unter dem Grundstück als dessen wesentlicher Bestandteil angesehen werden, denn das Herrschaftsrecht des Grundstückseigentümers erstreckt sich auch
darauf (§ 905 Satz 1 BGB)[155].

Als **Zubehör** kommen dagegen nur bewegliche Sachen in Frage, die keine Bestandteile einer
anderen Sache sind: Weil sie in einem wirtschaftlichen Zusammenhang mit der Hauptsache
stehen (§ 97 Abs. 1 BGB), werden sie aufgrund von Sonderregeln „im Zweifel", d.h. wenn
keine andere Vereinbarung erkennbar ist, mit der Hauptsache veräußert (§§ 311c, 926
Abs. 1 Satz 2 BGB).

Nicht als Gesamtsache wird dagegen eine nur durch eine einheitliche Bezeichnung **329**
zusammengefasste Vielzahl von Gegenständen angesehen, wie etwa eine Biblio-
thek oder eine Herde: Sämtliche Bücher oder Tiere bleiben selbständige Sachen,
an denen unterschiedliche Rechte bestehen können. Auch ein Unternehmen stellt
eine derartige **Sachgesamtheit** dar, so dass es zwar als Einheit verkauft werden
kann[156], aber alle beweglichen und unbeweglichen Gegenstände – wie auch die
dazu gehörenden Rechte, etwa Kundenforderungen oder Lizenzen – nach den jeweiligen Regeln einzeln übertragen werden müssen[157].

(2) **Eigentum.** Das umfassendste Recht an einer Sache[158], welches dem Inhaber **330**
sämtliche denkbaren Befugnisse einräumt, ist das **Eigentum**, während die im Gesetz daran anschließend aufgeführten beschränkten dinglichen Rechte[159] nur Abspaltungen von diesem Vollrecht darstellen. Der Eigentümer kann nämlich „**mit
der Sache nach Belieben verfahren**" (§ 903 Satz 1 1. Halbsatz BGB), also in tatsächlicher Hinsicht diese vor allem nutzen, aber auch verändern oder zerstören,
sowie in rechtlicher Hinsicht seine Verfügungsbefugnis ausüben, nämlich sein Eigentum auf andere übertragen (§§ 929 ff., 873 ff. BGB), es durch beschränkte
dingliche Rechte belasten oder aufspalten und es sogar aufgeben (§§ 959, 928
BGB)[160]. Allerdings werden diese **Befugnisse des Eigentümers beschränkt**, soweit

---

154 Allerdings nicht, wenn sie nur vorübergehend mit dem Grundstück verbunden werden, § 95
   Abs. 1 BGB. Außerdem werden als unselbständige Gebäudeteile sämtliche – nicht nur vorübergehend, § 95 Abs. 2 BGB – „zur Herstellung ... eingefügten Sachen" angesehen (§ 94 Abs.2 BGB),
   also solche, ohne die das Bauwerk nicht als fertig gilt, selbst wenn diese nicht notwendig sind.
155 Zumindest bis in spürbare Höhe oder Tiefe, § 905 Satz 2 BGB. Für Luftfahrzeuge werden jedoch
   öffentlich-rechtliche Duldungspflichten per Luftverkehrsgesetz angeordnet, außerdem wird das
   Grundwasser vom Eigentumsrecht nicht erfasst, ebenso wenig sog. bergfreie Bodenschätze nach
   § 3 Abs. 2, 3 Bundesberggesetz, etwa Kohle und zahlreiche Erze.
156 Die schuldrechtliche Verpflichtung bezieht sich damit auf sämtliche Vermögensgegenstände des
   Unternehmens („asset deal").
157 Sofern eine Gesellschaft als Unternehmensträger vorhanden ist, können deren Anteile im Wege
   des Rechtskaufs erworben werden („share deal"), wodurch der Käufer mittelbar, über seine Beteiligung an der AG, GmbH o.ä., Eigentümer des gesamten Unternehmensvermögens wird.
158 Oder auch „dingliches Recht".
159 Die in den Abschnitten 4 bis 8 im Dritten Buch des BGB geregelten Dienstbarkeiten, Vorkaufsrechte, Reallasten, Sicherungsrechte an Grundstücken sowie Pfandrechte, unten *RN 337*.
160 Ob das Herausstellen von Sperrmüll eine Eigentumsaufgabe darstellt, hängt davon ab, ob allein
   die bloße „Entledigung" – an wen auch immer – beabsichtigt ist oder eine Beseitigung/Vernich-
   tung bezweckt wird, wie im Fall, den das LG Ravensburg, NJW 1987, 3142, zu entscheiden hatte. Die zur ordnungsgemäßen Entsorgung gedachten Gegenstände sollen dann an die Müllabfuhr
   übereignet werden, so dass sie nicht „herrenlos" werden und eine Aneignung durch die üblichen
   Sperrmüllfledderer nach § 958 BGB nicht möglich ist.

„das Gesetz", vor allem öffentlich-rechtliche, etwa bau- oder umweltrechtliche (*RN 246 ff.*) Regelungen, bei Grundstücken aber auch das private Nachbarrecht (§§ 906–924 BGB), oder „Rechte Dritter", also die vom Eigentümer einge-räumten beschränkten dinglichen Befugnisse[161], „entgegenstehen" (§ 903 Satz 1 BGB)[162].

331 Auf der anderen Seite kann der Eigentümer „**andere von jeder Einwirkung aus-schließen**" (§ 903 Satz 1 2. Halbsatz BGB), indem er Unterlassung oder Besei-tigung der Störung gem. § 1004 BGB verlangt (**Abwehranspruch**) oder den Entzug der tatsächlichen Herrschaftsgewalt (*RN 338*) gem. § 985 BGB rück-gängig macht (**Herausgabeanspruch**). Für die körperliche Zerstörung des ihm gehörenden Gegenstandes wird der Eigentümer nur auf schuldrechtlichem We-ge gem. § 823 Abs. 1 BGB entschädigt (*RN 316*) und damit mittelbar ge-schützt.

Neben dem Eigentum eines Einzelnen (**Alleineigentum**) kann auch Mehreren gemeinsam die rechtliche Herrschaft über eine Sache zustehen (**Miteigentum**[163]). Dagegen ist beim **Treuhandeigentum** allein der nach außen in Erscheinung tretende Treuhänder rechtlicher Eigentümer, der jedoch gegenüber dem Treugeber schuldrechtlich gebunden und damit per-sönlich in der Ausübung der Eigentumsrechte beschränkt ist[164].

332 Eigentum kann sowohl originär, also kraft gesetzlicher Anordnung, erworben werden wie auch derivativ, d.h. abgeleitet von einem Voreigentümer. Der **originä-re Erwerb** hat vor allem Bedeutung bei der **Herstellung neuer Gegenstände**, also im Produktionsprozess: Dabei wird die Arbeitsleistung höher bewertet, als die Ausgangsmaterialien, denn der Hersteller – das ist der Unternehmer und nicht der jeweilig tätige Arbeitnehmer als Hilfsperson – wird nur dann nicht Eigentümer, wenn die durch die Verarbeitung erreichte Wertsteigerung gegenüber den verarbeiteten Gegenständen „erheblich geringer" ausfällt (§ 950 Abs. 1 Satz 1 BGB)[165]. **Grundstücke** können dagegen **nicht „verarbeitet"** werden, alle beweg-lichen Sachen, die mit ihnen verbunden werden, gehen in das Eigentum des Grundstückseigentümers über (§ 946 BGB), so dass die wirtschaftliche Hauptein-heit erhalten bleibt. Der neue Eigentümer hat allerdings eine **Entschädigung** in Höhe des objektiven Wertes der verarbeiteten oder eingebauten Sache an den frü-heren Rechtsinhaber zu zahlen (§ 951 BGB), mithin den Verlust des Eigentums zu kompensieren. Ansonsten kann unabhängig von der Verfügung durch einen Vor-eigentümer Eigentum nur erworben werden, wenn kein Voreigentümer existiert

---

[161] Schuldrechtliche, in der Regel also vertragliche, Verpflichtungen beschränken den Eigentümer dagegen nur persönlich.

[162] Die in Art. 14 GG niedergelegte Sozialbindung des Eigentums, *RN 122*, welche nicht nur das Sacheigentum sondern sämtliche Vermögensrechte umfasst, wirkt im Privatrecht allenfalls mit-telbar beschränkend.

[163] Entweder in Form der Gesamthand bei einer Gesellschaft, wo der Anteil nicht einzeln veräußert werden kann, oder als Bruchteilseigentum, wo dies möglich ist.

[164] Ähnlich darf derjenige, dem das Eigentum nur zur Abdeckung einer Forderung übertragen wur-de (Sicherungseigentum), nach der vertraglichen Absprache die Sache nur bei Nichtzahlung ver-werten.

[165] Verbindung, § 947 BGB, und Vermischung, § 948 BGB, beweglicher Sachen führen dagegen re-gelmäßig zum Miteigentum der beteiligten Eigentümer.

(**Aneignung** „herrenloser" Sachen[166] gem. §§ 958 ff. BGB), dieser die Sache verloren hat (**Fund** „besitzloser" Sachen gem. §§ 965 ff., insbesondere § 973 BGB) oder jemand eine Sache im Glauben an sein Eigentum über eine lange Zeit – zehn Jahre – besitzt (**Ersitzung** gem. §§ 937 ff. BGB[167]).

Erheblich bedeutsamer ist der vom Voreigentümer **abgeleitete Eigentumserwerb.** 333
Die Übertragung des Eigentums(rechts) als **Verfügungsgeschäft** ist dabei **getrennt von der Verpflichtung** zur Übereignung, etwa mittels eines Kaufvertrages, durch ein eigenes Rechtsgeschäft – im Gesetz als „Einigung" bezeichnet (§§ 873 Abs. 1, 929 Satz 1 BGB) – vorzunehmen[168], selbst wenn im täglichen Leben häufig beide Vorgänge kaum zu unterscheiden sind. Darüber hinaus führt die Unwirksamkeit der Verpflichtung häufig nicht zur Unwirksamkeit der **Verfügung**, weil die letztere keinen Grund voraussetzt und damit auch unabhängig oder **abstrakt** von jeglicher Verpflichtung bestehen kann[169]. Diese rechtliche Konstruktion soll zu klareren und beständigeren sachenrechtlichen Zuordnungen beitragen.
Damit für Dritte ersichtlich ist, wem die Eigentumsrechte an einer Sache zustehen, reicht die bloße Einigung allerdings nicht aus, sondern es muss bei beweglichen Sachen grundsätzlich durch die **Übergabe** (§ 929 Satz 1 BGB), also die Übertragung des Besitzes (*RN 338*) als tatsächliche Einwirkungsmöglichkeit[170], und bei Immobilien durch die **Eintragung in das Grundbuch** deutlich werden, wer neuer Eigentümer ist (**Publizität**): Beim Besitz beweglicher Sachen wird regelmäßig davon ausgegangen, dass dieser vom Eigentümer ausgeübt wird, wie sich auch aus der entsprechenden Vermutung des § 1006 BGB ergibt, während das Grundbuch für sämtliche Grundstücke die Eigentumsverhältnisse verzeichnet und zumindest bei berechtigtem Interesse (§ 12 GBO[171]) eingesehen werden kann.

Die Besitzübertragung auf den neuen Eigentümer ist natürlich nicht nötig, wenn dieser **bereits Besitzer** ist (§ 929 Satz 2 BGB), denn eine Herausgabe der Sache an den Veräußerer,

---

166   Dazu gehören auch frei lebende wilde Tiere, § 960 BGB, aber öffentliches Recht schränkt die Aneignung häufig ein, so etwa § 42 Bundesnaturschutzgesetz für besonders geschützte Tierarten, während Jagd- und Fischereigesetze spezielle Aneignungsrechte begründen. Bienen(schwärme) unterliegen einer besonderen Regelung, §§ 961–964 BGB, welche häufig belächelt und als Beispiel für die Lebensfremdheit des BGB angeführt wird; aber auch das als moderner angesehene schweizerische ZGB kennt in seinem Art. 725 Abs. 2 zumindest eine dem § 964 BGB entsprechende Regelung, ebenso Art. 924 im italienischen Codice Civile von 1942 (dort werden zudem noch Kaninchen, Fische und Tauben gesondert erfasst, Art. 926 CceCiv).

167   Anders als in den vorgenannten Fällen ist eine Ersitzung auch bei Immobilien, dann im Vertrauen auf die Eintragung im Grundbuch, möglich, § 900 BGB, allerdings erst nach 30 Jahren.

168   Anders die in der Tradition des französischen Code Civil stehenden Gesetzbücher, so etwa auch noch in Italien Art. 922 i.V.m. Art. 1376 CceCiv, wo der Schuldvertrag regelmäßig auch die Übereignung enthält.

169   Allerdings erfasst die Sittenwidrigkeit des schuldrechtlichen Vertrages nach § 138 BGB manchmal auch die dingliche Einigung, regelmäßig gilt dies für eine Anfechtung wegen Täuschung oder Drohung nach § 123 BGB.

170   Auch dies kann jedoch durch bloße Einigung erfolgen, wenn für frei zugängliche Sachen wie etwa das zu übereignende Holz im Wald die Abfuhrerlaubnis erteilt wird.

171   Zur Frage, ob auch Journalisten für eine Recherche Einblick nehmen können, hat das Bundesverfassungsgericht der Pressefreiheit nach Art. 5 Abs. 1 GG (*RN 112*) soweit den Vorrang eingeräumt, wie eine publizistisch verwertbare Vermutung durch eine im Grundbuch auffindbare Information bestätigt oder widerlegt werden kann, BVerfG NJW 2001, 503.

nur damit dieser sie noch einmal an den Erwerber zurückgeben kann, macht keinen Sinn. Auch wenn der Veräußerer den Gegenstand **weiterhin in Besitz behalten** soll, wäre eine zweimalige Besitzübertragung eine bloße Formalie, hier reicht der Abschluss eines „Besitzmittlungsverhältnisses" i.S.d. § 868 BGB, also etwa ein Miet- oder Verwahrungsvertrag, der dem Veräußerer den Besitz gestattet, aus (§ 930 BGB). Schließlich soll auch dann, wenn die Sache sich **im Besitz eines Dritten** befindet, der Eigentümerwechsel ohne dessen Rückgabe möglich sein, wozu es ausreicht, dass der Veräußerer seinen schuldrechtlichen Anspruch auf Herausgabe, den er aus einem Vertragsverhältnis wie der Miete (dort § 546 BGB) gegen den derzeitigen Besitzer hat, an den Erwerber im Wege der Abtretung nach § 398 BGB überträgt (§ 931 BGB).

334 Eigentlich kann der Erwerber nur die Rechte erwerben, die der Veräußerer innehat, weshalb für die Übertragung des vollen Eigentumsrechtes die **Befugnis** notwendig ist, darüber **verfügen zu können**. Dieses Recht steht regelmäßig dem Eigentümer zu, da er berechtigt ist, sein Eigentum weiterzugeben (Transferfähigkeit)[172], er kann diese Verfügungsbefugnis aber auch einem anderen, der eigentlich nicht verfügungsberechtigt ist, übertragen (§ 185 Abs. 1 BGB). Man wird jedoch auch dann Eigentümer einer beweglichen Sache, wenn der Veräußerer tatsächlich kein Eigentum hatte, sofern man ihn aufgrund seines Besitzes an der Sache nur für den Eigentümer hält (§ 932 Abs. 1 BGB) – allerdings allein **bei gutem Glauben**, also ohne besseres Wissen (Kenntnis) und ohne dass einem das fehlende Eigentum hätte auffallen müssen (grobe Fahrlässigkeit, § 932 Abs. 2 BGB)[173]. Ähnlich ist es auch bei Grundstücken, wo man sich sogar auf die Eintragung im Grundbuch verlassen kann und nur die bessere Kenntnis schadet (§ 892 BGB). Auf diese Weise sollen Streitigkeiten zwischen dem Erwerber und dem eigentlichen Eigentümer vermieden werden, der ansonsten seine Sache gem. § 985 BGB herausverlangen könnte, und damit das Vertrauen in Warentransaktionen gestärkt werden[174]. Jedoch gilt dies **nicht für abhanden gekommene Sachen**, bei denen der Eigentümer den Besitz nicht freiwillig aufgegeben hat (§ 935 Abs. 1 BGB), also vor allem bei Diebstahl[175], so dass der Eigentümer allein das Risiko der Herausgabe an einen anderen trägt, so etwa bei der Leihe. Davon wird dann wiederum eine weitere Ausnahme für solche Gegenstände gemacht, bei denen es im Allgemeininteresse auf die reibungslose Umlauffähigkeit ankommt, wie bei

---

172   Ausnahmsweise wird ihm die Verfügungsberechtigung entzogen, so etwa im Insolvenzverfahren (*RN 350*) gem. § 80 Abs. 1 InsO, wo sie der Insolvenzverwalter erhält.

173   Die Abgrenzung zur leichten Fahrlässigkeit fällt schwer: So soll beim Erwerb eines gebrauchten Kraftfahrzeuges der fehlende KFZ-Brief ausreichend Anzeichen zum Misstrauen geben, BGH NJW 1996, 2226, während dieses Indiz beim Erwerb eines Neuwagens von einem Vertragshändler nicht genügt, BGH NJW 1996, 314. Es spielen also auch die Umstände des Erwerbs eine Rolle, so dass beim Angebot einer Vielzahl original verpackter CDs zu einem sehr niedrigen Preis auf einem Flohmarkt durchaus grobe Fahrlässigkeit angenommen werden könnte und der Erwerber schon deshalb nicht Eigentümer wird.

174   Letztendlich geht es darum, ob man dem wahren Eigentümer – so beim gutgläubigen Erwerb – oder aber dem Erwerber die Kontrollkosten bezüglich der Verfügungsbefugnis des Veräußerers auferlegt, *Schäfer/Ott*, Lehrbuch der ökonomischen Analyse des Zivilrechts, 2005⁴, Teil 4 Kap. 18.

175   Dadurch lohnen sich zwar Eigentumsdelikte weniger, allerdings wird der Anreiz verstärkt, wiedererkennbare wertvolle Gegenstände, wie etwa Kunstwerke, zu verbergen, *Schäfer/Ott*, Lehrbuch der ökonomischen Analyse des Zivilrechts, 2005⁴, Teil 4 Kap. 18.

Geld und (Inhaber-)Wertpapieren (§ 935 Abs. 2 BGB). Forderungen können dagegen nicht gutgläubig erworben werden[176].

(3) Beschränkte dingliche Rechte und Besitz. Neben dem Eigentum werden einzelne Befugnisse, die aus ihm hervorgehen, als **beschränkte dingliche Rechte** im Gesetz eigenständig geregelt. Auf diese Weise können Teilinhalte der umfassenden Zuordnung einer Sache abgespalten und auf vom Eigentümer verschiedene Personen übertragen werden, wodurch die Bereitschaft zum Transfer derartiger Rechtspositionen steigt. Anders als bloße schuldrechtliche Ansprüche, etwa auf Nutzung eines Gegenstandes aufgrund eines Miet- oder Pachtvertrages, gewähren beschränkte dingliche Rechte einen unmittelbaren Zugriff auf die Sache sowie absoluten Schutz gegen Dritte. Außerdem stehen sie nicht mehr dem Eigentümer zu, so dass sie auch bei einer Veräußerung vom neuen Eigentümer zu beachten sind.

Um die Zuordnungsverhältnisse überschaubar zu halten, hat der Gesetzgeber bestimmte **Typen** beschränkter dinglicher Rechte **festgelegt**, von denen die Parteien nicht abweichen dürfen, indem sie neue Formen entwickeln. Unterschieden werden drei Arten derartiger Fragmente des Eigentums: Erstens fasst man die **dinglichen Nutzungsrechte** zusammen, die den Gebrauch einer Sache gestatten, so vor allem Dienstbarkeiten für einzelne Aktivitäten auf Grundstücken (Grunddienstbarkeit §§ 1018–1029 BGB, Beschränkte persönliche Dienstbarkeit §§ 1090–1093 BGB) sowie Nießbrauch (§§ 1030–1089 BGB) als umfassendes Nutzungsrecht auch an beweglichen Sachen[177]. Zweitens wird die Gruppe der **dinglichen Verwertungsrechte** gebildet, die zumeist eine Veräußerung gegen den Willen des Eigentümers erlauben, sofern dieser nicht einen festgelegten Geldbetrag zahlt, und sowohl an Grundstücken[178] (Hypothek §§ 1113–1190 BGB, Grundschuld[179] §§ 1191–1198 BGB)[180] wie an beweglichen Sachen (Pfandrecht §§ 1204–1272 BGB) begründet werden können; auf diese Weise dienen die Verwertungsrechte häufig zur Sicherung der Erfüllung von Forderungen (**dingliche Kreditsicherungen**). Drittens bezeichnet man als **dingliche Erwerbsrechte** diejenigen Instrumente, mit denen eine zukünftige Übertragung des Eigentums auch gegenüber Dritten abgesichert wird, wie sie sich allein für Grundstücke entweder aus dem Vorkaufsrecht (§§ 1094–1104 BGB) oder aus einer Vormerkung im Grundbuch (§§ 883–888 BGB) ergeben; bei beweglichen Sachen wird die gesicherte Erwerbsposition des Käufers[181] bei einem Eigentumsvorbehalt des Verkäufers, das sog. Anwartschaftsrecht, von der Rechtsprechung ebenfalls dieser Kategorie zugerechnet.

---

[176] Abgesehen von einer auf den Einwand eines Scheingeschäfts (§ 117 BGB) sowie des vereinbarten Abtretungsverbots (§ 399 BGB) sehr eng begrenzten Ausnahme für verbriefte Forderungen in § 405 BGB.

[177] Auch das Erbbaurecht nach der Erbbaurechtsverordnung, aufgrund dessen auf einem fremden Grundstück ein eigenes Gebäude errichtet werden kann, ist als dingliches Nutzungsrecht anzusehen.

[178] Grundpfandrechte mit der möglichen Folge einer Zwangsverwaltung oder einer Zwangsversteigerung des Grundstücks.

[179] Auch als Rentenschuld für die regelmäßige Zahlung bestimmter Geldbeträge, §§ 1199–1203 BGB.

[180] Mit der Reallast (§§ 1105–1112 BGB) kann auch der Bezug von Dienst- oder Sachleistungen abgesichert werden.

336 In der Praxis spielen vor allem die Sicherungsrechte eine bedeutende Rolle. Für bewegliche Sachen hat der Gesetzgeber eigentlich das **Pfandrecht** vorgesehen, welches von der zu sichernden Forderung abhängig (= akzessorisch) ist, so dass es erlischt, wenn und soweit die Forderung nicht mehr besteht (§ 1252 BGB), und auch nur zusammen mit der Forderung übertragen werden kann (§ 1250 Abs. 1 BGB). Es erweist sich jedoch wegen seiner Ausgestaltung als Faustpfand, bei dem der Sicherungsnehmer den Besitz der Sache erlangen muss (§ 1205 Abs. 1 BGB), vielfach als wirtschaftlich wenig sinnvoll, denn ohne Besitz ist dem Sicherungsgeber in aller Regel eine Nutzung der Sache, welche ihm Ertrag bringen könnte, nicht möglich[182]. Daher wird stattdessen meist eine **Sicherungsübereignung** vorgenommen, bei der das Eigentum an einer beweglichen Sache zwar vollständig auf den Sicherungsnehmer übertragen wird, aber dieser durch die zugrunde liegende Sicherungsabrede schuldrechtlich verpflichtet wird, seine Eigentumsrechte nur bei Nichtzahlung des geschuldeten Betrages auszuüben: Allein in diesem Fall ist er befugt, die Sache zu veräußern und den Erlös auf die ihm zustehende Zahlung anzurechnen[183]. Ähnlich kann der Verkäufer einer Sache die Zahlung des Kaufpreises dadurch absichern, dass er der Übereignung nur für den Fall zustimmt, dass der Käufer vollständig bezahlt[184], was als **Eigentumsvorbehalt** bezeichnet wird.

337 Bei der Sicherung durch Grundpfandrechte wird der **Prioritätsgrundsatz** deutlich, denn bei einem Aufeinandertreffen mehrerer Hypotheken- oder Grundschuldbestellungen werden diese nach ihrer zeitlichen Abfolge bedient, wobei die früher im Grundbuch eingetragenen im Rang gegenüber den dort später verzeichneten vorgehen (§ 879 Abs. 1 BGB). Wie das Pfandrecht an beweglichen Sachen ist auch die Hypothek akzessorisch ausgestaltet, weshalb sie sich in eine **Eigentümergrundschuld** umwandelt, soweit die zu sichernde Forderung nicht mehr besteht (§ 1163 Abs. 1 BGB). Die Grundschuld ist demgegenüber unabhängig von einer zugrunde liegenden Forderung (§ 1191 Abs. 1 BGB), so dass ein Sicherungszweck vertraglich – zumindest stillschweigend – vereinbart werden muss.

338 Der **Besitz**, welcher die tatsächliche Gewalt über eine Sache[185] bezeichnet (§ 854 Abs. 1 BGB), gewährt im Unterschied zum Eigentum sowie den beschränkten

---

[181]   Der volle Eigentumserwerb hängt nur noch von der vollständigen Bezahlung des Kaufpreises ab, § 449 Abs. 1 BGB, was allein dem Einfluss des Käufers unterliegt.

[182]   Daher kommen meist nur noch die gesetzlichen Pfandrechte, etwa des Vermieters (§ 562 ff. BGB), des Werkunternehmers (§ 647 BGB) oder des Kommissionärs, des Spediteurs, des Frachtführers sowie des Lagerhalters nach Handelsrecht, vor. Eine Ausnahme bildet das Pfandrecht der Kreditinstitute an in Verwahrung befindlichen Wertsachen, welches regelmäßig durch Nr. 14 Abs. 1 Satz 1 AGB-Banken vereinbart wird.

[183]   Ein Pfand kann dagegen immer nur verwertet werden, wenn die Forderung fällig ist, § 1228 BGB.

[184]   Darin liegt wegen § 449 Abs. 1 BGB regelmäßig eine aufschiebende Bedingung gem. § 158 Abs. 1 BGB, nach deren Eintritt das Eigentum ohne weiteres auf den Erwerber übergeht.

[185]   Allerdings wird neben der faktischen Situation ein – „natürlicher", also nicht rechtsgeschäftlicher – Wille zum Besitz verlangt, der sich jedoch nicht einmal auf konkrete Sachen beziehen muss: So wird der Inhaber eines Selbstbedienungsgeschäfts „automatisch" Besitzer des von einem Kunden verlorenen Geldscheins, weshalb ein anderer Kunde ihn dort nicht „finden"

dinglichen Rechten dagegen keine vollwertige Rechtsposition. Allerdings wird die jeweils bestehende faktische Zuordnung eines Gegenstandes zu einer Person geschützt, um eigenmächtige Veränderungen zu verhindern und auf diese Weise **Rechtsfrieden** zu schaffen. Daher hat sogar der unrechtmäßige Besitzer, etwa ein Dieb, Abwehrbefugnisse gegen jeden, der ihm den Besitz wieder entziehen (oder ihn darin stören) will, da es sich dabei um **verbotene Eigenmacht** handelt, § 858 BGB. Dies gilt sogar gegenüber dem Eigentümer, denn auch diesem ist es untersagt, per „Faustrecht" seinen Herausgabeanspruch durchzusetzen[186], und sofern er sich „seine" Sache zurückgeholt hat, muss er sie zunächst doch wieder abgeben, da ihm sein Eigentumsrecht insoweit nichts hilft (§ 863 BGB)[187]. Um die bestehende, allerdings nur vorläufige, Zuordnung abzusichern, darf andererseits jedoch der Besitzer Selbsthilfe üben und sich mit – angemessener – Gewalt gegen Eingriffe wehren (Besitzwehr, § 859 Abs. 1 BGB)[188] oder unmittelbar nach der Tat den ursprünglichen Zustand wieder herstellen (Besitzkehr, § 859 Abs. 2 und 3 BGB). Später kann auch er dann nur noch die Gerichte bemühen (§§ 861, 862 BGB[189]).

Der Besitz befindet sich bei beweglichen Sachen außerdem normalerweise beim Eigentümer, weshalb dem Besitzer eine **Eigentumsvermutung** (§ 1006 Abs. 1 Satz 1 BGB) zugute kommt, welche ihm im Prozess den Nachweis seiner Eigentümerstellung erspart[190]. Wegen der Nähe von Besitz und Eigentum wird für die Übereignung beweglicher Sachen regelmäßig auch die Besitzübertragung verlangt (§ 929 BGB, *RN 333*).

Literatur:
Grunewald, Bürgerliches Recht, 2006[7], §§ 22, 36–39; *Baur/Stürner*, Sachenrecht, 2006[18]; *Neuner*, Sachenrecht, 2005[2]; *Prütting/Schwab*, Sachenrecht, 2003[31]; *Westermann, H.P.*, BGB – Sachenrecht, 2005[11]; *Kemmler*, Ersatzansprüche wegen Beeinträchtigungen des Eigentums, JA 2005, 156–160; *Röthel/Sparmann*, Besitz und Besitzschutz, Jura 2005, 456–463; *Schreiber, K.*, Der Herausgabeanspruch aus § 985 BGB, Jura 2005, 30–34; *Weber, R.*, Der rechtsgeschäftliche Erwerb des Eigentums an beweglichen Sachen gem. §§ 929 ff. BGB, JuS 1998, 577–582.

---

[186] (§§ 965 ff. BGB) und damit Finderlohn beanspruchen kann, BGHZ 101, 186.
Selbst wenn ein Gericht den Besitzer zur Herausgabe verurteilt, muss der Eigentümer staatliche Hilfe in Anspruch nehmen, also den Gerichtsvollzieher mit der Vollstreckung beauftragen, OLG Celle, ZMR 1994, 163.

[187] Falls zugunsten des Eigentümers jedoch nach dessen eigenmächtigen Rechtsverfolgung ein rechtskräftiges Urteil ergeht, wäre es unsinnig, die vorangegangene Besitzlage erst vorläufig wieder herzustellen, um diese gleich darauf endgültig noch einmal umzukehren, § 864 Abs. 2 BGB.

[188] Dabei handelt es sich um einen besonderen Fall der Notwehr gem. § 229 BGB.

[189] Hierbei handelt es sich um rein „possessorische" (von lat. possessio: der Besitz) Ansprüche, welche allein auf der tatsächlichen Herrschaft über die Sache beruhen, während es auf ein Recht zum Besitz nicht ankommt (§ 863 BGB). Allerdings kann der durch verbotene Eigenmacht erlangte Besitz – etwa eines Diebes – von demjenigen, dem er zuvor entzogen worden ist – dem Bestohlenen – nicht zurück verlangt werden, auch wenn der Bestohlene die Sache – innerhalb eines Jahres – dem Dieb wieder abnimmt (§ 862 Abs. 2 BGB).

[190] Vielmehr muss die Gegenseite beweisen, dass der Besitzer nicht der Eigentümer ist.

c)   Durchsetzung privatrechtlicher Ansprüche

339 (1) **Funktion und Struktur des Zivilverfahrensrechts.** Rechtsnormen unterscheiden sich dadurch von anderen, etwa moralischen, religiösen oder im gesellschaftlichen Umgang entwickelten Sozialnormen, dass ihre Einhaltung durch organisierte, d.h. in der Regel staatliche, Sanktionen **erzwungen** werden kann (*RN 10*). Erst dadurch wird ihre Funktion gewährleistet. Dies ist nicht etwa auf das Strafrecht beschränkt, auch wenn dort der Zwangscharakter besonders deutlich wird, sondern es gilt ebenso für privatrechtliche Beziehungen. Soll dort die eigenmächtige Rechtsverfolgung unter den Individuen im Wege der **Selbsthilfe**[191] **verhindert** werden, ist es erforderlich, jedem Bürger ein Verfahren zur Verfügung zu stellen, in dem er seine Rechte[192] gegenüber anderen Bürgern durchsetzen kann[193]. Das geschieht zunächst in einem **Erkenntnisverfahren**, dem eigentlichen Zivilprozess, durch das die Rechtslage geklärt wird, und an das sich häufig noch ein **Vollstreckungsverfahren** anschließt, mit dem der unwillige Schuldner zu dem gezwungen wird, was ihm gerichtlich auferlegt wurde. Auf diese Weise wird zum einen die **Austragung von Konflikten** in geregelte Bahnen gelenkt und es werden zum anderen **verlässliche Regeln** geschaffen, auf deren Einhaltung man im Allgemeinen vertrauen kann.

340 Die wesentliche Funktion dieses **Zivilverfahrens** besteht daher in der **Verwirklichung subjektiver privater Rechte**[194]. Daneben dient es aber auch überindividuellen Zielen, wie allgemein der **Erhaltung des Rechtsfriedens** durch die endgültige und nicht mehr angreifbare Streitentscheidung einer neutralen Instanz.

In einzelnen Fällen sollen darüber hinaus spezielle Allgemeininteressen, wie die an einer funktionierenden Wettbewerbsordnung, durchgesetzt werden. Die Wahrnehmung derartiger „öffentlicher" Aufgaben kann vielfach jedoch nicht einzelnen Betroffenen überlassen werden[195], so dass an deren Stelle damit betraute Personenvereinigungen die Verfahren einleiten können (**Verbandsklage**)[196].

---

[191]   Diese ist nur im Ausnahmefall gestattet, nämlich bei nicht rechtzeitig erlangbarer „obrigkeitlicher" (also staatlicher) Hilfe (§ 229 BGB, ganz ähnlich etwa in der Schweiz Art. 52 Abs. 3 OR), speziell dem Besitzer in § 859 BGB, dem Vermieter in § 562b BGB sowie dem Nachbarn in § 910 BGB. Besteht dann die Gefahr, dass ein Anspruch kaum mehr durchgesetzt werden kann, darf auf Sachen oder auch Personen soweit erforderlich (§ 230 BGB) eingewirkt werden. **Notwehr** erlaubt dagegen die Verteidigung gegen einen Angriff einer anderen Person (§ 227 BGB), Notstand die Abwendung der von einer Sache ausgehenden Gefahr.

[192]   Es sei denn, sie sind ausnahmsweise nicht erzwingbar, weil keine Verbindlichkeit entsteht, wie bei Spielschulden nach § 762 Abs. 1 Satz 1 BGB, weil die Klagbarkeit ausgeschlossen wird, wie für den Anspruch auf Eheschließung aufgrund eines Verlöbnisses nach § 1297 Abs. 1 BGB, oder aber weil die Vollstreckung untersagt ist, wie bei der Verurteilung zur Herstellung der ehelichen Lebensgemeinschaft i.S.d. § 1353 Abs. 1 Satz 2 BGB nach § 888 Abs. 3 ZPO (*RN 310*).

[193]   Für die Rechtsverfolgung der Bürger gegenüber dem Staat sind spezielle Institutionen geschaffen worden, indem die Verwaltungsgerichtsbarkeit als eigener Rechtsweg mit eigenen Verfahrensregeln von den ordentlichen Gerichten abgespalten wurde, vgl. dazu *RN 207 ff.*

[194]   Dabei sorgt schon die bloße Möglichkeit einer zwangsweisen Durchsetzung, sozusagen die Drohung mit diesem Instrument, für die Einhaltung der rechtlichen Regeln und damit für Erwartungssicherheit in Bezug auf die Handlungen der Akteure.

[195]   Diese entscheiden sich mangels eines ausreichenden Eigenanreizes häufig gegen ein Gerichtsverfahren, z.B. wenn ihr Aufwand den erwarteten wirtschaftlichen Ertrag nicht lohnt. In den USA

Als zusätzlicher genereller Zweck des Zivilprozesses kann schließlich die Weiterentwicklung der gesetzlichen Regelungen durch die Gerichte (**Rechtsfortbildung**)
angesehen werden[197]. Diese wird vor allem dann erforderlich, wenn eine **unerwünschte Regelungslücke** vorliegt, welche durch die entsprechende bzw. analoge
Anwendung einer nicht für diesen, aber einen ähnlichen Fall gedachten Bestimmung geschlossen werden kann. Allerdings sind Gerichte nicht an die in einem anderen Fall ergangenen Entscheidungen anderer Gerichte gebunden[198], so dass die
richterliche Rechtsfortbildung sich allein aufgrund **faktischer Orientierung an
Grundsatzentscheidungen** durchsetzen kann.

(2) **Erkenntnisverfahren.** Kennzeichnend vor allem für das Erkenntnisverfahren ist **341**
die Auseinandersetzung zweier Parteien – Kläger und Beklagter – um das Recht[199],
bei der der **Richter** nicht nur beobachtet und den Ausgang des Streits feststellt[200],
sondern über den **Gang des Verfahrens bestimmt**[201] und zunehmend auch an der
Ermittlung der Tatsachengrundlage beteiligt wird[202]. Trotzdem bleiben die **Partei-
en die Herren des Verfahrens**, über deren Einleitung[203] sowie Abbruch[204] sie allein
entscheiden bzw. disponieren können (**Dispositionsmaxime**). Sogar ihr Erscheinen

---

kann man daher u.U. eine Vielzahl derartiger gleichgerichteter Bagatellansprüche bündeln (*class action*). Neuestens (seit 1.11.2005) gilt jedoch in Deutschland für geschädigte Kapitalanleger ein spezielles Musterverfahrensgesetz, vgl. dazu *Möllers/Weichert,* Das Kapitalanleger-Musterver-fahrensgesetz, NJW 2005, 2737–2741.

[196] So im Wettbewerbsrecht gem. § 13 Abs. 2 Nr. 2–4 UWG (Wirtschaftverbände, Verbraucherver-bände, IHK) sowie § 33 Satz 2 GWB (Wirtschaftsverbände), seit Inkrafttreten des Unterlas-sungsklagengesetz 2002 auch im Verbraucherrecht.

[197] Dafür sind vor allem die oberen Instanzen zuständig, weshalb zur „Fortbildung des Rechts" eine Berufung trotz fehlender Aussicht auf Erfolg durchzuführen, § 522 Abs. 2 Satz 3 ZPO, und eine Revision zum BGH zuzulassen ist, § 543 Abs. 2 Satz 3 ZPO.

[198] Anders in den *common-law*-Staaten wie England oder den USA: Dort haben die rangniedrigeren Gerichte über ihr *case law* allgemeinverbindliche Regeln setzen: Dort haben die rangniedrigeren Gerichte die Präzedenzentscheidungen der oberen Gerichte zu beachten.

[199] Weitergehend wird teilweise jede Rechtsregel als Ergebnis einer Auseinandersetzung angesehen, so schon *Jhering,* Kampf ums Recht, 1872, vgl. auch *Greger,* Vom „Kampf ums Recht" zum Zi-vilprozeß der Zukunft, JZ 1997, 1077–1083.

[200] So dagegen traditionell das *adversary system* in den Common Law-Rechtsordnungen wie Eng-land oder den USA: Der Richter soll sich dort nicht in die Arena (!) zu den streitenden Parteien hinab begeben, weil dann die Gefahr besteht, dass sein Blick vom Staub des Kampfes getrübt wird (Lord Greene M.R. in Yuill vom Yuill [1945] 1 All E.R. 183 (C.A.), 189).

[201] Sog. Amtsbetrieb bei der Zustellung, § 270 Abs. 1 ZPO, oder der Ladung und Terminsbestim-mung, § 214 ZPO.

[202] Dies spiegelt sich in der modernen **Kooperationsmaxime** des § 139 Abs. 1 Satz 2 ZPO als Ab-kehr von der klassischen **Verhandlungsmaxime**, nach der es allein Aufgabe der Parteien ist, die Tatsachen vorzubringen und durch Bestreiten über deren Beweisbedürftigkeit zu bestimmen (§§ 138 Abs. 3, 288 Abs. 1 ZPO).

[203] Indem der Kläger ein Rechtsgesuch, die Klage (§ 253 ZPO), an das Gericht stellt. Außer im selte-nen Fall einer Gefährdung öffentlicher Interessen, wie etwa bei der Eröffnung einer Vormund-schaftssache wegen Verletzung des Kindeswohls, können Zivilverfahren nicht von Amts wegen eingeleitet werden – „wo kein Kläger, da kein Richter".

[204] Der Kläger kann die Klage zurücknehmen (§ 269 ZPO) oder auf seinen Anspruch endgültig ver-zichten (§ 306 ZPO), der Beklagte den Anspruch anerkennen (§ 307 ZPO), beide gemeinsam können sich auf einen Prozessvergleich (§ 794 Abs. 1 Nr. 1 ZPO, § 779 BGB) einigen. Falls die Angelegenheit sich auf andere Weise „erledigt" hat, wird nur noch über die Kosten entschieden (§ 91a ZPO).

vor Gericht bleibt ihnen freigestellt, allerdings ergeht gegen den ausbleibenden Kläger dann ohne weitere inhaltliche Prüfung ein **Versäumnisurteil**, gegen den ausbleibenden Beklagten nur dann, wenn das als zutreffend unterstellte Vorbringen des Klägers „schlüssig" ist, d.h. dessen Begehren rechtlich trägt[205].

342 Ob die Entscheidung des Gerichts von den Parteien akzeptiert wird, hängt unter anderem davon ab, ob sie die **Richter**[206] als hinreichend **neutral** ansehen.

Um **Einflüsse des Staates** auf die Rechtsprechung auszuschließen, muss die **richterliche Unabhängigkeit** (Art. 97 Abs. 1 GG), also die Freiheit von unsachlicher äußerer Einflussnahme, gesichert werden. Neben der sachlichen Unabhängigkeit, der Weisungen durch Regierung oder Verwaltung zuwiderlaufen würden, erfordert dies auch eine persönliche Unabhängigkeit, die indirekten Druck durch Entlassungs-, Versetzungs- oder Gehaltskürzungsdrohungen ausschließt (Art. 97 Abs. 2 GG). Letztlich könnte sich ein Richter auch durch mögliche persönliche Haftungsfolgen bei seinen Entscheidungen leiten lassen, weshalb er nur für Schäden aus vorsätzlich falscher Normanwendung bzw. Rechtsbeugung verantwortlich gemacht werden kann (**Richterprivileg** des § 839 Abs. 2 BGB)[207]. Außerdem hat der Richter die **Distanz zu den Parteien** zum Schutz seiner Unparteilichkeit zu wahren. Bereits das begründete Misstrauen einer Seite, er habe enge Kontakte zu einem Prozessbeteiligten[208], führt zu seiner Ablehnung wegen **Befangenheit** (§§ 41 f. ZPO).

Ebenso wenig darf der Verdacht entstehen, es könne mit Blick auf den Streit gesteuert werden, welcher konkrete Richter eingesetzt wird. Daher hat gem. Art. 101 Abs. 1 GG der „gesetzliche" Richter, d.h. der abstrakt vorherbestimmte, den Fall zu entscheiden. Schließlich muss den Beteiligten wie in jedem rechtsstaatlichen Verfahren die Möglichkeit der Stellungnahme, also **rechtliches Gehör** (Art. 103 Abs. 1 GG), eröffnet werden. Neben diesen verfassungsrechtlich verankerten Verfahrensgrundsätzen soll die **Mündlichkeit**[209] für Transparenz sorgen, die **Öffentlichkeit**[210] die Kontrolle durch die Allgemeinheit ermöglichen und die **Unmittelbarkeit**[211] die zutreffende Information der Richter gewährleisten.

---

[205] Gegen diese Entscheidungen kann einmal Einspruch eingelegt werden (§ 338 ZPO), so dass das Verfahren weiter geführt wird.

[206] Im Jahre 2002 waren in Deutschland ca. 21.000 Richter beschäftigt (seit 1993 blieb diese Zahl nahezu unverändert), davon etwa 15.500 in der ordentlichen Gerichtsbarkeit, vgl. Statistisches Bundesamt, Ausgewählte Zahlen für die Rechtspflege 2004, Wiesbaden 2005, 15. Es handelt sich in der Regel um fachlich qualifizierte (Universitäts- und Praxisausbildung gem. § 5 DRiG) Berufsrichter, während Laienrichter im Bereich des Privatrechts nur an den Kammern für Handelssachen des Landgerichts sowie an den Arbeitsgerichten erster Instanz tätig sind.

[207] Parallel dazu wird auch die strafrechtliche Verantwortlichkeit darauf beschränkt, § 339 StGB.

[208] Gleiches gilt bei unmittelbaren Eigeninteressen oder bei einer vorangegangenen Befassung mit der Sache.

[209] Die Verhandlung der Parteien (§ 128 Abs. 1 ZPO), wenn auch durch Schriftsätze vorbereitet (§ 137 Abs. 3 ZPO), sowie – zunächst – die Urteilsverkündung (§ 311 Abs. 2 Nr. 1 ZPO) erfolgen mündlich.

[210] Ausnahmen vor allem in Familien- und Kindschaftssachen (§ 170 GVG) sowie im Einzelfall zum Schutz besonderer Interessen (§ 172 GVG).

[211] So ist das Urteil durch die Richter zu sprechen, die in der Verhandlung anwesend waren (§ 309 ZPO) und die in der Regel auch die Beweisaufnahme durchgeführt haben (§ 355 Abs. 1 ZPO).

Die aufwendige justizielle Infrastruktur verursacht natürlich erhebliche Kosten, **343**
die zumindest zum Teil über die **Gerichtskosten**[212] von denen zu tragen sind, die
sie in Anspruch nehmen. Hinzu kommen noch die **Honorare von Rechtsanwälten**
als etwaige Prozessvertreter[213] sowie weitere Aufwendungen, etwa die Auslagen
für Zeugen oder Sachverständige. Allerdings begünstigt das Kostenerstattungssys-
tem[214] diejenigen, die ihren Prozess gewinnen, die also normalerweise einen berechtigten Anspruch durchsetzen (oder sich erfolgreich gegen einen unberechtig-
ten verteidigen), indem es **sämtliche Verfahrenskosten der unterlegenen Partei**
aufbürdet (§ 91 ZPO)[215]. Auf diese Weise erhöht sich das Risiko, sich auf einen
Prozess einzulassen, dessen Ausgang ungewiss ist. Da sowohl die Gerichtskosten
wie die Anwaltsgebühren von dem Wert dessen abhängen, um das die Auseinandersetzung geführt wird (**Streitwert**), steigt die Kostenlast mit der Bedeutung des
Anspruchs, allerdings bei zunehmender Höhe immer langsamer.

Um das Verhältnis zwischen der geltend gemachten Forderung und den damit verbundenen
Kosten zu veranschaulichen, soll eine **Zahlungsklage über zwei Instanzen** dienen, bei denen
auf jeder Seite ein Anwalt eingeschaltet ist. Fordert der Kläger 1.000 Euro, so entstehen allein an Gerichtskosten und Anwaltsgebühren etwa 1.500 Euro, bei einer Forderung von
100.000 Euro sind es fast 23.000 Euro (davon jeweils mehr als zwei Drittel Anwaltskosten). Ob sich eine Klage lohnt, muss daher anhand einer **Risikoanalyse** ermittelt werden:
Schätzt der Kläger seine Chancen im Verfahren etwa auf 70 %, dann erwartet er bei 1.000
Euro Streitwert eine Zahlung von 700 Euro, hat jedoch mit einer Wahrscheinlichkeit von
30 % die Prozesskosten von 1.500 Euro zu tragen, mithin sind 450 Euro abzuziehen. Das
bedeutet, schon eine Zahlung des Gegners von mehr als 250 Euro im Vergleichswege wäre
einem Prozess wirtschaftlich vorzuziehen.

Damit die Prozesskosten für finanziell schwächer gestellte Personen sich nicht als **344**
Blockade ihres Zugangs zum Gericht auswirken[216], wurde bereits von Anfang an
in der Zivilprozessordnung von 1897 eine Art Sozialhilfe für den Bereich der
Rechtspflege vorgesehen, die mittlerweile **Prozesskostenhilfe** (PKH) genannt wird
(§§ 114–127a ZPO)[217]. Dieser jeder natürlichen (sowie eingeschränkt auch juristischen, § 116 Abs. 2 ZPO) Person in allen Verfahren[218] zustehende Anspruch

---

[212] Berechnet nach dem Gerichtskostengesetz (GKG). Einen nicht unbeträchtlichen Teil – bei den or-
       dentlichen Gerichten (allerdings einschließlich der Einnahmen aus Geldstrafen) 1995 immerhin
       35 %, vgl. *Vultejus*, ZRP 1997, 433 (434) – trägt die Allgemeinheit in Form von Steuern und
       Abgaben, eine Subventionierung, die mit dem Interesse aller Bürger an geregelter Streitentschei-
       dung gerechtfertigt werden kann.
[213] Diese sind nur vor den Amtsgerichten, der untersten Instanz, nicht erforderlich (außer in Fami-
       liensachen), ansonsten gilt in allen Zivilverfahren **Anwaltszwang** (§ 78 ZPO). Begründet wird
       diese „Filterfunktion" mit dem öffentlichen Interesse an sachlicher Prozessführung sowie dem
       Schutz rechtsunkundiger Parteien. Rechtsanwälte rechnen nach dem Rechtsanwaltsvergütungs-
       gesetz (RVG, dazu *Kroiß*, JuS 2005, 33–37) ab, welches seit Mitte 2004 die zuvor geltende Bun-
       desrechtsanwaltsgebührenordnung (BRAGO) ersetzt hat.
[214] In jedem Zivilurteil wird auch über die Kosten des Verfahrens entschieden (§ 308 Abs. 2 ZPO),
       die ebenso wie der Hauptanspruch vom Gegner eingetrieben werden können.
[215] Anders etwa in den USA, wo grundsätzlich jede Partei unabhängig vom Prozessausgang ihre ei-
       genen Kosten trägt.
[216] Ähnlich die Argumentation des BVerfG, NJW 1967, 1267.
[217] Damit wurde 1980 die frühere, als diskriminierend empfundene, Bezeichnung „Armenrecht" ersetzt.
[218] Unter anderem auch im Mahnverfahren sowie in der Zwangsvollstreckung, allerdings nicht für
       das Verfahren zur Bewilligung der PKH selbst.

setzt allerdings nicht nur voraus, dass bestimmte **Einkommensgrenzen nicht über-schritten** werden (§ 115 ZPO)[219], sondern auch, dass eine **hinreichende Aussicht auf Erfolg** für die Klage oder die Verteidigung gegen eine solche gegeben ist (§ 114 ZPO). Dazu muss das Gericht den Fall summarisch prüfen, ohne jedoch das eigentliche Verfahren vorwegzunehmen. Der Staat erstattet der „armen" Partei jedoch nur die Gerichts- und deren eigene Anwaltskosten, soweit der Gegner obsiegt, hat sie diesem dessen Kosten, insbesondere für seinen Prozessvertreter, zu erstatten (§ 123 ZPO). Auch auf diese Weise wird also verhindert, dass der Anreiz zur Führung wenig aussichtsreicher Zivilverfahren zu sehr ansteigt.

Für die stark zunehmenden Prozesszahlen[220] wird aber insbesondere der Trend zum Abschluss einer **Rechtsschutzversicherung** verantwortlich gemacht[221], denn diese ersetzt sämtliche Verfahrenskosten, wodurch sich jede noch so geringe Erwartung eines Erfolges vor Gericht ausnutzen lässt[222].

345 Um ein **Zivilverfahren in Gang** zu **bringen**, müssen sowohl die Richter wie der Gegner über das Begehren des Klägers in Kenntnis gesetzt werden. Dies geschieht durch die Einreichung einer **Klageschrift** bei Gericht, welche die notwendigen Informationen über den zugrunde liegenden Sachverhalt enthält (§ 253 Abs. 2 Nr. 2 ZPO)[223], und die dann dem Beklagten im Amtswege zugestellt[224] wird (§ 271 Abs. 1 ZPO). Das Gericht wird sich jedoch nur dann inhaltlich mit der Sache befassen, wenn sämtliche **Prozessvoraussetzungen** vorliegen, insbesondere seine Zuständigkeit gegeben ist[225], die Parteien den Streit führen und auftreten dürfen[226] und darüber nicht bereits ein anderes Verfahren geführt wird[227] oder abgeschlossen wurde[228]. Der Beklagte kann sich daraufhin durch eine **Klageerwiderung** ver-

---

[219] Bei Unterhaltsansprüchen gegenüber dem Ehegatten oder den Eltern haben diese das Verfahren, auch wenn es gegen sie geführt wird, zu finanzieren.

[220] Allein von 2001 zu 2003 hatten die Amtsgerichte eine Steigerung der Neuzugänge bei Zivilverfahren um etwas mehr als 5 % (von 1.421.404 auf 1.500.905) zu verkraften, ganz ähnlich die Landgerichte, Statistisches Bundesamt, Ausgewählte Zahlen für die Rechtspflege 2004, Wiesbaden 2005, S. 36.

[221] So etwa *Adams*, Der Zivilprozeß als Folge strategischen Verhaltens, ZfRSoz 1986, 212 ff. Dies wurde jedoch durch empirische Untersuchungen nicht bestätigt, *Jagodzinski/Raiser/Riehl*, Auswirkungen der Rechtsschutzversicherung auf die Rechtspflege, ZfRSoz 1991, 287 ff.

[222] Zwar wird auch hier die Erfolgsaussicht überprüft (§ 18 Abs. 1 ARB 2002), aber anscheinend weniger streng. Ein Selbstbehalt könnte zumindest die Bagatellfälle ausschließen.

[223] Stattdessen kann auch ein **Mahnverfahren** eröffnet werden (§§ 688 ff. ZPO), bei dem der geltend gemachte Anspruch zunächst nicht überprüft wird, sondern erst dann, wenn der Gegner sich gegen den ergangenen Mahn- bzw. Vollstreckungsbescheid zur Wehr setzt.

[224] Die unterschiedlichen Formen der Zustellung finden sich in den §§ 170–188 ZPO.

[225] Innerhalb des Rechtswegs für bürgerliche Rechtsstreite (§ 13 GVG, für Arbeitssachen sind gem. § 2 ArbGG die Arbeitsgerichte zuständig) muss es funktionell (der Instanz sowie der innergerichtlichen Arbeitsteilung nach, §§ 72, 119, 133 GVG), sachlich (vor allem dem Streitwert nach, §§ 23, 71 GVG) sowie örtlich (unter den 675 AGen, den 116 LGen oder den 24 OLGen) zuständig sein.

[226] Rechtsfähige sind parteifähig (§ 50 ZPO, *RN 279*), Geschäftsfähige sind prozessfähig (§ 51 ZPO, *RN 291*).

[227] Entgegenstehende Rechtshängigkeit gem. § 261 ZPO, um doppelte Prozessführung zu vermeiden.

[228] Entgegenstehende Rechtskraft gem. §§ 322, 325 ZPO, um widersprechende Urteile zu vermeiden.

teidigen (§ 277 Abs. 1 ZPO), auf die wiederum der Kläger reagieren kann (§§ 275 Abs. 4, 276 Abs. 3 ZPO)[229]. In der **mündlichen Verhandlung** erörtern die Prozessparteien – nach dem Versuch einer einvernehmlichen Streitbeilegung in einer Güteverhandlung, § 278 Abs. 2 ZPO – dann vor dem Gericht den schriftlich vorbereiteten Sach- und Streitstand (§ 137 Abs. 2 ZPO), bevor über diejenigen für eine Entscheidung notwendigen **beweiserheblichen** Tatsachen, die von beiden Streitteilen unterschiedlich dargestellt werden und somit **streitig**[230] sind, **Beweis erhoben** wird (§ 284)[231]. Dabei muss grundsätzlich jede Partei die tatsächlichen Voraussetzungen der ihr günstigen Normen beweisen[232]. Zulässig sind nur fünf Arten von **Beweismitteln**, neben der Vernehmung von Zeugen (§§ 373 ff. ZPO) oder im Ausnahmefall auch einer Partei (§§ 445 ff. ZPO)[233] die Begutachtung durch Sachverständige (§§ 402 ff. ZPO) sowie die Vorlage von Urkunden (§§ 415 ff. ZPO) und die Überprüfung durch den Augenschein (§§ 371 ff. ZPO). Die Richter müssen nach der Beweisaufnahme entscheiden, ob sie vom Vorliegen der umstrittenen Tatsache überzeugt sind (§ 286 ZPO), wobei absolute Gewissheit kaum jemals erreichbar ist und daher eine mit **an Sicherheit grenzende Wahrscheinlichkeit** als ausreichend erachtet wird[234].

Wenn der **Rechtsstreit** nach Auffassung des Gerichts **entscheidungsreif** (§ 300 **346** Abs. 1 ZPO) ist, wird die mündliche Verhandlung geschlossen (§ 136 Abs. 4 ZPO) und ein **Urteil** durch Verlesung des Tenors, der die endgültige Entscheidung des Falles[235] enthält, in öffentlicher Sitzung verkündet (§§ 310, 311 ZPO). Es ist nach schriftlicher Abfassung, die auch die Begründung mit den rechtlichen Erwägungen sowie, falls erforderlich, der Beweiswürdigung enthält, den Parteien zuzustellen (§ 317 ZPO).
Damit ist das Verfahren noch nicht notwendigerweise beendet, denn in den meisten Fällen kann das Urteil von einem **höherrangigen Gericht** – auf Antrag der benachteiligten und somit „beschwerten" Partei – noch einmal **überprüft** werden, indem ein **Rechtsmittel** eingelegt wird. Erst wenn dies nicht mehr möglich ist, in der Regel nach Fristablauf (§ 705 ZPO)[236], wird die Entscheidung **rechtskräf-**

---

[229] Der Richter hat bereits nach Einreichung der Klageschrift entschieden, ob zur Vorbereitung der mündlichen Verhandlung ein früher erster Termin (§ 275 Abs. 1 ZPO) oder ein schriftliches Vorverfahren (§ 276 Abs. 1 ZPO) stattfindet.
[230] Die Behauptung einer Seite, die weder unstreitig (§ 138 Abs. 3 ZPO) noch zugestanden (§ 288 Abs. 1 ZPO) oder offenkundig (§ 291 ZPO) ist.
[231] Da das Gericht die Beweisaufnahme durchführt, ist zuvor ein Beweisbeschluss zu erlassen (§§ 358 ff. ZPO).
[232] Also etwa der die Zahlung verlangende Verkäufer den Abschluss des Kaufvertrages. Teilweise sehen gesetzliche Regelungen etwas anderes vor, selten ausdrücklich (z.B. § 345 BGB), häufiger der Formulierung nach (z.B. § 280 Abs. 1 Satz 2 BGB: „Dies gilt nicht, ...", § 932 Abs. 1 Satz 1 BGB: „ ... es sei denn ...").
[233] In der Regel ist der Gegner zu vernehmen, jedoch nur als letztes Mittel (§ 445 Abs. 1 ZPO), denn aufgrund des Eigeninteresses sind Parteiaussagen äußerst kritisch zu würdigen.
[234] BGHZ 53, 245 (256), versteht darunter einen „für das praktische Leben brauchbaren Grad an Gewissheit ..., der den Zweifeln Schweigen gebietet, ohne sie völlig auszuschließen". In anderen Rechtsordnungen, wie etwa Schweden oder England, reicht dagegen in vielen Fällen bereits die überwiegende Wahrscheinlichkeit, also etwas mehr als 50:50, aus.
[235] Inhaltlich handelt es sich um den Befund des Gerichts über die Rechtslage, wie sie nach der nicht öffentlichen Entscheidungsfindung festgehalten wird.

tig[237]. Nach diesem Zeitpunkt ist vor allem **kein zweiter Prozess in der gleichen Sache** möglich, denn ansonsten würde der Rechtsfrieden durch Zivilverfahren nicht gefördert[238]. Die Einlegung eines Rechtsmittels verzögert daher die Rechtskraft[239] und verlagert den Rechtsstreit in die nächste Instanz. Es handelt sich zum einen um die **Berufung** (§§ 511 ff. ZPO), für die gegenüber Urteilen des Amtsgerichts (AG) grundsätzlich das Landgericht (LG) und gegenüber erstinstanzlichen Urteilen des Landgerichts das Oberlandesgericht (OLG) zuständig ist, mit der die Tatsachen zumindest einschränkt noch einmal überprüft[240] werden können. Zum anderen können die Berufungsurteile der zweiten Instanz (sowohl des LG wie des OLG) teilweise[241] noch einmal mit der **Revision** (§§ 542 ff. ZPO) durch den Bundesgerichtshof (BGH)[242] kontrolliert werden, allerdings nur noch in rechtlicher Hinsicht.

347 Neben dem beschriebenen allgemeinen Zivilprozess können für bestimmte Ansprüche eigene Verfahren eröffnet werden, so etwa ein **Urkundenprozess** (§§ 592 ff. ZPO), in welchem zur Beschleunigung allein derartig verkörperte Beweismittel, wie Vertragsabschriften oder auch Wechsel, zulässig sind, in dem allerdings auch nur eine Art vorläufiges Vorbehaltsurteil ergeht, welches dann in einem normalen Zivilverfahren unter Zuhilfenahme sämtlicher Beweismittel bekämpft werden kann. Auch für **Familien-**[243] **und Kindschaftssachen** bestehen besondere, das öffentliche Interesse berücksichtigende, Verfahrensvorschriften (§§ 606 ff., 640 ff. ZPO).

Hervorzuheben ist auch die Möglichkeit der Parteien, bei vermögensrechtlichen sowie zu ihrer Disposition gestellten[244] nichtvermögensrechtlichen Ansprüchen

---

236   Die Parteien können auch beide auf Rechtsmittel verzichten, §§ 515, 565 ZPO. Bei einem Streitwert unter 600 Euro, der im vereinfachtes Verfahren vor dem Amtsgericht ermöglicht (§ 495a ZPO), ist von vornherein kein Rechtsmittel mehr möglich, es sei denn, es wird ausnahmsweise zugelassen, § 511 Abs. 2 ZPO.

237   Danach kann nur noch in sehr engen Grenzen, etwa bei schwerwiegenden Verfahrensfehlern (§ 579 ZPO) oder verfälschenden Straftaten (§ 580 ZPO), eine Wiederaufnahmeklage erhoben werden. Als außerordentlicher Rechtsbehelf ist überdies eine Verfassungsbeschwerde beim BVerfG gem. Art. 93 I Nr. 4 a GG möglich, wenn durch das Zivilurteil ein Grundrecht verletzt worden ist, etwa weil gegen die Grundsätze eines fairen rechts- und sozialstaatlichen Verfahrens oder andere prozessuale Verfassungsprinzipien, dazu oben *RN 342*, verstoßen wurde. Der EuGH kann dagegen nur dann eingreifen, wenn im Zivilverfahren Gemeinschaftsrecht berührt wird (vor allem bei der Anwendung von in Umsetzung von EG-Richtlinien erlassenen Bestimmungen) und das jeweilige Gericht ihn zu dessen Auslegung befragt (Vorlage im Vorabentscheidungsverfahren nach Art. 234 EGV, *RN 70*).

238   Dazu bereits oben *RN 340, 345*. Darüber hinaus sind die Gerichte auch dann an Entscheidungen eines Vorprozesses gebunden, wenn ihr Urteil von einer Frage abhängig ist, die bereits durch ein anderes Gericht rechtskräftig entschieden wurde und somit als präjudiziell gilt.

239   Jedoch nicht die Vollstreckbarkeit, denn auch noch nicht rechtskräftige Urteile können für **vorläufig vollstreckbar** erklärt werden (§ 704 Abs. 1 ZPO), wegen der Gefahr einer gegenteiligen Entscheidung in der nächsten Instanz allerdings meist nur gegen Sicherheitsleistung, §§ 708 f. ZPO.

240   Seit 2002 nur, falls konkrete Anhaltspunkte Zweifel an der zutreffenden Ermittlung des Sachverhalts vor dem Erstgericht begründen (§ 529 Abs. 1 Nr. 1 ZPO).

241   Zugelassen nur bei grundsätzlicher Bedeutung der Rechtssache oder zur Fortbildung des Rechts bzw. Sicherung einer einheitlichen Rechtsprechung, § 543 Abs. 2 ZPO.

242   Nach § 133 GVG das einzige Revisionsgericht in Zivilsachen.

243   Hier ist ein beim Amtsgericht angesiedeltes eigenes Familiengericht zuständig (§ 23b Abs. 1 Satz 1 GVG).

(§ 1030 ZPO) anstatt eines staatlichen Gerichts ein privates **Schiedsgericht** anzurufen[245]. Vorausgesetzt wird eine wirksame Schiedsvereinbarung zwischen den Parteien, mit der sowohl ein bei einer Organisation institutionalisiertes Schiedsgericht (etwa das Schiedsgericht der Handelskammer Hamburg oder der International Court of Arbitration bei der Internationalen Handelskammer – ICC – in Paris) wie auch ein von den Parteien für den Einzelfall zusammengesetztes ad-hoc-Tribunal zur Streitentscheidung berufen werden kann, so dass ein ordentliches Zivilverfahren nicht mehr zulässig ist (§ 1032 Abs. 1 ZPO). Der Schiedsspruch wirkt zwischen den Parteien wie ein staatliches Urteil (§ 1055 ZPO)[246] und kann durch die ordentlichen Gerichte nur sehr begrenzt überprüft werden[247]. Davon zu unterscheiden sind andere Formen der **Alternativen Streitbeilegung**[248], etwa die – meist freiwillige[249] – Schlichtung[250], deren Ergebnis in der Regel nicht durchgesetzt werden kann, oder die Mediation[251], mit deren Hilfe sich die Gegner selbst einigen sollen.

(3) Vollstreckungsverfahren. Der amtliche Befund über die Rechtslage durch das **348** rechtskräftige Urteil im Erkenntnisverfahren beseitigt zwar die Unsicherheit darüber, ob der geltend gemachte Anspruch des Klägers besteht, aber der beklagte **Schuldner kann sich weiterhin weigern,** der Forderung nachzukommen. Dies gilt vor allem für die **Verurteilung zu einer Leistung**[252], während Feststellungsurteile sich mit der Klärung der Rechtslage begnügen[253] und Gestaltungsurteile die beab-

---

[244]   Insbesondere über familienrechtliche Statusfragen, etwa den Bestand der Ehe oder die Abstammung, können die Parteien wegen der damit verbundenen öffentlichen Wirkungen nicht durch einen Vergleich nach § 779 BGB disponieren.

[245]   Ausschlaggebend sind meist nicht etwa Kostenerwägungen, denn Schiedsrichter lassen sich gut bezahlen und werden – anders als die staatliche Justiz, dazu oben *RN 343* – nicht subventioniert (vor dem Schiedsgericht der Handelskammer Hamburg entstehen allein Schiedsgebühren von 1.500 Euro bei einem Streitwert von 1.000 Euro und von immerhin noch 10.400 Euro bei einem Streitwert von 100.000 Euro). Vielmehr geht es um flexible, individuell zu vereinbarende Verfahrensregeln (stattdessen können auch Musterschiedsordnungen, wie z.B. die UNCITRAL Arbitration Rules 1976, zugrunde gelegt werden), schnelle Entscheidungen aufgrund nur einer Instanz sowie eine mangels Öffentlichkeitserfordernis erreichbare Verschwiegenheit.

[246]   Auch hinsichtlich der Durchsetzung, denn sowohl inländische wie ausländische Schiedssprüche sind vollstreckbar, §§ 1060 ff. ZPO.

[247]   Eine Aufhebung des Schiedsspruchs kommt nur in Betracht, wenn entweder gravierende Verfahrensfehler vorliegen oder die Schiedsfähigkeit gem. § 1030 ZPO nicht gegeben ist bzw. das Ergebnis der öffentlichen Ordnung widerspricht, § 1059 ZPO.

[248]   Eine Übersetzung des Begriffs *Alternative Dispute Resolution* (ADR), einführend dazu *Tochtermann,* JuS 2005, 131–135. Gemeint sind statt der Inanspruchnahme der staatlichen Justiz mögliche Verfahren.

[249]   Die Bundesländer können für Bagatellsachen bis 750 Euro Streitwert, für Nachbarstreite sowie bei Ehrverletzungen jedoch vor Erhebung einer Klage Schlichtungsverfahren zwingend vorsehen, § 15a EGZPO.

[250]   Viele Branchen bieten derartige Konfliktlösungen an, so etwa die Privatbanken durch einen Ombudsmann, vgl. *Bundschuh,* ZBB 1998, 2 ff., oder die KfZ-Handwerksverbände durch Schlichtungsstellen, ebenso die freien Berufe wie Ärzte, Architekten und auch Rechtsanwälte.

[251]   Dazu *Eisele,* Jura 2003, 656 ff., sowie die Literatur nach *RN 40.* Auch der Richter kann als Mediator im Rahmen einer Güteverhandlung tätig werden (§ 278 Abs. 5 ZPO), aussichtsreich erscheint dieses Verfahren vor allem im Familienrecht bei Scheidungs- oder Sorgerechtskonflikten.

[252]   Etwa „Der Beklagte wird verurteilt, 1.000 Euro an den Kläger zu zahlen", oder aber andere Handlungen oder Unterlassungen.

[253]   Etwa „Es wird festgestellt, dass das Mietverhältnis zwischen dem Kläger sowie der Beklagten

sichtigte Veränderung der Rechtslage unmittelbar bewirken[254]. Ein leistungs-
unwilliger Schuldner kann jedoch nur mit weiterer Hilfe staatlicher Organe im
Wege der **Zwangsvollstreckung** veranlasst werden, dem Urteil nachzukommen,
da auch in diesem Fall Selbstjustiz nicht gestattet ist. Ob es Sinn macht, den
Schuldner auf diese Weise zur Leistung zu bewegen, hängt von den Vollstre-
ckungsmöglichkeiten, in erster Linie dem einem Zugriff ausgesetzten Vermögen
des Schuldners ab, wobei zu berücksichtigen ist, dass die **Kosten** der Zwangsvollstreckung ebenfalls abgedeckt sind, da sie ebenfalls vom Schuldner zu tragen sind
(§ 788 Abs. 1 ZPO).

Nicht nur Urteile (§ 704 ZPO)[255] sondern auch andere **Vollstreckungstitel** können auf diesem Wege durchgesetzt werden, so z.B. eine unmittelbar vollstreckbare notarielle Urkunde
(§ 794 Abs. 1 Nr. 5 ZPO), ein Prozessvergleich (§ 794 Abs. 1 Nr. 1 ZPO) oder auch ein
Schiedsspruch (§ 794 Abs. 1 Nr. 4a ZPO, *RN 347*). Jede derartige öffentliche Urkunde über
einen Anspruch (**Titel**) muss vorher jedoch noch mit einer amtlichen Bescheinigung der
Vollstreckbarkeit (**Klausel**, § 725 ZPO) versehen werden[256] und ist dem Schuldner spätestens mit dem Beginn der Zwangsvollstreckung zu übermitteln (**Zustellung**)[257]. Der Antrag
auf Vollstreckung muss bei dem jeweils dafür **zuständigen Organ**, also dem Gerichtsvollzieher[258], dem Vollstreckungsgericht[259], dem Grundbuchamt oder auch dem Prozessgericht,
gestellt werden[260].

349 Erfolgt die **Vollstreckung einer Geldforderung**, so kann zum einen auf das **bewegliche Vermögen**[261] des Schuldners zugegriffen werden, indem körperliche Sachen,

---

[254] nicht mehr besteht", vgl. auch § 256 ZPO. Dies gilt auch für die Abweisung einer Leistungsklage, denn damit wird lediglich festgestellt, dass der verfolgte Anspruch nicht durchsetzbar
ist.

[254] Etwa die Herabsetzung einer überhöhten Vertragsstrafe durch das Gericht gem. § 343 BGB.

[255] Urteile ausländischer Gerichte werden nach einer groben Überprüfung – inhaltlich allein auf die
Vereinbarkeit mit wesentlichen Grundsätzen des deutschen Rechts (*ordre public*) – durch erst-
instanzliche deutsche Gerichte anerkannt, § 328 ZPO, und können dann auch in Deutschland
vollstreckt werden, § 722 ZPO. Innerhalb der EG wurde das Verfahren durch die EuGVVO von
2002 (als Nachfolgeregelung des seit 1973 geltenden EuGVÜ) noch weiter vereinfacht, für unbe-
strittene Forderungen gilt seit Oktober 2005 sogar ein einheitlicher Vollstreckungstitel in allen
Mitgliedstaaten.

[256] Durch diesen Akt des Urkundsbeamten der Geschäftsstelle (bei einem Urteil, § 724 Abs. 2 ZPO)
bzw. des Rechtspflegers (für weitere Ausfertigungen, § 20 Nr. 12 RPflG) bei Gericht oder des
Notars (bei notariellen Urkunden, § 797 Abs. 2 Satz 1 ZPO) entsteht eine vollstreckbare Ausfertigung (§ 724 Abs. 1 ZPO), deren Wirksamkeit und deren vollstreckungsfähiger Inhalt feststeht,
sofern der Schuldner nicht mit einer Klauselgegenklage (§ 768 ZPO) Erfolg hat.

[257] Auch durch den Gläubiger, § 750 Abs. 1 ZPO. Um dem Schuldner keine Gelegenheit zu Vermögensverschiebungen zu geben, wird ihm rechtliches Gehör grundsätzlich erst nach Einleitung der
Vollstreckung gewährt. Unter anderem kann er sich mit einer Vollstreckungserinnerung (§ 766
ZPO) gegen die Art und Weise der Rechtsdurchsetzung sowie mit einer Vollstreckungsgegenkla-
ge (§ 767 ZPO) gegen den Inhalt des Titels wehren.

[258] Dieser arbeitet zwar unabhängig, ist jedoch in seinen Zwangsbefugnissen durch hoheitliches
Handeln bis zur Gewaltanwendung (bei der Durchsuchung, §§ 758, 759 ZPO) einem Beamten gleichgestellt (§ 154 GVG).

[259] Dort wird meist der Rechtspfleger tätig, allerdings kontrolliert der Vollstreckungsrichter auch
die Tätigkeit der Gerichtsvollzieher (§ 766 ZPO).

[260] Das Rechtsschutzbedürfnis des Vollstreckungsgläubigers darf dabei nicht etwa wegen einer zu
geringen Forderung verneint werden, so das AG Karlsruhe, NJW-RR 1986, 1256, welches die
zwangsweise Durchsetzung auch für einen Betrag von 4,20 DM zuließ.

[261] Die Ausübung unmittelbaren Zwangs gegen die Person, wie sie bis in das 19. Jahrhundert hinein

etwa eine kostbare Vase, durch den Gerichtsvollzieher gepfändet (§§ 803, 808 ZPO)[262] und dann verwertet (§§ 814 ff. ZPO)[263] werden, oder Forderungen, etwa der Anspruch auf Arbeitsentgelt, durch das Amtsgericht als Vollstreckungsgericht per Pfändungs- und Überweisungsbeschluss (§§ 829, 835 ZPO)[264] beschlagnahmt und eingezogen (§ 836 Abs. 1 ZPO) werden[265]. Zum anderen ermöglichen **unbewegliche Vermögenswerte** des Schuldners, also Grundstücke einschließlich der damit verbundenen Gegenstände wie etwa Gebäude, dem Gläubiger durch deren Verwertung im Wege der **Zwangsversteigerung** (§§ 15 ff. ZVG)[266] oder durch deren Nutzung aufgrund einer **Zwangsverwaltung** (§§ 146 ff. ZVG)[267] die ausstehende Summe einzutreiben[268] – vorausgesetzt, das Vollstreckungsgericht hat dieses Vorgehen durch seine Anordnung genehmigt.

Der Gerichtsvollzieher wird außerdem tätig, um **Ansprüche auf die Herausgabe bestimmter Gegenstände** durchzusetzen, etwa indem er dem Schuldner eine an den Gläubiger zu übergebende bewegliche Sache wegnimmt (§ 883 ZPO)[269]. Um **Handlungen sowie Duldungen oder Unterlassungen zu erzwingen,** kann das Prozessgericht nur eine Sanktion festsetzen, die dem Schuldner im Falle seiner Weigerung auferlegt wird[270], da unmittelbarer Zwang nicht erlaubt ist.

---

[262]   zunächst durch Schuldknechtschaft, dann durch den Schuldturm vollzogen wurde, ist nicht zulässig.

Diese staatliche Beschlagnahme, die in fast 90 % der Vollstreckungsfälle angewandt wird, führt zu einem Veräußerungsverbot (§§ 135, 136 BGB), das auch strafrechtlich sanktioniert wird (§ 136 Abs. 1 StGB – Verstrickungsbruch). Entweder nimmt der Gerichtsvollzieher die Sache an sich oder er kennzeichnet die Pfändung durch ein Siegel (§ 808 Abs. 2 Satz 2 ZPO), wegen des früher darauf befindlichen Wappenadlers verniedlichend als „Kuckuck" bezeichnet. Zugriff besteht zunächst auf alle Sachen, die sich beim Schuldner – in dessen Gewahrsam - befinden (§ 808 Abs. 1 ZPO), so dass ein fremder Eigentümer im Wege der Drittwiderspruchsklage (§ 771 ZPO) die Pfändung der ihm gehörenden Dinge verhindern muss. Von der Pfändung ausgenommen sind unter anderem für den Schuldner wichtige Gebrauchsgegenstände, § 811 Nr. 1 ZPO, zu denen mittlerweile etwa auch ein Fernsehgerät gehört, LG Gera, DGVZ 2001, 9.

[263]   Um einen angemessenen Erlös zu erzielen, der bis zur Höhe der geschuldeten Summe an den Gläubiger und darüber hinausgehend an den Schuldner ausgezahlt wird, geschieht dies in der Regel im Wege öffentlicher Versteigerung (§ 814 ZPO). Aufgefundenes Geld kann dagegen sofort an den Gläubiger abgeliefert werden (§ 815 Abs. 1 ZPO), während Wertpapiere auch freihändig verkauft werden können (§ 821 ZPO).

[264]   Aufgrund der Pfändung darf der Drittschuldner nicht mehr an seinen ursprünglichen Gläubiger zahlen, § 829 Abs. 1 Satz 1 ZPO.

[265]   Um den Schuldner nicht staatlicher Sozialhilfe anheim fallen zu lassen, muss ihm ein Mindestbetrag oberhalb der Pfändungsfreigrenze (§§ 850a ff. ZPO) verbleiben. Andere Vermögensrechte, wie z.B. Gesellschaftsanteile, werden auf die gleiche Weise gepfändet und überwiesen, §§ 857 ff. ZPO.

[266]   Im Versteigerungstermin erhält der Meistbietende den Zuschlag (§ 81 ZVG, sofern sein Gebot mindestens vorrangige Gläubigerforderungen sowie Verfahrenskosten abdeckt, § 44 ZVG) und erwirbt kraft staatlichen Hoheitsakts das Eigentum (§ 90 ZVG).

[267]   Es wird ein Zwangsverwalter bestellt (§ 150 ZVG), der anstelle des Schuldners über die wirtschaftliche Verwendung des Grundstücks entscheidet und den sich daraus ergebenden Überschuss an den Gläubiger abführt (§ 157 ZVG).

[268]   Stattdessen kann sich der Gläubiger auch mit seiner Absicherung durch die Eintragung einer Zwangshypothek (§ 867 ZPO) in das Grundbuch begnügen, die das Grundbuchamt als Vollstreckungsorgan veranlasst.

[269]   Bei unbeweglichen Sachen „vertreibt" er den Schuldner vom Grundstück und überlässt es dem Gläubiger (§ 885 Abs. 1 ZPO).

[270]   Für unvertretbare, d.h. allein vom Schuldner vornehmbare Handlungen – etwa eine Auskunft –

350 Während bei der bisher vorgestellten Einzelvollstreckung jeder Gläubiger unabhängig von anderen Gläubigern des Schuldners gegen diesen vorgeht[271], wird zur **Vermeidung eines erhöhten Anreizes für die beschleunigte individuelle Durchsetzung** von Forderungen[272] im Falle der Gefahr unzureichenden Schuldnervermögens eine **Gesamtvollstreckung** angeordnet: Ein derartiges **Insolvenzverfahren**[273] unterbindet bei Zahlungsunfähigkeit des Schuldners (§ 17 InsO)[274] das eigennutzorientierte Vorgehen seiner Gläubiger (Blockade der Einzelvollstreckung, § 89 InsO) und sorgt im Gegenzug dafür, dass der Bestand des Schuldnervermögens durch diesen nicht mehr vermindert werden kann[275], indem ihm die Verfügungsbefugnis darüber entzogen und auf einen **Insolvenzverwalter**[276] übertragen wird (§ 80 Abs. 1 InsO). Dieser muss gem. § 57 InsO durch eine obligatorische Gläubigerversammlung (§ 74 InsO[277]) bestätigt werden, über die sämtliche Gläubiger[278] zudem an wichtigen Entscheidungen beteiligt werden. Die als **Masse** bezeichneten vorhandenen Vermögenswerte des Schuldners[279] werden zu

---

[271]   Zwangsgeld bzw. Zwangshaft (§ 888 Abs. 1 ZPO), für Duldung oder Unterlassung entsprechend Ordnungsgeld oder -haft (§ 890 Abs. 1 ZPO). Kann dagegen die Handlung – etwa die Reparatur einer Sache gem. § 439 Abs. 1 1. Alt. BGB – auch durch einen Dritten erfolgen, so wird der Gläubiger ermächtigt, sie auf Kosten des Schuldners durchführen zu lassen (§ 887 Abs. 1 ZPO). Willenserklärungen gelten dagegen bereits durch das Urteil als abgegeben (§ 894 Abs. 1 ZPO), so dass eine eigene Vollstreckung nicht mehr erforderlich ist.

[272]   Falls z.b. eine Sache des Schuldners mehrfach von verschiedenen Gläubigern gepfändet worden ist, muss der Erlös nach dem Rang der Pfandrechte verteilt werden, wobei die zeitlich früheren Pfändungen Vorrang genießen (Prioritätsprinzip, § 804 Abs. 3 ZPO)

[273]   Durch einen derartigen „Wettlauf" aller Gläubiger, welcher durch eine Art Herdentrieb zu einem „run" (der für Banken als besonders gefährlich gilt, vgl. *Schwartze*, Die Neuregelung der deutschen Bankrechnungslegung nach den Vorgaben der Europäischen Gemeinschaft, AG 1993, 12 (13, 21)) auf den Schuldner führen kann, entstehen nicht nur den Gläubigern unproduktive Kosten, vgl. *Schäfer/Ott*, Lehrbuch der ökonomischen Analyse des Zivilrechts, 2005⁴, Teil 4 Kap. 20 Ziff. 4.1, sondern es steigt auch die Gefahr, dass ein Schuldner in nur zeitweiligen wirtschaftlichen Schwierigkeiten endgültig seine Finanzierungsgrundlage verliert. Damit befinden sich die Gläubiger in dem viel beschriebenen Gefangenendilemma, dazu im Überblick *Langerfeldt*, WiSt 2003, 226 ff.

[274]   Gem. § 27 InsO eröffnet durch das Amtsgericht als Insolvenzgericht (§ 2 Abs. 1 InsO), welches über das Verfahren wacht.

[275]   Für juristische Personen bereits bei Überschuldung, § 19 InsO.

[276]   Ein spezielles Anfechtungsrecht (§§ 129 ff. InsO) ermöglicht darüber hinaus die Einbeziehung von Vermögensgegenständen, welche der Schuldner noch vor der Eröffnung des Insolvenzverfahrens zu Lasten seiner Gläubiger etwa an Familienangehörige, §§ 133 Abs. 2, 138 InsO, „verschoben" hat.

[277]   Eine geeignete und unabhängige natürliche Person (§ 56 InsO), die das Schuldnervermögen verwaltet, nach freiem Ermessen verwertet (§§ 159, 165, 166 InsO) und an die beteiligten Gläubiger verteilt (§ 187 Abs. 3 InsO).

[278]   Bei bedeutsamen Geschäften hinsichtlich des Schuldnervermögens ist deren Zustimmung erforderlich, welche nach § 76 Abs. 2 InsO die relative Mehrheit der Forderungsbeträge benötigt.

Sofern sie nur ihre Forderung per Anmeldung glaubhaft gemacht haben (§§ 38, 174 InsO), ohne dass wie bei der Einzelvollstreckung ein Titel erforderlich ist.

[279]   Im Durchschnitt deckten diese in den Jahren 1991 bis 1998 kaum mehr als 5 % der Forderungen nicht bevorrechtigter Gläubiger, vgl. *Angele*, Insolvenzverluste 1996 bis 1998, Wirtschaft und Statistik 2001, 748 (752). Von den knapp 120.000 Insolvenzen über Forderungen von insgesamt 39 Mrd. Euro im Jahr 2004 wurden mehr als 20.450 „mangels Masse" gar nicht eröffnet, weil die Verfahrenskosten das Vermögen überstiegen (noch 1996, vor der Reform des Insolvenzrechts, wurden sogar nur 25 % der Verfahren eröffnet, vgl. ZIP 1997, 1766) .

Geld gemacht und **gleichmäßig**[280] an alle Gläubiger **verteilt**. Stattdessen kann im Einverständnis mit den Gläubigern **zur Sanierung** des Schuldners allerdings auch ein **Insolvenzplan** aufgestellt werden (§§ 217 ff. InsO), nach dem zeitlich gestreckte Teilzahlungen zur Begleichung der Schulden ausreichen[281].

Literatur:
Pawlowski, Allgemeiner Teil des BGB, 2003[7], § 6; *Musielak*, Grundkurs ZPO, 2005[8]; *Paulus*, Zivilprozessrecht – Erkenntnisverfahren und Zwangsvollstreckung, 2004[3]; *Schwab, M.*, Grundzüge des Zivilprozessrechts, 2005; *Heussen/Prüske*, Zwangsvollstreckungsrecht für Anfänger, 2005[8]; *Bork*, Einführung in das neue Insolvenzrecht, 2005[4].
Schreiber, Klage und Urteil im Zivilprozess, Jura 2004, 385–389; *Pape/Uhlenbruck*, 30 Jahre Insolvenzrechtsreform für die Katz?, ZIP 2005, 417–423; *Paulus*, Verbindungslinien des modernen Insolvenzrechts, ZIP 2000, 2189–2195; *Koch*, Einführung in das europäische Zivilprozeßrecht, JuS 2003, 105–11.

4. Vertragsrecht und Vertragsgestaltung

Der schuldrechtliche **Vertrag**[282] gilt als – zumindest wirtschaftlich – bedeutsamstes privatrechtliches Instrument (und wichtigstes Rechtsgeschäft), denn mit seiner Hilfe wird vor allem der **Austausch von Waren und Dienstleistungen** durchgeführt oder besser: **verbindlich vereinbart**[283]. Es handelt sich nämlich um ein bindendes Versprechen meist zweier gegenseitiger Leistungen[284]. So verspricht bei einem Kaufvertrag der Verkäufer, die Ware zu liefern und in das Eigentum des Käufers zu übertragen (§ 433 Abs. 1 Satz 1 BGB), während der Käufer zusagt, den Kaufpreis zu zahlen (§ 433 Abs. 2 BGB). Die wichtigste Funktion eines derartigen Schuldvertrages besteht darin, dass die **Einhaltung der Versprechen** notfalls mit

351

---

[280] Anders als nach der bis Ende 1998 geltenden Konkursordnung von 1877 genießen die Arbeitnehmer des Schuldners mit ihren Lohnansprüchen oder der Staat mit seinen Steuerforderungen keine bevorzugte Behandlung mehr.
[281] Im stillschweigenden Einverständnis mit den Gläubigern kann der Schuldner – anders als bei der Liquidation gem. § 201 InsO – von den nach Abschluss des Gesamtvollstreckungsverfahrens verbleibenden **Schulden befreit** werden. **Privatpersonen** wird dies grundsätzlich ermöglicht, wenn sie sich für sechs Jahre verpflichten, den pfändbaren Teil ihres Einkommens ihren Gläubigern zu überlassen, §§ 286, 287 Abs. 2 InsO.
[282] Daneben können auch familienrechtliche Verpflichtungen per Vertrag begründet werden, etwa durch Eheverträge (§§ 1408 ff. BGB), die Eheschließung selbst (§§ 1310 ff., 1353 ff. BGB) sowie die Adoption (§§ 1741 ff. BGB), näher dazu unten *RN 388 ff.* Im Erbrecht vgl. den Erbvertrag gem. §§ 1941, 2274 ff. BGB.
[283] Dieses Verpflichtungs(rechts)geschäft, durch das ein Schuldverhältnis entsteht (§ 311 Abs. 1 BGB), ist vom Verfügungs(rechts)geschäft zu unterscheiden, bei dem ebenfalls ein Vertrag geschlossen wird, welcher allerdings unmittelbar zu einer Rechtsänderung führt, z.B. ein Eigentumsrecht überträgt (§§ 873, 925, 929 ff. BGB, *RN 333*), eine Forderung beseitigt (durch Aufrechnung, §§ 387 ff. BGB, oder Erlass, § 397 BGB) oder überträgt (durch Abtretung, §§ 398 ff. BGB).
[284] Nur ausnahmsweise wird einseitig eine Leistung versprochen, vorwiegend bei den unentgeltlichen Verträgen, wie der Schenkung (§§ 516 ff. BGB), der Leihe (§§ 598 ff. BGB) oder dem unverzinslichen Darlehen (§ 488 Abs. 3 Satz 3 BGB) – allerdings verpflichten sich Entleiher und Darlehensnehmer, bei Beendigung des Vertrages Sache (§ 604 BGB) bzw. Geldbetrag (§ 488 Abs. 1 Satz 2 BGB) zurückzugeben, was jedoch allein der Rückabwicklung des Rechtsverhältnisses dient.

staatlicher Hilfe in den dafür vorgesehenen Verfahren (*RN 339 ff.*) **erzwungen** werden kann. Damit genau bestimmt werden kann, ob und zu welchem Zeitpunkt die vereinbarten Verpflichtungen wirksam geworden sind, ist es notwendig, die Voraussetzungen für das **Zustandekommen von Verträgen** zu regeln (*RN 352 ff.*). Ebenso muss für den Umfang der Verpflichtungen der **Inhalt des Vertrages** ermittelt werden können (*RN 365 ff.*). Schließlich sollte festgelegt werden, was bei einer **nicht ordnungsgemäßen Ausführung des Vertrages** geschieht, falls die Parteien sich darüber nicht geeinigt haben (*RN 375 ff.*).

352 a) **Entstehung von Verträgen.** Da der Vertrag dazu dient, freiwillig eine Rechtsbeziehung zu einer anderen Person einzugehen, muss im Vorhinein erkennbar sein, welche Handlungen auf beiden Seiten dafür erforderlich sind, also der technische Ablauf des **Vertragsabschlusses** (*RN 353 ff.*). Für die Fälle, in denen es einer der Vertragsparteien sinnvoll erscheint, daran nicht persönlich mitzuwirken, stellt sich die Frage, inwieweit dies **an andere Personen delegiert** werden kann (*RN 357 ff.*). Schließlich erfordert die Bindung an die eingegangene Verpflichtung eine gewisse **Absicherung der Entscheidungsfreiheit** der Parteien (*RN 360 ff.*).

353 (1) **Vertragsabschluss.** Individuen können nicht einseitig **anderen Personen Verpflichtungen auferlegen,** anders als die staatliche Gesetzgebung, die im Rahmen des Gemeinwohls dazu generell als durch die Bürger ermächtigt angesehen wird. Daher muss die **Gegenseite** dem Ansinnen jeweils **zustimmen,** um eine wirksame und erzwingbare Rechtsposition zu begründen.

Obwohl es in der Praxis teilweise schwierig ist, das tatsächliche Verhalten der Beteiligten anlässlich von Vertragsverhandlungen in einen derartig mechanischen Ablauf zu zwängen, wird der Vertragsschluss im Bürgerlichen Recht **streng formalisiert:** Von beiden Verhandlungspartnern wird jeweils **eine Willenserklärung**[285] erwartet, die auf den Abschluss des Vertrages zielt, und nur wenn sich diese beiden Äußerungen **inhaltlich entsprechen,** gilt der Vertrag als zustande gekommen[286].

354 Die zeitlich erste Willenserklärung wird als „**Antrag**" auf Abschluss eines Vertrages bezeichnet (§ 145 BGB), wobei sowohl der „Anbieter" wie der „Nachfrager"

---

[285] Darunter wird jegliche private Kundgabe („Erklärung") verstanden, mit der eine Rechtsfolge bezweckt („gewollt") wird, also die Aufnahme, Veränderung oder Beendigung der rechtlichen Beziehung zu einer anderen Person. Nur in wenigen Fällen reicht für ein solches **Rechtsgeschäft** jedoch allein eine Willenserklärung aus, so wenn andere nicht belastet werden, wie bei der Ermächtigung (§ 185 BGB), der Auslobung (§§ 657 ff. BGB) oder dem Testament (§ 1937 BGB), oder wenn die Voraussetzungen eines Gestaltungsrechts (*RN 299*) erfüllt sind. Meist ist, wie hier bei den Schuldverträgen, eine zweite Willenserklärung erforderlich oder sogar, wie bei zahlreichen Verfügungsgeschäften, eine weitere Handlung, etwa die Übergabe der beweglichen Sache gem. § 929 Satz 1 BGB als Realakt oder der Eintragung des Grundstücks in das Grundbuch gem. § 873 BGB als behördliche Mitwirkung (*RN 333*).

[286] Dies wird im deutschen Bürgerlichen Recht nur indirekt in § 151 Satz 1 BGB erwähnt, in anderen Rechtsordnungen deutlicher, etwa in Österreich § 861 Satz 1 ABGB („so kommt durch den übereinstimmenden Willen ... ein Vertrag zustande"), in der Schweiz Art. 1 Abs. 1 OR („Zum Abschluss eines Vertrages ist die übereinstimmende gegenseitige Willensäußerung der Parteien erforderlich."). Vgl. auch *Wiebe,* Die elektronische Willenserklärung – kommunikationstheoretische und rechtsdogmatische Grundlagen des elektronischen Geschäftsverkehrs, 2002.

einer Sachleistung die Initiative ergreifen kann[287] – legt daher der Kunde im Selbstbedienungsladen die von ihm herausgesuchte Ware an der Kasse vor, dann erklärt er damit stillschweigend[288], er wolle diese Gegenstände erwerben und stellt damit einen Vertragsantrag[289].

Als **empfangsbedürftige Willenserklärung** muss der Antrag der anderen Seite **zur Kenntnis** gelangen, um wirksam zu werden. Bei fehlender direkter Kommunikationsmöglichkeit (also nicht unter Anwesenden, vgl. insb. § 147 Satz 2 BGB) genügt schon der **Zugang** der Erklärung (§ 130 Abs. 1 Satz 1 BGB), durch den der Adressat so auf diese zugreifen kann, dass er unter gewöhnlichen Umständen deren Inhalt aufnehmen wird[290]. Nur bis zu diesem Zeitpunkt kann der Erklärende seine Äußerung **widerrufen**, so dass sie unwirksam und damit ohne Rechtsfolgen bleibt (§ 130 Abs. 1 Satz 2 BGB), denn bei mindestens gleichzeitigem Zugang des Widerrufs kann der Adressat schnell erkennen, dass die erste Erklärung nicht gelten soll[291].

Bereits aus dem Antrag muss zumindest der wesentliche **Inhalt** des beabsichtigten Vertrages **hinreichend erkennbar** sein, gleichsam dessen Entwurf enthalten, denn idealerweise soll die Erklärung der anderen Seite dieses Rechtsgeschäft bereits zustande bringen[292]. Auch wenn etwa der Kaufpreis noch nicht exakt festgelegt ist, so muss doch klar sein, **auf welche Art** der Betrag **ermittelt** werden kann, sei es anhand des Marktpreises oder etwa durch die Bestimmung eines Dritten gem. § 315 BGB. Außerdem liegt nur dann ein wirksamer Antrag vor, wenn der Erklärende sich daran **gebunden fühlt** und tatsächlich einen Vertrag schließen will[293]. Daran **fehlt** es vor allem **bei** einer **Gefälligkeit**, die allein aus persönlicher Verbundenheit ohne die Absicht einer rechtlichen Verpflichtung übernommen wird, etwa bei der Überlassung eines Jagdgewehrs zur Probe[294]. Ebenso unverbindlich sind Werbe-

---

[287]   Daher führt die Bezeichnung „Angebot" zu Missverständnissen, weil darunter umgangssprachlich meist die Vermarktungstätigkeit für Waren oder Dienstleistungen verstanden wird (im BGB wird damit zudem die Ankündigung der Leistung bezeichnet, § 294 BGB).

[288]   Also nicht ausdrücklich, d.h. klar und deutlich, meist wörtlich, sondern durch ein Verhalten, aus dem auf den Willen geschlossen werden kann (schlüssiges oder konkludentes Verhalten). Bloßes Nichtstun als vollständiges „Schweigen" liefert dagegen regelmäßig keine Anhaltspunkte für dessen Grund, so ausdrücklich für die Vertragsannahme (*RN 355*) bei grenzüberschreitenden Kaufverträgen Art. 19 Abs. 1 Satz 2 CISG.

[289]   Stattdessen könnte auch die Auslage im Regal bereits als stillschweigender Antrag des Verkäufers angesehen werden, so nach Art. 7 Abs. 3 OR in der Schweiz, aber dann würde der Vertrag entweder durch die Auswahl des Kunden zustande kommen oder spätestens bei Vorweisen der Ware an der Kasse.

[290]   Mit dem Einwurf eines Schreibens in den Hausbriefkasten des Adressaten um 2 Uhr nachts gelangt dieses zwar in dessen Herrschaftsbereich, aber üblicherweise wird er es erst am nächsten Morgen zur Kenntnis nehmen können, da er vorher nicht mit einer Mitteilung rechnet, vgl. OLG Hamm, NJW-RR 1995, 1187.

[291]   Wichtig ist vor allem, dass er nicht schon im Vertrauen auf die erste Erklärung handelt und ihm dadurch Kosten entstehen, deshalb kann auch eine spätere Rücknahme bis zu diesem Zeitpunkt zugelassen werden, so etwa für grenzüberschreitende Kaufverträge Art. 16 Abs. 2 lit. b CISG.

[292]   Jede Abweichung der Gegenerklärung stellt einen neuen Antrag dar (§ 150 Abs. 2 BGB), auf den wiederum reagiert werden muss (*RN 355*).

[293]   Dabei spielt der Fall, dass der Erklärende gar nicht merkt, dass er sich verbindlich äußert, in der Praxis kaum eine Rolle. Als ewiges Beispiel muss eine Weinversteigerung herhalten, auf der ein Besucher jemandem zuwinkt, ohne zu ahnen, dass er damit aus Sicht des Auktionators ein Gebot abgibt – entscheidend ist hier, dass der freundliche Mensch das Missverständnis hätte erkennen und vermeiden können, weshalb es ihm zugerechnet wird, zu einem ähnlich gelagerten Fall BGHZ 91, 324 (327).

[294]   LG Düsseldorf, VersR 2002, 838. Das Fehlen einer Gegenleistung genügt dafür allein nicht, da

maßnahmen und andere **Aufforderungen zur Abgabe eines Antrags**, die sich an eine Vielzahl von Personen richten und aufgrund derer ersichtlich nicht mit jedem Interessierten sofort ein Vertrag geschlossen werden soll[295], sondern die Reaktion des Kunden allenfalls als dessen Antrag verstanden wird.

Um dem zukünftigen Vertragspartner Entscheidungssicherheit zu geben, wird der Erklärende **an seinen Antrag gebunden** (§ 145 BGB), er kann ihn daher nach Zugang beim Adressaten nicht mehr widerrufen (§ 130 Abs. 1 Satz 2 BGB)[296]. Damit auch der Erklärende angemessen disponieren kann, muss der **Zeitraum** seiner Bindung an den Antrag jedoch **begrenzt** werden, entweder indem jener selbst (§ 148 BGB) oder aber der Gesetzgeber (§ 147 BGB[297]) eine Frist festlegt, an deren Ende die Vertragserklärung automatisch ihre Wirkung verliert (§ 146 2. Alt. BGB)[298]. Eine erst danach eintreffende zustimmende Erklärung der anderen Seite geht ins Leere und lässt den Mechanismus regelmäßig – mit Ausnahme des in § 149 BGB geregelten seltenen Falles – von neuem beginnen (§ 150 Abs. 1 BGB).

355 Die dem Vertragsantrag nachfolgende, im Falle einer vorbehaltlosen Zustimmung recht einfach gehaltene Erklärung der anderen Seite wird als **Annahme** bezeichnet[299] und **bringt** nach Kenntnis bzw. Zugang[300] beim Antragenden **den Vertrag zustande**. Jegliche **Abweichung**, und sei sie auch noch so gering[301], **beseitigt** dagegen **den ursprünglichen Antrag** und tritt an dessen Stelle (§ 150 Abs. 2 BGB), so dass nun eine weitere Erklärung erforderlich wird, auf die – falls sie erneut keinen Konsens erzeugt – wiederum reagiert werden kann.

---

gleichwohl ein unentgeltlicher Vertrag wie z.B. ein Auftrag nach § 662 BGB vorliegen könnte, aber die geringe wirtschaftliche Bedeutung einer Angelegenheit spricht gegen den Willen, sich rechtlich zu binden. So deuten die geringen Gewinnchancen einer Lotto-Tippgemeinschaft darauf hin, dass einer der Beteiligten die Tippzettel nur als Freundschaftsdienst ausfüllte und abgab, so dass sein Versäumnis rechtlich keine Bedeutung hatte und er für den deshalb nicht erzielten Gewinn den anderen Mitspielern gegenüber nicht haftet, BGH NJW 1974, 1705.

295   So ausdrücklich Art. 14 Abs. 2 CISG. Falls mittlerweile die beworbene Ware nicht mehr vorhanden ist, müsste der Verkäufer eventuell den Schaden aufgrund nicht erbrachter Leistung ersetzen (*RN 378*). Daher werden auch Schaufensterauslagen mit Preisauszeichnung nicht als Vertragsantrag angesehen, BGH NJW 1980, 1388, anders aber in der Schweiz, Art. 7 Abs. 3 OR.

296   In Österreich wird der Vertragsantrag daher anschaulicher als „Versprechen" bezeichnet, § 861 Satz 1 ABGB. Die Bindung kann jedoch ausdrücklich ausgeschlossen werden, § 145 a.E. BGB, so durch den Zusatz „freibleibend" oder „ohne Obligo", wobei fraglich ist, ob es sich dann nicht nur um eine bloße Aufforderung zur Abgabe eines Antrags handelt.

297   Dabei wird unter Anwesenden davon ausgegangen, dass eine Reaktion – jedenfalls auf einen einfach strukturierten mündlichen Antrag – sofort möglich und dann auch erforderlich ist (§ 147 Abs. 1 BGB), während sie bei der Fern-Übermittlung eines Antrages erst nach der sich aus den Kommunikationswegen ergebenden Zeit sowie einer Überlegungsfrist i.S.d. § 147 Abs. 2 BGB erwartet werden kann.

298   Aus Gründen der Rechtssicherheit gilt bei einer negativen Erklärung der anderen Seite, der Ablehnung des Antrags, gem. § 146 1. Alt. BGB das Gleiche.

299   Es handelt sich ebenfalls um eine empfangsbedürftige Willenserklärung, welche durch rechtzeitigen Widerruf gem. § 130 Abs. 1 Satz 2 BGB beseitigt werden kann.

300   Darauf kann allerdings der Antragende ausdrücklich oder den Umständen nach verzichten (§ 151 Satz 1 BGB), wenn die Entgegennahme der Annahmeerklärung zu umständlich erscheint, wie etwa bei einem Warenautomaten, bei dem der Kunde durch Münzeinwurf und Herausnehmen der Ware den schlüssigen Antrag des Automatenbetreibers annimmt.

301   Anders dagegen bei unwesentlichen Abweichungen für grenzüberschreitende Kaufverträge Art. 19 Abs. 2 CISG.

Die Annahme kann grundsätzlich ebenso wie andere Willenserklärungen auch durch schlüssiges Verhalten vorgenommen werden. Wird daher **unverlangt Ware zugesandt**, so muss der Gebrauch dieser Gegenstände normalerweise als Zustimmung zum angetragenen Kaufvertrag verstanden werden, der die rechtmäßige Benutzung erst ermöglicht. Um Verbraucher vor derartigen Vertriebsmethoden zu bewahren, werden durch § 241a Abs. 1 BGB kategorisch **jegliche Ansprüche** des zusendenden Unternehmers **ausgeschlossen**, d.h. er kann nicht einmal die Ware wieder zurück verlangen. Damit wird dem Verbraucher jedoch implizit zugestanden, mit der Sache alles zu tun was ihm gefällt[302], so dass deren Verwendung nicht als Vertragsannahme verstanden werden darf.

Anders als gemeinhin angenommen[303] muss ein Vertrag bzw. eine der diesen begründenden Willenserklärungen normalerweise **keinen speziellen Formanforderungen** genügen. Allerdings schreibt teilweise der Gesetzgeber **Ausnahmen** vor: So etwa bei Grundstücksgeschäften (§ 311b Abs. 1 BGB), wo die notarielle Beurkundung gem. § 128 BGB den **Vertragsinhalt beweiskräftig** festhält, aber darüber hinaus auch eine sachkundige Beratung durch den neutralen Notar sichern soll. Bei der Übertragung des Vermögens bzw. eines wesentlichen Teils davon (§ 311b Abs. 3 BGB) steht dagegen eher die **Warnung vor übereiltem Handeln** im Vordergrund, ähnlich beim Schenkungsversprechen (§ 518 Abs. 1 Satz 1 BGB) sowie bei der Übernahme einer Bürgschaft (§ 766 BGB), für die allerdings die Schriftform[304] gem. § 126 BGB ausreicht[305].
Außerdem können sich die **Parteien darauf einigen**, dass der zwischen ihnen geschlossene Vertrag irgendeiner beliebigen **Form** bedarf. Da die Parteien meist nur Beweiszwecke verfolgen, wird im Normalfall für die vereinbarte Schriftform nicht die eigenhändige Unterschrift nach § 126 BGB verlangt, sondern es reicht z.B. ein Telefax oder auch eine e-mail (§ 127 Abs. 2 BGB)[306].

Die Unterschrift kann seit 2001 in den meisten gesetzlich bestimmten Fällen, wo die Warnfunktion nicht, wie etwa bei der Bürgschaftserklärung (§ 766 Satz 2 BGB), im Vordergrund steht, durch eine elektronische Signatur[307] ersetzt werden (§ 126a BGB), bei vereinbarter Schriftform wiederum in vereinfachter Weise (§ 127 Abs. 3 BGB). Wo es in erster Linie um

356

---

[302]   Deutlicher die Parallelregelung in Österreich, § 864 Abs. 2 Satz 1 ABGB: „Das Behalten, Verwenden oder Verbrauchen einer Sache ... gilt nicht als Annahme eines Antrags."
[303]   Vielleicht weil dies im BGB nicht hervorgehoben wird, anders als etwa im österreichischen § 883 Satz 1 ABGB: „Ein Vertrag kann mündlich oder schriftlich; vor Gerichte oder außerhalb desselben; mit oder ohne Zeugen errichtet werden." oder im schweizerischen Art. 11 Abs. 1 OR: „Verträge bedürfen zu ihrer Gültigkeit nur dann einer besonderen Form, wenn das Gesetz eine solche vorschreibt." Ähnlich Art. 11 CISG für den grenzüberschreitenden Kaufvertrag.
[304]   In der Schweiz z.B. wird auch insoweit eine öffentliche Beurkundung verlangt, sofern für mehr als 2000 CHF gebürgt wird, Art. 493 Abs. 2 OR.
[305]   Die Rechtssicherheit erfordert zudem bei der Beendigung wichtiger Rechtsbeziehungen die Schriftform, so bei der Kündigung eines Mietvertrages über Wohnraum, § 568 BGB, oder bei der Auflösung eines Arbeitsverhältnisses, § 623 BGB. Für die strengen Formanforderungen der Eheschließung, nur vor einem staatlichen Beamten und bei gleichzeitiger Anwesenheit beider Partner (§§ 1310 f. BGB), spielen dagegen öffentliche Interessen am personenrechtlichen Status der Bürger eine wesentliche Rolle.
[306]   Selbst die abgebildete Unterschrift auf dem Fax oder in der e-mail genügt nach § 126 BGB nicht, BGH NJW 1993, 1126.
[307]   Dazu bedarf es eines von einem Zertifizierungsdienst ausgegebenen und damit verlässlich dem Aussteller zuzuordnenden „Schlüssels" nach dem Signaturgesetz.

die Informationsfunktion geht, bedarf es nur der Textform ohne Unterschrift oder Signatur (§ 126b BGB).

Der **gegen** gesetzliche **Formvorschriften** verstoßende Vertrag bleibt fast immer **ungültig** (§ 125 BGB), so dass gleichwohl erbrachte Leistungen mangels wirksamer Verpflichtung „ohne Rechtsgrund" erfolgt sind und gem. § 812 Abs. 1 Satz 1 1. Alt. BGB zurück erstattet werden müssen.

357 (2) **Mitwirkung Dritter.** In einer komplexen Gesellschaft muss jeder Einzelne derart zahlreiche **Rechtsgeschäfte** vornehmen, dass er dies ohne **fremde Hilfe** kaum durchführen kann[308]. Dies gilt insbesondere im Wirtschaftsverkehr, wo die Arbeitsteilung zu immer stärker spezialisierten Teilbereichen führt, die jeweils für ihre Auftraggeber oder das Gesamtunternehmen Rechtsbeziehungen eingehen. Grundsätzlich erzeugt ein Vertrag jedoch nur Wirkungen für denjenigen, der ihn abgeschlossen hat. Soll die **Verpflichtung und Berechtigung** daraus **einen anderen treffen** (und eben nicht den Vertragschließenden), so muss dieser „Ausnahmefall" **erkennbar** sein[309] und es bedarf natürlich der Zustimmung des anderen[310]. Das konkrete Einverständnis wird dann durch die Anordnung des Gesetzgebers ersetzt, wenn einem **gesetzlichen Vertreter** die Fürsorge für eine natürliche Person[311] anvertraut ist, welche selbst nicht rechtsgeschäftlich handeln kann, wie den Eltern die Angelegenheiten ihrer minderjährigen Kinder (§ 1629 Abs. 1 BGB, *RN 398*)[312].

358 Der **Stellvertreter** gibt – für einen anderen – eine **eigene Willenserklärung** ab (§ 164 Abs. 1 Satz 1 BGB), die er inhaltlich innerhalb der Vorgaben des von ihm Vertretenen gestalten darf. Er besitzt damit einen gewissen **Handlungsspielraum,** um etwa in Vertragsverhandlungen flexibel auf Äußerungen der Gegenseite zu reagieren. Dies unterscheidet ihn vor allem von einem **Boten,** der eine von ihm nicht mehr veränderbare fremde Erklärung nur übermittelt (vgl. § 120 BGB)[313].

---

[308]   Die Einschaltung Dritter wird allerdings untersagt bei höchstpersönlichen Geschäften im Bereich des Familienrechts, so bei der Eheschließung (§ 1311 BGB) – trotz fehlender Regelung muss dies auch für das Verlöbnis gelten – oder der Anfechtung der Ehelichkeit eines Kindes (§ 1600a BGB), sowie des Erbrechts, etwa für die Errichtung eines Testaments (§ 2064 BGB), eines Erbvertrages (§ 2274 BGB) oder für die Erklärung eines Erbverzichts (§ 2347 Abs. 2 BGB). Wegen zu erwartender Interessenkollision darf auch grundsätzlich keine Vertretung gegenüber sich selbst stattfinden, § 181 BGB.

[309]   Dies formuliert schwer verständlich § 164 Abs. 2 BGB. Bei Ehegatten wird aber auf die individuelle Offenlegung verzichtet, vielmehr verpflichten sie mit Geschäften des täglichen Bedarfs automatisch auch den jeweils anderen Ehepartner, § 1357 BGB (*RN 390*); auf diese Weise soll der einkommenslose Teil des Ehepaars „kreditwürdig" werden.

[310]   Diese verleiht dem Erklärenden Vertretungsmacht, also die Befugnis, für einen anderen rechtsgeschäftlich zu handeln, vgl. § 164 Abs. 1 Satz 1 BGB.

[311]   Juristische Personen können nur durch ihre Organe handeln und werden durch diese vertreten (*RN 287*).

[312]   Dabei werden jedoch Schenkungen wegen der einseitigen Vermögensminderung ausgeschlossen (§ 1641 BGB), weitere potentiell nachteilige Geschäfte bedürfen einer Genehmigung des Vormundschaftsgerichts (§ 1643 BGB). Statt der Eltern kann grundsätzlich ein Vormund (§§ 1789, 1793 BGB) oder für einzelne Angelegenheiten ein Pfleger (§§ 1909, 1915 BGB) bestellt werden, für hilfsbedürftige Erwachsene ein Betreuer (§§ 1896, 1902 BGB).

[313]   Der Bote braucht nur die Übermittlung ausführen zu können, während der Vertreter mindestens

Der Vertreter kann aber auch – passiv – eine **Erklärung entgegennehmen** (§ 164 Abs. 3 BGB), so dass etwa bei einer Annahme der anderen Seite unmittelbar der Vertrag zustande kommt. Ansonsten müsste er diese als Empfangsbote erst an seinen Geschäftsherrn weiterleiten, damit das Geschäft wirksam wird.

Bei der aktiven Stellvertretung muss der Vertreter ausdrücklich – etwa durch den Zusatz „i.V." (in Vertretung) oder „i.A." (im Auftrag) bei der Unterschrift – „im Namen des Vertretenen"[314] auftreten (§ 164 Abs. 1 Satz 1 BGB), es sei denn, die Umstände weisen darauf ausreichend hin (§ 164 Abs. 1 Satz 2 BGB), wie etwa bei Geschäften mit Unternehmen, die durch deren Angestellte abgeschlossen werden[315]. **Ansonsten** wird davon ausgegangen, dass er das Geschäft **im eigenen Namen** abgeschlossen hat (§ 164 Abs. 2 BGB). Auf diese Weise wird sein Vertragspartner geschützt, der – vor allem im Hinblick auf die Zahlungsfähigkeit – wissen muss, mit wem er sich einlässt.

Für den Vertretenen wird das Handeln des Vertreters nur insoweit wirksam, als es sich im Rahmen der **Vertretungsmacht** hält (§ 164 Abs. 1 Satz 1 BGB), mit der der Bevollmächtigte von dem, in dessen Namen er handeln soll, ermächtigt wurde. Die dazu notwendige Vollmacht (§ 166 Abs. 2 Satz 1 BGB) kann entweder gegenüber dem Vertreter (interne oder **Innenvollmacht**) oder gegenüber dem Geschäftspartner (externe oder **Außenvollmacht**) erklärt werden (§ 167 Abs. 1 BGB)[316]. Einer Vollmachtsurkunde (§ 172 BGB) bedarf es nur bei einseitigen Rechtsgeschäften, denn in diesen Fällen muss die andere Seite sicher sein, ob Vertretungsmacht vorliegt, da es ansonsten an der Wirksamkeit fehlt (§ 180 Satz 1 BGB). Der **Umfang** der Vertretungsmacht kann im Zivilrecht vom Vollmachtgeber **frei bestimmt** werden[317], wobei das zugrunde liegende Rechtsverhältnis zum Vertreter (meist ein Auftrag oder ein Dienst- bzw. Geschäftsbesorgungsvertrag), aus dem der Zweck der Bevollmächtigung erkennbar wird, in Zweifelsfällen wichtige Anhaltspunkte liefert[318]. Üblicherweise wird mit der Beendigung dieses Grundverhältnisses auch die Vollmacht wirkungslos (§ 168 Satz 1 BGB), weil sie allein dessen Durchführung dienen soll, aber die Bevollmächtigung kann auch unabhängig davon frei widerrufen werden (§ 168 Satz 2 BGB).

---

[314] beschränkt geschäftsfähig (§ 165 BGB), also über sieben Jahre alt (§ 106 BGB), sein muss. Aus dem ihn nicht belastenden Geschäft erwächst dem minderjährigen Vertreter jedenfalls kein Nachteil (auch nicht bei fehlender Vertretungsmacht, § 179 Abs. 3 Satz 2 BGB, *RN 359*), so dass er in Anlehnung an § 107 BGB selbst handeln kann.

[314] Falls er *unter* fremdem Namen handelt, legt er zwar seine Vertretereigenschaft nicht offen, wird aber von der Rechtsprechung wie ein solcher behandelt – mit allen negativen Folgen bei mangelnder Vertretungsmacht (*RN 359*).

[315] Selbst wenn der Vertragspartner meint, dass er mit dem Inhaber persönlich abschließt, wird der wahre Unternehmensträger verpflichtet.

[316] Beide Arten der Vollmacht können wiederum nach außen mitgeteilt werden, aus Vereinfachungsgründen auch öffentlich, etwa durch Zeitungsanzeigen, so dass weitere potentielle Geschäftspartner informiert werden (§ 171 Abs. 1 BGB).

[317] Anders im Handelsrecht (*RN 421*).

[318] Gleichwohl wird die Befugnis im Außenverhältnis aus Gründen der Rechtssicherheit von der Erlaubnis im Innenverhältnis, in das Dritte keinen Einblick haben, nicht beeinflusst, so dass die Geschäfte des Vertreters nach außen wirksam sind, dieser jedoch bei Überschreiten der internen Grenzen Schadensersatzforderungen des von ihm Vertretenen aus Vertrag befürchten muss.

359 Sofern der Vertreter keine oder **keine ausreichende Vertretungsmacht** besitzt, hängt bei einem **Vertrag** (einseitige Rechtsgeschäfte sind dagegen gem. § 180 Satz 1 BGB endgültig unwirksam) dessen Wirksamkeit von der **nachträglichen Zustimmung** des Vertretenen ab (§ 177 Abs. 1 BGB), er kann also ein ihm günstig erscheinendes Geschäft für von Anfang an (vgl. § 184 Abs. 1 BGB) wirksam erklären, sofern nicht vorher der Vertragspartner seinerseits durch Widerruf das Geschäft vereitelt[319]. Kommt dagegen der **Vertrag mangels Genehmigung nicht** mit dem Vertretenen **zustande**, dann soll der Dritte im Vertrauen auf die Durchführung eines Vertrages geschützt werden, indem der Vertreter grundsätzlich wie sein Vertragspartner behandelt wird: Der **Vertreter muss**, falls der Dritte dies wünscht, sogar den von ihm nur für einen anderen abgeschlossenen Vertrag **selbst erfüllen**, also z.B. das für den vermeintlich Vertretenen gekaufte Motorrad dem Verkäufer abnehmen und bezahlen, **oder zumindest** durch **Schadensersatz** in Geld wirtschaftlich dieses Ergebnis herbeiführen (§ 179 Abs. 1 BGB)[320]. Kann der Vertreter dagegen nachweisen, dass er (irrtümlich) von ausreichender **Vertretungsmacht ausgehen durfte**, dann hat er dem Dritten nur den in der Regel niedrigeren **Vertrauensschaden** zu ersetzen (§ 179 Abs. 2 BGB), also ihn zu stellen, als ob er nicht von einem wirksamen Vertragsschluss ausgegangen wäre[321]. Schließlich wird der Vertreter gänzlich von seiner **Haftung befreit**, wenn dem Dritten die **unzureichende Vertretungsmacht bekannt** war oder von ihm bei sorgfältigem Verhalten erkannt worden wäre (§ 179 Abs. 3 BGB)[322], denn in diesem Fall hat der Dritte nicht auf den Vertrag vertraut bzw. nicht vertrauen dürfen.

360 (3) **Willensmängel.** Die wichtigsten Erfordernisse für das Entstehen einer vertraglichen Bindung, deren Fehlen den Vertragsabschluss von vornherein scheitern lässt, sind mit der Geschäftsfähigkeit (*RN 288 f.*) sowie den Formvoraussetzungen (*RN 356*) bereits behandelt worden[323]. Es verbleiben damit Defizite der Entscheidungsfreiheit der Parteien (**Willensmängel**), die derart gewichtig sind, dass dem betroffenen Teil das Festhalten am Vertrag nicht zugemutet werden kann. Daher darf er einen ihm ungünstigen Vertrag durch **Anfechtung** rückwirkend beseitigen (§ 142 Abs. 1 BGB), sich also unter den im Weiteren genannten Voraussetzungen einseitig von der vertraglichen Bindung lösen, sofern er entweder unbewusst (**Irrtum**) oder unfreiwillig (**Täuschung/Drohung**) eine falsche Entscheidung getroffen hat

---

[319] Die aufgrund der Wahlmöglichkeit des Vertretenen entstehende Unsicherheit kann der Vertragspartner durch eine Aufforderung zur Entscheidung begrenzen, denn damit wird eine zweiwöchige Erklärungsfrist für den Vertretenen in Gang gesetzt, § 177 Abs. 2 BGB, nach deren Ablauf keine Genehmigung mehr erfolgen kann. Eine gleich lautende Regelung sieht § 108 Abs. 2 BGB für die Zustimmung bei beschränkt Geschäftsfähigen (*RN 289*) vor.

[320] Zu ersetzen ist also insbesondere der aus dem fehlgeschlagenen Vertrag entgangene Gewinn, vgl. § 252 Satz 2 BGB.

[321] Dazu gehören vor allem die für den Vertragsschluss getätigten Aufwendungen sowie im Hinblick auf die Vertragserfüllung entstandene, nunmehr unnütze, Kosten.

[322] „Kennen musste" erfasst nach Absatz 2 der sehr ähnlichen Haftungsnorm des § 122 BGB eigentlich bereits leichteste Fahrlässigkeit, aber in der Regel darf der Dritte vom Vorliegen behaupteter Vertretungsmacht ausgehen, so dass er nur bei „verdächtigen" gegenteiligen Anzeichen diesen nachgehen muss, BGH NJW 2000, 1407.

[323] Zu Verstößen des Vertragsinhalts gegen Recht und Moral mit der gleichen Folge *RN 365*.

Davon zu unterscheiden sind die Fälle, in denen der Erklärende **bewusst und freiwillig** etwas anderes kund tut, als er eigentlich beabsichtigt. In diesem Fall muss er grundsätzlich an das, was er nach außen erkennen lässt, gebunden werden, denn sonst könnte sich jeder nachträglich darauf berufen, „er habe es nicht so gemeint". Ein **geheimer Vorbehalt** zählt also nicht (§ 116 Satz 1 BGB), auch nicht bei positiven Beweggründen[324]; vertraut aber der Empfänger der Erklärung nicht auf diese, weil er den entgegenstehenden Willen erkannt hat, dann erhält der Wille Vorrang und die Erklärung entfaltet keine Wirkung (§ 116 Satz 2 BGB). Ebenso ist es bei einer **nicht ernst gemeinten Erklärung**, bei der nur davon ausgegangen wird, dass der entgegenstehende Wille offensichtlich ist (§ 118 BGB) – wird der Scherz jedoch nicht erkannt (und hätte er auch bei aller Sorgfalt nicht enttarnt werden können), so muss der Erklärende immerhin den Vertrauensschaden (*RN 363*) ersetzen (§ 122 BGB)[325]. Praxisrelevant ist aber allein der Fall, dass der Empfänger nicht nur weiß, dass die ihm gegenüber abgegebene Erklärung nicht so gemeint ist, wie sie nach außen wirkt, sondern auch damit einverstanden ist – beide Parteien beabsichtigen also ein **Scheingeschäft**. Natürlich ist diese Erklärung – das ergibt sich bereits aus § 116 Satz 2 BGB – „erst recht" nichtig (§ 117 Abs. 1 BGB). Das eigentliche Ziel des simulierten Geschäfts liegt jedoch meist darin, ein anderes, tatsächlich gewolltes Geschäft zu verdecken, welches „in Wahrheit" getätigt wurde und damit durchaus wirksam ist, sofern – wie § 117 Abs. 2 BGB klarstellt – dessen Voraussetzungen, z.B. seine Formanforderungen, eingehalten wurden[326].

Stellt sich der Vertragsschließende die Realität anders vor, als sie tatsächlich ist, so irrt er sich. Aber nur in **wenigen Fällen** kann er deshalb den **Vertrag beseitigen**, denn damit beeinträchtigt er die Interessen seines Vertragspartners, der von einem wirksamen Geschäft ausgegangen ist. Vor allem dürfen einseitige[327] Fehlprognosen oder enttäuschte Erwartungen im Vorfeld der Erklärung nicht berücksichtigt werden, weil ansonsten auf abgegebene Zusagen nicht mehr vertraut werden könnte – zumal die andere Seite meist von den Beweggründen nichts weiß oder darauf keinen Einfluss nehmen kann[328]. Ein derartiger **Motivirrtum** berechtigt daher nur dann zur Anfechtung, wenn er sich auf die am Geschäft beteiligten Personen oder in die Transaktion einbezogenen Sachen bezieht und außerdem deren besonders wichtige Eigenschaften betrifft (daher **Eigenschaftsirrtum**, § 119 Abs. 2 **361**

---

[324]   Verspricht man etwa einem Sterbenden ihm zur Beruhigung den Erlass einer Geldschuld, dann kann man diese nicht mehr von dessen Erben einfordern.

[325]   Erkennt nun wiederum der Erklärende, dass sein Gegenüber ihn nicht durchschaut, dann kann er nicht mehr erwarten, das „der Mangel an Ernstlichkeit nicht verkannt werde" (§ 118 BGB), so dass der Scherzvorbehalt wie nach § 116 Satz 1 BGB geheim bleibt und die Erklärung wirksam ist – es sei denn, der Erklärende deckt seinen wahren Willen auf.

[326]   Wird daher ein Kaufvertrag über ein Grundstück nach außen zu einem niedrigeren Kaufpreis beurkundet, um Grunderwerbssteuer zu sparen, ist dieser „Schwarzkauf" nach § 117 Abs. 1 BGB nichtig. Dem verdeckten Geschäft zum wahren Kaufpreis fehlt jedoch die Form des § 311b Abs. 1 Satz 1 BGB, so dass es ebenfalls unwirksam ist. Wird der Erwerber dann ins Grundbuch eingetragen, heilt dies den Formmangel (§ 311b Abs. 1 Satz 2 BGB), weshalb er nun den höheren Preis (und auch die danach berechnete Grundsteuer) zu zahlen hat.

[327]   Natürlich können individuelle Erwartungen zur Bedingung nach § 158 BGB gemacht werden, sofern die Gegenseite sich darauf einlässt. Falls sich beide Seiten über eine unausgesprochene grundlegende Erwartung geirrt haben, handelt es sich um eine Störung der Geschäftsgrundlage (§ 313 Abs. 2 BGB), an die der Vertrag anzupassen ist.

[328]   Kauft jemand einen Regenschirm, weil er davon ausgeht, dass es bald anfängt zu regnen, so kann er diesen nicht zurückgeben, wenn der Schauer ausbleibt. Bei einem Testament wird dagegen der – unentgeltliche – Erwerb des Begünstigten weniger geschützt, es kann daher auch wegen enttäuschter Erwartungen angefochten werden, § 2078 Abs. 2 BGB, ebenso der Erbvertrag, § 2281 BGB.

BGB): Bei Personen geht es um für den konkreten Vertrag wesentliche Kriterien wie Gesundheitszustand oder Qualifikation, so dass etwa Verkehrsstraftaten bei der Einstellung eines Angestellten im Innendienst keine Rolle spielen; bei Sachen kommt es meist auf deren **Wert** an, aber dessen Fehleinschätzung darf **nicht berücksichtigt** werden, weil damit jede Möglichkeit, einen abweichenden Preis zu erzielen, die Vereinbarung bereits gefährden würde. **Wertbildende Faktoren,** wie der Jahrgang eines Weines, das Material eines Schmuckstücks oder die Echtheit eines Kunstwerks, werden dagegen als wichtige Eigenschaften **anerkannt.**

362 Abgesehen von dieser Ausnahme für den Irrtum bei der Willensbildung wird die Anfechtung nur zugelassen, wenn bei der Verdeutlichung des Gewollten nach außen ein Fehler unterläuft. Relativ unproblematisch ist der Fall einer vom Beabsichtigten abweichenden äußeren Form, der **Erklärungsirrtum** (§ 119 Abs. 1 2. Alt. BGB), denn Schreib- oder Sprechfehler – statt 300 Euro wird 200 Euro geschrieben oder gesagt – sind meist nachvollziehbar[329]. Eine Unterart davon stellt der **Übermittlungsirrtum** (§ 120 BGB) dar, denn dabei wird die Erklärung „auf dem Transport" verfälscht. Schwieriger ist zu beurteilen, ob der Erklärende die wie beabsichtigt erfolgte Kundgabe auch in ihrer Bedeutung zutreffend beurteilt, oder ob er einem **Inhaltsirrtum** (§ 119 Abs. 1 1. Alt. BGB) unterlegen ist. Dieser kann durch eine falsche Annahme über den Sinn der Verlautbarung verursacht werden[330], aber sich auch auf die Identität des Geschäftspartners oder des Vertragsgegenstands beziehen. Letztlich unterliegt der Erklärende bei einem Inhaltsirrtum immer einem Missverständnis über die mit seiner Erklärung verbundenen **Rechtsfolgen,** allerdings muss er diejenigen **in Kauf nehmen,** die als, wenn auch unerwünschte, Nebenfolgen automatisch eintreten[331]. Auch die Folgen einer internen **Fehlkalkulation** hat der Erklärende als Motivirrtum grundsätzlich zu tragen[332], nur wenn die Berechnung der anderen Seite offen gelegt wird, könnte man an einen Inhaltsirrtum denken[333] oder – wenn die andere Seite den Irrtum nicht erkennt – eine Störung der Geschäftsgrundlage nach § 313 Abs. 2 BGB.

---

[329] Dies gilt auch für die ungelesene Unterzeichnung eines Textes, dessen Inhalt man sich falsch vorstellt - in einer Versammlung wird statt der Anwesenheitsliste eine ebenfalls umlaufende Spendenzusage unterschrieben.

[330] Jemand bestellt 25 „Gros" Rollen Toilettenpapier, wobei er von „großen" Rollen ausgeht, tatsächlich jedoch nach der alten Mengenbezeichnung je Gros „12 x 12" (= 144) Rollen bestellt, LG Hanau, NJW 1979, 721.

[331] Dies gilt nicht nur für Auswirkungen des zwingenden sondern auch des dispositiven Rechts. Verkauft daher jemand einen PKW, ohne sich darüber im Klaren zu sein, dass er für etwaige Mängel des Fahrzeuges nach §§ 434 ff. BGB haftet (*RN 382 ff.*), so kann er nicht wegen eines Inhaltsirrtums anfechten. Bietet er dagegen eine Schenkung des PKW an, obwohl er verkaufen will, irrt er sich in Bezug auf den Geschäftstyp als solchen und somit über den hauptsächlichen Inhalt seiner Erklärung, weshalb er anfechten darf.

[332] Erkennt dagegen die Gegenseite den Kalkulationsirrtum oder liegt dieser auf der Hand, so kann sie aufgrund der gesteigerten Sorgfalt bei Vertragsverhandlungen nach § 241 Abs. 2 BGB (*RN 387*), zu einem Hinweis oder einer Rückfrage verpflichtet sein, oder es könnte das Festhalten des Erklärenden an seiner Fehlberechnung als unzulässige Rechtsausübung gem. § 242 BGB angesehen werden.

[333] So das Reichsgericht sowie noch OLG München, NJW-RR 1990, 1406.

Um die zu Rechtsunsicherheit führenden Anfechtungsmöglichkeiten noch weiter **363** einzuschränken, kann man sich zum einen nur auf **Irrtümer mit erheblichen Auswirkungen** berufen, d.h. in der Regel auf solche, die zu wirtschaftlichen oder anerkannten ideellen Nachteilen des Erklärenden führen (nur dann hätte er die Erklärung „bei verständiger Würdigung des Falles nicht abgegeben", § 119 Abs. 1 BGB). Zum zweiten muss die **Anfechtung sehr schnell**, nämlich unverzüglich nach Bekanntwerden des Irrtums, **erfolgen** (§ 121 Abs. 1 Satz 1 BGB)[334]. Schließlich wird der Anfechtende drittens mit einer **Verpflichtung zum Schadensersatz** belastet, allerdings nur für den Schaden seines Vertragspartners, der diesem entstanden ist, weil er von der Wirksamkeit der nunmehr beseitigten Erklärung ausgegangen ist (§ 122 Abs. 1 BGB). Dieser **Vertrauensschaden** umfasst sämtliche, nunmehr nutzlos gewordenen Aufwendungen für das gescheiterte Geschäft, wie etwa die Kosten einer fachlichen Beratung durch einen Rechtsanwalt, aber auch den entgangenen Gewinn für ein anderes Geschäft, welches im Vertrauen auf das angefochtene ausgeschlagen wurde[335]. Hätte der Vertragspartner den Irrtum der anderen Seite jedoch erkennen können, dann hat er schuldhaft die fehlgeschlagenen Investitionen verursacht und erhält keinen Schadensersatz (§ 122 Abs. 2 BGB).

Die Anfechtung wird dagegen ohne die zuletzt genannten drei Einschränkungen **364** viel weitgehender zugelassen, wenn ein anderer unzulässig auf die Willensbildung des Erklärenden einwirkt. Dies kann entweder durch eine **Täuschung** geschehen, mit der dieser andere (oder eine seiner Hilfspersonen, die nicht als „Dritte" nach § 123 Abs. 2 Satz 1 BGB angesehen werden) durch falsche oder auch durch verschwiegene[336] Informationen die Entscheidungsgrundlage beeinträchtigt – und zwar in dem Bewusstsein, auf diese Weise die erwünschte Willenserklärung zu erhalten, die sonst so nicht abgegeben würde, was als **arglistig** gilt (§ 123 Abs. 1 1. Alt. BGB)[337]. Oder es erfolgt eine **Drohung**, mit der ein als vom Drohenden beeinflussbar dargestellter künftiger Nachteil angekündigt wird, dessen Auslösung entweder selbst verboten (Verprügeln als Körperverletzung) oder kein angemessenes Mittel für den verfolgten Zweck (Strafanzeige, falls einem Vertrag nicht zugestimmt wird) und damit **widerrechtlich** ist (§ 123 Abs. 1 2. Alt. BGB). Wenn die Willensfreiheit eines anderen derartig beeinflusst wird, kann dieser innerhalb einer reichlich bemessenen **Frist von einem Jahr** – nach Entdeckung der Täuschung bzw. nach Beendigung der durch die Drohung ausgelösten Zwangslage

---

334 Eine angemessene Überlegungsfrist, die normalerweise nicht mehr als zwei Wochen beträgt, gilt noch nicht als „schuldhaftes Zögern". Spätestens nach zehn Jahren ist eine Anfechtung nicht mehr möglich (§ 121 Abs. 2 BGB), auch wenn der Irrtum noch nicht erkannt worden ist.

335 Hätte dieser Vertrag jedoch einen höheren Ertrag erbracht, als der zunächst abgeschlossene, so kann die Differenz nicht geltend gemacht werden, denn mehr als das (Erfüllungs-)Interesse am angefochtenen Geschäft steht dem im seinem Vertrauen Enttäuschten nicht zu (§ 122 Abs. 1 a.E. BGB), weil er keinen Profit aus der Anfechtung schlagen soll.

336 Sofern eine Pflicht zur Aufklärung besteht, die ohne entsprechende Nachfrage nur bei wichtigen Tatsachen angenommen wird, wie etwa die über einen Blechschaden hinausgehende Unfallbeteiligung eines Gebrauchtwagens (trotz einwandfreier Reparatur), BGH NJW 1982, 1386.

337 Bloße Übertreibungen, mit denen Waren angepriesen werden, vor allem in der Werbung, sollen allerdings nicht darunter fallen, weil sie keine Tatsachen enthalten, sondern höchst subjektive Bewertungen.

– seine Erklärung anfechten (§ 124 BGB). Schadensersatz hat er natürlich nicht zu leisten, vielmehr haftet ihm seinerseits der Täuscher oder Bedroher[338].

Literatur:
Grunewald, Bürgerliches Recht, 2006[7], §§ 2 I, 3, 7; *Musielak*, Grundkurs BGB, 2005[9], §§ 3 II, 5 V-VII, 9 II; *Köhler*, BGB, Allgemeiner Teil, 2005[29], §§ 7, 8, 11; *Pawlowski*, Allgemeiner Teil des BGB, 2003[7], § 4 II, III Ziff. 2, 5 ; *Rüthers/Stadler*, Allgemeiner Teil des BGB, 2006[14], §§ 19, 25, 29–32; *Schwab*, Einführung in das Zivilrecht, 2005[16], Teil V Kap. 3–5, 9.
Weiler, Der Zugang von Willenserklärungen, JuS 2005, 788–793; *Giesen/Hegermann*, Zivilrecht – Die Stellvertretung, Jura 1991, 357–373; *Rüfner*, Verbindlicher Vertragsschluss bei Versteigerungen im Internet, JZ 2000, 715–720; *Löhnig*, Irrtumsrecht nach der Schuldrechtsmodernisierung, JA 2003, 516–522.

365 b) **Inhalt von Verträgen.** Die Verpflichtungen der Parteien können sowohl auf deren **konkreten Vereinbarungen** beruhen (*RN 365 ff.*), seien sie auch **einseitig im Voraus konzipiert** (*RN 368*), als auch im Falle fehlender Parteiabsprachen sich nach den gesetzlich vorgegebenen **Reserveregelungen des dispositiven Rechts** bestimmen (*RN 369 ff.*).

(1) **Individuelle Gestaltung.** Einen zentralen Bestandteil der Vertragsautonomie stellt die **Inhaltsfreiheit** dar, nach der die Parteien selbst darüber befinden können, in welchem Umfang und mit welchen Konsequenzen sie sich verpflichten[339]. Dieser Gestaltungsspielraum wird nur durch **wenige zwingende Regelungen** eingeengt: Natürlich wäre es kontraproduktiv, wenn die Rechtsordnung dabei helfen würde, vertragliche Abreden über eine **Verpflichtung zu gesetzwidrigem Verhalten** durchzusetzen; daher wird derartigen Vereinbarungen grundsätzlich die Rechtsfolge versagt, indem sie als **nichtig** angesehen werden (§ 134 BGB)[340]. Das gleiche gilt für **Verträge mit sittenwidrigem Inhalt** (§ 138 Abs. 1 BGB), damit die erwünschte Funktion außerrechtlicher Sozialnormen nicht durch das Rechtssystem beeinträchtigt wird. Der Begriff der „guten Sitten" lässt sich allerdings immer nur für einen gewissen Zeitraum festlegen, weshalb der Gesetzgeber über eine derartige **Generalklausel** die flexible Ermittlung durch die Gerichte vorgesehen hat[341].

---

[338] Aufgrund eines Verschuldens bei Vertragsschluss (*RN 387*) sowie wegen vorsätzlicher sittenwidriger Schädigung nach § 826 BGB (*RN 318*).

[339] Hervorgehoben etwa im schweizerischen Art. 19 Abs. 1 OR („Der Inhalt des Vertrages kann innerhalb der Schranken des Gesetzes beliebig festgestellt werden") sowie in Art. 1:102 (1) PECL („Die Parteien sind frei, einen Vertrag zu schließen und seinen Inhalt zu bestimmen ...").

[340] Dies gilt regelmäßig, sofern ein Geschäftspartner sich zu einer **strafbaren Handlung,** wie etwa zur Schwarzarbeit, welche nach dem Schwarzarbeitsbekämpfungsgesetz mit Geldbußen bestraft wird (BGH NJW 1985, 2404), verpflichtet. Bei anderen, z.B. gewerbepolizeilichen (*RN 245*), Verboten kommt es darauf an, ob dagegen verstoßende Geschäfte verhindert werden sollen.

[341] Während die Vereinbarung eines „Dirnenlohns" noch bis in die achtziger Jahre des letzten Jahrhunderts hinein als sittenwidrig galt (BGH NJW 1984, 797), wird der Beruf der Prostituierten mittlerweile gesetzlich anerkannt und ihre Gegenleistungsansprüche sind nach dem „Gesetz zur Regelung der Rechtsverhältnisse der Prostituierten (ProstG)" v. 20. Dezember 2001 durchsetzbar. Als generelle Orientierung für die Sittenwidrigkeit werden die Wertentscheidungen des Grundgesetzes herangezogen.

Der **konkrete Vertragsinhalt** wird in den meisten Fällen von den Parteien fest- **366** gelegt, zumindest was die vertragstypischen, vorrangig angestrebten **Hauptleistungen** – bei einem Kaufvertrag also die zu veräußernde Sache (§ 433 Abs. 1 Satz 1 BGB) auf der einen sowie der zu zahlende Kaufpreis (§ 433 Abs. 2 1. Alt. BGB) auf der anderen Seite[342] – betrifft. Zusätzlich werden häufig **Nebenleistungen** verabredet, etwa die Montage eines gekauften Gegenstandes durch den Verkäufer[343]. Ohne besondere Vereinbarung entstehen fast immer auch **Schutz- und Sorgfaltspflichten** gegenüber der jeweils anderen Vertragspartei (§ 241 Abs. 2 BGB) als nicht einklagbare sonstige Nebenpflichten, weil Vertragspartner enger miteinander verbunden sind als „fremde" Personen, die nur die allgemeinen Haftungsstandards, vor allem der §§ 823 ff. BGB (*RN 309, 316 ff.*), beachten müssen: So muss der Verkäufer den Käufer vor besonderen, nicht ohne weiteres ersichtlichen Gefahren warnen, die mit der Kaufsache verbunden sind.

Die Unterscheidung der zu erbringenden Leistung in **Stück**schulden, die von den Vertragsparteien nach konkreten Merkmalen individuell festgelegt werden („Das Kraftfahrzeug mit der Fahrgestellnummer ..."), und **Gattungs**schulden, bei denen nur Kennzeichen allgemeiner Art vereinbart worden sind („Ein PKW des Typs Borgward ..., blau, mit Schiebedach ...") wirkt sich vor allem darauf aus, ob der Schuldner bei Zerstörung oder Verlust der Sache (Untergang) an seiner Verpflichtung festgehalten wird (**Leistungsgefahr**): Beim Untergang des einzig versprochenen Stücks kann der Schuldner nicht mehr leisten und wird frei (§ 275 Abs. 1 BGB, *RN 377*), während er bei der Gattungsschuld regelmäßig[344] gem. § 276 Abs. 1 Satz 1 BGB zur Beschaffung eines anderen Stücks in der Lage ist und verpflichtet bleibt. Hat er jedoch alles getan, was für die Leistung notwendig ist, also ein konkretes Stück aus der vereinbarten Gattung ausgesondert und dem Gläubiger angeboten, so schuldet er nur noch dieses (**Konzentration** gem. § 243 Abs. 2 BGB). Da der Schuldner bei der Gattungsschuld aus einer Vielzahl von Einzelstücken auswählen kann, soll er dies nicht zu Lasten der Gläubigers tun und **zumindest Durchschnittsqualität** („mittlerer Art und Güte", § 243 Abs. 1 BGB, entsprechend § 360 HGB) liefern.

Die **Geldschuld** unterscheidet sich dadurch von der Sachschuld, dass ein bestimmter Wert[345] verschafft werden soll, egal ob durch die Übereignung von Münzen bzw. Banknoten (Bargeld)[346] oder durch die Übertragung eines Auszahlungsanspruchs gegenüber einer Bank (Buchgeld)[347]. Dabei kann sich der Schuldner im Gegensatz zur Sachschuld nie darauf berufen, er habe kein Geld (der Einwand der Zahlungsunfähigkeit wird erst in der Einzel-

---

[342] Der erforderliche Vertragsinhalt (*essentialia negotii*), dazu Jung, U., JuS 1999, 28–32, muss zumindest bestimmbar sein, u.U. auch durch Dritte (*RN 354*).

[343] Diese zusätzlichen Leistungen können sich auch aus den Umständen ergeben, z.B. die Beifügung einer Bedienungsanleitung beim Verkauf eines technischen Gerätes.

[344] Die Gattung kann jedoch auf einen bestimmten Vorrat begrenzt sein, etwa auf eine Schiffsladung oder die eigene Herstellung.

[345] Die Höhe einer vereinbarten Zahlung richtet sich nach ihrem Nennwert (Nominalprinzip), nicht etwa nach der Kaufkraft. Daher wird bei zeitlich erstreckten Geldschulden versucht, an bestimmte Entwicklungen geknüpfte Wertsicherungsklauseln zu vereinbaren.

[346] Die jeweilige Währung muss als gesetzliches Zahlungsmittel vom Gläubiger angenommen werden (§ 14 Abs. 1 BBankG), in der Regel sogar bei einer im Inland zu erbringenden Schuld in ausländischer Währung (§ 244 Abs. 1 BGB).

[347] Weil der bargeldlose Überweisungsverkehr üblich geworden ist, wird die Bekanntgabe einer Kontonummer bereits als Einwilligung in diese Form der Zahlung angesehen, die immerhin etwas unsicherer, auch wenn die Insolvenzgefahr einer Bank fast zu vernachlässigen ist, erscheint und daher ansonsten nur „an Erfüllungs statt" (§ 364 Abs. 1 BGB) erfolgen würde. Deutlicher Art. 7:107 (1) PECL: „Die Zahlung von Geld kann in jeder Form erfolgen, die im allgemeinen Geschäftsverkehr üblich ist."

zwangsvollstreckung, §§ 811 ff. ZPO, oder im Insolvenzverfahren, § 17 InsO, berücksichtigt) oder er könne sich keines beschaffen, da die persönliche Haftung mit dem gesamten, auch zukünftigen, Vermögen für das Vertrauen in Vereinbarungen mit unbekannten Partnern unabdingbar ist. Die Nutzung von Kapital wird durch **Zinsen** vergütet, wenn es die Parteien – wie beim verzinslichen Darlehen (§ 488 Abs. 1 Satz 2 BGB) – oder der Gesetzgeber – wie ab Führung eines Rechtsstreits (§ 291 BGB) – vorsehen, falls der Zinssatz nicht bestimmt wird in Höhe von 4 % (§ 246 BGB)[348].

367 Auch der **Ort der Leistung** wird regelmäßig zwischen den Parteien vereinbart, nur wenn dies nicht geschieht und sich auch aus den Umständen[349] nichts entnehmen lässt, genügt es, wenn der Schuldner an seinem Wohnsitz tätig wird, § 269 Abs. 1 BGB, so dass der Gläubiger eine Sachleistung dort abholen muss (**Holschuld**). Am meisten belastet es den Schuldner, wenn er die Sache beim Gläubiger abzuliefern hat (**Bringschuld**), während er bei der **Schickschuld** nur den Transport veranlassen muss[350].

Ganz ähnlich ist die **Zeit der Leistung** geregelt: Nur wenn kein Termin vereinbart bzw. gesetzlich festgelegt oder ermittelbar ist, muss (und kann) **sofort** geleistet werden (§ 271 Abs. 1 BGB). Haben sich die Parteien jedoch in einem **Austauschvertrag** gegenseitig jeweils eine Leistung versprochen, dann muss erst dann geleistet werden, wenn auch die andere Seite leistet („**Zug-um-Zug**", § 322 Abs. 1 BGB), bis zu diesem Zeitpunkt kann die eigene Leistung zurück behalten werden (§ 320 Abs. 1 Satz 1 BGB).

368 **(2) Allgemeine Geschäftsbedingungen.** Um zu vermeiden, dass die Verpflichtungen der Parteien für jeden einzelnen Vertrag immer wieder neu erarbeitet werden müssen, kann der **Vertragsinhalt für eine Vielzahl**[351] **von Verträgen** festgelegt und damit kostensparend **rationalisiert** werden. Abgesehen von dem seltenen Fall, in dem die Geschäftspartner bei allen diesen Verträgen identisch sind und gleichsam ein gemeinsames Vertragsformular verwenden, wird eine Vertragspartei ihre Bedingungen für sämtliche eigenen Transaktionen durchsetzen wollen, denn die vorhergehende Ausarbeitung bietet ihr die Gelegenheit, ihren Interessen **möglichst günstige Regelungen** zu entwerfen. Sie erwartet also von der anderen Partei, dass diese sich den **Allgemeinen Geschäftsbedingungen (AGB)** unterwirft[352], wodurch deren Gestaltungsfreiheit erheblich beeinträchtigt wird.

---

[348]   Zwischen Kaufleuten 5 % (§ 352 HGB, *RN 424*).

[349]   So hat der Entleiher die ausgeliehene Sache dem Verleiher nach Beendigung des Leihverhältnisses zurück zu bringen (§ 604 BGB), damit letzterem, der unentgeltlich handelt, nicht noch zusätzliche Kosten erwachsen, vgl. OLG Celle, NJW-RR 2002, 259.

[350]   Auch Geld muss regelmäßig nur geschickt bzw. „übermittelt" werden (anders etwa in der Schweiz, wo nach Art. 74 Nr. 1 OR eine Bringschuld vorliegt), allerdings trägt der Schuldner nicht nur die Kosten sondern vor allem auch die Gefahr (§ 270 Abs. 1 BGB): falls es nicht beim Gläubiger ankommt, muss er noch einmal zahlen. Dagegen trägt bei Schickschulden ansonsten diese Gefahr der Gläubiger, wie es für den Versendungskauf in § 447 Abs. 1 BGB ausdrücklich geregelt wird.

[351]   Für § 305 Abs. 1 Satz 1 BGB verlangt die Rechtsprechung mindestens drei geplante Verwendungen, BGH NJW 2002, 138, bei der Verwendung durch einen Unternehmer gegenüber einem Verbraucher genügt dagegen ein einmaliger Gebrauch, § 310 Abs. 3 Nr. 2 BGB.

[352]   Damit „stellt" diese Vertragsseite die Bedingungen i.S.d. § 305 Abs. 1 Satz 1 BGB.

Aus diesem Grund wird die Festlegung des Vertragsinhalts durch **im voraus formulierte**[353] **Klauseln** gegenüber Individualabreden[354] stark **eingeschränkt**[355]: Damit die andere Seite zumindest einen Teil des Gestaltungs- bzw. Informationsvorsprungs des AGB-Verwenders aufholen kann, muss sie **ausdrücklich** auf die Verwendung von AGB **hingewiesen** werden (§ 305 Abs. 2 Nr. 1 BGB)[356] und diese außerdem problemlos zur **Kenntnis nehmen können** (§ 305 Abs. 2 Nr. 2 BGB)[357] – und zwar jeweils vor Vertragsschluss[358]. Um die Überprüfung des Inhalts der AGB zu erleichtern, gehen **überraschende Klauseln**, mit denen nicht gerechnet werden muss[359], **nicht in den Vertrag** ein (§ 305c Abs. 1 BGB), nach ihnen muss daher auch nicht gesucht werden. Auch der Umgang mit **mehrdeutigen Klauseln** wird vereinfacht, denn bei ihnen wird von der für die Gegenseite günstigsten Möglichkeit ausgegangen, da sie **zu Lasten des Verwenders** auszulegen sind (§ 305c Abs. 2 BGB)[360]. Außerdem wird der verbliebenen Gestaltungsfreiheit der Vorrang eingeräumt, denn individuelle Vereinbarungen verdrängen die AGB (§ 305b BGB). Darüber hinaus werden bestimmte AGB-Klauseln, mit denen sich der **Verwender einen übermäßigen Vorteil** verschafft, generell für **unwirksam** erklärt, wobei dem Gericht bei den vom Gesetzgeber vorgegebenen Katalogen mehr (§ 308 BGB[361]) oder weniger (§ 309 BGB[362]) Spielraum für die Bewertung bleibt und es zusätzlich im Rahmen einer weiten Generalklausel auch nicht besonders erwähnte Einzelbestimmungen als unangemessen benachteiligend aus dem Vertrag ausschließen kann (§ 307 BGB)[363].

(3) **Gesetzlich geregelte typische Vertragsinhalte.** Wenn die Parteien den **Vertragsinhalt** nicht individuell gestalten, etwa weil eine **vollständige**, alle möglichen zukünftigen Risiken berücksichtigende **Regelung**[364] zu aufwendig wäre, dann wer-

---

353 Eine schriftliche Fixierung ist nicht erforderlich, sogar ein Festhalten im Gedächtnis genügt, BGH NJW 1988, 410.
354 Um diese – und damit nicht um AGB, § 305 Abs. 1 Satz 3 BGB – handelt es sich nur dann, wenn eine echte Möglichkeit zur Änderung des vorgeschlagenen Inhalts besteht.
355 Dies gilt nicht für erb-, familien- oder gesellschaftsrechtliche Verträge sowie kollektive arbeitsrechtliche Absprachen, auf die die im folgenden erörterten Regelungen nicht anwendbar sind, § 310 Abs. 4 BGB. Im Kern entsprechen die Beschränkungen den Vorgaben durch die Richtlinie über missbräuchliche Klauseln in Verbraucherverträgen (93/13/EWG, ABlEG 1993 L 95/29) der EG.
356 Nur bei Massengeschäften, etwa im Einzelhandel, reicht ein sichtbarer Aushang, § 305 Abs. 2 Nr. 1 2. Alt. BGB.
357 Daher werden unverständliche oder übertrieben ausführliche AGB nicht Vertragsinhalt, BGH NJW-RR 2004, 780.
358 Finden sich Hinweis oder AGB erst danach auf Rechnungen bzw. Lieferscheinen, BGH NJW 1978, 2243, oder auf einer Eintrittskarte, BGH 1984, 801, so werden sie nicht mehr Vertragsbestandteil.
359 Dies gilt sowohl für ungewöhnlichen Inhalt, etwa eine Verzinsungspflicht des Kaufpreises bereits vor Vertragsschluss (BGH MDR 1986, 746), wie für verschleiernde Gestaltung.
360 In Österreich gilt dies nicht nur für AGB, sondern für sämtliche Erklärungen bei Austauschverträgen, § 915 2. Halbsatz ABGB.
361 Etwa ein sachlich nicht gerechtfertigtes Rücktrittsrecht, § 308 Nr. 3 BGB.
362 Etwa ein Aufrechnungsverbot, § 309 Nr. 3 BGB.
363 Ein Unternehmer kann sich nur auf die Generalklausel des § 307 BGB berufen (§ 310 Abs. 1 Satz 1 BGB, *RN 423*).
364 Die Idealvorstellung eines *fully specified contract* wird vor allem von Ökonomen als Referenz-

den automatisch diejenigen **gesetzlichen Bestimmungen** Bestandteil ihrer Vereinbarung, welche **für diese Art von Verträgen** generell als „Reserveinhalt" vorgesehen sind. Das gilt immer insoweit, wie die Parteien keine Abweichung von diesem
dispositiven Recht vorsehen, so dass individuelle Absprachen in einem Bereich neben gesetzlichen Regelungen in einem anderen berücksichtigt werden müssen. Auf
diese Weise **ersparen sich die Vertragspartner Kosten** bei der Aushandlung ihres
Geschäfts[365].
Der Gesetzgeber hat insbesondere für solche **Vertragstypen** den Parteien Rege-
lungsvorschläge an die Hand gegeben, die in der Praxis häufig vorkommen und
von wirtschaftlicher Bedeutung sind[366]. Für modernere Vertragstypen, die sich als
Verträge „eigener Art" außerhalb der vor über 100 Jahren im BGB „benannten"
Formen entwickelt haben, wie Leasing, Franchising oder Factoring, kann mangels
einer Aufnahme in das Gesetz nicht auf derartige Standardregelungen zurückgegriffen werden, für bestimmte Problembereiche werden jedoch „nahe stehende"
gesetzliche Regelungen verwendet. Bei **gemischten Verträgen**, in denen Elemente
aus verschiedenen Vertragstypen kombiniert werden, können die gesetzlichen Regelungen jeweils nur für Teilbereiche verwendet werden[367].

370 Im BGB werden die Schuldverträge nach der jeweils für den Vertrag **charakteristi-
schen Leistung**, welche bei Austauschverträgen nicht in dem dort bei allen Typen
vorhandenen Entgelt liegt, aufgeführt. Als wesentliche Gruppen stehen am Anfang die **Veräußerungsverträge**, mit denen ein Gegenstand dauerhaft auf eine andere Person übertragen wird (Kauf, Tausch, Schenkung), dann folgen die **Ge-
brauchsüberlassungsverträge**, die die zeitweilige Nutzung eines Gegenstandes
zum Ziel haben (Miete, Pacht, Leihe, Darlehen), und schließlich die **Tätigkeitsver-
träge**, nach denen Dienste geleistet oder Erfolge herbeigeführt werden (Dienst-
und Werkvertrag, Auftrag und Geschäftsbesorgung). Außerdem finden sich als
nicht nur gegenseitige sondern mehrseitige Gestaltungen die **Koordinierungsver-
träge**, unter denen mehrere Personen zusammenwirken (BGB-Gesellschaft, Gemeinschaft)[368]. Im Folgenden sollen die wichtigsten Modelle kurz beschrieben
werden.

371 Der **Kaufvertrag** dient dem Transfer eines Vermögensgegenstandes, meistens einer Sache
(§ 433 ff. BGB) – der Verkauf von Rechten[369] und „sonstigen Gegenständen", wie etwa

---

modell für den optimalen Vertragsinhalt verwendet, vgl. *Schäfer/Ott,* Lehrbuch der ökonomischen Analyse des Zivilrechts, 2005⁴, Teil 3 11. Kap. Ziff. 1.

[365] In den *Common law*-Rechtsordnungen, in denen wie etwa in den USA, kein derart ausführliches
Gesetzesrecht existiert, müssen auch alltägliche Verträge sehr viel detaillierter ausgearbeitet werden, was häufig zu umfangreichen Texten von mehr als 100 Seiten führt.

[366] So wird etwa – anders als in Deutschland – im etwas jüngeren schweizerischen Zivilrecht der
Verlagsvertrag, Art. 380 ff. OR, geregelt, im 2. Teil des aktuellen russischen Zivilgesetzbuch von
1995 sogar der Franchise-Vertrag („Commercial Concession", Art. 1027–1040).

[367] So unterliegt bei einem Vertrag über eine Schiffsreise die Transportverpflichtung den Bestimmungen für den Werkvertrag, die Unterbringung in der Kabine dem Mietrecht und die Verpflegung
teilweise den kaufrechtlichen Regeln.

[368] Weitaus weniger stimmig lassen sich noch Risikoverträge (Spiel und Wette, Bürgschaft, Leibrente
und Versicherungsvertrag) oder forderungsbezogene Verträge (Vergleich, Schuldversprechen,
Anweisung) zusammenfassen.

Unternehmen, folgt den gleichen Regeln (§ 453 BGB) – gegen die Zahlung eines Geldbetrages. Wird als Gegenleistung jedoch statt des Geldes ein anderer Vermögensgegenstand versprochen, dann handelt es sich um einen **Tauschvertrag**, auf den wiederum Kaufrecht „entsprechend", d.h. ohne die auf den Kaufpreis bezogenen Regelungen, anzuwenden ist (§ 480 BGB). Eine Vermögensübertragung ohne Gegenleistung stellt dagegen eine **Schenkung** (§§ 516–534 BGB) dar, die aus diesem Grund leichter als entgeltliche Verträge rückgängig gemacht werden kann, nämlich sowohl bei einer wirtschaftlichen Notlage des Schenkers (§§ 519, 528 f. BGB) als auch bei „grobem Undank" des Beschenkten (§§ 530 ff. BGB[370]). Für den (Sach-)Kauf werden neben den **Hauptpflichten des Verkäufers**, der Übergabe der Sache zwecks Besitzverschaffung sowie der Eigentumsübertragung (§ 433 Abs. 1 Satz 1 BGB[371]), und des **Käufers**, der Zahlung des Kaufpreises (§ 433 Abs. 2 BGB[372]), die zugleich den Vertragstyp bestimmen, wenige **Nebenpflichten** (etwa zur Gefahrtragung, §§ 446 f. BGB sowie zu bestimmten Kosten, § 448 BGB) sowie **besondere Vereinbarungen** (neben dem praktisch bedeutsamen Eigentumsvorbehalt, § 449 BGB, RN 336, der weniger gebräuchliche Kauf auf Probe, § 455 f. BGB, sowie Wieder- oder Vorkaufsrechte, §§ 456 ff., 463 ff. BGB). Der **Schwerpunkt** liegt dagegen auf den Regelungen für eine „schlechte" oder genauer mangelhafte Vertragserfüllung durch den Verkäufer, der **Gewährleistung** (§§ 434–444 BGB, für Verbraucherverträge speziell §§ 474–479 BGB), die als Durchführungsproblem jedoch im Zusammenhang mit den übrigen Vertragsstörungen behandelt wird (RN 381 ff.).

Der **Mietvertrag** ermöglicht die Überlassung einer Sache – i.S.d. § 90 BGB – zum zeitweiligen Gebrauch gegen Zahlung eines Mietzinses (§§ 535 ff. BGB), wobei die für breite Bevölkerungsschichten wichtige **Wohnraummiete** (§§ 549–577 BGB) mit ihren mieterschützenden Regelungen[373] in einem eigenen Unterabschnitt erfasst wird[374]. Der **Pachtvertrag** (§§ 581–584 b BGB, für landwirtschaftliche Betriebe gelten die Sonderregeln der §§ 585–597 BGB) gestattet dem Pächter neben dem Gebrauch auch die wirtschaftliche Nutzung von Vermögensgegenständen, also hier auch Rechten oder Unternehmen, was gegenüber der Miete vor allem zu längeren Kündigungsfristen (§ 584 BGB) sowie einer höheren Entschädigung bei verspäteter Rückgabe (§ 584b BGB) führt. Die unentgeltliche Variante der Miete ist die **Leihe** (§§ 598–606 BGB), bei der der Entleiher mangels einer Gegenleistung

[369] Der Verkauf von Forderungen, bei dem der neue Inhaber das Risiko der Einziehung des geschuldeten Betrages trägt, wird auch als echtes **Factoring** bezeichnet.

[370] In der Schweiz wird die Rückforderung nur bei schweren Verbrechen des Beschenkten oder schwerer Verletzung familienrechtlicher Pflichten zugelassen, Art. 249 OR.

[371] Die Mängelfreiheit wird mit Bezug auf die Gewährleistungsregeln (RN 381 ff.) zur Pflicht erhoben, § 433 Abs. 1 Satz 2 BGB.

[372] Die ebenfalls aufgeführte Abnahme, also die Übernahme der Sache in den Besitz, stellt im Regelfall nur eine Nebenpflicht dar, deren Unterbleiben den Verkäufer nicht zum Rücktritt (gem. § 323 BGB, RN 380) berechtigt.

[373] Hervorzuheben ist zum einen die Begrenzung von Miet(zins)erhöhungen, die – abgesehen von der seit kurzem zulässigen Staffel- sowie Indexmiete, §§ 557a f. BGB – unabhängig von Modernisierungsanpassungen (§ 559 BGB) nur bis zur Höhe der ortsüblichen Vergleichsmiete (§ 558 BGB) in einem äußerst komplizierten Verfahren (§§ 558a–558e BGB) möglich ist. Zum anderen wird die Beendigungsmöglichkeit für den Vermieter eingeschränkt, denn dieser benötigt für eine Kündigung mindestens ein gesetzlich vorgesehenes berechtigtes Interesse – entweder eine erhebliche Vertragsverletzung des Mieters oder Eigenbedarf bzw. schwere wirtschaftliche Nachteile des Vermieters (§ 573 BGB).

[374] Für sonstige Räume sowie Grundstücke gelten die erwähnten zwingenden Regelungen zugunsten des Wohnraummieters nicht, aber andere Bestimmungen, wie etwa die Schriftform (§ 550 BGB), das Vermieterpfandrecht (§ 562 ff. BGB) oder die gesetzliche Überleitung des Mietvertrags und damit der Vermieterpflichten auf einen neuen Eigentümer der Sache (§§ 566 ff. BGB), sind bei allen unbeweglichen Sachen anzuwenden, § 578 BGB.

die Sache nur in dem Zustand schuldet, in welchem sie sich befindet und sie leicht zurückfordern kann (§§ 604 Abs. 3, 605 Nr. 1 BGB). Für die Miete werden als wesentliche **Pflichten des Vermieters** die Überlassung der Mietsache, in der Regel durch Einräumung des Besitzes, sowie deren Instandhaltung[375] aufgeführt (§ 535 Abs. 1 Satz 2 BGB), während der **Mieter** den Mietzins zu entrichten hat (§ 535 Abs. 2 BGB). Als **Nebenpflichten** wird für den Vermieter neben der – häufig vertraglich dem Mieter aufgebürdeten – Zahlung von auf die Mietsache entfallenden Zinsen, Steuern und Gebühren („Lasten" i.S.d. § 535 Abs. 1 Satz 3 BGB) ein Aufwendungsersatz für Erhaltungs- oder Reparaturarbeiten (§ 536a Abs. 2 BGB) sowie nützliche Veränderungen (§ 539 Abs. 1 BGB), also etwa Modernisierungen, vorgesehen, während der Mieter aufgrund seiner Nähe zur Mietsache deren Obhut schuldet[376], wozu vor allem die Pflicht zur Anzeige von Mängeln gegenüber dem Vermieter (§ 536c Abs. 1 BGB)[377] gehört. Am Ende des Mietverhältnisses hat der Mieter natürlich die Sache wieder in den Besitz des Vermieters zu übergeben (§ 546 Abs. 1 BGB). Auch beim Mietvertrag stellt die **Gewährleistung** für Mängel der Mietsache (§§ 536–536d BGB) einen **wichtigen Bereich** dar, der im Grundsatz ähnlich wie beim Kaufvertrag ausgestaltet ist, aber einige wichtige Abweichungen enthält[378]. Mit einem **Darlehen** wird dagegen meist Geld (§ 488 BGB)[379] zur zeitweiligen Nutzung überlassen, welche nur durch dessen Verbrauch möglich ist, weil es einem anderen übereignet werden muss. Neben den Kündigungsmöglichkeiten (§§ 489 f. BGB) wird allein das Verbraucherdarlehen speziell geregelt (*RN 438*).

373 Verpflichtet sich eine Person dazu, für einen anderen tätig zu werden, dann handelt es sich um einen **Dienstvertrag** (§§ 611–630 BGB), verspricht sie darüber hinaus auch noch einen bestimmten Erfolg (§ 631 Abs. 2 BGB), dann liegt ein **Werkvertrag** (§§ 631–651 BGB) vor. Geschieht dies unentgeltlich, so handelt es sich um einen **Auftrag** (§§ 662–674 BGB)[380]. Bei der bloßen Dienstleistung ist zu unterscheiden, ob sie im Wege abhängiger, also weisungsgebundener, Tätigkeit erfolgt[381], so dass ein **Arbeitsvertrag** vorliegt, auf den zumeist außerhalb des BGB[382] entwickelte, den Arbeitnehmer schützende Sonderregeln anzuwenden sind (*RN 439 ff.*), oder ob die Dienstpflichten selbständig durchgeführt werden, wie vor allem bei den Freien Berufen (Ärzte, Rechtsanwälte, Steuerberater etc.)[383] sowie bei Sachverständigen oder den Organmitgliedern juristischer Personen, und dem allgemeinen

---

[375] In vielen Fällen wird vertraglich jedoch dem Mieter ein erheblicher Teil dieser Pflicht auferlegt, etwa die durch Abnutzung von Wohnraum erforderlichen Schönheitsreparaturen.

[376] Diese stellt beim Verwahrungsvertrag, §§ 688–700 BGB, die Hauptpflicht des Verwahrers dar, allerdings steht ihm nicht, wie bei den Überlassungsverträgen, ein Gebrauchsrecht zu. Daher wird die Verwahrung als Dienstleistungsvertrag eingeordnet.

[377] Andernfalls muss er die Schäden ersetzen, die entstehen, weil der Vermieter die Mängel nicht rechtzeitig beheben konnte, § 536c Abs. 2 Satz 1 BGB.

[378] So ermäßigt sich der Mietzins automatisch entsprechend der Gebrauchsbeschränkung – z.B. 10–20 % beim Ausfall des Warmwassers – aufgrund des Mangels, § 536 Abs. 1 BGB, ohne dass der Mieter wie bei der Minderung nach Kaufrecht (*RN 385*) dies geltend machen müsste. Außerdem haftet der Vermieter für bei Vertragsabschluss vorliegende Mängel ohne Verschulden auf Schadensersatz, § 536a Abs. 1 1. Alt. BGB.

[379] Für andere verbrauchbare Sachen gelten die spärlichen Regelungen der §§ 607–609 BGB.

[380] Aufwendungen des Beauftragten hat der Auftraggeber jedoch zu ersetzen, §§ 669 f. BGB.

[381] Für Profisportler etwa wird diskutiert, wann die Weisungsabhängigkeit vom Verein ausreicht, damit er als Arbeitnehmer gilt, bejahend für Fußball-Lizenzspieler BAG NJW 1996, 2388, bei Einzelsportlern jedoch umstritten.

[382] Zunehmend jedoch auch innerhalb, wie etwa §§ 611a, b, 612a, 613a, 622 BGB.

[383] Soweit es sich um eine – selbständige – wirtschaftliche Tätigkeit handelt, wie bei der anwaltlichen Rechtsberatung, der Hilfe in Steuersachen, der Vermögensverwaltung oder zahlreichen Bankgeschäften (der Zahlungsverkehr wird jedoch speziellen Regelungen unterstellt, §§ 676a–676h BGB), liegt allerdings eine **Geschäftsbesorgung** vor, auf die zusätzlich das Auftragsrecht der §§ 662 ff. BGB anzuwenden ist.

Dienstvertragsrecht unterliegen. Üblicherweise hat der **Dienstverpflichtete** die zugesagten Dienste (§ 611 Abs. 1 BGB) persönlich zu erbringen, weil er vom Dienstberechtigten nach seinen Fähigkeiten ausgesucht worden ist und, besonders bei „höheren" Diensten durch Freiberufler, ein besonderes Vertrauensverhältnis entsteht (konsequenterweise kann daher auch der Dienstberechtigte im Normalfall nicht ausgetauscht werden, § 613 Abs. 2 BGB). Der **Dienstberechtigte** hat als Gegenleistung eine Vergütung zu entrichten (§ 614 BGB), und zwar auch, wenn er aufgrund einer Betriebsstörung oder aus anderen Gründen die Dienste nicht abnehmen kann (§ 615 BGB) sowie – als sozialpolitische Wohltat – bei unverschuldeter Verhinderung des Dienstverpflichteten (§ 616 BGB), etwa durch eine Erkrankung[384]. Als Nebenpflichten steht der **Treuepflicht des Dienstschuldners**[385] die **Fürsorgepflicht des Dienstgläubigers** (ausdrücklich in §§ 617–619 BGB) gegenüber, dagegen wird die Gewährleistung für mangelhafte Diensterbringung nicht eigens geregelt[386]. Ein **Werkunternehmer** muss sich im Gegensatz zum Dienstverpflichteten nicht nur durch bloßes Tätigwerden bemühen, sondern **schuldet** nach § 631 Abs. 2 BGB einen **Erfolg**[387], entweder im materiellen Sinne, also die Herstellung oder Veränderung einer Sache (der vom Tischler zu fertigende Stuhl, der von der Werkstatt zu reparierende PKW[388]), oder als immaterielle Leistung (der Entwurf eines Architekten, die Beförderung durch ein Taxi, die Erstellung eines Rechtsgutachtens). Dafür muss der **Besteller** den Werklohn entrichten (§§ 631 Abs. 1, 632 BGB), was nach der grundsätzlichen Billigung des Werkes im Wege der Abnahme nach § 640 BGB zu geschehen hat (§ 641 BGB). Die **Gewährleistung** für Werkmängel (§§ 633–639 BGB) entspricht weitgehend den Regelungen beim Kaufvertrag.

Als mehrseitige Kooperationsverträge bilden die **Gemeinschaft** (§§ 741–758 BGB), in der **374** den Beteiligten ein Recht an einem Gegenstand gemeinsam (nach Bruchteilen) zusteht, sowie die **BGB-Gesellschaft** (§§ 705–740 BGB), die aufgrund des gemeinsam verfolgten Zwecks die Grundform für andere Personengesellschaften wie OHG und KG darstellt, ein Gegenmodell zu den zweiseitigen Austauschverträgen, denen der Gesetzgeber im BGB erheblich mehr Raum eingeräumt hat.

Literatur:
Grunewald, Bürgerliches Recht, 2006[7], § 6; *Musielak,* Grundkurs BGB, 2005[9], §§ 3 III, 7; *Schwab,* Einführung in das Zivilrecht, 2005[16], Teil V. Kap. 10; *Brox/Walker,* Allgemeines Schuldrecht, 2004[30], §§ 4 II, 6–9, 12; *Westermann/Bydlinski/Weber,* BGB-Schuldrecht Allgemeiner Teil, 2003[5], §§ 2, 3; *Brox/Walker,* Besonderes Schuldrecht, 2005[30], §§ 1–30; *Emmerich,* BGB, Schuldrecht Besonderer Teil, 2003[10], §§ 1–12; *Gursky,* Schuldrecht, Besonderer Teil, 2005[5], 1.–3. Teil; *Medicus,* Schuldrecht II – 2005[13], 1.–3. Teil.

---

[384] Für Krankheitsfälle begrenzt das Entgeltfortzahlungsgesetz (EFZG) die „verhältnismäßig nicht erhebliche Zeit" der Abwesenheit auf 6 Wochen.

[385] Etwa zur Verschwiegenheit oder zur Unterlassung von Konkurrenztätigkeiten, abgeleitet aus §§ 241 Abs. 2, 242 BGB.

[386] Da meist eine absolute Fixschuld und somit Unmöglichkeit (*RN 377*) angenommen wird, weil die Dienstzeit nicht nachgeholt werden kann, kann nach den allgemeinen Regeln für Vertragsstörungen der Lohn gemindert werden (§ 326 Abs. 1 i.V.m. § 441 Abs. 3 BGB, *RN 385*) oder bei Verschulden auch Schadensersatz verlangt werden (§ 283 Satz 1 i.V.m. § 280 Abs. 1, Abs. 3 BGB, *RN 378*).

[387] Die Abgrenzung ist nicht immer einfach: Der Arzt behandelt üblicherweise per Dienstvertrag, weil die Gesundung des Patienten nicht nur von ihm abhängt, aber bei zielgerichteten Operationen könnte auch ein Erfolg, etwa die Herausnahme des Blinddarms, geschuldet sein. Gleichwohl lehnen die Gerichte sogar bei einer Schönheitsoperation einen Werkvertrag ab, OLG Köln, MDR 1988, 317.

[388] Hier wäre wohl auch der Bestattungsvertrag einzuordnen, ebenso wahrscheinlich die Abrede über das Decken eines Tieres, jeweils nach *Palandt,* BGB, 2003[62], Rn. 18 ff. Einf. vor § 631.

Kötz, Der Schutzzweck der AGB-Kontrolle – Eine rechtsökonomische Skizze, JuS 2003, 209–214; *Schmidt-Salzer*, Recht der AGB und der mißbräuchlichen Klauseln – Grundfragen, JZ 1995, 223–231; *Coester-Waltjen*, Der Kaufvertrag, Jura 2002, 534–542; *Reinkenhof*, Das neue Werkvertragsrecht, Jura 2002, 433–438.

375 c) **Störungen der Vertragsdurchführung.** Verträge fallen in der Praxis meistens erst dann auf, wenn sie **nicht so durchgeführt** werden, **wie** es **geplant** war, sei es, dass eine Leistung ganz ausbleibt (*RN 376 ff.*), dass sie verspätet erfolgt (*RN 379 f.*) oder dass sie auf andere Weise nicht dem Versprochenen genügt (*RN 381 ff.*). In diesen Fällen muss der Gläubiger, der von der nicht ordnungsgemäßen Ausführung des Vertrages betroffen ist, grundsätzlich entscheiden, ob er weiterhin an der Vereinbarung festhalten und das ihm Versprochene als spezifische **Erfüllung oder Nacherfüllung** von seinem Schuldner – bis hin zu einer Leistungsklage – verlangen will (primärer Vertragsanspruch), oder ob er statt dessen die **Geschäftsbeziehung** durch Rücktritt vom Vertrag **auflösen** und etwaige erbrachte eigene Leistungen zurück erhalten (sekundärer Vertragsanspruch) möchte. Je nach der Art der Vertragsstörung kommt zusätzlich in beiden Fällen ein wirtschaftlicher Ausgleich für die verursachten Verluste durch **Schadensersatz** in Betracht. Ausnahmsweise kann es auch sinnvoll sein, eine **Anpassung des Vertrages** an die veränderten Umstände durchzuführen.

Neben dem Erfüllungsanspruch, der sich unmittelbar aus dem Vertrag ergibt, können die Parteien die **Folgen der** genannten **Leistungsstörungen frei gestalten.** So haben sie es in der Hand, ein **Rücktrittsrecht** zu vereinbaren[389], **pauschalierten Schadensersatz**[390] oder gar eine **Vertragsstrafe** nach § 339 BGB festzusetzen, sowie eine **Neuverhandlungsklausel** aufzunehmen. Falls per Absprache keine derartigen Regelungen vorgesehen wurden, hat der Gesetzgeber jedoch durch dispositive Bestimmungen umfangreiche Vorsorge getroffen. Diese sollen im Folgenden dargestellt werden.

376 (1) **Nichtleistung.** Erbringt der Schuldner die **Leistung,** zu der er verpflichtet ist, **endgültig nicht,** dann kann dies daran liegen, dass er nicht leisten will, oder dass er nicht leisten kann. Entnimmt der Gläubiger der erstgenannten **Erfüllungsverweigerung,** dass es keinen Sinn macht, den Anspruch auf die Leistung weiter zu verfolgen und womöglich noch vor Gericht zu bringen, so kann er statt dessen gegen den unwilligen Schuldner, der sich ohne weiteres in **Verzug** befindet (§ 286 Abs. 2 Nr. 3 BGB: „ernsthaft und endgültig verweigert"), mit den dafür vorgesehenen sekundären Rechtsbehelfen (*RN 380*) – etwa mit einem **sofortigen Rücktritt** (§ 323 Abs. 2 Nr. 1 BGB) – vorgehen.

377 Dagegen kann sich der Schuldner nur zur Wehr setzen, indem er den zweitgenannten Fall, also die **Unmöglichkeit** der Leistung, nachweist. Da es eine bloße Geldverschwendung wäre, jemanden zu einer Leistung zu verurteilen, die er gar nicht erbringen kann, weil eine etwaige Vollstreckung ebenfalls zu nichts führt, schließt der Gesetzgeber einen solchen Anspruch – und damit dessen Durchsetzung – von

---

[389] Darauf stellt § 346 Abs. 1 1. Alt. BGB ab.
[390] Aufgrund von AGB (*RN 368*) in den Grenzen des § 309 Nr. 5 BGB.

vornherein aus, § 275 Abs. 1 BGB. Damit wird dem Gläubiger sein primärer Vertragsanspruch entzogen, entsprechend wird der **Schuldner von seiner Leistungspflicht befreit** (umgekehrt kann er auch nicht mehr die Gegenleistung verlangen, § 326 Abs. 1 Satz 1 BGB). Erzielt letzterer jedoch einen Vorteil anstelle des nicht mehr leistbaren Gegenstands, also einen Ersatz in Form einer Versicherungssumme oder auch des erzielten Kaufpreises beim Verkauf an einen Dritten, dann muss er diesen als **stellvertretendes commodum** an den Gläubiger **herausgeben** (§ 285 Abs. 1 BGB)[391].

Dabei kommt es nicht darauf an, ob der Schuldner wegen **tatsächlicher Hindernisse** nicht leisten kann[392], z.B. weil ihm als Verkäufer die Kaufsache zerstört wird, oder ob **rechtliche Hürden** entgegenstehen, etwa weil die verkaufte Ware aufgrund eines Einfuhrverbots nicht mehr importiert werden darf. Ebenso unbeachtlich ist es, ob die Leistung **lediglich dem Schuldner**, d.h. subjektiv, unerbringbar ist (§ 275 Abs. 1 1. Alt. BGB), wie bei einem Diebstahl der Kaufsache[393], oder ob sie „**für jedermann**", d.h. objektiv, unmöglich ist (§ 275 Abs. 1 2. Alt. BGB), wie in den oben genannten beiden Fällen der Zerstörung und des Einfuhrverbots. Schließlich spielt es für die Leistungsbefreiung auch keine Rolle, ob bereits **anfänglich**, also schon bei Vertragsschluss[394], oder erst **nachträglich**, im Anschluss daran, Unmöglichkeit vorliegt.

Ist dagegen dem Schuldner die **Leistung** zwar eigentlich möglich, jedoch **unzumutbar**, weil entweder der Aufwand dafür in keinem vernünftigen Verhältnis zum Vorteil für den Gläubiger steht (§ 275 Abs. 2 BGB)[395], oder die meist psychische Belastung des persönlich verpflichteten Schuldners gegenüber den Interessen des Gläubigers überwiegt (§ 275 Abs. 3 BGB)[396], dann kann er die Leistung dauerhaft verweigern, er wird aber nicht automatisch entlastet. Die weiteren Rechtsfolgen entsprechen den für die Unmöglichkeit vorgesehenen Rechtsbehelfen (§ 275 Abs. 4 BGB).

Bei Austauschverhältnissen kann der aufgrund der Unmöglichkeit den Erfüllungs- **378** anspruch verlierende Vertragsteil den Vertrag durch **Rücktritt** sofort auflösen (§ 326 Abs. 5 BGB). Hat jedoch ausnahmsweise dieser Vertragsteil, also der **Gläu-**

---

[391]   Um diesen Betrag wird aber ein eventueller Schadensersatzanspruch des Gläubigers verringert, § 285 Abs. 2 BGB, während eine den Wert des eigentlich geschuldeten Gegenstandes überschreitende Ersatzsumme voll dem Gläubiger zusteht. Dieser hat in Verhältnis zum Wert der erhaltenen Ersatzleistung natürlich auch seine Gegenleistung zu erbringen, § 326 Abs. 3 BGB.

[392]   Ein Unterfall ist das **absolute Fixgeschäft**, bei dem die Leistung nur zu einem ganz bestimmten Zeitpunkt erbracht werden kann, etwa eine Taxifahrt zum Bahnhof zur Abfahrtszeit eines bestimmten Zuges. Wird diese Leistung erst später angeboten, so wird das als Unmöglichkeit behandelt.

[393]   Der Dieb könnte – theoretisch – als Besitzer der Pflicht zur Übergabe der Kaufsache gem. § 929 BGB nachkommen.

[394]   Im Gegensatz zur Rechtslage vor 2002 wird durch § 311a Abs. 1 BGB allerdings klar gestellt, dass entgegen § 306 a.F. BGB der Vertrag auch dann wirksam ist, wenn ihn von Anfang an niemand erfüllen kann, etwa weil das versprochene *perpetuum mobile* mit den physikalischen Naturgesetzen nicht zu vereinbaren ist.

[395]   Als regelmäßige Beispiele dienen zu übergebende Gegenstände, die sich tief im Wasser befinden und nur durch extrem teure Tauchexpeditionen wieder beschafft werden können („Der Ring auf dem Meeresboden"). Man könnte aber auch an die Zerstörung des letzten neuwertigen Fahrrades einer bestimmten Bauserie, aus der verkauft wurde, denken, welches nur durch das aufwendige Wiederanfahren einer bereits geschlossenen Produktionsanlage noch einmal gefertigt werden könnte – hier wird dem Gattungsschuldner seine Beschaffungspflicht unzumutbar.

[396]   Dazu wird in der Gesetzesbegründung die Sängerin aufgeführt, deren Kind vor ihrem Auftritt schwer erkrankt ist. Ob ihr die Durchführung des Konzerts unzumutbar ist, muss auch danach beurteilt werden, in welchem Maße der Veranstalter wirtschaftlich betroffen ist.

biger, die **Unmöglichkeit schuldhaft verursacht**, etwa durch die Zerstörung des
ihm verkauften PKW vor der Übergabe, dann wird er **am Vertrag festgehalten**, indem der Rücktritt ausgeschlossen (§ 323 Abs. 6 1. Alt. BGB) und seine Gegenleis-
tungspflicht aufrechterhalten wird (§ 326 Abs. 2 BGB).
Schadensersatz statt der nicht erfolgten **Leistung** (§ 283 BGB), also das volle Erfüllungsinteresse einschließlich entgangenen Gewinns, kann der betroffene Gläubiger dann beanspruchen wenn der Schuldner eine **nachträgliche Unmöglichkeit**
verschuldet hat[397], was allerdings zu seinen Lasten vermutet wird (§ 280 Abs. 1
Satz 2 BGB). Der Gläubiger ist also unter Berücksichtigung seiner Gegenleistung
wirtschaftlich so zu stellen, als ob er die unmöglich gewordene Leistung erhalten
hätte. Statt dieser Kompensation – also nicht etwa zusätzlich – kann der Gläubiger auch seine nun vergeblichen **Aufwendungen ersetzt** verlangen, die ihm entstanden sind, weil er davon ausging, die Leistung zu erhalten, etwa die Buchung
eines Fluges, um zu der versprochenen Veranstaltung zu gelangen[398], sofern diese
vernünftig erscheinen (§ 284 BGB). Die gleichen Folgen treten bei einer **anfäng-**
lichen Unmöglichkeit ein, wenn dem Schuldner diese bekannt war oder er sie hätte erkennen müssen (§ 311a Abs. 2 BGB), wodurch vermieden wird, dass jemand
etwas verspricht, ohne sich darüber Gedanken zu machen, ob er sein Versprechen
auch halten kann.

379   (2) **Spätleistung.** Erbringt der Schuldner die **Leistung** nicht zu dem Termin, an
dem er zu leisten hat (bei Fälligkeit, § 271 Abs. 1 BGB, *RN 367*), also **verzögert**
er die Erfüllung, und kann er seiner Pflicht noch nachkommen[399], dann **bleibt** er
natürlich weiterhin dem Gläubiger **verpflichtet**. Allerdings muss er neben der Leistung noch gem. § 280 Abs. 2 BGB den aufgrund der **Verzögerung eingetretenen**
Schaden[400] ersetzen (und damit den Gläubiger insgesamt so stellen, als ob pünkt-
lich erfüllt worden wäre), sofern ihm klar sein musste, dass er zu leisten hatte und
nicht nachweisen kann, dass er die Verzögerung nicht verschuldet hat (**Verzug**
nach § 286 BGB).

Wird die Leistung zu einem **Termin** geschuldet, den man **anhand des Kalenders** ermitteln
kann, neben dem „29.2.20XX" z.B. auch „bis Mitte Oktober" oder „in der 32. Kalender-
woche", dann kennt der Schuldner von Anfang an den Zeitpunkt der Fälligkeit mit hin-
reichender Deutlichkeit – es bedarf dann keiner besonderen Aufforderung zur Leistung in
Form einer **Mahnung** mehr (§ 286 Abs. 2 Nr. 1 BGB). Dies gilt auch, wenn das auf diese
einfache Weise zu ermittelnde Datum nicht direkt vereinbart ist, sondern auf ein **Ereignis**
Bezug genommen wird und **ab dessen Eintritt berechnet** werden kann (§ 286 Abs. 2 Nr. 2
BGB), so bei einer Klausel „Zahlung zwei Wochen ab Lieferung/Rechnungszusendung"
oder „Räumung sieben Tage nach der Kündigung". Stellt der Schuldner klar, dass er auf
keinen Fall leisten wird, dann ist eine Mahnung von vornherein sinnlos und kann aus diesem Grunde unterbleiben (§ 286 Abs. 2 Nr. 3 BGB)[401]. In allen anderen Fällen soll der

---

[397]   Z.B. hat der Verkäufer den veräußerten PKW nicht sorgfältig genug gegen Diebstahl gesichert
(Fahrlässigkeit), oder den Wagen ein zweites Mal verkauft und dann auch übereignet (Vorsatz).

[398]   So für den gescheiterten Besuch einer Oscar-Verleihung OLG Köln, NJW-RR 1994, 687.

[399]   Ansonsten läge Unmöglichkeit vor (*RN 376 ff.*).

[400]   Typische Verzugsschäden sind etwa der Nutzungsausfall bei verspäteter Lieferung einer Sache
(bei Geldschulden entsprechend der gesetzlich festgelegte Verzugszins gem. § 288 BGB) oder die
Anwaltskosten bei außergerichtlicher Rechtsverfolgung.

[401]   Zu den in § 286 Abs. 2 Nr. 4 BGB erwähnten „besonderen Gründen", aus denen auf eine Mah-

Schuldner nach Fälligkeit noch einmal **unmissverständlich darauf hingewiesen** werden, dass er seine **Schuld nunmehr erfüllen** müsse, damit er sich über die andernfalls folgenden Konsequenzen klar werden kann (§ 286 Abs. 1 Satz 1 BGB). Als „**Mahnung**" muss dieser Hinweis[402] des Gläubigers nicht bezeichnet werden (es reicht die Feststellung des Verzuges, sogar schlüssig in Form einer „2. Rechnung"), auch sind nicht unbedingt Rechtsfolgen anzukündigen („... sonst werde ich rechtliche Schritte einleiten"), aber der bloße Wunsch („... wäre ich dankbar, wenn ich die Leistung erwarten dürfte") reicht nicht aus[403]. Macht der Gläubiger die **Forderung gerichtlich geltend**, durch Klage oder Mahnbescheid, so reicht dies als Hinweis ebenfalls aus (§ 286 Abs. 1 Satz 2 BGB).

Bei **Entgeltforderungen**, das sind die Gegenleistungen für den Bezug von Waren oder Dienstleistungen etwa als Kaufpreis, Mietzins oder Werklohn, tritt Verzug unabhängig von den gerade genannten Voraussetzungen – also insbesondere ohne Mahnung – **spätestens 30 Tage nach Zugang einer Rechnung**[404] ein (§ 286 Abs. 3 Satz 1 1. Halbsatz BGB). Damit soll eine unfreiwillige Finanzierung säumiger Schuldner zu Lasten ihrer Gläubiger im unternehmerischen Geschäftsverkehr[405] vermieden werden, wie es die zugrunde liegende EG-Richtlinie[406] bezweckt.

Für sein **Verschulden** (§ 286 Abs. 4 BGB spricht von „vertreten") muss der Schuldner sich entlasten, was in der Regel selten gelingen dürfte, da fast nur nicht vorhersehbare Ereignisse wie Betriebsunterbrechungen durch Naturkatastrophen oder schwere Erkrankungen, also „höhere Gewalt", als Entschuldigungsgrund akzeptiert werden.

Bereits die **bloße Verspätung der Leistung** – ohne die eben dargestellten zusätzlichen Voraussetzungen für den Verzug gem. § 286 BGB – rechtfertigt bei einem gegenseitigen Vertrag eine Auflösung des Vertrages durch den Gläubiger, der den **Rücktritt** erklären kann, sofern er vorher dem Schuldner während einer **Nachfrist** noch einmal eine letzte Gelegenheit zur Erfüllung eingeräumt hat (§ 323 Abs. 1 BGB). Verweigert der Schuldner die Erfüllung, so wäre die Nachfrist[407] sinnlos, ebenso bei einem Fixgeschäft, wo die genaue Leistungszeit für den Gläubiger einen sehr hohen Stellenwert hat, weshalb in diesen Fällen ein sofortiger Rücktritt möglich ist (§ 323 Abs. 2 Nr. 1, Nr. 2 BGB)[408]. Unter den gleichen Umständen – Verspätung, Nachfrist[409] – kann, auch noch nach einem Rücktritt (§ 325 BGB) **Schadensersatz statt der Leistung**, mithin das gesamte Erfüllungsinteresse, ver- **380**

---

[402]   Weil die Rechtsfolgen des Verzuges automatisch nach dem Gesetz, auch ohne den Willen des Gläubigers, eintreten, spricht man von einer „(rechts-)geschäftsähnlichen Handlung" – wie z.B. auch bei der Fristsetzung gem. § 323 Abs. 1 BGB oder der Aufforderung zur Genehmigung gem. § 177 Abs. 2 BGB. Es werden daher überwiegend die für Willenserklärungen geltenden Bestimmungen der §§ 104 ff. BGB angewendet.

[403]   So das Reichsgericht, RGZ 93, 301.

[404]   Unabhängig davon zählen die 30 Tage ab Empfang der dem Entgelt gegenüberstehenden Leistung, § 286 Abs. 3 Satz 2 BGB.

[405]   Daher muss diese Folge gegenüber Verbrauchern ausdrücklich angekündigt werden, § 286 Abs. 3 Satz 1 2. Halbsatz BGB.

[406]   Zahlungsverzugs-Ril (2000/35/EG, ABlEG 2000 L 200/35).

[407]   Ebenso wie die Mahnung (*RN 379*).

[408]   Die in § 323 Abs. 2 Nr. 3 BGB erwähnten „besonderen Umstände" liegen etwa vor, wenn der Gläubiger das Vertrauen in den Schuldner verloren hat, weil dieser z.B. in dem zu liefernden Neuwagen neue gegen gebrauchte Teile ausgetauscht hat (BGH NJW 1978, 260).

[409]   Diese kann ebenfalls aufgrund der bereits erwähnten Gründe, abgesehen vom Fixgeschäft, entfallen (§ 281 Abs. 2 BGB).

langt werden (§ 281 Abs. 1 BGB) oder stattdessen der Ersatz der vergeblichen Aufwendungen (§ 284 BGB), sofern der Schuldner sich nicht vom **Verschulden** entlasten kann (§ 280 Abs. 1 Satz 2 BGB). Auch in diesem Fall kann natürlich keine Erfüllung mehr verlangt werden (§ 281 Abs. 4 BGB).

381 (3) **Schlechtleistung.** Eine sehr häufige Form der nicht vertragsgemäßen Ausführung von Vereinbarungen stellt die schlechte oder **mangelhafte Leistung** dar. Wird das Geschuldete selbst nicht so erbracht, wie es versprochen war, so wird dafür grundsätzlich dem Schuldner die Verantwortung zugewiesen, der die **Gewährleistung** zu übernehmen hat. Da je nach Vertragstyp ganz Unterschiedliches geschuldet wird, hat der Gesetzgeber wichtigen Verpflichtungsgeschäften besondere Regeln für diese Art der Vertragsstörung zugeordnet. Im Folgenden soll **am Beispiel des Kaufvertrages**[410] ein Überblick über diese Gewährleistungsbestimmungen vermittelt und ihr Zusammenspiel mit dem zuvor dargestellten allgemeinen Recht der Vertragsstörungen dargestellt werden[411].

382 Zur Pflicht des Verkäufers einer **Sache** gehört es nicht nur, diese dem Käufer zu liefern und ihm zu übereignen, sondern sie muss auch **frei von Sach- und Rechtsmängeln** sein (§ 433 Abs. 1 Satz 2 BGB). Beide Arten von Mängeln führen nämlich dazu, dass der **Wert der Sache**, die der Käufer erworben hat, **geringer** ist, als er dies erwarten konnte und in seiner Zahlungsbereitschaft zum Ausdruck gebracht hat. Damit ist das Verhältnis von Leistung (der Kaufsache) und Gegenleistung (des Kaufpreises) aus dem zwischen den Parteien abgestimmten Gleichgewicht geraten.

Ein **Rechtsmangel** liegt immer dann vor, wenn ein Dritter Rechte an der veräußerten Sache gegen den Käufer geltend machen kann, die dieser vertraglich nicht akzeptiert hat (§ 435 BGB). Dafür kommen vor allem beschränkte dingliche Rechtspositionen (*RN 335*) wie Pfandrechte, Dienstbarkeiten, aber auch Urheber- oder Patentrechte in Betracht, sowie persönliche Ansprüche etwa aus Miet- oder Pachtverhältnissen (*RN 372*).

383 Sehr viel detaillierter ist der **Sachmangel** geregelt. Um einen solchen handelt es sich nicht nur, wenn die **Qualität** der Kaufsache („Beschaffenheit" nach § 434 Abs. 1 BGB) **beeinträchtigt** ist, sondern auch bei **Unterschreitungen der Quantität** („Minderlieferung", § 434 Abs. 3 2. Alt. BGB)[412] sowie bei der **Lieferung einer**

---

[410] Die Gewährleistungsregeln für Mietverträge finden sich in den §§ 536–536d BGB (*RN 372*), die für Werkverträge in den §§ 632–639 BGB (*RN 373*), die für Reiseverträge in den §§ 651c–651h BGB (*RN 437*).

[411] Die Regelungen basieren im Wesentlichen auf der Verbrauchsgüterkauf-Ril (1999/44/EG, ABlEG 1999 L 171/12), welche der deutsche Gesetzgeber, abgesehen von den §§ 474–479 BGB, im allgemeinen Kaufrecht umgesetzt hat, vgl. *Schwartze*, Die zukünftige Sachmängelgewährleistung in Europa – Die Verbrauchsgüterkauf-Richtlinie vor ihrer Umsetzung, ZEuP 2000, 544–574. Rechtsvergleichend dazu ausführlich *Schwartze*, Europäische Sachmängelgewährleistung beim Warenkauf, 2000.

[412] So wenn ein Kohlenhändler statt 10 Zentnern Briketts nur 9 Zentner liefert, jedoch den Preis für die gesamte Menge verlangt. Liefert der Händler dagegen 11 Zentner, also mehr als vereinbart, so fehlt für den zuviel gelieferten Zentner die vertragliche Grundlage (es sei denn, der Käufer hat nicht protestiert und daher stillschweigend eine Erweiterung der Liefermenge akzeptiert), weshalb die überschüssige Ware nach den Regeln der ungerechtfertigten Bereicherung, §§ 812 ff. BGB, vom Käufer herauszugeben ist.

anderen Sache („aliud", § 434 Abs. 3 1. Alt. BGB)[413]. Zudem wird auch die unsachgemäße Montage sowie bei zum Zusammenbauen verkauften Sachen eine fehlerhafte Montageanleitung dem Sachmangel zugeordnet (§ 434 Abs. 2 BGB).
Ein Sachmangel im engeren Sinne, also eine **Qualitätsbeeinträchtigung**, erfordert eine negative **Abweichung** der tatsächlichen („Ist"-)**Beschaffenheit von** der geschuldeten („Soll"-)**Beschaffenheit**. Wie die Sache wirklich beschaffen ist, kann relativ leicht festgestellt werden, dagegen ist es häufig schwierig zu ermitteln, von welchen Eigenschaften die Parteien ausgegangen sind. Sofern diese **im Vertrag festgelegt** worden[414] oder aus ihm zu entnehmen sind (§ 434 Abs. 1 Satz 1 BGB), z.B. „Bücherschrank Eiche massiv, hell gebeizt", ist der Verkäufer daran gebunden. Lässt sich eine derartige Vereinbarung über die Beschaffenheit nicht ausmachen, ist auf die – gleichsam als selbstverständlich – **vorausgesetzte Verwendung** abzustellen (§ 434 Abs. 1 Satz 2 Nr. 1 BGB), z.B. wenn dem Verkäufer klar ist, dass der Käufer einen Bücherschrank passend zu seinen übrigen Wohnzimmermöbeln aus Eiche massiv sucht. Erst wenn auch insoweit die vorrangige Berücksichtigung des Parteiwillens nicht mehr möglich ist, wird auf objektive Kriterien abgestellt, nämlich ob die Sache sich zur **gewöhnlichen Verwendung** eignet oder von **üblicher** bzw. vom Käufer zu erwartender **Beschaffenheit** ist (§ 434 Abs. 1 Satz 2 Nr. 2 BGB), z.B. dass die Türen des Bücherschranks sich ohne Schwierigkeiten öffnen lassen oder dieser bei normaler Belastung nicht nach vorne umkippt.

Für die Bestimmung dieser Normalbeschaffenheit ist auch auf **öffentliche Äußerungen** insbesondere in der Werbung abzustellen, und zwar nicht nur auf derartige Angaben des Verkäufers, die meist über die Vertragsverhandlungen in die Vereinbarung einbezogen werden, sondern vor allem auch **des Herstellers** (§ 434 Abs. 1 Satz 3 BGB)[415]. Dabei können allerdings nur konkrete Hinweise auf **bestimmte Eigenschaften**, nicht etwa pauschale Anpreisungen, berücksichtigt werden. Auf diese Weise wird der Verkäufer, der von den Vermarktungsaktionen des Herstellers profitiert, für deren negative Auswirkungen auf die Kunden mit verantwortlich gemacht, sofern er sich über die öffentlichen Äußerungen zumindest hätte informieren müssen. Außerdem hat er die Gelegenheit, die ihm missfallenden Angaben ebenso öffentlich richtig zu stellen.

Der Mangel muss bereits **bei Gefahrübergang**, also nach § 446 BGB normalerweise[416] bei Übergabe der Sache an den Käufer, **vorliegen**. Das bedeutet, dass vorher

---

[413] Wie bei der Verwechslung des gekauften Stücks (str., manche wollen darin eine Nichtlieferung mit der Folge des fortbestehenden ursprünglichen Erfüllungsanspruchs sehen), aber auch bei Gattungsabweichungen, und zwar unabhängig davon, wie groß diese ausfallen (bei einer Weinlieferung sowohl Rotwein statt Weißwein, Pinot Bianco statt Pinot Grigio, Jahrgang 2003 statt 2002, wie auch mit Schraubverschluss statt naturverkorkt). Verweigert der Käufer jedoch die Annahme, was bei erheblichen Abweichungen eher vorkommen dürfte, so sind die Verzugs-, unter Umständen auch die Unmöglichkeitsbestimmungen anzuwenden.

[414] Dafür reicht es schon aus, wenn der Verkäufer die Eigenschaften der Ware beschreibt und der Käufer sich daraufhin zum Kauf entschließt.

[415] Liegt etwa bei einem KfZ-Händler ein Prospekt aus, in dem der Hersteller des Fahrzeugs auf den niedrigen Benzinverbrauch („unter 6 Liter auf 100 km") hinweist, so muss der Händler nach einem Verkauf eines derartigen Autos dafür Gewähr leisten, wenn es tatsächlich nicht unwesentlich mehr Kraftstoff benötigt.

[416] Anders beim Versendungskauf, wo bereits mit der Übergabe an die Transportperson die Gefahr übergeht, § 447 BGB.

vorhandene Mängel noch vom Verkäufer beseitigt werden können, während erst nach Besitzübergang auftretende Defekte dem Käufer angelastet werden[417].

384 Die **Rechtsbehelfe** des Käufers im Falle eines Mangels gleichen denen bei den anderen Vertragsstörungen: Er kann zum einen grundsätzlich Erfüllung, in diesem Fall allerdings als nachgeholte oder **Nacherfüllung**, verlangen (§ 437 Nr. 1 BGB), zum Zweiten unter weiteren Voraussetzungen den **Rücktritt** vom Vertrag erklären (§ 437 Nr. 2 1. Alt. BGB) und zum Dritten bei Verschulden des Verkäufers **Schadensersatz** bzw. **Aufwendungsersatz** geltend machen (§ 437 Nr. 3 BGB). Hinzu kommt als spezielles, auf das Ungleichgewicht der Leistungen zugeschnittenes Recht die **Minderung** des Kaufpreises (§ 437 Nr. 2 2. Alt. BGB), durch die der Kaufvertrag an die veränderte Situation angepasst wird. Den **Vorrang** hat zunächst die **Nacherfüllung**, die dem Käufer tatsächlich das verschafft, was ihm versprochen wurde, während die weiteren, **sekundären Rechtsfolgen** nur dann eintreten, wenn dieser primäre Rechtsbehelf scheitert.

Die Nacherfüllung kann in zwei Varianten erfolgen, einmal durch die Beseitigung des Mangels oder **Nachbesserung** (§ 437 Abs. 1 1. Alt. BGB) und zum anderen durch die Lieferung einer mangelfreien Sache oder **Ersatzlieferung** (§ 437 Abs. 1 2. Alt. BGB)[418]. Daraus dürfen dem **Käufer** nach § 439 Abs. 2 BGB **keine Kosten** entstehen. Der Käufer eines defekten technischen Geräts kann also vom Verkäufer entweder dessen Reparatur oder den Austausch gegen ein anderes Gerät des gleichen Typs verlangen. Kann der Mangel nicht behoben werden, so liegt bezüglich der Nachbesserung **Unmöglichkeit** vor, die den Verkäufer gem. § 275 Abs. 1 BGB (*RN 377*) insoweit von seiner Nacherfüllungspflicht befreit. Das Gleiche gilt für die Ersatzlieferung, auch diese kann unmöglich sein (etwa wenn die Ware nicht mehr erhältlich ist)[419], was vor allem bei gebrauchten Sachen angenommen wird, weil kaum eine zweite mit identischer Abnutzung vorhanden sein wird[420]. Außerdem kann der Verkäufer eine oder auch beide Formen der **Nacherfüllung verweigern, wenn** sie ihm **unverhältnismäßige Kosten** verursachen (§ 439 Abs. 3 Satz 1 BGB). Diese Belastungsgrenze ist allerdings nur im Einzelfall feststellbar, auch die in § 439 Abs. 3 Satz 2 BGB erwähnten Kriterien helfen dabei kaum. Relativ sicher scheint nur, dass der Verkäufer diejenige Variante der Nacherfüllung nicht erbringen muss, die erheblich, also wohl mindestens 10–20 %, aufwendiger ist, als die andere.

---

417 Sind diese Qualitätsabweichungen dagegen bereits bei Übergabe in der Sache angelegt gewesen, ohne dass sie zum Vorschein kamen, dann lag der Mangel „im Keim" bereits bei Gefahrübergang vor.

418 In diesem Fall hat der Käufer die mangelhafte Sache wie beim Rücktritt herauszugeben, § 439 Abs. 4 BGB, und eigentlich auch nach § 346 Abs. 1 BGB deren Gebrauch zu vergüten.

419 Ob bei Kauf eines bestimmten Stücks eine Ersatzlieferung möglich ist, bleibt umstritten, denn eigentlich schuldet der Verkäufer allein den konkreten Gegenstand. Die Rechtsprechung hält jedoch einen Ersatz für möglich, wenn dieser dem Interesse des Käufers entspricht, so etwa für einen aus der Ausstellung des Händlers ausgewählten Neuwagen ein typgleiches Fahrzeug, LG Ellwangen, NJW 2003 517.

420 Ist die Nacherfüllung in beiden Varianten unmöglich, dann können sofort die sekundären Rechtsbehelfe in Anspruch genommen werden, sowohl Rücktritt (oder Minderung) ohne Fristsetzung nach § 326 Abs. 5 BGB, wie auch Schadensersatz bei Verschulden nach § 283 bzw. § 311a BGB (*RN 378*).

Normalerweise kann der Käufer einer mangelhaften Sache erst **nach erfolglosem** 385
Ablauf einer Nachfrist für die Nacherfüllung den **Rücktritt** erklären, es sei denn
die Fristsetzung ist entbehrlich (§ 323 Abs. 1, Abs. 2 BGB). Die **sofortige Auflösung** des Vertrages ist jedoch auch möglich, wenn der Verkäufer die Nachbesserung wegen zu hohen Aufwands gem. § 439 Abs. 3 BGB verweigert, sie fehl-
schlägt[421] oder für den Käufer unzumutbar[422] ist (§ 440 Satz 1 BGB). Ein
unerheblicher Mangel[423] berechtigt zwar nicht zum Rücktritt (§ 323 Abs. 5 Satz
2 BGB), in diesem Fall kann aber bei Vorliegen der übrigen genannten Voraussetzungen die **Minderung** des Kaufpreises erklärt werden (§ 441 Abs. 1 BGB). Dabei
wird nicht etwa die durch den Mangel verursachte Wertminderung einfach vom
Kaufpreis abgezogen, sondern es soll das **Verhältnis zwischen Preis und erwarte-
tem Wert der Sache,** also ein „gutes" oder „schlechtes" Geschäft des Käufers, erhalten bleiben (§ 441 Abs. 3 BGB). Kann der Verkäufer sich außerdem nicht von
der Verantwortung für den Mangel entlasten, steht dem Käufer in diesen Fällen
neben Rücktritt oder Minderung auch **Schadensersatz statt der Leistung** oder
auch Aufwendungsersatz zu (§ 281 Abs. 1 i.V.m. § 280 Abs. 1 bzw. 284 BGB),
sowohl für den Minderwert der mangelhaften Sache wie für gescheiterte Verwer-
tungsmöglichkeiten, also etwa den aus einem fehlgeschlagenen Weiterverkauf entgangenen Gewinn[424].

Die **Gewährleistung** wegen Mängeln ist **ausgeschlossen,** wenn der **Käufer den** 386
Mangel bereits bei Abschluss des Vertrages **kennt** (§ 442 Abs. 1 Satz 1 BGB), denn
dann soll der Käufer dies in die Verhandlungen über den Kaufpreis einbringen
und sich nicht erst nachträglich darauf berufen. Leichter nachweisbar ist die **grob-
fahrlässige Unkenntnis** eines Mangels (§ 442 Abs. 1 Satz 2 BGB), über der der
Käufer gleichsam „stolpern" müsste, bei der der Verkäufer aber weiter Gewähr zu
leisten hat, wenn er seinerseits diesen Mangel kannte und gegenüber dem Käufer
arglistig verschwiegen oder insoweit eine Beschaffenheitsgarantie übernommen
hat.
Im Übrigen kann die gesetzlich vorgesehene Gewährleistung individuell **durch
Vereinbarung ausgeschlossen** werden (auch hier allerdings nicht bei grobem Fehlverhalten bzw. Arglist oder widersprüchlichem Handeln bzw. Garantie des Verkäufers, § 444 BGB), über **AGB** ist jedoch bei neuen Sachen **nur** eine **Einschränkung** möglich (§ 309 Nr. 8 lit. b BGB), während zu Lasten von Verbrauchern
überhaupt keine Veränderung erlaubt wird (§ 475 BGB, *RN 437*).

---

[421]   In der Regel darf der Verkäufer zweimal versuchen, den Mangel zu beseitigen, § 440 Satz 2
        BGB.
[422]   Dies kann im Verhalten des Verkäufers begründet sein, etwa wenn dieser den Käufer arglistig ge-
        täuscht hat, oder an Belastungen des Käufers durch die Nacherfüllung liegen.
[423]   So etwa wenn der Benzinverbrauch nur um 0,1 Liter über dem versprochenen Durchschnittswert
        liegt, oder wenn bei einem Gebrauchtwagen die Beseitigung eines Defekts nicht mehr als 3 % des
        Kaufpreises kostet, OLG Düsseldorf, ZGS 2004, 197.
[424]   Verursacht der Mangel noch weitere Schäden beim Käufer („Mangelfolgeschaden"), z.B. weil
        wegen defekter Bremsen ein Unfall mit Körperverletzung des Käufers geschieht, dann sind diese
        unmittelbar aus § 280 Abs. 1 BGB zu ersetzen, ohne dass es auf eine Nachfrist oder deren Aus-
        schluss ankommt.

Die früher sehr kurze **Verjährungsfrist**, bei beweglichen Sachen sechs Monate nach § 477 a.f. BGB, nach deren Ablauf der Verkäufer die Gewährleistung verweigern kann (§ 214 Abs. 1 BGB), ist 2002 grundsätzlich auf **zwei Jahre** verlängert worden, § 438 Abs. 1 Nr. 3 BGB. Sie läuft allerdings nicht erst ab Kenntnis des Mangels, wie es bei anderen Ansprüchen gem. § 199 Abs. 1 BGB die Regel ist, sondern bereits **seit Ablieferung der Ware** (§ 438 Abs. 2 BGB), denn nun kann der Käufer die Sache im eigenen Interesse untersuchen oder ausprobieren und etwaige Mängel feststellen[425].

387 Die **andere Form der Schlechtleistung beeinträchtigt** nicht die Leistung selbst, sondern **sonstige Interessen** des Vertragspartners. Diese werden durch **Verpflichtungen zur Rücksichtnahme** (§ 241 Abs. 2 BGB)[426] – das sind vertragliche Nebenpflichten, die nicht eingeklagt werden können – in jedem Vertragsverhältnis besonders geschützt, denn es verbindet die Beteiligten in erheblich engerem Maße als mit beliebigen anderen Personen (*RN 366*). Verletzt daher eine **Vertragspartei** die andere, so ist sie nicht nur wie gegenüber jedermann aufgrund einer unerlaubten Handlung (*RN 303 ff.*) zum Schadensersatz verpflichtet, sondern **haftet** nach dem **streng**eren vertraglichen Maßstab[427] gem. § 280 Abs. 1 BGB. Überdies kann die verletzte Partei bei gegenseitigen Verträgen den Rücktritt erklären, falls ihr etwa wegen der zerstörten Vertrauensgrundlage eine Aufrechterhaltung der Beziehung nicht zuzumuten ist (§ 324 BGB). Die **Schutz- und Rücksichtnahmepflichten** entstehen – anders als die Leistungspflichten – bereits **im Vorfeld eines Vertrages**, wenn die Beteiligten Kontakt aufnehmen, um möglicherweise eine Vereinbarung zu schließen (§ 311 Abs. 2 BGB), denn bereits zu diesem Zeitpunkt stehen sie sich nicht mehr wie Fremde gegenüber. Deshalb kann es zu **Schadensersatzansprüchen** nach § 280 Abs. 1 BGB führen, wenn Vertragsverhandlungen entgegen der Erwartung grundlos abgebrochen werden oder wenn ein Beteiligter im Rahmen einer Vertragsanbahnung geschädigt wird[428].

Literatur:
Grunewald, Bürgerliches Recht, 2006[7], §§ 9, 10, 12–15; *Musielak*, Grundkurs BGB 2005[9], § 6; *Schwab*, Einführung in das Zivilrecht, 2005[16], Teil VI. Kap. 4–12; *Brox/Walker*, Besonderes Schuldrecht, 2005[16], §§ 21–25; *Westermann/Bydlinski/Weber*, BGB – Schuldrecht Allgemeiner Teil, 2003[5], §§ 5–11.

---

[425]   Auch hier wird arglistiges Verhalten des Verkäufers „bestraft", § 438 Abs. 3 BGB, denn die Ansprüche des Käufers verjähren in diesem Fall frühestens in drei Jahren (§ 195 BGB) und diese Frist beginnt erst mit Kenntnis bzw. grob fahrlässiger Unkenntnis des Mangels (§ 199 Abs. 1 BGB).

[426]   Bis 2002 waren diese Fälle nicht eigens geregelt, sondern von der Rechtsprechung unter dem Begriff „positive Vertragsverletzung – pVV" erfasst worden.

[427]   Anders als im Deliktsrecht wird ihr Verschulden vermutet (§ 280 Abs. 1 Satz 2 BGB) und sie haftet für Hilfspersonen nach § 278 BGB ohne die Entlastungsmöglichkeit des § 831 BGB (*RN 309*).

[428]   So wurde in einem Fall, der zu einer grundlegenden Entscheidung führte, eine Frau, die ein Kaufhaus betreten hatte, um einen Teppich zu erwerben, von einer umstürzenden Linoleumrolle verletzt, RGZ 78, 239. Auch derartiges „Verschulden bei Vertragsschluss" oder *culpa in contrahendo* (cic) war bis zur Schuldrechtsreform gesetzlich nicht geregelt, sondern von den Gerichten entwickelt worden und hatte sich zum Gewohnheitsrecht verfestigt.

Senne, Das Recht der Leistungsstörungen nach dem Schuldrechtsmodernisierungsgesetz, JA 2002, 424–433; *Schwarze, R.*, Unmöglichkeit, Unvermögen und ähnliche Leistungshindernisse im neuen Leistungsstörungsrecht, Jura 2002, 73–83; *Coester-Waltjen*, Neuregelungen im Schuldnerverzug, Jura 2000, 443–447; *Tröger*, Grundfälle zum Sachmangel nach neuem Kaufrecht, JuS 2005, 503–511; *Zerres*, Der Begriff des Sachmangels im neuen Kaufrecht, JA 2002, 713–718.

5. Die privatrechtliche Stellung der Individuen im ehelichen und verwandtschaftlichen Verband

Das **Familienrecht** im 4. Buch des BGB enthält rechtliche Regeln für **Beziehungen** **388** zwischen einzelnen Personen, die sich entweder **aufgrund** einer freiwilligen Sonderverbindung zweier Partner unterschiedlichen Geschlechts[429] ergeben, nämlich der **Ehe, oder** aufgrund eines tatsächlichen biologischen Zusammenhangs, der **Abstammung.** Neben Verpflichtungen, die die Personen selbst oder ihren Status betreffen, wie in der Ehe die eheliche Lebensgemeinschaft oder gegenüber Kindern die elterliche Sorge, werden dadurch auch vermögensrechtliche Ansprüche, in erster Linie Unterhaltsberechtigungen zwischen Ehegatten oder in der Abstammungskette, hervorgerufen.

Auf die Bestimmungen, mit denen die Fürsorge für Minderjährige oder solche Erwachsene, die ihre Angelegenheiten nicht mehr selbst wahrnehmen können, auf Dritte außerhalb der engeren Familie übertragen wird (Vormundschaft, §§ 1773–1895 BGB, Betreuung, §§ 1896–1908k BGB, Pflegschaft, §§ 1909–1921 BGB)[430] kann im Rahmen dieses Überblicks nicht näher eingegangen werden. Das Gleiche gilt für die künstliche Herstellung der Abstammung durch die Annahme als Kind im Wege der Adoption (§§ 1741–1772 BGB)[431].

Zunächst soll in angemessener Kürze das **Verhältnis zwischen Eheleuten** dargestellt werden (*RN 389 ff.*), danach folgt ein Überblick zu den **Rechtsbeziehungen zwischen Eltern und Kindern** (*RN 395 ff.*).

a) Eheliche Beziehungen. Die Ehe setzt, ähnlich wie ein Schuldvertrag[432], einen **389** übereinstimmenden Willensakt beider Beteiligter voraus, mit dem sie die, zumeist zwingenden, Rechtsfolgen dieser Form des Zusammenlebens akzeptieren. Wegen ihrer Bedeutung unterliegt diese **Eheschließung** einer besonderen Form, sie darf als **Zivilehe**[433] nur vor dem staatlichen Standesbeamten geschlossen werden (§ 1310 Abs. 1 BGB), sofern beide Brautleute persönlich anwesend sind (§ 1311 BGB)[434]. Mit dem Vertragsrecht grundsätzlich vergleichbar, wenn auch im Detail

---

Für gleichgeschlechtliche Partner steht seit 2001 die Eingetragene Lebenspartnerschaft nach dem LPartG zur Verfügung, welche in wesentlichen Teilen der Ehe nachgebildet wurde, vgl. *Braun, J.*, JZ 2002, 23–31.
430 Dazu *Taupitz*, JuS 1992, 9–13, *Coester*, Jura 1991, 1–9.
431 Dazu *Frank, R.*, FamRZ 1998, 393–399.
432 Das österreichische Recht spricht daher vom „Ehevertrag", § 44 ABGB.
433 Die kirchliche Trauung hat dagegen für das Privatrecht keine Bedeutung.
434 Verboten ist die Ehe nur noch als „Mehrfachehe" (§ 1306 BGB) und zwischen Verwandten (§ 1307 BGB, auch wenn die Verwandtschaft durch Adoption entstanden ist, § 1308 BGB).

unterschiedlich, sind die Vorschriften zur Ehefähigkeit (§§ 1303 f. BGB) sowie zu Form- und Willensmängeln (§§ 1313 ff. BGB).

Als eine Art Vorvertrag für die Ehe, der allerdings nicht vor Gericht durchgesetzt werden kann (§ 1297 BGB), ist das **Verlöbnis** anzusehen, bei dessen unbegründeter Auflösung immerhin der dem Verlobten und seinen Eltern entstandene Vertrauensschaden zu ersetzen ist (§ 1298 BGB) und in jedem Falle die Geschenke zurückzugeben sind (§ 1301 BGB)[435].

390 Die wichtigste persönliche Auswirkung einer gültigen Ehe besteht in der **Verpflichtung zur ehelichen Lebensgemeinschaft** (§ 1353 Abs. 1 Satz 2 BGB). Damit ist ein umfassendes gemeinsames Zusammenleben gemeint, das sogar eingeklagt werden kann, aber natürlich **nicht vollstreckbar** ist (§ 888 Abs. 2 ZPO, *RN 339*). Damit entfällt allerdings auch die Berechtigung, dem Ehegatten oder einem Dritten ehebrecherisches Verhalten zu untersagen[436] oder Schadensersatz aufgrund der Verletzung ehelicher Pflichten zu verlangen. Letztlich bleibt dem verletzten Partner nur die Auflösung der Ehe durch Scheidung bzw. das Drohen mit dieser Möglichkeit.

Die **Haushaltsführung** soll im gegenseitigen Einvernehmen geregelt werden, wobei mittlerweile offen gelassen wird, welcher Partner diese Aufgabe im Wesentlichen übernimmt (§ 1356 Abs. 1 BGB)[437]. Um dem einkommenslosen Ehegatten Kreditwürdigkeit zu verschaffen, wird die Ehe bezüglich der für den Lebensunterhalt notwendigen Geschäfte[438] zur Haftungsgemeinschaft erklärt, denn das andere Teil wird bei derartigen Transaktionen neben dem Abschließenden ebenfalls Vertragspartner („**Schlüsselgewalt**", § 1357 BGB), durch eine Art nicht offen gelegte gesetzliche Stellvertretung *(RN 357)*. Bei der Bestimmung des **Ehenamens** wird zwar noch grundsätzlich davon ausgegangen, dass die Eheleute eine gemeinsame Bezeichnung tragen, um auch nach außen ihre Zusammengehörigkeit anzuzeigen, aber falls sie sich nicht einigen können, führen sie ihren bisherigen Namen weiter (§ 1355 Abs. 1 BGB)[439]. Als Ehename kommen sowohl die Geburtsnamen wie seit 2004 auch die bei Eheschließung, etwa aufgrund einer vorausgegangenen Ehe, geführten Namen beider Ehegatten in Betracht (§ 1355 Abs. 2 BGB), wobei der „überstimmte" Partner seinen Namen als Begleitnamen dem Ehenamen hinzufügen und damit weiter verwenden kann (§ 1355 Abs. 3 BGB).

---

[435] Das immerhin bis 1998 zu zahlende „Kranzgeld" nach § 1300 a.F. BGB sollte der vorher unbescholtenen Verlobten die durch die Beiwohnung ihres Partners geminderten Heiratschancen vergelten.

[436] Falls der Liebhaber allerdings in den räumlich-gegenständlichen Bereich der Ehe, etwa die gemeinsame Wohnung, eindringt, darf dies unterbunden werden, BGHZ 6, 360.

[437] Bis zur Reform von 1976, bei der aus Gründen der Gleichberechtigung das Leitbild der „Hausfrauenehe" abgeschafft wurde, war allein „die Frau ... berechtigt und verpflichtet, das gemeinschaftliche Hauswesen zu leiten", § 1356 Abs. 1 a.F. BGB. Seither sind beide Ehegatten berechtigt, erwerbstätig zu sein, § 1356 Abs. 2 BGB, wenn auch unter Rücksichtnahme auf die Familie.

[438] Das sind solche, die üblicherweise ohne vorherige Absprache vorgenommen werden, also etwa nicht Immobilienkäufe oder größere Darlehen, aber wohl die Reparatur des Familienfahrzeugs sowie notwendige ärztliche Behandlungen.

[439] Dies ist die Konsequenz der Gleichberechtigung, die zunächst 1976 zur Beseitigung der Bestimmung, nach der der Name des Mannes automatisch zum Ehenamen wurde, führte (in der Schweiz besteht diese Regelung dagegen auch weiterhin, Art. 160 Abs. 1 OR). Erst 1994 wurde dann, wiederum auf einen Entscheid des Bundesverfassungsgerichts hin, die Verwendung des „männlichen" Ehenamens bei fehlender Einigung aufgehoben (aber z.B. in Österreich ist diese Regel noch gültig, § 93 Abs. 1 Satz 3 ABGB).

Als wesentliche vermögensrechtliche Wirkung entsteht die Verpflichtung zum Un- **391**
terhalt. Beide Ehegatten sind verpflichtet, zum gemeinsamen Unterhalt **der Fami-**
lie, also einschließlich der gemeinschaftlichen Kinder, beizutragen (§ 1360 Satz 1
BGB), wobei ein Partner dieser Pflicht durch die Haushaltsführung genügen kann
(§ 1360 Satz 2 BGB). Was zum Unterhalt gehört wird in § 1306a Abs. 1 BGB in
Grundzügen bestimmt, richtet sich aber nach der Situation im jeweiligen Einzelfall[440]. Die Rechtsprechung erkennt auch ein relativ geringes (ca. 5 % des Famili-
eneinkommens) **Taschengeld** an[441]. Besonders hervorgehoben wird ein **Prozess-
kostenvorschuss** für Rechtsstreite persönlicher Art (§ 1360a Abs. 4 BGB), der
auch für das Scheidungsverfahren gegen den anderen Ehegatten gilt. Leben die
Eheleute **getrennt**, weil zumindest ein Teil die eheliche Lebensgemeinschaft ab-
lehnt, so entsteht ein Anspruch auf **Zahlung einer Geldrente** (§ 1361 Abs. 1,
Abs. 4 BGB), die für den nicht erwerbstätigen Ehegatten nach den Richtwerten
der häufig herangezogenen „Düsseldorfer Tabelle"[442] drei Siebtel des Nettoein-
kommens des anderen Teils ausmacht. Allerdings kann dem erwerbslosen Ehegatten unter Umständen die Aufnahme einer Erwerbstätigkeit zugemutet werden
(§ 1361 Abs. 2 BGB).

Bezüglich des **Vermögens** bleiben die Ehegatten ohne besondere Absprache wäh- **392**
rend der Ehe **völlig unabhängig** voneinander, jeder verwaltet sein eigenes Vermögen (§ 1364 BGB)[443] und erwirbt in der Regel nur für sich (§ 1363 Abs. 2
Satz 2 BGB). **Zugewinngemeinschaft** wird diese Form des gesetzlichen Güterstan-
des deshalb genannt, weil der **während der Ehe angesammelte Vermögenszuwachs**
bei deren Beendigung, also meist bei der Scheidung (im Todesfall wird pauschal
der gesetzliche Erbteil erhöht, § 1371 i.V.m. § 1931 BGB), hälftig **geteilt** wird
(Zugewinnausgleich, §§ 1363 Abs. 2, 1372 ff. BGB)[444]. Stattdessen können die
Eheleute in einem **Ehevertrag** (§ 1408 Abs. 1 BGB)[445] einen anderen Güterstand
vereinbaren, nämlich entweder die vollständige **Gütertrennung** ohne Verfügungs-
beschränkungen sowie ohne Zugewinnausgleich (§ 1414 BGB)[446] oder als Gegen-

---

[440] Neben den Grundbedürfnissen wie Wohnung, Nahrung, Kleidung je nach Lebensstandard sind
       auch individuelle persönliche Interessen, etwa Teilnahme am kulturellen Leben durch Theaterbe-
       suche oder Erholung durch Ferienreisen, einzubeziehen.
[441] In der Praxis ist relevant, dass dieser Anspruch auch von Gläubigern des eigentlich einkommens-
       losen Ehegatten gepfändet werden kann.
[442] http://www.olg-duesseldorf.nrw.de/service/ddorftab/intro.htm. Herausgegeben von den Fami-
       liensenaten des OLG Düsseldorf in Abstimmung mit anderen Oberlandesgerichten, die teilweise
       eigene Übersichten herausgeben.
[443] Allerdings darf er, um die Vermögensgrundlage der Familie zu erhalten, nicht allein über sein
       Vermögen als Ganzes verfügen (§ 1365 BGB) und auch keine dem gemeinsamen Gebrauch dien-
       enden Haushaltsgegenstände, vom Fernseher bis zum PKW einschließlich Wohnwagen, veräu-
       ßern (§ 1369 BGB).
[444] Im Einzelnen dazu *Rauscher*, Grundfragen des Zugewinnausgleichs, Jura 2003, 465–472.
[445] In dieser notariell zu beurkundenden Vereinbarung (§ 1410 BGB) können auch andere Fragen,
       vom Versorgungsausgleich (§ 1408 Abs. 2 BGB) über den Unterhalt bis zum Sorgerecht für die
       Kinder bei Scheidung, einvernehmlich geregelt werden.
[446] Auf diese Weise kann etwa der Bestand eines Unternehmens im Falle einer Scheidung gesichert
       oder der nicht unternehmerisch tätige Partner vor Vermögens(zuwachs)verlusten geschützt wer-
       den.

stück die **Gütergemeinschaft** (§§ 1415 ff. BGB), bei der das Vermögen der Eheleute ihnen gemeinschaftlich – zur gesamten Hand – zusteht.

393 Die vorzeitige Auflösung der Ehe, die eigentlich „auf Lebenszeit" geschlossen
wird (§ 1353 Abs. 1 Satz 1 BGB), wegen nach der Eheschließung eingetretener
Umstände (**Scheidung**) erfolgt als staatlicher Akt wiederum in einem besonderen
Verfahren, nämlich allein **durch gerichtliches Urteil** (§ 1564 BGB) eines Familiengerichts (§§ 606 ff. ZPO). Sie kann immer dann erfolgen, **wenn** die **Ehe gescheitert** ist, weil ein gemeinsames Leben nicht mehr stattfindet und dies auch in Zukunft nicht zu erwarten ist (Zerrüttungsprinzip, § 1565 Abs. 1 BGB)[447]. Da dies
nur schwer nachzuweisen ist, arbeitet der Gesetzgeber mit Vermutungen, die sich
an den **Zeiträumen der Trennung** i.S.d. § 1567 BGB orientieren: Bei einer Trennung von **einem Jahr** wird vom Scheitern der Ehe ausgegangen, wenn beide Partner die Auflösung der Ehe wollen (§ 1566 Abs. 1 BGB)[448]. Ist dagegen ein Ehegatte mit der Scheidung nicht einverstanden, muss eine **dreijährige Trennung**
vorliegen (§ 1566 Abs. 2 BGB), was grundsätzlich als ausreichende Überlegungsfrist angesehen wird. Nur in Extremfällen wird auch nach Ablauf dieser Tren-
nungszeit die Scheidung nicht auszusprechen sein, weil sie für den Partner eine
schwere Härte darstellen würde oder die Ehe für die minderjährigen Kinder ausnahmsweise notwendig erscheint (§ 1568 BGB)[449].

394 Anlässlich der Auflösung der Ehe müssen deren **Auswirkungen** auf die Ehegatten
sowie auf eventuelle Kinder berücksichtigt und, möglichst zeitnah durch das Gericht (vgl. § 623 ZPO), **geregelt** werden. Zwischen den Eheleuten ist der **nacheheliche Unterhalt** festzusetzen, wenn einer der Ehegatten nicht selbst für sich sorgen
kann (§ 1569 BGB), etwa weil gemeinschaftliche Kinder zu betreuen sind (§ 1570
BGB) oder er krank ist (§ 1572 BGB). Neben dem bereits erwähnten **Zugewinnausgleich** (*RN 392*) für das gemeinsam erarbeitete Vermögen hat auch ein **Versorgungsausgleich** stattfinden (§§ 1587 ff. BGB), mit dem ganz ähnlich die erwor-
benen Rentenanwartschaften aufgeteilt werden. Überdies ist der gemeinsame
Hausrat zu verteilen **sowie** die **Ehewohnung** einem der Geschiedenen zuzuweisen
(HausratsVO). Falls gemeinschaftliche Kinder vorhanden sind, ist zu entscheiden,
welcher Elternteil das **Sorgerecht** ausüben soll (§ 1671 BGB), was wiederum Auswirkungen auf den Kindesunterhalt mit sich bringt. Der andere Elternteil kann
dann das **Umgangsrecht** bezüglich des Kindes beanspruchen (§ 1684 BGB). Allein
dieser Überblick dürfte deutlich machen, wie kompliziert die **Abwicklung einer
gescheiterten Lebensgemeinschaft** in vermögensrechtlicher und persönlicher Hinsicht ist.

---

[447] Bis 1976 galt noch das Verschuldensprinzip, nach dem einem Ehegatten die Verantwortung für
das Scheitern der Ehe zugewiesen wurde und der „Unschuldige" die Scheidung verhindern konnte.

[448] Diese einverständliche Scheidung ist die bei weitem häufigste Form, die 2003 fast 90 % der Verfahren ausmachte. Unter einem Jahr Trennung bedarf es bei Fortsetzung der Ehe einer „unzumutbaren Härte" auf Seiten eines Ehegatten (§ 1565 Abs. 2 BGB), wie strafbare Misshandlun-
gen oder bewusste wirtschaftliche Schädigungen durch den anderen.

[449] Also etwa bei Selbstmordgefährdung der Kinder oder des Scheidungsunwilligen.

b) Verwandtschaftliche Beziehungen. Ob eine Person mit einer anderen verwandt **395** ist, richtet sich nach der **Abstammung**, also der biologischen Herkunft eines Kindes von Mutter und Vater (§ 1589 BGB)[450]. Dabei ist die Mutter zwar heute – dem römisch-rechtlichen Spruch „mater semper certa est" zuwider – nicht mehr sicher, denn die Eizelle der einen Frau kann von einer anderen, der „Leihmutter", ausgetragen werden. Trotzdem wird diejenige als **Mutter** angesehen, die **das Kind geboren** hat (§ 1591 BGB)[451], um die während der Schwangerschaft entstehende enge Bindung zu erhalten. Damit folgt die familienrechtliche Abstammung nicht mehr notwendigerweise der genetischen Herkunft[452].

Die Feststellung des Vaters war dagegen immer schwierig und früher nur über Vermutungen zu erreichen. Dabei wird schon seit dem römischen Recht der **Ehemann 396 der Mutter grundsätzlich als Vater** angesehen (§ 1592 Nr. 1 BGB), wogegen dieser – oder auch die Mutter und das Kind sowie neuerdings bei fehlender sozialer Bindung des Kindes zum Vater auch ein potentieller Erzeuger, § 1600 Abs. 1 BGB – allein durch eine **gerichtliche Anfechtung** vorgehen kann (§ 1599 Abs. 1 BGB)[453]. Bei außerhalb einer Ehe geborenen Kindern, die bis 1997 als nichteheliche unterschieden wurden und vor 1969 als „uneheliche" mit ihrem Erzeuger nicht einmal als verwandt galten (§ 1589 Abs. 2 BGB a.F.), oder nach erfolgreicher Anfechtung der Vaterschaft ist eine **Vaterschaft im Wege der Anerkennung** möglich (§§ 1592 Nr. 2, 1594 BGB), sofern die Mutter zustimmt (§ 1595 BGB)[454].

Zwischen den **Eltern und** ihrem **Kind** entsteht eine **lebenslang anhaltende Beziehung 397**, die neben gegenseitigen Unterhaltsansprüchen (*RN 399*) auch erbrechtliche Ansprüche (§§ 1924 ff. BGB) umfasst. Solange das Kind noch nicht volljährig ist, tragen die Eltern die Verantwortung für seine Betreuung und Erziehung, die in erster Linie in der gemeinsam auszuübenden **elterlichen Sorge** (§ 1626 Abs. 1 BGB) zum Ausdruck kommt[455], welche allein dem **Kindeswohl** dienen soll (§ 1627 Satz 1 BGB).

Die äußere **Zuordnung des Kindes zu den Eltern** erfolgt über seinen **Geburtsnamen**, der normalerweise der Ehename ist (§ 1616 BGB), ansonsten aus den beiden Familiennamen der Elternteile bestimmt werden muss (§ 1617 BGB) oder vom sorgeberechtigten Elternteil

---

[450] Neben dieser Blutsverwandtschaft begründet die Schwägerschaft, d.h. die durch die Ehe vermittelte Nahebeziehung zu den jeweiligen Verwandten des Ehegatten (§ 1590 BGB), eine schwächere familiäre Bindung, die sich in erster Linie in der Möglichkeit einer Aussageverweigerung vor Gericht, § 383 Nr. 3 ZPO sowie § 52 Nr. 3 StPO, niederschlägt. Über die Adoption (§§ 1741 ff. BGB) wird dagegen eine rein rechtlich veranlasste Verwandtschaft hergestellt.

[451] Ebenso etwa in Österreich § 137b ABGB.

[452] Das Kind hat jedoch aufgrund seines Persönlichkeitsrechts ein Recht darauf, seine biologischen „Wurzeln" zu kennen, BVerfG NJW 1997, 1769, und kann daher von seiner Mutter entsprechende Auskünfte verlangen.

[453] Diese wird bei Zustimmung zu einer Fremd-Befruchtung ausgeschlossen § 1600 Abs. 4 BGB.

[454] Ansonsten bleibt nur die Möglichkeit einer gerichtlichen Feststellung der Vaterschaft, § 1592 Nr. 3 i.V.m. § 1600d BGB, bei der mittlerweile die Beweislage durch DNA-Analysen erheblich verbessert wurde.

[455] Auch wenn die Verfassung dieses Recht der Eltern besonders schützt, ist der Staat zur Überwachung berechtigt, Art. 6 Abs. 2 GG (*RN 118*), welche im Kinder- und Jugendhilfegesetz (KJHG = SGB VIII) konkretisiert wird. Zu den Befugnissen des Familiengerichts §§ 1666–1667 BGB.

stammt (§ 1617a BGB), wobei nachträgliche Änderungen möglich sind (§ 1617b BGB). Die **Bestimmung des Vornamens** unterliegt dem Sorgerecht, wobei die Gerichte immer häufiger über die Zulässigkeit skurriler Bezeichnungen zu entscheiden haben[456].

398   Die **Personensorge** umfasst gem. § 1631 Abs. 1 BGB Pflege, vor allem in Bezug auf Gesundheit und Ernährung, Erziehung, wobei die Interessen des Kindes zu berücksichtigen sind (§ 1631a BGB), Beaufsichtigung[457], wozu auch die Festlegung des Umgangs mit Dritten gehört (§ 1632 Abs. 2 BGB), sowie Aufenthaltsbestimmung, welche auch ein Herausgaberecht umfasst (§ 1632 Abs. 1 BGB). Die **Vermögenssorge** wird demgegenüber im Gesetz nicht genauer festgelegt, sie soll generell der Erhaltung, Vermehrung und Verwertung des Kindesvermögens dienen. Dies wird etwa aus dem Anlagegebot für Geldmittel des Kindes nach § 1642 BGB deutlich. Für beide Bereiche ist die gesetzliche Vertretung des Kindes durch die Eltern nach § 1629 Abs. 1 BGB erforderlich (*RN 288 ff., 357*).

399   Eine wesentliche Folge der Verwandtschaft ist die **Unterhaltspflicht**, die der **Abstammungslinie** folgt (§ 1601 i.V.m. § 1589 Satz 1 BGB), also nicht nur Eltern gegenüber ihren Kindern (*RN 400*) und umgekehrt, sondern auch Enkel gegenüber ihren Großeltern[458], aber nicht Geschwister untereinander („Seitenlinie" i.S.d. § 1589 Satz 2 BGB). An erster Stelle ist jedoch der Ehegatte in Anspruch zu nehmen (§ 1608 BGB). In jedem Falle muss der **Unterhaltsberechtigte bedürftig** sein, also sich nicht selbst wirtschaftlich versorgen können (§ 1602 BGB)[459], während der **Unterhaltsverpflichtete leistungsfähig** zu sein hat, also seinen eigenen Unterhalt nicht gefährden darf (§ 1603 Abs. 1 BGB).

400   Für den **Kindesunterhalt** treffen die Eltern **gesteigerte Pflichten**. So liegt bei einem minderjährigen Kind bereits **Bedürftigkeit** vor, auch wenn es Vermögen hat, da es dieses nicht verwerten muss (§ 1602 Abs. 2 BGB). Der Unterhaltsanspruch des Kindes erstreckt sich außerdem auch auf die Ausbildung[460]. Allerdings können die Eltern bei ihren unverheirateten Kindern Naturalleistungen, etwa durch Unterkunft, Verpflegung und Bekleidung, erbringen, eine Geldrente kann das Kind nicht ohne weiteres verlangen (§ 1612 Abs. 2 BGB). Zudem muss das Kind im Gegenzug Dienste in Haushalt oder Geschäft der Eltern leisten (§ 1619

---

[456]   So wurde „Verleihnix" wegen der Gefahr der Verspottung des Kindes abgelehnt, AG Krefeld, StAZ 1990, 200, nicht aber „Pumuckl", OLG Zweibrücken, NJW 1984, 1360, „Möwe" abgelehnt, BayOLG, MDR 1986, 854, nicht aber „Biene", AG Nürnberg, StAZ 2001, 143. Frei erfundene Namen sind zwar zulässig, aber wohl nicht mehr als sieben – „Chenekwahow, Migiskau, Nikapi-Hun-Nizeo, Alessandro, Majim, Chayara, Inti, Ernesto, Prithibi, Kioma, Pathar, Henriko" wurde vom OLG Düsseldorf, NJW-RR 1998, 1462, zurückgewiesen.

[457]   Mit der Haftungsfolge aus § 832 BGB (*RN 293*).

[458]   Die Großeltern müssten sich jedoch zunächst an die „näheren" Eltern, ihre Kinder, wenden, § 1606 Abs. 2 BGB. Sofern noch ihre eigenen Eltern, von den Enkeln aus betrachtet also die Urgroßeltern, leben, wären diese erst nach den Enkeln unterhaltsverpflichtet, § 1606 Abs. 1 BGB.

[459]   Sofern der Unterhaltsberechtigte Sozialhilfe bezieht, kann sich der Staat von einem Verwandten ersten Grades, also den Eltern oder den Kindern, die geleisteten Zahlungen zurückholen, § 94 SGB XII.

[460]   Eine zweite Ausbildung, etwa ein Zweitstudium, schulden die Eltern jedoch nicht, BGHZ 69, 190.

BGB). Auf der anderen Seite wird die **Leistungsfähigkeit** von Eltern erweitert, denn sie müssen alle verfügbaren Mittel mit ihren Kindern teilen (§ 1603 Abs. 2 BGB)[461].

Literatur:
Münder, Familienrecht – eine sozialwissenschaftlich orientierte Einführung, 2005[5]; *Schlüter*, BGB-Familienrecht, 2005[11]; *Schwab*, Familienrecht, 2005[13].
Derleder, Das Jahrhundert des deutschen Familienrechts, KJ 2000, 1–21; *Moritz*, Eheschließungsrecht nach BGB und PStG, JA 2002, 77–85; *Coester-Waltjen*, Einführung in die Reform des Kindschaftsrechts, Jura 1998, 436–440; *Coester-Waltjen*, Grundzüge des Unterhaltsrechts, Jura 2005, 319–324; *Moritz*, Verwandtenunterhalt nach neuem Recht, JA 1999, 70–76.

II. Handelsrecht

Das in einer eigenen Kodifikation[462], dem **Handelsgesetzbuch** (HGB)[463], zusammengefasste Handelsrecht erfasst einen wesentlichen Teil[464] der **unternehmerischen wirtschaftlichen Tätigkeit.** Neben speziellen Instrumenten, die dem für eine zügige Geschäftsabwicklung notwendigen **Vertrauensschutz** durch allgemein zugängliche Informationen dienen (Handelsregister, Handelsfirma, Handelsbücher, *RN 405 ff.*), enthält es vom generell geltenden Bürgerlichen Recht abweichende Regelungen für Rechtsbeziehungen zu anderen Personen, die ebenfalls mit dem Interesse der Handeltreibenden angesichts ihrer Vielzahl von Transaktionen an **rascher und komplikationsloser Tätigkeit** begründet werden[465]. Auf der anderen Seite wird dem grundsätzlich als geschäftserfahren angesehenen Kaufmann eine gegenüber Privatleuten erhöhte **Eigenverantwortung** zugemutet, so dass ihm bürgerlich-rechtliche Schutznormen teilweise nicht zugute kommen[466]. Schließlich

401

---

[461] In diesem Fall darf allerdings entgegen § 1602 Abs. 2 BGB auch der Vermögensstamm des Kindes verwertet werden.

[462] Österreich mit dem aus Deutschland übernommenen HGB (ab 2007 grundlegend reformiert als Unternehmensgesetzbuch – UGB, dazu *Roth/Fitz*, JBl 2002, 409 ff., *Schmidt, K.*, JBl 2003, 137 ff.) sowie Frankreich mit seinem *Code de commerce* von 1807 (grundlegend erweitert in 2000, dazu *Licari/Bauerrreis*, ZEuP 2004, 132 ff.) besitzen ebenfalls selbständige Handelsgesetzbücher. In neuerer Zeit wird dagegen versucht, diesen Sonder-Rechtsbereich in das allgemeine Privatrecht zu integrieren, wie im schweizerischen Obligationenrecht (OR) von 1881/1911, im italienischen *Codice civile* von 1942 sowie im neuen *Burgerlijk Wetboek* (BW) der Niederlande seit 1990.

[463] Mit dem Vorläufer des deutschen HGB, dem Allgemeinen Deutschen Handelsgesetzbuch (ADHGB) von 1861, wurde erstmals das unterschiedliche Recht der deutschen Teilstaaten vereinheitlicht.

[464] Der andere Teil wird vom (zu) engen Begriff des Kaufmanns (*RN 402*) ausgeschlossen, was durch eine Erweiterung des Anwendungsbereichs auf Unternehmer (in Deutschland immer wieder gefordert, vgl. etwa *K. Schmidt*, BB 2005, 837, im zukünftigen österreichischen UGB realisiert), vermieden werden könnte.

[465] So wird etwa eine Verzögerung durch die Schriftform der Bürgschaft bei einem Kaufmann vermieden (§ 350 Abs. 1 HGB) oder die Reaktionszeit bei der Entdeckung eines Sachmangels durch die Rügelast (§ 377 Abs. 1 HGB, *RN 427*) vermindert. Bei der handelsrechtlichen Stellvertretung (*RN 421*) kann auf eine Überprüfung der Bevollmächtigung im Einzelnen verzichtet werden.

werden im HGB auch die Grundformen institutionalisierter Zusammenarbeit von Kaufleuten geregelt, nämlich die **Handelsgesellschaften** OHG und KG (das Recht der Aktiengesellschaft wurde dagegen 1937 in das Aktiengesetz ausgelagert), auf die jedoch hier nicht weiter eingegangen werden kann[467].

1. Der Begriff des Kaufmanns

402 Der **persönliche Anwendungsbereich** des Handelsgesetzbuches wird seit dessen Entstehung 1897 – sowie bereits im vorangehenden Allgemeinen Deutschen Handelsgesetzbuch (ADHGB) von 1861 – auf **Kaufleute** als ehemals herausragende Vertreter professionellen Handelns begrenzt. Noch im 19. Jahrhundert verstand man unter ihnen nahezu ausschließlich die Händler von Waren[468], während das Handwerk sowie Dienstleister kaum erfasst wurden. Dieser Branchenbezug wurde jedoch zunehmend als willkürlich empfunden. Seit der Handelsrechtsreform von 1998 wird nunmehr jeder Gewerbetreibende gem. § 1 Abs. 2 HGB automatisch als Kaufmann angesehen („Ist"-Kaufmann), sofern sein Geschäftsbetrieb eine gewisse **Größe und Komplexität** übersteigt und damit eine differenzierte Organisationsstruktur („in kaufmännischer Weise eingerichteten Geschäftsbetrieb") erfordert. Sämtliche übrigen Gewerbetreibenden können sich durch freiwillige Eintragung in das Handelsregister gem. § 2 Satz 1 HGB als Kaufmann behandeln lassen („**Kann**"-Kaufmann), ebenso können sie durch Löschung der Eintragung die Kaufmannseigenschaft wieder abgeben (§ 2 Satz 3 HGB)[469].

Im Übrigen wird mangels privatrechtlicher gesetzlicher Regelungen[470] von der Rechtsprechung definiert, wann ein **Gewerbe** vorliegt: Es müsse eine nach außen erkennbare, planmäßige, entgeltliche und wirtschaftlich selbständige Tätigkeit ausgeübt werden, wodurch insbesondere Eigenbedarfsdeckung, Gelegenheitsgeschäfte, karitative Hilfeleistungen sowie die Beschäftigung als Arbeitnehmer ausscheiden.

Ausgeschlossen von der Anwendung der handelsrechtlichen Sonderregelungen sind mangels Betrieb eines Gewerbes damit vor allem die **Freien Berufe** (Ärzte, Architekten, Rechtsanwälte, Steuerberater) sowie die künstlerisch oder wissenschaftlich Tätigen (Musiker, Schriftsteller, Schauspieler, Privatgelehrte), weil bei

---

[466] So entfällt durch den erwähnten Verzicht auf die Form der Bürgschaft auch deren für einen Kaufmann als nicht erforderlich angesehene Warnfunktion, oder es wird ihm die Möglichkeit genommen, eine Vertragsstrafe herabzusetzen (§ 348 HGB, *RN 423*). Auch der Kontrollmaßstab für AGB wird zulasten des Unternehmers (sic!) reduziert (§ 310 BGB, *RN 423*).

[467] Weiterführend etwa *Hueck/Windbichler*, Gesellschaftsrecht, 2003[20]; *Grunewald*, Gesellschaftsrecht, 2005[6].

[468] Diese Tätigkeit hatte sich als Grundhandelsgewerbe bis 1998 in § 1 Abs. 2 Nr. 1 HGB a.F. erhalten, daneben waren Hilfstätigkeiten wie Transport-, Aufbewahrungs- und Vermittlungsgeschäfte getreten, § 1 Abs. 2 Nr. 5, 6, 7 HGB a.F.

[469] Die Sonderregelung für land- und forstwirtschaftliche Betriebe, die nur bei Überschreiten der § 1 Abs. 2 HGB entsprechenden Größen- und Komplexitätskriterien durch fakultative Eintragung in das Handelsregister zu Kaufleuten werden können (§ 3 Abs. 2 HGB), hat ihren historischen Ursprung in der Ablehnung der Gewerbeeigenschaft für bäuerliche Tätigkeit.

[470] Die Gewerbeordnung (*RN 245*) kann als öffentlich-rechtliche Regelung im Handelsrecht nicht angewendet werden.

diesen traditionell die persönliche Leistung gegenüber der arbeitsteiligen geschäftlichen Organisation im Vordergrund steht.

Für die Unterscheidung zwischen „Ist"-Kaufleuten nach § 1 Abs. 2 HGB und **403** Kleingewerbetreibenden nach § 2 Satz 1 HGB werden keine absoluten Werte vorgegeben[471], insofern hat der Gesetzgeber der Anpassungsfähigkeit an wirtschaftliche Entwicklungen der Vorzug vor der Rechtssicherheit eingeräumt. Die Rechtsprechung behilft sich mit einer Gesamtbetrachtung, bei der die **Art der Geschäftstätigkeit** (Vielfalt des Leistungsangebots, Vorhandensein kaufmännischer Einrichtungen wie entsprechend ausgebildetem Personal, Buchführung, Firma) sowie deren **Umfang** (Umsatz, Zahl der Arbeitnehmer, Betriebsvermögen, Kreditvolumen) gewürdigt wird[472]. Da jedoch von einem vollkaufmännischen Betrieb ausgegangen wird (§ 1 Abs. 2 HGB: „es sei denn ..."), muss derjenige Gewerbetreibende, der sich nicht als Kaufmann behandeln lassen will, die Unterschreitung der genannten Kriterien nachweisen, so dass ihn die Unsicherheit belastet.

Neben der eben erwähnten Geschäftstätigkeit werden zwei formelle Kriterien für **404** die Unterstellung von Personen unter das Handelsrecht herangezogen: Zum einen führt die **Eintragung in das Handelsregister** auch dann, wenn die Voraussetzungen dafür nicht (mehr) vorliegen, zur Behandlung als Kaufmann (**Fiktivkaufmann** nach § 5 HGB), wodurch der Rechtsverkehr geschützt und das Vertrauen auf das Register gestärkt wird. Allerdings ist die Bedeutung dieser Vorschrift dadurch stark gesunken, dass nach § 2 HGB jeder gewerblich Tätige allein durch die Eintragung zum Kaufmann wird[473]. Zum anderen werden **Gesellschaften** kraft ihrer Rechtsform zu Kaufleuten (**Formkaufleute** nach § 6 HGB). Während jedoch Personengesellschaften ein Handelsgewerbe betreiben müssen, damit sie als OHG oder KG Kaufleute werden[474], gilt die Tätigkeit von Kapitalgesellschaften grundsätzlich als Handelsgewerbe (§ 3 AktG, § 13 Abs. 3 GmbHG), sogar wenn nicht einmal ein Gewerbe betrieben wird.

Davon zu unterscheiden ist der von der Rechtsprechung entwickelte **Scheinkaufmann**, auf dessen vermeintliche Kaufmannseigenschaft Dritte vertrauen dürfen, weil dieser sich wie ein Kaufmann verhalten hat, etwa indem er in seinem Briefkopf den Anschein einer Firma oder einer Handelsregistereintragung erweckt. Dieses irreführende Verhalten geht zu seinen Lasten, während er selbst sich natürlich nicht darauf berufen kann, Kaufmann zu sein.

---

[471] Anders etwa bei der Abgrenzung kleiner Kapitalgesellschaften für den Umfang der Rechnungslegung nach § 267 HGB (*RN 412*).

[472] Das führt dann dazu, dass eine Bundeswehrkantine mit mehr als 250.000 Euro Jahresumsatz aufgrund ihrer gleichförmigen und simplen Geschäfte nicht automatisch Kaufmann wäre (OLG Celle, NJW 1963, 540), während dies für einen Optiker mit nur 60.000 Euro Umsatz per anno aufgrund der als komplex angesehenen Abrechnung mit den Krankenkassen zuträfe (OLG Hamm, DB 1969, 386) – so Entscheidungen zum identischen Kriterium für den Sollkaufmann nach § 2 HGB a.F.

[473] Man könnte allenfalls bei irrtümlichen Eintragungen vom fehlenden Willen, nach § 2 HGB zum Kaufmann zu werden, ausgehen und in diesen – seltenen – Fällen § 5 HGB heranziehen.

[474] Die Europäische Wirtschaftliche Interessenvereinigung (EWIV) dagegen betreibt gem. § 1 EWIVG immer ein Handelsgewerbe und gilt damit als Formkaufmann.

Literatur:
Brox, Handels- und Wertpapierrecht, 2005[18], §§ 2–4; *Canaris,* Handelsrecht, 2000[23], §§ 2, 3; *Hübner,* Handelsrecht, 2004[5], § 1 B; *Jung,* Handelsrecht, 2005[4], Kap. 2; *Klunzinger,* Grundzüge des Handelsrechts, 2006[13], §§ 5, 6.
Bülow/Artz, Neues Handelsrecht, JuS 1998, 680–684; *Petersen,* Kaufmannsbegriff und Kaufmannseigenschaft nach dem Handelsgesetzbuch, Jura 2005, 831–833; *Siems,* Fünf Jahre neuer Kaufmannsbegriff – Eine Bestandsaufnahme der Rechtsprechung, NJW 2003, 1296–1298; *Treber,* Der Kaufmann als Rechtsbegriff im Handels- und Verbraucherrecht – Überlegungen zum Handelsrechtsreformgesetz, AcP 1999, 525–590.

2. Institutionalisierte Informationsmöglichkeiten

405 Mit der Einordnung als Kaufmann im Sinne des Handelsgesetzbuches *(RN 402)* unterliegt das mit diesem Status versehene Rechtssubjekt unmittelbar[475] drei **informationsbezogenen Regelungskomplexen,** die das Handelsregister (Erstes Buch, Zweiter Abschnitt – §§ 8–16 HGB, *RN 406 ff.*), die Handelsfirma (Erstes Buch, Dritter Abschnitt – §§ 17–37a HGB, *RN 408 ff.*) sowie die Handelsbücher mit der Rechnungslegung (Drittes Buch – §§ 238–342a HGB, *RN 411 ff.*) umfassen[476]. Dadurch werden mehr oder weniger standardisierte Angaben über den Kaufmann und sein Unternehmen verfügbar, die von Interessierten, in erster Linie von aktuellen oder potentiellen Geschäftspartnern, verwertet werden können[477]. Die genannten klassischen handelsrechtlichen Institutionen erhöhen auf diese Weise das Vertrauen in die Verlässlichkeit unternehmerischer Tätigkeit (**Steigerung des Verkehrs- und Vertrauensschutzes**) und fördern so die Bereitschaft zur Aufnahme von Geschäftsbeziehungen, denn der individuelle Aufwand für die Beschaffung von Informationen und eventuell auch für die Überprüfung ihres Gehalts verringert sich[478]. Außerhalb des Handelsrechts gilt dies in gleichem Maße für weitere öffentliche Register (etwa das Vereins- oder das Genossenschaftsregister), andere geschützte Bezeichnungen (Marken, domains) und zusätzliche Rechenwerke (auf dem Kapitalmarkt etwa Halbjahres- sowie in Zukunft auch Quartalsberichte oder ad-hoc-Informationen gem. § 15 WPHG).

a) Das Handelsregister

406 **(1) Inhalt und Bedeutung.** Informationen über bestimmte Tatsachen und Rechtsverhältnisse in Bezug auf kaufmännische Unternehmen sind aus einem öffentlichen, weil für jeden ohne weiteres[479] zugänglichen (§ 9 Abs. 1 HGB) **Verzeich-**

---

[475]   Es handelt sich um allein bei kaufmännischer Betätigung auftretende „primäre Statuswirkungen", *Brüggemann/Staub,* HGB, 1983[4], Einl. Rz. 9, vor § 1 Rn. 29.
[476]   Dies gilt ebenso in vielen anderen Rechtsordnungen, etwa Spanien und Frankreich, vgl. *Tallon,* Civil Law and Commercial Law, International Encyclopedia of Comparative Law Vol. VIII, Ch. 2, 1983, 22, 37.
[477]   Der Zugang zu den Informationen ist allerdings unterschiedlich ausgestaltet, so reicht bei der Firma der erste Blick, beim Register ist die Einsichtnahme erforderlich und die Rechnungslegung ist nur bei Offenlegung (zu der allein Kapitalgesellschaften verpflichtet sind, § 325 HGB, *RN 416*), ansonsten allein nach Absprache, zu erschließen.
[478]   Zu diesem Verhältnis von Vertrauen und Kontrolle aus ökonomischer Sicht etwa *Schäfer/Ott,* Lehrbuch der ökonomischen Analyse des Zivilrechts, 2005[4], Teil 3 15. Kap. Ziff. 1.

nis, dem bei den (Amts-)Gerichten geführten (§ 8 HGB) Handelsregister, zu ersehen. Um Transparenz und Verfügbarkeit der Informationen zu erhöhen hat für sämtliche Eintragungen zusätzlich eine **Bekanntmachung** in zwei Printmedien[480] zu erfolgen (§ 10 HGB).

Sämtliche Kaufleute müssen zumindest Firma, Sitz und Unterschrift(en), Personengesellschaften auch Angaben über ihre Gesellschafter sowie den Beginn der Gesellschaft (§§ 29, 106, 108 Abs. 2, 162 Abs. 1, 2 HGB), Kapitalgesellschaften zusätzlich weitergehende Daten (§ 10 GmbHG, § 39 AktG) in das Handelsregister eintragen lassen. Durch diese Individualisierungsmerkmale wird ihre **Identität** potentiellen Geschäftspartnern erkennbar. Darüber hinaus sind wichtige **Vertretungskonstellationen** offenzulegen, vor allem bei Gesellschaften (§ 125 Abs. 4 HGB, § 39 Abs. 1 GmbHG, § 81 Abs. 1 AktG), beim Einzelkaufmann allein die umfassende Prokura (§ 53 HGB). Die **Haftungsverhältnisse** sind nur bei Gesellschaften mit begrenzt haftenden Mitgliedern aus dem Register zu entnehmen (§§ 162 Abs. 1, 175 HGB, §§ 10, 57, 58 GmbHG, §§ 39, 184, 188, 223, 227 AktG)[481].

Durch den notfalls mit staatlichen Sanktionen (§ 14 HGB) bewehrten Zwang zur Eintragung stellt der Gesetzgeber sicher, dass immerhin einige für den Leistungsaustausch **elementare Informationen** über den jeweiligen Geschäftspartner, die sogenannten **eintragungspflichtigen Tatsachen**, jederzeit in standardisierter Form zur Verfügung stehen, wenn auch derzeit noch dezentral[482]. Insoweit wird es den Akteuren erspart, die Offenlegung dieser Angaben im Einzelfall auszuhandeln und sie dann auszutauschen[483]. Nur in wenigen Fällen wird es andererseits den Betroffenen freigestellt, ob sie das Handelsregister nutzen, um eine **günstige Wirkung** sogenannter **eintragungsfähiger Tatsachen** zu erzielen[484].

Die beschriebenen positiven Effekte der Publizität treten nur ein, wenn die im Handelsregister veröffentlichten Daten zutreffen. Aus diesem Grund wird der registerführenden Stelle eine **Kontrollbefugnis** nicht nur hinsichtlich des Eintragungsverfahrens sondern auch in Bezug auf die materiellen Voraussetzungen der jeweils angemeldeten Angaben eingeräumt[485]. Eine besondere Bedeutung kommt dieser Aufgabe bei der Gründung von Kapitalgesellschaften zu. Wegen der Vielzahl der Eintragungsvorgänge und der begrenzten Ermittlungsmöglichkeiten wird jedoch der Umfang der Überprüfung letztendlich auf eine Plausibilitätskontrolle

---

[479] Ein berechtigtes Interesse, wie bei der Einsichtnahme in das Grundbuch (§ 12 GBO, *RN 333*), muss nicht dargelegt werden.

[480] Im Bundesanzeiger sowie in einem weiteren Presseerzeugnis.

[481] Für Kapitalgesellschaften sind sie durch die Erste gesellschaftsrechtliche (Publizitäts-)Richtlinie der EG v. 9.3.1968 (68/151/EWG, ABlEG 1968 L 65/8 ff., geändert durch Ril 2003/58/EG v. 15.7.2003, ABlEG 2003 L 221/13 ff.) vorgeschrieben.

[482] Die elektronische Vernetzung des Handelsregisters soll nach dem Entwurf eines „Gesetzes über elektronische Handelsregister und Genossenschaftsregister sowie das Unternehmensregister (EHUG)" ab 2007 möglich sein.

[483] Den dadurch vermiedenen Kosten sind allerdings die Aufwendungen für die Führung des Handelsregisters als Bürokratiekosten gegenüberzustellen.

[484] So etwa um den Status eines Kaufmanns nach § 2 HGB zu erlangen oder um eine Haftungsausschlussvereinbarung bei Erwerb eines kaufmännischen Unternehmens nach § 25 Abs. 2 HGB Dritten entgegenhalten zu können (ähnlich § 28 Abs. 2 HGB).

[485] Während in Deutschland ein ausdrücklicher Hinweis fehlt, bestimmt etwa das schweizerische Recht deutlich: „Der Registerführer hat zu prüfen, ob die gesetzlichen Voraussetzungen für die Eintragung erfüllt sind", Art. 940 Abs. 1 OR.

reduziert, die den Registerrichter nur bei begründeten Zweifeln zu genaueren Feststellungen führt.

In der Regel geht es bei den Eintragungen in das Handelsregister allein um die beschriebene Informationsfunktion in Bezug auf Rechtstatsachen, die bereits unabhängig von ihrer Aufnahme in das Register wirksam sind[486] (anzeigende oder deklaratorische Wirkung). Im Ausnahmefall begründet jedoch erst die Eintragung die Rechtsgeltung (**konstitutive Wirkung**), vor allem hinsichtlich des Status eines Kaufmanns bzw. einer Handelsgesellschaft (§§ 2 Satz 1, 3 Abs. 2, 123 Abs. 1 HGB) sowie einer juristischen Person (§ 11 Abs. 1 GmbHG, § 41 Abs. 1 Satz 1 AktG). Diese Formvoraussetzung schafft zum einen Rechtssicherheit, zum anderen ermöglicht sie die Ausübung der erwähnten Kontrollbefugnisse des Registergerichts, besonders bei Kapitalgesellschaften.

407 **(2) Schutzwirkungen im Rechtsverkehr.** Die Informationsfunktion des Handelsregisters entlastet die Parteien nur in dem Maße, wie sie sich auf die dort enthaltenen Angaben verlassen können (**Vertrauensschutz**)[487]. Dies könnte am einfachsten dadurch gewährleistet werden, dass zwischen den Parteien die Rechtslage so gilt, wie sie sich aus dem Register ergibt[488]. Das deutsche Handelsrecht differenziert demgegenüber **drei Problemfälle widersprüchlicher Informationen**, die einer Regelung bedürfen: 1. Zutreffende Angaben im Handelsregister werden von Dritten nicht oder nicht ordnungsgemäß zur Kenntnis genommen. 2. Notwendige Angaben erscheinen nicht im Handelsregister. 3. Unzutreffende Angaben sind im Handelsregister enthalten.

Für den Normalfall einer sachlich **richtigen Eintragung** (und Bekanntmachung) wird durch § 15 Abs. 2 Satz 1 HGB klargestellt, dass ein Dritter sich nicht darauf berufen kann, diese sei ihm nicht bekannt gewesen. Damit wird sein **entgegenstehendes Vertrauen** in den Fortbestand einer Rechtslage **nicht mehr geschützt**[489]. Auf diese Weise erhält er einen Anreiz, die Informationsbasis des Handelsregisters zu nutzen. Weist er jedoch nach, dass er die der Eintragung zugrundeliegende Tatsache nicht kannte und er seine Unkenntnis auch nicht verschuldet hat[490], dann besteht für ihn innerhalb einer Übergangsfrist von 15 Tagen noch Vertrauensschutz[491].

Umgekehrt führt die trotz Angabepflicht **fehlende Eintragung** bzw. fehlende Bekanntmachung dazu, dass Dritte weiterhin von der bisher bestehenden Rechtslage ausgehen dürfen, also insoweit **Vertrauensschutz** genießen (§ 15 Abs. 1 HGB). Weil dadurch auf das Schweigen des Registers Verlass ist, handelt es sich um dessen **negative Publizität**. Damit wird das Risiko verspäteter oder unterbliebener Information dem zur Eintragung Verpflichteten zugewiesen, der als unmittelbar Betroffener den Publizierungsvorgang am einfachsten kon-

---

[486] So ist der Prokurist schon mit der Erteilung der Prokura nach § 48 Abs. 1 HGB vertretungsberechtigt, auch wenn die vorgeschriebene Eintragung gem. § 53 Abs. 1 HGB noch nicht erfolgt ist.

[487] Soweit dies nicht der Fall ist, müssten sie eigenen Informationsaufwand betreiben.

[488] Auf diese Weise wird die im Grundbuch ersichtliche Rechtslage zugunsten jedes Erwerbers fingiert, § 892 Abs. 1 Satz 1 BGB (*RN 334*).

[489] Nur in seltenen Ausnahmefällen – vorrangiger gesetzlicher Vertrauenstatbestand (z.B. § 172 Abs. 2 BGB), Rechtsmissbrauch (§ 242 BGB) oder besondere Vertragspflichten – wird § 15 Abs. 2 HGB durchbrochen.

[490] An die unverschuldete Unkenntnis werden zudem sehr hohe Maßstäbe angelegt.

[491] Art. 933 Abs. 1 i.V.m. Art. 932 Abs. 2 Satz 1 OR lässt dies nur bis zum auf die Veröffentlichung folgenden Werktag zu, während etwa Art. 2193 Abs. 2 CceCiv keinen Aufschub gewährt.

trollieren kann. Kennt der Dritte dagegen die veränderte Rechtslage trotz fehlender Offenlegung, dann wird er nicht geschützt (§ 15 Abs. 1 a.E. HGB), denn in diesem Fall kann er ohne Mühe die Informationsstörung aufdecken. Dies muss ihm jedoch nach dem Wortlaut („es sei denn") nachgewiesen werden.

Eine angabepflichtige **unrichtige Bekanntmachung**[492] erzeugt für Dritte ebenfalls **Vertrauensschutz**, denn diese dürfen sich trotz der Fehlerhaftigkeit auf die Information verlassen und diese ihrem Handeln zugrundelegen (§ 15 Abs. 3 HGB). Das ist der in der Praxis wichtigste Fall der **positiven Publizität**, die auf die offengelegten Angaben abstellt. Auch hier wird das Risiko eines gestörten Informationsablaufs, in diesem Fall einer Fehlinformation, dem Informanten zugewiesen, dem eine Überprüfung und eventuelle Korrektur der ihn betreffenden Daten leichter fällt als anderen[493]. Kenntnis des Dritten von dem wahren Sachverhalt, sofern sein Gegenüber dies beweisen kann, schließt natürlich auch hier die Heranziehung fehlerhafter Registerdaten aus.

Durch § 15 Abs. 1, 3 HGB wird jedoch nicht die jeweils aus dem Handelsregister erkennbare Rechtslage als bindend bestimmt[494], sondern gutgläubige **Dritte können wählen**, ob sie diese zugrunde legen oder sich auf die wahre, mangels Eintragung bzw. aufgrund falscher Eintragung nicht offengelegte Rechtslage berufen. Auf der anderen Seite kann der aufgrund einer fehlenden oder falschen Offenlegung in Anspruch Genommene von der **registerführenden Stelle** bei deren Fehlverhalten wegen Amtspflichtverletzung (§ 839 BGB i.V.m. Art. 34 GG, *RN 315*) **Regress** verlangen.

b) Die Firma

(1) **Ursprüngliche Firma.** Aus § 29 HGB ist abzuleiten, dass jeder Kaufmann ver- **408** pflichtet ist, eine Firma zu führen, denn er muss diese in das Handelsregister eintragen lassen. Damit soll erreicht werden, dass sein Geschäftsbetrieb identifiziert (**Kennzeichnungsfunktion**) und von denen anderer Kaufleute unterschieden werden kann (**Firmenunterscheidbarkeit**[495]), wie § 18 Abs. 1 HGB es nunmehr ausdrücklich hervorhebt. Die handelsrechtliche Firma ist daher die Bezeichnung oder der **Name**, unter dem ein Kaufmann tätig wird (§ 17 Abs. 1 HGB). Der Einzelkaufmann kann auf diese Weise deutlich machen, wann er als Unternehmer auftritt – unter seiner Firma bzw. seinen Firmen nach § 17 HGB – und wann er als Privatmann handelt – unter seinem bürgerlichen Namen nach § 12 BGB[496]; dagegen benötigt eine Gesellschaft die Firma als alleiniges Identifikationsmerkmal. Für einen bestimmten räumlichen Bereich, nämlich einen Ort oder eine Gemeinde, wird die Unterscheidbarkeit gegenüber allen anderen Firmen in diesem Gebiet

---

[492] Nur auf diese stellt § 15 Abs. 3 HGB ab, so dass in dem äußerst seltenen Fall einer unrichtigen Eintragung, der dann eine richtige Bekanntmachung folgt, nur die von der Rechtsprechung entwickelten Grundsätze der Rechtsscheinhaftung gelten.

[493] Dies gilt nicht für einen gänzlich Unbeteiligten, der ohne sein Zutun in das Register gerät, weshalb überwiegend gefordert wird, eine (zurechenbare) Veranlassung der Fehlinformation vorauszusetzen.

[494] Die Angaben im Handelsregister gelten aber aufgrund eines Beweises des ersten Anscheins als richtig.

[495] Teilweise auch als „Firmenausschließlichkeit" bezeichnet.

[496] Selbst wenn der Kaufmann seinen bürgerlichen Namen zugleich als Firma verwendet, ist diese zumindest an dem erforderlichen Zusatz „e.K." (§ 19 Abs. 1 Ziff. 1 HGB) zu erkennen.

hervorgehoben, wobei die zuerst eingetragenen Bezeichnungen Vorrang genießen (§ 30 Abs. 1 HGB).

Zur Kennzeichnung geeignet und damit als Firma zulässig sind deshalb nur sprachliche Zeichen (also Buchstaben oder Ziffern, dagegen keine Symbole), die vom Publikum als Namen erkannt werden. Somit sind wahllose Zeichenkombinationen[497] oder in Deutschland ganz überwiegend unverständliche Schriftzeichen[498] nicht als Firmen in das Handelsregister eintragbar. Zwar kennzeichnend, jedoch nicht unterscheidungskräftig genug sind dagegen allgemein gehaltene Begriffe wie „Transport GmbH" oder „Versicherungs AG", ebenso häufiger auftretende Familiennamen wie „Müller e.K." oder „Schulze OHG". Sie sind durch Zusätze individualisierbar zu gestalten, um § 18 Abs. 1 HGB zu genügen.

Die Kennzeichnungseignung bildet damit die Grundlage für die **Informationsfunktion** der Firma. Daneben kann auch die **Auskunft** über den Geschäftsbetrieb bzw. dessen Inhaber dieser Funktion zugeordnet werden, allerdings ist die Firma aufgrund ihrer schlagwortartigen Kürze nur begrenzt zu diesem Zweck tauglich. Ohne weiteres möglich ist vor allem ein Hinweis auf die **Rechtsform**, welcher Dritten eine erste Einschätzung vor allem der Haftungsverhältnisse erlaubt und deshalb – zumindest in einer allgemein verständlichen Abkürzung - zwingend vorgeschrieben ist (§ 19 Abs. 1 HGB[499], §§ 4, 279 Abs. 1 AktG, § 4 GmbHG, § 3 Abs. 1 GenG). Wird die Haftung einer Gesellschaft dadurch begrenzt, dass sämtliche persönlich haftenden Gesellschafter juristische Personen sind, üblicherweise durch die Wahl der Form einer GmbH & Co. KG, dann muss auch darauf schon in der Firma hingewiesen werden (§ 19 Abs. 2 HGB, § 279 Abs. 2 AktG)[500]. Dagegen wird nicht mehr verlangt, dass die Identität einer natürlichen Person als Unternehmensträger aus der Firma erkennbar ist, was bis 1998 bei Einzelkaufleuten und Personenhandelsgesellschaften aufgrund der damals allein zulässigen Personenfirma möglich war[501].

Von diesen beiden Vorgaben abgesehen kann die Firma grundsätzlich frei gebildet werden, ob mit dem Namen eines Beteiligten als Personenfirma, mit einem Hinweis auf den Gegenstand des Geschäfts als Sachfirma, als reine Phantasiefirma oder als Kombination aus diesen Bestandteilen. Damit die Unterrichtungswirkung nicht durch Desinformationen beeinträchtigt wird, dürfen die Firmenangaben jedoch **nicht zur Irreführung geeignet** sein (Firmenwahrheit), jedenfalls soweit es um wesentliche geschäftliche Verhältnisse geht (§ 18 Abs. 2 Satz 1 HGB). Auch insoweit kommt es wiederum darauf an, wie das Publikum die Bezeichnung versteht.

Bei Personenfirmen kommen in erster Linie Angaben zu den **persönlichen Verhältnissen** der aufgeführten Person als irreführend in Betracht, so etwa ein Doktortitel ohne Fakultätsangabe[502]. Außerdem darf kein Name verwendet werden, bei dessen Erwähnung in der Firma

---

[497]   Vgl. etwa OLG Celle, DB 1999, 40: „AAA AAA AAA AB ...".
[498]   Dies gilt u.U. schon für griechische oder kyrillische, sicherlich für japanische oder arabische Zeichen.
[499]   Für Einzelkaufleute, offene Handelsgesellschaften und Kommanditgesellschaften.
[500]   Bei der als allgemein bekannt vorausgesetzten GmbH & Co KG reicht bereits diese Bezeichnung aus.
[501]   §§ 18 Abs. 1, 19 Abs. 1, 2 HGB a.F. So etwa noch Art. 945 Abs. 1, 947 Abs. 1, 3 OR.
[502]   Nur soweit auf besondere Kenntnisse im Hinblick auf das Geschäft geschlossen werden kann, wie bei dem Betrieb eines „Instituts für Wirtschaftsforschung" durch einen Dr. rer. nat., BGHZ 53, 65 (67).

eines Einzelkaufmanns fälschlicherweise auf den Inhaber, bei Verwendung in der Firma einer Personenhandelsgesellschaft auf einen persönlich haftenden Gesellschafter geschlossen würde[503]. Eine Sachfirma kann dagegen über **Art und Umfang des Geschäfts** täuschen, so die Bezeichnung „Akademie" für ein Nachhilfestudio oder „Euro-Spedition" für ein regional tätiges Transportunternehmen.

Die Informationsfunktion der Firma wird dadurch gestärkt, dass sie bei allen Kaufleuten aus den **Geschäftsbriefen** ersichtlich sein muss (§ 37a, § 125a HGB, § 35a GmbHG, § 80 AktG[504]), so dass die daraus hervorgehenden Angaben im Geschäftsverkehr regelmäßig offengelegt werden. Zusätzlich sind dort der Sitz sowie die für den Zugang zu den Registerinformationen notwendigen Verweise aufzuführen.

(2) **Abgeleitete Firma.** Für den Kaufmann stellt die Firma nicht nur einen Informationsträger dar, sondern bei längerer Verwendung verkörpert die derart eingeführte Bezeichnung einen **Vermögenswert**, da sie mit den Leistungen des Unternehmens verbunden wird. Aus diesem Grund liegt es im Interesse sowohl des Inhabers wie eines potentiellen Nachfolgers, die Firma bei einer Übertragung des Geschäftsbetriebs unverändert aufrecht erhalten zu können (**Firmenbeständigkeit**). Eine getrennte Veräußerung der Firma allein würde dagegen die Nutzung ihres guten Namens für ganz andere unternehmerische Aktivitäten ermöglichen und wäre damit zur Irreführung geeignet. Deshalb wird eine derartige **Leerübertragung untersagt** (§ 23 HGB)[505]. **409**

Die fortdauernde Nutzung einer **Personenfirma** nach dem Inhaberwechsel beeinträchtigt jedoch regelmäßig die Informationsfunktion der Firma, weil die Bezeichnung immer noch auf den früheren Inhaber des Handelsgeschäfts verweist. Diesen **Verstoß gegen den Grundsatz der Firmenwahrheit** lässt § 22 Abs. 1 HGB sowohl für den endgültigen wie den zeitweiligen[506] Inhaberwechsel – auch im Wege der Erbfolge – ausdrücklich zu[507], selbst wenn aus der Firma nicht ersichtlich wird, dass nunmehr ein Nachfolger tätig ist[508]. Vorausgesetzt wird allerdings eine eindeutige Zustimmung des Veräußerers[509], so dass im Zweifel keine Weiterbenutzung der Firma möglich ist.

---

[503] Bis 1998 wurde dies durch § 18 Abs. 1 HGB a.F. bzw. § 19 Abs. 4 HGB a.F. ausdrücklich ausgeschlossen.

[504] In § 25a GenG wird dagegen nur die Angabe der Rechtsform verlangt.

[505] Ebenso für die Marke nach § 8 Abs. 1 WZG, für die Firma in Italien Art. 2565 CceCiv, während in Frankreich der Handelsname auch für sich allein veräußert werden kann.

[506] So ausdrücklich § 22 Abs. 2 HGB.

[507] Der Geschäftsinhaber hat natürlich ebenso ein Interesse, bei einer bloßen Änderung seines bürgerlich-rechtlichen Namens ohne Wechsel des Unternehmensträgers, etwa aufgrund einer Eheschließung (vgl. § 1355 Abs. 2 BGB, *RN 390*), seine Personenfirma fortzuführen, was ihm § 21 HGB gestattet. Ebenso etwa in der Schweiz Art. 954 OR.

[508] Darüber hinausgehende Irreführungen, etwa durch unwahr gewordene Zusätze oder in Bezug auf Art und Umfang des Unternehmens, sind dagegen weiterhin nach § 18 Abs. 2 HGB untersagt. In der Schweiz muss dagegen Nachfolge und neuer Inhaber kenntlich gemacht werden, Art. 953 Abs. 2 OR.

[509] Ebenso etwa in Italien Art. 2565 Abs. 2 CceCiv, wo Art. 2565 Abs. 3 CceCiv klarstellt, dass bei einem Erwerb von Todes wegen nur eine gegenteilige testamentarische Äußerung zu beachten ist.

§ 24 Abs. 1 HGB erstreckt die Möglichkeit der Firmenfortführung auf die Fälle, in denen die Inhaberschaft am Unternehmen nicht vollständig sondern nur teilweise verändert wird, indem weitere Inhaber als **Gesellschafter hinzutreten oder wechseln.** Aus der Sicht der Informationsfunktion ist seit 1998 nur noch das Ausscheiden des namensgebenden Gesellschafters problematisch[510], weil damit ein Hinweis auf eine nunmehr unternehmensfremde Person erfolgt. Entsprechend der Regelung in § 22 HGB wird die Weiterführung der Firma auch hier zugelassen, wenn der Namensgeber einwilligt (§ 24 Abs. 2 HGB)[511].

410 (3) **Haftungsfolgen gegenüber Dritten bei Fortführung der Firma.** Benutzt der **Erwerber** eines Handelsgeschäfts die bisher verwendete Firma weiter, wie es nach § 22 HGB zugelassen wird[512], dann **haftet** er mit seinem gesamten Vermögen unbeschränkt persönlich auch für alle früher entstandenen betrieblichen Schulden, selbst wenn er die Nachfolge kenntlich macht (§ 25 Abs. 1 Satz 1 HGB)[513]. Für die Gläubiger bedeutet dies vor allem, dass sie den neuen Inhaber weiterhin unter der alten Firma verklagen können (§ 17 Abs. 2 HGB) und nicht nach dem Verbleib des früheren Unternehmensträgers forschen müssen. Denn auch Letzterer steht weiter **für die Altschulden** ein[514], jedoch nur noch für einen Zeitraum von fünf Jahren[515] (§ 26 Abs. 1 Satz 1 HGB).

Ein **Haftungsausschluss** oder auch eine Begrenzung der Haftung des Erwerbers erfordert zunächst eine **entsprechende Abrede** zwischen ihm und dem Veräußerer, während eine einseitige Entlastung dem Erwerber verwehrt ist. Daraus wird auch ersichtlich, dass die Erwerberhaftung den gesetzlichen Regelfall darstellt. Nach außen wirkt eine gegenteilige Vereinbarung aber nur, wenn sie allgemein – durch Eintragung in das Handelsregister – oder speziell – durch Mitteilung an die jeweiligen Gläubiger – **offengelegt** wird (§ 25 Abs. 2 HGB).

Die **Haftung für die Altschulden** wird auch für den **Erben** angeordnet, der das ererbte Handelsgeschäft weiter betreibt (§ 27 Abs. 1 HGB). Dabei wird ebenfalls die Weiterverwendung der Firma vorausgesetzt, obwohl die Regelung dies nicht erwähnt[516]. Da der Erbe bereits Rechtsnachfolger des verstorbenen Inhabers geworden ist (§ 1922 Abs. 1 BGB) und für alle Nachlassverbindlichkeiten haftet (§ 1967 Abs. 1 BGB), ist die handelsrechtliche Haftungsbegründung in der Regel nicht erforderlich. Sie ist allerdings insoweit bedeutsam,

---

[510] Bei der Aufnahme eines Gesellschafters (§ 24 Abs. 1 1. Alt. HGB) und damit Gründung einer Personenhandelsgesellschaft ist nach § 19 Abs. 1 HGB in jedem Fall der zutreffende Rechtsformzusatz anzugeben, während der Eintritt eines neuen Gesellschafters (§ 24 Abs. 1 2. Alt. HGB) die Firma nicht mehr berührt, wie in der Schweiz in Art. 947 Abs. 2 OR geregelt.

[511] Ebenso etwa in Italien Art. 2292 Abs. 2 CceCiv, während in der Schweiz die Fortführung in diesem Fall grundsätzlich untersagt ist, Art. 948 Abs. 1 OR.

[512] § 25 HGB stellt jedoch nur auf die tatsächliche Fortführung ab, so dass die Haftung etwa auch bei fehlender Einwilligung entsteht.

[513] In anderen Rechtsordnungen wird nicht auf die Firmenfortführung abgestellt, sondern der Erwerber haftet etwa in Italien, Art. 2560 Abs. 2 CceCiv, oder in der Schweiz, Art. 181 Abs. 1 OR, grundsätzlich für die Altschulden. Nach deutschem Recht ist in diesem Fall „ein besonderer Verpflichtungsgrund", etwa eine (befreiende) vertragliche Schuldübernahme nach § 414 BGB oder ein auf handelsübliche Weise bekannt gemachter einseitiger Schuldbeitritt, erforderlich (§ 25 Abs. 3 HGB).

[514] Ebenso etwa in Italien, Art. 2560 Abs. 1 CceCiv.

[515] In der Schweiz gilt die solidarische Haftung nur für eine Übergangszeit von zwei Jahren, Art. 181 Abs. 2 OR.

[516] § 27 HGB bezieht sich also auf den zweiten Fall des § 22 Abs. 1 HGB, den Erwerb „von Todes wegen".

als die Erbenhaftung **auf den Nachlass beschränkt** werden kann (§ 1975 BGB): Diese Möglichkeit wird bei Fortführung eines ererbten Handelsgeschäfts für die bereits entstandenen Geschäftsverbindlichkeiten **ausgeschlossen**[517]. Der Erbe kann jedoch innerhalb einer **Bedenkzeit von drei Monaten** zunächst das Geschäft weiter betreiben, ohne der verschärften Haftung zu unterliegen, wenn er vor Ablauf dieses Zeitraums die Fortführung einstellt (§ 27 Abs. 2 Satz 1 HGB)[518]. Schließlich **haftet** bei Fortführung des Geschäfts eines Einzelkaufmanns durch diesen gemeinsam mit einem neu eintretenden Gesellschafter die dadurch **entstehende Personenhandelsgesellschaft** (OHG oder KG) für die Altschulden[519]. Letztendlich muss damit auch der Eintretende als Gesellschafter für diese Verbindlichkeiten aufkommen (§§ 128, 171 HGB), ebenso wie der frühere Inhaber aufgrund seiner Gesellschafterstellung[520]. Anders als beim vollständigen Inhaberwechsel nach §§ 25, 27 BGB kommt es auf die Weiterverwendung der Firma ausdrücklich nicht an, da die Kontinuität sich aus dem Verbleiben des früheren Alleininhabers im Geschäft ergibt. Die **Entlastungsmöglichkeit** durch offengelegte Vereinbarung (§ 28 Abs. 2 HGB) entspricht der des § 25 Abs. 2 HGB.

Parallel zu der Haftung für die Verbindlichkeiten rückt der **Erwerber** eines Handelsgeschäfts bzw. die durch Eintritt eines Gesellschafters **entstehende Gesellschaft** bezüglich der zuvor begründeten Forderungen zumindest nach außen in die **Gläubigerstellung** ein (§§ 25 Abs. 1 Satz 2, 28 Abs. 1 Satz 2 HGB), selbst wenn diese nicht im Einzelnen abgetreten worden sind[521]. Auch diese Regelung vereinfacht für die Dritten, hier die Schuldner, die Abwicklung ihrer Transaktionen, denn sie können ihre Zahlungen mit schuldbefreiender Wirkung weiterhin an die alte Firma bzw. die an ihrer Stelle entstandene Gesellschaft leisten, ohne Umstellung auf die Person des früheren Inhabers bzw. jetzigen Mitgesellschafters[522]. Diese Rechtsfolge kann ebenfalls durch die Kundgabe einer anderslautenden Vereinbarung verhindert werden (§§ 25 Abs. 2, 28 Abs. 2 HGB).

c) Die Rechnungslegung. Jeder Kaufmann hat „Bücher", d.h. fortlaufende Aufzeichnungen, über „seine Handelsgeschäfte" – genauer: über die dadurch verursachten Vermögensveränderungen – zu führen (§ 238 Abs. 1 Satz 1 HGB[523]). Eine derartige **Buchführung**[524] soll in erster Linie ihm selbst eine erfolgreiche **411**

---

[517] Umstritten ist dagegen, ob eine Haftungsreduzierung entsprechend § 25 Abs. 2 HGB durch Kundmachung möglich ist: Da eine Vereinbarung mit dem Erblasser, etwa durch Erbvertrag, äußerst selten sein dürfte, könnte dann schon eine einseitige Erklärung des Erben genügen.

[518] Auch bei einer Veräußerung an einen Dritten führt der Erbe das Geschäft nicht weiter, trotzdem wird dies nicht von allen als Einstellung angesehen.

[519] Bei Eintritt in eine bereits bestehende Gesellschaft haftet dagegen der Eintretende nach §§ 130, 173 HGB.

[520] Nur bei einem Rückzug auf eine Kommanditistenstellung kann daher § 26 entsprechend angewandt werden, § 28 Abs. 3 HGB.

[521] Weil der ausscheidende frühere Inhaber dadurch sein Forderungsrecht verliert, wird in diesen Fällen zusätzlich verlangt, dass er einer Fortführung der Firma zustimmt, § 25 Abs. 1 Satz 2 2. Halbsatz HGB.

[522] Eine Zahlung an diesen befreit die Altschuldner allerdings zumindest entsprechend § 407 BGB ebenso. Verlangen kann der bisherige Inhaber die Zahlung an ihn jedoch nicht mehr, so BGH JZ 1992, 1028 (m. abl. Anm. *Lieb*), a.A. etwa *Canaris*, Handelsrecht, 2000[23], § 7 IV, Rn. 63 ff.

[523] So bereits Art. 28 Abs. 1 ADHGB in der Tradition des französischen *code de commerce* von 1806.

[524] Die „doppelte" Buchführung, bei der jeder Geschäftsvorfall mindestens auf zwei Konten erfasst wird, dürfte bei kleinen kaufmännischen Unternehmen nicht erforderlich sein, *Canaris*, Handelsrecht, 2000[23], § 13 I Rn. 5.

Steuerung seiner Aktivitäten ermöglichen, indem die geschäftlichen Vorgänge dokumentiert und die Vermögensverhältnisse transparent gehalten werden. Die Verbesserung der eigenen Kenntnisse stellt damit einen Teil der **Informationsfunktion** dar. Sanktioniert wird eine Verfehlung dieser Verpflichtung grundsätzlich[525] nur im Falle der Insolvenz, also der Zahlungsunfähigkeit oder Überschuldung, durch das Strafrecht[526]. Durch ein jährlich zu erstellendes Verzeichnis sämtlicher Vermögensgegenstände (**Inventar**, § 240 HGB) muss die buchmäßige Fortschreibung mit den tatsächlichen Gegebenheiten abgeglichen werden.
Schließlich ist die wirtschaftliche Lage ebenfalls mindestens einmal im Jahr „klar und übersichtlich" (§ 243 Abs. 2 HGB) geordnet darzustellen. In diesem **Jahresabschluss** (§ 242 Abs. 3 HGB) wird in einer **Bilanz** (§ 242 Abs. 1 HGB) das inventarisierte Vermögen (sog. Aktiva)[527] dem Kapital (sog. Passiva)[528] gegenübergestellt und werden in einer **Gewinn- und Verlustrechnung** (§ 242 Abs. 2 HGB) die Ursachen für den Geschäftserfolg oder -misserfolg anhand von Aufwendungen und Erträgen ausgewiesen. Aus diesen Rechenwerken wird somit das Geschäftsergebnis erkennbar, welches Anhaltspunkte für die Entnahme von Geldmitteln liefert. Daher bietet die Handelsbilanz bei Gesellschaften die Grundlage für die Beteiligung der Gesellschafter am Erfolg des Unternehmens durch die Gewinnausschüttung (**Ausschüttungsbemessungsfunktion**)[529]. Außerdem verschafft der Jahresabschluss vor allem innerhalb von Kapitalgesellschaften den nicht an der Verwaltung beteiligten Anteilseignern die Informationen, um die Geschäftsleitung bezüglich der Verwendung der eingesetzten Mittel zu kontrollieren (**Rechenschaftsfunktion**).

412 Diese grundlegenden Rechnungslegungspflichten werden für Kapitalgesellschaften[530] verschärft und erheblich detaillierter gefasst. Ihr Jahresabschluss muss neben Bilanz und GuV auch einen **Anhang** mit zusätzlichen erläuternden Angaben[531] enthalten (§ 264 Abs. 1 Satz 1 HGB), mittlere und große Kapitalgesellschaften[532] haben darüber hinaus einen **Lagebericht** zu erstellen (§ 264 Abs. 1 Satz 1 und 2 HGB), der zum Geschäftsverlauf und zur zukünftigen Entwicklung Stellung nimmt (§ 289 HGB). Insbesondere der Anhang soll gewährleisten, dass das in § 264 Abs. 2 Satz 1 HGB geforderte „den tatsächlichen Verhältnissen entsprechende(s) Bild der Vermögens-, Finanz- und Ertragslage" vermittelt wird,

---

525 Für Kapitalgesellschaften gelten Sonderregeln (*RN 412*).
526 Zu den einschlägigen Insolvenzstraftaten (*RN 460*) gehört insbesondere der (betrügerische) Bankrott der §§ 283 StGB, dort insbes. Ziff. 5–7, 283a sowie die Verletzung der Buchführungspflicht bei Zahlungseinstellung bzw. Insolvenz, § 283b StGB.
527 Unterteilt nach der Verwendung des Kapitals in Anlage- oder Umlaufvermögen.
528 Getrennt nach der Herkunft des Kapitals von den Gesellschaftern (Eigenkapital) oder von außenstehenden Gläubigern (Fremdkapital).
529 Insbes. für die OHG §§ 120–122 HGB, für die KG §§ 167–169 HGB. Für die Kapitalgesellschaften aufgrund der Schutzfunktion die Ausschüttung stärker beschränkend § 29 GmbHG, § 57 Abs. 3 AktG (*RN 412*).
530 AG, KGaA und GmbH, außerdem Personenhandelsgesellschaften ohne persönlich haftenden Gesellschafter, wie etwa die beliebte GmbH & Co KG, § 264 a–c HGB.
531 Der Inhalt des Anhangs wird in den §§ 284–288 HGB festgelegt.
532 Kriterien für diese Einteilung nach Größenklassen sind gem. § 267 HGB die Bilanzsumme, der Umsatzerlös sowie die Zahl der Arbeitnehmer.

denn darin kann auf die diesem „true and fair view"[533] widersprechenden Umstände näher eingegangen werden (§ 264 Abs. 2 Satz 2 HGB).

Außerdem tritt bei Kapitalgesellschaften neben die bereits genannten Zwecke der Rechnungslegung das Ziel der **Ausschüttungsbegrenzung**. Es soll dem Schutz der Gläubiger dienen, denen bei juristischen Personen allein das Vermögen dieser Gesellschaften haftet[534], jedoch nicht die Gesellschafter persönlich. Deshalb erscheint es sinnvoll, das Grund- bzw. Stammkapital bestimmter Gesellschaftsformen, für das gesetzlich zudem eine Mindestsumme vorgeschrieben ist[535], zu erhalten, also nicht an die Gesellschafter zurückfließen zu lassen. Vermögensentnahmen sind daher nur zulässig, soweit ausweislich der Bilanz ein Gewinn erzielt wurde[536]. Die Bilanzierungsregeln ermöglichen es auf diese Weise, den Gläubigern einen - wenn auch meist nur minimalen – Haftungsfonds zu sichern.

Sowohl die Buchführung wie auch der Jahresabschluss haben den **Grundsätzen 413 ordnungsmäßiger Buchführung** (GoB) zu entsprechen (§§ 238 Abs. 1 Satz 1[537], 243 Abs. 1, 264 Abs. 2 HGB). Darunter sind von Rechtsprechung und Wissenschaft herausgearbeitete Leitprinzipien zu verstehen, nach denen ein sorgfältiger Kaufmann Rechnung legen sollte. Früher hat man die GoB nach der tatsächlich praktizierten Übung der Kaufleute induktiv ermittelt, was sich in der Einschätzung niederschlägt, es seien Handelsbräuche[538]. Mittlerweile wird verstärkt vertreten, dass GoB Rechtsnormen seien, die sich an den Zielen der Rechnungslegung ausrichten sollten, indem man sie aus diesen deduktiv herleitet[539]. Seit der umfassenden Regelung der Bilanzierung im Dritten Buch des HGB[540] sind zahlreiche GoB, insbesondere zur Bewertung von Vermögenspositionen, **gesetzlich verankert** worden.

Dazu gehören etwa die Richtigkeit (§§ 238 Abs. 1 Satz 2, 240 Abs. 2 HGB), die Vollständigkeit mit dem Verrechnungsverbot (§ 246 HGB) sowie Stetigkeit und Kontinuität (§§ 252 Abs. 1 Nr. 6, 252 Abs. 2 HGB). Besonders bedeutsam ist die **Vorsicht** (§ 252 Abs. 1 Nr. 4 HGB), welche von dem traditionellen Leitspruch ausgeht, der Kaufmann solle sich im Zweifel eher ärmer rechnen: Im Interesse der Gläubiger sind Gewinne erst dann zu bilanzieren, wenn sie am Markt verwirklicht worden sind (Realisationsprinzip)[541], umge-

---

[533] Das Konzept stammt aus dem englischen Gesellschaftsrecht und ist über die Bilanz-Richtlinie der EG (v. 25.7.1978, 78/660/EWG, ABlEG 1978 L 222/11) für alle Mitgliedstaaten verbindlich geworden.

[534] § 1 Abs. 1 Satz 2 AktG, § 13 Abs. 2 GmbHG.

[535] Für eine AG 50.000 Euro, § 7 AktG (in Österreich 70.000 Euro, § 7 AktG-A, in der Schweiz 100.000 CHF = knapp 62.000 Euro, Art. 621 OR), für eine GmbH 25.000 Euro, § 5 Abs. 1 GmbHG (in Österreich 35.000 Euro, § 6 Abs. 1 GmbHG-A, in der Schweiz 20.000 CHF = knapp 13.000 Euro, Art. 773 OR). Eine Europäische Aktiengesellschaft (SE) muss mindestens 120.000 Euro aufbringen, Art. 4 Abs. 2 SE-VO (Verordnung über das Statut der Europäischen Gesellschaft v. 8.10.2001, 2157/2001/EG, ABlEG 2001 L 294/1).

[536] § 57 Abs. 3 AktG, § 30 Abs. 1 GmbHG.

[537] So erstmals § 38 HGB von 1897.

[538] Aus diesen könnte dann durch ständige Rechtsprechung Gewohnheitsrecht entstehen.

[539] *Crezelius*, JA 1990, 368.

[540] In Umsetzung der Vorgaben der EG durch Bilanz- (*RN 412*), Konzernbilanz- (*RN 415*) und Prüferrichtlinie (*RN 416*), die 4., 7. und 8. gesellschaftsrechtlichen Richtlinie. Zuvor waren vor allem §§ 148 ff. AktG a.F. sowie §§ 41 f. GmbHG einschlägig.

[541] Steigt etwa der Börsenkurs eines im Vermögen des Bilanzierenden befindlichen Wertpapiers,

kehrt müssen Verluste und Risiken bereits berücksichtigt werden, sobald sie vorhersehbar sind (Imparitätsprinzip)[542]. Zudem sind Rückstellungen für vermutete Risiken zu bilden (§ 249 Abs. 1 HGB). Auf diese Weise entstehen **stille Reserven**, welche sowohl die Ausschüttungsinteressen der Gesellschafter beeinträchtigen als auch die Kenntnis über den wirklichen Wert des Unternehmens für potentielle Investoren verschleiern. Daher ist es Kapitalgesellschaften, anders als Einzelkaufleuten und Personengesellschaften, zumindest nicht möglich, darüber hinaus derartige Vermögenspolster „im Rahmen vernünftiger kaufmännischer Beurteilung" (§ 253 Abs. 4 HGB) anzulagern (§ 279 Abs. 1 Satz 1 HGB).

Auf internationaler Ebene entsprechen den GoB etwa die US-amerikanischen *Generally Accepted Accounting Principles* (**GAAP**), die allerdings in erster Linie für börsennotierte Unternehmen mit Blick auf den Kapitalmarkt erlassen werden[543], sowie die weltweit vereinheitlichten *International Financial Reporting Standards* (**IFRS**)[544], nach denen kapitalmarktorientierte Mutterunternehmen bereits ihren Konzernabschluss erstellen müssen (§ 315a HGB)[545]. Auch in Deutschland besteht die Tendenz, der Praxis einen stärkeren Einfluss auf die Rechnungslegung einzuräumen, wie die Möglichkeit der Einrichtung eines privaten Rechnungslegungsgremiums nach § 342 HGB zeigt[546].

414 Während für sämtliche Kaufleute generell geregelt wird, welche Vorgänge in den Jahresabschluss aufgenommen werden müssen (**Ansatzvorschriften**, §§ 246–251 HGB[547]) und mit welchen Wertansätzen (**Bewertungsvorschriften**, §§ 252–256 HGB[548]), werden den **Kapitalgesellschaften** zusätzlich viel stärker **differenzierte Gliederungen** für Bilanz (§ 266 HGB) sowie GuV (§ 275 HGB) vorgeschrieben. Davon werden wiederum Abweichungen für die den Kapitalgesellschaften nahe stehende Genossenschaft (§§ 336 ff. HGB) sowie für bestimmte Branchen wie Banken (§§ 340 ff. HGB) und Versicherungen (§§ 341 ff. HGB) vorgesehen.

---

[542] dann muss dieses Papier bis zum tatsächlich durchgeführten Verkauf weiterhin mit dem Anschaffungspreis (vgl. § 255 Abs. 1 HGB) angesetzt werden.
Sinkt der Kurs eines bilanzierten Wertpapiers, dann ist bei Zugehörigkeit zum Umlaufvermögen (welches im Gegensatz zum Anlagevermögen i.S.d. § 247 Abs. 2 HGB dem Unternehmen nicht dauerhaft dienen soll) auf den niedrigeren Wert abzuschreiben, § 253 Abs. 3 HGB.

[543] Von *standard setting bodies* wie den *Financial Accounting Standards Boards* (FASB), zu den Grundsätzen etwa *Engel-Ciric*: RIW 1998, 775 ff.

[544] Vormals *International Accounting Standards* (IAS), im Vergleich zu den HGB-Regeln dargestellt bei *Schmid*: DStR 2005, 80 ff.

[545] Vorgegeben wird dies durch die IAS-VO 1606/2002 der EG (Verordnung betreffend die Anwendung internationaler Rechnungslegungsstandards v. 19.7.2002, 1606/2002/EG, ABlEG L 243/1). Andere Konzernmütter dürfen die IFRS verwenden (§ 315a Abs. 3 HGB), während Einzelabschlüsse nur zusätzlich nach IFRS erstellt werden dürfen, allerdings statt des HGB-Abschlusses veröffentlicht werden können (§ 325 Abs. 2a HGB) – diese Regelungen beruhen auf der EG-Richtlinie zur Änderung der Bilanzrichtlinien (v. 18.6.2003, 2003/51/EG, ABlEG 2003 L 178/16), jedoch ist ein weiteres Bilanzmodernisierungsgesetz erforderlich.

[546] Als solches anerkannt ist derzeit das Deutsche Rechnungslegung Standards Committee eV (DRSC). Damit ist die Gründung eines staatlich stärker beeinflussten Rechnungslegungsbeirats gem. § 342a HGB derzeit nicht notwendig.

[547] Dazu gehören Aktivierungsverbote, wie nach § 248 HGB, sowie Aktivierungswahlrechte, wie nach § 250 Abs. 3 HGB.

[548] Dazu gehören vor allem die teilweise bereits bei den GoB erwähnten sechs Grundsätze des § 252 Abs. 1 HGB.

Neben dem bisher behandelten Einzelabschluss wird in den §§ 290 ff. HGB auch die **Kon-** 415
zernrechnungslegung erfasst[549], zumindest für Unternehmensverbindungen, in denen als
Konzernmutter eine Kapitalgesellschaft – oder eine Kreditinstitut bzw. eine Versicherung –
an der Spitze steht (§§ 290 Abs. 1, 340i Abs. 1, 341i Abs. 1 HGB). Um die wirtschaftliche
Lage des gesamten Unternehmenskonglomerats erkennbar werden zu lassen, wird es wie
ein einziges Unternehmen behandelt, indem die Jahresabschlüsse sämtlicher Konzerngesell-
schaften zusammengefasst werden (**Konsolidierung** nach § 300 ff. HGB).

Um die Qualität der Rechnungslegung sicherzustellen, werden mittlere und große 416
Kapitalgesellschaften verpflichtet, ihren Jahresabschluss von unabhängigen **exter-**
nen Revisoren kontrollieren zu lassen (§§ 316–324 HGB)[550]. Die **Information der**
Öffentlichkeit, insbesondere der Anlageinteressenten, aber auch der Gläubiger,
über die wirtschaftliche Lage von Kapitalgesellschaften soll darüber hinaus durch
die Einreichung der Jahresabschlüsse zum Handelsregister einschließlich einer Bekanntmachung im Bundesanzeiger (§ 325 Abs. 1 HGB) erfolgen[551]. Derartige **Pu-**
blizitätsanforderungen gelten im Allgemeininteresse zusätzlich auch für sehr große Unternehmen anderer Rechtsformen[552].

Außerhalb des Privatrechts dient die Handelsbilanz der Ermittlung des steuerlich zu berück- 417
sichtigenden Gewinns, mithin als **Steuerbilanz.** Um eine zweifache Rechnungslegung nach
unterschiedlichen Regelungen zu vermeiden, sind die handelsrechtlichen Prinzipien der Bilanzierung[553] grundsätzlich **maßgeblich** auch für die Bemessung der Einkommensteuer
(§ 5 Abs. 1 EStG)[554]. Allerdings wird dieser Grundsatz zunehmend durch ausdrückliche
Ausnahmen in Form von Steuervorbehalten durchbrochen (§ 5 Abs. 2–5 EStG). Außerdem
werden der vorsichtigen Ausschüttungsbegrenzung dienende handelsrechtliche Wahlrechte
durch die Rechtsprechung der Finanzgerichte steuerlich in gewinnerhöhende Gebote (auf
der Aktivseite) bzw. Verbote (auf der Passivseite) verwandelt[555].

Literatur:
Brox, Handels- und Wertpapierrecht, 2005[18], §§ 5–9; *Canaris,* Handelsrecht, 2000[23],
§§ 4–13; *Hübner,* Handelsrecht, 2004[5], § 2–4; *Jung,* Handelsrecht, 2005[4], Kap. 3–5, 8;
Klunzinger, Grundzüge des Handelsrechts, 2006, §§ 10–13.
Hager, J., Das Handelsregister, Jura 1992, 57–65; *Kögel,* Neues Firmenrecht und alte Zöpfe
– Die Auswirkungen der HGB-Reform, BB 1998, 1645–1649; *Müller-Feldhammer*: Grund-
züge des Handelsregisterverfahrens, JA 1998, 873–881; *Tröller,* Die Publizität des Handels-

---

[549] Grundlage dafür ist eine weitere Bilanzvorgabe in der 7. gesellschaftsrechtlichen Richtlinie der
EG (v. 13.6.1983, 83/349/EWG, ABlEG 1983 L 193/1).

[550] Dies sowie die berufliche Qualifikation der Wirtschaftsprüfer wurden ebenfalls durch eine (8.)
gesellschaftsrechtliche Richtlinie der EG (v. 10.4.1984, 84/253/EWG, ABlEG 1984 L 126/20)
vorgegeben.

[551] Große Kapitalgesellschaften haben den Jahresabschluss vollständig im Bundesanzeiger zu publi-
zieren, § 325 Abs. 2 HGB.

[552] Publizitätsgesetz (PublG) von 1969.

[553] Die handelsrechtlichen Buchführungspflichten werden durch § 140 AO steuerlich relevant.

[554] Während die Bilanz nach HGB-Regeln sowie die Steuerbilanz in Bezug auf die Ausschüttungsbe-
messung ähnliche Zielsetzungen verfolgen, weichen international anerkannte Abschlüsse nach
IFRS aufgrund des im Vordergrund stehenden Informationsziels davon erheblich ab. Daher wird
zunehmend das Erfordernis einer eigenständigen Steuerbilanz hervorgehoben. Vgl. etwa *Kirsch,*
DStZ 2004, 470, grundlegend *Schulze-Osterloh,* ZGR 2000, 594 ff.

[555] Zu dieser „umgekehrten Maßgeblichkeit" auch aus historischer Sicht *Schön,* ZHR 1997, 133,
142 f.

registers – § 15 HGB, JA 2000, 27–31; *Schwerer,* Haftung bei Firmenfortführung, DB 1996, 2321–2325.
Schulz, K.-P., Die Neuregelung des Firmenrechts, JA 1999, 247–251; *Lutter/Welp,* Das neue Firmenrecht der Kapitalgesellschaften, ZIP 1999, 1073–1083.
Crezelius, Einführung in das Handelsbilanzrecht, JA 1990, 1 ff., 336 ff.; *Lange/Pyschny,* Einführung in das Recht der Bilanzierung, Jura 2005, 768–774; *Schön,* Entwicklung und Perspektiven des Handelsbilanzrechts – vom ADHGB zum IASC, ZHR 1997, 133–159.

3.   Handelsgeschäfte

418 Die Einordnung als Kaufmann (*RN 402 ff.*) führt auch dazu, dass die **Rechtsgeschäfte** dieser Personen besonderen Regeln unterliegen, die von den für sämtliche Bürger geltenden Bestimmungen des BGB abweichen[556]. Derartige **Sondervorschriften** als lex specialis sind im Vierten Buch des Handelsgesetzbuches zunächst[557] in Form eines „Allgemeinen Teils" (*RN 419 ff.*)[558] für das Zustandekommen (z.B. §§ 350, 362 HGB), für den Inhalt (z.B. §§ 346, 354 Abs. 1 HGB) sowie die Durchführung (z.B. §§ 358 ff., 369 ff. HGB) sämtlicher derartiger Transaktionen bestimmt. Darüber hinaus finden sich Besonderheiten zur Stellvertretung aus kaufmännischer Sicht bereits im Ersten Buch (§§ 48–58 HGB).
In einem „Besonderen Teil" (*RN 426 ff.*) werden dann einzelne **Vertragstypen** als handelsrechtliche in Abweichung zu denen des Bürgerlichen Rechts normiert (Handelskauf, Kommissionsgeschäft, Fracht-, Speditions- und Lagergeschäft, §§ 373–475h HGB), wobei die Vertragsbeziehungen mit selbständigen Hilfspersonen (Handelsvertreter und Handelsmakler, §§ 84 ff., 93 ff. HGB)[559] trotz ihrer Aufnahme in das Erste Buch ebenfalls darunter fallen.
Die Zunahme des grenzüberschreitenden Wirtschaftsverkehrs führt schließlich dazu, dass **internationale Handelsgeschäfte** (*RN 428 ff.*) immer stärker eigenen Regeln – etwa dem UN-Kaufrecht oder den UNIDROIT-Vertragsgrundregeln – unterworfen werden, die sich sowohl hinsichtlich ihres Zustandekommens wie ihres Inhalts vom nationalen Handelsrecht nicht unerheblich unterscheiden.

419 a) **Anwendungsbereich und Grundregeln.** Handelsgeschäfte[560] sind nach § 343 Abs. 1 HGB sämtliche Geschäfte[561] eines Kaufmanns (i.S.d. §§ 1–6 HGB)[562],

---

[556]   Dieses Regel-Ausnahme-Verhältnis wird in Art. 2 Abs. 1 EGHGB hervorgehoben.
[557]   Erster Abschnitt, §§ 343–372 HGB.
[558]   Allerdings ändern und ergänzen diese Bestimmungen nicht nur den Allgemeinen Teil des BGB, sondern auch das im Bürgerlichen Recht geregelte Allgemeine Schuldrecht sowie das Sachenrecht. In Rechtsordnungen, die das Handelsrecht in ihre Zivilrechtskodifikationen integriert haben, wie Italien in den *Codice Civile* oder die Schweiz in das Obligationenrecht, fehlt eine derartige Binnendifferenzierung.
[559]   Die Regelungen für die unselbständigen Handlungsgehilfen (§§ 59 ff. HGB) stellen ebenfalls Sonderbestimmungen des Dienst- bzw. Arbeitsrechts dar.
[560]   Achtung: Im Firmenrecht wird mit diesem Begriff das gesamte Unternehmen des Kaufmanns bezeichnet, §§ 22–28 HGB (*RN 409 ff.*).
[561]   Neben Rechtsgeschäften gehören auch ähnliche Handlungen dazu, wie die Mahnung, das Absenden einer Ware oder die Mängelanzeige.
[562]   Inwieweit eine entsprechende Anwendung auf Freiberufler sowie nicht nach § 2 HGB eingetragene Kleingewerbetreibende in Betracht kommt, ist äußerst umstritten. Zumindest wird die Vertrautheit mit kaufmännischen Gepflogenheiten sowie ein Mindestmaß an betrieblicher Organisation verlangt werden müssen, *Canaris*, Handelsrecht, 2000[23], § 23 I.

welche nicht seinem privaten Bereich zuzuordnen sind. Dieses Merkmal der **Betriebsbezogenheit**, welches nicht nur den Kern der Geschäftstätigkeit sondern ebenso auch Neben- sowie Hilfs- und Vorbereitungsgeschäfte einbezieht, ist allein bei Einzelkaufleuten einschlägig, denn es grenzt deren gewerbliche gegen ihre private Sphäre ab. Bei Handelsgesellschaften spielt es dagegen keine Rolle, denn dort existiert kein außerbetrieblicher Bereich[563]. Streitigkeiten über das Vorliegen eines Handelsgeschäfts werden dadurch verringert, dass „im Zweifel" von einem betrieblichen Bezug auszugehen ist (§ 344 Abs. 1 HGB). Diese **gesetzliche Vermutung** kann zwar widerlegt werden[564], indem zumeist der die strengeren Regeln des HGB scheuende Kaufmann ein Privatgeschäft nachweist. Dafür wird jedoch auch verlangt, dass der private Charakter dem Geschäftspartner zumindest erkennbar gewesen ist, was bei neutralen Aktivitäten eine entsprechende Information durch den ausnahmsweise privat handelnden Kaufmann voraussetzt.

Üblicherweise genügt nach § 345 HGB die Kaufmannseigenschaft einer der beteiligten Parteien (**einseitige Handelgeschäfte**), was fast immer dazu führt, dass der beteiligte Nichtkaufmann Vorteile gegenüber dem allgemeinen Privatrecht genießt[565]. Ist dies nicht der Fall, sondern wird die Gegenpartei belastet, dann gilt die Bestimmung meist nur „unter Kaufleuten" (**beidseitige Handelsgeschäfte**)[566] oder aber die benachteiligte Partei muss Kaufmann sein (**qualifiziert einseitige Handelsgeschäfte**)[567].

(1) Geschäftsabschluss. Der **Abschluss von Handelsgeschäften** wird mit dem Ziel 420 eines schnelleren und einfacher gestalteten Geschäftsverkehrs gegenüber dem Bürgerlichen Recht in verschiedener Weise erleichtert. So wird das **Schweigen** eines Kaufmanns **auf einen Antrag** zum Abschluss eines Geschäftsbesorgungsvertrages[568] **als Annahme** angesehen, sofern entweder bereits eine Geschäftsverbindung zum Antragenden besteht oder diesem gegenüber ein solches Geschäft in Aussicht gestellt wurde[569] (§ 362 Abs. 1 HGB). Damit wird ein Grundsatz des Bürgerlichen Rechts durchbrochen, wonach mangels gesetzlicher Regelung oder vertraglicher Absprache eine ausbleibende Reaktion[570] keine Anhaltspunkte für irgendeine Willensäußerung, sei es Zustimmung oder Ablehnung, bietet (*RN 354*)[571].

---

[563] Allerdings nur, wenn ein Geschäft der Gesellschaft vorliegt, und nicht etwa ein Eigengeschäft des jeweils Handelnden.
[564] Unwiderleglich dagegen die Vermutung des § 344 Abs. 2 HGB für vom Kaufmann unterzeichnete Schuldscheine, etwa auch Bürgschaftsurkunden. Allerdings soll dies nicht gelten, wenn die Gegenpartei den privaten Charakter der Urkunde kannte, BGH NJW 1997, 1779.
[565] Eine Ausnahme bildet § 355 Abs. 1 HGB, denn danach hat der Nichtkaufmann im Gegensatz zu § 248 Abs. 1 BGB Zinseszinsen zu zahlen.
[566] §§ 346, 352 Abs. 1, 353, 369–372, 377 HGB.
[567] §§ 347, 348, 349, 350, 362 HGB.
[568] Dazu gehören Dienstleistungen im weiten Sinn, jedoch keine Veräußerungsgeschäfte wie der Kauf oder aber ein Darlehen.
[569] Bloße Werbemaßnahmen reichen für ein „Erbieten" nicht aus, denn sonst wäre der Kaufmann regelmäßig gezwungen, auf Angebote zu reagieren. Daher müssen bestimmte Personen gezielt aufgefordert werden, ihrerseits einen Vertragsantrag abzugeben (*RN 354*).
[570] „Schweigen" bedeutet nicht nur das Fehlen einer ausdrücklichen Verlautbarung, sondern das Unterbleiben jedes deutungsfähigen Verhaltens in Richtung einer stillschweigenden oder konkludenten Willenserklärung.

Die Rechtsprechung hat diese enge gesetzliche Ausnahmeregelung erweitert, indem sie das **Schweigen auf ein kaufmännisches Bestätigungsschreiben** ebenfalls grundsätzlich als Zustimmung wertet[572]. Die Bestätigung folgt unmittelbar auf einen tatsächlich oder vermeintlich, jedoch nur mündlich (oder aber inhaltlich nicht vollständig) abgeschlossenen Vertrag[573]. Widerspricht der Empfänger nach Zugang des Schreibens diesem nicht unverzüglich[574], so **gilt** der darin wiedergegebene **Vertrag mit dem angeführten Inhalt als abgeschlossen.** Auf diese Weise sollen spätere Unsicherheiten, ob und mit welchem Inhalt ein Vertrag zustande gekommen ist, vermieden werden. Allerdings kann der Absender des Bestätigungsschreibens redlicherweise nicht davon ausgehen, dass die andere Seite erheblich vom vorher Vereinbarten abweichenden Vertragsinhalt durch ihr Untätigbleiben billigt: Als Zustimmung bezüglich des Inhalts gilt das Schweigen daher nur bei geringfügigen, die Interessen der Gegenpartei kaum berührenden Widersprüchen[575].

Die Vereinfachung des Abschlussvorgangs steht auch beim Verzicht auf das Formerfordernis **für Bürgschaften**[576] und ähnliche Geschäfte im Vordergrund: Verpflichtet sich ein Kaufmann zugunsten eines Dritten, so ist gem. § 350 HGB die nach Bürgerlichem Recht erforderliche **Schriftform** (§§ 766, 780, 781 BGB) **nicht notwendig,** deren Warnfunktion (*RN 356*) wegen der typischerweise vorausgesetzten Geschäftserfahrung auch nicht erforderlich erscheint.

421 In den Bereich des Geschäftsabschlusses fällt auch die Frage, ob jemand, der für eine andere Person ein Rechtsgeschäft vornimmt, als **Stellvertreter** dazu berechtigt ist. Um Zweifel darüber[577] im Handelsverkehr zu verringern, kann die Bevollmächtigung in zwei speziellen Formen vorgenommen werden.
Die **Prokura** enthält eine vom Umfang her sehr weite **gesetzlich festgelegte Vertretungsmacht,** die nach außen nicht beschränkt werden kann (§ 50 Abs. 1 HGB)[578]:

571   Vgl. allgemein dazu *Petersen*, Jura 2003, 687 ff. Die Parallelregelung zu § 362 HGB in § 663 BGB stellt dagegen keine gesetzliche Ausnahme von diesem Grundsatz dar, denn das Schweigen führt dort nicht zum Vertragsschluss, sondern nur zum Ersatz des Vertrauensschadens, also wird ihm kein Erklärungswert zugemessen.

572   Hergeleitet wurde diese Figur zunächst aus verschiedenen Handelsbräuchen, mittlerweile hat sie sich durch ständige Gerichtspraxis zum Gewohnheitsrecht verfestigt. In anderen Rechtsordnungen ist sie erheblich schwächer ausgeprägt, im benachbarten und rechtlich nahe stehenden Österreich kann sie nur im Einzelnen aus einem Handelsbrauch abgeleitet werden, OGH JBl 1993, 782.

573   Anders die Auftragsbestätigung, die sich nur auf einen Vertragsantrag bezieht, und entweder als Annahme oder bei Abweichungen als neuer Antrag (§ 150 Abs. 2 BGB) angesehen wird.

574   Ohne schuldhaftes Zögern gem. § 121 BGB. Normalerweise innerhalb von ein bis zwei Tagen, nach einer Woche ist es fast immer zu spät.

575   BGH NJW 1987, 1942.

576   Zudem ist die Handels-Bürgschaft mangels Vereinbarung einer Ausfallbürgschaft selbstschuldnerisch (§ 349 HGB), so dass der bürgende Kaufmann vom Gläubiger nicht wie nach § 771 BGB verlangen kann, zunächst den Hauptschuldner zu verklagen. Systematisch gehört diese Regelung jedoch zu den im nächsten Absatz besprochenen Inhaltsabweichungen.

577   Sowie die Risiken des § 177 BGB (*RN 359*).

578   Als räumliche Eingrenzung kommt allein die Beschränkung auf eine unter eigener Firma betriebene Niederlassung (Filialprokura) in Betracht, § 50 Abs. 3 HGB. Ansonsten kann die Macht des Prokuristen nur durch Verkoppelung mit einem anderen Prokuristen (Gesamtprokura, § 48 Abs. 2 HGB) – oder „gemischt" mit einem Gesellschaftsorgan – zu gemeinschaftlicher Vertretung beschränkt werden.

Der Prokurist darf immer sowohl gerichtlich wie außergerichtlich tätig werden, sofern dies nur irgendwie mit einem Handelsgewerbe[579] in Zusammenhang gebracht werden kann (§ 49 Abs. 1 HGB).

Ausgenommen sind ausdrücklich nur die Veräußerung (nicht Vermietung oder Verpachtung, ebenso wenig Erwerb) und Belastung von **Grundstücken** (§ 49 Abs. 2 HGB), um die Verschleuderung wichtiger Vermögenswerte zu unterbinden. Darüber hinaus kann der Prokurist jedoch auch dem Kaufmann **höchstpersönlich zugewiesene Geschäfte** nicht vornehmen, also weder die Firma im Handelsregister anmelden (§ 29 HGB), noch den Jahresabschluss unterzeichnen (§ 245 Satz 1 HGB) und nicht selbst wiederum Prokura erteilen (§ 48 Abs. 1 HGB). Schließlich ist ihm der Bereich der Geschäfte entzogen, die nicht den laufenden Betrieb sondern das Unternehmen als solches betreffen (**Grundgeschäfte**), also Einstellung bzw. grundlegende Änderung des Geschäftsbetriebs oder Aufnahme von Gesellschaftern.

Die **Erteilung** der Prokura unterliegt strengen Formerfordernissen. Sie darf wegen ihrer weit reichenden Befugnisse nur **ausdrücklich**[580] durch den Kaufmann selbst (§ 48 Abs. 1 HGB) an eine natürliche Person ergehen und ist in das Handelsregister einzutragen (§ 53 Abs. 1 HGB), jedoch bereits vor der Eintragung wirksam[581]. Andererseits darf sie jederzeit ohne weiteres widerrufen werden (§ 52 Abs. 1 HGB), damit der Vollmachtsgeber auf jede Erschütterung der notwendigen Vertrauensgrundlage reagieren kann[582].

Als **Handlungsvollmacht** wird jede im Betrieb eines Handelsgewerbes erteilte Vollmacht bezeichnet, welche keine Prokura darstellt (§ 54 Abs. 1 HGB). Der **Umfang** der damit verbundenen Vertretungsmacht ist jedoch nicht gesetzlich festgelegt, sondern wird nur **vermutet**[583].

Je nach Ausgestaltung kann sie sämtliche branchenüblichen[584] Geschäfte erfassen (§ 54 Abs. 1 1. Alt. HGB: „zum Betrieb eines Handelsgewerbes", **Generalhandlungsvollmacht**), sich auf die für eine bestimmte Tätigkeit[585] notwendigen Geschäfte beziehen (§ 54 Abs. 1 2. Alt. HGB: „zur Vornahme einer bestimmten ... Art von Geschäften", **Arthandlungsvollmacht**) oder nur für konkrete Geschäfte gelten (§ 54 Abs. 1 3. Alt. HGB: „zur Vornahme einzelner Geschäfte", **Spezialhandlungsvollmacht**). Potentiell vermögensschädigende Geschäfte werden, wenn auch eher willkürlich zusammengestellt, hier weitergehend ausgeschlossen (§ 54 Abs. 2 HGB)[586]. Für Außendienstmitarbeiter werden die Befugnisse aus der Handlungsvollmacht noch einmal eingeschränkt (§ 55 HGB).

---

[579] Nicht notwendigerweise mit dem seines Auftraggebers („der Betrieb e i n e s Handelsgewerbes", § 49 Abs. 1 HGB).

[580] Anders aber in der Schweiz, wo auch stillschweigend Prokura erteilt werden kann, Art. 458 Abs. 1 OR.

[581] Ein Beispiel für eine deklaratorische Eintragung *(RN 406)*.

[582] Wegen des persönlichen Vertrauensverhältnisses endet die Prokura auch mit dem Tod des Prokuristen, denn sie ist nicht übertragbar (§ 52 Abs. 2 HGB). Dagegen hat der Tod des Kaufmanns nicht diese Konsequenz (§ 52 Abs. 2 HGB), sondern nun werden zunächst dessen Erben vertreten.

[583] Eine sehr viel begrenztere Vermutung der Vertretungsmacht – nur für übliche Verkäufe und Empfangnahmen – ist für Laden- und Lagerbeschäftigte vorgesehen, § 56 HGB.

[584] „Betrieb eines derartigen Handelsgewerbe", § 54 Abs. 1 a.E. HGB.

[585] Etwa die eines Verkäufers, einer Kassiererin oder eines Abteilungsleiters.

[586] So wird zwar die Darlehensaufnahme untersagt, die Vergabe eines Kredits dagegen nicht, ebenso wenig die Übernahme einer Bürgschaft.

Anders als bei der Prokura kann die Handlungsvollmacht auch **beschränkt** werden, allerdings wirkt diese Beschränkung **nur gegenüber „informierten"** Dritten, denen sie bekannt oder grob fahrlässig nicht bekannt ist (§ 54 Abs. 3 HGB). Ihre **Erteilung** ist auch stillschweigend möglich, kann durch einen Prokuristen sowie an eine juristische Person erfolgen und darf nicht ins Handelsregister eingetragen werden. Das Erlöschen folgt bürgerlich-rechtlichen Bestimmungen (etwa § 167 BGB).

422 **(2) Geschäftsinhalt.** Weitere Abweichungen vom bürgerlichen Schuldrecht ergeben sich bezüglich des **Inhalts von Handelsgeschäften.** Dieser wird nicht unwesentlich durch **Handelsbräuche** bestimmt, auf die nach § 346 HGB „Rücksicht zu nehmen" ist[587]. Dabei handelt es sich um dauerhaft **tatsächlich geübte Verhaltensweisen** der Akteure, meist innerhalb einer bestimmten Region oder einer Branche, die im allgemeinen Privatrecht als Verkehrssitten[588] bezeichnet werden. Ihre Beachtung **stabilisiert die Beziehungen** der Beteiligten, denn typische oder standardisierte Reaktionen sind vorhersehbar und verringern damit Unsicherheiten.

Dies wird besonders deutlich bei der Verwendung von verkürzten Vertragsbestandteilen, denen über Handelsbräuche eine bestimmte einheitliche Bedeutung zuerkannt wird (**Handelsklauseln**)[589]. So begründet die Klausel „Kasse gegen Dokumente" regelmäßig eine Vorleistungspflicht des Käufers, der bereits bei Vorlage der Transportpapiere und nicht erst bei Erhalt der Ware zu zahlen hat. Daneben wird dieser Klausel in vielen Fällen aber auch ein Barzahlungsgebot entnommen, durch das vor allem Aufrechnungs- und Zurückbehaltungsrechte ausgeschlossen wären[590].

Zwar stellen die Handelsbräuche Tatsachen dar[591] und keine Rechtsnormen, wie im Fall des Gewohnheitsrechts, aber sie verdrängen – ähnlich wie vertragliche Abreden (welche wiederum den Handelsbräuchen vorgehen) – regelmäßig die dispositiven, nicht aber die zwingenden gesetzlichen Vorgaben. Dafür kommt es nicht darauf an, ob die Parteien Kenntnis von den Usancen haben.

423 Eine kleine Gruppe von Regelungen **erweitert** den Spielraum für die inhaltliche Gestaltung von Verträgen, also die **Vertragsinhaltsfreiheit.** So kann etwa ein Kaufmann, der eine **Vertragsstrafe** versprochen hat, anders als nach § 343 BGB nicht vom Richter verlangen, dass diese herabgesetzt wird, wenn sie „unverhältnismäßig hoch" ist (§ 351 HGB). Die Möglichkeit, eine Forderung zu veräußern[592], wird durch § 354a HGB geschützt, allerdings unter anderweitiger Beschränkung

---

587 Konkret wird etwa auch in §§ 359 Abs. 1, 380, 393 Abs. 2 HGB auf „Handelsgebrauch" verwiesen, ebenso für grenzüberschreitende Kaufverträge Art. 9 CISG. Zu den als Handelsbräuche angesehenen GoB im Bereich der Rechnungslegung *RN 413.*

588 Ausdrücklich erwähnt bei der Auslegung, § 157 BGB, sowie beim (Schuldner-)Verhalten, § 242 BGB.

589 Zu internationalen Handelsklauseln sowie ihrer Vereinheitlichung durch die INCOTERMS unten *RN 431.*

590 BGHZ 14, 61.

591 Im Prozess muss daher über sie Beweis erhoben werden, häufig durch Gutachten der Industrie- und Handelskammern; dazu näher *Oestmann,* JZ 2003, 285 ff.

592 Entweder als Sicherheit oder im Wege des Verkaufs zwecks Liquidität (Factoring, dazu *Blaurock,* JA 1989, 273 ff.).

der Inhaltsautonomie, denn gemäß § 399 BGB vereinbarte Abtretungsverbote unter Kaufleuten werden für unwirksam erklärt.

Außerhalb des HGB wird es Gewerbetreibenden (nicht nur Kaufleuten, sondern allen Unternehmern) ermöglicht, **Allgemeine Geschäftsbedingungen (AGB)** gegen sich gelten zu lassen, deren Verwendung gegenüber Privaten unzulässig wäre: § 310 Abs. 1 BGB schließt nämlich für Unternehmer die Anwendung der Klauselkataloge der §§ 308, 309 BGB, mit denen einzelne AGB-Bestimmungen für nichtig erklärt werden, aus[593]. Auch über den Ort, wo ein Rechtsstreit zwischen ihnen verhandelt wird (**Gerichtsstand**), dürfen sich Kaufleute weitergehend einigen als Private (§ 38 ZPO).

Zu den Regelungen des Vertragsinhalts kann man auch die **Vermutung regelmäßig entgeltlicher Tätigkeit** von Kaufleuten bei Geschäftsbesorgungen und Dienstleistungen (§ 354 HGB) rechnen. Auch ohne diese Regelung wäre jedoch die stillschweigende Vereinbarung einer Vergütung, etwa bei Dienst- oder Werkverträgen (§§ 612 Abs. 1, 632 Abs. 1 BGB, *RN 373*)[594], aus den Umständen zu entnehmen, wenn ein Kaufmann beauftragt wird, denn bei diesem kann nicht angenommen werden, dass er umsonst tätig wird.   **424**

Wichtiger ist in diesem Zusammenhang die Bestimmung, nach der Kaufleuten gegenüber anderen Kaufleuten gesetzlich ein **erhöhter Zins** zusteht, nämlich 5 % (§ 352 HGB) statt 4 % (246 BGB). Dieser Zinssatz gilt jedoch ausdrücklich nicht mehr für die wichtigen Verzugszinsen[595], sondern nur noch beim Aufwendungsersatz (§ 256 BGB), beim Werklohn (§ 641 Abs. 4 BGB) sowie beim Ersatz für Sachschäden (§ 849 BGB). Auf Verzug (*RN 379*) – und damit in manchen Fällen auf die Erteilung einer Mahnung – sind Kaufleute aber nicht angewiesen, denn sie können von anderen Kaufleuten bereits **ab Fälligkeit**, also mit dem Zahlungsdatum, die gesetzlichen 5 % **Zinsen** verlangen (§ 353 HGB).

(3) **Geschäftsdurchführung.** Eine dritte Gruppe von allgemeinen Regelungen bezieht sich auf die **Abwicklung von Handelsgeschäften.** Dazu gehört erstens der an das Verhalten anzulegende **Sorgfaltsmaßstab**, der sich bei Kaufleuten selbstverständlich[596] an den in aller Regel höheren Standards dieser Personengruppe zu orientieren hat (§ 347 Abs. 1 HGB). Zweitens wird der Zahlungsverkehr gegenüber einem Kaufmann durch die Möglichkeit einer „laufenden Rechnung" (**Kontokorrent**) vereinfacht (§§ 355–357 HGB) – so etwa typischerweise bei den Girokonten im Bankgeschäft: Statt eine Vielzahl einzelner Beträge zu begleichen, werden die aus einer laufenden Geschäftsbeziehung entstehenden **gegenseitigen Zahlungsansprüche** in regelmäßigen Zeitabschnitten[597] miteinander **verrechnet**[598]   **425**

---

[593] Allerdings prüft die Rechtsprechung die AGB auch in diesem Bereich nach der Generalklausel des § 307 BGB, bei deren Auslegung sie häufig doch auf die Wertung der §§ 307, 308 BGB zurückgreift, z.B. BGH NJW 1996, 389.

[594] Ebenso bei Makler- (§ 653 Abs. 1 BGB) und Verwahrungsverträgen (§ 689 BGB).

[595] § 352 Satz 1 HGB. Die Aufwertung gewerblich eingesetzten Kapitals wurde allerdings für den nunmehr flexibel gestalteten Verzugszinssatz in § 288 BGB (*RN 379*) beibehalten: 8 % statt 5 % über dem Basiszinssatz gem. § 247 BGB für Geschäfte zwischen Unternehmern (auch hier keine Beschränkung mehr auf Kaufleute)

[596] Auch nach § 276 Abs. 2 BGB wird auf objektiv-abstrakte Merkmale der Handelnden abgestellt und es werden erforderliche Kenntnisse und Fähigkeiten vorausgesetzt.

[597] Wenn nicht anders vereinbart mindestens jährlich, § 355 Abs. 2 HGB.

[598] Darin liegt nach ganz überwiegender Ansicht eine automatische Aufrechnung i.S.d. § 387 BGB, mit der die sich ausgleichenden Posten erlöschen.

und zu einer Überschusssumme, dem Saldo[599], zusammengefasst. Hervorzuheben ist, dass die aufgeführten Einzelforderungen als bloße Rechnungsposten nicht mehr selbständig geltend gemacht werden können.[600]. Drittens wird gegenüber dem Sachenrecht des BGB der **gutgläubige Erwerb** von einem Kaufmann dadurch erleichtert, dass nicht nur die Eigentümerstellung sondern auch die **Verfügungsmacht**[601] durch den Erwerber nicht im Einzelnen überprüft werden muss, sondern auf deren Bestehen vertraut werden kann (§ 366 HGB). Für Wertpapiere wird der Schutz gutgläubigen Erwerbs dagegen durch § 367 HGB im Vergleich mit § 935 Abs. 2 BGB eingeschränkt. Daneben werden die Sicherungsmöglichkeiten durch ein besonderes **kaufmännisches Zurückbehaltungsrecht** (§ 369 HGB) erweitert, denn anders als nach § 273 BGB[602] gilt es für Forderungen aus der gesamten Geschäftsbeziehung, andererseits erstreckt es sich nur auf die beweglichen Sachen und Wertpapiere, die sich im Besitz des Gläubigers befinden[603]. Außerdem ist der Gläubiger nicht auf die Verweigerung seiner Leistung beschränkt, sondern kann sich aus den zurückbehaltenen Gegenständen befriedigen, indem er sie wie Pfandsachen verkauft (§ 371 HGB)[604].

Die Sonderregelungen zur Leistungszeit (§§ 358, 359 HGB) sowie zur Art der Leistung (§§ 360, 361 HGB) variieren die Bestimmungen der §§ 243, 271 BGB nur unwesentlich und sind in der Praxis nahezu ohne Bedeutung.

426 **b) Besondere Vertragstypen.** Das Recht der Kaufleute ist aus dem früher dominierenden Bereich des **Warenhandels** entstanden, und zahlreiche Bestimmungen des HGB beziehen sich auf diese Branche. Außerdem stellt die Veräußerung von Waren in der Praxis immer noch ein häufiges und bedeutsames Geschäft dar. Deshalb steht bei den im Einzelnen geregelten Vertragstypen des HGB der Kaufvertrag an erster Stelle.

Auch das **Kommissionsgeschäft** (§§ 383–406 HGB) betrifft den An- und Verkauf von Waren (und Wertpapieren), allerdings verpflichtet sich der Kommissionär, für einen anderen – den Kommittenten – zu handeln, zwar **im eigenen Namen** jedoch **auf** dessen **(fremde) Rechnung** (§ 383 Abs. 1 HGB). Rechtlich wird also die Transaktion zwischen dem Kommissionär und dem Dritten durchgeführt (Ausführungsgeschäft)[605], aber das wirtschaftliche Ergebnis soll, selbst bei einem unerwartet vorteilhaften Abschluss (§ 387 HGB), dem Kommittenten zugute kommen und ist vom Kommissionär an diesen abzuführen (§ 384 Abs. 2 aE HGB). Auf diese Weise kann der Auftraggeber unerkannt bleiben, wie es etwa im Kunsthandel üblich

---

[599] Aus diesem entsteht nach, u.U. auch stillschweigender, Anerkennung durch den Schuldner gem. § 781 BGB eine neue unabhängige Forderung, in der die Einzelansprüche aufgehen.

[600] Diese „Lähmung" der einzelnen Ansprüche gilt auch gegenüber Dritten, so dass sie weder abgetreten noch gepfändet (§ 357 HGB) werden können und damit eine hohe Sicherheit bieten.

[601] Im Handelsverkehr veräußert häufig nicht der Eigentümer, sondern ein Verfügungsberechtigter, wie etwa der Kommissionär (*RN 426*).

[602] Nur für Ansprüche „aus demselben rechtlichen Verhältnis", auch wenn dort ein wirtschaftlicher Zusammenhang ausreicht.

[603] Damit hat es Ähnlichkeit mit dem (Besitz-)Pfandrecht (*RN 336*). Deshalb besteht im Falle der Insolvenz auch ein Absonderungsrecht gem. § 51 Abs. 1 Nr. 3 InsO.

[604] Nach § 1228 BGB, wobei in der Regel eine öffentliche Versteigerung stattzufinden hat, § 1235 BGB.

[605] Das Gesetz spricht vom „übernommenen Geschäft", § 384 Abs. 1 HGB.

ist, oder einen Experten vorschicken, z.B. eine Bank beim Erwerb von Wertpapieren im Wege der **Effekten(ankaufs)kommission**. Als Gegenleistung erhält der Kommissionär nach Durchführung des Geschäfts eine Provision (§ 396 Abs. 1 HGB).

Obwohl am Ende des Ersten Buches in das HGB aufgenommen, kommt dem **Handelsvertreter** eine ähnliche Rolle beim Vertrieb von Waren (hier aber auch Dienstleistungen[606]) zu. Er soll häufig ebenfalls **für einen anderen** Geschäfte **abschließen**, allerdings in fremden Namen als dessen Stellvertreter. Meist wird er aber diese nur **vermitteln**, also bis zum Vertragsschluss durch seinen Auftraggeber anbahnen und vorbereiten. Ebenso wie der Kommissionär ist der Handelvertreter selbständig, obwohl er anders als jener in einer Dauerbeziehung steht ("ständig ... betraut", § 84 Abs. 1 Satz 1 HGB) und deshalb von angestellten Reisenden abzugrenzen ist (§ 84 Abs. 2 HGB)[607]. Sehr detailliert geregelt ist die Berechnung der Provisionsansprüche des Handelsvertreters (§§ 87–87d HGB) und der in der Praxis bedeutsame Ausgleichsanspruch für die Nutzung des vom Vertreter aufgebauten Kundenstamms durch den Unternehmer nach Beendigung der Tätigkeit (§ 89b HGB)[608].

Der **Handelsmakler** wird demgegenüber nur im Einzelfall beauftragt, bestimmte Verträge zu **vermitteln** (§ 93 HGB), ebenso wie sein bürgerlich-rechtliches Pendant, der Zivilmakler (§§ 652 ff. BGB)[609]. Provision steht ihm bereits bei Abschluss des Vertrages zu (§ 99 HGB). **Vertragshändler** und **Franchisenehmer**, weder im HGB noch woanders erfasst, sind dagegen wie der Handelsvertreter dauernd verpflichtet, die Erzeugnisse ihrer Vertragspartner abzusetzen[610], jedoch **im eigenen Namen** (wie der Kommissionär) **und** auch **für eigene Rechnung.**

Die weiteren besonderen Vertragstypen im HGB erfassen bestimmte Dienstleistungen, die für die Abwicklung des Warenhandels wichtig sind: Sie betreffen **Transport und Lagerung der Güter** (Frachtgeschäft §§ 407 ff. HGB, Speditionsgeschäft §§ 453 ff. HGB, Lagergeschäft §§ 467 ff. HGB), sollen und können jedoch in diesem Rahmen nicht dargestellt werden[611].

Die für Veräußerungsgeschäfte im engeren Sinne, also den **Handelskauf**, vorgesehenen Bestimmungen (§§ 373–381 HGB) verändern das detaillierte Regelungssystem des bürgerlich-rechtlichen Zivilkaufs[612] nur unwesentlich[613]. Abgesehen von

---

606   Es geht ganz allgemein um „Geschäfte", § 84 Abs. 1 Satz 1 HGB.
607   Wesentliches Kriterium für die Selbständigkeit ist die freie Einteilung seiner Tätigkeit, § 84 Abs. 1 Satz 2 HGB. Trotzdem ist ein von einem Unternehmen allein abhängiger Handelsvertreter ähnlich schutzwürdig wie ein Arbeitnehmer (*RN 441*), vgl. § 92a HGB.
608   Die wesentlichen Bestimmungen für Handelsvertreter beruhen auf einer EG-Richtlinie (v. 18.12.1986, 86/653/EWG, ABlEG 1986 L 382/17) und gelten daher in allen Mitgliedstaaten.
609   Dessen Aufgabe erschöpft sich normalerweise aber in dem Nachweis für einen Vertragsabschluss, ohne diesen weiter vorzubereiten, § 652 Abs. 1 Satz 1 BGB.
610   Daher wird auch teilweise der nachvertragliche Ausgleichsanspruch aus § 89b HGB entsprechend auf diese Absatzmittler angewandt.
611   Dazu *Brox,* Handels- und Wertpapierrecht, 200[18], §§ 22–24; *Canaris,* Handelsrecht, 2000[23], § 33; *Hübner,* Handelsrecht, 2000[5], § 10, 11; *Jung,* Handelsrecht, 2000[4], Kap. 12.
612   §§ 433–473 BGB (*RN 371*).
613   So wird bei einem Kauf noch näher zu bestimmender Waren (Spezifikationskauf) der Käufer ausdrücklich verpflichtet, die notwendige Bestimmung zur Vermeidung von Schadensersatzansprüchen vorzunehmen, § 375 HGB.

Erleichterungen für den Verkäufer bezüglich der Aufbewahrung der Ware im Falle eines Annahmeverzugs des Käufers (§ 373 HGB) sowie einer gegenüber dem Rücktrittsrecht nach § 323 Abs. 2 Nr. 2 BGB zusätzlichen Schadensersatzverpflichtung bei Versäumung eines fest bestimmten Liefertermins (§ 376 HGB)[614] wird für – auf beiden Seiten als Handelsgeschäft abgeschlossene – Kaufverträge[615] im HGB vor allem das Verfahren beim Vorliegen eines **Mangels der verkauften Sache**[616] speziell geregelt. Der Käufer hat derartige von ihm erkannte Abweichungen dem Verkäufer unverzüglich, d.h. innerhalb sehr kurzer Zeit[617], anzuzeigen (**Mängelrüge**), damit dieser nicht von einer ordnungsgemäßen Abwicklung des Vertrages ausgeht, sondern sich auf die möglichen Rechtsfolgen einstellen und entsprechende Dispositionen, etwa zur Schadensbegrenzung, treffen kann[618]. Diese **Informationsobliegenheit** gilt sowohl für Defizite der Lieferungen, die aufgrund einer Untersuchung entdeckt werden (§ 377 Abs. 1 HGB) wie auch für verdeckte Mängel, die sich erst später zeigen (§ 377 Abs. 3 HGB). Unterlässt der Käufer allerdings die Untersuchung der Ware, die je nach Kaufsache unterschiedlich ausfallen muss[619], so wird er behandelt, als ob er die dabei erkennbaren Mängel tatsächlich erkannt hätte, so dass er allein die verdeckten Fehler später rügen darf. Die fehlende oder verspätete Anzeige hat die harte Folge, dass der Käufer in Bezug auf die nicht gerügten Mängel **sämtliche Ansprüche aus der Gewährleistung**[620] verliert, denn insoweit „gilt die Ware als genehmigt" (§ 377 Abs. 2, Abs. 3 2. Halbsatz HGB)[621]. Nur wenn der Verkäufer den Mangel arglistig verschwiegen hat, soll ihm als Sanktion für seine schwere Verfehlung dieser Vorteil genommen werden (§ 377 Abs. 5 HGB). Die Rügelast stellt damit an unternehmerisch tätige Käufer erheblich höhere Anforderungen als an solche außerhalb des Handelsverkehrs[622] und ist in der Praxis des Wirtschaftsverkehrs daher äußerst bedeutsam[623].

---

[614] Einfaches oder relatives Fixgeschäft aufgrund von Klauseln wie „präzise am ...", „spätestens" oder „fix und prompt" (*RN 380*). Ein absolutes Fixgeschäft liegt dagegen vor, wenn die nachträgliche Leistung völlig sinnlos und damit i.S.d. § 275 Abs. 1 BGB unmöglich ist (*RN 377*), wie bei einer für ein bestimmtes Datum vorgesehenen Reise, BGH NJW 1974, 1047.

[615] Sowie auch für Werklieferungsverträge, § 381 Abs. 2 HGB.

[616] Dieser wird – auch für den Handelskauf – in § 434 BGB definiert (*RN 383*) und erfasst außer Qualitätsdefiziten auch die Lieferung einer völlig anderen Sache sowie einer geringeren Menge (§ 434 Abs. 3 BGB).

[617] Ausschlaggebend ist vor allem der Zeitraum, welcher für eine Untersuchung der Ware benötigt wird, während die Übermittlungszeit der Rüge keine Rolle spielt, da deren rechtzeitige Absendung genügt (§ 377 Abs. 4 HGB).

[618] So etwa BGH, NJW 1987, 2235. Ohne diese Regelung könnte sich der Käufer bis zum Ablauf der Verjährungsfrist, also mindestens zwei Jahre (§ 438 Abs. 1 BGB, *RN 386*), mit einer Inanspruchnahme des Verkäufers Zeit lassen, sofern er nicht Beweisschwierigkeiten befürchten muss.

[619] So muss auf für die jeweilige Art der Ware typische Abweichungen – Lebensmittel etwa auf Verzehrbarkeit – hin untersucht werden. Andererseits können bei beschädigenden Kontrollmethoden sowie einer Vielzahl zu prüfender Stücke Stichproben ausreichen, allerdings hängt es auch dabei von der Kaufsache ab, in welchem Umfang diese als repräsentativ gelten (BGH MDR 1977, 836: 5 von 2400 Champignon-Dosen = 0,21 % ja; OLG Köln, NJW-RR 1999, 565: 20 von 20.000 Computerdisketten = 0,01 % nein).

[620] Diese ergeben sich aus § 437 BGB (*RN 384*). Deliktische Ansprüche auf Schadensersatz wie aus § 823 BGB bleiben dagegen erhalten, BGHZ 101, 337 (441 ff.).

[621] Auch hier wird also dem „Schweigen" (*RN 420*) eine erhebliche Bedeutung zugemessen.

[622] In der Schweiz gilt jedoch eine fast identische Verpflichtung zur Mängelanzeige für sämtliche Käufer, auch wenn diese privat handeln (Art. 201 OR). Die EG-Richtlinie über den Verbrauchs-

c) **Internationale Handelsgeschäfte.** Grenzüberschreitende Rechtsbeziehungen **428**
zwischen gewerblich oder unternehmerisch Tätigen unterscheiden sich vor allem dadurch von gleichartigen innerstaatlichen Transaktionen, dass mangels internationaler Gesetzgebungskompetenz **kein einheitliches Regelwerk** vorliegt.
Anzuwenden ist vielmehr ein Gemisch aus nationalen Vorschriften (auf die
durch das jeweilige Internationale Privatrecht (*RN 61*) verwiesen wird), international vereinheitlichten Bestimmungen (in völkerrechtlichen Übereinkommen
oder von überstaatlichen Organisationen[624] erlassenen Regelwerken) sowie allgemeinen Rechtsgrundsätzen und anerkannten Gebräuchen. Ihre **Wirkungskraft**
beziehen diese Regeln teilweise von den staatlichen Gesetzgebern, etwa wenn
ein zwischenstaatlicher Vertrag in das nationale Recht übernommen wird[625],
teilweise von Streitentscheidern wie staatlichen Gerichten oder noch stärker
Schiedsgerichten, wenn diese überstaatliche Prinzipien anwenden[626], oder
schließlich von den Vertragsparteien, die im Rahmen ihrer Gestaltungsfreiheit[627] alle Arten von Normen als Regelungsinhalt in ihre Vereinbarung aufnehmen können. Diese Vielzahl unterschiedlicher nationaler und internationaler
Bestimmungen erzeugt bei grenzüberschreitenden Aktivitäten eine **gegenüber
Binnentransaktionen größere rechtliche Unsicherheit,** so dass im Zuge des zunehmenden Außenhandels das Bedürfnis nach einheitlich anzuwendenden Regeln steigt.

Die klassische **Rechtsvereinheitlichung** im Bereich des internationalen Wirt- **429**
schaftsverkehrs beruht auf dem Abschluss bilateraler oder multilateraler **völkerrechtlicher Übereinkommen** zwischen Staaten, welche die darin enthaltenen Regeln in ihr jeweiliges nationales Recht aufnehmen. Der Bereich des Handelsrechts
im weiteren Sinne wird etwa durch die Genfer Scheck- und Wechselkonventionen

---

güterkauf (*RN 437*) hat den Mitgliedstaaten in Art. 5 Abs. 2 Satz 1 sogar die Option eingeräumt,
Verbraucherkäufer zugunsten unternehmerisch handelnder Verkäufer derartig zu belasten, wenn
auch die Frist zur Mängelanzeige auf zwei Monate verlängert ist (so etwa umgesetzt in Italien,
Art. 132 (2) Codice del Consumo, zuvor Art. 1519-sexies CceCiv).

[623]   Eine ganz ähnliche Parallelregelung gilt nach Art. 38 f. UN-Kaufrecht (*RN 429*) für internationale Kaufverträge im gewerblichen Bereich.

[624]   Prominenteste Beispiele derartiger „Formulierungsstellen" (dazu etwa *Berger*, Einheitliche
Rechtsstrukturen durch außergesetzliche Rechtsvereinheitlichung, JZ 1999, 369) sind – neben
der Europäischen Gemeinschaft, die gegenüber ihren Mitgliedstaaten in bestimmten Bereichen
echte Rechtssetzungskompetenz besitzt (*RN 69 f.*) – etwa die *United Nations Commission for
International Trade Law*/UNCITRAL als Unterabteilung der Vereinten Nationen, das *Institut international pour l„unification du droit privé*/UNIDROIT (dazu *Kronke*, JZ 2001, 1149) als unabhängige intergouvernementale Plattform sowie vollkommen „staatsferne" Institutionen wie
die von Handelskammern, Berufsvereinigungen sowie Einzelunternehmen getragene *International Chamber of Commerce*/ ICC.

[625]   Dies erfolgt im Rahmen der jeweiligen innerstaatlichen Verfahren zur **Ratifikation** (*RN 62*) derartiger Abkommen (in Deutschland ist gem. Art. 59 Abs. 2 GG die Zustimmung der Legislativ-
Organe wie bei einem Bundesgesetz erforderlich), durch die deren Inhalt den heimischen Gesetzen gleich gestellt wird.

[626]   Dazu sind zumindest staatliche Gerichte jedoch nur dann ermächtigt, wenn das primär anzuwen-
dende eigene Recht für eine Entscheidung nicht genügt, also im Rahmen der Auslegung sowie
bei der Rechtsfortbildung.

[627]   Daher können die Akteure zwingende Vorgaben (*RN 365*) der – jeweils anwendbaren – Rechtsordnung nicht umgehen.

von 1930/31[628] erfasst, denen auch die entsprechenden deutschen Gesetze für diese Wertpapiere nachgebildet sind, sowie vor allem durch das Übereinkommen der Vereinten Nationen über Verträge über den internationalen Warenkauf (*Convention on Contracts for the International Sale of Goods*, CISG) von 1980, das sog. **UN-Kaufrecht.**

Dieses Kaufrechts-Übereinkommen ist ein äußerst erfolgreiches Instrument der Rechtsvereinheitlichung, denn in den gut 25 Jahren seit seinem Inkrafttreten haben es weltweit 67 Staaten akzeptiert[629], während sein Vorläufer, das vor allem auf den Arbeiten des Rechtsvergleichers Ernst Rabel gestützte Haager Übereinkommen zum Einheitlichen Kaufgesetz (EKG) von 1964 als solches bedeutungslos geblieben ist[630], jedoch wiederum die Basis für das UN-Kaufrecht bildete.

Das Einheitskaufrecht ist automatisch für sämtliche internationalen Kaufverträge heranzuziehen, bei denen die **Vertragsparteien in verschiedenen Staaten** ansässig sind[631] (Art. 1 Abs. 1 CISG), wenn jene entweder **beide das Übereinkommen ratifiziert** haben, und darüber hinaus auch, wenn das Internationale Privatrecht die **Rechtsordnung eines Vertragsstaats** für **anwendbar** erklärt[632]. Erfasst wird jedoch nicht der Erwerb zu privaten Zwecken (Art. 2 lit. a CISG), also keine Verbraucherkäufe, jedoch müssen die Beteiligten auch nicht Kaufleute im Sinne des Handelsrechts (*RN 402 f.*) sein. Schließlich geht es allein um Waren, d.h. um **bewegliche Sachen**[633] und nicht etwa um Grundstücke oder auch Unternehmen. Die Geschäftspartner können aber die Anwendung des UN-Kaufrechts entweder ganz **ausschließen**[634] – was gerade in Deutschland wegen vermuteter Käuferbevor-

---

[628]   Letztere sollte durch ein von UNCITRAL erarbeitetes UN-Übereinkommen über den Internationalen Wechsel (New York, 1988) ersetzt werden, welches jedoch mangels einer ausreichenden Zahl beigetretener Staaten noch nicht wirksam geworden ist, vgl. dazu *von Bernstorff*, RIW 1991, 896–901.

[629]   Stand Januar 2006, http://www.uncitral.org/uncitral/en/uncitraltexts/salegoods/1980CISGstatus.html . Darunter einschließlich Deutschland – seit 1991 – immerhin 21 der 25 EU-Staaten (nur die *Common Law*-Rechtsordnungen des Vereinigten Königreichs sowie Irlands und außerdem Portugal und Malta fehlen noch), die Schweiz, Osteuropa mit der Russischen Föderation und deren Abspaltungen komplett, Nordamerika mit den USA und Kanada, Australien und Neuseeland sowie Teile Mittel- und Südamerikas (Argentinien, Chile, Kolumbien, Ecuador, Honduras, Mexico, Paraguay, Peru und Uruguay, nicht aber Brasilien), in Asien dagegen bisher nur die Volksrepublik China sowie Singapur und in Afrika erst acht Staaten. Den Vertragsstaaten des UN-Kaufrechts gemeinsam werden über zwei Drittel des Welthandelsvolumens zugeschrieben.

[630]   Es ist nur von neun Staaten ratifiziert worden, darunter 1974 auch von der Bundesrepublik Deutschland.

[631]   Egal, welche Staatsangehörigkeit sie besitzen, und unabhängig davon, ob die verkaufte Ware eine Grenze überschreitet.

[632]   Da innerhalb der EG das Recht am Sitz des Verkäufers anzuwenden ist (Art. 28 Abs. 2 EGBGB bzw. Art. 4 Abs. 2 EVÜ), wird das UN-Kaufrecht bereits dann angewendet, wenn dieser in einem Vertragsstaat des Übereinkommens seinen Sitz hat, auch wenn der Käufer sich in einem Staat befindet, in dem das UN-Kaufrecht noch nicht gilt.

[633]   Wertpapiere werden allerdings, anders als im deutschen Handelsrecht (§ 381 Abs. 1 HGB), ausgeschlossen, Art. 2 lit. d CISG.

[634]   Allerdings führt die bloße Wahl des Rechts eines Vertragsstaates nach bei weitem überwiegender Rechtsprechung (z.B. BGH NJW 1999, 1259) nicht zum Ausschluss des UN-Kaufrechts, da es zum Bestandteil dieser Rechtsordnung geworden ist. Statt „Für den Vertrag gilt deutsches Recht" müsste das Kaufrecht des deutschen BGB bzw. HGB vereinbart oder das Übereinkommen ausdrücklich ausgeschlossen werden.

zugung lange Zeit gängige Praxis vor allem der Verkäufer war[635] – **oder** es nach ihrem Belieben **verändern** (Art. 6 CISG).
Der **Inhalt** des UN-Kaufrechts geht erheblich weiter als die marginale Regelung des Handelskaufs im deutschen HGB. Auch den Bereich des BGB-Kaufvertrags überschreitet es insofern, als nicht nur die **Gewährleistung für Mängel** der verkauften Sache vollständig normiert wird, sondern **sämtliche Vertragsstörungen**, auch durch den Käufer, behandelt werden und darüber hinaus auch der **Vertragsabschluss** eigens geregelt ist.

Andere mit der Veräußerung von Waren zusammenhängende Fragen werden dagegen vom Übereinkommen **nicht erfasst**, weder Wirksamkeitshindernisse für den Vertrag (Art. 4 lit. a CISG)[636] noch der Eigentumsübergang (Art. 4 lit. b CISG)[637] oder die Haftung für Personenschäden wegen eines Produktfehlers (Art. 5 CISG). Auch die Verjährung der Ansprüche wurde nicht mit aufgenommen[638]. Insofern ist jeweils das nach dem IPR des Gerichtsorts zu bestimmende nationale Recht anzuwenden.

Der **Abschluss des Vertrages** ist zwar ausführlicher geregelt als etwa im deutschen BGB (so wird das Vertragsangebot detailliert definiert, Art. 14 Abs. 1 Satz 1 CISG[639]), aber zu jenem bestehen nur **wenige Abweichungen**[640]. Bei den Vertragspflichten des Verkäufers ist anders als nach § 433 Abs. 1 BGB (*RN 371*) auch die – im internationalen Handel äußerst wichtige – **Übergabe von Dokumenten** ausdrücklich aufgeführt (Art. 34 CISG), während die **Zahlungspflicht** des Käufers entgegen § 270 Abs. 1 BGB (*RN 367*) **beim Verkäufer** zu erfüllen ist (Art. 57 lit. a CISG). Die **Haftung des Verkäufers** für jegliche nicht vertragsgemäße Lieferung der Ware entspricht dagegen mittlerweile ganz überwiegend dem durch die Schuldrechtsreform 2002 veränderten Gewährleistungsrecht der §§ 434 ff. BGB (*RN 383 ff.*), wobei dem Käufer eine Rügelast ähnlich wie nach dem HGB (*RN 427*) auferlegt wird (Art. 38, 39 CISG). Jedoch kann **Schadensersatz unab-**

---

[635] Nach einer aktuellen Umfrage unter etwa 4000 Rechtsanwälten schließen immer noch über 40 % das CISG grundsätzlich aus, *Meyer*, UN-Kaufrecht in der deutschen Anwaltspraxis, RabelsZ 2005, 457–486. Vgl. auch *Stadie/Nietzer*, CISG – Das UN-Kaufrecht in der Anwaltspraxis, MDR 2002, 428–431.

[636] Dazu gehört das Fehlen der Rechts- (*RN 277*) oder Geschäftsfähigkeit (*RN 288 f.*) sowie der Verstoß gegen Gesetze oder die guten Sitten (*RN 365*).

[637] Für diesen werden in verschiedenen Rechtsordnungen unterschiedliche Voraussetzungen benötigt: Während in Deutschland nach § 929 BGB ein eigenes Verfügungsgeschäft nebst Übergabe der Sache erforderlich ist (*RN 333*), geht etwa in Frankreich allein durch den Abschluss des Kaufvertrages das Eigentum vom Verkäufer auf den Käufer über (Art. 1583 CdeCiv: „ ... es wird dem Verkäufer gegenüber das Eigentum von dem Käufer von Rechts wegen erworben, sobald man über die Sache und den Preis einig geworden ist, wenn auch die Sache noch nicht geliefert und der Preis noch nicht gezahlt ist.").

[638] Ein diesbezügliches Zusatzübereinkommen von 1980 (ursprünglich von 1974) wurde bislang nur von 19 Staaten ratifiziert, darunter immerhin fünf der neuen Mitgliedstaaten der EU (Polen, Slowakei, Slowenien, Tschechien, Ungarn).

[639] „Der an eine oder mehrere bestimmte Personen gerichtete Vorschlag zum Abschluß eines Vertrages stellt ein Angebot dar, wenn er bestimmt genug ist und den Willen des Anbietenden zum Ausdruck bringt, im Falle der Annahme gebunden zu sein."

[640] Ein viel zitiertes Beispiel ist die Möglichkeit, das Vertragsangebot entgegen § 130 Abs. 1 Satz 2 BGB (*RN 354*) noch bis zur Absendung der Annahmeerklärung durch die andere Seite zu widerrufen (Art. 16 Abs. 1 CISG). Die Einschränkungen in Art. 16 Abs. 2 CISG führen allerdings dazu, dass diese Möglichkeit in der Praxis nur selten genutzt werden kann. Die anderen Abweichungen finden sich in Art. 19 Abs. 2 sowie 21 Abs. 1 CISG.

hängig vom Verschulden des Vertragspartners, wie es in § 280 Abs. 1 Satz 2 BGB vorausgesetzt wird (*RN 378*), verlangt werden[641], allerdings nur, soweit der Schadensposten zumindest als möglich vorausgesehen werden musste (Art. 74 Abs. 2 CISG).

Andere wichtige multilaterale zwischenstaatliche Vertragswerke regeln das Internationale Transportrecht[642] oder die Durchsetzung von Ansprüchen, wie die Anerkennung und Vollstreckung ausländischer Schiedssprüche[643].

430 Eine weiteres Instrument, die Spielregeln des internationalen Wirtschaftsverkehrs zu vereinheitlichen, sind transnational ausgearbeitete **Modellgesetze**, die den staatlichen Gesetzgebern zur Orientierung empfohlen werden.

So wurde für den grenzüberschreitenden Zahlungsaustausch 1992 das UNCITRAL-Modellgesetz für den internationalen Überweisungsverkehr vorgelegt[644], für den elektronischen Geschäftsverkehr das UNCITRAL Model Law on Electronic Commerce von 1996 und zur Verbesserung der privaten Streitschlichtung das UNCITRAL Model Law on International Commercial Arbitration von 1985[645].

431 Schließlich wenden sich zunehmend internationale Regelwerke nicht mehr an die Judikativen der Nationalstaaten, sondern an die handelnden Akteure, in erster Linie die Vertragsparteien, denen die **Verwendung eines einheitlichen Vertragsinhalts** empfohlen wird. Auf diese Weise kann man allerdings den zwingenden Regelungen des jeweils anzuwendenden nationalen Rechts nicht entgehen, denn diese begrenzen die Vertragsgestaltungsfreiheit.

Den inhaltlich umfassendsten „Vertragsbaustein" stellen derzeit die **UNIDROIT-Grundregeln für internationale Handelsverträge** (*Principles of International Commercial Contracts*, PICC)[646], ursprünglich von 1994, in einer erweiterten Fassung

---

[641] Allein vom Schuldner nicht beherrschbare und unvorhersehbare Ereignisse wie Naturkatastrophen, kriegerische Auseinandersetzungen oder staatliche Eingriffe, also jedenfalls jede „höhere Gewalt", entlasten ihn (Art. 79 Abs. 1 CISG).

[642] Jeweils auch in Deutschland gilt etwa für den Straßengüterverkehr die Convention on the Contract for the International Carriage of Goods by Road (CMR) von 1956, für den Eisenbahntransport das COTIF- Übereinkommen über den internationalen Eisenbahnverkehr von 1980, für den Lufttransport das Warschauer Abkommen von 1929 (in der Fassung von Den Haag von 1955), und für den Seefrachtverkehr das Internationale Abkommen zur Vereinheitlichung von Regeln über Konnossemente von 1924 (dessen Änderungen durch die sog. Visby-Regeln von 1968 sind dagegen in Deutschland nicht in Kraft) sowie die United Nations Convention on the Carriage of Goods by Sea („Hamburg Rules") von 1978.

[643] New Yorker UN-Übereinkommen von 1958, an dem sich mittlerweile weltweit 136 Staaten beteiligt haben.

[644] Dazu *Hadding/Schneider*, WM 1993, 629. Auf diesem basiert wiederum die EG-Überweisungsrichtlinie 1997 (97/5/EG, ABlEG 1997 L 43/25).

[645] Auf dessen Grundlage ist unter anderem das Schiedsrecht im 10. Buch der deutschen ZPO (*RN 347*), gestaltet worden.

[646] Text: http://www.unidroit.org/english/principles/contracts/principles2004/blackletter2004.pdf (in Englisch), deutsche Fassung ZEuP 2005, 470 ff. Dazu *Brödermann*, RIW 2004, 721–734. Parallel wurden zur Verwendung für sämtliche – nicht nur gewerblichen – Verträge innerhalb der EG die Grundregeln des Europäischen Vertragsrechts (*Principles of European Contract Law*, *PECL*) entwickelt – Text: http://frontpage.cbs.dk/law/commissiononeuropeancontractlaw/. Sie sind jedoch vor allem als Grundlage für ein zukünftiges einheitliches Europäisches Vertragsrecht

von 2004, dar. Wenn die Parteien dieses Regelwerk ausdrücklich oder auch still-schweigend[647] für anwendbar erklären, **verdrängt** es die zahlreichen **dispositiven Bestimmungen** des ansonsten zu berücksichtigenden einzelstaatlichen Vertrags-rechts. Anders als das oben erwähnte CISG beschränkt es sich nicht auf Kaufver-träge, sondern kann etwa auch Handelvertreterabreden oder Transportleistungen erfassen. Neben dem **Vertragsschluss** sowie der **Durchführung von Verträgen**, die meist ähnlich wie im CISG geregelt werden, behandeln die PICC auch die **Gren-zen der Gültigkeit** von Vereinbarungen (wegen Irrtum, Täuschung und Drohung, grobem Missverhältnis des Austauschs), die **Aufrechnung**, die **Übertragung von Ansprüchen** sowie die **Verjährung**.

Einen sehr viel engeren Regelungsbereich besitzen die in der Praxis weit verbreite-ten **IN**(ternational)**CO**(mmercial)**TERMS**, die bereits seit 1936 in immer wieder erneuerten Fassungen – zuletzt 2000 – von der Internationalen Handelskammer (ICC) veröffentlicht werden[648]. Mit diesen auf drei Buchstaben (z.B. EXW, FOB, CIF[649]) reduzierten Vertragsklauseln verweisen die Parteien jeweils auf einen meh-rere Seiten umfassenden Pflichtenkatalog, der für den Reiseweg von veräußerten Waren im Detail die Verteilung der **Beschädigungs- und Verlustrisiken**, der **Trans-port- und Versicherungskosten** sowie weiterer damit zusammenhängender Fragen zwischen Verkäufer und Käufer verteilt. Dabei können zwischen der Abholung durch den Käufer am Sitz des Verkäufers (EXW) über einen Teiltransport bis zum Verladeort (FOB sowie zwei weitere F-Klauseln) oder den Haupttransport (CIF sowie drei weitere C-Klauseln) durch den Verkäufer bis zur Ablieferung am Be-stimmungsort bzw. am Sitz des Käufers (fünf D-Klauseln) zahlreiche Abstufungen der beiderseitigen Belastung gewählt werden.

Diese beiden wie auch andere unverbindliche Regelwerke können als **schriftliche Fixierungen** der *lex mercatoria* angesehen werden, also der ungeschriebenen Grundsätze des internationalen Wirtschaftsverkehrs, die von den Beteiligten – gleichsam als Gewohnheitsrecht – weltweit akzeptiert werden[650]. **In Zukunft** wird es darum gehen, aus der Vielzahl von Regelungen für internationale Handels-geschäfte ein **konsistentes System** zu entwickeln, auch wenn der privatrechtliche Teil eines Europäischen Handelsrechts oder gar eines Welthandelsrechts noch in weiter Ferne liegt.

---

gedacht, welches allerdings von der Gemeinschaft durch einen Rechtsakt in Kraft gesetzt werden müsste.

[647] Etwa über den in internationalen Verträgen gebräuchlichen Verweis auf Allgemeine Rechts-grundsätze oder die *lex mercatoria* (unten in *dieser RN*). Außerdem können die PICC als Ausle-gungsmaßstab von Richtern oder Schiedsrichtern zu Hilfe genommen werden.

[648] Text: http://www.iccwbo.org/incoterms/preambles.asp, dazu *Piltz*, RIW 2000, 485–489.

[649] EXW = *ex works*/ab Werk (Übergabe auf dem Gelände des Verkäufers), FOB = *free on board*/frei an Bord (Übergabe über die Schiffsreeling im Hafen), CIF = *cost, insurance and freight*/Kosten, Versicherung und Fracht (FOB + Transportkosten bis Bestimmungshafen + Transportversiche-rung). Achtung: Teilweise gelten die Terms nur für bestimmte Verkehrsmittel, so FOB und CIF nur für den See- und Binnenschifftransport.

[650] Vgl. etwa *Ehricke*, JuS 1990, 967 ff. Eine Sammlung der wichtigsten Prinzipien findet sich auf der *Transnational Law Database (TLDB)* des Center for Transnational Law (CENTRAL) an der Universität Köln unter http://www.tldb.de/.

Literatur:

Brox, Handels- und Wertpapierrecht, 2005[18], §§ 10, 14–20; *Canaris,* Handelsrecht, 2000[23], §§ 14, 15, 22–31; *Hübner,* Handelsrecht, 2004[5], § 5 B, 6, 7; *Jung,* Handelsrecht, 2005[4], Kap. 9, 10, 13; *Klunzinger,* Grundzüge des Handelsrechts, 2006[13], §§ 8 I, 14, 17 I; *D'Arcy* et al.: Schmitthoff's Export Trade – The Law and Practice of International Trade, 2000[10]; *Gildeggen,* Internationale Handelsgeschäfte, 2000; *Herdegen,* Internationales Wirtschaftsrecht, 2005[5], II.10, III.; *Schlechtriem,* Internationales UN-Kaufrecht, 2005[3]. *Weyer,* Handelsgeschäfte (§§ 343 ff. HGB) und Unternehmergeschäfte (§ 14 BGB), WM 2005, 490–502; *Emmerich,* Der Handelskauf, JuS 1997, 98–102; *Drexl/Mentzel,* Handelsrechtliche Besonderheiten der Stellvertretung, Jura 2002, 289–298, 375–381; *Daun,* Methodik der Fallbearbeitung für Studenten – Grundzüge des UN-Kaufrechts, JuS 1997, 811–816, 998–1005; *Piltz,* Neue Entwicklungen im UN-Kaufrecht, NJW 2005, 2126–2131; *Schwartze,* Rechtsfragen internationaler Markt- und Kooperationsbeziehungen – Vertragsgestaltung, Vertragsrecht, Vertragsdurchsetzung, in: *Kersten/Schulze/Wengelowski,* Unternehmen im Prozess der Globalisierung, 2002, 143–163.

III. Verbraucherrecht

432

Ebenso wie das Handelsrecht, aber erst seit Ende der 1970er Jahre[651], greift das private Verbraucherrecht **Rechtsbeziehungen zwischen** bestimmten Gruppen von Personen – hier: **Verbraucher und Unternehmer** – heraus und unterwirft sie speziellen Regelungen, welche von denen des allgemeinen bürgerlichen Rechts abweichen und daher ebenfalls Sonderprivatrecht darstellen. Anders als das Recht der Kaufleute wird das **Verbraucherprivatrecht** jedoch nicht in einer speziellen Kodifikation zusammengefasst[652], sondern wurde zunächst überwiegend in Einzelgesetzen außerhalb der Zivilrechtskodifikation angesiedelt,[653] die aber mittlerweile im Zuge der Schuldrechtsreform 2002 **in das BGB eingegliedert** wurden. Inhaltlich erfasst es vor allem das Schuldrecht und dort fast ausschließlich **vertragliche Schuldverhältnisse,** zum einen in Bezug auf ihr Zustandekommen („Besondere Vertriebsformen", §§ 312–312 f BGB, *RN 435 f.*) und zum anderen als spezielle Vertragstypen (Timesharing-Verträge §§ 481–487 BGB, Verbraucherkredite §§ 491–507 BGB, Reiseverträge §§ 651 a–651 m BGB, *RN 437 f.*)[654].

---

[651] Das im Verbraucherkreditrecht aufgegangene Abzahlungsgesetz von 1894 (!) stellt eine frühe einsame Ausnahme dar. Seit Mitte der 1980er Jahre nimmt die Europäische Gemeinschaft in diesem Bereich entscheidenden Einfluss durch die Vorgabe von nationalen Recht umzusetzenden Richtlinien, beginnend mit der Haustürgeschäfts-Richtlinie von 1985 (*RN 435*) sowie der Verbraucherkredit-Richtlinie 1987 (*RN 438*).

[652] So dagegen etwa in Österreich seit 1979 durch das Konsumentenschutzgesetz (KSchG), ebenso seit Oktober 2005 in Italien durch den *Codice del Consumo.*

[653] Beginnend mit dem Haustürwiderrufsgesetz von 1986 über das Verbraucherkreditgesetz von 1990 und das Teilzeit-Wohngesetz von 1996 bis hin zum Fernabsatzgesetz von 2000. Allein das Pauschalreiserecht wurde als Sonderform des Werkvertrages im Anschluss an diesen Vertragstyp 1979 in den § 651a ff. BGB eingefügt (*RN 437*).

[654] Außerhalb des Vertragsrechts gilt vor allem die Haftung des Warenherstellers nach dem Produkthaftungsgesetz von 1990 (*RN 311*) als verbraucherorientiert. Auf besondere Verfahren zur Durchsetzung von Konsumentenansprüchen, wie das Unterlassungsklagengesetz (*RN 340*) kann hier nicht näher eingegangen werden, vgl. dazu etwa *E. Schmidt,* Verbraucherschützende Verbandsklagen, NJW 2002, 25–30.

Ganz anders als das Handelsrecht **erhöht** das Verbraucherprivatrecht **das Schutz-** **433**
niveau für die auf der einen Seite an den Rechtsgeschäften beteiligten Personen,
eben die gegenüber den professionell Handelnden auf der anderen Seite als unterlegen angesehenen Konsumenten, in dieser Hinsicht ähnelt es dem Arbeitsrecht
(*RN 439*)[655]. Diese **rechtliche Bevorzugung einer Partei** steht im **Widerspruch zur**
Privatautonomie (*RN 269*), die darauf abstellt, dass die Beteiligten ihre Angelegenheiten zu ihrem beiderseitigen Besten unter sich regeln. Derartige Vereinbarungen sind von der Rechtsordnung jedoch nur dann anzuerkennen, wenn sie aus
freiem, von der Gegenseite unbeeinflusstem Willen eingegangen wurden. Neben
der Beeinflussung durch unmittelbaren Zwang, Drohung oder Täuschung
(*RN 364*) wird zunehmend auch die Unerfahrenheit[656] oder aber die wirtschaftliche Unterlegenheit des einen gegenüber dem anderen Geschäftspartner als möglicher Grund für das Eingehen „unsinniger" Absprachen angesehen. Zumindest bei
typischen Sachverhalten befinden sich die Parteien eines Verbrauchervertrages daher in einer Ungleichgewichtslage, die durch gesetzliche Regelungen kompensiert
werden soll.
Erstens wird versucht, die Informationsbasis der einen Partei an die der anderen
anzugleichen, indem der unternehmerisch tätige und daher besser informierte Ak-
teur den **Verbraucher aufklären** muss[657]. Zweitens wird den Konsumenten vielfach entgegen dem Grundsatz *pacta sunt servanda* das Recht eingeräumt, sich von
einem nachträglich als unerwünscht empfundenen Vertrag zu lösen (**Widerrufs-**
recht, § 355 BGB). Schließlich wird drittens bei gravierenden oder nicht anders
behebbaren Störungen die **Unwirksamkeit** meist **einzelner Vereinbarungen durch**
(halb)zwingende Regelungen angeordnet,[658] wodurch der Verbraucher allerdings
„paternalistisch" gegen sich selbst geschützt wird, denn er kann in diesen Fällen
nicht einmal bewusst eine andere Vertragsgestaltung wählen.

1. Der Begriff des Verbrauchers

Der **subjektive Anwendungsbereich** verbraucherschützender Regelungen des Pri- **434**
vatrechts wird dadurch bestimmt, dass die an den Geschäften beteiligten, typischerweise **für schutzbedürftig erachteten Personen definiert** werden. Nachdem
das Verbraucherprivatrecht im Wesentlichen in das BGB integriert ist, wird dort
im Allgemeinen Teil der **Verbraucher** beschrieben, indem an die Rolle angeknüpft
wird, in der eine – natürliche[659] – Person eine bestimmte Rechtsbeziehung auf-

---

[655] Auch die Regelungen des Wohnraummietrechts (*RN 372*) werden mit einer grundsätzlichen Unterlegenheit des Mieters gegenüber dem Vermieter gerechtfertigt.

[656] Häufig besitzen die Konsumenten mangelnde Kenntnisse, gegenüber den Unternehmen handelt
es sich ökonomisch betrachtet um Informationsasymmetrien, dazu *Schäfer/Ott*, Lehrbuch der
ökonomischen Analyse desZivilrechts, 2005⁴, Teil 3 15. Kap. Ziff. 4.

[657] Vgl. etwa dazu die teilweise äußerst detaillierten Angaben in der Verordnung über Informationspflichten nach bürgerlichem Recht (BGB-InfoV) v. 2.1.2002.

[658] So sind z.B. bezüglich der Gewährleistung bei Verbraucherkaufverträgen gem. § 475 Abs. 1
BGB von den gesetzlichen Vorgaben abweichende Vereinbarungen zu Lasten des Verbrauchers
unwirksam (*RN 437*).

[659] Juristische Personen werden ausdrücklich ausgeschlossen, während es bei Gesellschaften bürgerlichen Rechts auf den konkreten Geschäftszweck ankommt, BGH NJW 2002, 368.

nimmt: Nur wenn dies zu privaten, also **nicht gewerblichen oder selbständig**[660] **beruflichen Zwecken** geschieht (§ 13 BGB), handelt die Person als Verbraucher. Dies ist völlig unabhängig vom Wert der Transaktion, so dass auch der Erwerb eines Sportflugzeugs oder von anderen Luxusartikeln, wie teurem Schmuck, durch Verbraucher erfolgt[661]. Bei **gemischten Zwecken**, z.B. wenn ein PKW sowohl selbständig beruflich wie privat genutzt werden soll, dürfte nach der beabsichtigten überwiegenden Nutzung zu entscheiden sein[662]. Der Übergang vom privaten zum kommerziellen Bereich bereitet vor allem bei der **Existenzgründung** Schwierigkeiten, also bei Geschäften im Vorfeld einer unternehmerischen Tätigkeit: Handelt es sich dabei um Kredite, so werden sie durch § 507 BGB ausdrücklich noch der Verbrauchersphäre zugewiesen, für andere Fälle gilt dies aber eben deshalb gerade nicht[663]. Ein Verbrauchergeschäft liegt jedoch nur dann vor, wenn dem privat handelnden Konsumenten ein professionell agierender **Unternehmer** (§ 14 BGB)[664] gegenüber steht[665] (neudeutsch: B2C [*business to consumer*]).

2.   Schutz gegen Vertriebsstrategien

Unabhängig von der Art des Rechtsgeschäfts wird der Verbraucher gegenüber dem Unternehmer als unterlegen angesehen, wenn letzterer **Absatzmethoden** verwendet, die geeignet sind, die andere Seite durch unerwartete Verhandlungen **unter – zeitlichen – Druck** zu setzen, wie bei den sogenannten Haustürgeschäften (*RN 435*), oder aufgrund fehlenden persönlichen Kontakts **Informationsnachteile** zu bewirken, wie im Fernabsatz (*RN 436*).

435 a) **Haustürgeschäfte.** Außer dem klassischen Fall des Besuchs eines Staubsauger-„Vertreters" an der Wohnungstür erfasst § 312 BGB auch andere Überrumpelungssituationen, die ein **Vertragsabschluss außerhalb von Geschäftsräumen**, also in einem Bereich, in dem der Verbraucher darauf nicht vorbereitet ist, mit sich bringt. Typischerweise liegt ein Überraschungsmoment also nicht nur bei einem

---

660   Wird das Rechtsgeschäft daher für die abhängige berufliche Tätigkeit als Arbeitnehmer abgeschlossen, etwa bei der Beschaffung eines Fahrrades für die Fahrt zur Arbeit, dann handelt die Person als Verbraucher (dagegen gilt der Verbraucherschutz nicht für das Arbeitsverhältnis als solches – str., vgl. zu BAG NJW 2005, 3305 *Benecke/Pils*, ZIP 2005, 1956–1958, offen gelassen noch in BAG, NJW 2004, 2401). Insofern wird in Deutschland – zulässigerweise – der Verbraucherschutz weiter erstreckt, als es nach den EG-Vorgaben notwendig wäre, die jeglichen beruflichen Zweck ausschließen.

661   Problematisch erscheint dagegen die private Vermögensanlage, etwa der Erwerb von drei Wohneinheiten. Die Rechtsprechung stellt dabei auf den organisatorischen und zeitlichen Aufwand ab und geht bei einem planmäßigen Geschäftsbetrieb, vor allem mit Angestellten oder eigenem Büroraum, von einem die Verbrauchereigenschaft ausschließenden Gewerbe aus, BGH NJW 2002, 368.

662   So etwa OLG Celle, NJW-RR 2004, 1645. Die Beweislast trägt der Verbraucher, wenn er sich, wie in den meisten Fällen anzunehmen, auf den Verbraucherschutz beruft.

663   BGH NJW 2005, 1273.

664   Dieser Begriff deckt sich nicht mit dem engeren des Kaufmanns (*RN 402 f.*), denn jeder Kaufmann ist Unternehmer, aber eben nicht jeder Unternehmer Kaufmann.

665   Dazu zählen natürlich auch juristische Personen sowie „rechtsfähige Personengesellschaften" (§ 14 Abs. 2 BGB), wie OHG, KG, EWIV, u.U. sogar eine GbR.

Eindringen in den beruflichen oder privaten Bereich des Konsumenten vor (§ 312 Abs. 1 Nr. 1 BGB[666]), sondern auch bei einer als Freizeiterlebnis „getarnten" **Vertriebsveranstaltung** („Kaffeefahrt", § 312 Abs. 1 Nr. 2 BGB[667]) sowie bei **Anwerbungen an öffentlich zugänglichen Orten** (§ 312 Abs. 1 Nr. 3 BGB[668]). In diesen Situationen ist der Überrumpelte[669] geneigt, übereilt und unüberlegt einen Vertrag einzugehen, um der unangenehmen Lage möglichst schnell zu entfliehen. Daher bedarf er der Möglichkeit, seinen Entschluss **noch einmal zu überdenken** und sich bei nüchterner Betrachtung vom belastenden Vertrag (über eine „entgeltliche Leistung"[670]) zu lösen, also das **Widerrufsrecht** nach § 355 in Anspruch zu nehmen[671].

b) **Fernabsatz.** Auch der Abschluss von **Distanzgeschäften ohne unmittelbaren persönlichen Kontakt**[672] lässt den Verbraucher schutzwürdig erscheinen, da eine Begutachtung der gewünschten Ware oder Dienstleistung nur sehr eingeschränkt möglich ist und auch die Seriosität des Vertragspartners im Ungewissen bleibt. Typischerweise ist dies bei „ausschließlicher **Verwendung von Fernkommunikationsmitteln**" (§ 312b Abs. 1 Satz 1 BGB) der Fall, seien sie traditioneller Art[673], wie Brief, Katalog oder Telefon, oder moderner Natur, wie e-mail oder Mediendienste (§ 312b Abs. 2 BGB), und zwar auch bei unterschiedlichen Formen (z.B. e-mail auf Brief). Außerdem darf der **Unternehmer** nicht nur gelegentlich diese Art des Vertriebs nutzen, sondern muss ein entsprechendes **System organisiert** haben (§ 312b Abs. 1 Satz 1 letzter Halbsatz BGB). Neben einem **Widerrufsrecht** (§ 312d BGB) hat der Verbraucher gem. § 312c Abs. 1 BGB Anspruch auf die **Bekanntgabe geschäftsrelevanter Angaben**, die aus Gründen der Übersichtlichkeit in einer eigenen BGB-Informationsverordnung (*RN 433*) aufgeführt werden.

Weitergehende Informationen sind im **elektronischen Geschäftsverkehr** erforderlich (§ 312e BGB)[674], aber nicht nur gegenüber Verbrauchern, sondern **gegenüber allen Kunden**, auch anderen Unternehmern.

---

[666] Die Privatwohnung kann durchaus auch die eines Dritten sein, wie etwa bei einer Tupper-Party, nicht jedoch die des Unternehmers, BGH NJW 2000, 3498.

[667] Bei einer Verbrauchermesse, wie etwa der „Grünen Woche" in Berlin, muss der Konsument dagegen mit Vertriebsaktionen rechnen, BGH NJW 2002, 3100.

[668] Insoweit geht das deutsche Recht, wiederum zulässigerweise, über die einschlägige Haustürgeschäfts-Richtlinie (85/577/EWG, ABlEG 1985 L 372/31) hinaus.

[669] Hat der Verbraucher die Verhandlungen in seinem Privatbereich gewünscht, liegt natürlich keine Überrumpelung vor, § 312 Abs. 3 Nr. 1 BGB.

[670] In dieser Formulierung des § 312 Abs. 1 Satz 1 BGB lag das Problem beim Abschluss einer Bürgschaft, die allenfalls als mittelbar entgeltlich angesehen werden kann, BGH NJW 1998, 2356. Der EuGH, NJW 1998, 1295, hat unter Bezug auf die Haustürgeschäfts-Richtlinie festgestellt, dass jedenfalls bei der Bürgschaft eines Verbrauchers für den Kredit eines Verbrauchers ein Widerrufsrecht besteht.

[671] Diese „cooling off"-Periode beträgt volle zwei Wochen, § 355 Abs. 1 Satz 2 BGB, berechnet erst ab deutlicher Belehrung über das Widerrufsrecht, § 355 Abs. 2 BGB.

[672] Grundlage der deutschen Regelung sind wiederum die Vorgaben der EG, hier durch die Fernabsatz-Richtlinie (97/7/EG, ABlEG 1997 L 144/19) sowie die Finanzdienstleistungs-Fernabsatz-Richtlinie (2002/65/EG, ABlEG 2002 L 271/16).

[673] Selbst ein Bote fällt darunter, BGH NJW 2004, 3699.

[674] Damit wurde die „E-Commerce"-Richtlinie (2000/31/EG, ABlEG 2000 L 178/1) umgesetzt.

3. Schutz bei bestimmten Vertragstypen

437 Neben dem **Verbrauchsgüterkauf** (§§ 474–479 BGB), der im Wesentlichen die Gewährleistungsregeln des allgemeinen Kaufrechts zugunsten der Verbraucher festschreibt (§ 475 Abs. 1 BGB)[675], sowie dem eigenständigen Vertragstyp des **Timesharing-Vertrages** (§§ 481–487 BGB)[676], für den wiederum Informationspflichten sowie ein Widerrufsrecht vorgesehen sind, wird auch der **Reisevertrag** (§§ 651a–651m BGB)[677], für den neben Informationspflichten (§ 651a Abs. 3 BGB) sowie einer Insolvenzsicherung (§ 651k BGB) vor allem eine spezielle Gewährleistung (§§ 651c–651g BGB) vorgesehen ist, zum Verbraucherprivatrecht gerechnet, obwohl neben privaten Urlaubern auch Geschäftsreisende geschützt werden.

438 Die umfangreichste Regelung eines speziellen Vertragstyps für Konsumenten betrifft den **Verbraucherkredit** (§§ 491–507 BGB)[678]. Derartige Finanzgeschäfte gelten, vor allem wegen ihres Bezuges zu den zu finanzierenden Verträgen, als höchst komplex und „gefährlich", weshalb privat Handelnde in diesem Bereich besonders schutzwürdig erscheinen. Unterschieden werden der **Verbraucherdarlehensvertrag** (§§ 491–498 BGB), für den Informationspflichten (§§ 492–494 BGB), ein Widerrufsrecht (§ 495) sowie besondere Verzugsregeln (§ 497 f. BGB) vorgeschrieben werden, sowie **Finanzierungshilfen** (§ 499 BGB), wie etwa ein Zahlungsaufschub bei einer Ratenvereinbarung, für die im Wesentlichen die gleichen Bestimmungen gelten, abgesehen von einigen Formanforderungen für Finanzierungsleasingverträge (§ 500 BGB) sowie Teilzahlungsgeschäfte (§ 501 BGB). Zudem unterliegt die **Darlehensvermittlung** an Verbraucher einigen Einschränkungen (§ 655a–655e BGB). Auf die Regelungen für von Verbrauchern abgeschlossene Versicherungsverträge (§§ 5a, 8 Abs. 4 VVG) kann hier nicht weiter eingegangen werden.

Literatur:
Brox /Walker, Besonderes Schuldrecht, 2005[30], § 19; *Borchert*, Verbraucherschutzrecht, 2003[2], §§ 1, 6, 7; *Bülow/Artz*, Verbraucherprivatrecht, 2003; *Martis/Meinhof*, Verbraucherschutzrecht, 2005[2]; *Michalski*, Verbraucherschutzrecht, 2002; *Reich/Micklitz*, Europäisches Verbraucherrecht, 2003[4].
Medicus, Schutzbedürfnisse (insbesondere der Verbraucherschutz) und das Privatrecht, JuS 1996, 761–767; *Roth, W.-H.*, Europäischer Verbraucherschutz und BGB, JZ 2001, 475–490; *Schmidt, K.*, Verbraucherbegriff und Verbrauchervertrag – Grundlagen des § 13 BGB, JuS 2006, 1–8; *Zerres*, Stand des europäischen Verbrauchervertragsrechts – Entwicklungslinien bis zur Verbrauchsgüterkaufrichtlinie, JA 2002, 166–172.

---

[675] Ansonsten werden nach den Vorgaben der Verbrauchsgüterkauf-Richtlinie (1999/44/EG, ABlEG 1999 L 171/12) neben einer Beweiserleichterung für den Verbraucher (§ 476 BGB) bestimmte Angaben für eine Garantieerklärung (§ 477 BGB) sowie der Rückgriff des Verkäufers gegenüber seinen Vorlieferanten (§§ 478 f. BGB) geregelt.

[676] Grundlage ist die „Immobilien-Teilnutzungsrechte"-Richtlinie (94/47/EG, ABlEG 1994 L 280/83).

[677] Basierend auf der Pauschalreise-Richtlinie (90/314/EWG, ABlEG 1990 L 158/59).

[678] In Umsetzung der Verbraucherkredit-Richtlinie (87/102/EWG, ABlEG 1987 L 42/48).

Magoulas/Schwartze, Das Gesetz über den Widerruf von Haustürgeschäften und ähnlichen Geschäften – Eine rechtliche und ökonomische Analyse, JA 1986, 225–235; *Wassermann,* Zur Einarbeitung und Wiederholung – Grundfälle zum Recht der Haustürgeschäfte, JuS 1990, 548–555, 723–728; *Lorenz, St.,* Im BGB viel Neues – Die Umsetzung der Fernabsatzrichtlinie, JuS 2000, 833–843; *Martis,* Aktuelle Entwicklungen im Recht der Haustürgeschäfte, MDR 2003, 961–970; *Riehm,* Das Gesetz über Fernabsatzverträge und andere Fragen des Verbraucherrechts, Jura 2000, 505–513; *Bülow,* Verbraucherkreditrecht im BGB, NJW 2002, 1145–1150; *Sauer/Wittemann,* Einführung in das deutsche und europäische Verbraucherkreditrecht, Jura 2005, 8–17.

IV. Arbeitsrecht

Die **Beziehungen zwischen** abhängig Beschäftigten, den **Arbeitnehmern, und** ihren **439** **Arbeitgebern** beruhen auf vertraglichen Grundlagen, so dass das Schuldrecht des BGB, vor allem der speziell geregelte Dienstvertrag (§§ 611 ff. BGB, *RN 373*), eine wichtige Rolle für das **Individualarbeitsrecht** (*RN 447*) spielt, welches allerdings zahlreiche spezielle zwingende Regelungen zum Schutz der als unterlegen geltenden Arbeitnehmer enthält. Außerdem wird es überlagert von zahlreichen öffentlich-rechtlichen Bestimmungen, die vor allem den Bereich des **Arbeitsschutzrechts** betreffen.

Der dem Pflichtenbereich des Arbeitgebers zuzuordnende „technische" Arbeitsschutz soll die Arbeitnehmer vor allem vor **Gesundheitsgefahren am Arbeitsplatz** bewahren[679], etwa durch das Arbeitsschutzgesetz von 1996 sowie die Arbeitsstätten-Verordnung in der Fassung von 2004 und die Gefahrstoff-Verordnung in der Fassung von 2005[680]. Außerdem geht es um die **zeitliche Arbeitsbelastung,** die durch das Arbeitszeitgesetz von 1994 auf täglich acht Stunden begrenzt wird (§ 3 ArbZG)[681], während andererseits ein Mindesturlaub von 24 Werktagen (= 4 Wochen), durch § 3 BUrlG vorgeschrieben ist. Bestimmte Arbeitnehmergruppen werden darüber hinausgehend „sozial" geschützt, z.B. Schwerbehinderte durch §§ 68 ff. SGB IX, Jugendliche durch das Jugendarbeitsschutzgesetz[682], Frauen durch das Mutterschutzgesetz sowie das Bundeserziehungsgeldgesetz.

Schließlich werden manche Fragen der einvernehmlichen Regelung durch Zusam- **440** menschlüsse von Arbeitnehmern, den Gewerkschaften, sowie ihren Gegenspielern, den Arbeitgebern und ihren Verbänden, mittels **Tarifverträgen** überlassen, oder einer Einigung innerhalb eines Unternehmens über **Betriebsvereinbarungen.**

---

[679] Verbleibende negative Folgen werden dagegen von der gesetzlichen Sozialversicherung (*RN 265*) aufgefangen.

[680] Ergänzt durch die von den Berufsgenossenschaften erlassenen Unfallverhütungsvorschriften.

[681] Bezüglich der Lage innerhalb der Woche wird grundsätzlich eine Sonn- und Feiertagsruhe angeordnet (§ 9 f. ArbZG), während Nacht- oder Schichtarbeit gegen einen angemessenen Ausgleich durch Freizeit oder Geld zulässig ist (§ 6 ArbZG). Die Dauer der Wochenarbeitszeit wird dagegen durch Tarifverträge (*RN 443*) festgelegt.

[682] In Preußen wurde bereits 1839 das Verbot von Kinderarbeit unter 9 Jahren (!) angeordnet, allerdings um die Militärtauglichkeit der jungen Männer nicht zu beeinträchtigen. Die Internationale Arbeitsorganisation (ILO) legt in ihrem „Übereinkommen über das Mindestalter für die Zulassung zur Beschäftigung – Nr. 138" von 1973 ein Mindestalter von 16 Jahren fest, welches nur in Ausnahmefällen um zwei bis drei Jahre unterschritten werden darf.

Dabei handelt es sich um **kollektives Arbeitsrecht** (*RN 442 ff.*), weil immer eine Mehrzahl von Arbeitnehmern gleichermaßen betroffen ist.

Das Arbeitsrecht hat sich in der Folge der Industrialisierung seit der Mitte des 19. Jahrhunderts entwickelt, mit der die Fabrikarbeit in Abhängigkeit eines Unternehmers dem, wenn auch bescheidenen, Schutz der handwerklichen Zünfte und handelsbezogenen Gilden entzogen wurde. Die Gewerbefreiheit führte zunächst zur Vertragsfreiheit für Arbeitsverhältnisse in Handel und Gewerbe[683], in der Weimarer Republik wurden dann die ersten spezifisch arbeitsrechtlichen Regelungen erlassen, wie die Tarifvertragsordnung von 1918, das Betriebsrätegesetz von 1920 oder für eigenständige Arbeitsgerichtsverfahren das Arbeitsgerichtsgesetz (ArbGG) von 1926[684]. Die Arbeitsgerichtsbarkeit ist neben starken Eingriffen des Gesetzgebers ein weiterer „Motor" für die Entwicklung des Arbeitsrechts. Insgesamt macht dieses Rechtsgebiet einen sehr unübersichtlichen und zersplitterten Eindruck[685], zumal seine Kodifikation durch ein Arbeitsgesetzbuch immer wieder aufgeschoben wurde[686].

1. Der Begriff des Arbeitnehmers

441 Als Arbeitnehmer gilt jede **natürliche Person, welche** auf der Grundlage eines privatrechtlichen Vertrages[687] **Dienste für einen anderen,** den Arbeitgeber, **leistet.** Ausschlaggebend ist daher vor allem die **persönliche Abhängigkeit,** die in fremdbestimmter, weisungsgebundener[688] Tätigkeit – entweder im fachlichen Bereich oder bezüglich Ort und Zeit der Arbeitsleistung – zum Ausdruck kommt. Als weitere Indizien werden die Eingliederung in die betrieblichen Abläufe des Arbeitgebers, die Verwendung unternehmenseigener Arbeitsmittel, die persönlich zu erbringende Arbeitsleistung sowie eine zeitabhängige Vergütung genannt[689]. Die bloße wirtschaftliche Abhängigkeit vom Vertragspartner genügt dabei nicht, aller-

---

683 Seit 1869 in § 105 GewO.

684 Zunächst wurde allein der erste Rechtszug mit den Arbeitsgerichten (ArbG) aus der ordentlichen Gerichtsbarkeit ausgegliedert, erst 1953 wurden auch die beiden höheren Instanzen, die Landesarbeitsgerichte (LAG) sowie das Bundesarbeitsgericht (BAG) abgetrennt.

685 Als Experten werden daher Fachanwälte für Arbeitsrecht tätig.

686 Vgl. aber etwa *Arbeitsgesetzbuchkommission,* Entwurf eines Arbeitsgesetzbuchs – Allgemeines Arbeitsvertragsrecht, 1977, unter vollkommen anderen gesellschaftlichen Voraussetzungen auch das Arbeitsgesetzbuch der DDR von 1977, beides abgedruckt in *Ramm,* Entwürfe zu einem Deutschen Arbeitsvertragsgesetz, 1992. In einigen Staaten ist das Arbeitsrecht dagegen Teil der Zivilrechtskodifikation, wie in der Schweiz in Art. 319 ff. OR oder in Italien im 5. Buch, Art. 2060 ff. CceCiv.

687 Daher handelt es sich bei Beamten nach § 2 BRRG (ebenso bei Richtern, § 10 DRiG, Soldaten, § 4 SoldatenG, und auch bei Gefangenen, §§ 37 ff. StVollzG, *RN 473*), die sich in einem besonderen öffentlich-rechtlichen Anstellungsverhältnis befinden, nicht um Arbeitnehmer. Zu anderen Beschäftigten im öffentlichen Dienst besteht dagegen ein Arbeitsverhältnis mit dem Bund, einem Bundesland oder einer Kommune als Arbeitgeber. Auch eine Dienstverpflichtung als Mitgliedsbeitrag für einen Verein erfüllt die Voraussetzung einer vertraglichen Anstellung nicht, daher ist z.B. ein hauptamtliches Scientology-Mitglied kein Arbeitnehmer dieser Sekte, BAG NJW 2003, 161.

688 Das Weisungsrecht des Arbeitgebers findet sich in § 106 GewO.

689 Dazu die Leitentscheidung des BAG BB 1998, 794, nach der ein Kleintransporteur mit einem einzigen Fahrzeug trotz strikter Vorgaben seines Vertragspartners als selbständiger Gewerbetreibender angesehen wurde.

dings kann es sich dann um **arbeitnehmerähnliche Personen** handeln, die einzelnen arbeitsrechtlichen Schutzregelungen unterstellt werden[690].

Die frühere **Unterscheidung zwischen** „kopfarbeitenden" **Angestellten und** „handarbeitenden" **Arbeitern,** aufgrund der erstere wegen ihrer Entlastungsfunktion für den Arbeitgeber bevorzugt wurden, spielt mittlerweile **kaum noch eine Rolle.** Nachdem unterschiedliche Kündigungsfristen, für Angestellte sechs Wochen zum Quartalsschluss und für Arbeiter zwei Wochen (§ 622 BGB a.F.), vom Bundesverfassungsgericht als Verstoß gegen den Gleichheitssatz des Art. 3 Abs. 1 GG (*RN 124*) bewertet wurden[691], wird mittlerweile auch bei der betrieblichen Mitbestimmung zwischen diesen Gruppen nicht mehr unterschieden, so dass allenfalls noch in Tarifverträgen danach differenziert wird. Die unternehmerische Führung durch **leitende Angestellte** wird dagegen in der Betriebsverfassung (*RN 445*) nicht der Arbeitnehmerseite zugerechnet (§ 5 Abs. 3 BetrVG)[692], außerdem genießen diese Mitarbeiter weniger Schutz[693]. Andere Untergruppen von Arbeitnehmern sind die im Wesentlichen gleichgestellten **Teilzeitbeschäftigten** sowie die über das Berufsbildungsgesetz (BBiG) einem besonderen Status unterliegenden **Auszubildenden.** Auch **Leiharbeitnehmer** werden durch das Arbeitnehmerüberlassungsgesetz (AÜG) besonders geschützt, vor allem bleibt das Leiharbeitsunternehmen bei der Entleihung ihr Arbeitgeber. **Scheinselbständige** bilden dagegen eher ein Problem für die Sozialversicherung (*RN 265*)[694].

Auf der anderen Seite der Rechtsbeziehung steht der **Arbeitgeber,** also eine unternehmerisch oder gewerblich tätige Person als Vertragspartner des Arbeitnehmers, häufig ein Einzelkaufmann oder eine Handelsgesellschaft.

2. Betriebliche und überbetriebliche Handlungsmöglichkeiten

Um die schwache Position der einzelnen Arbeitnehmer in den Verhandlungen mit **442** den Arbeitgebern zu verstärken, wird ihnen in Art. 9 Abs. 3 GG (*RN 117*) das **verfassungsmäßige Recht** zugestanden, Vereinigungen bzw. **Koalitionen** (Gewerkschaften) **zu bilden,** die im Einvernehmen mit einzelnen Arbeitgebern oder deren Vereinigungen (Arbeitgeberverbänden) im Rahmen der **Tarifautonomie** Grundbedingungen für Arbeitsverhältnisse festlegen (*RN 443 f.*). Außerdem wird die **Stellung der Arbeitnehmer innerhalb einer organisatorischen Einheit** durch die Ermöglichung einer internen Interessensvertretung über einen **Betriebsrat** verbessert, bei manchen Unternehmen zusätzlich durch eine zwingende **Mitbestimmung auf Unternehmensebene** (*RN 445 f.*).

---

690 So etwa Heimarbeiter durch das Heimarbeitergesetz. In anderen Fällen kommt z.B. eine Anrufung der Arbeitsgerichte in Frage (§ 5 Abs. 1 Satz 1 ArbGG), der Anspruch auf Mindesturlaub (§ 2 Satz 2 BUrlG) oder die Anwendung von Tarifverträgen (§ 12a TVG).
691 BVerfG NJW 1990, 2246.
692 Nach dieser Regelung müssen derartige höherrangige Mitarbeiter entweder zur Einstellung und Entlassung berechtigt sein oder Prokura bzw. Generalvollmacht haben oder weisungsfrei unternehmenswesentliche Entscheidungen treffen.
693 So kann ihr Arbeitsverhältnis gegen Zahlung einer Abfindung aufgelöst werden, § 14 KSchG, und die Arbeitszeit ist bei ihnen nicht begrenzt, § 18 Abs. 1 Nr. 1 AZG.
694 Vgl. etwa die entsprechenden Regelungen zu „geringfügig tätigen Selbständigen" (§ 8 Abs. 3 SGB IV) und „von einem Auftraggeber abhängigen Selbständigen" (§ 2 Nr. 9 SGB VI).

443   **a) Tarifverträge und Arbeitskämpfe.** Zur grundlegenden Regelung von Arbeitsverhältnissen können die räumlich und sachlich zuständigen **Tarifparteien,** also Gewerkschaften auf der einen sowie einzelne Arbeitgeber oder ein Arbeitgeberverband auf der anderen Seite, **bindende Vereinbarungen** treffen. Diese **Tarifverträge** besitzen in ihrem normativen Teil, etwa hinsichtlich der Lohnhöhe oder des Urlaubsanspruchs, **unmittelbare Geltung** über die vertragsschließenden Beteiligten hinaus, **soweit die** an einem Arbeitsverhältnis **Beteiligten tarifgebunden** sind, d.h. der Arbeitnehmer Mitglied der entsprechenden Gewerkschaft und der Arbeitgeber entweder Mitglied des tarifvertragschliessenden Arbeitgeberverbandes ist oder den (Haus-)Tarifvertrag selbst abgeschlossen hat (§ 3 TVG). In diesem Fall sowie bei der sehr seltenen[695] Erklärung des Staates, der Tarifvertrag sei allgemeinverbindlich (§ 5 TVG), gelten die beschlossenen Regelungen zwingend in den entsprechenden Arbeitsverhältnissen (§ 4 TVG) und verdrängen damit die individuellen vertraglichen Abreden zwischen Arbeitnehmern und ihrem Arbeitgeber[696]. Häufig werden aber die **Tarifabsprachen** von den Arbeitgebern auf Nicht-Gewerkschaftsmitglieder **freiwillig ausgedehnt.** Zu diesem Zweck kann auch in Arbeitsverträgen darauf Bezug genommen werden, wodurch die gleiche Wirkung wie bei einer Tarifbindung entsteht, falls der Arbeitgeber tarifgebunden ist[697]. Natürlich kann der Arbeitgeber auch **über die nach dem Tarifvertrag vorgesehenen Leistungen hinausgehen,** wobei die Auslegung dieser Vereinbarung bestimmt, ob spätere tarifliche Verbesserungen unbeachtet bleiben und der Vorteil letztlich „aufgesogen" wird, oder ob der Abstand zum Tarifstandard gehalten wird und die übertarifliche Leistung daher „aufgestockt" wird.

444   Als **letztes Mittel** bei der Austragung von Tarifkonflikten verbleibt der **Arbeitskampf,** der jedoch von der Rechtsprechung festgelegten Regeln folgen muss[698]. So ist der **Streik,** die Verweigerung der Arbeitsleistung, als Hauptkampfmittel der Arbeitnehmer nur zulässig, wenn er **keine politischen Ziele** verfolgt[699], **von der zuständigen Gewerkschaft organisiert** wird (sonst handelt es sich um einen „wilden" Streik) und vor allem erst **nach Ablauf des Tarifvertrages** durchgeführt wird, denn vorher besteht zwischen den Tarifparteien eine Friedenspflicht[700]. Ähnliches gilt für das Hauptkampfmittel der Arbeitgeber, die **Aussperrung,** mit der die Arbeits-

---

[695]   Von den Anfang 2004 im Bundesgebiet gültigen rund 62 000 Tarifverträgen wurden nur 476 (0,8 %) für allgemeinverbindlich erklärt und damit nicht mehr als etwa 0,6 % der Beschäftigten erfasst, http://www.tarifregister.nrw.de/tarifsystem/gueltige-tarifvertraege.html.

[696]   Allerdings gilt zugunsten der Arbeitnehmer die jeweils günstigere Regelung, § 4 Abs. 3 TVG. Auch Betriebsvereinbarungen (*RN 445*), werden verdrängt. Dagegen können zwingende gesetzliche Vorschriften durch Tarifverträge nicht unterlaufen werden. Allerdings wird teilweise die Abweichung durch Kollektivvereinbarungen zur Disposition gestellt, wie bei den Kündigungsfristen gem. § 622 Abs. 2 BGB.

[697]   Zu einer derartigen Gleichstellungsabrede BAG DB 2002, 1005.

[698]   Nur dann entstehen weder Schadensersatzansprüche noch Kündigungsgründe.

[699]   Damit sind auch Sympathiestreiks zugunsten von Arbeitnehmern anderer Betriebe grundsätzlich unzulässig.

[700]   Diese ergibt sich aus dem schuldrechtlichen Teil des Tarifvertrages, ebenso wie die Pflicht, auf die jeweiligen Angehörigen der Koalition einzuwirken, die Abreden einzuhalten. Warnstreiks während laufender Tarifverhandlungen werden dagegen unter engen Voraussetzungen auch vor Ablauf der Friedenspflicht für zulässig gehalten.

leistung der Arbeitnehmer verhindert wird. Um die negativen Auswirkungen eines Arbeitskampfes zu vermeiden, wird häufig nach dem Abbruch der Tarifverhandlungen zunächst ein **Schlichtungsverfahren** eingeleitet, welches jedoch in der Regel freiwillig und unverbindlich ist[701].

b) **Betriebliche und überbetriebliche Mitbestimmung.** Der **Verbesserung der inner-** **445** **betrieblichen Zusammenarbeit** zwischen Arbeitgeber und Arbeitnehmern dient das Betriebsverfassungsrecht, mit dem in erster Linie die **Arbeit eines Betriebsrates** als Interessenvertretung sämtlicher abhängig Beschäftigten innerhalb dieser organisatorischen Einheit festgelegt wird. Diese Institution wurde 1920 gesetzlich erstmals vorgesehen[702] und in den Betriebsverfassungsgesetzen (BetrVG) 1952 und 1972 ausgebaut[703]. Zwar gibt es keine Verpflichtung, einen Betriebsrat einzurichten, aber **in Betrieben ab fünf Arbeitnehmern** (§ 1 Abs. 1 BetrVG) können ehrenamtlich, aber auf Kosten der Arbeitgeber tätige[704] Betriebsräte nach dem Verfahren der §§ 13–20 BetrVG **gewählt** werden, deren Anzahl mit der Beschäftigtenzahl zunimmt (§ 9 BetrVG)[705]. Die Anbindung an die Arbeitnehmerschaft des Betriebes soll vor allem durch **Betriebsversammlungen** (§§ 42–46 BetrVG) gewährleistet werden.

Eine **echte Mitbestimmung** besteht vor allem **in sozialen Angelegenheiten** (§ 87 Abs. 1 Nr. 1–13 BetrVG), die sämtliche Arbeitnehmer des Betriebes betreffen, wozu neben der Ordnung im Betrieb (einschließlich Betriebsstrafen) die Lage und Dauer der Arbeitszeit (etwa Schichtbetrieb oder Überstunden), Urlaubsfragen sowie die Organisation von Sozialeinrichtungen (wie Kantinen oder Werkswohnungen) gehören: Hier bedürfen Maßnahmen des Arbeitgebers der Zustimmung des Betriebsrats, meist in Form einer Betriebsvereinbarung[706]. In **personellen Angelegenheiten** besteht ein **Zustimmungserfordernis** des Betriebsrates allein **bei den allgemeinen Maßnahmen**, die die Personalplanung, Einstellungspraxis und Berufsbildung betreffen (§§ 92–96 BetrVG). Bei personellen Einzelmaßnahmen geht es dagegen entweder nur um ein **Anhörungsrecht**, so **bei** jeder **Kündigung** von Arbeitnehmern (§ 102 BetrVG), oder wie bei Einstellungen, Umgruppierungen oder Versetzungen um **begrenzte Verweigerungsrechte** (§§ 99–101 BetrVG). In **wirtschaftlichen Angelegenheiten** ist der Betriebsrat grundsätzlich nur **zu unterrichten** (§§ 106–110 BetrVG), aber bei **Betriebs-**

---

[701] Anders etwa in Dänemark, Portugal oder Spanien, wo nach dem Scheitern der Tarifverhandlungen eine staatliche Zwangsschlichtung erfolgt.

[702] Bereits 1849 wurden im Entwurf einer Gewerbeordnung Fabrikausschüsse vorgeschlagen, in denen allerdings auch die Arbeitgeber vertreten sein sollten, seit 1891 sah die Gewerbeordnung die Möglichkeit vor, freiwillig Arbeiterausschüsse zu bilden, und ab 1905 wurden durch das Preußische Allgemeine Berggesetz die Einrichtung ständiger Arbeiterausschüsse in Bergwerken vorgeschrieben.

[703] Für den öffentlichen Dienst wurden durch Personalvertretungsgesetze des Bundes und der Länder ähnliche Einrichtungen vorgesehen.

[704] Für diese Tätigkeit sind sie von ihrer üblichen Arbeit freizustellen, §§ 37, 38 BetrVG. Außerdem genießen sie Schutz vor Benachteiligungen, § 78 BetrVG, sowie einen absoluten Kündigungsschutz, § 15 KSchG.

[705] Bis 20 Arbeitnehmer eine Person, bei über 1.000 Mitarbeitern bereits 15 Personen. Bei Unternehmen mit mehreren Betrieben ist u.U. ein Gesamtbetriebsrat nach §§ 47 ff. BetrVG einzurichten, für Konzerne ein Konzernbetriebsrat gem. §§ 54 ff. BetrVG. Einen „Europäischen Betriebsrat" verlangt eine EG-Richtlinie von 1994 (ABlEG 1994 L 254/64) für Unternehmen mit mehr als 1.000 Beschäftigten, von denen mindestens 150 in zwei verschiedenen Staaten tätig sind.

[706] U.U. muss nach § 76 BetrVG die Einigungsstelle unter einem neutralen Vorsitzenden den Konflikt lösen.

änderungen – wie Schließungen, Verlegungen, grundlegende organisatorische Änderungen, § 111 BetrVG – hat der Betriebsrat in Bezug auf deren Durchführung ein **Mitwirkungsrecht an einem Interessenausgleich** (bis hin zu einem Einigungsversuch vor der Einigungsstelle), über das sich jedoch der Unternehmer hinwegsetzen kann (§ 112 Abs. 3 BetrVG). Dagegen kann die Abfederung über einen **Sozialplan** vom Betriebsrat notfalls vor der Einigungsstelle **erzwungen** werden (§ 112 Abs. 4 BetrVG).

446 Zusätzlich zu der eben erläuterten innerbetrieblichen Mitwirkung der Arbeitnehmer ist für Unternehmen in der Rechtsform einer Kapitalgesellschaft (AG, GmbH, Genossenschaft, aber auch GmbH & Co KG) mit mehr als 2000 Arbeitnehmern eine in Europa einzigartige **weitergehende Mitbestimmung** vorgeschrieben, bei denen nach dem Mitbestimmungsgesetz von 1976 **Vertreter der Beschäftigten im Aufsichtsrat** auf wesentliche unternehmerische Entscheidungen Einfluss nehmen können. Zwar stehen den Vertretern der Anteilseigner in diesem Gremium ebenso viele Vertreter der Arbeitnehmer (einschließlich leitender Angestellter) gegenüber, aber bei Stimmengleichheit entscheidet der Aufsichtsratsvorsitzende, der immer die Eigentümerseite vertritt[707].

3.   Vertragsbeziehungen zum Arbeitgeber

447 Zu den besonderen Schutzbestimmungen des Individualarbeitsrechts gehören neben der Lohnfortzahlung im Krankheitsfall (*RN 373*) sowie der betrieblichen Altersversorgung vor allem die Regelungen zur Sicherung des Arbeitsplatzes. Ein besonderer **Kündigungsschutz** soll dabei die Beendigung des Arbeitsverhältnisses durch den Arbeitgeber erschweren. Bei Arbeitsverhältnissen von mehr als sechs Monaten ist eine **ordentliche Kündigung nicht zulässig, wenn** sie **sozial ungerechtfertigt** ist (§ 1 Abs. 1 KSchG). Der Arbeitgeber kann daher nur aus drei Arten von Gründen das Arbeitsverhältnis beenden: Eine **personenbedingte Kündigung** ist z.B. zulässig, wenn eine lang dauernde Krankheit mit häufigen Fehlzeiten vorliegt oder eine andere wesentliche Einschränkung von Eignung oder Leistungsfähigkeit des Arbeitnehmers, eine **verhaltensbedingte Kündigung** kommt bei einer erheblichen Pflichtverletzung durch den Arbeitnehmer in Betracht, während eine **betriebsbedingte Kündigung** Arbeitsmangel[708], etwa aufgrund von Rationalisierungsmaßnahmen, erfordert, wobei allerdings **zusätzlich** eine **soziale Auswahl** zulasten des am wenigsten schutzwürdigen Arbeitnehmers nach Dauer der Betriebszugehörigkeit, Lebensalter sowie Unterhaltspflichten getroffen werden muss (§ 1 Abs. 3 KSchG). In der Praxis werden Arbeitnehmer, die sich gegen eine Kündigung vor dem Arbeitsgericht wehren, **meist** auch bei unzureichenden Kündigungsgründen nicht weiterbeschäftigt, sondern **gegen Zahlung einer Abfindung**

---

[707]   Dies dürfte dazu geführt haben, dass das BverfG die Regelung für grundgesetz-konform hielt, NJW 1979, 699. Für sämtliche Unternehmen des Kohlebergbaus sowie der Stahlerzeugung mit mehr als 1.000 Beschäftigten, derzeit noch etwa 40, sieht das Montanmitbestimmungsgesetz von 1951 dagegen eine echte „paritätische" Mitbestimmung vor, denn den Ausschlag gibt hier ein neutrales, keiner der beiden Seiten zurechenbares Aufsichtsratmitglied. Nach dem Drittelbeteiligungsgesetz von 2004 müssen in den Aufsichtsräten von Kapitalgesellschaften mit mehr als 500 Beschäftigten ein Drittel der Mitglieder der Arbeitnehmerseite angehören.

[708]   Zum Sozialplan bei Betriebsstilllegungen *RN 445*.

nach §§ 9, 10 KSchG von bis zu einem Jahresverdienst – bei älteren Beschäftigten bis zum eineinhalbfachen Jahresverdienst – **entlassen**.

Die weiteren Folgen der Arbeitslosigkeit werden dann durch das Sozialversicherungs- sowie Sozialrecht aufgefangen (*RN 266*), nach dem zunächst Arbeitslosengeld (ALG) I verlangt werden kann, später dann nur noch ALG II, in welchem aufgrund der „Hartz IV"-Reform[709] Arbeitslosenhilfe und Sozialhilfe zusammengefasst wurden.

Literatur:

Brox/Rüthers/Henssler, Arbeitsrecht, 2004[16]; *Gitter/Michalski,* Arbeitsrecht, 2002[5]; *Hanau/Adomeit,* Arbeitsrecht, 2005[13]; *Junker,* Grundkurs Arbeitsrecht, 2004[4]; *Krause, R.,* Arbeitsrecht, 2005; *Söllner/Waltermann,* Grundriss des Arbeitsrechts, 2003[13]; *Schiek,* Europäisches Arbeitsrecht, 2005[2].
Weth/Kerwer, Der Einfluss des Europäischen Rechts auf das nationale Arbeitsrecht, JuS 2000, 425–431; *Bauer, J.-H.,* Einführung in die Vertragsgestaltung im Arbeitsrecht – 5.Teil: Tarifvertrag, JuS 1999, 765–770; *Ramm,* Die Rechtsnatur des Tarifvertrages, JZ 1962, 78–83; *Rolfs/Clemens,* Entwicklungen und Fehlentwicklungen im Arbeitskampfrecht, NZA 2004, 410–417; *Boemke,* Reform des Betriebsverfassungsgesetzes, JuS 2002, 521–527; *Richardi,* 40 Jahre Betriebsverfassungsrecht, RdA 1994, 394–403; *Zerres,* Kündigungsschutz nach dem Kündigungsschutzgesetz, Jura 2001, 514–520.

---

[709] Eigentlich das „4. Gesetz für moderne Dienstleistungen am Arbeitsmarkt" v. 24.12.2003, in Kraft seit dem 1.1.2005.

5. Teil: Strafrecht

I. Sinn und Zweck des Strafrechts

1. Strafrecht als Rechtsgebiet

448 Das Strafrecht ist prinzipiell Bestandteil des **öffentlichen Rechts**, hat sich jedoch zu einem eigenständigen Rechtsgebiet entwickelt. Der Strafanspruch steht ausschließlich dem Staat zu und beruht auf dem Gewaltmonopol des Staates, welches das Faustrecht oder die Selbstjustiz verbietet.

449 Das Strafrecht dient der **Aufrechterhaltung der allgemeinen Friedensordnung.** Zu diesem Zweck stellt es die Rechtsgüter, die für die Existenz und das Zusammenleben der Menschen von grundlegender Bedeutung sind, unter besonderen Schutz. Verhaltensweisen, die als besonders missbilligenswert zu gelten haben, werden mit der Sondersanktion der Strafe bedroht.
Bei einer schuldhaften Verursachung eines Verkehrsunfalls mit dem Kfz können dem Fahrzeugführer zum einen nach dem Zivilrecht Schadensersatzpflichten obliegen (Ausgleich der entstandenen Schäden, §§ 823, 249 ff. BGB, §§ 18, 7 StVG), zum zweiten nach dem Verwaltungsrecht einschließlich des Ordnungswidrigkeitenrechts bestimmte Sanktionen drohen (Entzug der Fahrerlaubnis zum Schutz der übrigen Verkehrsteilnehmer wegen fehlender Eignung des Fahrers, § 3 StVG, gegebenenfalls Auferlegung einer Geldbuße, § 49 Abs. 1 Nr. 29 StVO) und zum Dritten eine strafrechtliche Verfolgung bevorstehen (§§ 315c, 316, 69 StGB).

450 **Rechtsquellen** des Strafrechts sind die Regelungen des **Strafgesetzbuches** (StGB) und die Strafnormen in zahlreichen anderen Gesetzen (sog. **Nebenstrafrecht,** *RN 465*). Dazu treten die vornehmlich verfahrensrechtlichen Regelungen der **Strafprozessordnung** (StPO, *RN 466 ff.*) und des **Jugendgerichtsgesetzes** (JGG, RN 472 ff.) sowie Vorschriften über den **Strafvollzug** (StVollzG, StVollstrO, *RN 475*).
Die Gesetzgebungskompetenz für das Strafrecht liegt gem. Art. 74 Abs. 1 Nr. 1 GG beim **Bund.**

2. Bedeutung des Strafrechts

451 Es lassen sich verschiedene Gründe dafür anführen, dass es die besondere Sanktion der Strafe geben muss – wenngleich geschehenes Unrecht und erlittene Verluste durch sie nicht rückgängig gemacht werden können. Als Hauptzweck der Strafe gilt die Abschreckung von strafwürdigem Verhalten. Sofern künftigen Straftaten des Täters vorgebeugt werden soll, spricht man von **Spezialprävention,** soll die

Allgemeinheit davon abgehalten werden, Straftaten zu begehen, von **Generalprävention.**

Die Spezialprävention dient jedoch nicht nur der Abschreckung des Täters vor erneuter Straffälligkeit, sondern auch seiner Erziehung (Besserung) im Sinne einer **Resozialisierung.** Durch die Verbüßung der Strafe bzw. durch die Teilnahme an den behandelnden Maßnahmen im Strafvollzug soll der Täter sich von dem begangenen Unrecht distanzieren und sich wieder in die straffrei lebende Gesellschaft eingliedern können.

Weitere Strafzwecke bestehen darin, die **Schuld des Täters auszugleichen** sowie dem Opfer für seine persönlichen Einbußen und der Allgemeinheit für die Verletzung des Rechtsfriedens **Genugtuung zu verschaffen.**

Allen genannten Strafzwecken wohnt der Gedanke inne, dass die Strafe eine bestimmte individuelle oder soziale Wirkung erreichen soll und folglich nicht nur nach dem Maß der vom Täter zu sühnenden Schuld zu bestimmen ist, sondern auch unter Gesichtspunkten der Besserung und Abschreckung (**relative Strafrechtstheorie**).

Eine Voraussetzung ist dabei die Annahme, dass der Täter für seine Taten grundsätzlich verantwortlich gemacht werden kann. Dagegen müssen soziologische oder pädagogische Theorien, wonach der Mensch keine oder keine nennenswerte Entscheidungsfreiheit für sein Verhalten besitzt, zu dem Ergebnis kommen, dass anstelle des Strafrechts nur therapeutische Behandlungs- und allenfalls Schutzverwahrungsregelungen zulässig sind. Die Rechtsordnung geht jedoch generell davon aus, dass jedes Gesellschaftsmitglied die Aufgabe erfüllen muss, sich in den Verhaltensregeln des Rechts unterzuordnen.

Im Unterschied zur relativen misst die – inzwischen überwundene – **absolute Strafrechtstheorie** das entscheidende Gewicht dem Rache- oder Vergeltungsgedanken zu. Sie orientiert sich beim Grund und Zweck der Strafe also ausschließlich an abstrakten Geboten, wie „Recht bleibt Recht" oder „Auge um Auge, Zahn um Zahn".

3. Grundlagen des Strafrechts

Durch das Strafrecht greift der Staat am schärfsten in die individuelle Freiheitssphäre des Bürgers ein. Gegen die Gefahr des Missbrauchs der staatlichen Strafgewalt werden im GG mehrere Grundsätze festgelegt. Zum einen darf eine Tat nicht bestraft werden, wenn sie nicht vor der Begehung durch Gesetz mit Strafe bedroht war (Art. 103 Abs. 2 GG, § 1 StGB, **„nullum crimen sine lege"**, Gebot der Gesetzesbindung und Rechtssicherheit, vgl. *RN 97*). Zum Zweiten darf ein bereits verurteilter Täter nicht noch einmal wegen derselben Straftat strafrechtlich verfolgt werden (**„ne bis in idem"**, Art. 103 Abs. 3 GG). Drittens verlangt das Rechtsstaatsgebot in seiner Ausprägung des **Verhältnismäßigkeitsprinzips**, dass nur die Tat bestraft wird, die dem Täter **vorwerfbar** ist, und dass die Strafzumessung die Schuld und die Tatschwere berücksichtigt. Schließlich ist das verfassungsrechtliche **Verbot der Todesstrafe** zu beachten (Art. 102 GG, *RN 110*)[1].

---

[1]   Das international anerkannte Verbot versteht sich, wie meistens anders darzulegen versucht wird, nicht von selbst aus der rechtsstaatlichen Ordnung. Es wirft die Frage auf, wie viel Rechtsautonomie dem demokratischen Staat zugestanden werden soll.

II. Strafgesetzbuch (StGB)

1. Entwicklung

453 Das geltende StGB geht auf das Strafgesetzbuch für das Deutsche Reich vom 15. Mai 1871 zurück[2]. Es wurde in der Folgezeit wegen der zahlreichen politischen Systemwechsel mehrfach vollständig geändert. Auch nach Inkrafttreten des Grundgesetzes wurde das StGB immer wieder reformiert[3].

2. Allgemeiner Teil

454 Das StGB besteht aus zwei Teilen. Der **Allgemeine Teil** enthält Vorschriften, die auf alle oder mehrere der im **Besonderen Teil** geregelten Straftatbestände zutreffen oder zutreffen können. Neben dem zeitlichen, räumlichen und fachlichen Anwendungsbereich des Gesetzes (§§ 1–10 StGB) und den Begriffsbestimmungen (§§ 11, 12 StGB), betrifft der Großteil der Regelungen des Allgemeinen Teils die **Straftat** (§§ 13–37 StGB) und deren **Rechtsfolgen** (§§ 38–79b StGB).

455 a) **Straftat; Täterschaft.** Unter einer Straftat ist eine tatbestandsmäßige, rechtswidrige und schuldhafte Handlung zu verstehen, an die das Gesetz eine Strafdrohung knüpft. Das StGB stellt in seinen Grundregelungen über die Straftat klar, dass diese nicht nur durch **aktives Tun**, sondern auch durch **Unterlassen** verwirklicht werden kann, § 13 StGB. Voraussetzung ist, dass der Täter dafür einzustehen hat, dass der Taterfolg nicht eintritt (**Garantenstellung**).

Wenn eine Mutter ihr Kind verhungern lässt, behandelt das Gesetz die Mutter wegen ihrer Obhutspflicht so, als habe sie das Kind aktiv getötet.

456 Grundsätzlich wird nur die **vorsätzliche Verwirklichung** der Tat bestraft. Lediglich in den Fällen, in denen die Straftatbestände des Besonderen Teils dies ausdrücklich regeln, wird auch die **fahrlässige Begehung** bestraft (§ 15 StGB). Vorsatz ist **Wissen und Wollen** der Straftat. Der Vorsatz setzt also die Kenntnis der Tatumstände und das Wissen um die Strafbarkeit voraus. Folglich muss das StGB Regelungen enthalten, wie **Irrtümern** über die Tatumstände und das Unrecht zu behandeln sind (§§ 16, 17 StGB).

Glaubt der Täter z.B., er schieße auf eine Leiche, in Wirklichkeit lebt das Opfer aber noch, unterliegt er einem **Tatbestandsirrtum** und ist grundsätzlich nicht wegen Totschlags (§ 212 StGB) zu bestrafen. Wenn der Täter irrtümlich meint, sein Verhalten sei von vornherein nicht strafbar (**Verbotsirrtum**), kommt es jedoch darauf an, ob er den Irrtum vermeiden konnte.

---

[2]   Reichsgesetzblatt (RGBl.) 1871, S. 127
[3]   Vgl. die Gesamtreformen und Strafrechtsänderungsgesetze als Reaktion auf aktuelle Probleme, wie z.B. die Befassung mit dem Terrorismus, Sexualstraftaten, Homosexualität, Schwangerschaft und Abtreibung in den 1970er und 1980er Jahren.

In bestimmten Fällen ist schon der **Versuch** der Straftat strafbar. Ein Versuch liegt **457** vor, wenn der Täter zur Tatausführung angesetzt, das betreffende Delikt aber nicht vollständig verwirklicht hat (§ 22 StGB).

So etwa, wenn der Täter am Opfer vorbeischießt, das betrogene Opfer den Betrug durchschaut oder der Täter unmittelbar beim Diebstahl ergriffen wird, bevor er seine Beute sichern kann.

Der Versuch ist bei Verbrechen[4] stets, bei Vergehen[5] dagegen nur dann strafbar, wenn die Strafbarkeit ausdrücklich angeordnet wird (§ 23 StGB). Gibt der Täter die Tatausführung freiwillig auf oder verhindert er den Erfolgseintritt (**Rücktritt**), bleibt er unter den Voraussetzungen des § 24 StGB straffrei.

So z.B. wenn der Täter das Opfer, auf das er in Tötungsabsicht geschossen hat, ins Krankenhaus bringt und dadurch dessen Tod verhindert.

Die **Täterschaft** kann durch einen Täter allein oder aber durch das geplante Zu- **458** sammenwirken mehrerer Täter (**Mittäterschaft,** § 25 Abs. 2 StGB) erfüllt werden. Außerdem kann ein Täter als **mittelbarer Täter** handeln, wenn er die Tat nicht selbst begeht, sondern eine Person als Tatwerkzeug einsetzt, die selbst – z.B. mangels Vorsatzes (*RN 456*) – nicht bestraft werden kann (§ 25 Abs. 1, 2. Alt. StGB: „durch einen anderen"). Von der Täterschaft ist die **Teilnahme** als mitwirkende Beteiligung an der Tat zu unterscheiden. Sie ist in Form der **Anstiftung** (§ 26 StGB) oder **Beihilfe** (§ 27 StGB) strafbar.

Wenn z.B. ein Arzt eine Krankenschwester ohne deren Wissen eine Giftspritze an einem Patienten setzen lässt, ist der Arzt so zu bestrafen, als habe er die Giftspritze selbst gesetzt (mittelbare Täterschaft); die unwissende Schwester handelt dagegen als bloßes Tatwerkzeug und bleibt straffrei. Hat der Arzt die Krankenschwester dagegen über sein Vorhaben informiert und dazu angeregt, die Spritze dennoch zu setzen, ist sie als Täterin und der Arzt als Anstifter zu bestrafen. Besteht der Tatbeitrag der vollständig informierten Krankenschwester lediglich darin, dem Arzt die Spritze zu verschaffen, damit er sie selber setzen kann, ist der Arzt als Täter und die Schwester wegen Beihilfe zu bestrafen.

b) **Strafbarkeitsprüfung.** Zur Feststellung der Strafbarkeit ist folgendes Prüfungs- **459** schema anzuwenden:
- Der Täter muss den **Tatbestand objektiv erfüllen,** d.h. sein Handeln muss sämtliche Tatbestandsmerkmale, die in der Strafvorschrift aufgeführt werden, verwirklichen[6].
- Die Tatbestandserfüllung muss außerdem **subjektiv** gewollt, also vom Vorsatz umfasst sein[7].
- Grundsätzlich spricht die Erfüllung des gesetzlichen Tatbestandes dafür, dass der Täter rechtswidrig gehandelt hat. Die **Rechtswidrigkeit** entfällt nur, wenn

---

[4]   Mindeststrafandrohung ein Jahr, § 12 Abs. 1 StGB.
[5]   Mindeststrafandrohung unter einem Jahr, § 12 Abs. 2 StGB.
[6]   Soweit nur einige Voraussetzungen erfüllt sind, kann der Täter sich allenfalls wegen Versuchs strafbar machen, vgl. *RN 457.*
[7]   Ansonsten gelten die Regelungen über den Tatbestandsirrtum, § 16 StGB (vgl. *RN 456*), eventuell verbleibt es bei einer Strafbarkeit wegen fahrlässiger Begehung (vgl. *RN 456*).

Rechtfertigungsgründe eingreifen, vor allem die Notwehr oder der rechtfertigende Notstand (§§ 32, 34 StGB)[8].
– Die Erfüllung des Tatbestandes und das Fehlen von Rechtfertigungsgründen werden als Unrechtstatbestand bezeichnet. Die Tat muss außerdem persönlich vorwerfbar sein, d.h. der Täter muss schuldhaft handeln. Die **Schuld** setzt voraus, dass der Täter strafmündig ist (ab dem 14. Lebensjahr, § 19 StGB) und das Unrecht der Tat einsehen kann (§§ 20, 21 StGB). Ferner dürfen keine besonderen Entschuldigungsgründe vorliegen (z.b. entschuldigender Notstand gem. § 35 StGB).

460　c) **Rechtsfolgen der Tat.** Das Gesetz unterscheidet mehrere Möglichkeiten, wie auf die schuldhafte Begehung der Tat reagiert werden kann:
– **Strafe,** d.h. entweder Freiheits- oder Geldstrafe (§§ 38, 39; §§ 40–43a StGB). Zusätzlich können **Nebenstrafen** (Fahrverbot, § 44 StGB) oder **Nebenfolgen** (z.b. Verlust der Amtsfähigkeit und der Wählbarkeit, § 45 StGB) eintreten. Die Höhe der Strafe richtet sich grundsätzlich nach der Schuld des Täters, der Schwere der Tat und dem Vor- und Nachtatverhalten (§§ 46–55 StGB). Strafen können zur Bewährung ausgesetzt oder unter Vorbehalt ausgesprochen werden (§§ 56–60 StGB).
– **Maßregeln der Besserung und Sicherung,** d.h. die Unterbringung in einem psychiatrischen Krankenhaus oder einer Entziehungsanstalt, Sicherungsverwahrung, Führungsaufsicht, Entziehung der Fahrerlaubnis oder Berufsverbot (§§ 61–72 StGB). Diese können zusätzlich zur Strafe angeordnet werden.

Literatur:
Wessels, J./Beulke, W., Strafrecht Allgemeiner Teil, 2005[34]; *Haft, F.,* Strafrecht Allgemeiner Teil, 2004[9]; *Eckert, H.-U.,* Regelungsstrukturen strafrechtlicher Sozialkontrolle – Eine Einführung in das Strafrecht für Sozialwissenschaftler, 2000.

3.　Besonderer Teil

461　Der Besondere Teil normiert die **einzelnen Straftatbestände.** Er gliedert sich nach bestimmten Themengebieten. Die 30 Abschnitte können Bereichen zugeordnet werden, die entweder vornehmlich den **Schutz der Allgemeinheit** (*RN 462*) oder **den Schutz von Individualrechtsgütern** (*RN 463, 464*) bezwecken.

462　In den ersten sechs Abschnitten (§§ 80–122 StGB) werden die **Staatsschutzdelikte** behandelt (z.b. Friedens- und Hochverrat). Sie sollen Angriffe auf den Bestand und die Funktion des Staates abwehren.
Die Straftaten gegen die **öffentliche Ordnung** (7. Abschnitt, §§ 123–145d StGB) bilden eine eher fragmentarische Sammlung von Delikten, die keinen einheitlichen Lebensbereichen zugeordnet werden können[9].

---

[8]　Auch Einwilligung des Verletzten (§ 228 StGB) oder Festnahmerecht (§ 127 StPO).
[9]　Beispiele sind Hausfriedensbruch (§ 123 StGB), Landfriedensbruch (§125), Unerlaubtes Entfernen vom Unfallort (§ 142), Unerlaubter Umgang mit gefährlichen Hunden (§ 143), Missbrauch von Notrufen (§ 145).

In mehreren kleineren Abschnitten werden sodann die Bereiche der **Geld- und Wertzeichen-fälschung** (8. Abschnitt, §§ 146–152b StGB), **Straftaten gegen die Rechtspflege** (9. Abschnitt „Falsche uneidliche Aussage und Meineid, §§ 153–163 StGB; 10. Abschnitt „Falsche Verdächtigung", §§ 164–165 StGB) sowie gegen die **Religion und Weltanschauung** (11. Abschnitt, §§ 166–168 StGB) abgehandelt; alle diese Delikte könnten auch den Straftaten gegen die öffentliche Ordnung zugerechnet werden.
Dem Schutz der Allgemeinheit dienen außerdem die Vorschriften über die **Urkundenfäl-schung** (Schutz des Vertrauens in den Rechtsverkehr, 23. Abschnitt, §§ 267–282 StGB), das nachfolgende **Wirtschaftsstrafrecht** (Schutz vor Vermögensschäden: 24. Abschnitt „Insolvenzstraftaten", §§ 283–283d StGB, 25. Abschnitt „Strafbarer Eigennutz", §§ 284–297 StGB, 26. Abschnitt „Straftaten gegen den Wettbewerb", §§ 298–302 StGB), die Vorschriften über die **Sachbeschädigung** (27. Abschnitt, §§ 303–305a StGB), sowie die Vorschriften über **gemeingefährliche Straftaten** (28. Abschnitt, §§ 306–323c StGB)[10]. Die Straftaten gegen **die Umwelt** (29. Abschnitt, §§ 324–330d StGB) schließen sich an. Zuletzt regelt der 30. Abschnitt die **Straftaten im Amt** (Korruptionstatbestände und sonstige Überschreitung von Befugnissen, §§ 331–358 StGB).

Der 12.–18. Abschnitt bezweckt hauptsächlich den **Schutz von Individualrechtsgütern.** 463
Der 12. Abschnitt handelt von Straftaten gegen Personenstand, Ehe und Familie (§§ 169–173 StGB). Es folgen die Abschnitte mit Straftaten gegen die sexuelle Selbstbestimmung (13. Abschnitt, §§ 174–184f StGB), die Ehre (14. Abschnitt, §§ 185–200 StGB) und den persönlichen Lebens- und Geheimbereich (15. Abschnitt, §§ 201–206 StGB), das Leben 16. Abschnitt, §§ 211–222 StGB), die körperliche Unversehrtheit (17. Abschnitt, §§ 223–231 StGB) und gegen die persönliche Freiheit (18. Abschnitt, §§ 232–241a StGB).

Die Abschnitte 19–22 werden als Straftaten gegen das **Vermögen im weiteren Sinne** bezeich- 464
net. Dabei werden Straftaten gegen das Eigentum (19. Abschnitt „Diebstahl und Unterschlagung", §§ 242–248c StGB, 20. Abschnitt „Raub und Erpressung", §§ 249–256 StGB) von Straftaten unterschieden, die sich gegen das Vermögen als Ganzes richten (22. Abschnitt „Betrug und Untreue", §§ 263–266b StGB). Gegen die Verwertung der wirtschaftlichen Vorteile aus den Vermögensstraftaten richten sich die **Anschlussstraftaten** (21. Abschnitt „Begünstigung und Hehlerei", §§ 257–262 StGB).

III. Nebenstrafrecht

Wie in *RN 450* erwähnt, werden zahlreiche Straftatbestände außerhalb des StGB 465
geregelt. Der Grund dafür ist, dass strafrechtlich relevante Verhaltensweisen in den verschiedensten Lebens- und Sachbereichen auftreten können. Die darauf bezogenen Straftatbestände sollten daher nicht isoliert im StGB geregelt werden. Andernfalls müsste nämlich bei ihrer Anwendung ständig auf den Zusammenhang mit den speziellen Gesetzen hingewiesen werden. Die Regelung der Strafvorschriften in den einzelnen Fachgesetzen hat zudem den Vorteil, dass die von dem Sachgebiet Betroffenen direkt in den praktisch relevanten Gesetzen vor strafrechtlichen Verstößen gewarnt werden.

---

10   Beispiele sind Brandstiftungen, Gefährdung des Straßen-, Schienen- und Luftverkehrs (§§ 306 ff., §§ 315–316c StGB).

Zum Nebenstrafrecht zählen vor allem das weitere **Wirtschaftsstrafrecht**[11] (vgl. *RN 15*) sowie die **Steuerstraftaten**,[12] **Drogendelikte**[13] und **Straßenverkehrsstraftaten**[14].

Literatur:
Rengier, R., Strafrecht Besonderer Teil I – Vermögensdelikte, 2006[7]; *ders.,* Strafrecht Besonderer Teil II – Delikte gegen die Person und die Allgemeinheit, 2004[6]; *Jöcks, W.,* Studienkommentar StGB, 2005[6]; *Tröndle/Fischer,* Strafgesetzbuch und Nebengesetze, 2005[53].

IV. Strafverfolgung

1. Strafprozessordnung

466 Das Verfahren zur **Durchsetzung der Strafvorschriften** gegenüber dem Straftäter ist der **Strafprozess**. In ihm wird über das Vorliegen einer Straftat entschieden und durch richterliches Urteil eine Strafsanktion ausgesprochen. Das Verfahrensrecht, das im Rahmen des Strafprozesses eingehalten werden muss, wird **Strafprozessrecht** genannt. Es richtet sich in der Hauptsache nach der Strafprozessordnung (StPO). Sonderreglungen gelten nach dem Jugendgerichtsgesetz (JGG, *RN 472 ff.*) oder der Abgabenordnung (AO).

467 Der Strafprozess einschließlich der Strafermittlung folgt verschiedenen **Verfahrensgrundsätzen**.

Dazu zählen der **Anklagegrundsatz** (Akkusationsprinzip, § 151 StPO), wonach eine gerichtliche Untersuchung nur durch Anklage zustande kommt[15], das **Offizialprinzip** (§ 151 StPO), wonach die Strafverfolgung – weil staatliche Aufgabe – nur von Amts wegen eingeleitet wird[16], zudem das **Legalitätsprinzip** (Verfolgungszwang, § 152 Abs. 2 StPO), das die Strafverfolgungsbehörden (Staatsanwaltschaft) zur Ermittlung und Anklage verpflichtet. Hinzu kommt der **Untersuchungsgrundsatz**, der Staatsanwaltschaft und Strafgericht gebietet, den Sachverhalt gründlich, neutral und vollständig zu ermitteln (§§ 155 Abs. 2, 160, 244 Abs. 2 StPO)[17]. Nach dem **Opportunitätsprinzip** kann die Staatsanwaltschaft aus-

---

[11]   Hierzu zählen Vorschriften aus dem Wirtschaftsstrafgesetz, dem Gesetz gegen die Schwarzarbeit (SchwarzarbG), der Gewerbeordnung (GewO), dem Gesetz gegen den unlauteren Wettbewerb (UWG), dem Gesetz zur Durchführung der Gemeinsamen Marktorganisation (MOG), dem Außenwirtschaftsgesetz (AWG) oder dem Urhebergesetz (UrhG).

[12]   Geregelt in der Abgabenordnung (AO).

[13]   Geregelt im Betäubungsmittelgesetz (BtMG).

[14]   Geregelt im Straßenverkehrsgesetz (StVG).

[15]   Grund dafür ist, dass zur Sicherung der Verfahrensobjektivität die Ermittlung und Aburteilung von Straftaten nicht – wie im Inquisitionsprozess – in einer Hand liegen dürfen.

[16]   Nur bei einigen weniger schweren Delikten beginnt das Verfahren auf Betreiben der Geschädigten, vgl. §§ 374 ff. StPO (sog. Privatklage). Im Offizialprinzip liegt ein großer Unterschied zum Zivilprozess, bei dem die Parteien (Kläger, Beklagter) die Einleitung und den Gang des Verfahrens in der Hand haben.

[17]   Im Strafprozess geht es um die vollständige Erforschung der materiellen Wahrheit (während im Zivilprozess die Parteien den Umfang des Prozessstoffes bestimmen). Staatsanwaltschaft und Gericht müssen daher sowohl belastende als auch entlastende Umstände ermitteln, vgl. § 160 Abs. 2 StPO.

nahmsweise unter bestimmten, gerichtlich kontrollierten Bedingungen von der Anklage absehen (§§ 153 ff. StPO)[18].

Ein weiterer wichtiger Grundsatz des Strafverfahrensrechts besteht darin, dass der Täter **kein reines Objekt des Verfahrens** ist. Daher werden ihm eine Reihe von Verfahrensrechten zuerkannt, wie das Recht zur Aussageverweigerung, zur Stellung von Beweisanträgen und zur Unterstützung und Vertretung durch einen Verteidiger (§§ 136 ff. StPO). Außerdem schützt die StPO den Täter vor unzulässigen Vernehmungsmethoden (Drohung, Folter, Drogen, Täuschung etc., §§ 136a, 163a Abs. 4 StPO)[19].

Der Strafprozess gliedert sich in **drei Hauptabschnitte:** Vorverfahren, Zwischenverfahren und Hauptverfahren. **468**

Das **Vorverfahren** (Ermittlungsverfahren) obliegt der Staatsanwaltschaft, die dabei zumeist auf die Hilfe der Polizei zurückgreift (§§ 160–163 StPO, *RN 231*).

Sie kann von allen Behörden Auskunft verlangen und den Täter (in diesem Verfahrensabschnitt „Beschuldigter" genannt) sowie Zeugen und Sachverständige **vernehmen** (§§ 48 ff. StPO). **Zwangsmaßnahmen,** die im Rahmen des Ermittlungsverfahrens getroffen werden (Beschlagnahme, Durchsuchung, akustische und optische Überwachung etc., §§ 94 ff. StPO) müssen grundsätzlich durch den Richter angeordnet werden. Das Gleiche gilt im Grundsatz für die vorläufige Festnahme (Untersuchungshaft, §§ 112 ff. StPO)[20].

Nach Abschluss der Ermittlungen entscheidet die Staatsanwaltschaft, ob sie Anklage vor dem Strafgericht erhebt oder das Verfahren mangels hinreichenden Tatverdachts einstellt.

Soweit sich der bloße Anfangsverdacht zum **hinreichenden Tatverdacht** erhärtet hat, d.h. eine Verurteilung mit Wahrscheinlichkeit zu erwarten ist, erhebt die Staatsanwaltschaft **Anklage** beim zuständigen Gericht. Bei Vergehen (*RN 457*) kann – soweit eine Hauptverhandlung nicht erforderlich erscheint – die Staatsanwaltschaft auch einen **Strafbefehl** beantragen, um das Verfahren abkürzen und gleichwohl eine Sanktion erreichen zu können (§§ 407 ff. StPO). Grundsätzlich hat die Staatsanwaltschaft aber auch die Möglichkeit, das Verfahren aus Opportunitätsgründen einzustellen, etwa wenn die Erhebung der Anklage unverhältnismäßig wäre (§§ 153–154e StPO). Kann der hinreichende Tatverdacht nicht bejaht werden, muss die Staatsanwaltschaft dagegen in jedem Falle das **Verfahren einstellen** (§ 170 Abs. 1, 2 StPO).

An die Einreichung der Anklageschrift bei Strafgericht schließt sich das **Zwischen-** **469** **verfahren** (§§ 199 ff. StPO) an. In diesem Verfahrensabschnitt überprüft das Gericht das Ermittlungsergebnis der Staatsanwaltschaft und entscheidet, ob das Hauptverfahren zu eröffnen ist.

Das Strafgericht erlässt einen **Eröffnungsbeschluss,** wenn der Straftäter (jetzt „Angeschuldigter" genannt) auch aus richterlicher Sicht der Straftat hinreichend verdächtig ist. Andernfalls lehnt das Gericht die Eröffnung des Hauptverfahrens ab.

---

[18] Die weiteren – nicht auf den Strafprozess beschränkten – gerichtlichen Grundsätze sind die Öffentlichkeit, Mündlichkeit und Unmittelbarkeit des Verfahrens.
[19] Soweit es zu Verstößen kommt, muss die Verwertbarkeit der dadurch gewonnenen Beweise geklärt werden.
[20] Mit näheren Ausführungen durch die Untersuchungshaftvollzugsordnung (UVollzO).

251

470 Das **Hauptverfahren** ist das Kernstück des Strafprozesses, in dem das Gericht über die Schuld des Täters (nunmehr als „Angeklagter" bezeichnet) und die Verhängung von Strafen entscheidet. **Gegenstand** des Hauptverfahrens ist die angeklagte Tat, wie sie sich nach dem Ergebnis der Ermittlungen und des Eröffnungsbeschlusses darstellt (§ 264 StPO).

Die Hauptverhandlung findet unter ständiger Anwesenheit des Angeklagten, des Verteidigers, des Staatsanwaltes und des Richters statt (§§ 226 ff. StPO). Der **Ablauf** der Hauptverhandlung richtet sich nach folgendem Schema (§§ 243 ff. StPO): Aufruf der Sache, Feststellung der Anwesenheit, Vernehmung des Angeklagten, Beweisaufnahme, Schlussvortrag (Plädoyer) des Staatsanwaltes und des Verteidigers, danach „letztes Wort" des Angeklagten, Urteilsberatung, Urteilsverkündung. Die Urteilsformel wird verlesen (Verurteilung oder Freispruch) und die wesentlichen Gründe werden mitgeteilt.

471 Eine Verurteilung darf nur ausgesprochen werden, wenn das Gericht aufgrund der Beweismittel, die in der Hauptverhandlung zur Kenntnis genommen werden konnten, die **sichere Überzeugung von der Schuld** des Angeklagten gewonnen hat. Bleiben Zweifel, wirken sie sich nach dem Grundsatz „**in dubio pro reo**"[21] zugunsten des Angeklagten aus. Gegen das Urteil können sowohl durch den Angeklagten als auch durch die Staatsanwaltschaft die **Rechtsmittel** der Berufung und Revision eingelegt werden (§§ 296 ff., 312 ff., 333 ff. StPO).

Wird das Urteil rechtskräftig, d.h. unanfechtbar, darf der Angeklagte wegen der gleichen Tat nicht noch einmal bestraft werden. Nach dem Grundsatz „ne bis in idem" des Art. 103 Abs. 3 GG tritt der sog. **Strafklageverbrauch** ein.

Soweit eine Strafverfolgungsmaßnahme oder Verurteilung rechtswidrig vorgenommen wurde, hat der Betroffene Anspruch auf eine Entschädigung nach dem Gesetz über die Entschädigung für Strafverfolgungsmaßnahmen (StrEG, vgl. *RN 268*).

Literatur:
Beulke, W., Strafprozessrecht, 2005[8].

2.   Jugendgerichtsgesetz

472 Für die Strafbarkeit und Verurteilung von Straftätern, die zur Tatzeit noch nicht 21 Jahre alt sind bzw. waren, gilt das allgemeine Straf- und Strafprozessrecht nur, soweit nicht das Jugendgerichtsgesetz (JGG) Sondervorschriften enthält. Dieses sieht u.a. eine besondere **Jugendgerichtsbarkeit** vor) und enthält zahlreiche Regelungen, die auf die **Jugendlichkeit** der Täter **Rücksicht** nehmen.

So sind gem. §§ 1, 3 JGG Jugendliche zwischen 14 Jahren (Beginn der allgemeinen Strafmündigkeit) und 17 Jahren nur bedingt strafrechtlich verantwortlich, nämlich nur dann, wenn sie zur Tatzeit ihrer Entwicklung nach die erforderliche Unrechts- und Willensbildungsfähigkeit besaßen. Ist der Jugendliche nicht in diesem Sinne strafrechtlich verantwortlich, kann er nicht bestraft werden. Für den strafrechtlich verantwortlichen Jugendlichen

---

[21]   Vgl. Art. 6 Abs. 2 EMRK.

gelten dagegen grundsätzlich alle **Straftatbestände des StGB**, die **Folgen der Straftaten** werden aber durch das JGG **abgemildert** (*RN 460*).
Das JGG gilt darüber hinaus für **Heranwachsende** (18–20 Jahre), allerdings nicht generell, sondern nur im Einzelfall. So hat das Gericht jeweils zu prüfen, ob der Heranwachsende nach seiner sittlichen und geistigen Entwicklung oder der Art seiner Tat noch einem Jugendlichen gleichzustellen und daher nach dem milderen JGG abzuurteilen ist (**Reifeverzögerung, Jugendverfehlung**, § 105 JGG).

Die **Folgen der Jugendstraftat** orientieren sich im Unterschied zum Erwachsenen- **473** strafrecht nicht vornehmlich an den Grundsätzen der Prävention und Genugtuung. Vielmehr verfolgt das JGG einen **Erziehungsauftrag**. Neben oder anstelle von Strafe und Maßregeln sieht das JGG **Erziehungsmaßregeln und Zuchtmittel** vor. Dazu zählen Weisungen zur Lebensführung, die Anordnung von Erziehungshilfe, Verwarnungen, Auflagen (vor allem zur Wiedergutmachung des Schadens) und Jugendarrest (§§ 9–16 JGG). Diese Mittel sind von steigender Eingriffsintensität und richten sich nach der Schwere der Straftat. Die **Jugendstrafe** wird verhängt, soweit nach der Einschätzung des Jugendgerichts Erziehungsmaßregeln oder Zuchtmittel keine ausreichende Reaktion auf die Straftat darstellen. Das Höchstmaß der Freiheitsstrafe beträgt im Unterschied zum StGB 10 Jahre (§§ 17 f. JGG). Abmilderungen gelten auch für die Bewährung und Strafaussetzung (§§ 21–30 JGG).

Für den **Jugendstrafprozess** sind besondere Einrichtungen der Staatsanwaltschaft **474** und Gerichte vorgesehen (§§ 33 ff. JGG). Das Ermittlungsverfahren hat sich stärker auf das soziale Umfeld (gesetzliche Vertreter, Schule Ausbildung) zu konzentrieren (§§ 43 ff. JGG). Der Richter hat im Hauptverfahren zusätzliche Möglichkeiten, das Verfahren einzustellen, insbesondere dann, wenn bereits erzieherische Maßnahmen stattfinden (§ 47 JGG).

Literatur:
Albrecht, P. A., Jugendstrafrecht, 2000[3]; *Eisenberg, U.*, Jugendgerichtsgesetz, 2005[10]; *Schaffstein/Beulke*, Jugendstrafrecht, 2002[14].

V. Strafvollzug

Die Vollstreckung der Strafurteile wird durch den **Strafvollzug** vorgenommen. Vo- **475** raussetzung ist die Rechtskraft des Urteils (§ 449 StPO). Vollstreckungsbehörde ist die **Staatsanwaltschaft** (§ 451 StPO) und bei Jugendstrafen der **Jugendrichter** (§§ 82 ff. JGG). Befindet sich der Verurteilte bereits in Untersuchungshaft, wird er in die Strafhaft überführt. Soweit er sich dagegen auf freiem Fuß befindet, wird er zum Strafantritt geladen oder muss bei Widerstand oder Flucht durch Haftbefehl (§ 457 StPO) zum Strafantritt gezwungen werden. Ansonsten richtet sich die Vollstreckung nach dem **Strafvollzugsgesetz (StVollzG)**. Darin sind die Grundsätze und die Planung des Vollzuges, sowie die Bestimmungen über Unterbringung, Außenkontakt, Bildung, Fürsorge, Freizeit, soziale Hilfe, Sicherheit, Zwang und Disziplinarmaßnahmen geregelt. Die Vollstreckung einer **Geldstrafe** richtet sich nach der Justizbeitreibungsordnung (JBeitrO). Beide Gesetze werden durch die Vorschriften der Strafvollstreckungsordnung (StVollstrO) ergänzt.

Der Strafvollzug hat die zweifache und in der Praxis teilweise widersprüchliche Aufgabe, sowohl den Straftäter zu **resozialisieren** als auch die **Allgemeinheit** vor weiteren Straftaten zu **schützen** (§ 2 StVollzG, vgl. *RN 451*).

Literatur:
Kaiser, G./Kerner, H.-J./Schöch, H., Strafvollzug. Eine Einführung in die Grundlagen, 2003⁵.

Sachregister

Die Fundstelle wird anhand der Randnummer (RN) angegeben.

A

Abfindung 447
Abgeordnetenmandat 157
Absolute Rechte 294, 297, 315
Abstrakte Normenkontrolle 150
Abtreibung 50, 108, 110
Abtretung 296, 333
Abtretungsverbote 423
Abwehranspruch 331
Abwehrfunktion (Grundrechte) 93
Akkusationsprinzip
s. Anklagegrundsatz
Akteneinsicht 192
Aktiengesellschaft 280, 401
Akzessorietät 336 f.
s. auch Forderung
Alleineigentum 331
Allgemeine Erklärung der Menschenrechte 40, 80, 92
Allgemeine Geschäftsbedingungen 368 ff., 423
Allgemeine Staatslehre 77, 79
Allgemeine Vertragsbedingungen
s. Vertragsbedingungen
Allgemeiner Teil
– des BGB 275
– des StGB 452
Allgemeines Verwaltungsrecht 171 ff.
Allgemeinheit 37, 39, 76, 156 f., 175 f., 201, 241, 252, 261, 307, 342, 449, 459, 473
Allgemeinverfügung 186, 190, 205, 234
Allgemeinwohl 122, 175, 254, 258, 353
Alternative Streitbeilegung 347
Altschulden 410
Amsterdamer Vertrag 32, 67
Aneignung 332
Anfechtung 360 ff.
Anfechtungsklage 208, 238
Angestellter 446
Anhörungsrecht 33, 133, 192, 445
Anklage 466 f.

Anklagegrundsatz 465
Annahme 299, 355, 358, 420
– -fähigkeit 152
– -verzug 427
Anstalt 79, 214, 458
Anstiftung 456
Anwartschaftsrecht (dingliches -) 335
Anwendungsspielraum 45
Anwendungs vorrang 173
Anzeige 372
Arbeiter 441
s. auch Arbeitsrecht
Arbeitgeberverband 443
Arbeitsgerichtsgesetz 440
Arbeitskampf 444
Arbeitsrecht 439 ff.
– kollektives 440
Arbeitsschutz 171
Arbeitsverhältnis 440
Asylrecht 120
Auflage 187, 245, 471
Auftragsvergaberecht 245
Ausfertigung 138, 192
Auskunftsrecht 251
Ausländer (Rechtsstellung der -) 100, 120, 277
Auslegung 47, 80 f., 443
– teleologische - 47
– verfassungskonforme - 138
Außenvollmacht 358
Austauschvertrag 367

B

Befangenheit 342
Befruchtung (künstliche -) 108
Begrenzte Einzelermächtigung (Prinzip der -) 72
Begriffsjurisprudenz 25
Begründetheit (Klage) 151 ff., 211
Behinderte 82, 125, 167, 439
Beihilfe 456

Sachregister

Misstrauensvotum 132
Mitbestimmung 441 f., 445 ff. Miteigen-
    tum 331
Mitgliedstaaten 95, 120, 166, 173, 223,
    233, 241, 258, 263
Mittäterschaft 456
Mittelbarer Täter 456
Mitverschulden 308
Modellgesetz (UNCITRAL) 430
Monopol 150, 158, 258 f., 262,
    – Gewalt- 448, 17
Montanunion 67
Mündlichkeit 342
Mutterschutzgesetz 439

N

Nachbarrecht 27, 330
Nacherfüllung 384 f.
Nachträgliche Zustimmung 359
Namensrecht 294, 303
nasciturus 279
Nationale Identität 68
Nationalsozialismus 274
Nationalstaaten 38, 272, 431
Natur der Sache 134
Natürliche Personen 276 ff.
Naturrecht 13, 23
Naturschutz 246 f., 254 f.
Nebenfolgen 362, 458
Nebenpflichten (Vertragliche -) 366,
    371 ff., 387
Nebenstrafen 458
ne bis in idem 450
Neutralität 175, 258
    – politische - 147
NGO
    s. Nongovernmental Organizations
Nichtigkeit 56, 153, 184 f., 208, 213, 269,
    360, 365, 423
Nichtigkeitsfeststellungsklage 208
Nießbrauch 316, 335
Nongovernmental Organizations (NGO)
    38
Normativbestimmungen 282
Normen
    – -kontrolle (Abstrakte) 150, 153
    – -kontrolle (Konkrete) 150
    – -kontrolle (Verwaltungsgerichtliche)
      213 ff.
    – -geltung 55
Notstand
    – polizeilicher - 237
    – rechtfertigender - 457

    – entschuldigender - 457
Notstandsverfassung 170
Notwehr 128, 320, 457
nullum crimen sine lege 450
numerus clausus 121
Nutzungsrechte 325
    – dingliche - 335

O

Objektiver Rechtsgrundsatz 50, 124, 190
Obligationenrecht
    s. Schuldrecht
Offene Handelsgesellschaft (OHG) 281,
    374, 401, 404, 410
Öffentliche Ordnung 460
Öffentliche Sicherheit 230, 236
Öffentliches Recht, 61 ff.
Öffentliches Wahlrecht 101
Öffentliches Wirtschaftsrecht 241 ff.
Öffentlichkeit 34, 36, 58, 83, 88, 112, 116,
    135, 138, 189, 202, 342, 416
Öffentlich-rechlicher Vertrag 188
Offizialprinzip 465
OHG
    s. Offene Handelsgesellschaft
Ökonomische Analyse des Rechts 4
Ökonomische Theorie des Rechts
    s. Rechtsökonomie Opportunitätsprinzip
    465
Opposition 168
Ordentliche Gerichtsbarkeit 207
Ordnung 41, 77
Ordnungsfunktion (Soziale -) 8 ff.
Ordnungsrecht 23
Ordnungswidrigkeiten 231, 250, 447
Organe 287
Organisation für Sicherheit und Zusam-
    menarbeit in Europa (OSZE) 62
Organisationshoheit 220
Organisationsstatut 78
Osterweiterung 74 f.
OSZE
    s. Organisation für Sicherheit und
    Zusammenarbeit in Europa

P

Pachtvertrag 372
pacta sunt servanda 433
Parlamentarische Demokratie 132
Parteien 158 f.
    – -demokratie 155
    – politische- 157 ff., 168 f.

Karl Engisch

Einführung in das juristische Denken

Von Prof. Dr. Dr. h. c. Karl Engisch (†),
herausgegeben von Professor Dr. Thomas Würtenberger
und Dr. Dirk Otto.
10. Auflage 2005. XXIV, 280 Seiten. Kart. € 16,–
ISBN 3-17-018695-7
Urban Taschenbücher, Band 20

Die 1956 erstmalig erschienene „Einführung in das juristische
Denken" von Karl Engisch gehört mittlerweile zu den „Klassikern"
der rechtswissenschaftlichen Literatur. In acht Kapiteln werden
vor allem Grundsatzfragen der Methodenlehre, aber auch der
Rechtsphilosophie in Auseinandersetzung mit den geistigen
Strömungen des zwanzigsten Jahrhunderts abgehandelt.

Zielsetzung dieses Buches ist es, dem Rechtsstudenten wie
auch dem interessierten Laien die geheimnisvolle und bisweilen
suspekte Logik und Methodik des juristischen Denkens nahe-
zubringen.

Die von Herrn Professor Dr. Thomas Würtenberger in Zusammen-
arbeit mit Herrn Dr. Dirk Otto bearbeitete Neuauflage passt den
Text der aktuellen Gesetzeslage an und gibt im Anmerkungsteil
Hinweise auf die Fortentwicklung der Methodendiskussion.

 **www.kohlhammer.de**

W. Kohlhammer GmbH · Verlag für die öffentliche Verwaltung
70549 Stuttgart · Tel. 0711/7863 - 7280 · Fax 0711/7863 - 8430

Haase/Keller

Grundlagen und Grundformen des Rechts

11., vollkommen neu bearbeitete Auflage 2003
XXII, 518 Seiten. Kart. € 34,–
ISBN 3-17-017062-7

Die Grundlagen und Grundformen des Privatrechts und des Öffentlichen Rechts werden in einer kompakten, gleichwohl aber anspruchsvollen Form erläutert, wobei die Ausführungen durchgehend mit aktuellen und praxisorientierten Beispielen veranschaulicht werden. Zahlreiche Querverweise verdeutlichen wie die Rechtsgebiete miteinander vernetzt sind und was unter „Einheit der Rechtsordnung" zu verstehen ist. Das Werk eignet sich hervorragend zum Einstieg in die juristische Denkweise.

▶ **www.kohlhammer.de**

W. Kohlhammer GmbH · Verlag für die öffentliche Verwaltung
70549 Stuttgart · Tel. 0711/7863 - 7280 · Fax 0711/7863 - 8430

Peter Schwacke

Juristische Methodik
mit Technik der Fallbearbeitung

4., neu bearb. Auflage 2003
XIV, 174 Seiten mit 4 Abb. Kart.
€ 19,–
ISBN 3-555-01311-4

Alle wesentlichen Aspekte der Rechtsanwendung
werden ausführlich und anschaulich dargestellt.
Neben der juristischen Methodik ist der Technik
der Fallbearbeitung nach wie vor ein umfang-
reicher Abschnitt gewidmet. Dabei wird sowohl
auf klausur- wie auch auf bescheidtechnische
Fragen eingegangen.
Die Darstellung ist nicht nur Arbeitsmittel für die
Ausbildung des Nachwuchses in der öffentlichen
Verwaltung, sondern wird ebenso dem angehenden
Juristen von Nutzen sein. Der Band empfiehlt sich
als Einstieg in die vielschichtige Problematik juris-
tischer Entscheidung.

▶ **www.kohlhammer.de**

Deutscher Gemeindeverlag GmbH · 70549 Stuttgart
Tel. 0711/7863 - 7280 · Fax 0711/7863 - 8430